譯註 禮記集說大全

射義

編　陳澔(元)

附　正義・訓纂・集解

譯註 禮記集說大全

射義

編　陳澔 (元)

附　正義·訓纂·集解

鄭秉燮 譯

學古房

역자서문

『예기』「사의(射義)」편은 사례(射禮)의 의미를 풀이한 문헌이다. 「사의」편은 앞의 「관의(冠義)」, 「혼의(昏義)」, 「향음주의(鄕飮酒義)」편 등과 마찬가지로 『의례』의 경문 기록을 부연설명하거나 보충하는 형식을 취하고 있다. 특히 『의례』의 「대사의(大射儀)」 및 「향사례(鄕射禮)」편과 밀접한 관련이 있다. 그러나 『의례』의 기록만 부연설명하는 것이 아니며, 『논어』의 일부 기록이 인용되기도 하고, 공자의 일화가 소개되고 있으며, 사례와 관련된 다양한 의미들을 수록하고 있다. 따라서 이 기록은 고대의 문화를 이해하는데 매우 중요한 문헌이 된다.

다시 한권의 책을 내놓는다. 부끄러운 실력에 번역의 완성도를 자부할 수 없지만, 이 책을 발판으로 더 좋은 역서와 연구가 진행되었으면 하는 바람이다. 이 책에 나오는 오역은 진직으로 역자의 실력이 부족해서이다. 본 역서에 나온 오역과 역자의 부족함에 대해 일갈을 해주실 분들이 있다면, bbaja@nate.com 으로 연락을 주시거나 출판사에 제 연락처를 문의하셔서 가르침을 주신다면, 부족한 실력이지만 가르침을 받도록 최선을 다할 것이다.

역자는 성균관 대학교에서 유교철학(儒敎哲學)을 전공했으며, 예악학(禮樂學) 전공으로 박사논문을 작성했다. 역자가 본격적으로 유가경전을 읽기 시작한 것은 경서연구회(經書硏究會)의 오경강독을 통해서이다. 이 모임을 만들어 후배들에게 경전에 대한 이해를 넓혀주신 임옥균 선생님, 경서연구회 역대 회장님인 김동민, 원용준, 김종석, 길훈섭 선배님께도 감사를 드리고, 역자의 뒤를 이어 경서연구회 현 회장으로 활동하고 있는 손정민 동학께도 감사를 드린다. 끝으로 「사의」편을 출판할 수 있도록 허락해주신 학고방의 하운근 사장님께도 감사를 전한다.

일러두기 ≫

1. 본 책은 역주서(譯註書)로써, 『예기집설대전(禮記集說大全)』의 「사의(射義)」편을 완역하고, 자세한 주석을 첨부했다. 송대(宋代) 이전의 주석을 포함하고자 하여, 『예기정의(禮記正義)』를 함께 수록하였다. 그리고 송대 이후의 주석인 청대(淸代)의 주석을 포함하고자 하여 『예기훈찬(禮記訓纂)』과 『예기집해(禮記集解)』를 함께 수록하였다.

2. 『예기』 경문(經文)의 경우, 의역으로만 번역하면 문장을 번역한 방식을 확인하기 어렵고, 보충 설명 없이 직역으로만 번역하면 내용을 이해하기 힘들다. 따라서 경문에 한하여 직역과 의역을 함께 수록하였다. 나머지 주석들에 대해서는 의역을 위주로 번역하였다.

3. 『예기』 경문에 대한 해석은 진호의 『예기집설』 주석에 근거하였다. 경문 해석에 있어서, 『예기정의』, 『예기훈찬』, 『예기집해』마다 이견(異見)이 많다. 『예기집설대전』의 소주(小註) 또한 진호의 주장과 이견을 보이는 곳이 있고, 소주 사이에도 이견이 많다. 따라서 『예기』 경문 해석의 표준은 진호의 『예기집설』 주석에 근거했으며, 진호가 설명하지 않은 부분들은 『대전』의 소주를 참고하였다. 또한 경문 해석에 있어서 『예기정의』, 『예기훈찬』, 『예기집해』에 나타나는 이견들은 특별한 경우를 제외하고는 각각의 문장을 읽어보면, 경문에 대한 이견을 알 수 있기 때문에, 이러한 경우에는 주석처리를 하지 않았다.

4. 본 역서가 저본으로 삼은 책은 다음과 같다.
 - 『禮記』, 서울 : 保景文化社, 초판 1984 (5판 1995)
 - 『禮記正義』 1~4(전4권, 『十三經注疏 整理本』 12~15), 北京 : 北京大學
   出版社, 초판 2000
 - 朱彬 撰, 『禮記訓纂』 上·下(전2권), 北京 : 中華書局, 초판 1996 (2쇄
   1998)
 - 孫希旦 撰, 『禮記集解』 上·中·下(전3권), 北京 : 中華書局, 초판 1989 (4
   쇄 2007)

5. 본 책은 『예기』의 경문, 진호의 『집설』, 호광 등이 찬정한 『대전』의 세주, 정현의 주, 육덕명
   의 『경전석문』, 공영달의 소, 주빈(朱彬)의 『훈찬』, 손희단(孫希旦)의 『집해』 순으로 번역
   하였다.

6. 본래 『예기』 「사의」편은 목차가 없으며, 내용 구분에 있어서도 학자들마다 의견차이가 있다.
   또한 내용의 연관성으로 인하여, 장과 절을 나누기가 애매한 부분이 많다. 본 책의 목차는
   역자가 임의대로 나눈 것이며, 세세하게 분절하여, 독자들이 관련내용들을 찾아보기 쉽게
   하였다.

7. 본 책의 뒷부분에는 《射義 人名 및 用語 辭典》을 수록하였다. 본문에 처음으로 등장하는
   용어 및 인명에 대해서는 주석처리를 하였다. 이후에 같은 용어가 등장할 때마다 동일한
   주석처리를 할 수 없어서, 뒷부분에 사전으로 수록한 것이다. 가나다순으로 기록하여, 번역
   문을 읽는 도중 앞부분에서 설명했던 고유명사나 인명 등에 대해서 쉽게 찾아볼 수 있도록
   하였다.

【705a~b】

古者諸侯之射也, 必先行燕禮.

【705a~b】 등과 같이 【 】 안에 숫자가 기입되어 있는 것은 『예기』의 '경문'을 뜻한다. '705'는 보경문화사(保景文化社)판본의 페이지를 말한다. 'a ~b'는 a단부터 b단 사이에 기록되어 있다는 표시이다. 밑의 그림은 보경문화사판본의 한 페이지 단락을 구분한 표시이다.

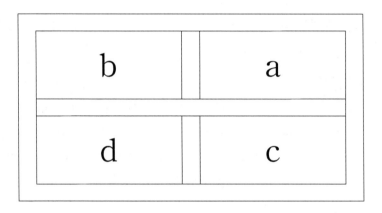

◆ **集說** 呂氏曰: 諸侯之射, 大射也. 卿·大夫·士之射, 鄉射也.

"**集說**"로 표시된 것은 진호(陳澔)의 『예기집설(禮記集說)』 주석을 뜻한다.

◆ **大全** 馬氏曰: 燕與鄉飲, 則有恩, 明君臣與長幼, 則有義.

"**大全**"으로 표시된 것은 호광(胡廣) 등이 찬정(撰定)한 『예기집설대전』의 세주(細註)를 뜻한다.

◆ **鄭注** 言別尊卑老稚, 然後射, 以觀德行也.

"**鄭注**"로 표시된 것은 『예기정의(禮記正義)』에 수록된 정현(鄭玄)의 주

(注)를 뜻한다.

◆ **釋文** 長, 丁丈反. 別, 彼列反.

"**釋文**"으로 표시된 것은 『예기정의』에 수록된 육덕명(陸德明)의 『경전석문(經典釋文)』을 뜻한다. 『경전석문』의 내용은 글자들의 음을 설명하고, 간략한 풀이를 한 것인데, 육덕명 당시의 음가로 기록이 되었기 때문에, 현재의 음과는 맞지 않는 부분이 많다. 단순히 참고만 하기 바란다.

◆ **孔疏** ●"古者"至"序也". ○正義曰: 此一篇之義廣說射禮, 明天子以下射之樂章, 上下之差.

"**孔疏**"로 표시된 것은 『예기정의』에 수록된 공영달(孔穎達)의 소(疏)를 뜻한다. 공영달의 주석은 경문과 정현의 주에 대해서 세분화하여 기록되어 있다. 따라서 '●'으로 표시된 부분은 공영달이 경문에 대해 주석을 한 부분이고, '◎'으로 표시된 부분은 정현의 주에 대해 주석을 한 부분이다. 한편 '○'으로 표시된 부분은 공영달의 주석 부분이다.

◆ **訓纂** 呂與叔曰: 孔子曰, "射不主皮, 爲力不同科."

"**訓纂**"으로 표시된 것은 『예기훈찬(禮記訓纂)』에 수록된 주석이다. 『예기훈찬』 또한 기존 주석들을 종합한 책이므로, 『예기집설대전』 및 『예기정의』와 중복되는 부분은 생략하였다.

◆ **集解** 愚謂: 射者, 進退周旋之禮甚煩, 一有不中, 則志氣之動, 而持弓矢必不審固矣.

"**集解**"로 표시된 것은 『예기집해(禮記集解)』에 수록된 주석이다. 『예기집해』 또한 기존 주석들을 종합한 책이므로, 『예기집설대전』 및 『예기정의』와 중복되는 부분은 생략하였다.

◆ 원문 및 번역문 중 '▼'로 표시된 부분은 한글로 표기할 수 없는 한자를 기록한 부분이다. 예를 들어 '▼(罒/皿)'의 경우 맹(盟)자의 이체자인데, '明'자 대신 '罒'자가 들어간 한자를 프로그램상 삽입할 수가 없어서, '▼(罒/皿)'으로 표시한 것이다. 즉 '▼(A/B)'의 형식으로 기록된 경우, A에 해당하는 글자가 한 글자의 상단 부분에 해당하고, B에 해당하는 글자가 한 글자의 하단 부분에 해당한다는 표시이다. 또한 '▼(A+B)'의 형식으로 기록된 경우, A에 해당하는 글자가 한 글자의 좌측 부분에 해당하고, B에 해당하는 글자가 한 글자의 우측 부분에 해당한다는 표시이다. 또한 '▼((A-B)/C)'의 형식으로 기록된 경우, A에 해당하는 글자에서 B 부분을 뺀 글자가 한 글자의 상단 부분에 해당하고, C에 해당하는 글자가 한 글자의 하단 부분에 해당한다는 표시이다.

목차

그림목차

경문목차

【705a】

射義 第四十六 / 「사의」 제46편

集說 疏曰: 繫辭云, 弦木爲弧, 剡木爲矢. 又世本云, 揮作弓, 夷牟作矢. 註云, 二人黃帝臣. 書云, 侯以明之. 夏殷無文, 周則具矣.

번역 공영달¹⁾의 소에서 말하길, 『역』「계사전(繫辭傳)」편에서는 "나무에 시위를 걸어서 활을 만들고, 나무를 깎아서 화살을 만든다."²⁾라고 했고, 또 『세본』³⁾에서는 "휘(揮)가 활을 만들고, 이모(夷牟)가 화살을 만들었다."라고 했으며, 주에서는 "두 사람은 황제(黃帝)의 신하이다."라고 했다. 『서』에서는 "과녁으로써 밝힌다."⁴⁾라고 했다. 하나라와 은나라는 관련 기록이 남아 있지 않고, 주나라의 경우에는 구체적으로 갖춰져 있었다.

大全 藍田呂氏曰: 射義, 言射者男子之所有事者也. 天下無事, 則用之於禮義, 故有大射鄕射之禮, 所以習容習藝, 觀德而選士, 天下有事, 則用之於戰勝, 故主皮呈力, 所以禦侮克敵也.

---

1) 공영달(孔穎達, A.D.574~A.D.648) : =공씨(孔氏). 당대(唐代)의 경학자이다. 자(字)는 중달(仲達)이고, 시호(諡號)는 헌공(憲公)이다. 『오경정의(五經正義)』를 찬정(撰定)하는데 중심적인 역할을 했다.
2) 『역』「계사하(繫辭下)」 : 弦木爲弧, 剡木爲矢, 弧矢之利, 以威天下, 蓋取諸睽.
3) 『세본(世本)』은 『세(世)』·『세계(世系)』 등으로 일컬어지기도 한다. 선진시대(先秦時代) 때의 사관(史官)이 기록한 문헌이라고 전해지지만, 진위여부를 확인할 수 없다. 『세본』은 고대의 제왕(帝王), 제후(諸侯) 및 경대부(卿大夫)들의 세계도(世系圖)를 기록한 서적이다. 일실되어 현존하지 않지만, 후대 학자들이 다른 문헌 속에 남아 있는 기록들을 수집하여, 일집본(佚輯本)을 남겼다. 이러한 일집본에는 여덟 종류의 주요 판본이 있는데, 각 판본마다 내용상의 차이를 보이고 있다. 1959년에는 상무인서관(商務印書館)에서 이러한 여덟 종류의 판본을 모아서 『세본팔종(世本八種)』을 출판하였다.
4) 『서』「우서(虞書)·익직(益稷)」 : 庶頑讒說, 若不在時, 侯以明之, 撻以記之, 書用識哉.

번역 남전여씨[5]가 말하길, 「사의」편에서는 활쏘기가 남자들이 일삼는 것임을 말한다. 천하에 특별한 일이 없다면 활쏘기를 예의(禮義)에 사용한다. 그렇기 때문에 대사례(大射禮)[6] 및 향사례(鄕射禮)[7]가 있는 것이며, 이를 통해서 자태와 재예를 익히고 그 사람의 덕을 관찰하여 사를 선발하는 것이다. 천하에 특별한 일이 있다면 활쏘기를 전쟁에 사용한다.[8] 그렇기 때문에 주피(主

---

5) 남전여씨(藍田呂氏, A.D.1040~A.D.1092) : =여대림(呂大臨)・여씨(呂氏)・여여숙(呂與叔). 북송(北宋) 때의 학자이다. 이름은 대림(大臨)이고, 자(字)는 여숙(與叔)이며, 호(號)는 남전(藍田)이다. 장재(張載) 및 이정(二程)형제에게서 수학하였다. 저서로는 『남전문집(藍田文集)』 등이 있다.

6) 대사례(大射禮)는 제사를 지낼 때, 제사를 돕는 자들을 채택하기 위해 시행하는 활쏘기 대회이다. 천자의 경우에는 '교외 및 종묘[郊廟]'에서 제사를 지낼 때, 제후 및 군신(群臣)들과 미리 활쏘기를 하여, 적중함이 많은 자를 채택하고, 채택된 자로 하여금 천자가 주관하는 제사에 참여하도록 하는 의례(儀禮)이다. 『주례』「천관(天官)・사구(司裘)」편에는 "王大射, 則共虎侯, 熊侯, 豹侯, 設其鵠."이라는 기록이 있는데, 이에 대한 정현의 주에서는 "大射者, 爲祭祀射. 王將有郊廟之事, 以射擇諸侯及群臣與邦國所貢之士可以與祭者. …… 而中多者得與於祭."라고 풀이하였다. 한편 각 계급에 따라 '대사례'의 예법에는 차등이 있었는데, 예를 들어 천자가 시행하는 '대사례'에서는 표적으로 호후(虎侯), 웅후(熊侯), 표후(豹侯)가 사용되었고, 표적지에는 곡(鵠)을 설치했다. 그리고 제후가 시행하는 '대사례'에서는 웅후(熊侯), 표후(豹侯)가 사용되었고, 표적지에 곡(鵠)을 설치했다. 경(卿)과 대부(大夫)의 경우에는 미후(麋侯)를 사용하였고, 표적지에 곡(鵠)을 설치했다.

7) 향사례(鄕射禮)는 활쏘기를 하며 음주를 했던 의례(儀禮)이다. 크게 두 가지로 나뉘는데, 하나는 지방의 수령이 지방학교인 서(序)에서 사람들을 모아서 활쏘기를 익히며 음주를 했던 의례이고, 다른 하나는 향대부(鄕大夫)가 3년마다 치르는 대비(大比)라는 시험을 끝내고 공사(貢士)를 한 연후에, 향대부가 향로(鄕老) 및 향인(鄕人)들과 향학(鄕學)인 상(庠)에서 활쏘기를 익히고 음주를 했던 의례이다. 『주례』「지관(地官)・향대부(鄕大夫)」편에는 "退而以鄕射之禮五物詢衆庶."라는 기록이 있는데, 이에 대한 손이양(孫詒讓)의 『정의(正義)』에서는 "退, 謂王受賢能之書事畢, 鄕大夫與鄕老, 則退各就其鄕學之庠而與鄕人習射, 是爲鄕射之禮."라고 풀이하였다.

8) 『예기』「빙의(聘義)」【718b~d】 : 聘射之禮, 至大禮也. 質明而始行事, 日幾中而后禮成, 非强有力者弗能行也. 故强有力者, 將以行禮也, 酒淸, 人渴而不敢飮也; 肉乾, 人飢而不敢食也. 日莫人倦, 齊莊正齊, 而不敢解惰. 以成禮節, 以正君臣, 以親父子, 以和長幼. 此衆人之所難, 而君子行之, 故謂之有行. 有行之謂有義, 有義之謂勇敢. 故所貴於勇敢者, 貴其能以立義也; 所貴於立義者, 貴其有行也; 所貴於有行者, 貴其行禮也. 故所貴於勇敢者, 貴其敢行禮義也. 故勇敢强

皮)9)하여 힘을 드러내니, 이것은 외적을 막고 적을 이기는 방법이다.

孔疏 陸曰: 鄭云, "射義者, 以其記燕射 · 大射之禮, 觀德行取其士之義也. 別錄屬吉禮."

번역 육덕명10)이 말하길, 정현11)은 "'사의(射義)'라는 편명은 연사례(燕射禮)12)와 대사례(大射禮)는 덕행을 관찰하여 사를 선발하는 의미를 기록하고 있기 때문이다. 『별록』13)에서는 '길례(吉禮)' 항목에 포함시켰다."라고 했다.

孔疏 正義曰: 按鄭目錄云: "名曰射義者, 以其記燕射 · 大射之禮, 觀德行取於士之義. 此於別錄屬吉事." 按此篇中有鄉射, 又云"不失正鵠, 正則賓射." 然則鄉射 · 賓射俱有之矣. 今目錄唯云"燕射 · 大射"者, 但此篇廣說天子 · 諸侯大射 · 燕射之義, 不專於鄉射 · 賓射, 故鄭目錄特擧"大射 · 燕射". 其射之

有力者, <u>天下無事, 則用之於禮義</u>; <u>天下有事, 則用之於戰勝</u>. 用之於戰勝則無敵, 用之於禮義則順治. 外無敵, 內順治, 此之謂盛德. 故聖王之貴勇敢强有力如此也. 勇敢强有力而不用之於禮義戰勝, 而用之於爭鬪, 則謂之亂人. 刑罰行於國, 所誅者亂人也. 如此則民順治而國安也.

9) 주피(主皮)는 고대에 시행되었던 향사례(鄉射禮)에서는 세 차례 화살을 쏘게 되는데, 두 번째 쏘는 화살은 과녁에 명중시키는 것을 위주로 한다. '주피'는 바로 두 번째 쏘는 활쏘기 방식을 뜻한다. 후대에는 과녁에 명중시키는 것을 범칭하는 용어로도 사용되었다.

10) 육덕명(陸德明, A.D.550~A.D.630): =육원랑(陸元朗). 당대(唐代)의 경학자이다. 이름은 원랑(元朗)이고, 자(字)는 덕명(德明)이다. 훈고학에 뛰어났으며, 『경전석문(經典釋文)』 등을 남겼다.

11) 정현(鄭玄, A.D.127~A.D.200): =정강성(鄭康成) · 정씨(鄭氏). 한대(漢代)의 유학자이다. 자(字)는 강성(康成)이다. 『주역(周易)』, 『상서(尙書)』, 『모시(毛詩)』, 『주례(周禮)』, 『의례(儀禮)』, 『예기(禮記)』, 『논어(論語)』, 『효경(孝經)』 등에 주석을 하였다.

12) 연사례(燕射禮)는 연회 때 활쏘기를 했던 의례(儀禮)를 가리킨다. 천자는 제후 및 군신(群臣)들에게 연회를 베풀며, 그들의 노고를 치하했는데, 연회를 하며 활쏘기 또한 시행했다. 이처럼 연회 때 활쏘기를 하는 의식을 '연사례'라고 부른다.

13) 『별록(別錄)』은 후한(後漢) 때 유향(劉向)이 찬(撰)했다고 전해지는 책이다. 현재는 일실되어 존재하지 않으며, 『한서(漢書)』「예문지(藝文志)」편을 통해서 대략적인 내용만을 추측해볼 수 있다.

所起, 起自黃帝, 故易 · 繫辭黃帝以下九事章云: "古者弦木爲弧, 剡木爲矢.
弧 · 矢之利, 以威天下." 又世本云: "揮作弓, 夷牟作矢." 注云: "揮 · 夷牟, 黃
帝臣." 是弓矢起於黃帝矣. 虞書云"侯以明之" 是射侯見於堯 · 舜, 夏 · 殷無
文, 周則具矣.

번역 『정의』14)에서 말하길, 정현의 『목록』15)을 살펴보면, "편명을 '사의
(射義)'라고 지은 이유는 연사례(燕射禮)와 대사례(大射禮)는 덕행을 관찰하
여 사를 선발하는 의미를 기록하고 있기 때문이다. 「사의」편을 『별록』에서는
'길사(吉事)' 항목에 포함시켰다."라고 했다. 살펴보면, 「사의」편 속에는 『의례』
「향사례(鄕射禮)」편의 내용이 포함되어 있고, 또 "정곡(正鵠)을 놓치지 않고,
명중이 되었다면 빈객이 활을 쏜다."라고 했다. 그렇다면 이 내용 속에는 향사
례(鄕射禮)와 빈사례(賓射禮)16)가 모두 포함되어 있는 것이다. 현재의 『목록』
에서는 오직 '연사례(燕射禮)'와 '대사례(大射禮)'에 대해서만 언급했다. 그 이
유는 「사의」편에서는 천자 및 제후가 시행하는 대사례와 연사례의 의미를 폭넓
게 설명하고 있고, 향사례와 빈사례에 대해서만 전적으로 설명한 것이 아니기
때문에, 정현은 『목록』에서 특별히 '대사례'와 '연사례'만을 거론했던 것이다.
활쏘기가 기원한 것은 황제(黃帝)로부터 시작한다. 그렇기 때문에 『역』「계사
전(繫辭傳)」편에서는 황제로부터 그 이하의 구사장(九事章)에서 "고대에는 나
무에 시위를 걸어서 활을 만들고, 나무를 깎아서 화살을 만들었다. 활과 화살의

---

14) 『정의(正義)』는 『예기정의(禮記正義)』 또는 『예기주소(禮記注疏)』를 뜻한다. 당
   (唐)나라 때에는 태종(太宗)이 공영달(孔穎達) 등을 시켜서 『오경정의(五經正
   義)』를 편찬하였는데, 이때 『예기정의』에는 정현(鄭玄)의 주(注)와 공영달의 소
   (疏)가 수록되었다. 송대(宋代)에는 『오경정의』와 다른 경전(經典)에 대한 주석
   서를 포함한 『십삼경주소(十三經注疏)』가 편찬되어, 『예기주소』라는 명칭이 되
   었다.
15) 『목록(目錄)』은 정현이 찬술했다고 전해지는 『삼례목록(三禮目錄)』을 가리킨다.
   『십삼경주소(十三經注疏)』에서 인용되고 있지만, 이 책은 『수서(隋書)』가 편찬
   될 당시에 이미 일실되어 존재하지 않았다. 『수서』「경적지(經籍志)」편에는 "三
   禮目錄一卷, 鄭玄撰, 梁有陶弘景注一卷, 亡."이라는 기록이 있다.
16) 빈사례(賓射禮)는 천자가 오랜 벗과 함께 연회를 한 후 시행하는 활쏘기를 뜻한
   다. 또한 제후들이 천자를 찾아뵙거나 또는 제후들끼리 서로 회동을 할 때, 활쏘
   기를 하며 연회를 베푸는 것을 뜻하기도 한다.

이로움으로써 천하에 위엄을 세웠다."라고 했다. 또한 『세본』에서는 "휘(揮)가 활을 만들고, 이모(夷牟)가 화살을 만들었다."라고 했고, 주에서는 "휘(揮)와 이모(夷牟)는 황제의 신하이다."라고 했으니, 이 기록은 활과 화살이 황제로부터 기원했음을 뜻한다. 『서』「우서(虞書)」에서는 "과녁으로써 밝힌다."라고 했는데, 이것은 활쏘기를 할 때의 과녁이 요(堯)와 순(舜) 때 나타났다는 사실을 뜻하며, 하와 은나라에 대해서는 관련 기록이 남아있지 않고, 주나라의 경우에는 이러한 것들이 갖춰져 있었다.

集解 此篇釋儀禮大射儀之義也. 冠·昏·燕·聘·鄕飮酒等, 皆引儀禮正經而釋之, 此篇不引儀禮, 但泛論習射之義, 與他篇不同. 凡禮射有四: 一曰大射, 君臣相與習射而射也. 自天子以下至於士, 皆有之, 今惟諸侯大射禮存. 二曰賓射, 天子諸侯饗來朝之賓, 而因與之射. 亦謂之饗射, 司服"饗射則鷩冕", 是也. 饗禮在廟, 故服鷩冕. 諸侯饗聘賓, 亦與之射, 左傳晉士鞅"來聘", "公享之", "射者三耦", 是也. 今其禮並亡. 三曰燕射, 天子諸侯燕其臣子或四方之賓, 而因與之射; 大夫士燕其賓客, 亦得行之. 燕禮云"若射", "則如鄕射之禮". 此諸侯燕射之可見者也. 四曰鄕射, 州長與其衆庶習射於州序, 儀禮鄕射禮是也. 而鄕大夫以五物詢衆庶, 亦用是禮焉. 四者之禮, 賓射爲重, 而大射爲大. 燕禮記云"君與射, 則爲下射", 鄕射禮"賓·主人·大夫若皆與射, 則遂告于賓", 則燕射·鄕射君若賓以下或有不與者, 惟大射則無不與射也. 此外又有主皮習武之射. 周禮司弓矢"王弓·弧弓, 以授射甲革·椹質者", 鄭氏云"質, 正也. 樹椹以爲射正. 射甲與椹, 試弓習武也." 鄕射記云"禮射不主皮, 主皮之射者, 勝者又射, 不勝者降", 是也.

번역 「사의」편은 『의례』「대사의(大射儀)」편의 뜻을 풀이한 것이다. 『예기』「관의(冠義)」·「혼의(昏義)」·「연의(燕義)」·「빙의(聘義)」·「향음주의(鄕飮酒義)」 등의 편들은 모두 『의례』의 경문을 인용해서 풀이했는데, 「사의」편에서는 『의례』를 인용하지 않고, 단지 활쏘기를 익히는 뜻에 대해서 폭넓게 논의하고 있다는 점에서 다른 편들과 차이를 보인다. 활을 쏘는 예법에는 총 네 부류가 있다. 첫 번째는 '대사례(大射禮)'라고 부르니, 군주와 신하가 서로 활쏘기를 익히기 위해 활을 쏘는 것이다. 천자로부터 그 이하로 사 계층에 이르기까지 모두 관련 예법이 있었는데, 현재는 제후가 시행하는 대사례만이 남아있다. 두 번째는 '빈사례(賓射禮)'라고 부르니, 천자와 제후가 찾아와 조빙하는 빈객에게 향연을 베풀고 그에 따라 그들과 활쏘기를 하는 것이다. 이것을 또한 '향사례(饗射禮)'라고도 부르니, 『주례』「사복(司服)」편에서 "향사례를 시행하게 되면 별면(驚冕)[17]을 착용한다."[18]라고 한 말이 바로 이러한 사실을 나타낸다. 향례(饗禮)는 종묘에서 시행하기 때문에 별면을 착용하는 것이다. 제후가 빙문을 온 빈객에게 향연을 베풀게 되면 또한 그와 함께 활쏘기를 하니, 『좌전』에서 진나라 사앙에 대해 "찾아와서 빙문을 하였다."라고 했고, "양공이 그에게 연회를 베풀었다."라고 했으며, "활쏘기를 할 때 세 짝을 맞춘다."라고 한 말이 이러한 사실을 나타낸다.[19] 그러나 지금은 관련 예법이 모두 없어졌다. 세 번째는 '연사례(燕射禮)'라고 부르니, 천자와 제후가 자신의 신하들이나 사방에서 찾아온 빈객에게 연회를 베풀며, 그에 따라 그들과 활쏘기를 하는 것이며, 대부나 사가 자신을 찾아온 빈객에게 연회를 베풀 때에도 시행할 수 있다. 『의례』「연례(燕禮)」편에서는 "만약 활쏘기를 한다면"이라고 했고, "향사례의 예법처럼 한다."라고 했다.[20] 이것을 통해 제후가 시행하는 연사례에 대해서 확인할 수 있다. 네 번째는 '향사례(鄕射禮)'라고 부르니, 주장(州長)[21]이 자신의 휘하에

---

17) 별면(驚冕)은 별의(驚衣)와 면류관을 뜻한다. 천자 및 제후가 입던 복장으로, 선공(先公)에 대한 제사 및 향사례(饗射禮)를 시행할 때 착용했다. '별의'에는 꿩의 무늬를 수놓게 되는데, 이 무늬를 화충(華蟲)이라고도 부른다. 상의에는 3종류의 무늬를 수놓고, 하의에는 4종류의 무늬를 수놓게 되어, 총 7가지의 무늬가 들어가게 된다. 『주례(周禮)』「춘관(春官)·사복(司服)」편에는 "享先公, 饗射則驚冕."이라는 기록이 있고, 이에 대한 정현의 주에서는 "驚, 畵以雉, 謂華蟲也. 其衣三章, 裳四章, 凡七也."라고 풀이했다.

18) 『주례』「춘관(春官)·사복(司服)」 : 王之吉服, 祀昊天·上帝, 則服大裘而冕, 祀五帝亦如之. 享先王則袞冕, 享先公·饗射則驚冕, 祀四望·山川則毳冕, 祭社稷·五祀則希冕, 祭群小祀則玄冕.

19) 『춘추좌씨전』「양공(襄公) 29년」 : 范獻子來聘, 拜城杞也. 公享之, 展莊叔執幣. 射者三耦. 公臣不足, 取於家臣. 家臣, 展瑕·展玉父爲一耦; 公臣, 公巫召伯·仲顔莊叔爲一耦, 鄶鼓父·黨叔爲一耦.

20) 『의례』「연례(燕禮)」 : 若射, 則大射正爲司射, 如鄕射之禮.

21) 주장(州長)은 주(周)나라 때의 관직으로, 1개 주(州)의 수장을 뜻한다. 중대부(中

있는 자들과 주(州)에 있는 서(序)[22]에서 활쏘기를 익히는 것이니, 『의례』「향사례(鄕射禮)」편의 기록이 여기에 해당한다. 그리고 향대부(鄕大夫)[23]가 오물(五物)[24]로 대중들의 의견을 물을 때에도 이러한 예법을 시행한다.[25] 이러한 네 종류의 사례에 있어서는 빈사례가 중대하고 대사례가 성대하다. 「연례」편의 기문에서는 "군주가 활쏘기에 참여하게 된다면 하사(下射)가 된다."[26]라고 했고, 「향사례」편에서는 "빈객과 주인 및 대부가 모두 활쏘기에 참여하게 되어 빈객에게 고한다."라고 했으니, 연사례나 향사례에 있어서는 군주나 빈객 이하의 자들 중 활쏘기에 참여하지 않는 자들도 있고, 대사례의 경우에는 활쏘기에 참여하지 않는 자가 없다. 이 외에도 주피(主皮)를 하며 무예를 익히기 위한 활쏘기가 있다. 『주례』「사궁시(司弓矢)」편에서는 "왕궁(王弓)과 호궁(弧弓)으로는 이것을 주어 갑옷과 과녁에 쏘게 한다."[27]라고 했고, 정현은 "질(質)은

大夫) 1명이 담당을 했으며, 그 주에서 시행하는 교화와 정령을 담당했다.『주례』「지관(地官)·사도(司徒)」편에는 "州長, 每州中大夫一人."이라는 기록이 있고, 『주례』「지관·주장(州長)」편에는 "各掌其州之教治政令之法."이라는 기록이 있다.

22) 서(序)는 본래 향(鄕) 밑의 행정단위인 주(州)에 건립된 학교를 뜻한다.『주례』「지관(地官)·주장(州長)」편에는 "春秋以禮會民而射于州序."라는 기록이 있다. 또한 하후씨(夏后氏) 때 건립한 학교로 설명하며, 동서(東西)와 서서(西序)로 구분하기도 한다.『예기』「왕제(王制)」편에는 "夏后氏養國老於東序, 養庶老於西序."라는 기록이 있고, 이에 대한 정현의 주에서는 "皆學名也."라고 풀이했다. 한편 '서'는 은(殷)나라 때의 학교로 설명되기도 하며 주(周)나라 때의 학교로 설명되기도 한다.『맹자』「등문공상(滕文公上)」편에는 "夏曰校, 殷曰序, 周曰庠, 學則三代共之."라는 기록이 있고, 『한서(漢書)』「유림전서(儒林傳序)」편에는 "三代之道, 鄕里有敎, 夏曰校, 殷曰庠, 周曰序."라는 기록이 있다.

23) 향대부(鄕大夫)는 주대(周代)의 행정단위였던 향(鄕)을 담당하는 관리이다.

24) 오물(五物)은 다섯 가지 사안으로, 화(和), 용(容), 주피(主皮), 화용(和容), 흥무(興舞)를 뜻한다. '물(物)'자는 사(事)자의 뜻이다. '화'는 육덕(六德)에 포함되는 것으로, 온화함을 뜻한다. '용'은 육행(六行)을 포괄하는 것으로, 효(孝)에 해당한다. '주피'는 서민들은 과녁을 설치하지 않으므로, 가죽을 펴서 활을 쏜다는 뜻으로, 육예(六藝) 중 사(射)에 해당한다. '화용'은 조화로운 행동거지로 육예 중 예(禮)에 해당한다. '흥무'는 춤을 추는 것으로 육예 중 악(樂)에 해당한다.

25)『주례』「지관(地官)·향대부(鄕大夫)」: 退而以鄕射之禮五物詢衆庶, 一曰和, 二曰容, 三曰主皮, 四曰和容, 五曰興舞.

26)『의례』「연례(燕禮)」: 君與射, 則爲下射, 袒朱襦, 樂作而后就物.

27)『주례』「하관(夏官)·사궁시(司弓矢)」: 及其頒之, 王弓·弧弓以授射甲革·椹質者, 夾弓·庾弓以授射犴侯·鳥獸者, 唐弓·大弓以授學射者·使者·勞者.

정(正)이다. 나무를 세워서 과녁으로 삼는다. 갑옷과 과녁에 활을 쏘는 것은 활을 시험하고 무예를 익히기 위해서이다."라고 했으며, 「향사례」편의 기문에서는 "예법에 맞춰 활을 쏠 때에는 주피를 위주로 하지 않으며, 주피를 위주로 하는 활쏘기에서는 승자가 재차 활을 쏘고 패자는 내려간다."[28]라고 했다.

참고 『역』「계사하(繫辭下)」 기록

전문 弦木爲弧, 剡木爲矢, 弧矢之利, 以威天下, 蓋取諸睽.

번역 나무에 시위를 걸어서 활을 만들고, 나무를 깎아서 화살을 만들며, 활과 화살의 이로움으로 천하에 위엄을 보이니, 규괘(睽卦䷥)에서 취하였다.

王注 睽, 乖也. 物乖則爭興, 弧矢之用, 所以威乖爭也.

번역 '규(睽)'는 어그러졌다는 뜻이다. 사물이 어그러지게 되면 다툼이 발생하니, 활과 화살의 쓰임은 어그러져서 다투는 것들에게 위엄을 보이는 것이다.

孔疏 ○正義曰: 此九事之第六也. 按爾雅: "弧, 木弓也." 故云"弦木爲弧". "取諸睽"者, 睽謂乖離, 弧矢所以服此乖離之人, 故取諸睽也. 按弧·矢·杵·臼·服牛·乘馬·舟·楫皆云之"利", 此皆器物益人, 故稱"利"也. 重門擊柝, 非如舟楫杵臼, 故不云"利"也. 變稱"以禦暴客", 是以利也. 垂衣裳不言利者, 此亦隨便立稱, 故云"天下治", 治亦利也. 此皆義便而言, 不可以一例取也.

번역 ○이것은 구사(九事) 중의 여섯 번째에 해당하는 것이다. 『이아』를 살펴보면 "호(弧)는 나무로 만든 활이다."라고 했다. 그렇기 때문에 "나무에 시위를 걸어서 활을 만든다."라고 했다. "규괘(睽卦䷥)에서 취하였다."라고 했는데, '규(睽)'자는 어긋나서 떨어진다는 뜻이니, 활과 화살은 이처럼 어긋나서

---

28) 『의례』「향사례(鄕射禮)」 : 禮射不主皮. 主皮之射者, 勝者又射, 不勝者降.

떨어지는 사람들을 복종시키는 것이다. 그렇기 때문에 규괘에서 취한 것이다. 살펴보면 활·화살·공이·절구·소를 부림·말을 탐·배·노에 대해서는 모두 '이(利)'라고 말했는데, 이러한 것들은 모두 기물들이며 사람에게 보탬이 되는 것이다. 그렇기 때문에 '이(利)'라고 지칭한 것이다. 문을 중첩시키고 딱따기를 두드리는 것은 배·노·공이·절구와 같은 것이 아니다. 그렇기 때문에 '이(利)'라고 말하지 않았다. 그 말을 바꿔서 "이로써 사나운 나그네를 대비한다."라고 했는데, 이러한 까닭으로 이롭게 되는 것이다. 또 의복을 드리운다고 했을 때에도 '이(利)'라고 말하지 않았는데, 이 또한 편리에 따라 지칭한 것이다. 그렇기 때문에 "천하가 다스려진다."라고 했으니, 다스려진다는 것 또한 이롭다는 의미이다. 이 모두는 의미의 편리에 따라서 말한 것이니, 동일한 용례에 따를 수 없다.

참고 『서』「우서(虞書)·익직(益稷)」 기록

경문 欽四鄰. 庶頑讒說, 若不在時①, 侯以明之, 撻以記之②, 書用識哉, 欲並生哉③! 工以納言, 時而颺之④, 格則承之庸之, 否則威之⑤.

번역 사방의 가까운 신하로 하여금 자신의 일을 공경스럽게 처리하도록 한다. 여러 우둔하고 참소를 하는 자들이 옳지 못한 행동을 하면 살펴야 하고, 활쏘기의 의례를 통해 선악의 가르침을 드러내며, 매질하여 그 과오를 기록해야 하니, 잘못을 기록하는 것은 그와 더불어 살고지 해서이다! 악공은 간언을 아뢰니 그 뜻을 바르게 하여 크게 말하도록 해야 하고, 도에 도달한 자가 있다면 등용하고 관직을 내려야 하며, 가르침에 따르지 않는다면 형벌로 위엄을 보여야 한다.

孔傳-① 四近前後左右之臣, 敕使敬其職. 衆頑愚讒說之人, 若所行不在於是而爲非者, 當察之.

[번역] 사방의 가까이 있는 전후좌우의 신하들에 대해서는 경계하여 자신의 직무를 공경스럽게 처리하도록 한다. 여러 우둔하고 참소를 일삼는 자들에 대해서는 그들이 시행한 것이 옳지 않고 잘못되었다면 마땅히 살펴보아야 한다.

[孔傳-②] 當行射侯之禮, 以明善惡之敎. 笞撻不是者, 使記識其過.

[번역] 활쏘기의 의례를 시행하여 선악의 가르침을 드러내야 한다. 옳지 못한 자를 매질하여 그의 과오를 기록하도록 한다.

[孔疏] ◎傳"當行"至"其過". ○正義曰: 禮射皆張侯射之, 知"侯以明之", "當行射侯之禮, 以明善惡之敎". 射禮有序賓以賢, 詢衆擇善之義, 是可以明善惡也. "笞撻不是者, 使記識其過", 謂過輕者也, 大罪刑殺之矣. 古之射侯之士, 無以言之. 按周禮·司裘云: "王大射則供虎侯·熊侯·豹侯·設其鵠. 諸侯則供熊侯·豹侯, 卿大夫則供麋侯, 皆設其鵠." 鄭玄注云: "虎九十弓, 卽方一丈八尺. 熊七十弓, 方一丈四尺. 豹·麋五十弓, 方一丈." 鄭又引梓人"爲侯, 廣與崇方, 三分其廣, 而鵠居一焉". 則丈八之侯, 鵠方六尺. 丈四之侯, 鵠方四尺六寸大半寸. 一丈之侯, 鵠方三尺三寸少半寸, 此皆大射之侯也. 射人云: "王以六耦射三侯, 五正. 諸侯以四耦射二侯, 三正. 孤卿大夫以三耦射一侯, 二正. 士以三耦射豹侯, 二正." 鄭玄注云: "五正者, 五采. 中朱, 次白, 次蒼, 次黃, 玄居外. 三正者, 去玄·黃. 二正者, 去白·蒼而畫以朱·綠." 此賓射之侯也. 鄭以賓射三侯步數高廣, 與大射侯同, 正大如鵠. 司裘及射人所云諸侯者, 謂圻內諸侯. 若圻外諸侯, 則儀禮·大射云, 大侯九十弓, 熊侯七十弓, 豹侯五十弓, 皆以三耦; 其賓射則無文. 若天子已下之燕射, 按鄕射記云: "天子熊侯, 白質. 諸侯麋侯, 赤質. 大夫布侯, 畫以虎豹. 士布侯, 畫以鹿豕." 熊侯已下同五十弓, 卽侯身高一丈, 君臣共射之.

[번역] ◎孔傳: "當行"~"其過". ○예법에 따라 활쏘기를 할 때에는 모두 과녁을 설치하고 그곳에 활을 쏘니, "과녁으로써 밝힌다."라고 한 말이 "활쏘기의 의례를 시행하여 선악의 가르침을 드러내야 한다."라는 뜻임을 알 수 있다. 활

쏘기의 의례에는 현명함에 따라 빈객들의 서열을 정하게 되며, 대중들에게 물어 선한 자를 선택하는 뜻이 있으니, 선악을 밝힐 수 있다. "옳지 못한 자를 매질하여 그의 과오를 기록하도록 한다."라고 했는데, 이것은 그 잘못이 가벼운 경우를 뜻하니, 큰 죄를 지었다면 형벌을 내려 죽여야 한다. 고대의 활쏘기에 있어서 사 계층에 대해서는 말할 수 없다. 『주례』「사구(司裘)」편을 살펴보면 "천자가 대사례를 시행하면 호후(虎侯)·웅후(熊侯)·표후(豹侯)를 공급하고 정곡을 설치한다. 제후의 경우라면 웅후(熊侯)·표후(豹侯)를 공급하고, 경과 대부라면 미후(麋侯)를 공급하는데, 이 모두에 대해서는 정곡을 설치한다."²⁹⁾ 라고 했으며, 정현의 주에서는 "호후는 90궁이니 사방 1장 8척에 해당한다. 웅후는 70궁이니, 사방 1장 4척이다. 표후와 미후는 50궁이니 사방 1장이다."라고 했다. 정현은 또한 『주례』「재인(梓人)」편을 인용하여 "과녁을 만들 때에는 가로와 세로의 길이를 동일하게 하며, 가로의 길이를 3등분했을 때 정곡은 그 중 1만큼을 차지한다."라고 했다. 따라서 1장 8척의 과녁에 있어서 정곡은 사방 6척이 된다. 1장 4척의 과녁에 있어 정곡은 사방 4척 6.5촌보다 조금 더 크다. 1장의 과녁에 있어서 정곡은 사방 3척 3.5촌보다 조금 작다. 이러한 것들은 모두 대사례에 설치하는 과녁이다. 『주례』「사인(射人)」편에서는 "천자의 활쏘기인 경우 6쌍이 3종류의 과녁에 활을 쏘고 5가지 채색이 들어간 표적을 둔다. 제후의 경우 4쌍이 2종류의 과녁에 활을 쏘고 3가지 채색이 들어간 표적을 둔다. 고(孤)³⁰⁾·경·대부의 경우 3쌍이 1종류의 과녁에 활을 쏘고 2가지 채색이 들어간 표적을 둔다. 사의 경우 3쌍이 한후(犴侯)에 활을 쏘고 2가지 채색이 들어간 표적을 둔다."³¹⁾라고 했으며, 정현의 주에서는 "오정(五正)이라는 것은

---

29) 『주례』「천관(天官)·사구(司裘)」: 王大射, 則共虎侯·熊侯·豹侯, 設其鵠. 諸侯則共熊侯·豹侯, 卿大夫則共麋侯, 皆設其鵠.

30) 고(孤)는 고대의 작위이다. 천자에게 소속된 '고'는 삼공(三公) 밑의 서열에 해당하며, 육경(六卿)보다 높았다. 고대에는 소사(少師)·소부(少傅)·소보(少保)를 삼고(三孤)라고 불렀다.

31) 『주례』「하관(夏官)·사인(射人)」: 以射法治射儀. 王以六耦射三侯, 三獲三容, 樂以騶虞, 九節五正; 諸侯以四耦射二侯, 二獲二容, 樂以貍首, 七節三正; 孤卿大夫以三耦射一侯, 一獲一容, 樂以采蘋, 五節二正; 士以三耦射犴侯, 一獲一容, 樂以采蘩, 五節二正.

다섯 가지 채색을 뜻한다. 중앙은 적색, 그 밖은 백색, 그 밖은 청색, 그 밖은 황색, 검은 색은 가장 밖에 있게 된다. 삼정(三正)이라는 것은 오정에서 검은색과 황색을 제거한 것이다. 이정(二正)은 백색과 청색을 제거하고 주색과 녹색으로 그린다."라고 했다. 이것은 빈사례에 사용하는 과녁이다. 정현은 빈사례에 사용하는 세 가지 과녁에 대해서 그 치수가 대사례에 사용하는 과녁과 동일하다고 했으니, 정(正)의 크기는 곡(鵠)과 같다. 「사구」편과 「사인」편에서 언급한 제후(諸侯)는 천자의 수도 안에 있는 제후를 뜻한다. 천자의 수도 밖에 있는 제후라면, 『의례』「대사의(大射儀)」편에서 말한 것처럼 대후(大侯)는 90궁이고 웅후는 70궁이며 표후는 50궁이고, 모두 3쌍이 쏘게 되고, 그들이 시행하는 빈사례에 대해서는 관련 기록이 남아있지 않다. 천자 이하의 계층이 연사례를 시행하는 경우라면 『의례』「향사례(鄕射禮)」편의 기문을 살펴보면 "천자의 웅후는 백색 바탕으로 한다. 제후의 미후는 적색 바탕으로 한다. 대부의 포후에는 호랑이와 표범을 그린다. 사의 포후에는 사슴과 돼지를 그린다."라고 했다. 웅후 이하는 모두 50궁이 되니, 과녁 본체의 높이는 1장이며, 군주와 신하가 함께 이 과녁에 활을 쏘게 된다.

孔傳-③ 書識其非, 欲使改悔, 與共並生.

번역 그 잘못을 기록하는 것은 잘못을 고치고 뉘우치도록 만들어서 함께 살아가고자 해서이다.

孔疏 ◎傳"書識"至"並生". ○正義曰: 書識其非, 亦是小過者也, 欲並生哉. 總上三者, "侯以明之, 撻以記之, 書用識哉", 皆是欲其改悔, 與無過之人共並生也.

번역 ◎孔傳: "書識"~"並生". ○잘못을 기록하는 것 또한 작은 과실을 저지른 경우이니, 함께 살아가고자 해서이다. 앞에 나온 세 가지 경우를 총괄해서 "과녁으로써 밝히고, 매질하여 기록하며, 기록하여 알게 한다."라고 했는데, 이 모두는 잘못을 고치고 뉘우치도록 해서 죄가 없는 자와 함께 살아가게끔 하고

자 해서이다.

孔傳-④ 工, 樂官, 掌誦詩以納諫, 當是正其義而颺道之.

번역 ‘공(工)’자는 악관을 뜻하니, 시를 암송하여 간언 받아들이는 일을 담당하며, 그 뜻을 바르게 하여 크게 아뢰어야만 한다.

孔疏 ◎傳"工樂"至"道之". ○正義曰: 禮通謂樂官爲工, 知工是樂官, 則周禮大師·瞽矇之類也. 樂官掌頌詩言以納諫, 以詩之義理或微, 人君聽之, 若有不悟, 當正其義而揚道之. 揚, 擧也, 擧而道向君也.

번역 ◎孔傳: "工樂"~"道之". ○『예』의 기록에서는 악관을 ‘공(工)’이라는 말로 두루 사용하니, 여기에 나온 ‘공(工)’자가 악관에 해당한다는 사실을 알 수 있으며, 『주례』에 나오는 태사나 고몽과 같은 관리들에 해당한다. 악관은 시를 암송하여 간언 받아들이는 일을 담당하는데, 시의 의미는 명확하기도 하고 은미하기도 하여 군주가 그것을 듣고서 깨닫지 못한다면 그 뜻을 바르게 해서 잘 드러나도록 말해야한다. ‘양(揚)’자는 든다는 뜻이니, 해당하는 의미를 들어서 군주를 향해 말해야 한다.

孔傳-⑤ 天下人能至于道則承用之, 任以官. 不從教則以刑威之.

번역 천하 사람들 중 도에 이를 수 있는 자가 있다면 그를 등용하여 관직을 내려야 한다. 가르침에 따르지 않는다면 형벌로 위엄을 보인다.

孔疏 ◎傳"天下"至"威之". ○正義曰: 言"承之用之", 則此人未在官也, 故言謂天下民必也. 能至於道卽賢者, 故承用之而任以官也. "否"謂不從敎者, 則以刑威之而罪其身也. 臣過必小, 故撻之書之; 人罪或大, 故以刑威之.

번역 ◎孔傳: "天下"~"威之". ○"등용하고 사용한다."라고 했으니, 여기에서 말한 사람은 아직 관리가 되지 못한 자이다. 그렇기 때문에 천하의 백성이라고 말한 것이다. 도에 도달할 수 있다면 현명한 자에 해당한다. 그렇기 때문에 그를 등용하여 관직을 수여하는 것이다. '부(否)'자는 가르침을 따르지 않는 자를 뜻하니, 형벌로 위엄을 보여서 그에게 죄를 내리는 것이다. 신하의 과실이 작기 때문에 매질하고 기록하는 것이니, 죄가 크다면 형벌로 위엄을 보이게 된다.

孔疏 ○"庶頑讒說"謂朝廷之臣, "格則承之"乃謂天下之人. 舜之朝廷當無讒說之人, 故設爲大法, 戒愼之耳. 四近之臣, 普謂近君之臣耳, 無常人也. 鄭玄以"四近爲左輔右弼前疑後承", 惟伏生書傳有此言, 文王世子云"有師保, 有疑承", 以外經傳無此官也.

번역 ○'여러 우둔하고 참소를 하는 자들'이라고 했는데 조정에 있는 신하들을 뜻하며, "도달한다면 등용한다."라고 했으니 천하의 백성들을 뜻한다. 순임금의 조정에는 참소를 하는 자들이 없었기 때문에 큰 법도를 제정하여 경계하고 신중히 한 것일 뿐이다. 사방의 가까운 신하들은 일반적으로 군주를 가까이에서 섬기는 신하들을 뜻할 따름이니, 고정된 특정 사람들이 아니다. 정현은 사근(四近)을 좌보(左輔)·우필(右弼)·전의(前疑)·후승(後承)이라는 4명의 관리로 여겼는데, 복생[32]의 『서전』에만 이러한 말이 수록되어 있으며, 『예기』「문왕세자(文王世子)」편에서는 "사(師)와 보(保)가 있고 의(疑)와 승(承)이 있다."[33]라고 했지만, 그 이외의 경문과 전문에는 이러한 관직이 기록되어 있지 않다.

---

32) 복생(伏生, ?~?) : =복승(伏勝). 전한(前漢) 때의 학자이다. 자(字)는 자천(子賤)이다. 진(秦)나라 때 박사(博士)를 지냈으며, 분서갱유를 피해 『상서(尙書)』를 숨겨두었다가, 한(漢)나라 때 『금문상서(今文尙書)』를 전수하였다.
33) 『예기』「문왕세자(文王世子)」【253c~d】: 立太傅·少傅, 以養之, 欲其知父子·君臣之道也. 太傅, 審父子·君臣之道, 以示之, 少傅, 奉世子, 以觀太傅之德行, 而審喩之. 太傅在前, 少傅在後, 入則有保, 出則有師. 是以敎喩而德成也. 師也者, 敎之以事, 而喩諸德者也. 保也者, 愼其身, 以輔翼之, 而歸諸道者也. 記曰, "虞夏商周, 有師·保, 有疑·丞, 設四輔及三公, 不必備, 唯其人", 語使能也.

蔡傳 此因上文而慮庶頑讒說之不忠不直也. 讒說, 卽舜所塈者. 時, 是也, 在是, 指忠直爲言. 侯, 射侯也. 明者, 欲明其果頑愚讒說與否也. 蓋射所以觀德, 頑愚讒說之人, 其心不正, 則形乎四體, 布乎動靜, 其容體必不能比於禮, 其節奏必不能比於樂, 其中必不能多, 審如是, 則其爲頑愚讒說也必矣. 周禮王大射, 則供虎侯熊侯豹侯, 諸侯供熊侯豹侯, 卿大夫供麋侯, 皆設其鵠, 又梓人爲侯, 廣與崇方三分其廣, 而鵠居一焉, 應古制亦不相遠也. 撻, 扑也, 卽扑作敎刑者, 蓋懲之使記而不忘也. 識, 誌也, 錄其過惡, 以識于冊, 如周制鄕黨之官, 以時書民之孝悌睦婣有學者也. 聖人不忍以頑愚讒說, 而遽棄之, 用此三者之敎, 啓其憤發其悱, 使之遷善改過, 欲其並生於天地之間也. 工, 掌樂之官也. 格, 有恥且格之格, 謂改過也. 承, 薦也. 聖人於庶頑讒說之人, 旣有以啓發其憤悱遷善之心, 而又命掌樂之官, 以其所納之言, 時而颺之, 以觀其改過與否, 如其改也, 則進之用之, 如其不改, 然後刑以威之, 以見聖人之敎無所不極其至, 必不得已焉而後威之, 其不忍輕於棄人也如此. 此卽龍之所典, 而此命伯禹總之也.

번역 이것은 앞 문장으로 인하여 여러 우둔하고 참소하는 자들의 충직하지 못함을 염려한 것이다. 참소는 순임금이 미워했던 것이다. '시(時)'자는 시(是)자의 뜻이니, '재시(在是)'라는 말은 충직을 가리켜서 한 말이다. '후(侯)'는 활을 쏘는 과녁이다. '명(明)'은 우둔하거나 참소를 하는가의 여부를 밝히고자 하는 것이다. 활쏘기는 덕을 관찰하는 방법이니, 우둔하거나 참소를 하는 자들은 그 마음이 바르지 못하여 사지를 통해 드러나고 움직임을 통해 드러나니, 그 모습은 반드시 예에 맞지 못하고 행동의 흐름도 반드시 음악에 맞지 못하여, 명중시키는 것이 많을 수 없다. 따라서 이와 같다면 그는 우둔하고 참소를 하는 자임이 분명하다. 『주례』에서는 천자가 대사례를 시행하면 호후(虎侯)·웅후(熊侯)·표후(豹侯)를 공급하고, 제후의 경우에는 웅후·표후를 공급하며, 경과 대부의 경우에는 미후(麋侯)를 공급하는데, 모두 정곡을 설치한다고 했고, 또한 「재인(梓人)」편에서는 과녁을 만들 때 가로와 세로의 길이를 동일하게 하며, 가로의 길이를 3등분하여 정곡이 그 중 1만큼을 차지한다고 했으니, 고대의 제도 또한 이와 큰 차이를 보이지는 않았을 것이다. '달(撻)'자는 회초리로 때린다는 뜻이니, 회초리를 학교의 형벌로 만든다는 것으로, 징벌하여 기억해서 잊지 못하도록 하는 것이다. '지(識)'자는 기록한다는 뜻이니, 그의 과오를 적어서 책에 기록하는 것으로, 주나라 때의 제도에서 향당의 관리가 시기별로 백성들 중 효와 공손 및 화목을 실천하며 학문을 갖춘 자를 기록했던 것과 같다. 성인은 우둔하고 참소를 하는 자라고 해서 갑작스럽게 내치지 못하니, 이러한 세 가지 가르침을 사용하여 분발하도록 해서 선으로 옮겨가고 잘못을 고치도록 한 것으로, 천지 사이에서 그와 함께 살아가고자 했던 것이다. '공(工)'은 음악을 담당하는 관리이다. '격(格)'자는 "부끄러움이 있고 또 바르게 된다."고 했을 때의 '격(格)'자와 같은 것으로, 잘못을 고친다는 의미이다. '승(承)'자는 천거한다는 뜻이다. 성인은 여러 우둔하고 참소하는 자들에 대해서 이미 분발시켜서 선으로 옮겨 가도록 하려는 마음이 있고, 또 음악을 담당하는 관리에게 명령하여 그가 아뢴 말을 때때로 드러내어 이것을 통해 그가 잘못을 고쳤는가의 여부를 관찰하는데, 만약 그가 잘못을 고쳤다면 그를 천거하여 등용하고, 만약 잘못을 고치지 않았다면 그런 뒤에야 형벌을 내려 위엄을 내보이니, 이것을 통해 성인의 가르침은 지극함을 다하지 않는 바가 없어서 반드시 부득이한 경우여야만 위엄을 행사함을 드러낸 것으로, 사람 내치는 일을 이처럼 경솔하게 할 수 없었던 것이다. 이것은 용이 담당했던 일이지만 이곳에서 백우에게 명령한 것은 그 일을 총괄하기 때문이다.

참고 『주례』「춘관(春官)・사복(司服)」기록

경문 王之吉服, 祀昊天・上帝, 則服大裘而冕, 祀五帝亦如之. 享先王則袞冕, 享先公・饗射則鷩冕, 祀四望・山川則毳冕, 祭社稷・五祀則希冕, 祭群小祀則玄冕.

번역 천자가 착용하는 길복(吉服)[34]에 있어서, 호천과 상제[35]에게 제사를

---

34) 길복(吉服)에는 세 가지 뜻이 있다. 첫 번째는 제사 때 입는 복장인 제복(祭服)을

지내게 되면 대구복(大裘服)36)을 착용하고 면류관을 쓰며, 오제(五帝)37)에게 제사를 지낼 때에도 이처럼 착용한다. 선왕에게 제사를 지내게 되면 곤면(袞冕)38)을 착용하고, 선공(先公)39)에게 제사를 지내거나 향사례를 시행하게 되

뜻한다. 제사(祭祀)는 길례(吉禮)에 해당하므로, 그때 착용하는 복장을 '길복'이라고 부르는 것이다. 두 번째는 예의를 갖출 때 입는 예복(禮服)을 범칭하는 말이다. 세 번째는 흉사나 상사가 없이 일상적인 때 착용하는 복장을 가리키기도 한다.

35) 호천상제(昊天上帝)는 호천(昊天)과 상제(上帝)로 구분하여 해석하기도 하며, '호천상제'를 하나의 용어로 해석하기도 한다. 후자의 경우 '호천'이라는 말은 '상제'를 수식하는 말이다. 고대에는 축호(祝號)라는 것을 지어서 제사 때의 용어를 수식어로 꾸미게 되는데, '호천상제'의 경우는 '상제'에 대한 축호에 해당하며, 세분하여 설명하자면 신(神)의 명칭에 수식어를 붙이는 신호(神號)에 해당한다. 『예기』「예운(禮運)」편에는 "作其祝號, 玄酒以祭, 薦其血毛, 腥其俎, 孰其殽."라는 기록이 있고, 이에 대한 진호(陳澔)의 주에서는 "作其祝號者, 造爲鬼神及牲玉美號之辭. 神號, 如昊天上帝."라고 풀이했다. '호천'과 '상제'로 풀이할 경우, '상제'는 만물을 주재하는 자이며, '상천(上天)'이라고도 불렀다. 고대인들은 길흉(吉凶)과 화복(禍福)을 내릴 수 있는 능력을 갖추고 있었다고 생각하였다. 한편 '상제'는 오행(五行) 관념에 따라 동·서·남·북·중앙의 구분이 생기면서, 천상을 각각 나누어 다스리는 오제(五帝)로 설명되기도 한다. '호천'의 경우 천신(天神)을 뜻하는데, '상제'와 비슷한 개념이다. '호천'을 '상제'보다 상위의 개념으로 해석하여, 오제 위에서 군림하는 신으로 해석하는 경우도 있다.

36) 대구(大裘)는 천자가 제천(祭天) 의식을 시행할 때 입었던 복장이다. 『주례』「천관(天官)·사구(司裘)」편에는 "司裘掌爲大裘, 以共王祀天之服."이라는 기록이 있다. 즉 사구(司裘)는 '대구' 만드는 일을 담당하여, 천자가 하늘에 제사를 지낼 때 입는 의복으로 제공한다. 또한 이 기록에 대해 정현의 주에서는 정사농(鄭司農)의 주장을 인용하여, "大裘, 黑羔裘, 服以祀天, 示質."이라고 풀이했다. 즉 '대구'라는 의복은 검은 양의 가죽으로 만든 옷이며, 이것을 입고 하늘에 제사를 지내는 것은 질박함을 보이기 위함이다.

37) 오제(五帝)는 천상(天上)의 다섯 신(神)을 가리킨다. 오행설(五行說)과 참위설(讖緯說)에 영향을 받은 것으로, 중앙의 황제(黃帝)인 함추뉴(含樞紐), 동쪽의 창제(蒼帝)인 영위앙(靈威仰), 남쪽의 적제(赤帝)인 적표노(赤熛怒), 서쪽의 백제(白帝)인 백소구(白昭矩: =白招拒), 북쪽의 흑제(黑帝)인 협광기(叶光紀)를 가리킨다.

38) 곤면(袞冕)은 곤룡포와 면류관을 뜻한다. 본래 천자의 제사복장으로, 비교적 중요한 제사 때 입는다. 윗옷과 아랫도리에 새겨진 무늬 등은 9가지이다. 『주례』「춘관(春官)·사복(司服)」편에는 "享先王則袞冕."이라는 기록이 있다. 이에 대한 정현의 주에서는 "袞服九章, 登龍於山, 登火於宗彝, 尊其神明也. 九章, 初一曰龍, 次二曰山, 次三曰華蟲, 次四曰火, 次五曰宗彝, 皆畫以爲繢. 次六曰藻, 次

면 별면(鷩冕)을 착용하며, 사망(四望)40) 및 산천의 신들에게 제사를 지내게
되면 취면(毳冕)41)을 착용하고, 사직(社稷)42) 및 오사(五祀)43)의 신들에게 제

七曰粉米, 次八曰黼, 次九曰黻, 皆希以爲繡. 則袞之衣五章, 裳四章, 凡九也."라
고 풀이했다. 즉 '곤면'의 윗옷에는 용(龍), 산(山), 화충(華蟲), 화(火), 종이(宗
彛) 등 5가지 무늬를 그려놓고, 아랫도리에는 조(藻), 분미(粉米), 보(黼), 불(黻)
등 4가지를 수놓았다.

39) 선공(先公)은 본래 천자 및 제후의 선조들을 존귀하게 높여 부르는 말이다. 따라
서 '선왕(先王)'이라는 말과 동일하게 사용된다. 그러나 주(周)나라에 대해 선왕
과 대비해서 사용하게 되면, 후직(后稷)의 후손 중 태왕(太王) 이전의 선조를 지
칭한다. 주나라는 건립 이후 자신의 선조에 대해 추왕(追王)을 하여 왕(王)자를
붙였는데, 태왕인 고공단보(古公亶父)까지 왕(王)자를 붙였기 때문이다.

40) 사망(四望)은 천자가 사방(四方)의 산천(山川)에게 망(望)제사를 지내는 것이다.
제사의 대상은 산천 중의 큰 것들로, 오악(五嶽)이나 사독(四瀆)과 같은 것이다.
산천에 대한 제사는 일일이 그곳마다 찾아가서 제사를 지낼 수 없기 때문에, 그
곳이 바라보이는 곳에 제단을 쌓고 제사를 지낸다. 그렇기 때문에 그 제사를 '망'
제사라고 부르는 것이다. 그리고 천자는 사방(四方)의 산천들에 대해서 모두 제
사를 지내게 되므로 '사(四)'자를 붙여서 '사망'이라고 부르는 것이다. 『주례』「춘
관(春官)·대종백(大宗伯)』편에는 "國有大故, 則旅上帝及四望."이라는 기록이
있고, 이에 대한 가공언(賈公彦)의 소(疏)에서는 "言四望者, 不可一往就祭, 當
四向望而爲壇遙祭之, 故云四望也."라고 풀이했다. 그리고 손이양(孫詒讓)의 『정
의(正義)』에서는 "陳壽祺云, 山川之祭, 周禮四望, 魯禮三望. 其餘諸侯祀竟內山
川, 蓋無定數, 山川之大者, 莫如五嶽四瀆."이라고 풀이했다.

41) 취면(毳冕)은 취의(毳衣)와 면류관을 뜻한다. 본래 천자가 사망(四望) 등 산천
(山川)에 대한 제사 때 착용했던 복장이다. '취의'에는 호랑이와 원숭이를 수놓게
되는데, 이 무늬를 종이(宗彛)라고도 부른다. 상의에는 3종류의 무늬를 수놓고,
하의에는 2종류의 무늬를 수놓게 되어, 총 5가지 무늬가 들어가게 된다. 『주례
(周禮)』「춘관(春官)·사복(司服)』편에는 "祀四望山川則毳冕."이라는 기록이 있
고, 이에 대한 정현의 주에서는 "毳畫虎蜼, 謂宗彛也. 其衣三章, 裳二章, 凡五
也."라고 풀이했다.

42) 사직(社稷)은 토지신과 곡식신을 뜻한다. 천자와 제후가 지냈던 제사이다. '사직'
에서의 '사(社)'자는 토지신을 가리키고, '곡(稷)'자는 곡식신을 뜻한다.

43) 오사(五祀)는 본래 주택 내외에 있는 대문[門], 방문[戶], 방 가운데[中霤], 부뚜
막[竈], 도로[行]를 주관하는 다섯 신(神)들을 가리키기도 하며, 이들에게 지내는
제사를 지칭하기도 한다. 한편 계층별로 봤을 때, 통치자 계급은 통치 범위를 자
신의 집으로 생각하여, 각각 다섯 대상에 대해서 대표적인 장소에서 제사를 지내
기도 한다. 『예기』「월령(月令)』편에는 "天子乃祈來年于天宗, 大割祠于公社及
門閭, 臘先祖五祀. 勞農以休息之."라는 기록이 있고, 이에 대한 정현의 주에서는
"五祀, 門, 戶, 中霤, 竈, 行也."라고 풀이했다. 한편 '오사' 중 행(行) 대신 우물

사를 지내게 되면 희면(希冕)44)을 착용하며, 여러 소사(小祀)45)에 제사를 지내게 되면 현면(玄冕)46)을 착용한다.

鄭注 六服同冕者, 首飾尊也. 先公, 謂后稷之後, 大王之前, 不窋至諸盩. 饗射, 饗食賓客與諸侯射也. 群小祀, 林澤·墳衍·四方百物之屬. 鄭司農云: "大裘, 羔裘也. 袞, 卷龍衣也. 鷩, 禕衣也. 毳, 罽衣也." 玄謂書曰: "予欲觀古人之象, 日·月·星辰·山·龍·華蟲作繢, 宗彝·藻·火·粉米·黼·黻希繡." 此古天子冕服十二章, 舜欲觀焉. 華蟲, 五色之蟲. 繢人職曰"鳥獸蛇雜四

[井]를 포함시키기도 한다. 『회남자(淮南子)』「시칙훈(時則訓)」편에는 "其位北方, 其日壬癸, 盛德在水, 其蟲介, 其音羽, 律中應鐘, 其數六, 其味鹹, 其臭腐. 其祀井, 祭先腎."이라는 기록이 있다. 그리고 이들에 대해 제사를 지내는 이유에 대해서, 『논형(論衡)』「제의(祭意)」편에서는 "五祀報門·戶·井·竈·室中霤之功. 門·戶, 人所出入, 井·竈, 人所欲食, 中霤, 人所託處, 五者功鈞, 故俱祀之."라고 설명한다. 즉 '오사'에 대한 제사는 그들에 대한 공덕에 보답을 하는 것으로, 문(門)과 호(戶)는 사람들이 출입을 하는데 편리함을 제공해주었고, 정(井)과 조(竈)는 사람들이 음식을 먹을 수 있도록 해주었으며, 중류(中霤)는 사람이 거처할 수 있도록 해주었기 때문에, 이들에 대해서 제사를 지내는 것이다.

44) 치면(絺冕)은 희면(希冕)·치면(黹冕)이라고도 부른다. 치의(絺衣)와 면류관을 뜻한다. 천자 및 제후가 사직(社稷) 및 오사(五祀)에 대한 제사를 지낼 때 착용하던 복장이다. '치의'에는 쌀 모양의 무늬를 수놓았고, 다른 그림을 그려 넣지 않았다. 상의에는 1개의 무늬를 수놓고, 하의에는 2개의 무늬를 수놓게 되어, 총 3개의 무늬가 들어가게 된다. 『주례(周禮)』「춘관(春官)·사복(司服)」편에는 "祭社稷·五祀則希冕."이라는 기록이 있고, 이에 대한 정현의 주에서는 "希刺粉米, 無畫也. 其衣一章, 裳二章, 凡三也."라고 풀이했다.

45) 소사(小祀)는 비교적 규모가 작은 제사를 가리킨다. 또한 군사(群祀)라고 부르기도 한다. 사중(司中), 사명(司命), 풍백(風伯. =風師), 우사(雨師), 세성(諸星), 산림(山林), 천택(川澤) 등에 대해 지내는 제사이다. 『주례』「춘관(春官)·사사(肆師)」편에는 "立小祀用牲."이라는 기록이 있는데, 이에 대한 정현의 주에서는 "鄭司農云 小祀司命已下. 玄謂 小祀又有司中風師雨師山川百物."이라고 풀이하였고, 『구당서(舊唐書)』「예의지일(禮儀志一)」에도 "司中司命風伯雨師諸星山林川澤之屬爲小祀."라는 기록이 있다.

46) 현면(玄冕)은 현의(玄衣)와 면류관을 뜻한다. 본래 천자 및 제후의 제사복장으로, 비교적 중요성이 덜한 제사 때 입는다. '현의' 중 상의에는 무늬가 들어가지 않고, 하의에만 불(黻)을 수놓는다. 『주례』「춘관(春官)·사복(司服)」편에는 "祭群小祀則玄冕."이라는 기록이 있고, 이에 대한 정현의 주에서는 "玄者, 衣無文, 裳刺黻而已, 是以謂玄焉."이라고 풀이했다.

時五色以章之謂", 是也. 希讀爲絺, 或作"㫄", 字之誤也. 王者相變, 至周而以
日月星辰畫於旌旗, 所謂三辰旂旗, 昭其明也. 而冕服九章, 登龍於山, 登火於
宗彝, 尊其神明也. 九章, 初一曰龍, 次二曰山, 次三曰華蟲, 次四曰火, 次五曰
宗彝, 皆畫以爲績; 次六曰藻, 次七曰粉米, 次八曰黼, 次九曰黻, 皆希以爲繡.
則袞之衣五章, 裳四章, 凡九也. 驚畫以雉, 謂華蟲也, 其衣三章, 裳四章, 凡七
也. 毳畫虎蜼, 謂宗彝也, 其衣三章, 裳二章, 凡五也. 希刺粉米, 無畫也, 其衣
一章, 裳二章, 凡三也. 玄者衣無文, 裳刺黻而已, 是以謂玄焉. 凡冕服皆玄衣
纁裳.

번역 육복(六服)47)에 면류관을 동일하게 쓰는 것은 머리에 하는 장식은 존
귀하기 때문이다. '선공(先公)'은 후직 다음부터 태왕 이전까지의 선조로, 불줄
로부터 제주까지이다. '향사(饗射)'는 빈객에게 향연을 베풀며 제후와 활쏘기를
하는 것이다. '군소사(群小祀)'는 산림과 못, 물가와 저지대의 평지, 사방의 온
갖 사물들을 담당하는 신을 뜻한다. 정사농48)은 "'대구(大裘)'는 검은 양의 가
죽으로 만든 옷이다. '곤(袞)'은 휘감긴 용을 그린 옷이다. '별(驚)'은 비의(裨
衣)49)이다. '취(毳)'는 털옷이다."라고 했다. 내가 생각하기에 『서』에서는 "내

---

47) 육복(六服)은 천자나 제후의 여섯 종류 복장을 가리키니, 대구(大裘), 곤의(袞
衣), 별의(驚衣), 취의(毳衣), 희의(希衣), 현의(玄衣)이다. 『주례(周禮)』「춘관
(春官)·사복(司服)」편에는 "祀昊天上帝, 則服大裘而冕, 祀五帝亦如之. 享先王
則袞冕. 享先公, 饗射則驚冕. 祀四望山川則毳冕. 祭社稷五祀則希冕. 祭群小祀
則玄冕."이라는 기록이 있다. 즉 호천상제(昊天上帝) 및 오제(五帝)에게 제사지
낼 때에는 대구를 입고 면(冕)을 쓰며, 선왕(先王)에게 제사지낼 때에는 곤면(袞
冕)을 착용하고, 선공(先公)에 대한 제사 및 향사례(饗射禮)를 시행할 때에는 별
면(驚冕)을 착용하며, 산천(山川) 등에 제사지낼 때에는 취면(毳冕)을 착용하고,
사직(社稷) 등에 제사지낼 때에는 희면(希冕)을 착용하며, 기타 여러 제사에는
현면(玄冕)을 착용한다.
48) 정중(鄭衆, ?~A.D.83) : =정사농(鄭司農). 후한(後漢) 때의 경학자이다. 자(字)
는 중사(仲師)이다. 부친은 정흥(鄭興)이다. 부친에게 『춘추좌씨전(春秋左氏傳)』
의 학문을 전수받았다. 또한 그는 대사농(大司農) 등의 관직을 역임하였기 때문
에, '정사농'이라고도 불렸다. 한편 정흥과 그의 학문은 정현(鄭玄)에게 많은 영향
을 주었기 때문에, 후대에서는 정현을 후정(後鄭)이라고 불렀고, 정흥과 그를 선
정(先鄭)이라고도 불렀다. 저서로는 『춘추조례(春秋條例)』, 『주례해고(周禮解詁)』
등을 지었다고 하지만, 현재는 전해지지 않았다.

가 옛 사람들의 상을 관찰하여 일·월·성신·산·용·화충을 그림으로 그리고, 종이·조·화·분미·보·불을 수놓고자 한다."50)라고 했다. 이것은 고대 천자의 면복(冕服)51)에 새기는 12가지의 무늬이며, 순임금은 이를 살펴보고자 했던 것이다. '화충(華蟲)'은 다섯 가지 색깔을 지닌 동물이다. 『주례』「궤인(繢人)」편의 직무 기록에서는 "조수사(鳥獸蛇: =화충)는 사계절과 다섯 가지 색깔을 섞어 무늬 만든 것을 뜻한다."52)라고 했다. '희(希)'자는 치(絺)자로 풀이하는데, 다른 판본에서는 치(黹)자로도 기록하지만, 이것은 자형이 비슷해서 생긴 오류이다. 각 왕조는 서로 영향을 주고받으며 변화하였는데, 주나라에 이르게 되면 일·월·성신은 깃발에 그렸으니, 이른바 "삼신(三辰)53)을 그린 깃발은 밝음을 드러낸다."54)라고 한 말에 해당한다. 그리고 면복에 새기는 9가지 무늬 중에서 용은 산을 타고 있고, 화는 종이를 타고 있는데, 이것은 신명을 존귀하게 여기기 때문이다. 9가지 무늬에 있어서 첫 번째는 '용(龍)'이고, 두 번째는 '산(山)'이며, 세 번째는 '화충(華蟲)'이고, 네 번째는 '화(火)'이며, 다섯 번째는 '종이(宗彝)'인데, 이 모두는 그림을 그려서 만든다. 여섯 번째는 '조(藻)'이고, 일곱 번째는 '분미(粉米)'이며, 여덟 번째는 '보(黼)'이고, 아홉 번째는 '불(黻)'인데, 이 모두는 수를 놓아서 만든다. 따라서 곤복의 상의에는 5가지 무늬가

---

49) 비의(裨衣)의 '비(裨)'자는 '비(埤)'자의 뜻으로 낮다는 의미이다. 해당 계층이 착용하는 의복 중 가장 상등의 복장을 제외한 나머지 복장을 뜻한다. 예를 들어 천자의 육복(六服) 중에서 대구(大裘)는 가장 상등의 복장이 되는데, 나머지 5종류의 복장은 '비의'가 된다.

50) 『서』「우서(虞書)·익직(益稷)」 : 予欲觀古人之象, 日月·星辰·山·龍·華蟲, 作會, 宗彝·藻·火·粉米·黼·黻, 絺繡, 以五采彰施于五色, 作服, 汝明.

51) 면복(冕服)은 대부(大夫) 이상의 계층이 착용하는 예관(禮冠)과 복식을 뜻한다. 무릇 길례(吉禮)를 시행할 때에는 모두 면류관[冕]을 착용하는데, 복장의 경우에는 시행하는 사안에 따라서 달라진다.

52) 『주례』「동관고공기(冬官考工記)·화궤(畫繢)」 : 鳥獸蛇. 雜四時五色之位以章之, 謂之巧.

53) 삼신(三辰)은 해[日], 달[月], 별[星]을 가리킨다. 『춘추좌씨전』「환공(桓公) 2년」편에는 "三辰旂旗, 昭其明也."라는 기록이 있는데, 이에 대한 두예(杜預)의 주에서는 "三辰, 日·月·星也."라고 풀이했다.

54) 『춘추좌씨전』「환공(桓公) 2년」 : 袞·冕·黻·珽, 帶·裳·幅·舃, 衡·紞·紘·綖, 昭其度也. 藻率·鞞·鞛, 鞶·厲·游·纓, 昭其數也. 火·龍·黼·黻, 昭其文也. 五色比象, 昭其物也. 錫·鸞·和·鈴, 昭其聲也. 三辰旂旗, 昭其明也.

들어가고 하의에는 4가지 무늬가 들어가서 총 9가지 무늬가 된다. 별면에는 꿩을 그리게 되는데 이것을 '화충(華蟲)'이라고 부르며, 상의에는 3가지 무늬가 들어가고 하의에는 4가지 무늬가 들어가서 총 7가지 무늬가 된다. 취면에는 호랑이와 원숭이를 그리게 되는데 이것을 '종이(宗彝)'라고 부르며, 상의에는 3가지 무늬가 들어가고 하의에는 2가지 무늬가 들어가서 총 5가지 무늬가 된다. 희면에는 분미를 새기게 되며 그림은 그리지 않는데, 상의에는 1가지 무늬가 들어가고 하의에는 2가지 무늬가 들어가서 총 3가지 무늬가 된다. 현면에는 상의에 무늬가 없고 하의에만 불을 새길 따름이니, 이러한 까닭으로 '현(玄)'자를 붙여서 부르는 것이다. 모든 면복에 있어서 상의는 현색이고 하의는 훈색이다.

賈疏 ●"王之"至"玄冕". ○釋曰: 王之吉服, 幷下三者亦是, 今尊其祭服且言六矣.

번역 ●經文: "王之"~"玄冕". ○천자의 길복(吉服)은 아래에 나오는 세 가지 것들도 포함하는데, 이곳에서는 제복을 존귀하게 높여서 여섯 가지를 언급한 것이다.

賈疏 ◎注"六服"至"纁裳". ○釋曰: 云"六服同冕者, 首飾尊也"者, 六服, 服雖不同, 首同用冕, 以首爲一身之尊, 故少變同用冕耳. 下經五服同名弁, 亦是首飾尊, 鄭不言者, 義可知也. 冕名雖同, 其旒數則亦有異, 但冕名同耳. 云"先公謂后稷之後, 大王之前, 不窋至諸盩"者, 但后稷雖是公, 不諡爲王, 要是周之始祖, 感神靈而生, 文武之功, 因之而就, 故特尊之與先王同, 是以尙書·武成云先王建邦啓土. 尊之, 亦謂之先王也. 是以鄭云后稷之後, 大王之前, 不數后稷. 不窋, 后稷子; 諸盩, 大王父. 二者之間, 並爲先公矣. 周本紀云: "后稷卒, 子不窋立. 不窋卒, 子鞠立. 鞠卒, 子公劉立. 卒, 子慶節立. 卒, 子皇僕立. 卒, 子差弗立. 卒, 子毁楡立. 卒, 子公非立. 卒, 子高圉立. 卒, 子亞圉立. 卒, 子公祖類立. 卒, 子古公亶父立." 古公亶父則大王亶父也. 公祖類卽紺, 亦曰諸盩也. 大祫於大祖后稷廟中, 尸服袞冕, 王服亦袞冕也. 按中庸注云"先公,

組紺以上, 至后稷". 天保詩注"先公, 謂后稷至諸盩". 天作詩注云"先公, 謂諸
盩至不窋". 經皆云先公, 注或言后稷, 或不言后稷者, 中庸云: "周公成文武之
德, 追王大王·王季, 上祀先公以天子之禮." 后稷旣不追王, 故注先公中有后
稷也. 天保詩云"禴祠烝嘗", 是四時常祭, 故注先公中有后稷. 天作詩是祫之
祭禮, 在后稷廟中, 不嫌不及后稷, 故注不言后稷. 各有所據, 故注不同也. 云
"饗射, 饗食賓客與諸侯射也"者, 饗食, 則大行人云"上公三饗三食"之等是也.
但饗食在廟, 故亦服鷩冕也. 與諸侯射者, 此大射在西郊虞庠中, 亦服鷩冕也.
若燕射, 在寢, 則朝服. 若賓射, 在朝, 則皮弁服. 云"群小祀, 林澤·墳衍·四
方百物"者, 此據地之小祀. 以血祭社稷爲中祀, 埋沈已下爲小祀也. 若天之小
祀, 則司中·司命·風師·雨師, 鄭不言者, 義可知. 鄭司農云: "大裘, 羔裘也"
者, 司裘文. 先鄭注云"大裘, 黑羔裘". 然則凡祭之皆同羔裘, 義具於司裘也.
云"袞, 卷龍衣也"者, 鄭注禮記云: "卷, 俗讀, 其通則曰袞." 故先鄭袞卷幷言
之也. 云"鷩, 禕衣也"者, 按: 禮記·曾子問云"諸侯禕冕", 覲禮"侯氏禕冕", 鄭
注云: "禕之言埤也, 天子大裘爲上, 其餘爲禕." 若然, 則禕衣自袞以下皆是,
先鄭獨以鷩爲禕衣, 其言不足矣. 云"毳, 罽衣也"者, 按: 爾雅云"毛氀謂之罽",
則績毛爲之, 若今之毛布, 但此毳則宗彝, 謂虎蜼. 而先鄭以爲罽衣, 於義不
可, 故後鄭不從也. "玄謂書曰"至"希繡", 而云"此古天子冕服十二章, 舜欲觀
焉"者, 欲明舜時十二章, 至周無十二章之意也. 然古人必爲日月星辰於衣者,
取其明也. 山取其人所仰, 龍取其能變化, 華蟲取其文理. 作績者, 績, 畫也. 衣
是陽, 陽至輕浮, 畫亦輕浮, 故衣績也. 宗彝者, 據周之彝尊有虎彝·蜼彝, 因
於前代, 則虞時有蜼彝·虎彝可知. 若然, 宗彝是宗廟彝尊, 非蟲獸之號, 而言
宗彝者, 以虎·蜼畫於宗彝, 則因號虎·蜼爲宗彝, 其實是虎·蜼也. 但虎·蜼
同在於彝, 故此亦幷爲一章也. 虎取其嚴猛. 蜼取其有智, 以其印鼻長尾, 大雨
則懸於樹, 以尾塞其鼻, 是其智也. 藻, 水草, 亦取其有文, 象衣上華蟲. 火亦取
其明. 粉米共爲一章, 取其絜, 亦取養人. 黼, 謂白黑, 爲形則斧文, 近刃白, 近
上黑, 取斷割焉. 黻, 黑與靑, 爲形則兩己相背, 取臣民背惡向善, 亦取君臣有
合離之義·去就之理也. "希繡"者, 孔君以爲細葛上爲繡; 鄭君讀希爲黹, 黹,
紩也, 謂刺繒爲繡次. 但裳主陰, 刺亦是沈深之義, 故裳刺也. 云"華蟲, 五色之

蟲”, 孔君注以爲華, 象草華. 蟲, 雉也, 義亦通, 以其草華有五色, 故引續人鳥獸蛇雜四時五色以章之爲證也. 華蟲名鷩者, 以其頭似鷩, 以有兩翼, 卽曰鳥, 以其體有鱗, 似蛇, 則曰蛇, 以其有五色成章, 則曰雉, 故鄭注考工記云: “蟲之毛鱗有文采者也.” 云“希讀爲絺, 或作黹, 字之誤也”者, 本有此二文不同, 故云誤. 當從絺爲正也. 云“王者相變, 至周而以日月星辰畫於旌旗”者, 若孔君義, 虞時亦以日月星畫於旌旗, 與周同. 鄭意虞時無日月星畫於旌旗, 若虞時日月星畫於旌旗, 則衣無日月星也. 云“所謂三辰旂旗, 昭其明也”者, 所謂桓公二年臧伯辭. 彼三辰, 則此日月星辰. 旂旗者, 謂蛟龍爲旂, 熊虎爲旗, 不畫日月星, 連引之耳. 引之者, 證周世日月星畫於旌旗之意也. 云“而冕服九章”者, 據周法而言, 旣去日月星三章, 明有九章在也. 云“登龍於山, 登火於宗彝, 尊其神明也”者, 鄭知登龍於山者, 周法皆以蟲獸爲章首, 若不登龍於山, 則當以山爲章首, 何得猶名袞龍乎? 明知登龍於山, 取其神也. 又知登火於宗彝者, 宗彝則虎也, 若不登火在於宗彝上, 則虎是六章之首, 不得以虎爲五章之首, 故知登火於宗彝, 取其明也. 云“九章, 初一日龍”至“凡九也”, 此無正文, 並鄭以意解之, 以其衣是陽, 從奇數, 裳是陰, 從偶數. 云“希刺粉米, 無畫也”者, 衣是陽, 應畫. 今希冕三章, 在裳者自然刺繡. 但粉米不可畫之物, 今雖在衣, 亦刺之不變, 故得希名, 故鄭特言粉米也. 然則虎冕之粉米亦刺之也. 云“玄者衣無文, 裳刺黻而已”者, 以其祭服衣本是玄, 今玄冕一章, 仍以玄爲名, 明衣上無畫, 一章者刺黻於裳而已, 是以謂玄焉. 云“凡冕服皆玄衣纁裳”者, 六冕皆然, 故云“凡”以該之. 知玄衣纁裳者, 見易·繫辭. 黃帝·堯·舜垂衣裳, 蓋取諸乾坤, 乾爲天, 其色玄, 坤爲地, 其色黃, 但土無正位, 託於南方, 火赤色, 赤與黃卽是纁色, 故以纁爲名也.

번역 ◎鄭注: “六服”~“纁裳”. ○정현이 “육복(六服)에 면류관을 동일하게 쓰는 것은 머리에 하는 장식은 존귀하기 때문이다.”라고 했는데, 육복에 있어서 의복은 비록 동일하지 않지만 머리에는 동일하게 면류관을 착용하니, 머리는 몸 전체 중에서도 존귀한 것에 해당한다. 그렇기 때문에 변화를 적게 하며 동일하게 면류관을 착용하는 것이다. 아래 경문에 나온 다섯 가지 복장에 대해서는 동일하게 ‘변(弁)’자를 붙여서 불렀으니, 이 또한 머리에 대한 장식이 중요

하기 때문이다. 그러나 정현이 이러한 사실을 언급하지 않았는데, 그 이유는
의미를 추론해서 알 수 있기 때문이다. '면류관[冕]'이라는 명칭은 비록 동일하
지만, 면류관에 다는 끈의 수는 차이가 있으니, 면류관이라는 명칭만 동일할
뿐이다. 정현이 "'선공(先公)'은 후직 다음부터 태왕 이전까지의 선조로, 불줄로
부터 제주까지이다."라고 했는데, 후직은 공(公)에 해당하여 왕(王)이라는 추
호를 붙이지 않았지만, 주나라의 시조가 되며 신령에 감응하여 태어났고, 문왕
과 무왕의 공덕은 그로 인해 성취되었다. 그렇기 때문에 특별히 존귀하게 높여
서 선왕과 동일하게 여긴다. 이러한 까닭으로 『서』「무성(武成)」편에서는 "선
왕이 나라를 세워 토지를 열어주었다."⁵⁵⁾라고 말한 것이다. 즉 그를 존귀하게
높여서 그에게도 '선왕(先王)'이라고 부른 것이다. 그러므로 정현은 후직 다음
부터 태왕 이전까지라고 하여, 후직을 포함시키지 않았다. '불줄(不窋)'은 후직
의 자식이며, '제주(諸盩)'는 태왕의 부친이다. 두 사람 사이에 해당하는 자들은
모두 선공이 된다. 『사기』「주본기(周本紀)」에서는 "후직이 죽고 그의 아들 불
줄이 올랐다. 불줄이 죽고 그의 아들 국이 올랐다. 국이 죽고 그의 아들 공유가
올랐다. 공유가 죽고 그의 아들 경절이 올랐다. 경절이 죽고 그의 아들 황복이
올랐다. 황복이 죽고 그의 아들 강불이 올랐다. 강불이 죽고 그의 아들 훼유가
올랐다. 훼유가 죽고 그의 아들 공비가 올랐다. 공비가 죽고 그의 아들 고어가
올랐다. 고어가 죽고 그의 아들 아어가 올랐다. 아어가 죽고 그의 아들 공조류
가 올랐다. 공조류가 죽고 그의 아들 고공단보가 올랐다."라고 했다. '고공단보
(古公亶父)'는 곧 태왕단보(大王亶父)에 해당한다. '공조류(公祖類)'는 곧 감
(紺)에 해당하는데, 그를 '제주(諸盩)'라고도 부른다. 태조인 후직의 종묘에서
성대한 협(祫)제사⁵⁶⁾를 지내게 되면 시동은 곤면을 착용하고, 천자의 복장 또
한 곤면에 해당한다. 『예기』「중용(中庸)」편에 대한 정현의 주를 살펴보면 "선

---

55) 『서』「주서(周書)·무성(武成)」: 惟先王建邦啓土, 公劉克篤前烈, 至于大王肇基
王迹, 王季其勤王家, 我文考文王, 克成厥勳, 誕膺天命, 以撫方夏, 大邦畏其力,
小邦懷其德.
56) 협제(祫祭)는 협(祫)이라고도 부른다. 신주(神主)들을 태조(太祖)의 묘(廟)에 모
두 모셔놓고 지내는 제사이다. 『춘추공양전』「문공(文公) 2년」에 "八月, 丁卯, 大
事于大廟, 躋僖公, 大事者何. 大祫也. 大祫者何. 合祭也, 其合祭奈何. 毁廟之
主, 陳于大祖."라는 기록이 있다.

공(先公)은 조감 이상으로 후직에 이른다."라고 했다. 또『시』「천보(天保)」편
에 대한 주에서는 "선공은 후직으로부터 제주까지를 뜻한다."라고 했고,『시』
「천작(天作)」편에 대한 주에서는 "선공은 제주로부터 불줄까지를 뜻한다."라
고 했다. 경문에서 모두 '선공(先公)'이라고 했는데, 정현의 주에서는 후직을
언급하기도 하고 언급하지 않기도 한다.「중용」에서는 "주공은 문왕과 무왕의
덕을 완성하여 태왕과 왕계를 추존해서 천자로 높였으며, 위로는 선공에게 제
사를 지내며 천자의 예법을 사용하셨다."[57]라고 했다. 후직은 천자로 추존되지
않기 때문에 정현의 주에서도 선공에 후직을 포함시켰던 것이다.「천보」편의
시에서는 "약(禴)제사[58], 사(祠)제사[59], 증(烝)제사[60], 상(嘗)제사[61]."[62]라고

---

57)『중용』「18장」: 武王末受命, 周公成文 · 武之德, 追王大王 · 王季, 上祀先公以天
子之禮. 斯禮也, 達乎諸侯 · 大夫及士 · 庶人. 父爲大夫, 子爲士, 葬以大夫, 祭
以士. 父爲士, 子爲大夫, 葬以士, 祭以大夫. 期之喪, 達乎大夫. 三年之喪, 達乎
天子. 父母之喪, 無貴賤一也.

58) 약(祄)은 약(禴)이라고도 부른다. 하(夏)나라와 은(殷)나라 때에는 봄에 종묘(宗
廟)에서 지내는 제사를 뜻하는 용어로 사용하였지만, 주(周)나라 때에는 명칭을
고쳐서, 여름에 지내는 제사의 명칭으로 삼았다. '약(祄)'이 봄 제사를 뜻하는 용
어로 사용될 때에는 적다[薄]라는 뜻으로, 봄에는 만물이 아직 성숙하지 않았으
므로, 제사 때 차려내는 제수(祭需)들이 적게 된다. 그렇기 때문에 그 제사를 '약
(祄)'이라고 부르는 것이다.『예기』「왕제(王制)」편에는 "天子諸侯宗廟之祭, 春
曰祄, 夏曰禘, 秋曰嘗, 冬曰烝."이라는 기록이 있고, 이에 대한 정현의 주에서는
"此蓋夏殷之祭名. 周則春曰祠, 夏曰祄, 以禘爲殷祭."라고 풀이했고, 진호(陳澔)
의『집설(集說)』에서는 "祄, 薄也. 春物未成, 祭品鮮薄也."라고 풀이했다. 한편
'약(祄)'자가 여름 제사를 뜻하는 용어로 사용될 때에는 삶다[汋=祄]의 뜻으로,
여름 4월에는 보리가 익어서, 삶아서 밥을 지을 수가 있다. 여름 제사 때에는 이
처럼 보리밥을 헌상하기 때문에, 그 제사를 '약(祄)'이라고 부르는 것이다.『춘추
공양전』「환공(桓公) 8년」편에는 "夏祄."이라는 기록이 있는데, 이에 대한 하휴
(何休)의 주에서는 "薦尙麥苗, 麥始熟可祄, 故曰祄."이라고 풀이했다. 그리고『
주례』「춘관(春官) · 사존이(司尊彝)」편에서는 "春祠夏禴, 裸用雞彝 · 鳥彝, 皆有
舟."라고 하여, 약(祄)을 '약(禴)'자로 기록하고 있다.

59) 사(祠)는 봄에 종묘(宗廟)에서 지내는 제사를 뜻한다. '사'자는 음식[食]을 뜻하는
글자로, 선왕(先王)들에게 음식을 대접한다는 의미에서, 봄의 제사를 '사'라고 부
르는 것이다.『이아』「석천(釋天)」편에는 "春祭曰祠."라는 기록이 있는데, 이에
대한 곽박(郭璞)의 주에서는 "祠之言食."이라고 풀이했다. 한편『예기』「왕제(王
制)」편에는 "天子諸侯宗廟之祭, 春曰祠, 夏曰禘, 秋曰嘗, 冬曰烝."이라는 기록
이 있고, 이에 대한 정현의 주에서는 "此蓋夏殷之祭名. 周則春曰祠, 夏曰祄, 以

했는데, 이것은 사계절마다 정규적으로 지내는 제사이다. 그렇기 때문에 정현의 주에서는 선공에 후직을 포함시켰다. 「천작」편의 시는 협제사의 예법을 후직의 종묘에서 시행하는데, 후직까지 포함되지 않는다는 의심을 하지 않기 때문에 정현의 주에서는 후직을 언급하지 않은 것이다. 따라서 각각 기준으로 든 것이 있기 때문에 주의 내용도 차이를 보이는 것이다. 정현이 "'향사(饗射)'는 빈객에게 향연을 베풀며 제후와 활쏘기를 하는 것이다."라고 했는데, '향사(饗食)'라는 것은『주례』「대행인(大行人)」편에서 "상공(上公)63)은 세 차례 향례를 하고 세 차례 사례를 한다."64)라고 했던 것 등을 가리킨다. 다만 향례와

禘爲殷祭."라고 풀이했다. 즉 하(夏)나라와 은(殷)나라에서는 봄에 종묘에서 지내는 제사를 약(礿)이라고 불렀는데, 주(周)나라에 이르러, '약'이라는 명칭을 '사'로 고치게 되었다는 뜻이다.

60) 증(烝)은 겨울에 종묘(宗廟)에서 지내는 제사를 뜻한다. '증'자는 중(衆)자의 뜻으로, 겨울에는 만물 중에 성숙한 것이 많다는 의미에서 붙여진 말이다.『백호통(白虎通)』「종묘(宗廟)」편에는 "冬曰烝者, 烝之爲言衆也, 冬之物成者衆."이라는 기록이 있다.

61) 상(嘗)은 가을에 종묘(宗廟)에서 지내는 제사를 뜻한다.『이아』「석천(釋天)」편에는 "春祭曰祠, 夏祭曰礿, 秋祭曰嘗, 冬祭曰烝."이라는 기록이 있다. 즉 봄에 지내는 제사를 '사(祠)'라고 부르며, 여름에 지내는 제사를 '약(礿)'이라고 부르고, 가을에 지내는 제사를 '상(嘗)'이라고 부르며, 겨울에 지내는 제사를 '증(烝)'이라고 부른다. 한편 '상'제사는 성대한 규모로 거행하였기 때문에, '대상(大嘗)'이라고도 불렀으며, 가을에 지낸다는 뜻에서, '추상(秋嘗)'이라고도 불렀다. 또한『춘추번로(春秋繁露)』「사제(四祭)」편에서는 "四祭者, 因四時之所生孰而祭其先祖父母也. 故春曰祠, 夏曰礿, 秋曰嘗, 冬曰烝. …… 嘗者, 以七月嘗黍稷也."이라고 하여, 가을 제사인 상(嘗)제사는 7월에 시행하며, 서직(黍稷)을 흠향하도록 지낸다는 뜻에서 맛본다는 뜻의 '상'자를 붙였다고 설명한다.

62)『시』「소아(小雅)·천보(天保)」: 吉蠲爲饎, 是用孝享. 禴祠烝嘗, 于公先王. 君曰卜爾, 萬壽無疆.

63) 상공(上公)은 주(周)나라 제도에 있었던 관직 등급이다. 본래 신하의 관직 등급은 8명(命)까지이다. 주나라 때에는 태사(太師), 태부(太傅), 태보(太保)와 같은 삼공(三公)들이 8명의 등급에 해당했다. 그런데 여기에 1명을 더하게 되면 9명이 되어, 특별직인 '상공'이 된다.『주례』「춘관(春官)·전명(典命)」편에는 "上公九命爲伯, 其國家宮室車旗衣服禮儀, 皆以九爲節."이라는 기록이 있고, 이에 대한 정현의 주에서는 "上公, 謂王之三公有德者, 加命爲二伯. 二王之後亦爲上公."이라고 풀이하였다. 즉 '상공'은 삼공 중에서도 유덕(有德)한 자에게 1명을 더해주어, 제후들을 통솔하는 '두 명의 백(伯)[二伯]'으로 삼았다. 또한 제후의 다섯 등급을 나열할 경우, 공작(公爵)을 '상공'이라고 부르기도 한다.

사례는 종묘에서 시행하기 때문에 또한 별면을 착용한다. 제후와 함께 활쏘기를 한다는 것은 대사례는 서쪽 교외에 있는 우상(虞庠)65)에서 시행하고, 이러한 경우에도 별면을 착용한다. 만약 연사례를 침(寢)에서 시행하면 조복(朝服)66)을 착용한다. 만약 빈사례를 조정에서 시행하면 피변복(皮弁服)67)을 착용한다. 정현이 "'군소사(群小祀)'는 산림과 못, 물가와 저지대의 평지, 사방의 온갖 사물들을 담당하는 신을 뜻한다."라고 했는데, 이것은 땅의 신들에게 지내는 소사에 기준을 둔 말이다. 사직에게 혈제(血祭)68)를 지내는 것은 중사(中祀)가 되며, 희생물을 땅에 매장하는 것으로부터 그 이하의 제사는 소사에 해당한다. 하늘의 신들에게 지내는 소사라면, 사중(司中)69) · 사명(司命)70) · 풍사

---

64) 『주례』「추관(秋官) · 장객(掌客)」 : 乘禽日九十雙, 殷膳大牢, 以及歸, 三饗 · 三食 · 三燕, 若弗酌則以幣致之.

65) 우상(虞庠)은 주(周)나라 때의 소학(小學)으로 서교(西郊)에 위치하였다. 주나라에서는 유우씨(有虞氏) 때의 상(庠)에 대한 제도를 본떠서, 소학을 지은 것이기 때문에, 그 학교를 '우상'이라고 부른 것이다. 『예기』「왕제(王制)」편에는 "周人養國老於東膠, 養庶老於虞庠. 虞庠在國之西郊."라는 기록이 있고, 이에 대한 정현의 주에서는 "虞庠亦小學也. 西序在西郊, 周立小學於西郊 …… 周之小學爲有虞氏之庠制, 是以名庠云."이라고 풀이했다. 한편 '우상'에는 두 가지 뜻이 포함되어 있는데, 하나는 태학(太學)의 건물들 중 북쪽에 있는 학교를 뜻하는 것으로, 이것을 또한 상상(上庠)이라고도 불렀고, 다른 하나는 앞서 설명한 것처럼 교외(郊外)에 설치했던 소학을 뜻한다. 『주례』「춘관(春官) · 대사악(大司樂)」편에는 "掌成均之灋."이라는 기록이 있는데, 이에 대한 손이양(孫詒讓)의 『정의(正義)』에서는 "案虞庠有二, 一爲大學之北學, 亦曰上庠, 一爲四郊之小學, 曰虞庠."이라고 풀이했다.

66) 조복(朝服)은 군주와 신하가 조회를 열 때 착용하는 복장을 뜻한다. 중요한 의식을 치를 때 착용하는 예복(禮服)을 가리키기도 한다.

67) 피변복(皮弁服)은 호의(縞衣)라고도 부르며, 주로 군주가 조회를 하거나 고삭(告朔)을 할 때 착용하는 복장이다. 흰색 비단으로 만들었으며, 옷에 착용하는 관(冠) 또한 백색 사슴 가죽으로 만들었다. 『의례』「기석례(旣夕禮)」편에는 "薦乘車, 鹿淺幭, 干笮革鞁, 載旜載皮弁服, 纓轡貝勒, 縣于衡."이라는 기록이 있고, 이에 대한 정현의 주에서는 "皮弁服者, 視朔之服."이라고 풀이했다.

68) 혈제(血祭)는 희생물의 피를 받아서 신(神)에게 바치는 것이다. 『주례』「춘관(春官) · 대종백(大宗伯)」편에는 "以血祭祭社稷五祀五嶽."이라는 기록이 있고, 이에 대한 정현의 주에서는 "陰祀自血起, 貴氣臭也."라고 풀이하였으며, 가공언(賈公彦)의 소(疏)에서는 "先薦血以歆神."이라고 풀이하였다.

69) 사중(司中)은 사비(司非)라고도 부른다. 사위(司危)의 북쪽에 있는 두 별을 가리킨다. 『송사(宋史)』「천문지삼(天文志三)」편에는 "司非二星, 在司危北, 主司候

(風師)·우사(雨師)가 이에 해당하는데, 정현이 이들을 언급하지 않은 것은 의미를 추론해보면 알 수 있기 때문이다. 정사농이 "'대구(大裘)'는 검은 양의 가죽으로 만든 옷이다."라고 했는데, 『주례』「사구(司裘)」편의 기록이다. 정사농의 주에서는 "대구는 검은 양의 가죽으로 만든 옷이다."라고 했다. 그렇다면 제사를 지낼 때에는 모두 검은 양의 가죽으로 만든 옷을 동일하게 착용하니, 그 의미는 「사구」편에 자세히 기록되어 있다. 정사농이 "'곤(袞)'은 휘감긴 용을 그린 옷이다."라고 했는데, 『예기』에 대한 정현의 주에서는 "권(卷)은 세속에서 읽는 방식이며 통칭해서 '곤(袞)'이라고 한다."라고 했다. 그렇기 때문에 정사농은 권(卷)과 곤(袞)에 대해 모두 언급한 것이다. 정사농이 "'별(鷩)'은 비의(裨衣)이다."라고 했는데, 『예기』「증자문(曾子問)」편을 살펴보면 '제후의 비면(裨冕)71)'이라고 했고, 『의례』「근례(覲禮)」편에서는 '제후의 비면'이라고 했는데, 정현의 주에서는 "비(裨)자는 낮다는 뜻으로, 천자는 대구복을 상등의 복장으로 삼으니, 그 나머지 복장은 비(裨)가 된다."라고 했다. 그렇다면 비의라는 것은 곤면으로부터 그 이하의 복장이 모두 여기에 해당한다. 그런데도 정사농은 유독 별면을 비의로 여겼으니, 그 설명이 충분하지 못하다. 정사농이 "'취(毳)'는 털옷이다."라고 했는데, 『이아』를 살펴보면 "모직물을 '계(罽)'라고

內外, 察慝尤, 主過失."이라는 기록이 있다. 즉 '사중'이라는 두 별은 사위의 북쪽에 위치하는데, 시령(時令)과 관련된 일들을 주관하고, 잘못된 일들을 감찰하며, 과실에 대한 처벌을 주관했다.

70) 사명(司命)은 허수(虛宿)의 북쪽에 있는 두 별을 가리킨다. 『송사(宋史)』「천문지삼(天文志三)」에는 "司命二星, 在虛北, 主擧過·行罰·滅不祥, 又主死亡."이라는 기록이 있다. 즉 '사명'이라는 두 별은 허수의 북쪽에 위치하는데, 잘못된 행실을 들춰내고, 벌을 내리며, 상서롭지 못한 것을 없애는 일을 주관하고, 또한 죽음에 대한 일도 주관한다.

71) 비면(裨冕)은 비의(裨衣)를 입고 면류관[冕]을 착용하는 것이다. 제후 및 경(卿), 대부(大夫) 등이 조회를 하거나 제사를 지낼 때 착용하는 면복(冕服)을 통칭하는 말이다. 또한 곤면(袞冕)이나 가장 상등의 면복과 상대되는 용어로도 사용되었다. '비의'의 '비(裨)'자는 '비(埤)'자의 뜻으로 낮다는 의미이다. 예를 들어 천자의 육복(六服) 중에서 대구(大裘)가 가장 상등의 복장이 되는데, 나머지 5종류의 복장은 '비의'가 된다. 『의례』「근례(覲禮)」편에는 "侯氏裨冕, 釋幣于禰."라는 기록이 있고, 이에 대한 정현의 주에서는 "裨冕者, 衣裨衣而冠冕也. 裨之爲言埤也. 天子六服, 大裘爲上, 其餘爲裨, 以事尊卑服之, 而諸侯亦服焉."이라고 풀이했다.

부른다."라고 했으니, 털을 엮어서 만든 것으로, 오늘날의 모포(毛布)와 같은 것이다. 다만 취면이라는 것은 종이(宗彝)라는 무늬가 새겨져 있는데, 이것은 호랑이와 원숭이에 해당한다. 정사농은 이것을 털옷이라고 여겼는데, 의미상 합당하지 못하다. 그렇기 때문에 정현이 그 주장에 따르지 않은 것이다. "내가 생각하기에『서』에서는 다음과 같이 말했다."라는 것으로부터 "수를 놓았다." 라는 기록까지. 정현이 "이것은 고대 천자의 면복(冕服)에 새기는 12가지의 무늬이며, 순임금은 이를 살펴보고자 했던 것이다."라고 했는데, 순임금 당시에 는 12가지 무늬를 새기게 되었는데, 주나라에 이르러 12가지 무늬에 대한 의미 가 없어졌다는 사실을 드러내고자 한 것이다. 그런데 옛 사람들이 기어코 일 ·월·성신을 상의에 새긴 것은 밝다는 뜻을 취한 것이다. 산은 사람들이 우러 러보게 된다는 점을 취한 것이고, 용은 변화무쌍하다는 뜻을 취한 것이며, 화충 은 무늬가 결대로 있다는 뜻을 취한 것이다. '작궤(作繢)'라고 했는데, '궤(繢)' 자는 그림을 그린다는 뜻이다. 상의는 양(陽)에 해당하는데, 양기는 가볍고 뜨 게 되며 그림 또한 가볍고 뜨게 된다. 그렇기 때문에 상의에는 그림을 그리는 것이다. '종이(宗彝)'라고 했는데, 이것은 주나라 때의 이준(彝尊)에 호이(虎 彝)와 유이(蜼彝)가 있다는 것에 근거한 말이니, 이러한 기물들이 이전 왕조의 것을 따랐으므로, 우 때에도 유이와 호이가 있었음을 알 수 있다. 만약 그렇다 면 종이라는 것은 종묘에서 사용하는 술동이가 되며, 짐승을 뜻하는 명칭이 아니다. 그런데도 종이라고 말한 것은 호랑이와 원숭이를 종묘에서 사용하는 술동이에 그렸으니, 호랑이와 원숭이를 그린 술동이를 종이라고 여긴 것에 연 유한다. 따라서 실제로는 호랑이와 원숭이에 해당한다. 다만 호랑이와 원숭이 는 모두 술동이에 있었으므로, 여기에서는 이 둘을 아울러 하나의 무늬로 여긴 것이다. 호랑이는 엄격하고 용맹하다는 뜻을 취한 것이다. 원숭이는 지혜롭다 는 뜻을 취한 것이니, 코는 하늘로 들려 있고 꼬리가 긴데 큰 비가 내리면 나무 에 매달리고 꼬리로 코를 막으니, 이것은 지혜를 갖춘 것이다. '조(藻)'는 수초 에 해당하니, 이 또한 문채를 갖췄다는 뜻을 취한 것으로, 상의에 있는 화충을 상징한다. 화 또한 밝다는 뜻을 취한 것이다. 분(粉)과 미(米)는 하나의 무늬가 되니, 청결하다는 뜻을 취한 것이며, 또한 사람들을 길러준다는 의미도 취한 것이다. '보(黼)'는 백색과 흑색을 뜻하는데, 형상을 만들 때에는 도끼 무늬로 만들게 되며 도끼날과 가까운 부분은 백색이고 윗부분과 가까운 곳은 흑색으로, 엄격하게 판단하고 잘라낸다는 뜻을 취한 것이다. '불(黻)'은 흑색과 청색인데, 형상을 만들 때에는 2개의 기(己)자가 서로 등지고 있는 형태이며, 신하와 백성이 악을 등지고 선을 향한다는 뜻을 취한 것이며, 또한 군주와 신하에게는 합하고 떨어지는 뜻과 물러나고 나아가는 이치가 있음을 취한 것이다. '희수(希繡)'라고 했는데, 공영달은 가는 갈포 위에 수를 놓은 것이라고 여겼다. 정현은 희(希)자를 치(黹)자로 풀이했는데, '치(黹)'자는 꿰매다는 뜻이니, 비단을 잘라서 수를 놓을 때의 안감으로 삼는다는 뜻이다. 다만 하의는 음(陰)이 주가 되는데, 자른다는 것 또한 깊이 잠긴다는 의미가 된다. 그렇기 때문에 하의에 대해서는 자르는 것이다. 정현이 "'화충(華蟲)'은 다섯 가지 색깔을 지닌 동물이다." 라고 했는데, 공영달은 화(華)가 풀에서 피어난 꽃을 상징한다고 여겼다. 그리고 충(蟲)은 꿩을 뜻한다고 했는데, 그 의미 또한 통한다. 풀의 꽃에는 다섯 가지 색깔이 있기 때문에 「궤인(繢人)」편에서 "조수사(鳥獸蛇)는 사계절과 다섯 가지 색깔을 섞어 무늬를 만든 것이다."라고 했던 말을 인용해서 증거로 삼은 것이다. 화충을 새긴 옷에 대해 '별(鷩)'자를 붙여서 부르는 것은 그 머리가 별(鷩)이라는 새와 유사하고, 양 날개를 가지고 있으므로 '조(鳥)'라고 부른 것이며, 몸에는 비늘이 있는데 이것은 뱀과 유사하기 때문에 '사(蛇)'라고 부른 것이고, 다섯 가지 색깔이 무늬를 이루므로 '치(雉)'라고 부른 것이다. 그렇기 때문에 『고공기』에 대한 정현의 주에서는 "동물 중 털과 비늘에 문채가 있는 것이다."라고 했다. 정현이 "'희(希)'자는 치(絺)자로 풀이하는데, 다른 판본에서는 치(黹)자로도 기록하지만, 이것은 자형이 비슷해서 생긴 오류이다."라고 했는데, 본래 이러한 두 글자는 그 의미가 다르기 때문에 잘못되었다고 말했다. 마땅히 치(絺)자를 정자로 삼아야 한다. 정현이 "각 왕조는 서로 영향을 주고받으며 변화하였는데, 주나라에 이르게 되면 일·월·성신은 깃발에 그렸다."라고 했는데, 공영달의 주장에 따른다면 우 때에도 일·월·성을 깃발에 그렸으므로 주나라의 경우와 동일하다. 그러나 정현의 의도는 우 때에는 깃발에 일·월·성을 그린 일이 없었고, 만약 우 때 깃발에 일·월·성을 그렸다면 옷에 일·월·성의 무늬가 없었을 것이다. 정현이 "이른바 삼신(三辰)을 그린 깃발은 밝음을 드러낸다고 한 말에 해당한다."라고 했는데, 환공 2년에 애백이 한 말에 해당한다.『좌전』에서 말한 '삼신(三辰)'은 곧 여기에서 말한 일·월·성신에 해당한다. '기기(旂旗)'라고 했는데, 교룡을 그린 것이 기(旂)이고, 곰과 호랑이를 그린 것이 기(旗)이니, 일·월·성을 그리지 않지만 연이어서 인용한 것일 뿐이다. 이 문장을 인용한 것은 주나라 때에는 깃발에 일·월·성을 그렸다는 뜻을 증명하기 위해서이다. 정현이 "면복에 새기는 9가지 무늬이다."라고 했는데, 이것은 주나라 제도에 기준을 두고 한 말이니, 12가지 무늬 중 일·월·성이라는 3가지 무늬를 제외하면 9가지 무늬가 남는다는 뜻을 나타낸다. 정현이 "용은 산을 타고 있고, 화는 종이를 타고 있는데, 이것은 신명을 존귀하게 여기기 때문이다."라고 했는데, 용이 산을 타고 있다는 사실을 알 수 있던 것은 주나라의 법도에서는 모두 동물을 첫 번째 무늬로 삼는다. 만약 용이 산을 타고 있지 않다면 마땅히 산을 첫 번째 무늬로 삼아야 하는데, 어떻게 곤룡(袞龍)이라는 이름을 의복에 붙일 수 있겠는가? 용이 산을 타고 있다는 사실을 명확히 알 수 있는 것은 그것이 신(神)의 의미를 따랐기 때문이다. 또 화가 종이를 타고 있다는 사실을 알 수 있는 것은 종이는 취(黹)에 해당하는데, 만약 화가 종이 위에 있지 않다면 취는 여섯 가지 무늬 중 첫 번째가 되므로, 취가 다섯 가지 무늬 중 첫 번째가 될 수 없다. 그렇기 때문에 화가 종이를 타고 있다는 사실을 알 수 있으며, 이것은 그 밝음을 따랐기 때문이다. 정현이 "9가지 무늬에 있어서 첫 번째는 '용(龍)'이다."라고 한 말로부터 "총 9가지이다."라는 기록까지, 여기에 대해서는 경문의 기록이 없으니, 이 모두는 정현이 의미에 따라 풀이한 것으로, 상의는 양(陽)에 해당하므로 홀수에 따르고 하의는 음(陰)에 해당하므로 짝수에 따르기 때문이다. 정현이 "희면에는 분미를 새기게 되며 그림은 그리지 않는다."라고 했는데, 상의는 양에 해당하므로 그림을 그려야 한다. 그런데 희면에는 3가지 무늬가 들어가며 하의에 있어서는 자연히 수를 놓게 된다. 다만 분미의 경우 그림으로 그릴 수 없는 대상이므로, 비록 상의에 해당하지만 이 또한 자른다는 측면에서 동일하므로 '희(黹)'자를 붙여서 부를 수 있다. 그렇기 때문에 정현이 특별히 분미를 언급한 것이다. 그렇다면 취면에 새기는 분미 또한 천을 잘라서 덧대어 수놓게 된다. 정현이 "현면에는 상의에 무늬가 없고 하의에만 불을 새길 따름이다."라고 했는데, 제복의 상의는 본래 현색이고, 현재 현면에는 하나의 무늬를 새긴다고 했으며, 현(玄)자를 붙여서 의복의 명칭으로 정했으므로, 상의에는 그림이 없고 하나의 무늬는 하의에 천을 잘라 불(黻)의 무늬로 수놓을 따름임을 나타낸다. 이러한 까닭으로 '현(玄)' 자를 붙여서 부르는 것이다. 정현이 "모든 면복에 있어서 상의는 현색이고 하의는 훈색이다."라고 했는데, 육면이 모두 이러하다. 그렇기 때문에 '범(凡)'자를 기록해서 풀이했다. 상의가 현색이고 하의가 훈색이라는 사실을 알 수 있는 것은『역』「계사전(繫辭傳)」에 나오기 때문이다. 황제・요・순은 의복을 드리우며 건괘와 곤괘에서 그 상을 취했는데, 건괘는 하늘이 되며 그 색깔은 현색이고, 곤괘는 땅이 되며 그 색깔은 황색이다. 다만 토는 정해진 방위가 없고 남쪽에 의탁해 있으며 화는 적색에 해당하고, 적색과 황색이 섞이면 훈색이 된다. 그렇기 때문에 훈(纁)으로 명칭을 정한 것이다.

참고 『춘추좌씨전』 양공(襄公) 29년 기록

전문 范獻子來聘, 拜城杞也①. 公享之, 展莊叔執幣②. 射者三耦③.

번역 범헌자가 찾아와서 빙문하였는데, 기나라에 성을 축조한 것을 사례하기 위해서이다. 양공이 연회를 베풀어주었는데 전장숙이 폐물을 들었다. 활쏘기를 할 때 세 짝을 맞췄다.

杜注-① 謝魯爲杞城.

번역 노나라가 기나라에 성 쌓은 것을 사례한 것이다.

杜注-② 公將以酬賓.

번역 양공은 빈객에게 술을 권하고자 했기 때문이다.

杜注-③ 二人爲耦.

번역 두 사람이 한 쌍이 된다.

孔疏 ●"射者三耦". ○正義曰: 燕禮云: "若射, 則大射正爲司射, 如鄕射之禮." 是燕有爲射之時也. 此云"公享之", 則享法亦有射也. 周禮·射人云: "諸侯之射以四耦." 此三耦者, 彼是畿內諸侯, 故四耦. 此及儀禮·大射畿外諸侯, 故三耦. 或當臣與君異也.

번역 ●傳文: "射者三耦". ○『의례』「연례(燕禮)」편에서는 "활쏘기를 하게 된다면 대사정이 사사가 되며 향사례와 동일하게 한다."라고 했다. 이것은 연례에도 활쏘기를 하는 시기가 있음을 나타낸다. 이곳에서 "양공이 연회를 베풀었다."라고 했으니, 연회의 법도에도 활쏘기가 포함되는 것이다. 『주례』「사인(射人)」편에서는 "제후가 활쏘기를 할 때에는 네 짝을 맞춘다."라고 했다. 그런데 이곳에서는 세 짝이라고 했으니, 「사인」편의 기록은 천자의 수도에 있는 제후이기 때문에 네 짝을 맞추는 것이다. 이곳 기록과 『의례』「대사의(大射儀)」편의 기록은 천자의 수도 밖에 있는 제후에 해당하기 때문에 세 짝을 맞춘다. 그것이 아니라면 신하와 군주가 활쏘기를 하므로 차이를 두었던 것이다.

전문 公臣不足, 取於家臣. 家臣, 展瑕·展玉父爲一耦; 公臣, 公巫召伯·仲顔莊叔爲一耦; 鄫鼓父·黨叔爲一耦.

번역 양공의 신하가 부족하여 가신 중에서 활 쏘는 자를 뽑았다. 가신 중에서 전하와 전옥보가 한 짝이 되었고, 양공의 신하인 공무소백과 중안장숙이 한 짝이 되었으며, 증고보와 당숙이 한 짝이 되었다.

杜注 言公室卑微, 公臣不能備於三耦.

번역 공실이 미약해져 군주의 신하만으로는 세 짝을 채울 수 없었다는 뜻이다.

참고 『의례』「연례(燕禮)」 기록

경문 若射, 則大射正爲司射, 如鄕射之禮.

번역 만약 활쏘기를 한다면, 대사정(大射正)이라는 관리가 사사(司射) 역할을 담당하며, 향사례의 예법처럼 따른다.

鄭注 大射正, 射人之長者也. 如鄕射之禮者, 燕爲樂卿大夫, 宜從其禮也. 如者, 如其"告弓矢旣具"至"退中與筭"也. 納射器而張侯, 其告請先于君, 乃以命賓及卿大夫, 其爲司正者亦爲司馬, 君與賓爲耦. 鄕射記曰自"君射"至"龍旂", 亦其異者也. 薦旅食乃射者, 是燕射主於飮酒.

번역 '대사정(大射正)'[72]은 사인(射人)들의 수장이다. 향사례의 예법처럼 한다는 것은 연례는 경과 대부를 즐겁게 만들고자 하므로 마땅히 해당 예법을 따라야만 하기 때문이다. '여(如)'라는 것은 『의례』「향사례(鄕射禮)」편에서 "활과 화살이 모두 갖춰졌음을 아뢴다."라고 한 기록으로부터 "중(中)과 산가지를 가지고 물러난다."라고 한 것까지 동일하게 따른다는 뜻이다. 활쏘기 도구들을 들고 과녁을 설치하며 군주에게 먼저 쏠 것을 청하면 빈객 및 경과 대부에게 명하게 되고, 사정이 된 자가 또한 사마가 되며, 군주는 빈객과 짝을 이루게 된다. 「향사례」편의 기문에서 "군주가 활쏘기를 한다."라고 했던 기록으로부터 "용전(龍旂)을 든다."라고 한 기록까지는 연례에서의 활쏘기와 차이를 보이는 부분이다. 사 및 정해진 녹봉을 받지 않는 자들에게까지 술과 음식이 돌아간 뒤에야 활쏘기를 하는 것은 연례에서의 활쏘기는 음주를 위주로 하기 때문이다.

---

72) 대사정(大射正)은 대사례(大射禮)의 의식 절차를 진행하며, 해당 예법이 올바로 시행되는지를 감독하는 자이다.

賈疏 ●“若射”至“之禮”. ○注“大射”至“飮酒”. ○釋曰: 此一經論燕末行射之節. 云“大射正, 爲司射”者, 燕禮輕, 又不主爲射, 故射人爲擯, 又爲司正. 至射時, 大射正爲司射. 大射之時略於燕, 主於射, 故大射正爲擯, 又爲司正, 至射又親其職, 故不同爲司射也. 云宜從之者, 鄕射是卿大夫禮, 故樂之還從之也. 云“如者, 如其‘告弓矢旣具’至‘退中與筭’也”者, 經云如鄕射之禮, 明從始至末皆如之. 按鄕射初, 司射告弓矢旣具, 至三番射訖, 而退中與筭, 故如之也. 云“納射器而張侯”者, 欲見此與鄕射因納射器後卽張侯, 大射納射器之後無張侯之事, 是以特言此也. 云“告請先於君, 乃以命賓及鄕大夫”者, 此燕禮與大射皆國君之禮, 此燕禮每事皆先請於君, 大射亦先請於君, 故曰大射初, 司射自阼階前請於公, 公許, 乃命賓. 及卿大夫鄕射, 西階上告賓曰, 弓矢旣具, 乃告於主人, 遂告大夫, 是先後異也. 云“其爲司正者亦爲司馬”者, 鄕射將射, 云司正爲司馬, 此亦於將射, 司正爲司馬, 亦射之也. 若然, 則上文射人告具, 射人請賓, 又云射人請立司正, 公許, 射人遂爲司正, 皆一人也. 必云司正爲司馬者, 諸侯有常官, 嫌與鄕射異, 故言此也, 若士射, 則司正不爲司馬. 云“君與賓爲耦”者, 欲見鄕射賓與主人爲耦, 此君與賓爲耦, 亦是異於鄕射也. 引“鄕射記‘君射’至‘龍旃’, 亦其異者也”者, 謂旌與中異, 何者? 彼因記國君三處射, 旌與中各不同. 云“君國中射, 則皮樹中, 以翻旌獲, 白羽與朱羽糅”, 言國中, 則此燕射也. 又云“於郊則閭中, 以旌獲”, 謂諸侯大射在郊. 又云“於竟則虎中, 龍旃”, 謂諸侯賓射在竟. 此皆諸侯禮, 射雖記在鄕射, 皆與鄕射異也. 云“薦旅食乃射者, 是燕射主於飮酒”者, 此獻士旅食後乃射, 是燕射主於飮酒, 決大射未爲大夫擧旅之前則射, 是彼大射主於射故也.

번역 ●經文: “若射”~“之禮”. ○鄭注: “大射”~“飮酒”. ○이곳 경문은 연례의 막바지에 활쏘기를 시행하는 절차를 논의하고 있다. “대사정(大射正)이라는 관리가 사사(司射) 역할을 담당한다.”라고 했는데, 연례는 대사례보다 상대적으로 덜 중요하고, 또한 활쏘기를 위주로 하지 않기 때문에 사인(射人)이 부관이 되고 또 사정(司正)이 된다. 활쏘기를 시행할 때에는 대사정은 사사를 맡는다. 대사례를 시행할 때에는 연회에 대해서는 간략히 하고 활쏘기를 위주로 하기 때문에 대사정이 부관이 되고 또 사정이 되며, 활쏘기를 할 때에도 직접 그 직무를 시행한다. 그렇기 때문에 동일하게 사사를 맡지는 않는다. 마땅히 그에 따라야만 한다고 했는데, 향사례는 경과 대부에게 해당하는 예법이다. 그렇기 때문에 그들을 즐겁게 만들어주면서도 재차 해당 예법에 따르는 것이다. 정현이 "'여(如)'라는 것은『의례』「향사례(鄕射禮)」편에서 '활과 화살이 모두 갖춰졌음을 아뢴다.'라고 한 기록으로부터 '중(中)과 산가지를 가지고 물러난다.'라고 한 것까지 동일하게 따른다는 뜻이다."라고 했는데, 경문에서는 향사례의 예법처럼 한다고 했으니, 이것은 시작부터 끝까지 모든 절차를 향사례의 예법과 동일하게 함을 나타낸다. 「향사례」편을 살펴보면 초반에 사사는 활과 화살이 모두 갖춰졌다고 아뢰고, 세 차례 화살 쏘는 일이 끝나게 되면 중과 산가지를 가지고 물러난다. 그렇기 때문에 동일하게 한다고 했다. 정현이 "활쏘기 도구들을 들이고 과녁을 설치한다."라고 했는데, 이곳에서 시행하는 것이 「향사례」편의 내용과 동일하게 따라 활쏘기 도구들을 들인 뒤에 과녁을 설치한다는 사실을 드러내고자 한 것이니, 대사례에서는 활쏘기 도구들을 들인 이후에 과녁을 설치하는 일이 없다. 이러한 까닭으로 특별히 이러한 설명을 한 것이다. 정현이 "군주에게 먼저 쏠 것을 청하면 빈객 및 경과 대부에게 명하게 된다."라고 했는데, 「연례」편과 「대사례」편의 내용은 모두 제후에게 해당하는 예법이므로, 「연례」편에서는 매사에 모두 군주에게 먼저 하기를 청하게 되고, 「대사례」편에서도 군주에게 먼저 청하게 된다. 그렇기 때문에 대사례를 시행하는 초기에 사사는 동쪽 계단으로부터 군주 앞으로 나아가 청하게 되고, 군주가 허락하게 되면 그제야 빈객에게 명령한다고 말한 것이다. 그리고 경과 대부가 향사례를 하게 되면 서쪽 계단 위에서 빈객에게 아뢰며, 활과 화살이 모두 갖춰졌다고 하고, 그런 뒤에 주인에게 아뢰며, 끝으로 대부에게 아뢰게 되는데, 이것은 선후의 순서에 나타나는 차이점이다. 정현이 "사정이 된 자가 또한 사마가 된다."라고 했는데, 「향사례」편에서는 활을 쏘려고 할 때, 사정이 사마가 된다고 했고, 이곳에서도 활을 쏘려고 할 때 사정이 사마를 맡고 또 활을 쏜다고 했다. 만약 그렇다면 앞 문장에서 사인이 도구가 갖춰졌다고 아뢰고, 사인이 빈객에게 청한다고 했고, 또 사인이 사정을 세우길 청하면 군주가 허락하고, 사인이 결국 사정이 된다고 했으니, 이 모두는 한 사람이 하는 것이다. 기어코

사정이 사마가 된다고 말한 것은 제후에게는 고정된 관리들이 소속되어 있어서 「향사례」편의 내용과 차이를 두게 될까 의심할 수 있다. 그렇기 때문에 이것을 설명한 것이니, 사가 시행하는 활쏘기처럼 한다면 사정은 사마가 될 수 없다. 정현이 "군주는 빈객과 짝을 이루게 된다."라고 했는데, 「향사례」편에서는 빈객과 주인이 짝을 이룬다는 점을 드러내고자 한 것이니, 이곳에서는 군주와 빈객이 짝을 이루는데, 이러한 점이 또한 「향사례」편과 차이를 보이는 부분이다. 정현이 「향사례」편의 기문을 인용하여 "'군주가 활쏘기를 한다.'라고 했던 기록으로부터 '용전(龍旃)을 든다.'라고 한 기록까지는 연례에서의 활쏘기와 차이를 보이는 부분이다."라고 했는데, 깃발과 중이 다른 것은 어째서인가? 「향사례」편에서는 군주가 활쏘기를 할 때 세 장소에서 사용하는 깃발과 중이 각각 다르다는 사실을 기록한 것이다. "군주가 국성 내에서 활쏘기를 하게 된다면 피수중(皮樹中)을 사용하고 도정(翿旌)이라는 깃발을 통해 명중되었음을 나타내는데, 도정은 흰색 깃털과 적색 깃털을 섞어서 만든다."라고 하여, 국중(國中)이라고 했다면 이곳에서 말한 것처럼 연례를 시행하다 활쏘기를 하는 것이다. 또 "교외에서 활쏘기를 하게 된다면 여중(閭中)을 사용하고 정(旌)이라는 깃발을 통해 명중되었음을 나타낸다."라고 했는데, 제후의 대사례는 교외에서 시행한다는 뜻이다. 또 "국경 부근에서 활쏘기를 한다면 호중(虎中)을 사용하고 용전(龍旃)이라는 깃발을 통해 명중되었음을 나타낸다."라고 했는데, 제후의 빈사례는 국경에서 시행한다는 뜻이다. 이러한 것들은 모두 제후에게 해당하는 예법이니, 활쏘기에 대한 기문이 비록 「향사례」편에 기입되어 있지만 이 모두는 향사례와는 차이를 보인다. 정현이 "사 및 정해진 녹봉을 받지 않는 자들에게까지 술과 음식이 돌아간 뒤에야 활쏘기를 하는 것은 연례에서의 활쏘기는 음주를 위주로 하기 때문이다."라고 했는데, 사와 정해진 녹봉을 받지 않는 자들에게까지 술잔이 돌아간 뒤에야 활쏘기를 시행하는 것은 연례에서의 활쏘기가 음주를 위주로 하기 때문이며, 「대사례」에서 대부들이 여수를 아직 시행하기 전에 활쏘기를 하는 것은 대사례가 활쏘기를 위주로 하기 때문이다.

참고 『주례』「지관(地官)・향대부(鄕大夫)」 기록

경문 退而以鄕射之禮五物詢衆庶, 一曰和, 二曰容, 三曰主皮, 四曰和容, 五曰興舞.

번역 물러나 향(鄕) 안에 머물게 되면 향사례(鄕射禮)를 통해 오물(五物)로 대중들의 의견을 물으니, 오물은 첫 번째는 '화(和)'이고 두 번째는 '용(容)'이며 세 번째는 '주피(主皮)'이고 네 번째는 '화용(和容)'이며 다섯 번째는 '흥무(興舞)'이다.

鄭注 以, 用也. 行鄕射之禮, 而以五物詢於衆民. 鄭司農云: "詢, 謀也. 問於衆庶, 寧復有賢能者. 和謂閨門之內行也. 容謂容貌也. 主皮謂善射. 射所以觀士也." 故書舞爲無. 杜子春讀和容爲和頌, 謂能爲樂也; 無讀爲舞, 謂能爲六舞. 玄謂和載六德, 容包六行也. 庶民無射禮, 因田獵分禽則有主皮. 主皮者, 張皮射之, 無侯也. 主皮・和容・興舞, 則六藝之射與禮樂與. 當射之時, 民必觀焉, 因詢之也. 孔子射於矍相之圃, 蓋觀者如堵牆. 射至於司馬, 使子路執弓矢, 出誓射者. 又使公罔之裘・序點揚觶而語. 詢衆庶之儀若是乎.

번역 '이(以)'자는 "사용하다[用]."는 뜻이다. 향사례를 시행하고 오물(五物)을 통해 백성들의 의견을 묻는다. 정사농은 "'순(詢)'자는 '도모하다[謀].'는 뜻이다. 백성들에게 묻는 것은 선발되고 남은 사람들 중 재차 현명하거나 능력이 뛰어난 자가 있는지 묻는 것이다. '화(和)'는 집안 내에서의 행실을 뜻한다. '용(容)'은 용모와 행동거지를 뜻한다. '주피(主皮)'는 활쏘기를 잘하는 것이다. 활쏘기는 사의 됨됨이를 관찰하는 방법이다."라고 했다. 옛 기록에서는 '무(舞)'자를 '무(無)'자로 기록했다. 두자춘[73]은 '화용(和容)'을 '화송(和頌)'으로 풀이했으니, 음악을 잘 한다는 뜻이며, '무(無)'자를 '무(舞)'자로 풀이했으니, 육무(六舞)를 잘한다는 뜻이다. 내가 생각하기에 '화(和)'는 육덕(六德)에 포함된

---

73) 두자춘(杜子春, B.C.30?~A.D.58?) : 후한(後漢) 때의 학자이다. 유흠(劉歆)에게서 수학하였다. 정중(鄭衆)과 가규(賈逵)에게 학문을 전수하였다.

것이며, '용(容)'은 육행(六行)을 포괄하는 것이다. 서민들에게는 활쏘기의 예법이 없는데, 그에 따라 사냥을 실시하여 포획한 짐승을 나눠주게 된다면 주피(主皮)가 있게 된다. '주피(主皮)'라는 것은 가죽을 펼쳐서 그곳에 활을 쏘는 것이며 과녁은 없게 된다. 주피·화용·흥무는 육예(六藝)에 해당하는 활쏘기·예·악에 해당할 것이다. 즉 활쏘기를 시행할 때 백성들은 반드시 그것을 관람하게 되고, 그 일로 인해 의견을 묻는 것이다. 공자는 확상의 들에서 활을 쏘았는데, 지켜보는 자가 많아서 마치 담장처럼 그 주변을 둘렀다고 했다. 활쏘기에서 사정(司正)이 사마(司馬)를 맡는 단계에 이르자 공자는 자로를 시켜 활과 화살을 들고 나아가 활쏘기에 참여하는 자들에게 맹세를 하도록 시켰다고 했다.74) 또 공망구와 서점을 시켜서 치(觶)를 들고 사람들에게 술을 권하며 옛 선왕이 만든 예악을 칭술하도록 시켰다.75) 대중들의 의견을 묻는 의식절차도 아마 이와 같았을 것이다.

賈疏 ●"退而"至"興舞". ○釋曰: 言"退"者, 謂獻賢能之書於王, 退來鄉內. 云"以鄉射之禮"者, 州長春秋二時習射於序, 名爲鄉射. 今鄉大夫還用此鄉射之禮. 云"五物詢衆庶"者, 物, 事也. "一曰"·"二曰"已下是也.

번역 ●經文: "退而"～"興舞". ○'퇴(退)'라고 말한 것은 천자에게 현명하고 유능한 자의 이력을 기록한 문서를 바치고 물러나 자신이 맡고 있는 향으로 되돌아온 것을 뜻한다. "향사례를 시행한다."라고 했는데, 주장(州長)은 봄과 가을에 두 차례 서(序)에서 활쏘기를 연습시키니, 이를 '향사(鄉射)'라고 부른다. 현재 향대부는 재차 이러한 향사의 예법을 사용하는 것이다. "오물(五物)로 대중들의 의견을 묻는다."라고 했는데, '물(物)'자는 사안[事]을 뜻한다. '일왈(一曰)'·'이왈(二曰)' 등 그 이하에 기록된 말이 여기에 해당한다.

---

74) 『예기』「사의」【708b】: 孔子射於矍相之圃, 蓋觀者如堵牆. 射至于司馬, 使子路執弓矢出延射曰: "賁軍之將, 亡國之大夫, 與爲人後者不入, 其餘皆入." 蓋去者半, 入者半.
75) 『예기』「사의」【708c~d】: 又使公罔之裘·序點揚觶而語. 公罔之裘揚觶而語曰: "幼壯孝弟, 耆耋好禮, 不從流俗, 修身以俟死者, 不? 在此位也." 蓋去者半, 處者半.

賈疏 ◎注"以用也"至"是乎". ○釋曰: "行鄉射之禮"者, 按今儀禮·鄉射云: "豫則鉤楹內, 堂則由楹外." 又云: "序則物當棟, 堂則物當楣." 堂謂鄉學, 據鄉大夫所行射禮也. 豫謂州長春秋二時習射於序. 司農云"和謂閨門之內行也"者, 以其父子主和, 故和謂閨門之內行之. 云"容謂容貌也"者, 以其容是容儀, 故知容貌也. 後鄭不從此義. 杜子春"讀和容爲和頌, 謂能爲樂也"者, 興舞卽舞樂, 今又以和容謂能爲樂, 故後鄭亦不從. "玄謂和載六德, 容包六行也"者, 破司農·子春之義. 按大司徒以鄉三物敎萬民, 敎成則興之, 明此詢者還是三物之內, 不是三物之外別有和容. 又且主皮興舞是六藝之內, 明此和容是六德六行之中. 在下謂之載, 和在六德之下, 故云和載六德. 云"容包六行"者, 在上謂之包, 容則孝也, 孝在六行之上, 故云容包六行. 必知容得爲孝者, 按漢書"高堂生善爲容", 容則禮也. 善爲孝者必合於禮之容儀, 故以孝爲容者也. 云"庶民無射禮"者, 天子至士, 有大射·燕射·賓射之等, 庶人則無此射禮, 故云無射禮也. 云"因田獵分禽, 則有主皮"者, 按大司馬職大獸公之, 小禽私之者. 至舍, 更與在田之人, 射則取之, 則有云主皮. "主皮者, 張皮射之, 無侯也"者, 自士已上, 張皮侯·采侯·獸侯·庶人主射此皮, 故云主皮無侯也. 云"主皮·和容·興舞, 則六藝之射與禮樂與"者, 以此三者當之, 故以主皮當射, 和容當禮, 興舞當樂. 若然, 三物之中, 其事一十有八. 今六德之中唯問和, 六行之中唯問容, 六藝之中唯問禮樂. 獨問此者, 旣貢賢於王, 其餘則未能盡備, 故略擧五者以問之. 六德是其大者, 故問下之和者; 六行是其小者, 故問上之孝者也. 六藝之中, 禮以安上治民, 樂以移風易俗. 男子生, 設弧於門左, 射是男子之事, 此者人行之急, 故特言之, 自餘略而不說. 又云"當射之時, 民必觀焉, 因詢之也"者, 按鄉射記"唯君有射于國中, 其餘則否". 注云: "臣不習武事於君側." 以其鄉射在城外, 衆庶皆觀焉, 故得詢此五物. 云"孔子射於矍相之圃"已下者, 此是禮記·射義文. 天子諸侯射, 先行燕禮. 卿大夫士射, 先行鄉飲酒之禮. 時孔子爲鄉大夫, 鄉射之禮先行飲酒禮, 故云孔子射於矍相之圃. 矍相, 地名. 以其臣不得在國射, 故射於矍相之圃. "蓋觀者如堵墻"者, 以其鄉內衆庶皆集在射所, 故云觀者如堵墻. 云"射至於司馬"者, 以其飲酒之禮必立司正, 於將射, 變司正爲司馬也. 按鄉射·大射, 司射執弓矢. 今此云子路執弓矢, 則

子路爲司射也. 云"子路出誓"者, 以其衆庶多, 不可盡與之射, 故誓去之. 云
"又使公罔之裘・序點揚觶而語"者, 按鄕飮酒之禮, 一人擧觶爲旅酬始, 二人
擧觶爲無算爵始. 射在無算爵前. 今誓在無算爵後者, 但射實在無算爵前, 今
未射之前, 用此無算爵禮, 二人擧觶之法, 以誓衆庶耳. 非謂此射在無算爵後.
云"詢衆庶之儀若是乎"者, 孔子謂諸侯鄕大夫, 此經是天子鄕大夫, 引彼以證
此, 故云"乎"以疑之.

[번역] ◎鄭注: "以用也"~"是乎". ○정현이 "향사례를 시행한다."라고 했는
데, 현행본『의례』「향사례(鄕射禮)」편을 살펴보면 "활쏘기를 시행하는 장소가
주(州)에 설치된 학교라면 기둥 안쪽으로 돌아서 동쪽으로 나아가고, 향(鄕)에
설치된 학교라면 기둥 바깥쪽에서 동쪽으로 나아간다."76)라고 했고, 또 "서
(序)에서 활쏘기를 한다면 활 쏘는 자리는 마룻대 쪽에 있고, 당(堂)이라면 활
쏘는 자리는 처마 쪽에 있다."77)라고 했다. 여기에서 말하는 '당(堂)'이란 향에
설치된 학교를 뜻하니, 향대부가 시행하는 사례를 기준으로 한 말이다. '예(豫)'
는 주장이 봄과 가을마다 서(序)에서 활쏘기를 연습시키는 것을 뜻한다. 정사
농은 "'화(和)'는 집안 내에서의 행실을 뜻한다."라고 했는데, 부모와 자식의
관계에서는 화목함을 위주로 한다. 그렇기 때문에 화에 대해서 집안 내에서의
행실을 뜻한다고 했다. 정사농은 "'용(容)'은 용모와 행동거지를 뜻한다."라고
했는데, '용(容)'자는 용모와 행동거지를 뜻하기 때문에 이것이 용모와 행동거
지를 뜻한다는 사실을 알 수 있다. 그런데 정현은 이러한 주장에 따르지 않았다.
두자춘은 "'화용(和容)'은 '화송(和頌)'으로 풀이하니, 음악을 잘 한다는 뜻이
다."라고 했는데, 뒤에 나오는 '흥무(興舞)'는 곧 춤과 음악을 뜻하며, 현재 다시
화용을 음악을 잘한다는 뜻으로 풀이했다. 그렇기 때문에 정현이 그 주장에도
따르지 않은 것이다. 정현이 "내가 생각하기에 '화(和)'는 육덕(六德)에 포함된
것이며, '용(容)'은 육행(六行)을 포괄하는 것이다."라고 했는데 정사농과 두자
춘의 주장을 논파한 것이다.『주례』「대사도(大司徒)」편을 살펴보면 향의 삼물

76)『의례』「향사례(鄕射禮)」 : 揖進. 當階北面揖. 及階揖. 升堂揖. 豫則鉤楹內, 堂
  則由楹外. 當左物北面揖.
77)『의례』「향사례(鄕射禮)」 : 序則物當棟, 堂則物當楣.

로 백성들을 가르치고 가르침이 완성되면 선발한다고 했으니, 이것은 여기에서
묻는다고 한 말이 곧 삼물에 해당하는 것이며 삼물 이외에 별도의 화용(和容)
이 있는 것이 아님을 나타낸다. 또 주피(主皮)와 흥무(興舞)는 육예(六藝)에
포함되는 것이니 여기에서 말한 화용 역시 육덕 및 육행에 해당하는 것임을
나타낸다. 세부 항목에 포함되므로 '재(載)'라고 말한 것이니, 화(和)는 육덕
안에 포함된 것이다. 그렇기 때문에 "화는 육덕에 포함된다."라고 했다. 정현이
"'용(容)'은 육행(六行)을 포괄하는 것이다."라고 했는데, 상위 항목에 해당하
므로 '포(包)'라고 말한 것이니, 용(容)은 효를 뜻하고, 효는 육행 중에서도 가장
으뜸이 된다. 그렇기 때문에 "용은 육행을 포괄한다."라고 했다. 용이 효가 됨을
분명히 알 수 있는 이유는 『한서』를 살펴보면 "고당생은 용(容)을 잘했다."라
고 했는데, 여기에서 말하는 '용(容)'이란 곧 예(禮)를 뜻한다. 효를 잘한다는
것은 분명히 예법에 따른 용모와 행동거지에 부합하게 된다. 그렇기 때문에
효를 용이라고 여긴 것이다. 정현이 "서민들에게는 활쏘기의 예법이 없다."라
고 했는데, 천자로부터 사 계급에 이르기까지 대사례(大射禮)·연사례(燕射
禮)·빈사례(賓射禮) 등의 활쏘기가 있지만, 서인의 경우에는 이러한 사례가
없다. 그렇기 때문에 사례가 없다고 했다. 정현이 "그에 따라 사냥을 실시하여
포획한 짐승을 나눠주게 된다면 주피(主皮)가 있게 된다."라고 했는데, 『주례』
「대사마(大司馬)」편의 직무 기록을 살펴보면 큰 짐승은 군주에게 바치고 작은
짐승은 수여한다고 했다.78) 그리고 숙소로 돌아오게 되면 재차 사냥에 참여했
던 자들과 활쏘기를 해서 짐승을 획득하게 되므로 주피가 있다고 말한 것이다.
정현이 "'주피(主皮)'라는 것은 가죽을 펼쳐서 그곳에 활을 쏘는 것이며 과녁은
없게 된다."라고 했는데, 사 계급으로부터 그 이상의 세층은 피후(皮侯)·채후
(采侯)·수후(獸侯)와 같은 과녁을 설치하는데, 서인의 경우 이러한 가죽에 곧
바로 활쏘기를 한다. 그렇기 때문에 주피만 있고 과녁은 없다고 했다. 정현이
"주피·화용·흥무는 육예(六藝)에 해당하는 활쏘기·예·악에 해당할 것이
다."라고 했는데, 이곳에 기록된 세 가지 사안을 해당시킨 것이다. 그렇기 때문

---

78) 『주례』「하관(夏官)·대사마(大司馬)」 : 中軍以鼙令鼓, 鼓人皆三鼓, 群司馬振鐸,
車徒皆作. 遂鼓行, 徒銜枚而進. <u>大獸公之, 小禽私之</u>, 獲者取左耳.

에 주피는 활쏘기에 해당하고, 화용은 예에 해당하며, 흥무는 악에 해당한다. 만약 그렇다면 삼물에 있어서 실제적인 사안은 18가지가 된다. 현재 육덕 중에서 오직 화(和)에 대해서만 묻고 육행 중에서 오직 용(容)에 대해서만 묻고 육예 중에서 오직 예와 악에 대해서만 물은 것이다. 유독 이러한 것만 물어본 것은 이미 천자에게 현자를 천거한 상태이고, 그 나머지 사람들은 모두를 다 갖출 수 없다. 그렇기 때문에 간략히 다섯 가지만을 제시해서 묻는 것이다. 육덕은 매우 큰 범주에 해당한다. 그렇기 때문에 그 세부 항목에 해당하는 화(和)를 물어보는 것이다. 육행은 상대적으로 작은 범주에 해당한다. 그렇기 때문에 가장 상위의 항목인 효를 물어보는 것이다. 육예에 있어서 예는 위정자를 편안하게 만들고 백성들을 다스리는 것이며, 악은 풍속을 좋은 쪽으로 바꾸는 것이다. 남자가 태어나게 되면 문의 좌측에 활을 걸어두게 되는데, 활쏘기는 남자가 해야 하는 일이니, 이러한 것들은 사람이 실천해야 할 것들 중 급선무에 해당한다. 그렇기 때문에 특별히 이것들을 물어보는 것이며, 나머지 것들에 대해서는 생략하고 물어보지 않는다. 또 정현이 "활쏘기를 시행할 때 백성들은 반드시 그것을 관람하게 되고, 그 일로 인해 의견을 묻는 것이다."라고 했는데, 「향사례」 편의 기문에서는 "오직 군주만이 국성 안에서 활쏘기를 하며, 나머지 계층은 하지 못한다."[79]라고 했다. 정현의 주에서는 "신하는 군주 곁에서 무예에 대한 일을 익히지 않는다."라고 했다. 향사례는 국성 밖에서 시행하여 백성들도 모두 관람할 수 있다. 그렇기 때문에 이러한 오물에 대해서 물어볼 수 있는 것이다. 정현이 "공자는 확상의 들에서 활을 쏘았다."라고 한 말로부터 그 이하의 기록은 모두『예기』「사의(射義)」편의 문장이다. 천자와 제후의 활쏘기에서는 먼저 연례를 시행한다. 경·대부·사의 활쏘기에서는 먼저 향음주례를 시행한다. 당시 공자는 향대부의 신분이었고, 향사례에서 우선적으로 향음주례를 시행한 것이다. 그렇기 때문에 "공자는 확상의 들에서 활을 쏘았다."라고 말한 것이다. '확상(矍相)'은 지명이다. 신하들은 국성 안에서 활쏘기를 할 수 없기 때문에 확상의 들에서 활을 쏘았던 것이다. "지켜보는 자가 많아서 마치 담장처럼 그 주변을 둘렀다."라고 했는데, 향 안에 거주하는 백성들이 모두 활쏘는 장소로

---

79)『의례』「향사례(鄕射禮)」: 唯君有射于國中, 其餘否.

운집한 것이다. 그렇기 때문에 "지켜보는 자가 많아서 마치 담장처럼 그 주변을 둘렀다."라고 했다. 정현이 "활쏘기에서 사정(司正)이 사마(司馬)를 맡는 단계에 이르렀다."라고 했는데, 향음주례에서는 반드시 사정을 세우게 되는데, 활을 쏘려고 할 때에는 사정을 사마로 바꾸게 된다. 「향사례」와 「대사례」편을 살펴보면 사사(司射)가 활과 화살을 잡는다고 했다. 그런데 이곳에서는 자로가 활과 화살을 잡는다고 했으니, 자로를 사사로 삼은 것이다. 정현이 "자로가 나와서 맹세를 했다."라고 했는데, 대중들이 많으므로 모두 활쏘기에 참여할 수 없다. 그렇기 때문에 맹세를 하며 활쏘기에 참여하지 않는 자들을 제외시킨 것이다. 정현이 "또 공망구와 서점을 시켜서 치(觶)를 들고 사람들에게 술을 권하며 옛 선왕이 만든 예악을 칭술하도록 시켰다."라고 했는데, 『의례』「향음주례(鄉飮酒禮)」편을 살펴보면 한 사람이 치를 들어 올려 여수(旅酬)80)를 시작하고, 두 사람이 치를 들어 올려 무산작(無算爵)81)을 시작한다고 했다. 활쏘기는 무산작을 시행하기 이전에 시행한다. 현재 맹세를 하는 시점이 무산작 이후에 한 것은 다만 활쏘기는 실제적으로 무산작 이전에 시행하지만, 현재 아직 활쏘기를 시행하기 이전에 무산작의 예를 시행하여, 두 사람이 치를 들어 올려서 모여 있는 자들에게 맹세를 한 것일 뿐이다. 이것은 활쏘기가 무산작 이후에 시행된다는 뜻이 아니다. 정현이 "대중들의 의견을 묻는 의식절차도 아마 이와 같았을 것이다."라고 했는데, 공자는 제후에게 소속된 향대부였으며, 이곳 경문의 내용은 천자에게 소속된 향대부에 대한 것이다. 공자에 대한 내용을 인용하여 이곳 내용을 증명했기 때문에 '호(乎)'자를 덧붙여서 추측했던 것이다.

---

80) 여수(旅酬)는 본래 제사가 끝난 후에, 제사에 참가했던 친족 및 빈객(賓客)들이 술잔을 들어 술을 마시고, 서로 공경의 예(禮)를 표하며, 잔을 권하는 의례(儀禮)이다. 연회에서도 서로에게 술을 권하는 절차를 '여수'라고 부른다.
81) 무산작(無筭爵)은 술잔의 수를 헤아리지 않는다는 뜻이다. 여수(旅酬)를 한 이후에, 빈객들의 제자들과 형제들의 자제들은 각각 그들의 수장에게 술을 따르고, 잔을 들어 올리는 것도 각각 그들의 수장에게 한다. 그리고 빈객들이 잔을 가져다가, 형제들 집단에 술을 권하고, 장형제(長兄弟)들은 잔을 가져다가 빈객의 무리들에게 술을 권하게 된다. 이처럼 여러 차례 술을 따르고 권하기 때문에, 이러한 절차를 '무산작'이라고 부르는 것이다.

참고 『의례』「향사례(鄕射禮)」 기록

경문 禮射不主皮. 主皮之射者, 勝者又射, 不勝者降.

번역 예법에 맞춰 활을 쏠 때에는 주피(主皮)를 위주로 하지 않으며, 주피를 위주로 하는 활쏘기에서는 승자가 재차 활을 쏘고 패자는 내려간다.

鄭注 禮射, 謂以禮樂射也. 大射・賓射・燕射是矣. 不主皮者, 貴其容體比於禮, 其節比於樂, 不待中爲備也. 言不勝者降, 則不復升射也. 主皮者無侯, 張獸皮而射之, 主於獲也. 尙書傳曰: 戰鬪不可不習, 故於蒐狩以閑之也. 閑之者, 貫之也. 貫之者, 習之也. 凡祭, 取餘獲陳於澤, 然後卿大夫相與射也. 中者, 雖不中也取; 不中者, 雖中也不取. 何以然? 所以貴揖讓之取也, 而賤勇力之取. 嚮之取也於囿中, 勇力之取也. 今之取也於澤宮, 揖讓之取也. 澤, 習禮之處, 非所於行禮, 其射又主中, 此主皮之射與. 天子大射, 張皮侯; 賓射, 張五采之侯; 燕射, 張獸侯.

번역 '예사(禮射)'는 예의 절차와 음악의 절도에 맞춰 활을 쏘는 것이다. 대사례・빈사례・연사례가 여기에 해당한다. "주피를 위주로 하지 않는다."는 말은 행동거지를 예에 견줘서 하고 절도를 음악에 맞춰서 하는 것을 귀하게 여겨서 명중을 시키지 않더라도 예악을 갖춘 것으로 여긴다. "패자는 내려간다."라고 말했으니, 다시 올라가서 활을 쏘지 않는 것이다. 주피를 위주로 하는 경우에는 과녁이 없으며 짐승의 가죽을 펼쳐서 그곳에 활을 쏘니, 포획하는데 주안점을 두기 때문이다. 『상서전』에서는 "전투기술은 익히지 않을 수가 없다. 그렇기 때문에 사냥을 통해서 한(閑)한다."라고 했다. "한(閑)한다."는 말은 관(貫)한다는 뜻이다. "관(貫)한다."는 말은 익힌다는 뜻이다. 제사를 지낼 때에는 나머지 포획한 짐승들을 택궁(澤宮)[82]에 늘어놓고 그런 뒤에 경과 대부가

---

82) 택궁(澤宮)은 활쏘기를 하여 사(士)를 선발하던 장소이다. 『주례』「하관(夏官)・사궁시(司弓矢)」편에는 "澤共射椹質之弓矢"이라는 기록이 있는데, 이에 대한 정현의 주에서는 정사농(鄭司農)의 주장을 인용하여, "澤, 澤宮也, 所以習射選士之處也."라고 풀이했다.

서로 짝을 이루어 활쏘기를 한다. 명중을 시킬 경우 비록 이전에 명중을 시키지 못했더라도 짐승들을 가져가고, 명중을 시키지 못한 경우 비록 이전에 명중을 시켰더라도 짐승들을 가져가지 않는다. 어찌하여 이처럼 하는가? 읍과 겸양을 통해 얻은 것을 귀하게 여기고 용맹과 힘으로 얻은 것을 천하게 여기기 때문이다. 이전에 얻은 것은 동산에서 용맹과 힘으로 얻은 것이다. 현재 얻은 것은 택궁에서 읍과 겸양을 통해 얻은 것이다. '택(澤)'은 예를 익히는 장소이고 의례를 시행하는 장소가 아니며, 그곳에서 활쏘기를 시행할 때에도 명중시키는 것을 위주로 하니, 이것은 아마도 주피를 위주로 하는 활쏘기일 것이다. 천자의 대사례에서는 피후(皮侯)를 펼쳐서 설치하고, 빈사례에서는 오채색의 과녁을 펼쳐서 설치하며, 연사례에서는 수후(獸侯)를 펼쳐서 설치한다.

賈疏 ●"禮射"至"者降". ◎注"禮射"至"獸侯". ○釋曰: 云"禮射, 謂以禮樂射也"者, 射時有禮, 兼作樂, 故連樂言之. 不言鄉射者, 鄉射用采侯, 賓射中兼之, 故不言也. 云"不主皮者, 貴其容體比於禮, 其節比於樂"者, 此卽九節·七節·五節, 應於樂節是也. 云"言不勝者降, 不復升射也"者, 據主皮射者也. 禮射二番不勝, 仍待三番, 復升射也. 尚書傳者, 濟南伏生爲尚書作傳. 云"已祭, 取餘獲陳於澤, 然後卿大夫相與射也"者, 此則周禮山虞田訖, 虞人植旗於中, 屬禽焉. 每禽擇取三十餘, 將向國以祭, 謂若大司馬云: 仲春祭社, 仲夏享礿, 仲秋祀方, 仲冬享烝. 已祭, 乃以餘獲陳於澤. 宮中卿大夫士, 共以主皮之禮射取之. 云"雖不中雖中"者, 據向田時也. 云"非所於行禮"者, 云揖讓取卽是行禮, 而云非所於行禮者, 揖讓雖是禮, 對大射之等, 其體比於禮, 其節比於樂, 爲非所行禮也. 云"此主皮之射與"者, 書傳不言主皮, 以義約同, 故云"與"以疑之也. 云"天子大射"已下者, 按梓人云"張皮侯而棲以鵠, 則春以功", 卽此鄭云"天子大射張皮侯", 一也. 梓人又云: "張五采之侯遠國屬", 卽此鄭云"賓射張五采之侯"也. 梓人又云"張獸侯以息燕", 卽此鄭云"燕射張獸侯"也. 鄭言此者, 證此是禮射, 與主皮異也. 若然, 天子有澤宮, 又有射宮, 二處皆行射禮者, 澤宮之內有班餘獲射, 又有試弓習武之射, 若西郊學中射者, 行大射之禮, 張皮侯者是也. 澤宮中射, 將欲向射宮, 先向澤宮中試弓習武之射, 此習

武之射無侯, 直射甲革椹質, 故司弓矢職云: "王弓弧弓, 以授射甲革椹質." 而
注引圉師職曰"射則充椹質", 是也.

번역　●記文: "禮射"~"者降". ◎鄭注: "禮射"~"獸侯". ○정현이 "'예사
(禮射)'는 예의 절차와 음악의 절도에 맞춰 활을 쏘는 것이다."라고 했는데,
활쏘기를 할 때에는 예의 절차가 있고 음악도 함께 연주한다. 그렇기 때문에
음악까지도 연이어 말한 것이다. '향사(鄕射)'를 언급하지 않은 것은 향사례에
서는 채후(采侯)를 사용하는데, 빈사례에서는 이를 함께 사용한다. 그렇기 때
문에 언급하지 않은 것이다. 정현이 "주피를 위주로 하지 않는다는 말은 행동거
지를 예에 견줘서 하고 절도를 음악에 맞춰서 하는 것을 귀하게 여기기 때문이
다."라고 했는데, 이것은 곧 9가지 절도, 7가지 절도, 5가지 절도 등을 음악의
악절에 맞춰야 함을 뜻한다. 정현이 "패자는 내려간다고 말했으니, 다시 올라가
서 활을 쏘지 않는 것이다."라고 했는데, 주피를 위주로 하는 활쏘기에 기준을
둔 말이다. 예사에서는 두 번째 활쏘기를 이기지 못하면 곧 세 번째 활쏘기를
기다려서 다시 사대로 올라가서 활을 쏘게 된다. '상서전(尙書傳)'이라는 것은
제남의 복생이 『상서』에 대해 전문을 작성한 것이다. 정현이 "제사를 마치면
나머지 포획한 짐승들을 택궁(澤宮)에 늘어놓고 그런 뒤에 경과 대부가 서로
짝을 이루어 활쏘기를 한다."라고 했는데, 『주례』에서는 산우라는 관리가 사냥
을 마치면 가운데에 깃발을 꼽고 포획한 짐승들을 모은다고 했다. 그리고 각
짐승들마다 30여 마리를 취하게 되는데 이것은 국가의 제사를 지내기 위해서이
니, 마치 『주례』 「대사마(大司馬)」편에서 중춘에 사에 대한 제사를 지내고 중하
에 약(礿)제사를 지내며 중추에 사방에 대한 제사를 지내고 중동에 증(烝)제사
를 지낸다고 한 것들을 뜻한다. 제사를 마치면 나머지 포획한 짐승들을 택궁에
펼쳐놓는다. 택궁 안에서 경·대부·사는 모두 주피의 예법에 따라 활쏘기를
하여 남은 짐승들을 가져간다. 정현이 "비록 명중시키지 못했다."라거나 "비록
명중시켰다."라고 했는데, 이것은 이전에 사냥터에서 시행했던 것에 기준을 둔
말이다. 정현이 "의례를 시행하는 장소가 아니다."라고 했는데, 읍과 겸양을
하여 취한다고 말한다면 의례를 시행하는 것인데도, 의례를 시행하는 장소가
아니라고 했다. 그 이유는 읍과 겸양을 하는 것이 비록 의례를 시행하는 것이지

만, 대사례 등의 의례절차에서 행동거지를 예법에 맞추고 절차를 음악에 맞추는 것과 대비를 해보면, 상대적인 의미에서 의례를 시행하는 장소가 아니기 때문이다. 정현이 "이것은 아마도 주피를 위주로 하는 활쏘기일 것이다."라고 했는데, 『서전』에서는 주피(主皮)를 언급하지 않았지만, 의미에 따른다면 대략적으로 동일하다. 그렇기 때문에 '여(與)'자를 덧붙여서 확정적으로 말하지 않은 것이다. 정현이 "천자의 대사례이다."라고 한 말로부터 그 이하의 기록에 있어서, 『주례』「재인(梓人)」편을 살펴보면 "피후를 펼치고 정곡을 설치하면 행동거지를 예법에 맞게 하여 공덕을 세운다."[83]라고 했으니, 이곳에서 정현이 "천자의 대사례에서는 피후를 펼친다."라고 한 말과 같다. 「재인」편에서는 또 "오채색의 과녁을 펼치면 먼 나라에서 찾아온 제후들이 참여한다."[84]라고 했으니, 이곳에서 정현이 "빈사례에서는 오채색의 과녁을 펼쳐서 설치한다."라고 한 말에 해당한다. 「재인」편에서는 또 "수후를 펼치면 이를 통해 쉬게 하고 노고를 위로한다."[85]라고 했으니, 이곳에서 정현이 "연사례에서는 수후를 펼쳐서 설치한다."라고 한 말에 해당한다. 정현이 이러한 사실을 언급한 것은 이곳에서 말한 것이 예사이므로, 주피를 위주로 하는 것과 차이를 보인다는 사실을 증명하기 위해서이다. 만약 그렇다면 천자는 택궁을 가지고 있고 또 사궁(射宮)[86]도 가지고 있다. 두 장소는 모두 사례를 시행하는 곳인데, 택궁 안에는 포획한 나머지 짐승들을 분배하며 활쏘기를 하고, 또 활을 시험하고 무예를 익히는 활쏘기도 시행한다. 서쪽 교외의 학교에서 활쏘기를 시행하는 것은 대사례를 시행하며 피후를 펼쳐서 시행하는 경우이다. 택궁에서 활쏘기를 할 때에는 사궁에서 활쏘기를 시행하고자 하여 우선 택궁에서 활을 시험하고 무예를 익히는 활쏘기를 하는 것이니, 이처럼 무예를 익히는 활쏘기에는 과녁이 없고, 갑옷이나 나무를 꼽아 세워둔 곳에 활을 쏘게 된다. 그렇기 때문에 『주례』「사

---

83) 『주례』「동관고공기(冬官考工記)·재인(梓人)」 : 張皮侯而棲鵠, 則春以功.

84) 『주례』「동관고공기(冬官考工記)·재인(梓人)」 : 張五采之侯, 則遠國屬.

85) 『주례』「동관고공기(冬官考工記)·재인(梓人)」 : 張獸侯, 則王以息燕.

86) 사궁(射宮)은 천자가 대사례(大射禮)를 시행하던 장소이며, 또한 이곳에서 사(士)들을 시험하기도 했다. 『춘추곡량전』「소공(昭公) 8년」편에는 "以蒐射於射宮."이라는 기록이 있고, 『예기』「사의(射義)」편에는 "諸侯歲獻貢士於天子, 天子試之於射宮."이라는 기록이 있다.

궁시(司弓矢)」편의 직무기록에서는 "왕궁(王弓)과 호궁(弧弓)으로는 이것을 주어 갑옷과 과녁에 쏘게 한다."[87]라고 한 것이고, 정현의 주에서는 『주례』「어사(圉師)」편의 직무기록을 인용하여 "활쏘기를 하게 되면 나무를 꽂아 세워둔 과녁을 설치한다."[88]라고 한 것이다.

---

87) 『주례』「하관(夏官)·사궁시(司弓矢)」: 及其頒之, <u>王弓·弧弓以授射甲革·椹質</u>
<u>者</u>, 夾弓·庾弓以授射豻侯·鳥獸者, 唐弓·大弓以授學射者·使者·勞者.
88) 『주례』「하관(夏官)·어사(圉師)」: 圉師; 掌敎圉人養馬, 春除蓐·釁廏·始牧·
夏庌馬, 冬獻馬. <u>射則充椹質</u>, 茨牆則翦闔.

그림 0-1 ◙ 황제(黃帝)

黃 帝 軒 轅 氏

※ 출처:『삼재도회(三才圖會)』「인물(人物)」1권

그림 0-2 ◾ 별면(驚冕)

※ 출처: 『삼례도집주(三禮圖集注)』 1권

그림 0-3 ◼ 호후(虎侯)

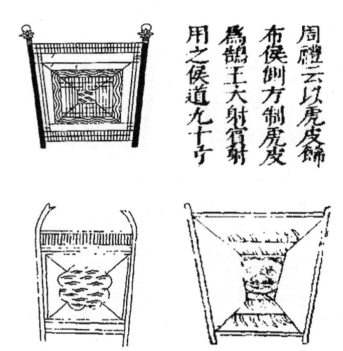

周禮云以虎皮飾
布侯側方制虎皮
爲鵠王大射賓射
用之侯道九十弓

※ **출처:** 상좌-『삼례도집주(三禮圖集注)』 6권 ; 하좌-『육경도(六經圖)』 7권
우-『삼재도회(三才圖會)』「기용(器用)」 4권

그림 0-4   ▣ 웅후(熊侯)

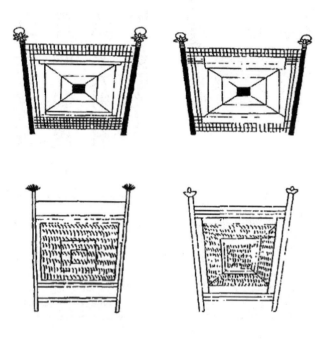

※ **출처:** 상-『삼례도집주(三禮圖集注)』6권 ; 하-『육경도(六經圖)』7권

그림 0-5 ▣ 표후(豹侯)

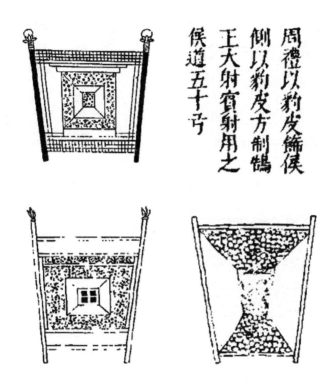

周禮以豹皮飾侯
側以豹皮方制鵠
王大射賓射用之
侯道五十弓

※ **출처:** 상좌-『삼례도집주(三禮圖集注)』6권 ; 하좌-『육경도(六經圖)』7권
　　　　　　 우-『삼재도회(三才圖會)』「기용(器用)」4권

그림 0-6 ■ 미후(麋侯)

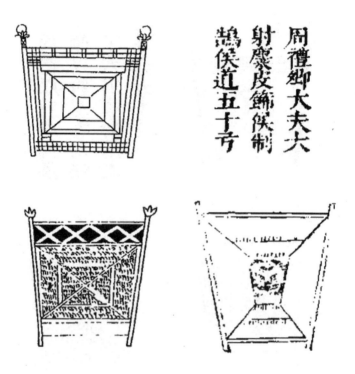

※ 출처: 상좌-『삼례도집주(三禮圖集注)』6권 ; 하좌-『육경도(六經圖)』7권
　　　우-『삼재도회(三才圖會)』「기용(器用)」4권

그림 0-7 ◼ 한후(豻侯)

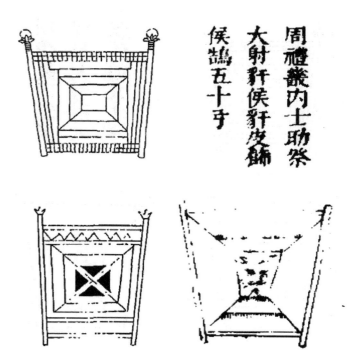

※ **출처:** 상좌-『삼례도집주(三禮圖集注)』6권 ; 하좌-『육경도(六經圖)』7권
우-『삼재도회(三才圖會)』「기용(器用)」4권

그림 0-8   ▣ 대후(大侯)

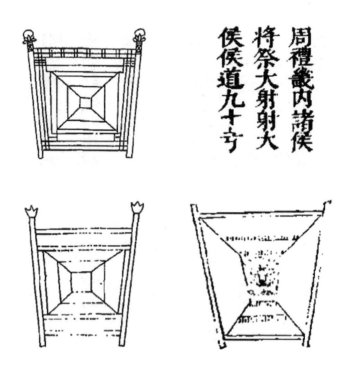

※ 출처: 상좌-『삼례도집주(三禮圖集注)』6권 ; 하좌-『육경도(六經圖)』7권
　　　우-『삼재도회(三才圖會)』「기용(器用)」4권

그림 0-9 ◨ 대구(大裘)

※ 출처: 『삼례도집주(三禮圖集注)』 1권

그림 0-10 ▣ 면류관[冕]

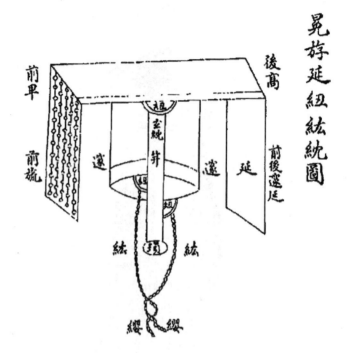

※ 출처: 『주례도설(周禮圖說)』 하권

그림 0-11 ◾ 곤면(袞冕)

※ 출처:『삼례도집주(三禮圖集注)』1권

그림 0-12 ■ 취면(毳冕)

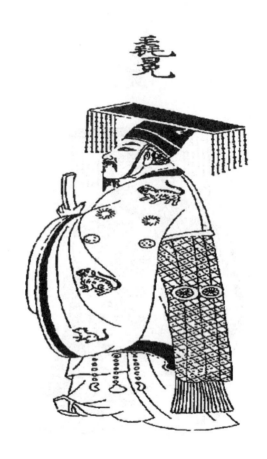

※ 출처: 『삼례도집주(三禮圖集注)』 1권

그림 0-13 ▣ 치면(絺冕)

※ **출처:** 『삼례도집주(三禮圖集注)』 1권

● 그림 0-14 ▣ 현면(玄冕)

※ 출처: 『삼례도집주(三禮圖集注)』 1권

그림 0-15 ▣ 주(周)나라 세계도(世系圖) Ⅰ

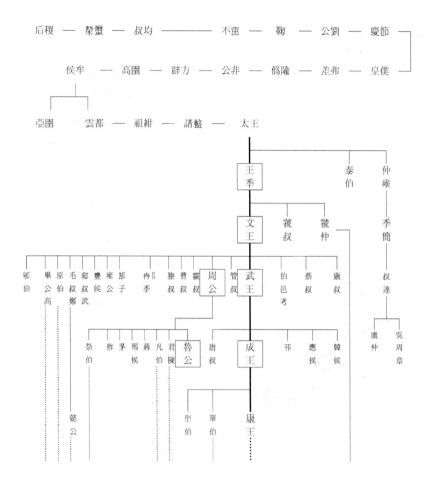

※ **출처:** 『역사(繹史)』1권 「역사세계도(繹史世系圖)」

● 그림 0-16 ▣ 십이장(十二章) 중 상의의 6가지 무늬

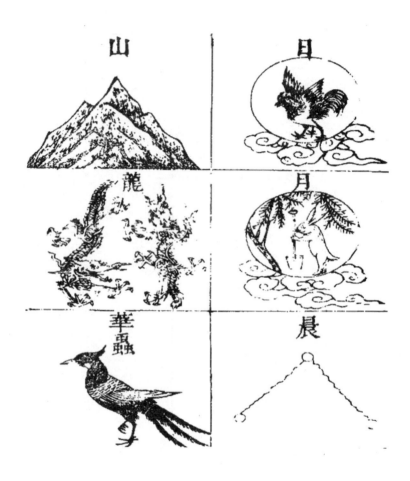

※ 출처: 『삼재도회(三才圖會)』「의복(衣服)」1권

그림 0-17 ▣ 십이장(十二章) 중 하의의 6가지 무늬

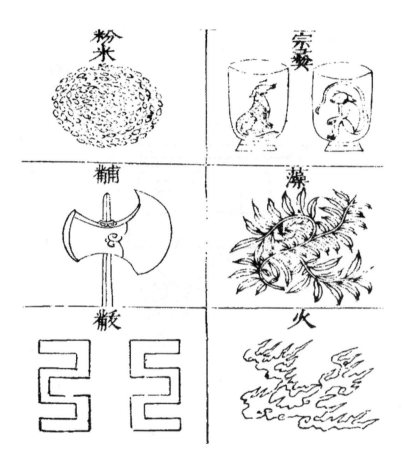

※ **출처**: 『삼재도회(三才圖會)』「의복(衣服)」 1권

그림 0-18 ■ 주(周)나라 때의 변(弁)

周
弁

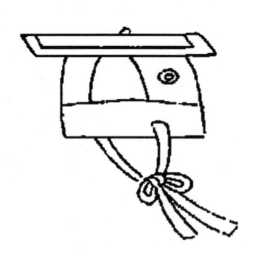

※ 출처:『삼례도집주(三禮圖集注)』3권

그림 0-19 ▣ 제후의 조복(朝服)

※ 출처: 『삼례도집주(三禮圖集注)』 1권

● 그림 0-20 ◼ 피변복(皮弁服)

※ 출처: 『삼례도집주(三禮圖集注)』 1권

그림 0-21 ◼ 준(尊)과 이(彝)

※ 출처:『삼재도회(三才圖會)』「기용(器用)」1권

● 그림 0-22   ▣ 호이(虎彝)와 유이(蜼彝)

※ 출처: 상단-『삼재도회(三才圖會)』「기용(器用)」2권
　　　　 중단-『삼례도집주(三禮圖集注)』14권
　　　　 하단-『육경도(六經圖)』

●그림 0-23 ◼ 기(旂)

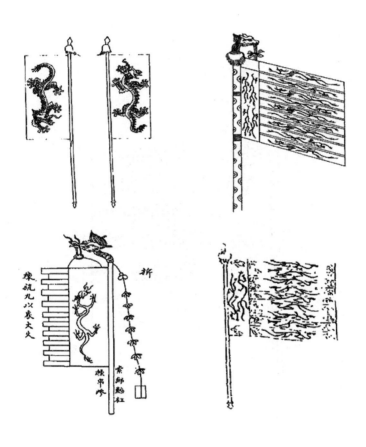

※ 출처: 상좌-『주례도설(周禮圖說)』하권 ; 상우-『삼례도집주(三禮圖集注)』9권
　　　하좌-『삼례도(三禮圖)』2권 ; 하우-『육경도(六經圖)』7권

그림 0-24 ◼ 기(旗)

熊旗

※ **출처:**『삼례도집주(三禮圖集注)』9권

• 제 1절 •

사례(射禮)와 연례(燕禮) · 향음주례(鄕飮酒禮)

【705a~b】

> 古者諸侯之射也, 必先行燕禮. 卿·大夫·士之射也, 必先行鄕
> 飮酒之禮. 故燕禮者, 所以明君臣之義也. 鄕飮酒之禮者, 所以
> 明長幼之序也.

직역 古者에 諸侯의 射함에는 必히 先히 燕禮를 行했다. 卿·大夫·士의 射함
에는 必히 先히 鄕飮酒의 禮를 行했다. 故로 燕禮라는 者는 君臣의 義를 明하는
所以이다. 鄕飮酒의 禮라는 者는 長幼의 序를 明하는 所以이다.

의역 고대에 제후들이 사례(射禮)를 실시할 때에는 반드시 그보다 앞서서 연례
(燕禮)를 시행했다. 경·대부·사가 사례를 실시할 때에는 반드시 그보다 앞서서 향
음주례(鄕飮酒禮)를 시행했다. 그러므로 연례라는 것은 군신관계에서의 도의를 밝히
는 방법이다. 또한 향음주례라는 것은 장유관계에서의 질서를 밝히는 방법이다.

集說 呂氏曰: 諸侯之射, 大射也. 卿·大夫·士之射, 鄕射也. 射者, 男子之
事. 必飾之以禮樂者, 所以養人之德, 使之周旋中禮也. 蓋燕與鄕飮, 因燕以娛
賓, 不可以無禮, 故有大射鄕射之禮. 禮不可以無義, 故明君臣之義與長幼之
序焉.

번역 여씨가 말하길, '제후지사(諸侯之射)'는 대사례(大射禮)를 뜻한다.
'경대부사지사(卿大夫士之射)'는 향사례(鄕射禮)를 뜻한다. 활쏘기는 남자들
이 하는 일이다. 반드시 예악으로 문식을 더하는 것은 사람의 덕을 배양하여,

그로 하여금 행동을 할 때 예에 맞추게끔 하기 위해서이다. 연례(燕禮)와 향음주례(鄕飮酒禮)는 연회를 통해서 빈객을 즐겁게 해주는 것인데 예가 없어서는 안 된다. 그렇기 때문에 대사례와 향사례를 두는 것이다. 예에는 의(義)가 없어서는 안 된다. 그렇기 때문에 군신관계에서 지켜야 하는 도의와 장유관계에서 지켜야 하는 질서를 밝히는 것이다.

大全 嚴陵方氏曰: 必先行禮, 而後習射者, 則射非主皮, 以禮爲先爾.

번역 엄릉방씨[1]가 말하길, 반드시 먼저 의례를 실시하고 그런 이후에 활쏘기를 익혔다면, 활쏘기에서는 주피(主皮)를 위주로 하는 것이 아니라 예(禮)를 우선으로 삼았을 따름이다.

大全 馬氏曰: 燕與鄕飮, 則有恩, 明君臣與長幼, 則有義. 有恩有義, 然後以射, 而觀其德行, 此人所以樂爲之也.

번역 마씨[2]가 말하길, 연례(燕禮)와 향음주례(鄕飮酒禮)를 하게 되면 은정이 포함되고, 군신관계 및 장유관계를 밝힌다면 의(義)가 포함된다. 은정과 의를 갖춘 연후에야 활쏘기를 하여 그 사람의 덕행을 관찰하니, 이것이 바로 사람들이 즐거운 마음으로 따르는 이유이다.

鄭注 言別尊卑老稚, 然後射, 以觀德行也.

번역 신분에 따른 차이와 나이에 따른 차이를 구별한 이후에 활쏘기를 하여 덕행을 관찰한다는 뜻이다.

---

1) 엄릉방씨(嚴陵方氏, ?~?) : =방각(方慤)・방씨(方氏)・방성부(方性夫). 송대(宋代)의 유학자이다. 이름은 각(慤)이다. 자(字)는 성부(性夫)이다. 『예기집해(禮記集解)』를 지었고, 『예기집설대전(禮記集說大全)』에는 그의 주장이 많이 인용되고 있다.
2) 마희맹(馬晞孟, ?~?) : =마씨(馬氏)・마언순(馬彦醇). 자(字)는 언순(彦醇)이다. 『예기해(禮記解)』를 찬술했다.

釋文 長, 丁丈反. 別, 彼列反. 稚音值. 行, 下孟反, 下文注"德行"皆同.

번역 '長'자는 '丁(정)'자와 '丈(장)'자의 반절음이다. '別'자는 '彼(피)'자와 '列(렬)'자의 반절음이다. '稚'자의 음은 '值(치)'이다. '行'자는 '下(하)'자와 '孟(맹)'자의 반절음이며, 아래문장 및 정현의 주에 나오는 '德行'에서의 '行'자도 그 음이 모두 이와 같다.

孔疏 ●"古者"至"序也". ○正義曰: 此一篇之義廣說射禮, 明天子以下射之樂章, 上下之差; 又明天子 · 諸侯選士與祭之法, 因明孔子矍相之圃, 簡賢選士誓衆之事; 又明君臣 · 父子"正鵠"之義, 是男子有事於射, 故男子初生, 設桑弧蓬矢之義; 又明志正射中之義, 飮酒養老之事. 今各隨文解之. 此經明將射之時, 天子 · 諸侯先行燕禮, 所以明君臣之義; 卿 · 大夫將射, 先行鄕飮酒之禮, 所以明長幼之序也.

번역 ●經文: "古者"~"序也". ○「사의」편의 뜻은 사례(射禮)를 폭넓게 설명하여 천자로부터 그 이하의 계층에서 활쏘기를 하며 사용했던 악장(樂章)과 상하의 차등을 밝히는 것이고, 또한 천자와 제후가 사를 선발하여 제사에 참여시키는 법도를 나타내고 있으며, 또 그에 따라 공자가 확상의 포(圃)에서 현명한 자를 가려내고 사를 선발하여 대중들에게 서약을 했던 일을 밝히고 있고, 또 군신관계와 부자관계에서의 정곡(正鵠)의 뜻을 밝히고 있다. 이것은 남자에게는 활쏘기에 대해 일삼는 바가 있음을 뜻한다. 그렇기 때문에 남자는 처음 태어났을 때 뽕나무로 만든 활과 봉경(蓬梗)으로 만든 화살을 설치하는 뜻을 나타내고 있다 또한 뜻이 올바르면 화살이 적중한다는 뜻과 음주를 하며 노인을 봉양하는 일을 나타내고 있다. 여기에서는 각각의 문장에 따라서 풀이하겠다. 이곳 경문은 활쏘기를 시행하려고 할 때 천자와 제후는 먼저 연례(燕禮)를 실시하니, 이를 통해서 군신관계에서 지켜야 하는 도리를 밝히고, 경과 대부가 활쏘기를 시행하려고 할 때 먼저 향음주례(鄕飮酒禮)를 실시하니, 이를 통해서 장유관계에서 지켜야 하는 질서를 밝힌다고 나타내고 있다.

孔疏 ●"古者諸侯之射也, 必先行燕禮"者, 按儀禮·大射在未旅之前, 燕初似饗, 卽是先行饗禮. 而云"先行燕禮"者, 燕初似饗, 正謂其行禮似饗, 其餘則燕, 故禮其牲狗, 及設折俎, 行一獻, 此等皆燕之法也, 故云"先行燕禮"也.

번역 ●經文: "古者諸侯之射也, 必先行燕禮". ○『의례』「대사례(大射禮)」편을 살펴보면, 아직 여수(旅酬)를 하기 이전에 해당하는 연례(燕禮)의 초반부는 향례(饗禮)와 유사하니, 이것은 곧 먼저 향례(饗禮)를 실시한다는 뜻에 해당한다. 그런데 "먼저 연례를 시행한다."라고 말한 것은 연례의 초반부는 향례와 유사하니, 그 의례를 향례처럼 시행하고 나머지 예법은 연례에 따른다는 뜻을 나타낸다. 그렇기 때문에 그 의례에서 사용하는 희생물은 개이고, 절조(折俎)3)를 설치하고 한 차례 술을 따라서 바치게 되는데, 이러한 절차들은 모두 연례 때의 예법에 해당한다. 그렇기 때문에 "먼저 연례를 시행한다."라고 말한 것이다.

孔疏 ●"燕禮者, 所以明君臣之義也"者, 謂臣於堂下再拜稽首, 升成拜, 君答拜, 似若臣盡竭其力致敬於君, 君施惠以報之也.

번역 ●經文: "燕禮者, 所以明君臣之義也". ○신하가 당하에서 재배를 하며 머리를 조아리고, 당상에 올라가서 절하는 예법을 완성하면 군주는 답배를 하는데, 이것은 마치 신하가 군주에 대해 자신의 힘을 다하고 공경함을 지극히 하여, 군주가 은혜를 베풀어서 보답을 해주는 것과 같다는 뜻이다.

孔疏 ●"鄕飮酒之禮者, 所以明長幼之序"者, 此"鄕飮酒"謂黨正飮酒, 以鄕統名, 則前篇云"六十者坐, 五十者立侍", 是也.

번역 ●經文: "鄕飮酒之禮者, 所以明長幼之序". ○이곳에서 '향음주(鄕飮酒)'라고 한 말은 당정(黨正)이라는 관리가 실시하는 음주연회를 뜻하는데,

---

3) 절조(折俎)는 제사나 연회를 시행할 때, 희생물을 도축하여, 사지를 해체하고, 그런 뒤에 도마 위에 올리게 되는데, 이 도마를 '절조'라고 부른다.

'향(鄕)'이라는 말로 총괄적인 명칭을 정했으니, 앞 편에서 "60이 된 자는 앉아 있고, 50이 된 자는 서서 시중을 든다."[4]라고 한 말이 바로 이것을 가리킨다.

集解 呂氏大臨曰: 射者, 男子所有事也. 天下無事, 則用之於禮義, 故習大射 · 鄕射之禮, 所以習容 · 習藝, 觀德而選士; 天下有事, 則用之於戰勝, 故主皮 · 呈力, 所以禦侮克敵也. 諸侯之射, 必先行燕禮者, 大射儀也. 卿大夫士之射, 必先行鄕飮酒之禮者, 鄕射也.

번역 여대림이 말하길, 활쏘기는 남자가 일삼는 대상이다. 천하에 특별한 일이 없으면 이것을 예의에 사용한다. 그렇기 때문에 대사례와 향사례를 익히는 것은 행동거지와 기예를 익히는 것으로, 이를 통해 덕을 관찰하여 사를 선발하게 된다. 한편 천하에 전쟁이 발생하면 이것을 전쟁에 사용한다. 그렇기 때문에 주피를 위주로 하고 힘을 드러내게 되니, 업신여김을 방지하고 적을 이기는 방법이다. 제후가 활쏘기를 할 때에는 반드시 그보다 먼저 연례를 시행한다고 했는데, 이것은 대사례에 해당한다. 경 · 대부 · 사가 활쏘기를 할 때에는 반드시 그보다 먼저 향음주례를 시행한다고 했는데, 이것은 향사례에 해당한다.

集解 愚謂: 此射, 皆謂大射也. 鄕飮酒者, 卿大夫士之燕禮也. 諸侯謂之燕, 卿大夫士謂之飮酒, 其禮一也. 諸侯與其臣行大射, 必先行燕禮, 卿大夫士與其臣大射, 必先行鄕飮酒之禮. 左傳昭公二十七年, "齊侯請饗公, 子家子曰, '朝夕立於其朝, 又何饗焉? 其飮酒也', 乃飮酒. 使宰獻, 而請安." 是燕禮亦謂之飮酒也.

번역 내가 생각하기에, 여기에 나온 '사(射)'자는 모두 대사례를 가리킨다. 향음주례는 경 · 대부 · 사가 시행하는 연례이다. 제후의 경우 이것을 연례라고 부르고, 경 · 대부 · 사의 경우 이것을 음주라고 부르는데, 그 예법은 동일하다. 제후가 자신의 신하들과 대사례를 시행할 때에는 반드시 그보다 앞서 연례를

---

4) 『예기』「향음주의(鄕飮酒義)」【699c】: 鄕飮酒之禮, <u>六十者坐, 五十者立侍</u>以聽政役, 所以明尊長也.

시행한다. 경・대부・사가 자신의 신하들과 대사례를 할 때에는 반드시 그보다 앞서 향음주례를 시행한다. 『좌전』소공 27년의 기록에서 "제나라 후작이 소공을 초청하여 향례를 베풀고자 했는데, 자가자는 '저희 군주께서는 아침저녁으로 제나라 조정에 서 계신데 또한 어찌 향례를 시행한단 말입니까? 음주례를 시행하면 족합니다.'라고 말하여, 음주연회를 하게 되었다. 제나라 후작은 재부를 시켜 술을 따르게 하고 자신은 물러나 쉬고자 청했다."[5]라고 했다. 이것은 연례 또한 '음주(飲酒)'로 부른다는 사실을 나타낸다.

참고 구문비교

예기・사의 故燕禮者, 所以明君臣之義也.

예기・제통(祭統) 是故不出者, 明君臣之義也.

예기・경해(經解) 故朝覲之禮, 所以明君臣之義也.

예기・연의(燕義) 故曰燕禮者, 所以明君臣之義也.

예기・빙의(聘義) 致饔餼還圭璋, 賄贈・饗・食・燕, 所以明賓客君臣之義也.

참고 구문비교

예기・사의 鄉飲酒之禮者, 所以明長幼之序也.

예기・문왕세자(文王世子) 庶子之正於公族者, 教之以孝弟・睦友・子愛,

---

5) 『춘추좌씨전』「소공(昭公) 27년」: 冬, 公如齊, 齊侯請饗之. 子家子曰, "朝夕立於其朝, 又何饗焉, 其飲酒也." 乃飲酒, 使宰獻, 而請安. 子仲之子曰重, 爲齊侯夫人, 曰, "請使重見." 子家子乃以君出.

明父子之義 · 長幼之序.

예기 · 악기(樂記) 合父子之親, 明長幼之序, 以敬四海之內, 天子如此, 則禮行矣.

예기 · 경해(經解) 鄉飲酒之禮, 所以明長幼之序也.

참고 『예기』「제통(祭統)」 기록

경문-581a 君迎牲而不迎尸, 別嫌也. 尸在廟門外則疑於臣, 在廟中則全於君. 君在廟門外則疑於君, 入廟門則全於臣 · 全於子. 是故不出者, 明君臣之義也.

번역 군주는 제사에 사용되는 희생물은 맞이하지만 시동은 맞이하지 않는데, 이것은 혐의를 변별하기 위해서이다. 시동이 묘문 밖에 있을 때에는 신하의 신분이 되지만, 종묘 안에 있게 되면 온전히 선대 군주를 형상화하게 된다. 군주가 묘문 밖에 있을 때에는 군주의 신분이 되지만, 묘문 안으로 들어가게 되면 온전히 신하와 자식의 입장이 된다. 그렇기 때문에 묘문 밖으로 나가서 시동을 맞이하지 않는 것은 군신관계에서 지켜야 하는 도의를 나타낸다.

鄭注 不迎尸者, 欲全其尊也. 尸, 神象也. 鬼神之尊在廟中, 人君之尊出廟門則伸.

번역 시동을 맞이하지 않는 것은 존귀함을 온전히 하고자 했기 때문이다. 시동은 신을 형상화하는 자이다. 귀신의 존귀함은 묘 안에서 이루어지고, 군주의 존귀함은 묘문 밖으로 나가면 펼쳐지게 된다.

孔疏 ●"是故不出者, 明君臣之義也"者, 結第二倫也. 君至尊而受屈廟中, 以臣子自處, 不敢出廟門, 恐尸尊不極, 欲示天下咸知君臣之義也. 君臣由義而合, 故云"義"也.

번역 ●經文: "是故不出者, 明君臣之義也". ○두 번째 도의에 대해서 결론을 맺은 말이다. 군주는 지극히 존귀하지만, 종묘 안에서는 굽혀야 하는 상황을 받아들여서 신하와 자식의 입장으로 자처하여, 묘문 밖으로 감히 나가지 않으니, 아마도 시동의 존귀함이 지극해지지 못할 것을 염려했기 때문이며, 천하의 모든 사람들에게 군주와 신하 관계에서 지켜야 하는 도의를 알도록 만들기 위해 드러내고자 했던 것이다. 군주와 신하는 의리에 따라 부합하기 때문에 '의(義)'라고 했다.

참고 『예기』「경해(經解)」 기록

경문-590b~c 故朝覲之禮, 所以明君臣之義也; 聘問之禮, 所以使諸侯相尊敬也; 喪祭之禮, 所以明臣子之恩也; 鄕飮酒之禮, 所以明長幼之序也; 昏姻之禮, 所以明男女之別也. 夫禮, 禁亂之所由生, 猶坊止水之所自來也. 故以舊坊爲無所用而壞之者, 必有水敗; 以舊禮爲無所用而去之者, 必有亂患.

번역 그러므로 조근(朝覲)[6]의 의례는 군신관계의 도의를 밝히는 방법이다. 빙문(聘問)[7]의 의례는 제후들끼리 서로 존경하도록 만드는 방법이다. 상례와 제례는 신하와 자식에게 있는 은정을 밝히는 방법이다. 향음주례는 장유관계의 질서를 밝히는 방법이다. 혼인(昏姻)의 의례는 남녀의 유별함을 밝히는 방법이

---

6) 조근(朝覲)은 군주가 신하를 만나보는 예법(禮法)을 뜻한다. 군주가 신하를 만나보는 예법에는 조(朝), 근(覲), 종(宗), 우(遇), 회(會), 동(同) 등이 있었는데, 이것을 총칭하여 '조근'으로 부르기도 한다. 한편 '조근'은 신하가 군주를 찾아뵙는 예법을 뜻하기도 한다. 고대에는 제후가 천자를 찾아뵐 때, 각 계절별로 그 명칭을 다르게 불렀다. 봄에 찾아뵙는 것을 조(朝)라고 부르며, 여름에 찾아뵙는 것을 종(宗)이라고 부르고, 가을에 찾아뵙는 것을 근(覲)이라고 부르며, 겨울에 찾아뵙는 것을 우(遇)라고 부른다. '조근'은 이러한 예법들을 총칭하는 말이다.
7) 빙문(聘問)은 국가 간이나 개인 간에 사람을 보내서 상대방을 찾아가 안부를 묻는 의식 절차를 통칭하는 말이다. 또한 제후가 신하를 시켜서 천자에게 보내, 안부를 묻는 예법을 뜻하기도 한다.

다. 무릇 예(禮)라는 것은 혼란이 생겨나는 원인을 금지하는 것이니, 물이 넘치는 것을 제방이 방지함과 같다. 그러므로 예전의 제방을 쓸데없는 것이라고 여겨서 무너트리는 자에게는 반드시 수재가 발생할 것이고, 예전의 예법을 쓸데없는 것이라고 여겨서 없애는 자에게는 반드시 혼란과 우환이 발생할 것이다.

鄭注 春見曰朝, 小聘曰問, 其篇今亡. 昏姻, 謂嫁取也. 婿曰昏, 妻曰姻. 自, 亦由也.

번역 봄에 찾아뵙는 것을 '조(朝)'라고 부르고, 작은 규모로 찾아가 만나보는 것을 '문(問)'이라고 부르는데, 관련된 『의례』의 편들은 현재 망실되어 남아있지 않다. '혼인(昏姻)'은 장가들고 아내를 들인다는 뜻이다. 남편의 입장에서는 '혼(昏)'이라 부르고, 아내의 입장에서는 '인(姻)'이라 부른다. '자(自)'자 또한 '~로부터[由]'라는 뜻이다.

참고 『예기』「연의(燕義)」 기록

경문-713a~b 君擧旅於賓, 及君所賜爵, 皆降, 再拜稽首, 升成拜, 明臣禮也. 君答拜之, 禮無不答, 明君上之禮也. 臣下竭力盡能以立功於國, 君必報之以爵祿, 故臣下皆務竭力盡能以立功, 是以國安而君寧. 禮無不答, 言上之不虛取於下也. 上必明正道以道民, 民道之而有功, 然後取其什一, 故上用足而下不匱也. 是以上下和親而不相怨也. 和寧, 禮之用也, 此君臣上下之大義也. 故曰燕禮者, 所以明君臣之義也.

번역 군주가 빈객에게 여수(旅酬)를 시행하고 군주가 특별히 하사한 술잔을 받은 자는 모두 내려와서 재배를 하고 머리를 조아리며, 재차 당상에 올라가서 절하는 절차를 마무리하게 되니, 이것은 신하의 예법을 나타낸다. 군주는 답배를 하니, 예에서는 답배를 하지 않는 경우가 없기 때문이며, 이것은 군주의 예법을 나타낸다. 신하는 힘을 다하고 자신의 능력을 다하여 나라에 공을 세우고, 군주는 그런 자에 대해서 반드시 작위와 녹봉으로 보답하게 된다. 그렇기 때문에 신하들은 모두 힘을 다하고 자신의 능력을 다하여 나라에 공 세우는 일에 힘쓰게 되고, 이러한 까닭으로 그 나라와 군주는 편안하게 된다. 예에는 답배를 하지 않는 경우가 없으니, 이것은 윗사람이 헛되이 아랫사람에게서 취하지 않는다는 사실을 뜻한다. 윗사람은 반드시 정도(正道)를 밝혀서 백성들을 인도해야 하고, 백성들은 그의 인도에 따라 공을 세워야 하니, 그렇게 된 이후에야 그들이 세운 공적 중 10분의 1을 취하는 것이다. 그래서 윗사람은 재물을 사용하는데 풍족하게 되고 아랫사람도 궁핍하지 않게 된다. 이러한 까닭으로 상하 모든 계층이 화목하게 되고 서로를 원망하지 않게 된다. 화목하고 편안하게 되는 것은 예의 쓰임이니, 이것은 군신관계에서 따르는 큰 도의에 해당한다. 그래서 "연례(燕禮)라는 것은 군신관계에서 지켜야 하는 도의를 드러내는 방법이다."라고 말한 것이다.

鄭注 言聖人制禮, 因事以託政. 臣再拜稽首, 是其竭力也. 君答拜之, 是其報以祿惠也.

번역 성인이 예를 제정했을 때 그 사안에 따라 정책을 의탁했다는 뜻이다. 신하가 재배를 하고 머리를 조아리는 것은 힘을 다한다는 뜻에 해당한다. 군주가 답배를 하는 것은 녹봉과 은혜로 보답한다는 뜻에 해당한다.

참고 『예기』「빙의(聘義)」기록

경문-716a 卿爲上擯, 大夫爲承擯, 士爲紹擯. 君親禮賓, 賓私面私覿. 致饔餼還圭璋, 賄贈·饗·食·燕, 所以明賓客君臣之義也.

번역 빙문(聘問)을 받는 제후국에서는 경을 상빈(上擯)으로 삼고, 대부를 승빈(承擯)으로 삼으며, 사를 소빈(紹擯)으로 삼는다. 군주는 직접 빈객을 예우하고, 그 일이 끝나면 빈객은 찾아간 나라의 경이나 대부를 개인적으로 만나보거나 개인적으로 제후를 찾아뵙는다. 빈객이 숙소로 돌아가게 되면 제후는 숙소로 옹희(饔餼)[8]를 보내주고, 규(圭)와 장(璋)을 되돌려주며 선물을 주고 향례(饗禮)·사례(食禮)·연례(燕禮)를 베푸니, 이러한 의례들은 빈객과 주인의 관계 및 군주와 신하의 관계에서 시행되는 도의를 밝히는 방법이다.

鄭注 設大禮, 則賓客之也. 或不親而使臣, 則爲君臣也.

번역 성대한 예법을 시행하여 빈객에 대한 예법으로 대접하는 것이다. 간혹 군주가 직접 시행하지 않고 신하를 대신 시키게 된다면, 이러한 경우에도 군주와 신하의 관계가 된다.

孔疏 ●"所以明賓客·君臣之義也", 謂君親禮賓, 賓用私覿, 及致饔餼·饗·食之屬, 或主人敬賓, 或賓答主人, 或君親接賓, 或使臣致之, 是顯明賓客·君臣之義也.

번역 ●經文: "所以明賓客·君臣之義也". ○군주가 직접 빈객을 예우하고 빈객은 사적(私覿)을 실시하며, 또 옹희(饔餼)·향례(饗禮)·사례(食禮) 등의 부류를 베풀어주는데, 어떤 것은 주인이 빈객을 공경하는 것에 해당하고, 또 어떤 것은 빈객이 주인에게 답례하는 것에 해당하며, 어떤 것은 군주가 직접 빈객을 영접하는 것에 해당하고, 또 어떤 것은 신하를 시켜서 보내주는 것에 해당하니, 이러한 것들은 빈객과 군신의 도의를 드러내는 일에 해당한다는 뜻이다.

---

8) 옹희(饔餼)는 빈객(賓客)과 상견례(相見禮)를 하고 나서 성대하게 음식을 마련해 접대하는 것을 뜻한다. 『주례』「추관(秋官)·사의(司儀)」편에는 "致饗如致積之禮."라는 기록이 있는데, 이에 대한 정현의 주에서는 "小禮曰饗, 大禮曰饔餼."라고 풀이하였다. 즉 '옹희'와 '손'은 모두 빈객 등을 접대하는 예법들인데, '옹희'는 성대한 예법에 해당하여, '손'보다도 융숭하게 대접하는 것이다.

참고 『예기』「문왕세자(文王世子)」기록

경문-256c 庶子之正於公族者, 敎之以孝弟·睦友·子愛, 明父子之義·長幼之序.

번역 서자(庶子)9)라는 관리자들은 공족(公族)10)의 자제들에게 정령을 시행하는 자이니, 그들에게 효제(孝悌)와 목우(睦友)와 자애(子愛)의 덕목을 가르쳐서, 공족의 자제들이 부자관계에서 지켜야 하는 도의와 장유관계에서 지켜야 하는 질서를 깨닫게 한다.

鄭注 正者, 政也. 庶子, 司馬之屬, 掌國子之倅, 爲政於公族者.

번역 '정(正)'이라는 말은 "정령을 시행한다[政]."는 뜻이다. 서자(庶子)는 사마(司馬)에게 소속된 관리로, 국자(國子)라는 졸(倅)들에 대한 일을 담당하여, 공족(公族)들에게 정령을 시행하는 자이다.

참고 『예기』「악기(樂記)」기록

경문-461b~c 樂由中出, 禮自外作. 樂由中出故靜, 禮自外作故文. 大樂必易, 大禮必簡. 樂至則無怨, 禮至則不爭. 揖讓而治天下者, 禮樂之謂也. 暴民

---

9) 서자(庶子)는 주(周)나라 때 설치되었던 관직으로, 사마(司馬)에게 소속된 관리이다. 제후 및 경(卿)·대부(大夫)의 자제들에 대한 교육 등을 담당하였다. 『주례』의 체제에 따르면 제자(諸子)에 해당한다. 『예기』「연의(燕義)」편에는 "古者, 周天子之官有庶子官."이라는 기록이 있는데, 이에 대한 정현의 주에서는 "庶子, 猶諸子也. 周禮諸子之官, 司馬之屬也."라고 풀이하였다.
10) 공족(公族)은 제후 및 군왕과 성(姓)이 같은 친족들을 뜻한다. '공족'에서의 '공'자는 본래 제후를 뜻하는 글자이다. 『시』「위풍(魏風)·서리(黍離)」편에는 "殊異乎公族."이라는 기록이 있고, 이에 대한 정현의 전(箋)에서는 "公族, 主君同姓昭穆也."라고 풀이했다.

不作, 諸侯賓服, 兵革不試, 五刑不用, 百姓無患, 天子不怒, 如此則樂達矣. 合
父子之親, 明長幼之序, 以敬四海之內, 天子如此, 則禮行矣.

번역 악(樂)은 마음으로부터 나오고 예(禮)는 외부로부터 만들어진다. 악
은 마음으로부터 나오기 때문에 고요하며 예는 외부로부터 만들어지기 때문에
문채가 난다. 큰 악은 반드시 쉽고 큰 예는 반드시 간략하다. 악이 지극해지면
원망함이 없고 예가 지극해지면 다투지 않는다. 옛날의 선왕이 인사를 하고
겸양을 하는 것만으로도 천하를 다스릴 수 있었다는 말은 바로 예와 악이 지극
했음을 뜻한다. 난폭한 백성이 생기지 않고 제후들이 복종하며 병장기가 사용
되지 않고 오형(五刑)[11]이 사용되지 않으며 백성들에게 근심이 없고 천자가
성내지 않게 되니, 이처럼 한다면 악이 두루 통하게 된다. 천자가 부자관계의
친애함을 합하여 널리 시행하고 장유관계에서의 질서를 밝혀서 이를 통해 천하
의 모든 사람들을 공경하니, 천자가 이처럼 한다면 예가 시행된다.

鄭注 和在心也. 敬在貌也. 文, 猶動也. 易 · 簡, 若於淸廟大饗然. 至, 猶達
也, 行也. 賓, 協也. 試, 用也.

번역 조화로움은 마음에 있다. 공경함은 겉으로 드러난다. '문(文)'자는 "움
직인다[動]."는 뜻이다. '이(易)'자와 '간(簡)'자는 마치 청묘(淸廟)라는 시를 노
래하고 대향(大饗)을 시행하는 예법처럼 한다는 뜻이다. '지(至)'자는 "통한다
[達]."는 뜻이며, "시행한다[行]."는 뜻이다. '빈(賓)'자는 "복종하다[協]."는 뜻
이다. '시(試)'자는 "사용하다[用]."는 뜻이다.

---

11) 오형(五刑)은 다섯 가지 형벌을 뜻한다. '오형'의 구체적 항목에 대해서는 각 시
대별 차이가 있지만, 『주례』의 기록에 근거하면, 묵형(墨刑), 의형(劓刑), 궁형
(宮刑), 비형(剕刑: =刖刑), 대벽(大辟: =殺刑)이 된다. 『주례』「추관(秋官) · 사형
(司刑)」편에는 "掌五刑之灋, 以麗萬民之罪, 墨罪五百, 劓罪五百, 宮罪五百, 刖
罪五百, 殺罪五百."이라는 기록이 있다.

참고 『예기』「향음주의(鄉飲酒義)」 기록

경문-699c 鄉飲酒之禮: 六十者坐, 五十者立侍以聽政役, 所以明尊長也. 六十者三豆, 七十者四豆, 八十者五豆, 九十者六豆, 所以明養老也. 民知尊長養老, 而后乃能入孝弟, 民入孝弟, 出尊長養老, 而后成敎, 成敎而后國可安也. 君子之所謂孝者, 非家至而日見之也. 合諸鄉射, 敎之鄉飲酒之禮, 而孝弟之行立矣.

번역 향음주례(鄉飲酒禮)에서는 나이가 60세인 자들은 당상에 앉고, 50세인 자들은 당하에 서서 시중을 들며 심부름을 하니, 연장자를 존귀하게 대함을 나타내는 방법이다. 60세인 자들에게는 음식을 대접하며 3개의 두(豆)를 내놓고, 70세인 자들에게는 4개의 두를 내놓으며, 80세인 자들에게는 5개의 두를 내놓고, 90세인 자들에게는 6개의 두를 내놓으니, 노인을 봉양함을 나타내는 방법이다. 백성들이 연장자를 존귀하게 대하며 노인을 봉양해야 함을 안 이후에야 집에 들어가서 효제(孝悌)의 덕목을 실천할 수 있고, 백성들이 집에 들어가서 효제를 실천하고 나와서 연장자를 존귀하게 대하며 노인을 봉양한 이후에야 교화가 완성되며, 교화가 완성된 이후에야 나라를 편안하게 만들 수 있다. 군자가 말하는 '효(孝)'라는 것은 집집마다 들어가서 날마다 그 덕목을 드러내는 것이 아니다. 여러 향사례(鄉射禮) 등과 합하여 향음주례를 가르침으로써 효제의 덕행이 성립되는 것이다.

鄭注 此說鄉飲酒, 謂黨正"國索鬼神而祭祀, 則以禮屬民而飲酒于序, 以正齒位"之禮也. 其鄉射, 則州長"春秋以禮會民而射于州序"之禮也. 謂之"鄉"者, 州・黨, 鄉之屬也. 或則鄉之所居州・黨, 鄉大夫親爲主人焉, 如今郡國下令長, 於鄉射飲酒, 從大守相臨之禮也.

번역 이 구문에서 설명하는 '향음주(鄉飲酒)'는 『주례』「당정(黨正)」편에서 "나라에서 귀신을 찾아 제사를 지내게 되면 예법에 따라 백성들을 모으고, 서(序)에서 음주를 하며 나이에 따른 서열을 바로잡는다."[12]고 했던 예(禮)를 뜻한다. '향사(鄕射)'는 『주례』「주장(州長)」편에서 "봄과 가을에는 예법에 따라 백성들을 모아서 주(州)에 있는 서(序)에서 활쏘기를 한다."[13]고 했던 예(禮)를 뜻한다. '향(鄕)'자를 붙여서 부르는 이유는 주(州)와 당(黨)이라는 행정구역은 향(鄕)에 소속된 구역이기 때문이다. 혹은 향(鄕)의 관청이 위치하는 주(州)와 당(黨)에 해당하여, 향대부(鄕大夫)가 직접 주인의 임무를 맡은 것이니, 예를 들어 현재 군국(郡國) 휘하에 있는 영장(令長)이 향음주례에 대해서, 태수와 상을 따라 임하게 되는 예와 같다.

孔疏 ●"六十者坐, 五十者立侍"者, 按鄕飮酒禮, 賓賢能, 則用處士爲賓, 其次爲介, 其次爲衆賓, 皆以年少者爲之. 此正齒位之禮, 其賓·介等皆用年老者爲之. 其餘爲衆賓, 賓內年六十以上於堂上, 於賓席之西南面坐, 若不盡, 則於介席之北東面北上. 其五十者, 則立於西階下, 東面北上, 示有陪侍之義, 非卽在六十者, 傍同南面立也.

번역 ●經文: "六十者坐, 五十者立侍". ○『의례』「향음주례(鄕飮酒禮)」편을 살펴보면, 현명한 자와 능력이 있는 자를 빈객으로 대접한다면, 처사(處士)를 빈객으로 삼고, 그 다음으로 뛰어난 자를 개(介)[14]로 삼으며, 그 다음으로 뛰어난 자들을 빈객 무리들로 삼는데, 모두 나이가 어린 자들로 삼게 된다. 이곳의 내용은 나이에 따라 서열을 바르게 하는 예에 해당하여, 빈객과 개(介) 등은 모두 나이가 많은 자들로 삼게 된다. 나머지 사람들은 빈객 무리들이 되고, 빈객들 중 나이가 60세 이상인 자들은 당상에 있게 되고, 빈객의 자리 서쪽에서도 남쪽을 바라보는 위치에 앉고, 만약 다 앉히지 못한다면, 개(介)가 앉는 자리

---

12) 『주례』「지관(地官)·당정(黨正)」: <u>國索鬼神而祭祀, 則以禮屬民, 而飮酒于序以正齒位</u>: 壹命齒于鄕里, 再命齒于父族, 三命而不齒.

13) 『주례』「지관(地官)·주장(州長)」: 若以歲時祭祀州社, 則屬其民而讀法, 亦如之. <u>春秋以禮會民而射于州序</u>.

14) 개(介)는 부관을 뜻한다. 빈객(賓客)이 방문했을 때 주인(主人)과 빈객 사이에서 진행되는 절차들을 보좌했던 자들이다. 계급에 따라서 '개'를 두는 숫자에도 차이가 났다. 가령 상공(上公)은 7명의 '개'를 두었고, 후작이나 백작은 5명을 두었으며, 자작과 남작은 3명의 개를 두었다. 『예기』「빙의(聘義)」편에는 "上公七介, 侯伯五介, 子男三介."라는 기록이 있다.

의 북쪽에서 동쪽을 바라보는 자리에서 북쪽 끝에서부터 서열에 따라 앉게 된
다. 50세인 자들은 서쪽 계단 아래에 위치하며 동쪽을 바라보며 서열에 따라
북쪽 끝에서부터 위치하니, 시중을 든다는 뜻을 나타내며, 60세인 자들이 앉는
곳에 포함되지 못한 자들은 그 곁에서 함께 남쪽을 바라보며 서 있게 된다.

孔疏 ●"以聽政役"者, 所以立於階下, 示其聽受六十以上政事役使也.

번역 ●經文: "以聽政役". ○계단 아래에 서 있는 것은 60세 이상인 자들
의 정무와 심부름을 받든다는 뜻을 보이기 위해서이다.

참고 『춘추좌씨전』 소공(昭公) 27년 기록

전문 冬, 公如齊, 齊侯請饗之①. 子家子曰: "朝夕立於其朝, 又何饗焉? 其
飲酒也." 乃飲酒, 使宰獻, 而請安②.

번역 겨울 소공이 제나라로 갔는데, 제나라 후작이 소공을 초청하여 향례를
베풀고자 했다. 자가자는 "저희 군주께서는 아침저녁으로 제나라 조정에 서
계신데 또한 어찌 향례를 시행한단 말입니까? 음주례를 시행하면 족합니다."라
고 말하여, 음주연회를 하게 되었다. 제나라 후작은 재부를 시켜 술을 따르게
하고 자신은 물러나 쉬고자 청했다.

杜注-① 設饗禮.

번역 향례를 시행한 것이다.

杜注-② 比公於大夫也. 禮, 君不敵臣, 宴大夫, 使宰爲主. 獻, 獻爵也. 請安,
齊侯請自安, 不在坐也.

번역 소공을 대부에 견준 것이다. 예법에 따르면 군주는 신하를 대등한 상대로 대하지 않고, 대부에게 연회를 베풀 때에는 재부를 시켜서 주인 역할을 하게 만든다. '헌(獻)'은 술잔에 술을 따른다는 뜻이다. '청안(請安)'은 제나라 후작이 본인이 편안히 있고자 청하여 같은 자리에 있지 않았다는 뜻이다.

孔疏 ●"朝夕"至"飮酒". ○正義曰: 禮, 爲諸侯相爲賓主國待之, 有享 · 食 · 燕三禮, 享爲大. 鄭玄云: "享, 謂享大牢以飮賓, 是爲禮之大者." 子家以公雖居鄆, 以齊爲主. 此年已再如齊, 數相見不爲賓客, 故言"朝夕立於其朝, 又何須設饗禮焉? 其飮酒也." 勸其用宴禮而飮酒耳.

번역 ●傳文: "朝夕"~"飮酒". ○예법에 따르면 제후들이 빈객과 주인이 되어 주인의 제후국에서 대접을 할 때에는 향례 · 사례 · 연례라는 세 가지 예법이 있는데, 향례가 가장 성대하다. 정현은 "향(享)은 태뢰(太牢)[15]를 조리하여 빈객에게 술을 마시게 한다는 뜻이니, 이것은 예법 중에서도 성대한 것이다."라고 했다. 자가는 소공이 운에 머물고 있어서 제나라를 주인으로 여긴다고 보았다. 소공 27년에 이미 두 차례 제나라로 갔고, 자주 서로 만나보게 되어 빈객으로 여기지 않았다. 그렇기 때문에 "저희 군주께서는 아침저녁으로 제나라 조정에 서 계신데 또한 어찌 향례를 시행한단 말입니까? 음주례를 시행하면 족합니다."라고 말한 것이니, 연회의 예법을 사용하여 음주하기를 권한 것일 뿐이다.

孔疏 ◎注"比公"至"坐也". ○正義曰: 燕禮者, 公燕大夫之禮也. 公雖親在, 而別有主人. 鄭玄云"主人, 宰夫也, 宰夫, 大宰之屬, 掌賓客之獻飮食者也. 君於其臣, 雖爲賓, 不親獻, 以其尊, 莫敢伉禮也". 今齊侯與公飮酒, 而使宰獻, 是比公於大夫也. 獻, 獻爵者. 禮有三酌, 獻也, 酬也, 酢也. 獻酬是主人獻賓, 唯酢是賓答主人耳. 禮, 君不敵臣, 宴大夫, 使宰爲主, 卽燕禮是其事也. 杜以"宰獻, 而請安", 謂齊侯請自安於別室, 不在坐也. 劉炫云: 按燕禮: "司正洗角

---

15) 태뢰(太牢)는 제사에서 소[牛], 양(羊), 돼지[豕] 3가지 희생물을 갖춘 것을 뜻한다.『장자』「지악(至樂)」편에는 "具太牢以爲膳."이라는 기록이 있는데, 이에 대한 성현영(成玄英)의 소(疏)에서는 "太牢, 牛羊豕也."라고 풀이하였다.

觶, 南面坐奠于中庭, 升東楹之東受命. 西階上北面, 命卿大夫, '君曰: 以我安.' 卿大夫皆對曰: '諾, 敢不安.'" 彼是請客使自安, 當如彼使宰請魯侯自安耳. 主人請安, 謂主人使司正請安于賓. 服虔亦然. 杜今云"齊侯請自安", 非也. 今知不然者, 按鄕飮酒禮, 賓主相敵, 主人亦請安于賓. 然則齊侯與公敵, 禮, 安賓乃是常事, 何須傳載其文, 以見卑公之義? 明是齊侯請欲自安, 不在其坐, 明慢公之甚. 劉不審思此理, 用燕禮請安之義而規杜, 非也.

번역 ◎杜注: "比公"~"坐也". ○'연례(燕禮)'라는 것은 제후가 대부에게 연회를 베푸는 예법이다. 제나라 후작이 비록 직접 그 자리에 있었지만 별도로 주인을 세운 것이다. 정현은 "주인은 재부이다. 재부는 태재에 속한 관리이며, 빈객에게 음식 바치는 일을 담당하는 자이다. 군주는 신하에 대해서 비록 빈객으로 삼더라도 직접 술을 따라주지 않으니, 군주는 존귀하므로 대등한 예법을 감당할 수 없기 때문이다."라고 했다. 현재 제나라 후작은 소공과 음주를 하면서 재부를 시켜 술을 따르게 했으니, 이것은 소공을 대부에 견준 것이다. '헌(獻)'은 술을 따른다는 뜻이다. 예법에 따르면 세 차례 술을 따르게 되는데, 헌(獻)・수(酬)・초(酢)이다. 헌과 수는 주인이 빈객에게 술을 따라주는 것이며, 초만이 빈객이 주인에게 답례하는 것일 뿐이다. 예법에 따르면 군주는 신하를 대등한 상대로 대하지 않고, 대부에게 연회를 베풀어 줄 때에는 재부를 시켜서 주인 역할을 맡도록 하니, 연례가 바로 그 사안에 해당한다. 두예는 "재부가 헌을 하고 안(安)하기를 청했다."라는 말에 대해서 제나라 후작은 별실에서 쉬고자 청하여 그 자리에 있지 않았다는 뜻이라고 했다. 유현[16]은 『의례』「연례(燕禮)」편을 살펴보면 "사정이 뿔로 만든 치(觶)를 씻고, 남쪽을 바라보며 자리에 앉아 마당에 술잔을 내려놓고, 올라가서 동쪽 기둥의 동쪽에서 명령을 받는다. 서쪽 계단 위에서 북쪽을 바라보며 경과 대부에게 명령을 전하니, '군주께서 나를 위해 편안히 있으라고 하셨습니다.'라고 한다. 그러면 경과 대부들은 모두 '알았습니다. 감히 편안히 있지 않을 수 있겠습니까.'라고 대답한다."[17]라고 했

---

16) 유현(劉炫, ?~?) : 수(隋)나라 때의 학자이다. 자는 광백(光伯)이며, 경성(景城) 출신이다. 태학박사(太學博士) 등을 지냈다. 『논어술의(論語述義)』, 『춘추술의(春秋述義)』, 『효경술의(孝經述義)』 등을 저술하였다.

다. 이 기록은 빈객에게 청하여 편안하게 있으라는 뜻이니, 마땅히 「연례」편의 기록과 같이 재부로 하여금 노나라 후작에게 청하여 노나라 후작 본인이 편안하게 있으라고 한 것일 따름이다. 주인이 편안하길 청한다는 것은 주인이 사정으로 하여금 빈객에게 편안하게 있으라고 청한다는 뜻이다. 복건[18] 또한 이와 같이 여겼다. 그런데 두예[19]는 "제나라 후작이 본인이 편안히 있고자 청하였다."라고 풀이했으니, 잘못된 주장이다. 두예의 주장과 같지 않다는 사실을 알 수 있는 것은 『의례』「향음주례(鄉飮酒禮)」편을 살펴보면, 빈객과 주인의 신분이 대등할 때 주인은 또한 빈객에게 편안히 머물기를 청하게 된다. 그렇다면 제나라 후작과 소공은 신분이 대등하므로, 예법에 따르면 빈객을 편안히 있으라고 하는 것이 일반적인 사안이다. 그런데 어찌 이러한 기록을 수록하여 소공을 낮춘다는 뜻을 드러낼 필요가 있겠는가? 따라서 이것은 제나라 후작이 스스로 편안히 있고자 하여 그 자리에 함께 하지 않았다는 사실을 나타내며, 이것은 소공을 매우 거만하게 대했다는 사실을 드러낸다. 유현은 이러한 이치를 따져보지 않고 「연례」편에서 편안히 있으라고 청한다는 뜻을 들어 두예를 비판하였는데, 이것 또한 잘못된 주장이다.

---

17) 『의례』「연례(燕禮)」: 射人遂爲司正. 司正洗角觶, 南面坐, 奠于中庭, 升, 東楹之東受命, 西階上北面命卿大夫曰, "君曰, '以我安.'" 卿大夫皆對曰, "諾. 敢不安!"

18) 복건(服虔, ?~?): 후한대(後漢代)의 유학자이다. 자(字)는 자신(子愼)이다. 초명은 중(重)이었으며, 기(祇)라고도 불렀다. 후에 이름을 건(虔)으로 고쳤다. 『춘추좌씨전(春秋左氏傳)』에 주석을 남겼지만, 산일되어 전해지지 않는다. 현재는 『좌전가복주집술(左傳賈服注輯述)』로 일집본이 편찬되었다.

19) 두예(杜預, A.D.222~A.D.284): =두원개(杜元凱). 서진(西晉) 때의 유학자이다. 경조(京兆) 두릉(杜陵) 출신이다. 자(字)는 원개(元凱)이다. 『춘추경전집해(春秋經典集解)』를 저술하였는데, 이 책은 현존하는 『춘추(春秋)』의 주석서 중 가장 오래된 것이며, 『십삼경주소(十三經注疏)』의 『춘추좌씨전정의(春秋左氏傳正義)』에도 채택되어 수록되었다.

● 그림 1-1   ◉ 오옥(五玉) : 황(璜)·벽(璧)·장(璋)·규(珪)·종(琮)

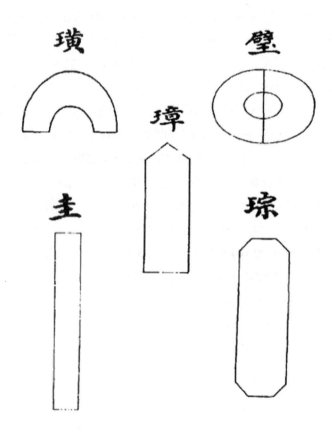

※ 출처: 『주례도설(周禮圖說)』 하권

그림 1-2 ■ 두(豆)

※ **출처:** 상좌-『육경도(六經圖)』6권; 상우-『삼례도(三禮圖)』4권
　　하좌-『삼례도집주(三禮圖集注)』13권; 하우-『삼재도회(三才圖會)』「기용
　　(器用)」1권

그림 1-3 ◼ 향(鄕)의 행정구역 및 담당자

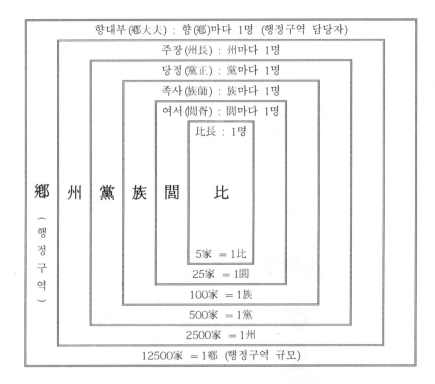

• 제 2 절 •

사례(射禮)와 덕행(德行)

【705b~c】

故射者進退周還必中禮, 內志正, 外體直, 然後持弓矢審固, 持弓矢審固, 然後可以言中. 此可以觀德行矣.

직역 故로 射者는 進退와 周還이 必히 禮에 中하고, 內로 志가 正하며, 外로 體가 直하며, 然後에야 弓矢를 持함이 審固하고, 弓矢를 持함이 審固한 然後에야 可히 中을 言이라. 此로 可히 德行을 觀이라.

의역 그러므로 활쏘기를 할 때에는 나아가고 물러나며 행동하는 모든 것들이 예(禮)에 맞고 내적으로는 뜻이 올바르며 외적으로는 몸이 강직한 뒤에라야 활과 화살을 잡은 것이 모두 확고하게 되고, 활과 화살을 잡은 것이 모두 확고하게 된 뒤에라야 적중에 대해 말할 수 있다. 따라서 이를 통해 그의 덕행을 관찰할 수 있다.

集說 呂氏曰: 禮射者, 必先比耦, 故一耦皆有上耦下耦, 皆執弓而挾矢. 其進也, 當階及階, 當物及物, 皆揖; 其退也, 亦如之. 其行有左右, 其升降有先後. 其射皆拾發, 其取矢于福也. 始進揖, 當福揖, 取矢揖, 旣搢挾揖, 退與將進者揖. 其取矢也, 有橫弓郤手兼弣順羽拾取之節焉. 卒射而飮, 勝者袒決遂執張弓, 不勝者襲說決拾加弛弓升飮, 相揖如初, 則進退周旋必中禮可見矣. 夫先王制禮, 豈苟爲繁文末節, 使人難行哉? 亦曰以善養人而已. 蓋君子之於天下, 必無所不中節, 然後成德. 必力行而後有功. 其四肢欲安佚也, 苟恭敬之心不勝, 則怠惰傲慢之氣生, 動容周旋不能中乎節, 體雖佚而心亦爲之不安; 安

其所不安, 則手足不知其所措, 故放辟邪侈, 踰分犯上, 將無所不至, 天下之亂
自此始矣. 聖人憂之, 故常謹於繁文末節, 以養人於無所事之時, 使其習之而
不憚煩, 則不遜之行, 亦無自而作. 至於久而安之, 則非禮不行, 無所往而非義
矣. 君子敬以直內, 義以方外, 所存乎內者敬, 則所以形乎外者莊矣. 內外交
修, 則發乎事者中矣. 射, 一藝也, 容比於禮, 節比於樂, 發而不失正鵠, 是必有
樂於義理. 久於敬恭, 用志不分之心, 然後可以得之, 則其所以得之者, 其爲德
可知矣.

번역 여씨가 말하길, 예법에 따라 활을 쏠 때에는 반드시 그보다 앞서서
두 사람이 짝을 이루게 된다. 그렇기 때문에 두 사람이 이룬 하나의 조에는
모두 상우(上耦)와 하우(下耦)가 있게 되는데, 이들은 모두 활을 잡고 화살을
끼우게 된다. 그들이 나아갈 때에는 계단에 이르러 계단에 오르거나 사대에
이르러 사대에 오를 때에는 모두 읍을 하고, 물러나게 될 때에도 이처럼 한다.
그들이 행동할 때에는 좌우의 순서가 있고, 그들이 오르거나 내려갈 때에도
선후의 순서가 있다. 활을 쏠 때에는 모두 번갈아가며 쏘고 화살통에서 화살을
뽑게 된다. 처음 나아갈 때 읍을 하고 화살통에 이르러서 읍을 하며 화살을
뽑고서 읍을 하고 화살을 끼우고서 읍을 하며 물러가거나 나아가려고 할 때에
도 읍을 한다. 화살을 뽑을 때에는 활을 횡으로 눕히고 손을 떼어 활의 중앙
부위를 잡고 화살의 깃털을 정리하는 것이 화살을 번갈아가며 쏘며 화살을 뽑
는 절차이다. 활쏘기를 끝내고 술을 마시게 되면, 승자는 단(袒)을 하고 결(決)
과 수(遂)를 하고서 활시위를 걸어둔 활을 잡고, 패자는 습(襲)을 하고 결(決)
과 습(拾)을 벗고 활시위를 풀어둔 활을 잡고 올라가서 술을 마시는데, 서로
읍을 하며 최초 했던 것처럼 하게 되니, 나아가고 물러나며 움직이는 것들이
반드시 예에 맞게 됨을 확인할 수 있다. 선왕이 예를 제정한 것이 어찌 형식이
번잡한 소소한 예절이 되어 사람들로 하여금 시행하기 어렵도록 만들었겠는
가? 그러므로 또한 "선으로써 사람들을 길러준다."[1]라고 했을 따름이다. 군자
는 천하를 대함에 반드시 예법 절차에 맞지 않는 바가 없으니, 그런 뒤에라야

---

1) 『맹자』「이루하(離婁下)」 : 孟子曰, "以善服人者, 未有能服人者也, 以善養人, 然
   後能服天下. 天下不心服而王者, 未之有也."

덕을 완성할 수 있다. 그리고 반드시 힘써 시행한 이후에야 공적이 생긴다. 자신의 몸이 안락하고자 하는데, 만약 공경하는 마음이 이기지 못한다면 게으르고 오만한 기운이 생겨나서 행동하는 것들을 예법 절차에 맞출 수 없어서, 자신의 몸이 비록 편안하다 하더라도 마음은 또한 불안하게 된다. 그리고 불안한 것에 대해 편안하게 여기게 된다면 손발을 둘 곳조차 모르게 된다. 그렇기 때문에 간특하게 되고 신분을 벗어나 윗사람을 침범하게 되어 이르지 못할 데가 없게 될 것이니, 천하의 혼란은 이것으로부터 시작된다. 성인은 이러한 점을 걱정하였기 때문에, 형식이 번잡한 소소한 예절이라 하더라도 항상 이러한 점들을 신중히 대했고, 특별히 일삼을 것이 없는 때에는 이를 통해 사람들을 길러주어, 그들로 하여금 이러한 절차를 익히도록 하여 번잡하다고 느끼거나 꺼리지 않게끔 하였으니, 불손한 행동 또한 생겨날 곳이 없게 되었다. 이처럼 행동하는 것을 오래도록 지속하여 편안하게 여기는 경지에 도달하게 된다면, 예법에 맞지 않는 것은 시행되지 않고, 가는 곳마다 의롭지 못한 것도 없게 된다. 군자는 경(敬)으로 내면을 바르게 하고 의(義)로 외면을 바르게 하였으니,2) 내면에 보존된 것이 경이라면 겉으로 드러나는 것은 장엄하게 된다. 또 내면과 외면이 서로 배양해주면 사안을 통해 나타나는 것이 합당하게 된다. 활쏘기라는 것은 육예(六藝)3) 중 하나이지만, 행동거지는 예(禮)에 맞추고 절도는 악(樂)에 맞추어, 활을 쏘아서 정곡을 놓치지 않게 되면, 이것은 반드시 의리(義理)에 대해 즐거워하는 점이 있는 것이다. 공경함을 오래도록 실천하고 자신의 뜻에 따르며 분산되지 않는 마음을 갖춘 뒤에라야 이러한 것들을 터득할 수 있으니, 이처럼 할 수 있는 것이 바로 덕이 된다는 사실을 알 수 있다.

---

2) 『역』「곤괘(坤卦)·문언전(文言傳)」: "直"其正也, "方"其義也. <u>君子敬以直內, 義以方外</u>. 敬義立而德不孤. "直方大, 不習无不利", 則不疑其所行也.

3) 육예(六藝)는 기본적으로 갖춰야 하는 여섯 가지 과목을 뜻한다. 여섯 가지 과목은 예(禮), 음악[樂], 활쏘기[射], 수레몰기[御], 글쓰기[書], 셈하기[數]이며, 구체적으로 말하자면 오례(五禮), 육악(六樂), 오사(五射), 오어(五馭: =五御), 육서(六書), 구수(九數)를 가리킨다.

大全 嚴陵方氏曰: 進退者, 升降之節. 周還者, 揖讓之容. 能中禮者, 以其先行禮故也. 內志正, 然後持弓矢審, 外體直, 然後持弓矢固. 唯固也, 故其力能至, 唯審也, 故其巧能中. 義, 內也, 貌, 外也. 合內志外體言之, 故止曰觀德行而已, 及其下文合天子諸侯言之, 故必曰觀盛德焉.

번역 엄릉방씨가 말하길, '진퇴(進退)'라는 것은 오르거나 내릴 때의 절도를 뜻한다. '주환(周還)'이라는 것은 읍하고 사양할 때의 모습을 뜻한다. 예(禮)에 맞게끔 할 수 있는 것은 앞서 예를 시행했기 때문이다. 내적으로 뜻을 바르게 한 뒤에라야 활과 화살을 잡은 것이 격식에 맞게 되고, 외적으로 몸이 강직한 뒤에라야 활과 화살을 잡은 것이 확고하게 된다. 확고하기 때문에 그 힘은 과녁까지 화살을 날릴 수 있는 것이고, 격식에 맞기 때문에 그 기술은 과녁에 명중을 시킬 수 있는 것이다. '의(義)'는 내적인 측면을 뜻하고, '모(貌)'는 외적인 측면을 뜻한다. 내적인 뜻과 외적인 몸을 함께 말했기 때문에, 단지 "덕행을 관찰할 수 있다."라고만 말했을 따름이며, 아래 문장에서는 천자와 제후를 함께 말했기 때문에, 기어코 "성덕(盛德)을 관찰할 수 있다."라고 말한 것이다.

鄭注 內正外直, 習於禮樂有德行者也. 正鵠之名, 出自此也.

번역 내적으로 바르고 외적으로 강직하며, 예악을 익혀서 덕행을 갖춘 자를 뜻한다. '정곡(正鵠)'이라는 단어는 이것으로부터 도출된 것이다.

釋文 中, 丁仲反, 下同. 正音征. 鵠, 古毒反, 徐又如字.

번역 '中'자는 '丁(정)'자와 '仲(중)'자의 반절음이며, 아래문장에 나오는 글자도 그 음이 이와 같다. '正'자의 음은 '征(정)'이다. '鵠'자는 '古(고)'자와 '毒(독)'자의 반절음이며, 서음(徐音)은 또한 글자대로 읽는다.

孔疏 ●"故射"至"行矣". ○正義曰: 此一經明射者之禮, 言內志審正, 則射能中. 故見其外射, 則可以觀其內德, 故云"可以觀德行矣".

번역 ●經文: "故射"~"行矣". ○이곳 경문은 활쏘기의 예법을 나타내고 있으니, 내적으로 뜻이 확고하고 바르다면 활을 쏘아서 명중을 시킬 수 있다는 의미이다. 그렇기 때문에 외적인 활쏘기 모습을 본다면, 그 사람이 내면에 갖추고 있는 덕을 관찰할 수 있다. 그래서 "이를 통해서 덕행을 관찰할 수 있다."라고 말한 것이다.

孔疏 ◎注"正鵠之名, 出自此也". ○正義曰: 以賓射之的, 謂之正. 正者, 正也, 欲明射者內志須正也. 鄭注大射云"正者, 正也, 亦鳥名. 齊魯之間, 名題肩爲正", 是也. 以大射之質, 謂之鵠, 鵠者, 直也, 欲使射者外體之直. 是正鵠之名出自射者而來, 故云"正鵠之名, 出自此也".

번역 ◎鄭注: "正鵠之名, 出自此也". ○빈사례 때 사용하는 과녁을 '정(正)'이라고 부르는데, '정(正)'이라는 말은 "바르다[正]"는 뜻이니, 이를 통해서 활을 쏘는 자는 내적으로 뜻을 올바르게 해야 함을 드러내고자 한 것이다. 『의례』「대사(大射)」편에 대한 정현의 주에서 "'정(正)'이라는 말은 '바르다[正]'는 뜻이며, 또한 새의 이름이기도 하다. 제(齊)나라와 노(魯)나라 사이에서는 '제견(題肩)'이라는 새를 '정(正)'이라고 불렀다."[4]라고 한 말이 바로 이러한 사실을 나타낸다. 대사례 때 사용하는 과녁을 '곡(鵠)'이라고 부르는데, '곡(鵠)'이라는 말은 "강직하다[直]."는 뜻이니, 이를 통해서 활 쏘는 자로 하여금 외적인 몸을 강직하게 만들고자 한 것이다. 이것은 바로 '정곡(正鵠)'이라는 명칭이 활쏘기로부터 도출되었음을 뜻한다. 그렇기 때문에 "'정곡(正鵠)'이라는 단어는 이것으로부터 도출된 것이다."라고 말한 것이다.

訓纂 呂與叔曰: 孔子曰, "射不主皮, 爲力不同科." 不主皮者, 禮射也, 大射·鄕射是也.

---

4) 이 문장은 『의례』「대사(大射)」편의 "遂命量人·巾車張三侯, 大侯之崇, 見鵠於參, 參見鵠於干干, 不及地武. 不繫左下綱. 設乏, 西十·北十. 凡乏用革."이라는 기록에 대한 정현의 주이다.

번역 여여숙이 말하길, 공자는 "활쏘기에서 주피를 위주로 하지 않음은 힘이 동일하지 않기 때문이다."[5]라고 했다. 주피를 위주로 하지 않는다는 것은 예법에 따라 활 쏘는 것을 뜻하니, 대사례나 향사례가 여기에 해당한다.

集解 愚謂: 射者, 進退周旋之禮甚煩, 一有不中, 則志氣之動, 而持弓矢必不審固矣. 進退周旋必中禮, 見於未射之先者也. 內志正, 外體直, 謹於方射之際者也. 志正則於心無所偏, 而持弓矢也審; 體直則於力有所專, 而持弓矢也固. 矢之或出於侯之上下左右者, 不審之過也. 矢之不及侯而反, 若大射禮所謂梱復者, 不固之過也. 旣審且固, 則無不中矣. 然而進退周旋之中禮, 內志之正, 外體之直, 豈一時所能襲取哉? 必其莊敬和樂, 所以養其身心者久, 而後可以致之, 故曰可以觀德行矣.

번역 내가 생각하기에, 활쏘기를 할 때 나아가거나 물러나며 몸을 돌리며 움직이는 예법은 매우 복잡하니 그 중 하나라도 알맞지 못하다면 뜻과 기운이 요동쳐서 활과 화살을 잡은 것이 반드시 안정되거나 확고하지 못하게 된다. 나아가거나 물러나며 몸을 돌리며 움직이는 것은 반드시 예법에 합당해야 하니, 아직 활을 쏘기 이전에 드러나게 된다. 내적인 뜻이 바르고 외적인 몸이 강직하게 되면 이제 막 활을 쏘려고 할 때에 신중하게 된다. 뜻이 바르게 된다면 마음에 치우친 점이 없게 되어 활과 화살을 잡은 것이 안정된다. 또 몸이 강직하게 된다면 힘을 씀에 있어서 집중하는 점이 있게 되어 활과 화살을 잡은 것이 확고하게 된다. 날아갈 화살이 과녁의 상하좌우로 빠져나간 것은 매우 불안정한 것이다. 날아간 화살이 과녁에 미치지 못하여 도중에 떨어진다면 대사례에서 말한 '곤부(梱復)'라는 것으로, 매우 확고하지 못한 것이다. 안정되면서도 확고하다면 명중시키지 못하는 것이 없게 된다. 그러나 나아가거나 물러나며 몸을 돌리며 움직이는 것이 예법에 맞고 내적으로 뜻이 올바르며 외적으로 몸이 강직한 것이 어찌 일시에 갑자기 얻을 수 있는 것이겠는가? 반드시 장엄하고 공경하며 조화롭고 즐거움을 통해 몸과 마음을 배양한 것이 오래 지

---

5) 『논어』「팔일(八佾)」 : 子曰, "射不主皮, 爲力不同科, 古之道也."

속된 이후에야 이러한 것들을 이룰 수 있다. 그렇기 때문에 "이를 통해서 덕행을 관찰할 수 있다."라고 말한 것이다.

참고 『맹자』「이루하(離婁下)」기록

경문 孟子曰, 以善服人者, 未有能服人者也. 以善養人, 然後能服天下. 天下不心服而王者, 未之有也.

번역 맹자가 말하길, 선으로 남을 복종시키려는 경우 남을 복종시킬 수 있는 자가 없었다. 선으로 남을 길러준 뒤에야 천하 사람들을 복종시킬 수 있다. 천하 사람들이 마음으로 복종하지 않는데도 천자가 되었던 자는 없었다.

趙注 以善服人之道治世, 謂以威力服人者也, 故人不心服. 以善養人, 養之以仁恩, 然後心服矣, 若文王治於岐邑是也. 天下不心服, 何由而王也.

번역 선으로 남을 복종시키는 도로 세상을 다스린다는 것은 위엄과 힘으로 남을 복종시키는 자를 뜻한다. 그렇기 때문에 사람들은 마음으로 복종하지 않는다. 선으로 남을 길러준다는 것은 인과 은정으로 길러주는 것이니, 그런 뒤에야 마음으로 복종하게 된다. 이것은 문왕이 기산의 도읍에서 다스렸던 것과 같은 경우이다. 천하 사람들이 마음으로 복종하지 않는데 어떻게 천자가 될 수 있겠는가.

孫疏 ●"孟子曰"至"未之有也". ○正義曰: 此章指言五霸服人, 三王服心, 其服一也, 功則不同也.

번역 ●經文: "孟子曰"~"未之有也". ○이 문장은 오패가 사람들을 복종시켰고 삼왕은 사람들의 마음을 복종시켰는데, 복종시켰다는 측면에서는 동일하지만 그 공덕의 측면에서는 차이가 있다는 점을 가리켜서 말한 것이다.

孫疏　●"孟子曰: 以善服人者, 未有能服人者也"至"未之有也"者, 孟子言人君之治天下, 如以善政而屈服人者, 未有能屈服其人也. 以善敎而養人者, 然後故能屈服其天下. 然以善敎養天下, 天下不以心服而歸往爲之王, 未之有也. 以其能如此, 則必爲之王者, 使天下心服而歸往之矣. 蓋所謂善政民畏之, 善敎民愛之之意也. 又云善敎得民心是矣, 若文王作辟雍, 是能以善養人者也, 故自西自東, 自南自北, 無思不服, 此之謂也.

번역　●經文: "孟子曰: 以善服人者, 未有能服人者也"~"未之有也". ○맹자는 군주가 천하를 다스릴 때 만약 선한 정치로 남을 복종시키려고 한다면 남을 복종시킬 수 있는 자가 없었다고 말한 것이다. 그리고 선한 가르침으로 남을 길러준 뒤에야 천하 사람들을 복종시킬 수 있다. 그러므로 선한 가르침으로 천하 사람들을 길러주어야 하는데, 천하 사람들이 마음으로 복종하지 않는데도 그에게 귀의하여 그를 천자로 추대하는 경우는 없었다. 이처럼 할 수 있다면 반드시 그를 천자로 삼게 되니, 천하 사람들로 하여금 마음으로 복종하게 해서 그에게 귀의토록 하게 된다. 이것은 바로 "선한 정치는 백성들이 두려워하고, 선한 가르침은 백성들이 친애한다."[6]는 뜻에 해당한다. 또 "선한 가르침은 백성들의 마음을 얻는다."라고 한 뜻에도 해당한다. 문왕이 벽옹(辟雍)[7]을 만들었던 것은 선으로 남을 길러줄 수 있는 경우에 해당한다. 그렇기 때문에 "서쪽에서 동쪽에서 남쪽에서 북쪽에서 복종하지 않는 자가 없다."[8]라고 한 말은 바로 이러한 뜻을 나타낸다.

---

6)『맹자』「진심상(盡心上)」: 孟子曰, "仁言不如仁聲之入人深也, 善政不如善敎之得民也. 善政, 民畏之, 善敎, 民愛之. 善政得民財, 善敎得民心."
7) 벽옹(辟廱)은 벽옹(辟雍)과 같은 말이다. 천자의 국성(國城)에 있는 태학(太學)을 지칭한다. '벽(辟)'자는 밝다는 뜻이고, '옹(雍)'자는 조화롭다는 뜻이다. '벽옹'은 천자가 이곳을 통해 천하의 모든 사람들을 밝고 조화롭게 만든다는 뜻이다. 참고로 제후국에 있는 태학을 반궁(頖宮: =泮宮)이라고 부른다.
8)『시』「대아(大雅)·문왕유성(文王有聲)」: 鎬京辟廱, 自西自東. 自南自北, 無思不服. 皇王烝哉.

集註 服人者, 欲以取勝於人; 養人者, 欲其同歸於善. 蓋心之公私小異, 而人之嚮背頓殊, 學者於此不可以不審也.

번역 남을 복종시킨다는 것은 남을 이기고자 하는 것이며, 남을 길러준다는 것은 함께 선으로 귀의하고자 하는 것이다. 마음에 있는 공과 사에 조금의 차이가 있으면 사람들이 따르고 등지는 것이 매우 다르니, 배우는 자들은 이러한 점들에 대해 자세히 살피지 않아서는 안 된다.

참고 『역』「곤괘(坤卦)·문언전(文言傳)」

전문 直其正也, 方其義也. 君子敬以直內, 義以方外, 敬義立而德不孤. "直方大, 不習无不利", 則不疑其所行也.

번역 곧음은 바름이고 방정함은 의로움이다. 군자는 공경으로 내면을 곧게 하고 의로움으로 외면을 방정하게 하니, 공경과 의로움이 확립되면 덕이 있어 외롭지 않게 된다. "곧고 방정하고 크니 익히지 않아도 이롭지 않음이 없다."라고 했으니, 행동을 의심하지 않는다.

孔疏 ●"直其正也"至"所行也". ○正義曰: 此一節釋六二爻辭. "直其正"者, 經稱直是其正也. "方其義"者, 經稱方是其義也. 義者, 宜也, 于事得宜, 故曰義. "君子敬以直內"者, 覆釋"直其正"也. 言君子用敬以直內, 內謂心也, 用此恭敬以直內理. "義以方外"者, 用此義事, 以方正外物, 言君子法地正直而生萬物, 皆得所宜, 各以方正, 然卽前云"直其正也, 方其義也". 下云"義以方外", 卽此應云"正以直內". 改云"敬以直內"者, 欲見正則能敬, 故變"正"爲"敬"也. "敬義立而德不孤"者, 身有敬義, 以接於人, 則人亦敬義以應之, 是德不孤也. 直則不邪, 正則謙恭, 義則與物無競, 方則凝重不躁, 旣"不習无不利", 則所行不須疑慮, 故曰"不疑其所行".

번역 ●傳文: "直其正也"~"所行也". ○이 문단은 육이의 효사를 풀이한 것이다. "곧음은 바름이다."라고 했는데, 경문에서 직(直)이라고 한 말은 바름[正]에 해당한다는 뜻이다. "방정함은 의로움이다."라고 했는데, 경문에서 방(方)이라고 한 말은 의로움[義]에 해당한다는 뜻이다. '의(義)'는 마땅함[宜]을 뜻하니, 어떤 사안에 있어 마땅하게 되었기 때문에 '의(義)'라고 부른다. "군자는 공경으로 내면을 곧게 한다."라고 했는데, "곧음은 바름이다."라고 한 말을 재차 풀이한 것이다. 즉 군자는 공경함을 통해 내면을 곧게 하는데, '내(內)'라는 것은 마음을 뜻하니, 이러한 공경의 도리에 따라서 내면의 이치를 곧게 한다는 의미이다. "의로움으로 외면을 방정하게 한다."라고 했는데, 이러한 의로운 사안에 따라서 외부 사물을 방정하고 바르게 하며, 군자가 땅의 정직함을 본받아 만물을 생겨나게 함에 모두 마땅함을 얻어 각각 방정하게 하니, 앞에서 "곧음은 바름이고 방정함은 의로움이다."라고 한 말에 해당한다. 뒤에서 "의로움으로 외면을 방정하게 한다."라고 했으니, 이곳에서도 "바름으로 내면을 곧게 한다."라고 말해야 한다. 그런데 문장을 고쳐서 "공경으로 내면을 곧게 한다."라고 말한 것은 바르게 되면 공경을 시행할 수 있음을 드러내고자 한 것이다. 그렇기 때문에 '정(正)'자를 바꿔서 '경(敬)'자로 기록했다. "공경과 의로움이 확립되면 덕이 있어 외롭지 않게 된다."라고 했는데, 자신에게 공경과 의로움이 있고 이를 통해 상대를 대하게 된다면 상대 또한 공경과 의로움으로 호응하게 되니, 이것이 덕이 있어 외롭지 않게 된다는 뜻이다. 곧으면 치우치지 않고, 바르면 겸손하고 공손하며, 의롭다면 다른 대상과 다투지 않고, 방정하면 진중하여 조급하지 않으니, 곧 "익히지 않아도 이롭지 않음이 없다."는 뜻에 해당하므로, 이처럼 한다면 행동한 것에 내해 의심할 필요가 없다. 그렇기 때문에 "행동을 의심하지 않는다."라고 했다.

程傳 直, 言其正也, 方, 言其義也. 君子主敬以直其內, 守義以方其外, 敬立而內直, 義形而外方, 義, 形於外, 非在外也. 敬義既立, 其德盛矣, 不期大而大矣, 德不孤也. 无所用而不周, 无所施而不利, 孰爲疑乎?

번역 '직(直)'은 올바름을 뜻하고, '방(方)'은 의로움을 뜻한다. 군자는 공경을 위주로 하여 내면을 곧게 하고 의로움을 지켜 외면을 방정하게 하는데, 공경이 확립되면 내면이 곧게 되고 의로움이 나타나면 외면이 방정하게 되니, 의로움은 밖으로 드러나는 것이지 외면에 있는 것은 아니다. 공경과 의로움이 확립되면 그 덕은 융성해지니 커지기를 계획하지 않아도 커지고 그 덕은 외롭지 않게 된다. 사용되는 것마다 두루 시행되지 않는 것이 없고, 시행되는 것마다 이롭지 않은 것이 없으니, 누가 의심할 수 있겠는가?

本義 此以學而言之也. 正, 謂本體, 義, 謂裁制, 敬則本體之守也. 直內方外, 程傳備矣. 不孤, 言大也. 疑, 故習而後利, 不疑則何假於習?

번역 이것은 학문을 통해 말한 것이다. '정(正)'은 본체를 뜻하며, '의(義)'는 재단하여 제정한다는 뜻이니, 공경은 본체를 지키는 것이다. '직내방외(直內方外)'에 대한 설명은 『정전』에 상세히 기록되어 있다. 외롭지 않다는 것은 크다는 뜻이다. 의심하기 때문에 익힌 뒤에야 이롭게 되는데, 의심하지 않는다면 무엇을 익힐 필요가 있겠는가?

참고 『논어』「팔일(八佾)」 기록

경문 子曰, 射不主皮①, 爲力不同科, 古之道也②.

번역 공자가 말하긴, 활쏘기를 할 때 주피만을 위주로 하지 않았으며, 힘을 쓰는 일에 있어서도 등급이 동일하지 않았으니, 이것이 고대의 도리이다.

何注-① 馬曰: 射有五善焉: 一曰和, 志體和. 二曰和容, 有容儀. 三曰主皮, 能中質. 四曰和頌, 合雅・頌. 五曰興武, 與舞同. 天子三侯, 以熊虎豹皮爲之, 言射者不但以中皮爲善, 亦兼取和容也.

번역 마씨가 말하길, 활쏘기에는 다섯 가지 선함이 있다. 첫 번째는 조화로움이니 정신과 몸이 조화롭게 된다. 두 번째는 용모를 조화롭게 하는 것으로 격식에 따른 행동거지를 갖추게 된다. 세 번째는 주피이니 과녁을 명중시킬 수 있다. 네 번째는 음악에 조화롭게 하는 것으로 아(雅)와 송(頌)에 합치시키는 것이다. 다섯 번째는 무(武)를 일으키는 것으로 무(武)자는 무(舞)자와 동일하다. 천자는 3개의 과녁을 설치하니 곰·호랑이·표범의 가죽으로 만든다. 이것은 활쏘기를 할 때 가죽 과녁에 명중시키는 것만을 선으로 여기는 것이 아니라 용모를 조화롭게 하는 뜻 또한 따라야 함을 뜻한다.

何注-② 馬曰: 爲力, 力役之事. 亦有上中下, 設三科焉, 故曰不同科.

번역 마씨가 말하길, '위력(爲力)'은 힘을 쓰는 일을 뜻한다. 여기에는 상·중·하의 구분이 있어서 세 등급을 설치한다. 그렇기 때문에 등급이 동일하지 않다고 했다.

邢疏 ●"子曰"至"古之道也". ○正義曰: 此章明古禮也.

번역 ●經文: "子曰"~"古之道也". ○이 문장은 고대의 예법을 나타내고 있다.

邢疏 ●"射不主皮"者, 言古者射禮, 張布爲侯, 而棲熊虎豹之皮於中而射之. 射有五善焉, 不但以中皮爲善, 亦兼取禮樂容節也. 周衰禮廢, 射者無復禮容, 但以主皮爲善, 故孔子抑之云: "古之射者不主皮也."

번역 ●經文: "射不主皮". ○고대의 사례에서는 포를 펼쳐서 과녁으로 삼고 곰·호랑이·표범의 가죽을 가운데 덧대고 그곳에 활을 쏜다. 활쏘기에는 다섯 가지 선한 점이 있어서 가죽에 명중시키는 것만을 선한 것으로 여기지 않으니, 예악에 맞춰 용모와 절차를 맞추는 것도 따르게 된다. 주나라가 쇠퇴하자 예법도 없어져서 활쏘기에서는 재차 예법에 따른 행동거지를 갖추지 않고 단지 주피만을 선함으로 삼았다. 그렇기 때문에 공자는 이러한 풍조를 억누르며 "고대의 활쏘기는 주피만을 위주로 하지 않았다."라고 말한 것이다.

邢疏 ●"爲力不同科"者, 言古者爲力役之事, 亦有上中下, 設三科焉. 周衰政失, 力役之事, 貧富兼幷, 强弱無別, 而同爲一科, 故孔子非之云: "古之爲力役, 不如今同科也."

번역 ●經文: "爲力不同科". ○고대에는 힘을 쓰는 일에서도 상·중·하의 구분이 있어 세 등급을 설치했다. 주나라가 쇠퇴하고 정치의 도의가 실추되자 힘을 쓰는 일에서도 빈부와 강약의 차이가 없어져서 동일하게 하나의 등급으로 여겼다. 그렇기 때문에 공자가 이러한 풍조를 비판하며 "고대에는 힘을 쓰는 일에 있어서 오늘날처럼 동일한 등급으로 여기지 않았다."라고 말한 것이다.

邢疏 ●"古之道也"者, 結上二事, 皆前古所行之道也.

번역 ●經文: "古之道也". ○앞의 두 사안에 대해 결론을 맺은 것이니, 이 모두는 이전 고대시대 때 시행했던 도에 해당한다.

邢疏 ◎注"馬曰"至"和容也". ○正義曰: 云: "射有五善焉"者, 言射禮有五種之善. 下所引是也. 云"一曰和"至"五曰興舞", 皆周禮·鄕大夫職文也. 云"志體和"至"與舞同", 皆馬融辭義語. 按彼云: "退而以鄕射之禮五物詢衆庶: 一曰和, 二曰容, 三曰主皮, 四曰和容, 五曰興舞." 注云"以, 用也. 行鄕射之禮, 而以五物詢於衆民. 鄭司農云: 詢, 謀也. 問於衆庶, 寧復有賢能者. 和, 謂閨門之內行也. 容, 謂容貌也. 主皮, 謂善射, 射所以觀士也. 故書舞爲無. 杜子春讀和容爲和頌, 謂能爲樂也. 無讀爲舞, 謂能爲六舞. 玄謂和載六德, 容包六行也. 庶民無射禮, 因田獵分禽則有主皮者, 張皮射之, 無侯也. 主皮·和容·興舞, 則六藝之射與禮與樂", 是也. 今此注二曰和容, 衍和字. 五曰興武, 武當爲舞, 聲之誤也. 云"天子三侯, 以熊虎豹皮爲之"者, 周禮·天官·司裘職云: "王大射, 則共熊侯·虎侯·豹侯, 設其鵠. 諸侯則共熊侯·豹侯, 卿大夫則共麋侯, 皆設其鵠." 注云: "大射者, 爲祭祀射. 王將有郊廟之事, 以射擇諸侯及群臣與邦國所貢之士可以與祭者. 射者可以觀德行, 其容體比於禮, 其節比於樂, 而中多者得與於祭. 諸侯, 謂三公及王子弟封於畿內者. 卿大夫亦皆有采地焉.

其將祀其先祖, 亦與群臣射以擇之. 凡大射各於其射宮. 侯者, 其所射也, 以虎熊豹麋之皮飾其側, 又方制之以爲埻, 謂之鵠, 著於侯中, 所謂皮侯. 王之大射, 虎侯, 王所自射也; 熊侯, 諸侯所射; 豹侯, 卿大夫以下所射. 諸侯之大射, 熊侯, 諸侯所自射; 豹侯, 群臣所射. 卿大夫之大射, 麋侯, 君臣共射焉. 凡此侯道, 虎九十弓, 熊七十弓, 豹麋五十弓, 列國之諸侯大射, 大侯亦九十, 參七十, 干五十, 遠尊得伸可同耳. 所射正謂之侯者, 天子中之則能服諸侯, 諸侯以下中之則得爲諸侯. 鄭司農云: ‘鵠, 鵠毛也. 方十尺曰侯, 四尺曰鵠, 二尺曰正, 四寸曰質.’ 玄謂侯中之大小, 取數於侯道. 鄉射記曰: ‘弓二寸以爲侯中’, 則九十弓者, 侯中廣丈八尺; 七十弓者, 侯中廣丈四尺; 五十弓者, 侯中廣一丈. 尊卑異等, 此數明矣. 考工記曰: ‘梓人爲侯, 廣與崇方, 參分其廣, 而鵠居一焉.’ 然則侯中丈八尺者鵠方六尺, 侯中丈四尺者鵠方四尺六寸大半寸, 侯中一丈者鵠方三尺三寸少半寸. 謂之鵠者, 取名於鳲鵠, 鳲鵠小鳥而難中, 是以中之爲雋. 亦取鵠之言較, 較者直也. 射所以直己志. 用虎熊豹麋之皮, 示服猛討迷惑者, 射者大禮, 故取義衆也. 士大射, 士無臣, 祭無所擇也.”

번역 ◎何注: “馬曰”~“和容也”. ○“활쏘기에는 다섯 가지 선함이 있다.”라고 했는데, 사례에는 다섯 종류의 선함이 있다는 뜻이다. 그 뒤의 문장에서 인용한 글들이 그 내용에 해당한다. “첫 번째는 화(和)이다.”라고 한 말로부터 “다섯 번째는 흥무(興舞)이다.”라고 한 말까지는 모두 『주례』「향대부(鄉大夫)」편의 직무기록에 나오는 문장이다.[9] “정신과 몸이 조화롭게 된다.”라는 말로부터 “무(舞)자와 동일하다.”라는 말까지는 모두 마융[10]이 그 뜻을 풀이한 말이다. 「향대부」편의 기록을 살펴보면 “물러나 향(鄉) 안에 머물게 되면 향사례를 통해 오물(五物)로 대중들의 의견을 물으니, 오물은 첫 번째는 ‘화(和)’이고 두

---

9) 『주례』「지관(地官)・향대부(鄉大夫)」: 退而以鄉射之禮五物詢衆庶, 一曰和, 二曰容, 三曰主皮, 四曰和容, 五曰興舞.

10) 마융(馬融, A.D.79~A.D.166): =마계장(馬季長). 후한대(後漢代)의 경학자(經學者)이다. 자(字)는 계장(季長)이며, 마속(馬續)의 동생이다. 고문경학(古文經學)을 연구하였으며, 『주역(周易)』, 『상서(尙書)』, 『모시(毛詩)』, 『논어(論語)』, 『효경(孝經)』 등을 두루 주석하고, 『노자(老子)』, 『회남자(淮南子)』 등도 주석하였지만 현재 전해지지 않는다.

번째는 '용(容)'이며 세 번째는 '주피(主皮)'이고 네 번째는 '화용(和容)'이며
다섯 번째는 '흥무(興舞)'이다."라고 했고, 정현의 주에서는 "'이(以)'자는 사용
한다는 뜻이다. 향사례를 시행하고 오물(五物)을 통해 백성들의 의견을 묻는다.
정사농은 '순(詢)'자는 도모하다는 뜻이다. 백성들에게 묻는 것은 선발되고 남은
사람들 중 재차 현명하거나 능력이 뛰어난 자가 있는지 묻는 것이다. 화(和)는
집안 내에서의 행실을 뜻한다. 용(容)은 용모와 행동거지를 뜻한다. 주피(主皮)
는 활쏘기를 잘하는 것이다. 활쏘기는 사의 됨됨이를 관찰하는 방법이다.'라고
했다. 옛 기록에서는 무(舞)자를 무(無)자로 기록했다. 두자춘은 화용(和容)을
화송(和頌)으로 풀이했으니, 음악을 잘 한다는 뜻이며, 무(無)자를 무(舞)자로
풀이했으니, 육무(六舞)[11]를 잘한다는 뜻이다. 내가 생각하기에 '화(和)'는 육
덕(六德)[12]에 포함된 것이며, '용(容)'은 육행(六行)[13]을 포괄하는 것이다. 서
민들에게는 활쏘기의 예법이 없으니, 그에 따라 사냥을 실시하여 포획한 짐승
을 나눠주게 된다면 주피(主皮)가 있게 된다. '주피(主皮)'라는 것은 가죽을 펼
쳐서 그곳에 활을 쏘는 것이며 과녁은 없게 된다. 주피·화용·흥무는 육예(六
藝)에 해당하는 활쏘기·예·악에 해당한다."라고 했다. 그런데 이곳 주석에서
는 두 번째는 화용(和容)이라고 하여, 화(和)자가 연문으로 들어갔다. 또 다섯
번째는 흥무(興武)라고 하였으니 무(武)자는 마땅히 무(舞)자가 되어야 하며,
소리가 비슷해서 생긴 오류이다. "천자는 3개의 과녁을 설치하니 곰·호랑이
·표범의 가죽으로 만든다."라고 했는데, 『주례』「천관(天官)·사구(司裘)」편
의 직무기록에서는 "천자가 대사례를 시행하면 호후(虎侯)·웅후(熊侯)·표후

---

11) 육악(六樂)은 육무(六舞)와 같은 말이다. 고대 황제(黃帝), 요(堯), 순(舜), 우
(禹), 탕(湯), 무왕(武王) 때의 악무(樂舞)인 운문(雲門), 대권(大卷), 대함(大
咸), 대소(大磬: =大韶), 대하(大夏), 대호(大濩), 대무(大武)를 뜻한다. 『주례』
「지관(地官)·대사도(大司徒)」편에는 "以六樂防萬民之情, 而敎之和."라는 기록
이 있고, 이에 대한 정현의 주에서는 정사농(鄭司農)의 주장을 인용하여, "六樂,
謂雲門·咸池·大韶·大夏·大濩·大武."라고 풀이했다.
12) 육덕(六德)은 여섯 가지 도리를 뜻한다. 여섯 가지 도리는 지(知), 인(仁), 성(聖),
의(義), 충(忠), 화(和)이다.
13) 육행(六行)은 여섯 가지 선행을 뜻한다. 여섯 가지 선행은 효(孝), 우(友), 구족
(九族)에 대한 친근함[睦], 외친(外親)에 대한 친근함[姻], 벗에 대한 믿음[任],
구휼[恤]이다.

(豹侯)를 공급하고 정곡을 설치한다. 제후의 경우라면 웅후(熊侯)・표후(豹侯)
를 공급하고, 경과 대부라면 미후(麋侯)를 공급하는데, 이 모두에 대해서는 정곡
을 설치한다."14)라고 했고, 정현의 주에서는 "대사례는 제사를 지내기 위해서
활쏘기를 하는 것이다. 천자에게 교묘(郊廟)15)를 지낼 일이 생기면, 활쏘기를
통해서 제후 및 신하들과 제후국에서 추천한 사들 중 제사에 참여시킬 수 있는
자를 선발한다. 활쏘기는 덕행을 관찰할 수 있으니, 행동거지가 예법에 맞고
절도가 음악에 맞으며 적중시킨 것이 많은 자는 제사에 참여할 수 있다. '제후
(諸侯)'는 삼공(三公)16) 및 천자의 자제들 중에서 수도 안에 분봉 받은 자들을
뜻한다. 경과 대부 또한 모두 채지를 가지고 있는 자들이다. 그들도 자신의 선
조에게 제사를 지내려고 할 때에는 또한 뭇 신하들과 함께 활쏘기를 하여 참여
시킬 자들을 선발하게 된다. 대사례는 각각 그들이 소유한 사궁(射宮)에서 시
행한다. '후(侯)'는 활을 쏘는 곳으로, 호랑이・곰・표범・큰 사슴의 가죽으로

---

14)『주례』「천관(天官)・사구(司裘)」: 王大射, 則共虎侯・熊侯・豹侯, 設其鵠. 諸
侯則共熊侯・豹侯, 卿大夫則共麋侯, 皆設其鵠.

15) 교묘(郊廟)는 고대에 천자가 천지(天地) 및 조상에게 제사지내던 제례(祭禮)를
가리키기도 하며, 그러한 제례가 이루어지는 장소 및 그 때 사용되는 음악을 가
리키기도 한다. '교묘'에서의 교(郊)자는 천지에 대한 제사를 뜻하는데, 천(天)에
대한 제사는 '남쪽 교외[南郊]'에서 시행되었고, 지(地)에 대한 제사는 '북쪽 교외
[北郊]'에서 시행되었다. 그렇기 때문에 '교'자가 천지에 대한 제사를 뜻하게 된
것이다. '묘(廟)'자는 종묘(宗廟)를 뜻하므로, 선조에 대한 제사를 가리킨다. 따라
서 '교묘'라고 용어가 천지 및 조상신에 대한 제사를 뜻하게 된다.『서』「우서(虞
書)・순전(舜典)」편에는 "汝作秩宗."이라는 기록이 있는데, 이에 대한 공안국(孔
安國)의 전(傳)에서는 "秩, 序. 宗, 尊也. 主郊廟之官."이라고 풀이하였고, 이 문
장에 나오는 '교묘'에 대해 공영달(孔穎達)의 소(疏)에서는 "郊謂祭天南郊, 祭地
北郊. 廟謂祭先祖, 即周禮所謂天神人鬼地祇之禮是也."라고 풀이하였다.

16) 삼공(三公)은 중앙정부의 가장 높은 관직자 3명을 합쳐서 부르는 말이다. '삼공'
에 속한 관직명에 대해서는 각 시대별로 차이가 있다.『사기(史記)』「은본기(殷
本紀)」편에는 "以西伯昌, 九侯, 鄂侯, 爲三公."이라는 기록이 있다. 즉 은나라
때에는 서백(西伯)인 창(昌), 구후(九侯), 악후(鄂侯)들을 '삼공'으로 삼았다. 또
한 주(周)나라 때에는 태사(太師), 태부(太傅), 태보(太保)를 '삼공'으로 삼았다.
『서』「주서(周書)・주관(周官)」편에는 "立太師・太傅・太保, 茲惟三公, 論道經
邦, 燮理陰陽."이라는 기록이 있다. 한편『한서(漢書)』「백관공경표서(百官公卿表
序)」에 따르면 사마(司馬), 사도(司徒), 사공(司空)을 '삼공'으로 삼았다는 기록
이 있다.

그 측면을 장식하며, 또한 균등하게 제작하여 표적으로 삼으니 이를 곡(鵠)이라 부르고 과녁의 중앙에 부착하니 이른바 피후(皮侯)라는 것이다. 천자의 대사례에 있어서 호후는 천자가 직접 활을 쏘는 대상이며, 웅후는 제후가 활을 쏘는 대상이고, 표후는 경과 대부로부터 그 이하의 자들이 활을 쏘는 대상이다. 제후의 대사례에 있어서 웅후는 제후가 직접 활을 쏘는 대상이며, 표후는 뭇 신하들이 활을 쏘는 대상이다. 경과 대부의 대사례에 있어서 미후는 군주와 신하가 함께 활을 쏘는 대상이다. 이러한 과녁과의 거리에 있어서 호후는 90궁이고 웅후는 70궁이며 표후와 미후는 50궁이다. 또 제후국의 제후가 대사례를 시행하는 경우 대후 또한 90궁이고 삼후는 70궁이며, 한후(豻侯)는 50궁인데, 존귀한 천자와 멀리 떨어져 있어 그 뜻을 펼칠 수 있으니 규정을 동일하게 따를 수 있는 것이다. 활을 쏘는 과녁을 '후(侯)'라고 부르는 것은 천자가 명중을 시키면 제후들을 복종시킬 수 있고, 제후로부터 그 이하의 계층이 명중을 시키면 제후가 될 수 있기 때문이다. 정사농은 '곡(鵠)은 고니의 털이다. 사방 10척인 것은 후(侯)라 부르고 사방 4척인 것은 곡(鵠)이라 부르며 사방 2척인 것은 정(正)이라 부르고 사방 4촌인 것은 질(質)이라 부른다.'라고 했다. 내가 생각하기에 과녁의 중 크기는 과녁과 떨어진 거리에 따르게 된다. 『의례』「향사례(鄕射禮)」편의 기문에서는 '활마다 2촌으로 하여 과녁의 중으로 삼는다.'[17]라고 했으니, 90궁이라는 것은 과녁의 중 너비가 1장 8척인 것이고, 70궁이라는 것은 과녁의 중 너비가 1장 4척인 것이며, 50궁이라는 것은 과녁의 중 너비가 1장인 것이다. 신분이 따른 등급의 차이는 이러한 수치가 드러낸다. 『고공기』에서는 '재인(梓人)이 과녁을 만들 때에는 가로와 세로의 길이를 동일하게 하며, 가로의 길이를 3등분했을 때 정곡은 그 중 1만큼을 차지한다.'[18]라고 했다. 그렇다면 과녁의 중이 1장 8척인 경우 정곡은 사방 6척의 크기이며, 과녁의 중이 1장 4척인 경우 정곡은 사방 4척 6.5촌보다 조금 더 큰 크기이고, 과녁의 중이 1장인 경우 정곡은 사방 3척 3.5촌보다 조금 작은 크기이다. 이것을 '곡(鵠)'이라고 부르는 것은 간곡(鳱鵠)이라는 새에서 그 명칭을 취한 것이니, 간곡은 몸집이

---

17) 『의례』「향사례(鄕射禮)」: 侯道五十弓, 弓二寸以爲侯中.
18) 『주례』「동관고공기(冬官考工記)·재인(梓人)」: 梓人爲侯, 廣與崇方, 參分其廣而鵠居一焉.

작은 새이므로 명중시키기가 어렵다. 이러한 까닭으로 그것을 명중시키면 영특하다고 여기게 된다. 또한 곡(鵠)자가 교(較)자의 뜻이 된다는 것에서 의미를 취했으니, 교는 강직하다는 의미이다. 활쏘기는 자신의 뜻을 강직하게 만드는 방법이다. 호랑이·곰·표범·큰 사슴의 가죽을 이용해서 사나운 것을 복종시키고 미혹된 것을 토벌한다는 뜻을 보이는데, 활쏘기는 성대한 예법이기 때문에 의미를 취한 것도 많다. 사의 대사례에 있어서 사는 신하가 없으므로 제사를 지낼 때에도 가려낼 것이 없다.”라고 했다.

集註 射不主皮, 鄕射禮文. 爲力不同科, 孔子解禮之意如此也. 皮, 革也, 布侯而棲革於其中以爲的, 所謂鵠也. 科, 等也. 古者射以觀德, 但主於中, 而不主於貫革, 蓋以人之力有强弱, 不同等也. 記曰: 武王克商, 散軍郊射, 而貫革之射息, 正謂此也. 周衰, 禮廢, 列國兵爭, 復尙貫革, 故孔子歎之.

번역 활쏘기에서 가죽 꿰뚫는 것을 위주로 하지 않는다는 말은 『의례』「향사례(鄕射禮)」편의 기록이다. 힘이 동일하지 않기 때문이라는 것은 공자가 예의 뜻이 이와 같음을 풀이한 것이다. ‘피(皮)’자는 가죽을 뜻하는데, 천으로 과녁을 만들고 그 중앙에 가죽을 덧대어 표적으로 삼으니 ‘곡(鵠)’이라는 것이다. ‘과(科)’자는 등급을 뜻한다. 고대에는 활쏘기를 하여 덕을 살펴보았는데, 적중시키는 것만을 위주로 하고 가죽 꿰뚫는 것을 위주로 하지 않았으니, 사람의 힘에는 강하고 약한 차이가 있어 등급이 같지 않기 때문이다. 『예기』에서는 “무왕이 은나라를 이기고 군대를 해산하고 교외의 학교에서 활쏘기를 익혀서 가죽을 꿰뚫는 활쏘기가 그치게 되었다.”[19]고 했으니, 바로 이러한 뜻을 나타낸다. 주나라가 쇠퇴하고 예법이 없어지자 제후국들은 전쟁을 일으켰고 재차 가죽 꿰뚫는 방식을 숭상하게 되었다. 그렇기 때문에 공자가 한탄한 것이다.

---

19) 『예기』「악기(樂記)」【484d】: 散軍而郊射, 左射貍首, 右射騶虞, 而貫革之射息也. 裨冕搢笏, 而虎賁之士說劍也. 祀乎明堂, 而民知孝. 朝覲, 然後諸侯知所以臣. 耕藉, 然後諸侯知所以敬. 五者天下之大敎也.

集註 楊氏曰: 中可以學而能, 力不可以强而至. 聖人言古之道, 所以正今之失.

번역 양씨가 말하길, 명중시키는 것은 배워서 할 수 있지만, 힘은 억지로 강해지게 할 수 없다. 공자가 옛날의 도리라고 말한 것은 지금의 잘못을 바로잡기 위해서이다.

● 그림 2-1　◼ 복(福)

福

※ 출처: 『삼례도집주(三禮圖集注)』 8권

그림 2-2 ◼ 활의 각 부분 명칭

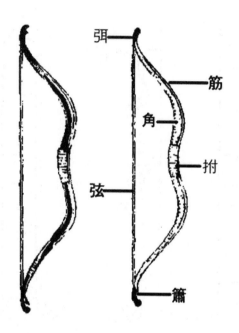

弭

筋

角

拊

弦

簫

※ 그림: 『삼재도회(三才圖會)』「기용(器用)」6권

그림 2-3 ◾ 결(決)과 습(拾)

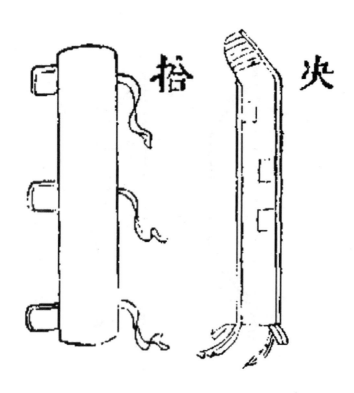

◎ 결(決: =玦)-활을 쏠 때 오른손 엄지에 끼우는 것
　 습(拾)-활을 쏠 때 왼손 팔목에 차는 것

※ **출처**: 『삼재도회(三才圖會)』「기용(器用)」 6권

그림 2-4   ▣ 벽옹(辟雍)

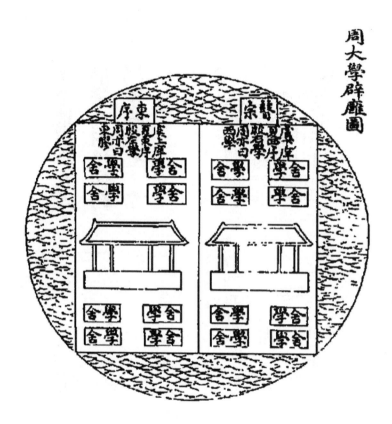

※ 출처: 『주례도설(周禮圖說)』하권

그림 2-5 ▣ 삼후(糝侯)

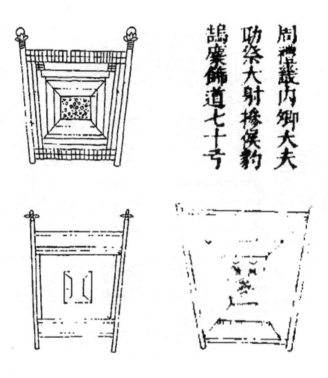

※ **출처:** 상좌-『삼례도집주(三禮圖集注)』6권 ; 하좌-『육경도(六經圖)』7권
우-『삼재도회(三才圖會)』「기용(器用)」4권

• 제 3 절 •

사례(射禮)와 악절(樂節)

【706a~b】

其節: 天子以騶虞爲節, 諸侯以貍首爲節, 卿大夫以采蘋爲節, 士以采蘩爲節. 騶虞者, 樂官備也; 貍首者, 樂會時也; 采蘋者, 樂循法也; 采蘩者, 樂不失職也. 是故天子以備官爲節, 諸侯以時會天子爲節, 卿大夫以循法爲節, 士以不失職爲節. 故明乎其節之志以不失其事, 則功成而德行立; 德行立, 則無暴亂之禍矣. 功成則國安, 故曰射者, 所以觀盛德也.

직역 그 節함에 있어서, 天子는 騶虞로써 節로 爲하고, 諸侯는 貍首로써 節로 爲하며, 卿과 大夫는 采蘋으로써 節로 爲하고, 士는 采蘩으로써 節로 爲한다. 騶虞는 官이 備를 樂함이고; 貍首는 時를 會함을 樂함이며; 采蘋은 法에 循함을 樂함이고; 采蘩은 職을 不失함을 樂이다. 是故로 天子는 官을 備함을 節로 爲하고, 諸侯는 時에 天子와 會함을 節로 爲하며, 卿과 大夫는 法에 循함을 節로 爲하고, 士는 職을 不失함을 節로 爲한다. 故로 그 節의 志에 明하여 그 事를 不失하면, 功이 成하고 德行이 立하며; 德行이 立하면, 暴亂의 禍가 無한다. 功이 成하면 國이 安하니, 故로 曰, 射는 盛德을 觀하는 所以이다.

의역 절도에 대해서 설명해보자면, 천자는 추우(騶虞)라는 악곡으로 절도를 삼고, 제후는 이수(貍首)라는 악곡으로 절도를 삼으며, 경과 대부는 채빈(采蘋)이라는 악곡으로 절도를 삼고, 사는 채번(采蘩)이라는 악곡으로 절도를 삼는다. '추우(騶虞)'라는 것은 관리가 모두 갖춰진 사실에 대해 기뻐한다는 뜻이고, '이수(貍首)'는 때에 따라 조회를 하는 것에 대해 기뻐한다는 뜻이며, '채빈(采蘋)'은 법에 따르는 것에 대해 기뻐한다는 뜻이고, '채번(采蘩)'은 직무를 잃지 않는 것에 대해 기뻐한다는 뜻이다. 이러한 까닭으로 천자는 관리를 모두 갖춘다는 뜻을 절도로 삼는 것이고, 제후는 때에 따라 천자에게 조회하는 뜻을 절도로 삼는 것이며, 경과 대부는 법에 따른다는 뜻을 절도로 삼는 것이고, 사는 직무를 잃지 않는다는 뜻을 절도로 삼는 것이다. 그래서 절도의 뜻에 해박하여 그 사안을 놓치지 않는다면 공적이 완성되고 덕행이 성립되며, 덕행이 성립되면 난폭하고 혼란스러운 재앙이 없게 된다. 공적이 완성되면 나라가 편안해진다. 그렇기 때문에 "활쏘기는 융성한 덕을 관찰하는 방법이다."라고 말한 것이다.

集說 節者, 歌詩以爲發矢之節度也, 一終爲一節. 周禮射人云: 騶虞九節, 貍首七節, 采蘋·采蘩皆五節. 尊卑之節雖多少不同, 而四節以盡乘矢則同. 如騶虞九節, 則先歌五節以聽, 餘四節則發四矢也. 七節者, 三節先以聽; 五節者, 一節先以聽也. 四詩惟貍首亡. 騶, 廐官; 虞, 山澤之官. 此二職皆不乏人, 則官備可知.

번역 '절(節)'이라는 것은 시를 노래하여 화살을 쏠 때의 절도로 삼는 것이니, 한 악곡을 끝내는 것을 하나의 절도로 삼는다. 『주례』「사인(射人)」편에서는 추우(騶虞)라는 악곡은 9절(節)이고, 이수(貍首)는 7절이며, 채빈(采蘋)과 채번(采蘩)은 모두 5절이라고 했다.[1] 신분의 등급에 따른 절에 비록 많고 적은 차이가 있지만, 4절(節)에 모두 올라가서 활을 쏜다는 측면에서는 동일하다. 예를 들어 추우라는 악곡은 9절로 되어 있으니, 앞서 5절을 노래할 때에는 듣기만 하고, 나머지 4절을 노래할 때면 4개의 화살을 쏘게 된다. 그리고 7절로 되어 있는 경우에는 앞의 3절은 듣기만 하고, 5절로 되어 있는 경우에는 앞의 1절은 듣기만 한다. 4개의 시 중 오직 이수(貍首)만이 망실되어 남아있지 않다. '추(騶)'자는 마구간을 담당하는 관리를 뜻하며, '우(虞)'자는 산림과 하천을 담

---

1) 『주례』「하관(夏官)·사인(射人)」: 以射法治射儀. 王以六耦射三侯, 三獲三容, 樂以騶虞, 九節五正; 諸侯以四耦射二侯, 二獲二容, 樂以貍首, 七節三正; 孤卿大夫以三耦射一侯, 一獲一容, 樂以采蘋, 五節二正; 士以三耦射豻侯, 一獲一容, 樂以采蘩, 五節二正.

당하는 관리를 뜻한다. 이처럼 하찮은 두 관리의 직무에 대해서도 모두 인원이 부족하지 않다면, 모든 관직이 갖춰져 있다는 사실을 알 수 있다.

集說 呂氏曰: 彼茁者葭, 則草木遂其生矣. 一發五豝, 則鳥獸蕃息矣. 吁嗟乎騶虞者, 所以歸功於二官也. 天子之射以是爲節者, 言天子繼天, 當推天地好生之德以育萬物. 此所以樂官備也. 貍首詩亡, 記有原壤所歌, 及此篇所引曾孫侯氏, 疑皆貍首詩也. 貍首, 田之所獲, 物之至薄者也. 君子相會, 不以微薄廢禮, 諸侯以燕射會其士大夫, 物薄誠至, 君臣相與習禮而結歡, 奉天子而修朝事, 故諸侯之射以是爲節, 所以樂會時也. 采蘋之詩, 言大夫之妻, 能循在家母之法度, 乃可承先祖共祭祀. 猶卿大夫已命, 能循其未仕所學先王之法, 乃可以與國政矣. 故卿大夫之射以是爲節, 所以樂循法也. 采蘩之詩, 言夫人不失職, 蓋夫人無外事, 祭祀乃其職也, 惟敬以從事, 是爲不失職. 士之事君, 何以異此? 故士之射以此爲節者, 所以樂不失職也.

번역 여씨가 말하길, "저 무성한 갈대여"라고 했으니, 초목은 생겨남에 따르게 된다. "한 번 화살을 쏘아서 다섯 마리의 암돼지를 잡노라."라고 했으니, 조수가 번식했던 것이다. "오호라! 이것이 추우로구나."라고 한 말은 두 관리에게 공적을 돌리는 것이다.[2] 천자가 활쏘기를 할 때 이 악곡을 절도로 삼는다는 것은 천자는 하늘을 계승하였으니 마땅히 천지가 생명을 번식시키는 덕을 미루어서 만물을 양육해야 한다는 뜻이다. 이것이 바로 관리가 모두 갖춰진 것을 기뻐하는 이유이다. 이수(貍首)라는 시는 망실되어 남아있지 않은데, 『예기』에는 원양(原壤)이라는 자가 노래를 부르는 말 속에 '이수(貍首)'가 나오며,[3] 이곳 「사의」편에서 인용하고 있는 '증손후씨(曾孫侯氏)'에 대한 노랫말[4]은 아마

---

2) 『시』「소남(召南)·추우(騶虞)」: 彼茁者葭. 壹發五豝, 于嗟乎騶虞.
3) 『예기』「단궁하(檀弓下)」【138d】: 孔子之故人曰原壤, 其母死, 夫子助之沐槨. 原壤登木曰: "久矣予之不託於音也." 歌曰: "貍首之斑然, 執女手之卷然." 夫子爲弗聞也者而過之. 從者曰: "子未可以已乎?" 夫子曰: "丘聞之, 親者毋失其爲親也, 故者毋失其爲故也."
4) 『예기』「사의」【707d】: 故詩曰, "曾孫侯氏, 四正具擧. 大夫君子, 凡以庶士, 小大莫處, 御于君所. 以燕以射, 則燕則譽."

도 모두 이수라는 시에 해당하는 것 같다. '이수(貍首)'라는 동물은 경작지에서
포획되는 것으로 매우 천한 동물에 해당한다. 군자가 서로 만나볼 때에는 미미
하고 천한 것으로 예를 그르쳐서는 안 되는데, 제후가 연사례(燕射禮)를 하며
사와 대부를 불러 모을 때에는 사물을 적게 쓰고 정성을 지극히 하며, 군주와
신하가 서로 예를 익히고 우호를 나누며, 천자를 받들어서 조회의 일을 시행한
다. 그렇기 때문에 제후들이 시행하는 활쏘기에서 이 악곡을 절도로 삼는 것은
때에 따라 만나보는 것을 즐거워하는 것이다. '채빈(采蘋)'이라는 시의 내용은
대부의 처가 한 집안의 모친이 되어 해당하는 법도를 따를 수 있다면, 곧 선조
를 받들어서 제사에 이바지할 수 있다는 뜻이다. 이것은 마치 경과 대부가 명
(命)의 등급을 받게 되었다면, 아직 관직에 나아가지 않았을 때 배웠던 선왕의
법도에 따를 수 있어서, 곧 국가의 정사에 참여할 수 있다는 의미와 같다. 그렇
기 때문에 경과 대부가 활쏘기를 할 때 이 악곡을 절도로 삼는 것은 곧 법도에
따르는 것을 즐거워하는 것이다. '채번(采蘩)'이라는 시의 내용은 부인들이 자
신의 직무를 잃지 않는다는 뜻이니, 부인들에게는 바깥일이라는 것이 없고 제
사가 곧 그녀들의 직무가 되니, 오직 공경스러운 태도로 종사하는 것만이 직무
를 잃지 않는 것이다. 사가 군주를 섬기는 것이 어찌 이것과 다르겠는가? 그렇
기 때문에 사가 활쏘기를 할 때 이 악곡을 절도로 삼는 것은 직무를 잃지 않은
것을 기뻐하는 것이다.

大全 馬氏曰: 騶虞爲節以至不失職爲節, 所謂其節比於樂也. 蓋天子所貴
者, 德敎而已. 官備則德敎有以行, 故以騶虞之九爲節, 以其朝廷旣正而官備
也. 諸侯樂其時會之事, 則功成於一國, 至於大夫明乎此, 則功成於其家, 士明
乎此, 則功成於其身, 此所以德行立而無暴亂之禍矣. 然騶虞, 一國之風, 而爲
節於天子, 采蘩, 諸侯夫人之詩, 而爲節於士, 何也? 孟子曰: "說詩者, 不以文
害辭, 不以辭害意", 則取詩者, 不以迹害理矣.

번역 마씨가 말하길, "추우(騶虞)를 절도로 삼는다."는 말로부터 "직무를
잃지 않는 것을 절도로 삼는다."라는 말까지는 이른바 "그 절도가 악(樂)에 따
른다."5)고 한 말에 해당한다. 천자가 존귀하게 여기는 것은 덕에 따른 교화일

따름이다. 관리가 모두 갖춰지면 덕에 따른 교화를 시행할 수 있다. 그렇기 때문에 추우(騶虞)의 9마디를 절도로 삼은 것이니, 조정이 이미 올바르게 되어 관리가 모두 갖춰졌기 때문이다. 제후들이 때에 따라 모임을 갖는 일을 즐거워한다면 한 나라의 입장에서 그 공적이 완성된 것이고, 대부들이 이러한 일에 해박하게 되는 경지에 도달하게 된다면 한 집안의 입장에서 그 공적이 완성된 것이며, 사들이 이러한 일에 해박하게 되는 경지에 도달하게 된다면 한 개인의 입장에서 그 공적이 완성된 것이니, 이것은 덕행이 성립되어 난폭하고 혼란을 초래하는 재앙이 없게 되는 이유이다. 그런데 '추우(騶虞)'라는 시는 한 제후국에서 생겨났던 풍(風)에 해당하는데, 천자의 사례에서 절도로 삼고 있으며, '채번(采蘩)'이라는 시는 제후의 부인에 대한 시인데, 사 계급의 사례에서 절도로 삼고 있다. 이것은 어째서인가? 맹자(孟子)는 "시에 대해서 말하는 자는 글로써 그 말을 해쳐서는 안 되고, 말로써 그 뜻을 해쳐서는 안 된다."[6]라고 했으니, 시에서 의미를 취할 때에는 표면적인 뜻으로 그 이치를 해쳐서는 안 된다.

鄭注 騶虞·采蘋·采蘩, 毛詩篇名. 貍首逸, 下云"曾孫侯氏", 是也. "樂官備"者, 謂騶虞曰"壹發五豝", 喩得賢者多也. "于嗟乎騶虞", 歎仁人也. "樂會時"者, 謂貍首曰"小大莫處, 御于君所". "樂循法"者, 謂采蘋曰"于以采蘋, 南澗之濱". 循澗以采蘋, 喩循法度以成君事也. "樂不失職"者, 謂采蘩曰"被之僮僮, 夙夜在公."

번역 추우(騶虞)·채빈(采蘋)·채번(采蘩)은 『모시(毛詩)』의 편명이다. 이수(貍首)라는 시는 일실되었는데, 아래문장에서 '증손후씨(曾孫侯氏)'라고 노래한 말이 바로 이 시에 해당한다. "관리가 모두 갖춰진 것을 즐거워한다."라는 말은 '추우(騶虞)'라는 시에서 "한 번 화살을 쏘아서 다섯 마리의 암돼지를 잡노라."[7]라고 한 말을 가리키니, 곧 현명한 자를 많이 얻었다는 내용을 비유한

---

5) 『예기』「사의」【707b~c】: 是故古者天子之制, 諸侯歲獻, 貢士於天子, 天子試之於射宮. 其容體比於禮, 其節比於樂, 而中多者, 得與於祭.

6) 『맹자』「만장상(萬章上)」: 故說詩者, 不以文害辭, 不以辭害志. 以意逆志, 是爲得之.

7) 『시』「소남(召南)·추우(騶虞)」: 彼茁者葭. 壹發五豝, 于嗟乎騶虞.

것이다. "오호라! 이것이 추우로구나."8)라고 한 말은 인(仁)한 자에 대해서 감탄을 한 뜻이다. "때에 따라 모이는 것을 즐거워한다."라고 한 말은 '이수(貍首)'라는 시에서 "대소 관료를 막론하고 자신의 직무에 매달리지 않고, 군주가 계신 곳에서 군주를 모시는구나."9)라고 한 말을 가리킨다. "법에 따름을 즐거워한다."라고 한 말은 '채빈(采蘋)'이라는 시에서 "어디에서 큰 쑥을 따는가, 저 남쪽 골짜기 물가에서 따도다."10)라고 한 말을 가리킨다. 골짜기의 물가를 따라서 빈(蘋)을 뜯는다는 것은 곧 법도에 따라서 군주의 일을 성사시킨다는 사실을 비유한다. "직무를 잃지 않음을 즐거워한다."라고 한 말은 '채번(采繁)'이라는 시에서 "머리장식의 공경스럽고 공경스러움이여, 이른 아침부터 밤늦게까지 제사에 참여하는구나."11)라고 한 말을 가리킨다.

釋文 騶, 側尤反, 徐側侯反. 貍, 力之反, 貍之言不來也. 首, 先也. 此逸詩也, 鄭以下所引"曾孫侯氏"爲貍首之詩也. 蘋音頻. 繁音煩. 循, 徐辭均反. 豝, 百麻反, 獸一歲曰豝, 詩傳云: "豕牝曰豝." 澗音諫, 山夾水曰澗. 濱音賓, 涯也. 被, 扶義反, 徐皮義反. 僮音童, 本亦作"童", 毛詩傳云: "竦敬也."

번역 '騶'자는 '側(측)'자와 '尤(우)'자의 반절음이며, 서음(徐音)은 '側(측)'자와 '侯(후)'자의 반절음이다. '貍'자는 '力(력)'자와 '之(지)'자의 반절음이며, '貍'라는 글자는 "찾아오지 않는다[不來]."는 뜻이다. '首'자는 앞서[先]라는 뜻이다. 이 시는 일실된 시인데, 정현은 아래문장에 나온 '증손후씨(曾孫侯氏)'의 문장을 인용하여, 이것을 이수(貍首)라는 시로 여겼다. '蘋'자의 음은 '頻(빈)'이다. '繁'자의 음은 '煩(번)'이다. '循'자의 서음은 '辭(사)'자와 '均(균)'자의 반절음이다. '豝'자는 '百(백)'자와 '麻(마)'자의 반절음이며, 짐승이 1살이 되면 '豝'라고 부르며, 『시전(詩傳)』에서는 "돼지의 암컷을 '豝'이라고 부른다."라고 했다. '澗'자의 음은 '諫(간)'이니, 계곡으로 흐르는 물을 '澗'이라고 부른다. '濱'자

---

8) 『시』「소남(召南)·추우(騶虞)」: 彼茁者葭. 壹發五豝, <u>于嗟乎騶虞.</u>
9) 『예기』「사의」【707d】: 故詩曰, "曾孫侯氏, 四正具擧. 大夫君子, 凡以庶士, <u>小大莫處, 御于君所.</u> 以燕以射, 則燕則譽."
10) 『시』「소남(召南)·채빈(采蘋)」: <u>于以采蘋, 南澗之濱.</u> 于以采藻, 于彼行潦.
11) 『시』「소남(召南)·채번(采蘩)」: <u>被之僮僮, 夙夜在公.</u> 被之祁祁, 薄言還歸.

의 음은 '賓(빈)'이며, 물가를 뜻한다. '被'자는 '扶(부)'자와 '義(의)'자의 반절음이며, 서음은 '皮(피)'자와 '義(의)'자의 반절음이다. '僮'자의 음은 '童(동)'이고, 판본에 따라서는 또한 '童'자로도 기록하는데, 『모시전(毛詩傳)』에서는 "삼가며 공손한 모습이다."라고 했다.

孔疏 ●"其節"至"德也". ○正義曰: 此節明天子以下射禮樂章之異.

번역 ●經文: "其節"~"德也". ○이곳 문단은 천자로부터 그 이하의 계층에서 사례(射禮)를 실시하며 사용하는 악장(樂章)이 다르다는 사안을 나타내고 있다.

孔疏 ●"天子以騶虞爲節"者, 歌騶虞之詩, 射人云"騶虞九節".

번역 ●經文: "天子以騶虞爲節". ○'추우(騶虞)'라는 시를 노래한다는 뜻이니, 『주례』「사인(射人)」편에서는 "추우(騶虞)는 9절(節)이다."12)라고 했다.

孔疏 ●"諸侯以貍首爲節"者, 謂歌貍首也. 射人云: "貍首七節".

번역 ●經文: "諸侯以貍首爲節". ○이수(貍首)라는 시를 노래한다는 뜻이니, 『주례』「사인(射人)」편에서는 "이수(貍首)는 7절(節)이다."13)라고 했다.

孔疏 ●"卿大夫以采蘋爲節, 士以采蘩爲節"者, 射人云: "皆五節." 按鄕射注云: "五節, 歌五終. 四節四拾. 其一節先以聽也." 若然, 則九節者, 五節先以聽, 七節者, 三節先以聽, 皆以四節應乘矢拾發也.

번역 ●經文: "卿大夫以采蘋爲節, 士以采蘩爲節". ○『주례』「사인(射人)」

---

12) 『주례』「하관(夏官)·사인(射人)」: 王以六耦射三侯, 三獲三容, 樂以<u>騶虞, 九節</u>五正.

13) 『주례』「하관(夏官)·사인(射人)」: 諸侯以四耦射二侯, 二獲二容, 樂以<u>貍首, 七節三正.</u>

편에서는 "모두 5절(節)이다."[14]라고 했다. 『의례』「향사례(鄕射禮)」편에 대한 정현의 주를 살펴보면, "5절(節)은 다섯 악장을 노래 부른다는 뜻이다. 4절(節)에 맞춰 4발을 쏜다. 그 중 1절(節)은 우선적으로 듣기만 한다."[15]라고 했다. 만약 이처럼 했다면 9절(節)의 경우에는 5절은 우선적으로 듣기만 하고, 7절의 경우에는 3절은 우선적으로 듣기만 하니, 모든 경우에 있어서 4절에 맞춰 올라가서 화살을 쏘는 것이다.

孔疏 ●"騶虞者, 樂官備也"者, 謂射一發而得五豝, 喩得賢人多, 賢人多, 則"官備也".

번역 ●經文: "騶虞者, 樂官備也". ○화살 1발을 쏘아서 다섯 마리의 암퇘지를 얻었다는 뜻이니, 현명한 자를 많이 얻었다는 사실을 비유하며, 현명한 자가 많다면 곧 "관직을 모두 갖추다."는 뜻이 된다.

孔疏 ●"貍首者, 樂會時也"者, 諸侯不來朝, 射其首, 是樂會及盟也.

번역 ●經文: "貍首者, 樂會時也". ○제후들이 찾아와서 조회를 하지 않다면 그 머리를 쏘게 되니, 이것은 조회 및 회맹을 즐거워한다는 뜻이 된다.

孔疏 ●"采蘋者, 樂循法也", "于以采蘋, 南澗之濱", 循澗以采蘋, 喩循法度以成君事.

번역 ●經文: "采蘋者, 樂循法也". ○"어디에서 큰 쑥을 따는가, 저 남쪽 골짜기 물가에서 따도다."[16]라고 했는데, 골짜기의 물가를 따라 빈(蘋)을 뜯는다는 것은 곧 법도에 따라서 군주의 일을 성사시킨다는 사실을 비유한다.

---

14) 『주례』「하관(夏官)·사인(射人)」: 孤卿大夫以三耦射一侯, 一獲一容, 樂以采蘋, 五節二正. 士以三耦射豻侯, 一獲一容, 樂以采蘩, 五節二正.
15) 이 문장은 『의례』「향사례(鄕射禮)」편의 "司射遂適階間, 堂下北面命曰: 不鼓不釋."이라는 기록에 대한 정현의 주이다.
16) 『시』「소남(召南)·채빈(采蘋)」: 于以采蘋, 南澗之濱. 于以采藻, 于彼行潦.

孔疏 ●“采蘩者, 樂不失職也”, 謂采蘩曰“被之僮僮, 夙夜在公”, 是其不失職也.

번역 ●經文: “采蘩者, 樂不失職也”. ○‘채번(采蘩)’이라는 시에서 “머리 장식의 공경스럽고 공경스러움이여, 이른 아침부터 밤늦게까지 제사에 참여하는구나.”17)라고 한 말을 뜻하니, 이것은 직무를 잃지 않았다는 의미이다.

孔疏 ●“是故天子以備官爲節”, 謂騶虞也.

번역 ●經文: “是故天子以備官爲節”. ○‘추우(騶虞)’라는 시를 노래한다는 뜻이다.

孔疏 ●“諸侯以時會天子爲節”, 謂歌貍首也.

번역 ●經文: “諸侯以時會天子爲節”. ○‘이수(貍首)’라는 시를 노래한다는 뜻이다.

孔疏 ●“卿大夫以循法爲節”, 謂歌采蘋也.

번역 ●經文: “卿大夫以循法爲節”. ○‘채빈(采蘋)’이라는 시를 노래한다는 뜻이다.

孔疏 ●“士以不失職爲節”, 謂歌采蘩也.

번역 ●經文: “士以不失職爲節”. ○‘채번(采蘩)’이라는 시를 노래한다는 뜻이다.

孔疏 ●“明乎其節之志, 以不失其事”者, “其節之志”, 謂天子以備官爲志, 諸侯以時會爲志, 卿大夫以循法度爲志, 士以不失職爲志. 是各明達其樂節之

---

17) 『시』「소남(召南)·채번(采蘩)」: <u>被之僮僮, 夙夜在公</u>. 被之祁祁, 薄言還歸.

志, 故能不失其所爲之事也.

번역 ●經文: "明乎其節之志, 以不失其事". ○'그 절도의 뜻'이라고 했는데, 천자는 관직 갖추는 것을 뜻으로 삼고, 제후는 때에 따라 조회하는 것을 뜻으로 삼으며, 경과 대부는 법도에 따르는 것을 뜻으로 삼고, 사는 직무를 잃지 않는 것을 뜻으로 삼는다는 의미이다. 이들은 각각 그 악절(樂節)의 뜻에 능통하기 때문에, 시행하는 사안에 대해 잃지 않을 수가 있다는 의미이다.

孔疏 ●"德行立, 則無暴亂之禍矣, 功成則國安"者, 是覆說上文"功成德行立". 先覆說"德行", 然後却覆說"功成"也. 以先由德行, 乃功成也.

번역 ●經文: "德行立, 則無暴亂之禍矣, 功成則國安". ○이 말은 앞에 나온 "공적을 이루고 덕행을 성립한다."는 말을 재차 설명한 것이다. 앞서 '덕행(德行)'에 대해 재차 설명하고 그런 뒤에 곧 '공적을 이룬 것'에 대해 재차 설명하였다. 이것은 먼저 덕행으로 말미암아야만 곧 공적을 이룬다는 사실을 나타낸다.

孔疏 ●"故曰: 射者, 所18)以觀盛德也", 盛德, 無暴亂之禍, 國安. 射者各明其志, 能致盛德, 故云"所以觀盛德也".

번역 ●經文: "故曰: 射者, 所以觀盛德也". ○덕이 융성하게 되면 난폭하고 혼란스러운 재앙이 없게 되고 나라가 편안해진다. 활쏘기에서는 각각 그 뜻을 밝혀서 덕을 융성하게 할 수 있다. 그렇기 때문에 "융성한 덕을 관찰하는 방법이다."라고 말한 것이다.

---

18) '소(所)'자에 대하여. 『십삼경주소(十三經注疏)』 북경대 출판본에서는 "'소'자는 본래 '가(可)'자로 기록되어 있었는데, 살펴보니, 앞의 경문 및 뒤의 『정의(正義)』 기록에서 모두 '소'자로 기록했다. 따라서 그 기록에 근거해서 글자를 수정하였다."라고 했다.

孔疏 ◎注“騶虞”至“仁人”. ○正義曰: 按詩義云君射一發則驅五犯獸. 以軍戰之禮, 待禽獸之命, 不忍特驅其一. 此云“喩得賢者多”, 則以“犯”喩賢也. 謂一發而得五犯, 猶若君一求而得五賢. 與詩文異者, 斷章爲義. 云“于嗟乎騶虞, 歎仁人也”, 與詩義同也. 以騶虞不食生物, 故云于嗟乎其仁人. 騶虞旣爲天子樂章, 而儀禮·鄕射用之者, 鄭注鄕射云“此天子之射節也”. 而用之者, 方有樂賢之志, 取其宜也. “曾孫”之詩, 謂之“貍首”者, 貍首, 篇名; 曾孫者, 其章頭也. 儀禮·大射“奏貍首, 間若一”, 鄭注云“貍之言不來也. 其詩有‘射諸侯首不朝者’之言, 因以名篇.” 故謂之“貍首”也.

번역 ◎鄭注: “騶虞”~“仁人”. ○『시』를 살펴보면 그 뜻에 있어서, 군주가 화살 1발을 쏘게 되면 5마리의 암돼지를 몰게 된다고 했다. 군대의 예법에서는 짐승을 몰도록 명령을 내리면 차마 한 마리만을 몰아갈 수 없기 때문이다. 이곳 문장에 대한 주에서는 “현명한 자를 많이 얻었다는 내용을 비유한 것이다.”라고 했으니, ‘암돼지[犯]’를 ‘현자[賢]’에 비유한 것이다. 즉 화살 한 발을 쏘아서 다섯 마리의 암돼지를 얻는 것이 마치 군주가 한 차례 구인활동을 하여 다섯 명의 현자를 얻은 것과 같다는 뜻이다. 『시』의 문장과 차이를 보이는 이유는 단장취의를 했기 때문이다. 정현이 “‘오호라! 이것이 추우로구나.’라고 한 말은 인(仁)한 자에 대해서 감탄을 한 뜻이다.”라고 했는데, 이것은 『시』의 의미와 동일한 해석이다. 추우(騶虞)라는 동물은 살아있는 생물을 먹지 않기 때문에, “오호라! 인한 자로구나.”라고 말한 것이다. ‘추우(騶虞)’라는 악곡을 이미 천자의 사례(射禮)에 사용하는 악장으로 삼았는데, 『의례』「향사례(鄕射禮)」편에서도 이 악장을 사용하고 있다. 「향사례」편에 대한 정현의 주에서는 “이것은 천자의 사례(射禮)를 실시할 때의 절도이다.”라고 했다.[19] 그런데도 이 악곡을 사용하는 이유는 현명한 자를 즐겁게 하려는 뜻이 포함되어 있으므로, 그 합당함을 취했기 때문이다. ‘증손(曾孫)’에 대한 시를 ‘이수(貍首)’라고 했는데, ‘이수(貍首)’는 시의 편명이며, ‘증손(曾孫)’은 그 장의 첫 부분에 해당한다. 『의례』「대사(大射)」편에서는 “‘이수(貍首)’를 연주하며, 악절의 간격은 동일하게 한

---

19) 이 문장은 『의례』「향사례(鄕射禮)」편의 “上射揖. 司射退反位. 樂正東面命大師, 曰奏騶虞, 間若一.”이라는 기록에 대한 정현의 주이다.

다.”[20]라고 했고, 이 문장에 대한 정현의 주에서는 “‘이(貍)’자는 찾아오지 않는다는 뜻이다. 그 시에는 ‘조회에 참여하지 않은 제후의 머리를 쏜다.’라는 말이 포함되어 있어서, 이러한 이유로 ‘이수(貍首)’라는 편명을 정한 것이다.”라고 했다. 그렇기 때문에 이 시를 ‘이수(貍首)’라고 부르는 것이다.

集解 騶虞·采蘋·采蘩, 召南篇名. 貍首, 逸詩. 節者, 歌之以爲射之節也. 周禮射人王射“九節·五正”, 諸侯“七節·三正”, 大夫士“五節·二正”. 每歌一終爲一節. 節之正者, 用以拾發乘矢, 其餘則用以聽者也. 天子大射, 歌騶虞以爲射者之節; 諸侯大射, 歌貍首以爲射者之節; 大夫大射, 歌采蘋以爲射者之節; 士大射, 歌采蘩以爲射者之節. 而其節之多寡, 則各以尊卑爲差, 如射人之所言也. 大射儀諸侯之禮, 與射者有大夫士, 而惟歌貍首, 則用射節之法於此可見矣. 騶虞之詩, 言“壹發五豝”, 以喩賢才衆多, 足以備朝廷之官也. 會時, 謂會天子之時事. 貍首樂會時, 未聞. 采蘋之詩, 言大夫妻能循法度, 采蘩之詩, 言敎成之祭, 其女子能齊敬以主其事, 是不失職之義也. 明乎其節, 以不失其事, 則天子必求賢審官, 諸侯必虔其王命, 大夫必能謹於禮法, 士必能盡其職業. 如是, 則外之而事功無不成, 內之而德行無不立矣.

번역 ‘추우(騶虞)’·‘채빈(采蘋)’·‘채번(采蘩)’은 『시』「소남(召南)」에 속한 시의 편명이다. ‘이수(貍首)’는 일실된 시이다. ‘절(節)’이라는 것은 이 시가를 노래하여 활을 쏠 때의 절도로 삼는 것이다. 『주례』「사인(射人)」편에서는 천자의 활쏘기에 대해서 “9절(節)을 하고 5가지 채색이 들어간 과녁을 설치한다.”라고 했고, 제후의 활쏘기에 대해서는 “7절을 하고 3가지 채색이 들어간 과녁을 설치한다.”라고 했으며, 대부와 사의 활쏘기에 대해서는 “5절을 하고 2가지 채색이 들어간 과녁을 설치한다.”라고 했다. 시가를 노래할 때 하나의 악곡을 마치게 되면 1절로 삼는다. 절(節) 중에서도 정규 악절에 속하는 것은 이것을 사용하여 번갈아 화살을 쏘게 되고, 나머지 절들은 듣는 용도로 사용한다. 천자의 대사례에서는 추우를 노래하여 사례의 절도로 삼고, 제후의 대사례

---

20) 『의례』「대사(大射)」: 樂正命大師曰, “奏貍首, 間若一.”

에서는 이수를 노래하여 사례의 절도로 삼으며, 대부의 대사례에서는 채빈을
노래하여 사례의 절도로 삼고, 사의 대사례에서는 채번을 노래하여 사례의 절
도로 삼는다. 그런데 절(節)에 있어서 많고 적은 차이가 있는 것은 각각 신분에
따라 차등을 삼은 것이니, 「사인」편에서 언급한 것과 같다. 『의례』「대사의(大
射儀)」편의 내용은 제후의 예법에 해당하며, 활쏘기에 참여하는 자들 중에는
대부나 사가 포함되는데도 이수라는 시가만을 노래하니, 활쏘기를 할 때 절도
를 맞추는 법도를 여기에 따랐음을 확인할 수 있다. 추우라는 시에서는 "한
번 화살을 쏘아서 다섯 마리의 암퇘지를 잡노라."라고 했는데, 이것은 현명하고
재능이 뛰어난 자가 많아서 조정의 관리들로 채우기에 충분하다는 사실을 비유
한다. '회시(會時)'는 천자에게 조회할 때의 시기와 일을 뜻한다. 이수라는 시가
내용이 회시를 즐거워하는 것이라는 말에 대해서는 들어보지 못했다. 채빈이라
는 시는 대부의 처가 법도에 따를 수 있음을 뜻하고, 채번이라는 시는 교육이
완성되어 제사를 지낼 때 딸아이가 가지런하고 공경스럽게 그 일을 주관할 수
있음을 뜻하니, 이것은 직무를 잃지 않았다는 뜻이다. 그 절도에 해박하여 직무
를 잃지 않는다면, 천자는 분명 현명한 자를 찾고 관직을 살피게 되고, 제후는
반드시 천자의 명령을 공경하게 되며, 대부는 반드시 예법을 조심스럽게 따를
수 있게 되고, 사는 반드시 자신의 직무와 일을 모두 시행할 수 있게 된다. 이처
럼 한다면 외적으로는 사업과 공적에 이루지 못할 것이 없게 되고, 내적으로는
덕행에 성립되지 못할 것이 없게 된다.

集解 劉氏敞曰: 騶虞·采蘋·采蘩三詩, 皆在二南, 則貍首亦必其儔, 豈夫
子刪詩時已亡之與? 或曰, 貍首, 鵲巢也. 篆文"貍"似"鵲", "首"似"巢".

번역 유창[21]이 말하길, '추우(騶虞)'·'채빈(采蘋)'·'채번(采蘩)'이라는 세
시는 모두 『시』「주남(周南)」이나 「소남(召南)」에 속해 있으니, '이수(貍首)'

---

21) 유창(劉敞, A.D.1019~A.D.1068) : =공시선생(公是先生)·유원보(劉原父)·청
강유씨(淸江劉氏). 북송(北宋) 때의 경학자이다. 자(字)는 원보(原父)이다. 유학
뿐만 아니라 불교와 도교에 대해서도 연구하였고, 천문(天文), 지리(地理) 등의
방면에도 조예가 깊었다.

또한 분명히 그 부류에 해당할 것인데, 어찌 공자가 『시』를 산청했을 때 이미 망실되었다 할 수 있겠는가? 혹자는 '이수(貍首)'는 『시』「작소(鵲巢)」편이라고 한다. 전문(篆文)에서 '이(貍)'자는 작(鵲)자와 비슷하고, '수(首)'자는 소(巢)자와 비슷하다.

集解 愚謂: 劉氏謂貍首當在二南, 是也. 孔子言"自衛反魯而樂正, 雅・頌各得其所", 則詩之用於正樂者, 夫子時必未嘗亡. 然以今之詩考之, 則貍首之用於射節, 新宮之用於下管, 采薺之用於樂儀, 皆無其篇, 則今之詩豈必皆夫子所刪之舊乎?

번역 내가 생각하기에, 유창은 이수(貍首)라는 시는 마땅히 『시』「주남(周南)」이나 「소남(召南)」에 속한다고 했는데, 이 주장은 옳다. 공자는 "위나라로부터 노나라로 되돌아온 이후 음악이 바르게 되어 아와 송이 각각 제자리를 찾았다."[22]라고 했으니, 『시』 중에서 정규 의례의 음악으로 사용한 것들은 공자 당시에 반드시 없어지지 않았을 것이다. 그런데 현존하는 『시』를 통해 고찰해보면 이수는 활쏘기의 절도로 사용한다고 했고, 신궁(新宮)은 당하에서 관악기로 연주할 때 사용한다고 했으며, 채제(采薺)는 음악에 따른 의례절차에 사용한다고 했는데, 이 모두는 해당 편들이 남아있지 않다. 따라서 현존하는 『시』가 어찌 공자가 산정했던 옛날의 『시』 판본이라 확신할 수 있겠는가?

참고 구문비교

예기・사의 其節, 天子以騶虞爲節, 諸侯以貍首爲節, 卿大夫以采蘋爲節, 士以采藻爲節.

주례・춘관(春官)・악사(樂師) 凡射, 王以騶虞爲節, 諸侯以貍首爲節, 大夫以采蘋爲節, 士以采藻爲節.

---

22) 『논어』「자한(子罕)」 : 子曰, "吾自衛反魯, 然後樂正, 雅頌各得其所."

주례・춘관(春官)・종사(鍾師) 凡射, 王奏騶虞, 諸侯奏貍首, 卿大夫奏采蘋, 士奏采蘩.

참고 『주례』「춘관(春官)・악사(樂師)」 기록

경문 凡射, 王以騶虞爲節, 諸侯以貍首爲節, 大夫以采蘋爲節, 士以采蘩爲節.

번역 활쏘기를 할 때 천자는 추우(騶虞)라는 시가로 절도를 맞추고, 제후는 이수(貍首)라는 시가로 절도를 맞추며, 대부는 채빈(采蘋)이라는 시가로 절도를 맞추고, 사는 채번(采蘩)이라는 시가로 절도를 맞춘다.

鄭注 騶虞・采蘋・采蘩皆樂章名, 在國風・召南. 惟貍首在樂記. 射義曰: "騶虞者, 樂官備也. 貍首者, 樂會時也. 采蘋者, 樂循法也. 采蘩者, 樂不失職也. 是故天子以備官爲節, 諸侯以時會爲節, 卿大夫以循法爲節, 士以不失職爲節." 鄭司農說以大射禮曰: "樂正命大師曰: '奏貍首, 間若一.' 大師不興, 許諾, 樂正反位, 奏貍首以射." 貍首, "曾孫".

번역 '추우(騶虞)'・'채빈(采蘋)'・'채번(采蘩)'은 모두 악장의 이름으로 『시』「국풍(國風)・소남(召南)」에 수록되어 있다. '이수(貍首)'만은 『예기』「악기(樂記)」편에 수록되어 있다. 「사의」편에서는 "'추우(騶虞)'라는 것은 관리가 모두 갖춰진 사실에 대해 기뻐한다는 뜻이고, '이수(貍首)'는 때에 따라 조회를 하는 것에 대해 기뻐한다는 뜻이며, '채빈(采蘋)'은 법에 따르는 것에 대해 기뻐한다는 뜻이고, '채번(采蘩)'은 직무를 잃지 않는 것에 대해 기뻐한다는 뜻이다. 이러한 까닭으로 천자는 관리를 모두 갖춘다는 뜻을 절도로 삼는 것이고, 제후는 때에 따라 천자에게 조회하는 뜻을 절도로 삼는 것이며, 경과 대부는 법에 따른다는 뜻을 절도로 삼는 것이고, 사는 직무를 잃지 않는다는 뜻을 절도로 삼는 것이다."라고 했다. 정사농은 『의례』「대사례(大射禮)」편에서 "악정이 태사에게 명령하며 '이수의 시가를 연주하되 악절의 간격은 동일하게 하라.'라고 하면 태사는 일어나지 않고 알았다고 응답하고 악정은 자신의 자리로 되돌아가며 이수를 연주하여 활쏘기를 한다."라고 한 기록을 통해 설명하며 '이수'는 '증손(曾孫)'으로 시작하는 시가라고 했다.

賈疏 ●"凡射"至"爲節" ○釋曰: 凡此爲節之等者, 無問尊卑, 人皆四矢, 射節則不同, 故射人云, 天子九節, 諸侯七節, 大夫士五節, 尊卑皆以四節爲乘矢拾發, 其餘天子五節, 諸侯三節, 大夫士一節, 皆以爲先以聽. 先聽, 未射之時作之, 使射者預聽, 知射之樂節, 以其射法須其體比於禮, 其節比於樂. 而中多者, 乃得預於祭, 故須預聽. 但優尊者, 故射前節多也.

번역 ●經文: "凡射"～"爲節" ○이러한 것들은 절도로 삼는 것의 등급을 뜻하는데, 신분의 차이에 상관없이 사람들은 모두 네 발의 화살을 쏘게 되지만 활쏘기의 절도를 맞추는 것에 있어서는 동일하지 않다. 그렇기 때문에 『주례』「사인(射人)」편에서는 천자는 9절(節)이고, 제후는 7절이며, 대부와 사는 5절이라고 했으니, 신분의 차이에 상관없이 모두 4절에 네 발의 화살을 번갈아가며 발사하게 되고, 나머지 악절의 경우 천자는 5절이고 제후는 3절이며 대부와 사는 1절인데, 이 모두는 활을 쏘기 이전에 듣기 위한 것이다. 먼저 듣는다는 것은 아직 활을 쏘기 이전에 연주를 하여 활 쏘는 자로 하여금 미리 그 소리를 듣게 해서 활을 쏠 때 맞춰야 하는 악절을 터득하게 하고 이를 통해 활쏘기의 법도에 있어서 외형이 예에 맞고 절도가 음악에 맞도록 한 것이다. 적중을 많이 시킨 자는 제사에 참여할 수 있다. 그렇기 때문에 미리 들어야 할 필요가 있다. 다만 존귀한 자를 우대하기 때문에 활쏘기 이전에 연주되는 악절이 많은 것이다.

賈疏 ◎注"騶虞"至"曾孫" ○釋曰: 鄭知云"騶虞・采蘋・采蘩皆樂章名"者, 以其詩爲樂章故也. 云"在國風・召南"者, 見關雎已下爲周南, 鵲巢已下爲召南, 三篇見在召南卷內也. 云"惟貍首在樂記"者, 按樂記云"左射貍首, 右射騶虞", 是也. 按射義亦云"貍首曰, 曾孫侯氏, 四正具擧, 大小莫處, 御於君所", 不引之者, 鄭略引其一以證耳. 云射義已下者, 證用此篇之義也. 先鄭引大射者, 證大師用樂節之事. 云"間若一"者, 謂七節五節之間, 緩急稀稠如一. 彼諸侯禮, 故有樂正命大師; 此天子禮, 故樂師命大師也. 云"貍首, '曾孫'"者, 貍首是篇名, "曾孫"章頭, 卽射義所云是也.

번역 ◎鄭注: "騶虞"~"曾孫" ○정현이 "'추우(騶虞)'·'채빈(采蘋)'·'채번(采蘩)'은 모두 악장의 이름이다."라고 했는데, 이러한 사실을 알 수 있었던 이유는 해당 시를 악장으로 삼기 때문이다. 정현이 "『시』「국풍(國風)·소남(召南)」에 수록되어 있다."라고 했는데, 『시』「관저(關雎)」편 이하는 『시』「주남(周南)」편이 되고, 『시』「작소(鵲巢)」편 이하는 『시』「소남(召南)」편이 되는데, 세 편은 「소남」편에 보인다. 정현이 "'이수(貍首)'만은 『예기』「악기(樂記)」편에 수록되어 있다."라고 했는데, 「악기」편을 살펴보면 "동학(東學)에서 활쏘기를 할 때에는 이수(貍首)의 시가에 절도를 맞추고, 서학(西學)에서 활쏘기를 할 때에는 추우(騶虞)의 시가에 절도를 맞춘다."라고 했다. 「사의」편을 살펴보면 또한 "이수라는 시에서는 증손후씨(曾孫侯氏)여, 사정(四正)을 모두 거행하는구나. 대소 관료 관계없이 자신의 직무에 매달리지 않고, 군주가 계신 곳에서 군주를 모시는구나."라고 했는데, 이 내용을 인용하지 않은 것은 정현은 간략히 한 가지 사례만을 인용해서 증명을 했기 때문이다. 「사의」편 이하의 내용을 언급했는데, 이수편을 사용하는 뜻을 증명하기 위해서이다. 정사농은 「대사」편을 인용했는데, 태사가 악절을 사용하는 일을 증명하기 위해서이다. '간약일(間若一)'이라고 했는데 7절과 5절 사이에 완급 및 조밀하고 느슨한 정도를 동일하게 한다는 뜻이다. 제후의 예법에 해당하기 때문에 악정이 태사에게 명령하는 일이 있는데, 이곳의 기록은 천자의 예법에 해당한다. 그렇기 때문에 악사가 태사에게 명령하는 것이다. "이수는 '증손(曾孫)'으로 시작하는 시가이다."라고 했는데, '이수(貍首)'는 편명이며, '증손(曾孫)'은 악장의 첫 구문이니, 곧 「시의」편에서 기술한 내용이 그 기록에 해당한다.

참고 『주례』「춘관(春官)·종사(鍾師)」 기록

경문 凡射, 王奏騶虞, 諸侯奏貍首, 卿大夫奏采蘋, 士奏采蘩.

번역 활쏘기를 할 때 천자에 대해서는 추우(騶虞)라는 시가를 연주하고, 제후에 대해서는 이수(貍首)라는 시가를 연주하며, 경과 대부에 대해서는 채빈(采蘋)이라는 시가를 연주하고, 사에 대해서는 채번(采蘩)이라는 시가를 연주한다.

鄭注 鄭司農云: "騶虞, 聖獸."

번역 정사농은 "추우(騶虞)는 성스러운 동물이다."라고 했다.

賈疏 ●"凡射"至"采蘩". ○釋曰: 言"凡射", 則大射·賓射等, 同用此爲射節, 故言凡. 射人與樂師辨其節數, 於此見其作樂人爲之, 故數職重言.

번역 ●經文: "凡射"~"采蘩". ○'범사(凡射)'라고 했다면 대사례나 빈사례 등에서 동일하게 이러한 시가를 연주하여 활쏘기의 절도로 삼는다. 그렇기 때문에 '범(凡)'자를 붙여서 기록했다. 사인과 악사는 악절의 수를 변별하게 되니, 이것을 통해서 음악을 연주하는 자가 이러한 것들을 시행한다는 사실을 알 수 있다. 그렇기 때문에 여러 직무에서 거듭 언급한 것이다.

賈疏 ◎注"騶虞聖獸". ○釋曰: 按異義, 今詩韓·魯說, 騶虞, 天子掌鳥獸官. 古毛詩說, 騶虞, 義獸, 白虎黑文, 食自死之肉, 不食生物, 人君有至信之德則應之. 周南終麟止, 召南終騶虞, 俱稱嗟歎之, 皆獸名. 謹按: 古山海經·周書云"騶虞獸", 說與毛詩同. 是其聖獸也.

번역 ◎鄭注: "騶虞聖獸". ○『오경이의』23)를 살펴보면 금문의 『시』에 해

23) 『오경이의(五經異義)』는 후한(後漢) 때의 학자인 허신(許愼)이 지은 책이다. 유실되었는데, 송대(宋代) 때 학자들이 다시 모아서 엮었다. 오경(五經)에 관한 고

당하는『한시』와『노시』에서 추우는 천자에게 소속되어 짐승들을 담당하는 관리라고 설명한다. 고문의『모시』에서는 추우를 의로운 짐승이라고 설명하며, 백색 호랑이에 흑색의 무늬가 있는 것으로, 저절로 죽은 고기만을 먹고 살아있는 생물을 먹지 않으며, 군주에게 지극한 신의의 덕이 있다면 그에 호응하게 된다고 했다.「주남(周南)」은「인지지(麟之趾)」편에서 끝나고,「소남(召南)」은「추우(騶虞)」편에서 끝나는데, 둘 모두 칭찬하고 탄식하고 있으니 이 모두는 짐승의 이름에 해당한다. 내가 살펴보니 고문인『산해경』과『주서』에서는 "추우는 짐승이다."라고 하여 그 설명이『모시』의 설명과 동일하다. 이것은 추우가 성스러운 동물에 해당한다는 사실을 나타낸다.

참고 『시』「소남(召南)·추우(騶虞)」

彼茁者葭, (피줄자가) : 저 무성한 갈대에,
壹發五豝. (일발오파) : 한 번 화살을 쏘아서 다섯 마리의 암퇘지를 잡노라.
于嗟乎騶虞. (우차호추우) : 오호라! 이것이 추우로구나.

彼茁者蓬. (피줄자봉) : 저 무성한 쑥대에,
壹發五豵, (일발오종) : 한 번 화살을 쏘아서 다섯 새끼 돼지를 잡노라.
于嗟乎騶虞. (우차호추우) : 오호라! 이것이 추우로구나.

毛序 騶虞, 鵲巢之應也. 鵲巢之化行, 人倫旣正, 朝廷旣治, 天下純被文王之化, 則庶類蕃殖, 蒐田以時, 仁如騶虞, 則王道成也.

모서 「추우(騶虞)」편은「작소(鵲巢)」편의 덕에 호응하여 나타난 것을 노래한 시이다.「작소」편에서는 교화가 시행되어 인륜이 바르게 되고 조정이 다스려져서, 천하 사람들이 문왕의 교화를 크게 입게 되었다고 했으니, 만물이

금(古今)의 유설(遺說)과 이의(異義)를 싣고, 그에 대한 시비(是非)를 판별한 내용들이다.

번식하여 사냥을 농한기에 맞춰 시행하여, 그 인자함이 추우와 같다면, 천자의 도가 완성된 것이다.

참고 『시』「소남(召南)·채빈(采蘋)」

于以采蘋, (우이채빈) : 어디에서 큰 쑥을 따는가,
南澗之濱. (남간지빈) : 저 남쪽 골짜기 물가에서 따도다.
于以采藻, (우이채조) : 어디에서 마름을 따는가,
于彼行潦. (우피행료) : 저 흐르는 물에서 따도다.

于以盛之, (우이성지) : 어디에 담는가,
維筐及筥. (유광급거) : 네모나고 둥근 광주리에 담도다.
于以湘之, (우이상지) : 어디에 삶는가,
維錡及釜. (유기급부) : 세 발 달린 가마솥과 가마솥에 삶도다.

于以奠之, (우이전지) : 어디에 차려내는가,
宗室牖下. (종실유하) : 대종(大宗)의 종묘 들창 아래에 차려내도다.
誰其尸之, (수기시지) : 누가 주관하는가,
有齊季女. (유제계녀) : 저 공경스러운 소녀로다.

毛序 采蘋, 大夫妻能循法度也, 能循法度, 則可以承先祖共祭祀矣.

모서 「채빈(采蘋)」편은 대부의 아내가 법도를 잘 따를 수 있음을 읊은 시이니, 법도를 잘 따를 수 있다면 선조를 받들어 제사를 치를 수 있다.

『시』「소남(召南)·채번(采蘩)」

于以采蘩, (우이채번) : 어디에서 흰쑥을 따는가,
于沼于沚. (우소우지) : 못가에서 따고 물가에서 따도다.
于以用之, (우이용지) : 어디에서 사용하는가,
公侯之事. (공후지사) : 제후의 제사에서 사용하도다.

于以采蘩, (우이채번) : 어디에서 흰쑥을 따는가,
于澗之中. (우간지중) : 산골짜기에서 따도다.
于以用之, (우이용지) : 어디에서 사용하는가,
公侯之宮. (공후지궁) : 제후의 종묘에서 사용하도다.

被之僮僮, (피지동동) : 머리장식의 공경스럽고 공경스러움이여,
夙夜在公. (숙야재공) : 이른 아침부터 밤늦게까지 제사에 참여하는구나.
被之祁祁, (피지기기) : 머리장식의 침착하고 차분함이여,
薄言還歸. (박언환귀) : 제복을 제거하고 차분히 돌아가는구나.

毛序 采蘩, 夫人不失職也, 夫人可以奉祭祀, 則不失職矣.

모서 「채번(采蘩)」편은 부인이 자신의 본분을 잃지 않았음을 노래한 시이니, 부인이 제사를 제대로 받들 수 있다면 자신의 본분을 잃지 않은 것이다.

참고 『시』「소남(召南)·작소(鵲巢)」

維鵲有巢, (유작유소) : 저 까치 둥지를 트는데,
維鳩居之. (유구거지) : 저 비둘기가 거기에 사는구나.
之子于歸, (지자우귀) : 저 부인이 시집을 옴에,
百兩御之. (백양어지) : 100대의 수레로 맞이하는구나.

維鵲有巢, (유작유소) : 저 까치 둥지를 트는데,
維鳩方之. (유구방지) : 저 비둘기가 차지하는구나.
之子于歸, (지자우귀) : 저 부인이 시집을 감에,
百兩將之. (백양장지) : 100대의 수레로 전송하는구나.

維鵲有巢, (유작유소) : 저 까치 둥지를 트는데,
維鳩盈之. (유구영지) : 저 비둘기가 가득하구나.
之子于歸, (지자우귀) : 저 부인이 시집을 가고 옴에,
百兩成之. (백양성지) : 100대의 수레로 예법을 완성하는구나.

毛序 鵲巢, 夫人之德也. 國君, 積行累功, 以致爵位, 夫人起家而居有之,
德如鳲鳩, 乃可以配焉.

모서 「작소(鵲巢)」편은 부인의 덕을 노래한 시이다. 제후가 행실과 공적을
쌓아 작위를 이루고, 부인이 집에서 일어나 그곳에 머물고 차지하니, 그 덕이
마치 비둘기와 같아 제후의 짝이 될 수 있다.

참고 『주례』「하관(夏官)・사인(射人)」 기록

경문 以射法治射儀. 王以六耦射三侯, 三獲三容, 樂以騶虞, 九節五正; 諸
侯以四耦射二侯, 二獲二容, 樂以貍首, 七節三正; 孤卿大夫以三耦射一侯, 一
獲一容, 樂以采蘋, 五節二正; 士以三耦射豻侯, 一獲一容, 樂以采蘩, 五節二正.

번역 활쏘기의 법도를 통해 활쏘기의 의식을 다스린다. 천자의 활쏘기인
경우 6쌍이 3종류의 과녁에 활을 쏘고 3개의 적중 표시 깃발과 3개의 화살막이
를 설치하며 음악은 '추우(騶虞)'의 시가로 연주하며 9절로 하고 5가지 채색이
들어간 표적을 둔다. 제후의 경우 4쌍이 2종류의 과녁에 활을 쏘고 2개의 적중
표시 깃발과 2개의 화살막이를 설치하며 음악은 '이수(貍首)'의 시가로 연주하
며 7절로 하고 3가지 채색이 들어간 표적을 둔다. 고(孤)・경・대부의 경우 3쌍

이 1종류의 과녁에 활을 쏘고 1개의 적중 표시 깃발과 1개의 화살막이를 설치하며 음악은 '채빈(采蘋)'의 시가로 연주하며 5절로 하고 2가지 채색이 들어간 표적을 둔다. 사의 경우 3쌍이 한후(豻侯)에 활을 쏘고 1개의 적중 표시 깃발과 1개의 화살막이를 설치하며 음악은 '채번(采蘩)'의 시가로 연주하며 5절로 하고 2가지 채색이 들어간 표적을 둔다.

鄭注 射法, 王射之禮. 治射儀, 謂肄之也. 鄭司農云: "三侯, 熊·虎·豹也. 容者, 乏也. 待獲者所蔽也. 九節, 析羽九重, 設於長杠也. 正, 所射也. 詩云: '終日射侯, 不出正兮.' 二侯, 熊·豹也. 豻侯, 豻者, 獸名也. 有貙豻熊虎." 玄謂三侯者, 五正·三正·二正之侯也. 二侯者, 三正·二正之侯也. 一侯者, 二正而已. 此皆與賓射於朝之禮也. 考工·梓人職曰: "張五采之侯則遠國屬." 遠國, 謂諸侯來朝者也. 五采之侯, 即五正之侯也. 正之言正也, 射者內志正, 則能中焉. 畫五正之侯, 中朱, 次白, 次蒼, 次黃, 玄居外. 三正, 損玄黃. 二正, 去白蒼而畫以朱綠. 其外之廣, 皆居侯中參分之一, 中二尺. 今儒家云: "四尺曰正, 二尺曰鵠, 鵠乃用皮, 其大如正." 此說失之矣. 大射禮豻作干, 讀如"宜豻宜獄"之豻. 豻, 胡犬也. 士與士射則以豻皮飾侯, 下大夫也. 大夫以上與賓射, 節侯以雲氣, 用采各如其正. 九節·七節·五節者, 奏樂以爲射節之差. 言節者, 容侯道之數也. 樂記曰: "明乎其節之志, 不失其事, 則功成而德行立."

번역 '사법(射法)'은 천자의 사례(射禮)를 뜻한다. 사의(射儀)를 다스린다는 것은 익힌다는 뜻이다. 정사농은 "'삼후(三侯)'는 웅후(熊侯)·호후(虎侯)·표후(豹侯)이다. '용(容)'은 화살막이[乏]이다. 적중을 표시하는 자가 몸을 가리는 곳이다. '구절(九節)'은 가느다란 새의 깃털을 9겹으로 긴 깃대에 설치한다. '정(正)'은 화살을 쏘는 표적이다. 『시』에서는 '종일토록 과녁에 활을 쏘아도, 정곡에서 벗어나지 않는구나.'라고 했다. '이후(二侯)'는 웅후·표후이다. '한후(豻侯)'라고 했는데, '한(豻)'은 짐승의 이름이다. 추후·한후·웅후·호후가 있다."라고 했다. 내가 생각하기에 '삼후(三侯)'라는 것은 오정(五正)·삼정(三正)·이정(二正)이 설치된 과녁을 뜻한다. '이후(二侯)'는 삼정·이정이 설치된 과녁을 뜻한다. '일후(一侯)'는 이정이 설치된 과녁일 따름이다. 이것들은 모두 빈객과 함께 조정에서 활쏘기를 하는 예법이다. 『고공기』「재인(梓人)」편의 직무 기록에서는 "다섯 가지 채색의 과녁을 설치한다면 기외제후(畿外諸侯) 등에 해당한다."[24]라고 했다. '원국(遠國)'은 제후들 중 천자의 수도로 찾아와 조회하는 자들을 뜻한다. 다섯 가지 채색의 과녁은 오정(五正)이 설치된 과녁을 뜻한다. '정(正)'자는 "바르다[正]."는 뜻이니, 활을 쏘는 자가 내적으로 그 뜻이 바르다면 적중을 시킬 수 있기 때문이다. 다섯 가지 채색이 들어간 과녁은 중앙은 적색, 그 밖은 백색, 그 밖은 청색, 그 밖은 황색, 검은 색은 가장 밖에 있게 된다. '삼정(三正)'은 이 중 검은색과 황색을 줄인 것이다. '이정(二正)'은 백색과 청색을 줄이고 적색과 녹색으로 채색한다. 그 밖의 너비는 모두 과녁의 중앙을 3등분 했을 때 그 중 1만큼을 차지하며, 가운데 너비는 2척이 된다. 현재 유학자들은 "사방 4척의 너비는 '정(正)'이 되고, 2척의 너비는 '곡(鵠)'이 되는데, 곡의 경우 가죽을 사용해서 만들고 그 크기는 정(正)과 동일하다."라고 하지만, 이 주장은 잘못되었다. 『의례』「대사례(大射禮)」편에서는 '한(犴)'자를 '간(干)'자로 기록했는데, "한(犴)에 마땅하고 옥(獄)에 마땅하도다."라고 했을 때의 '한(犴)'처럼 풀이한다. '한(犴)'이라는 것은 오랑캐 지역에 사는 개이다. 사 계급이 사와 활쏘기를 하게 되면 한의 가죽으로 과녁을 장식하니, 대부보다 낮추기 때문이다. 대부 이상의 계층이 빈객과 활쏘기를 하게 되면 과녁에는 구름무늬를 그리며 채색을 사용하는데, 각각 표적과 동일하게 장식한다. 9절・7절・5절이라는 것은 음악을 연주할 때 활쏘기의 절도로 삼는 차등이다. '절(節)'이라고 말한 것은 과녁과의 거리라는 의미를 포함하고자 했기 때문이다. 『예기』「악기(樂記)」편에서는 "절도의 뜻에 해박하여 그 사안을 놓치지 않는다면, 공적이 완성되고 덕행이 성립된다."라고 했다.

賈疏 ◎注"射法"至"行立" ○釋曰: 此則賓射在朝之儀. 言"射法, 王射之禮"者, 此經兼有諸侯臣各在家與賓客射法, 各自有官掌之, 射人但作法與之耳. 首云"射法"者, 是射人所掌王射之禮, 言"王射", 以別諸侯已下之射也. 云"治射儀, 謂肄之也"者, 言"治", 則非是王射之語, 謂若大宗伯云"治其大禮",

---

24) 『주례』「동관고공기(冬官考工記)・재인(梓人)」: 張五采之侯, 則遠國屬.

皆是習禮法, 故鄭云"肆之", 肆則習也. 先鄭云"三侯, 虎熊豹", 後鄭不從. 云
"容者, 乏也"者, 此言容, 儀禮·大射·鄕射之等云乏, 故云容者乏也. 言容者,
據唱獲者容身於其中, 據人而言. 云乏者, 矢至此乏極不過, 據矢而說也. 云
"九節, 析羽九重, 設於長杠也"者, 若是析羽九重設於長杠, 卽是獲旌, 當與三
獲三容相依, 何得輒在騶虞之下? 旣在騶虞詩下, 明是歌之樂節, 故後鄭不從
也. 云"二侯, 熊豹也"者, 後鄭亦不從也. 云"豻侯, 豻者, 獸名也, 獸有貙豻熊
虎"者, 此皆獸類, 故擧言之也. 玄謂"三侯者, 五正·三正·二正之侯也"者, 大
射·賓射侯數同, 皆約大射云"大侯九十, 糝侯七十, 豻侯五十"而言. 云"二侯
者, 三正·二正之侯也"者, 謂七十·五十弓者也. 云"一侯者, 二正而已"者, 據
大夫士同一侯, 二正, 五十弓而已. 云"此皆與賓射於朝之禮也"者, 按鄕射記
云: "於境, 則虎中, 龍旂", 謂諸侯賓射之禮. 彼又云: "唯君有射國中, 其餘臣
則否." 注云: "臣不習武事於君側", 則臣皆不得在國射. 若然, 在朝賓射, 唯有
天子, 而云"此皆與賓射於朝之禮"者, 謂諸侯已下, 賓射在己朝, 不謂於天子
朝行此賓射之禮. 云"考工·梓人職曰: '張五采之侯則遠國屬'"已下至"五正
之侯也", 引之者, 破先鄭以此五正之侯爲虎·熊·豹. 但梓人有三等侯, 云"張
皮而棲鵠", 及司裘云"虎侯·熊侯·豹侯", 皆大射之侯也. 梓人又云: "張五采
之侯, 則遠國屬", 及此五正之等, 皆賓射之侯也. 梓人又云: "張獸侯, 則王以
息燕", 及鄕射記云"天子熊侯, 白質"之等, 皆燕射之侯也. 三射各有其侯, 而
先鄭以皮侯釋正侯, 非也. 云"正之言正也, 射者內志正則能中焉"者, 此意取
義於射義, 司裘注更有一釋, 正爲鳥名解之也. 云"畫五正之侯, 中朱"已下皆
以相克爲次. 向南爲首, 故先畫朱. 知三正去玄黃·二正朱綠者, 皆依聘禮記
繅藉而言. 三采者, 朱白蒼. 二采者, 朱綠也. 云"其外之廣, 皆居侯中參分之
一"者, 此亦約梓人云"參分其廣, 而鵠居一焉", 彼據大射之侯; 若賓射之侯,
亦當參分其廣, 正居一焉. 九十步者侯中丈八尺, 七十步者侯中丈四尺, 五十
步者侯中一丈也. 云"今儒家云: '四尺曰正, 二尺曰鵠, 鵠乃用皮, 其大如正.'
此說失之矣"者, 賓射, 射正. 大射, 射鵠. 儒家以正·鵠爲一解, 故鄭破之云
"鵠乃用皮, 其大如正", 不得爲一, 故云此說失之矣. 云"大射禮豻作干"者, 見
大射經作干侯, 彼注亦破從豻. 云"讀如'宜豻宜獄'之豻"者, 此讀與彼音同. 云

"豻, 胡犬也"者, 謂胡地之野犬. 云"士與士射則以豻皮飾侯, 下大夫也. 大夫
以上與賓射, 飾侯以雲氣", 知義如此者, 此賓射, 正用二采, 而言豻侯, 明於兩
畔以豻皮飾之, 故得豻侯之名. 知大夫已上用雲氣者, 鄕射記云"凡畫者丹質",
注云: "賓射之侯・燕射之侯, 皆畫雲氣於側以爲飾, 必先以丹采其地." 是賓
射, 大夫已上皆畫雲氣. 其大射之侯兩畔飾以皮, 故鄭直言賓射・燕射. 云"用
采各如其正"者, 其側之飾采之數, 各如正之多少也. 云"九節・七節・五節者,
奏樂以爲射節之差"者, 九節者五節先以聽, 七節者三節先以聽, 五節者一節
先以聽. 尊者先聽多, 卑者少爲差, 皆留四節以乘矢拾發. 云"言節者, 容侯道
之數"者, 謂若九節者侯道九十弓, 七節者侯道七十弓, 五節者侯道五十弓也.
云"樂記曰: '明乎其節之志, 不失其事, 則功成德行立'"者, 證侯道遠近亦爲節
也. 此射義文, 云樂記者, 誤也.

번역 ◎鄭注: "射法"~"行立" ○이 문장은 빈사례를 조정에서 시행할 때
의 의례에 해당한다. 정현이 "'사법(射法)'은 천자의 사례(射禮)를 뜻한다."라
고 했는데, 이곳 경문에서는 제후 및 신하들이 각각 자신의 집에서 빈객과 활쏘
기를 하는 예법까지도 아울러 설명하고 있으며, 이러한 경우 각각 자신의 휘하
에 있는 관리들이 그 일을 담당하며, 사인(射人)은 단지 법도를 제정하여 그들
에게 보낼 따름이다. 첫 문장에서 '사법(射法)'이라고 했는데, 이것은 사인이
담당하고 있는 천자의 사례에 해당한다. 정현이 '왕사(王射)'라고 말한 것은
제후로부터 그 이하의 계층에서 시행하는 사례와 구별하기 위해서이다. 정현이
"사의(射儀)를 다스린다는 것은 익힌다는 뜻이다."라고 했는데, '치(治)'라고
했다면 이것은 천자의 사례를 직접 다스린다는 말이 아니니, 『주례』「대종백(大
宗伯)」편에서 "대례를 다스린다."25)라고 말한 것과 같으며, 이 모두는 예법을
익힌다는 뜻이다. 그렇기 때문에 정현이 "사(肆)한다."라고 한 것이니, '사(肆)'
는 "익힌다[習]."는 뜻이다. 정사농은 "'삼후(三侯)'는 웅후(熊侯)・호후(虎侯)
・표후(豹侯)이다."라고 했는데, 정현은 이 주장에 따르지 않았다. 정사농이 "'용
(容)'은 화살막이[乏]이다."라고 했는데, 여기에서는 '용(容)'이라고 했고, 『의

---

25) 『주례』「춘관(春官)・대종백(大宗伯)」: 凡祀大神, 享大鬼, 祭大示, 帥執事而卜
日, 宿, 眡滌濯, 涖玉鬯, 省牲鑊, 奉玉齍, 詔大號, 治其大禮, 詔相王之大禮.

례』「대사례(大射禮)」및 「향사례(鄕射禮)」 등의 편에서는 '핍(乏)'이라고 했
다. 그렇기 때문에 "'용(容)'은 화살막이[乏]이다."라고 말한 것이다. '용(容)'이
라고 부르는 이유는 명중했다고 알리는 자가 그 속에 자신의 몸을 감추는 것에
근거했기 때문이니, 그 일을 시행하는 사람에 기준을 두어 말한 것이다. '핍
(乏)'이라고 말하는 경우는 화살이 이곳에 도달하게 되면 막혀서 통과하지 못
하기 때문이니, 화살에 기준을 두어 말한 것이다. 정사농이 "'구절(九節)'은 가
느다란 새의 깃털을 9겹으로 긴 깃대에 설치한다."라고 했는데, 만약 이 물건이
정사농의 말처럼 가느다란 새의 깃털을 9겹으로 하여 긴 깃대에 설치한 것이라
면, 명중을 표시하는 깃발이 되므로, 마땅히 삼획(三獲)·삼용(三容)의 부류가
되어, 연이어 기술되어야 하는데 어떻게 갑작스럽게 추우(騶虞) 뒤에 기술될
수 있겠는가? 이미 추우라는 시 뒤에 기술되어 있다면 이것은 분명히 시가의
악절에 해당한다. 그렇기 때문에 정현이 그 주장에 따르지 않은 것이다. 정사농
이 "'이후(二侯)'는 웅후·표후이다."라고 했는데, 정현은 이 주장에도 따르지
않았다. 정사농이 "'한후(豻侯)'라고 했는데 '한(豻)'은 짐승의 이름이다. 추후
·한후·웅후·호후가 있다."라고 했는데, 과녁의 이름들은 모두 짐승들을 뜻한
다. 그렇기 때문에 이에 근거해서 말한 것이다. 정현은 "'삼후(三侯)'라는 것은
오정(五正)·삼정(三正)·이정(二正)이 설치된 과녁을 뜻한다."라고 했는데,
대사례와 빈사례에서는 과녁과의 거리가 동일하니, 이 모두는 「대사례」편에서
"대후(大侯)는 거리가 90보이고 삼후(糝侯)는 70보이며 한후(豻侯)는 50보이
다."[26]라고 한 말을 요약해서 말한 것이다. 정현이 "'이후(二侯)'는 삼정·이정
이 설치된 과녁을 뜻한다."라고 했는데, 70보와 50보 떨어진 지점에 설치하는
과녁을 뜻한다. 정현이 "'일후(一侯)'는 이정이 설치된 과녁일 따름이다."라고
했는데, 대부와 사는 동일하게 일후를 사용한다는 것에 근거한 것으로, 이정은
50보 떨어진 지점에 설치하는 과녁일 따름이다. 정현이 "이것들은 모두 빈객과
함께 조정에서 활쏘기를 하는 예법이다."라고 했는데, 『의례』「향사례(鄕射禮)」
편의 기문에서는 "국경에서 시행한다면 호중(虎中)을 사용하고 용전(龍旃)을

---

26) 『의례』「대사례(大射禮)」: 司馬命量人量侯道與所設乏以貍步: 大侯九十, 參七
十, 干五十. 設乏, 各去其侯西十·北十.

사용한다."²⁷⁾라고 했는데, 제후가 시행하는 빈사례를 의미한다. 또 「향사례」편
의 기문에서는 "오직 제후만이 국성 안에서 활쏘기를 시행하며, 나머지 신하들
은 하지 못한다."²⁸⁾라고 했고, 정현의 주에서는 "신하는 군주 주변에서 무예에
대한 일을 익히지 않기 때문이다."라고 했다. 그렇다면 신하는 모두 국성 안에
서 활쏘기를 할 수 없다. 만약 그렇다면 조정에서 빈사례를 시행한다고 했는데,
이것은 오직 천자의 경우에만 해당한다. 그런데도 "이것들은 모두 빈객과 함께
조정에서 활쏘기를 하는 예법이다."라고 했으니, 제후 이하의 계층은 빈사례를
자신이 보유한 조정에서 시행한다는 것을 뜻하며, 천자의 조정에서 이러한 빈
사례를 시행한다는 뜻이 아니다. 정현이 "『고공기』「재인(梓人)」편의 직무 기
록에서는 '다섯 가지 채색의 과녁을 설치한다면 기외제후(畿外諸侯) 등에 해당
한다.'라고 했다."라고 한 말로부터 "오정(五正)이 설치된 과녁을 뜻한다."라고
한 말까지, 「재인」편을 인용한 것은 정사농이 오정의 과녁을 호후・웅후・표후
로 풀이한 것을 논파하기 위해서이다. 다만 「재인」편에는 세 등급의 과녁이
나오는데, "가죽으로 장식한 과녁을 설치하고 곡(鵠)을 덧댄다."²⁹⁾라고 했고, 『
주례』「사구(司裘)」편에서는 '호후(虎侯)・웅후(熊侯)・표후(豹侯)'³⁰⁾라고 했
는데, 이 모두는 대사례에 사용하는 과녁이다. 또 「재인」편에서는 "다섯 가지
채색의 과녁을 설치한다면 기외제후 등에 해당한다."라고 했고, 이곳에서 오정
의 과녁이라고 한 것들은 모두 빈사례에 사용하는 과녁이다. 「재인」편에서는
또한 "수후(獸侯)를 설치하면 천자는 이를 통해 쉬게 하며 노고를 위로해준다
."³¹⁾라고 했고, 「향사례」편의 기문에서는 "천자는 웅후를 사용하며 바탕은 백
색으로 한다."³²⁾라는 등의 기록이 나오는데, 이 모두는 연사례에 사용하는 과
녁이다. 세 가지 활쏘기에는 각각 해당하는 과녁이 있는데, 정사농은 가죽으로

---

27) 『의례』「향사례(鄕射禮)」 : 於竟, 則虎中龍旃.
28) 『의례』「향사례(鄕射禮)」 : 唯君有射于國中, 其餘否.
29) 『주례』「동관고공기(冬官考工記)・재인(梓人)」 : 張皮侯而棲鵠, 則春以功.
30) 『주례』「천관(天官)・사구(司裘)」 : 王大射, 則共虎侯・熊侯・豹侯, 設其鵠. 諸
    侯則共熊侯・豹侯, 卿大夫則共麋侯, 皆設其鵠.
31) 『주례』「동관고공기(冬官考工記)・재인(梓人)」 : 張獸侯, 則王以息燕.
32) 『의례』「향사례(鄕射禮)」 : 凡侯, 天子熊侯, 白質; 諸侯麋侯, 赤質; 大夫布侯, 畫
    以虎豹; 士布侯, 畫以鹿豕.

장식한 과녁을 정식 과녁으로 풀이했으니 잘못된 주장이다. 정현이 "'정(正)'자
는 바르다는 뜻이니, 활을 쏘는 자가 내적으로 그 뜻이 바르다면 적중을 시킬
수 있기 때문이다."라고 했는데, 이러한 뜻은 그 의미를 『예기』「사의(射義)」편
에서 취한 것인데, 「사구」편의 주에서는 재차 다른 해석을 내놓았으니, '정(正)'
을 새의 이름으로 풀이한 것이다. 정현이 "다섯 가지 채색이 들어간 과녁은
중앙은 적색으로 한다."라고 한 기록으로부터 그 이하의 말들은 모두 상극(相
克)을 순서로 삼고 있다. 남쪽을 향하는 것이 첫 번째가 되기 때문에 먼저 적색
을 그린다. 삼정에서 검은색과 황색을 제거하고, 이정에서 적색과 녹색을 사용
한다는 사실을 알 수 있는 이유는 이 모두는 『의례』「빙례(聘禮)」편의 기문에서
옥 받침에 들어가는 색깔에 따라 말했기 때문이다. 세 가지 채색만 사용하는
경우 들어가는 색깔은 적색·백색·청색이다. 두 가지 채색만 사용하는 경우
들어가는 색깔은 적색·녹색이다. 정현이 "그 밖의 너비는 모두 과녁의 중앙을
3등분 했을 때 그 중 1만큼을 차지한다."라고 했는데, 이 또한 「재인」편에서
"그 너비를 3등분하고 곡(鵠)이 그 중 1만큼을 차지한다."[33]라고 한 말을 요약
한 것인데, 「재인」편은 대사례에 사용하는 과녁에 기준을 둔 것이지만, 빈사례
과녁의 경우에도 마땅히 그 너비를 3등분하여 정(正)이 1만큼을 차지하게 된
다. 90보 떨어진 곳에 설치하는 과녁의 중앙은 그 너비가 1장 8척이고, 70보
떨어진 곳에 설치하는 과녁의 중앙은 그 너비가 1장 4척이며, 50보 떨어진 곳에
설치하는 과녁의 중앙은 그 너비가 1장이다. 정현이 "현재 유학자들은 '사방
4척의 너비는 정(正)이 되고, 2척의 너비는 곡(鵠)이 되는데, 곡의 경우 가죽을
사용해서 만들고 그 크기는 정(正)과 동일하다.'라고 하지만, 이 주장은 잘못되
었다."라고 했는데, 빈사례에서는 정(正)에 활을 쏜다. 내사례에서는 곡(鵠)에
활을 쏜다. 당시 유학자들은 정과 곡을 동일한 사물이라고 해석했기 때문에,
정현이 그 주장을 논파하며, "곡은 가죽을 사용해서 만들고 그 크기는 정과
동일하다."라고 한 말에 대해 동일한 사물이 될 수 없다고 했다. 그렇기 때문에
"이 주장은 잘못되었다."라고 했다. 정현이 "「대사례」편에서는 '한(豻)'자를 '간

---

33) 『주례』「동관고공기(冬官考工記)·재인(梓人)」: 梓人爲侯, 廣與崇方, 參分其廣
而鵠居一焉.

(干)'자로 기록했다."라고 했는데, 「대사례」편의 경문에서는 '간후(干侯)'로 기록했고, 「대사례」편에 대한 정현의 주에서도 글자를 고쳐 '한(犴)'이라고 했다. 정현이 "한(犴)에 마땅하고 옥(獄)에 마땅하다고 했을 때의 '한(犴)'처럼 풀이한다."라고 했는데, 이곳에서의 독음과 「대사례」편에서의 독음은 모두 동일하다는 뜻이다. 정현이 "'한(犴)'이라는 것은 오랑캐 지역에 사는 개이다."라고 했는데, 오랑캐 지역에 살고 있는 야생 들개를 뜻한다. 정현이 "사 계급이 사와 활쏘기를 하게 되면 한의 가죽으로 과녁을 장식하니, 대부보다 낮추기 때문이다. 대부 이상의 계층이 빈객과 활쏘기를 하게 되면 과녁에는 구름무늬를 그린다."라고 했는데, 이와 같은 사실을 알 수 있는 이유는 이곳에서 빈사례를 시행할 때 정은 두 가지 채색을 사용한다고 했고 '한후(犴侯)'라고 했다면, 양쪽 가장자리는 한(犴)의 가죽으로 장식한다는 사실을 나타낸다. 그렇기 때문에 '한후(犴侯)'라는 명칭을 얻게 된 것이다. 또 대부 이상의 계층이 과녁에 구름무늬를 그린다는 사실을 알 수 있는 이유는 「향사례」편의 기문에서 "그림을 그리는 경우 바탕은 붉은색으로 한다."[34]라고 했고, 정현의 주에서는 "빈사례에서 사용하는 과녁과 연사례에서 사용하는 과녁에는 모두 그 측면에 구름을 그려서 장식을 하는데, 반드시 그보다 앞서 적색으로 바탕을 만든다."라고 했다. 이것은 빈사례에서 대부 이상의 계층은 모두 구름무늬를 그리게 됨을 나타낸다. 대사례에 사용되는 과녁에는 양쪽 가장자리를 가죽으로 장식한다. 그렇기 때문에 정현은 단지 빈사례와 연사례만을 언급한 것이다. 정현이 "채색을 사용하는데, 각각 표적과 동일하게 장식한다."라고 했는데, 측면의 장식에 사용되는 채색의 가짓수는 각각 정의 많고 적은 수치에 따른다는 뜻이다. 정현이 "9절·7절·5절이라는 것은 음악을 연주할 때 활쏘기의 절차로 삼는 차등이다."라고 했는데, 9절의 경우 5절까지는 활쏘기에 앞서 먼저 듣는 것이고, 7절의 경우 3절까지는 활쏘기에 앞서 먼저 듣는 것이며, 5절의 경우 1절은 활쏘기에 앞서 먼저 듣는 것이다. 존귀한 자의 경우 먼저 듣는 악절이 많고 미천한 자의 경우 먼저 듣는 악절이 적은데 모든 계층이 4절을 남겨서 네 발의 화살을 번갈아가며 쏘는 것이다. 정현이 "'절(節)'이라고 말한 것은 과녁과의 거리라는 의미를

---

34)『의례』「향사례(鄕射禮)」 : 凡畫者, 丹質.

포함하고자 했기 때문이다."라고 했는데, 9절의 경우 과녁을 설치하는 거리는 90보가 되고, 7절의 경우 과녁을 설치하는 거리는 70보가 되며, 5절의 경우 과녁을 설치하는 거리는 50보가 된다는 뜻이다. 정현이 "「악기」편에서는 '절도 의 뜻에 해박하여 그 사안을 놓치지 않는다면, 공적이 완성되고 덕행이 성립된 다.'라고 했다."라고 했는데, 과녁을 설치하는 거리의 차이 또한 절도가 된다는 뜻을 증명하기 위해서이다. 그런데 이것은 「사의」편의 기록이다. 따라서 「악기」 편이라고 한 말은 잘못된 기록이다.

참고 『예기』「단궁하(檀弓下)」 기록

경문-138d 孔子之故人曰原壤, 其母死, 夫子助之沐槨. 原壤登木曰: "久矣 予之不託於音也." 歌曰: "貍首之斑然, 執女手之卷然." 夫子爲弗聞也者而過 之. 從者曰: "子未可以已乎?" 夫子曰: "丘聞之, 親者毋失其爲親也, 故者毋 失其爲故也."

번역 공자의 오래된 친구 중에 원양(原壤)이라는 자가 있었다. 그의 모친이 돌아가셨을 때, 공자는 그를 도와서 곽(槨)을 만들고 있었다. 원양이 다듬어둔 나무 위에 걸터앉아서, "오래되었구나! 내가 노래를 부르지 못한지가."라고 말 하고는 곧 노래를 부르며, "나무의 무늬가 너구리의 머리처럼 아름답구나, 나무 의 결이 여인의 손을 잡은 것처럼 매끄럽구나."라고 했다. 공자는 그가 노래를 부르는 것을 들었음에도, 못들은 척하고 지나쳤다. 그러자 공자를 따르던 제자 가 "선생님께서는 저처럼 예의 없이 구는 것을 보았으니, 그 자와 절교를 해야 하는 것이 아닙니까?"라고 물어보았다. 공자는 "내가 듣기로, 친족에 있어서는 설령 그가 비례를 저질렀다고 하더라도, 친족으로 맺어진 정을 버릴 수가 없다 고 했고, 오래된 친구에 있어서는 설령 그가 비례를 저질렀다고 하더라도, 그와 의 오래된 정을 버릴 수가 없다고 했다."라고 대답했다.

鄭注 沐, 治也. 木, 槨材也. 託, 寄也, 謂叩木以作音. 說人辭也. 佯不知. 已猶止也.

번역 '목(沐)'자는 "다스린다[治]."는 뜻이다. '목(木)'은 곽(槨)을 만드는 목재를 뜻한다. '탁(託)'자는 "의탁하다[寄]."는 뜻이니, 나무를 두드리며 가락을 탔다는 뜻이다. 그 노랫소리는 남을 기쁘게 하려는 말들이다. 공자는 모른척했다. '이(已)'자는 "끝내다[止]."는 뜻이다.

孔疏 ●"曰: 貍首之班然"者, 言斲槨材文采, 似貍之首.

번역 ●經文: "曰: 貍首之班然". ○곽(槨)을 만들기 위해 다듬은 목재의 무늬가 마치 너구리의 머리처럼 화려하다는 뜻이다.

孔疏 ●"執女手之卷然"者, 孔子手執斤斧, 如女子之手, 卷卷然而柔弱. 以此歡說仲尼, 故注云"說人辭也". 然在喪而歌, 非禮之甚, 夫子爲若不聞也者而過去之. 從者見其無禮, 謂夫子曰: "彼旣無禮, 子未可休已乎?" 言應可休已, 不須爲治槨也. 夫子對從者曰: 朋友無大故, 不相遺棄, 丘聞之, 與我骨肉親者雖有非禮, 無失其爲親之道, 尙得與之和睦; 故舊者雖有非禮, 無失其爲故之道, 尙得往來. 原壤有非禮, 旣是故舊, 身無殺父害君之故, 何以絶之? 按論語云: "主忠信, 無友不如己者", 左傳吳季札譏叔孫穆子好善而不能擇人. 原壤母死, 登木而歌, 夫子聖人, 與之爲友者, 論語云"無友不如己者", 謂方始爲交遊, 須擇賢友. 左傳云"好善而不能擇人"者, 謂不善之人, 不可委之以政. 今原壤是夫子故舊, 爲日已久. 或平生舊交, 或親屬恩好, 苟無大惡, 不可輒離. 故論語云: "故舊無大故, 則不相遺棄." 彼注云: "大故謂惡逆之事." 殺父害君, 乃爲大故, 雖登木之歌, 未至於此. 且夫子聖人, 誨人不倦. 宰我請喪親一期, 終助陳桓之亂, 互鄕童子, 許其求進之情, 故志在攜獎, 不簡善惡. 原壤爲舊, 何足怪也? 而皇氏云: "原壤是上聖之人, 或云是方外之士, 離文棄本, 不拘禮節, 妄爲流宕, 非但敗於名教, 亦是誤於學者." 義不可用. 其云原壤中庸下愚, 義實得矣.

번역 ●經文: "執女手之卷然". ○공자가 손으로 도끼를 잡고 있었는데, 마치 여자의 손처럼 매끈하고 부드러워보였다는 뜻이다. 원양(原壤)은 이 말을 통해서 공자를 기쁘게 만들려고 했다. 그렇기 때문에 정현의 주에서는 "그 노랫소리는 남을 기쁘게 하려는 말들이다."라고 말한 것이다. 그런데 상을 치를 때 노래를 부르는 것은 매우 큰 비례인데도, 공자는 마치 듣지 못한 사람처럼 가장하여, 그를 지나쳐서 떠나갔다. 공자를 따르던 자가 그의 무례함을 보고는 공자에게 "저 사람은 저처럼 무례한 자인데, 선생님께서는 그와 절교를 하지 않으십니까?"라고 말했다. 즉 마땅히 그와 절교를 할 만하므로, 곽(槨)을 만드는 일에 참여할 필요가 없다는 의미이다. 공자는 제자의 질문에 대해서, "벗에게 큰 잘못이 없다면, 서로 옛 정을 버리지 않으니, 내가 듣기로, 나와 친족 관계에 있는 자가 비례를 저질렀다고 하더라도, 친족으로서의 도리를 버릴 수 없고, 오히려 그와 화목하게 지내야한다고 했으며, 오래된 친구가 비록 비례를 저질렀다고 하더라도, 오래된 친구에 대한 도리를 버릴 수 없고, 오히려 서로 왕래를 한다고 했다. 원양이 비례를 저질렀지만, 그는 나의 오래된 친구이며, 그에게 부친이나 군주를 시해한 잘못이 없는데, 어떻게 그와의 교분을 끊어버리겠는가?"라고 대답했다. 『논어』를 살펴보면, "충신을 위주로 하며, 자신만 못한 자와는 교분을 맺지 않는다."[35]라고 하였고, 『좌전』에서는 오나라 계찰이 숙손목자가 선을 좋아하지만, 사람을 간별할 수 없음에 대해서 기롱을 하였다.[36] 원양의 모친이 돌아가셨을 때, 그가 목재에 올라가서 노래를 불렀는데, 성인(聖人)인 공자는 그와 친구 사이가 된다. 따라서 『논어』에서 "자신만 못한 자와는 교분을 맺지 않는다."라고 한 말은 교분을 맺게 될 때 현명한 친구를 선택해야 한다는 뜻이다. 그리고 『좌전』에서 "선을 좋아하지만, 사람을 간별하지 못한다."라고 했던 것은 불선한 사람에 대해서는 정치를 맡길 수 없다는 뜻이다. 그런데 원양은 공자의 옛 친구가 되며, 교분을 맺은 지도 이미 오래 되었다. 평생 교분을 맺은

---

35) 『논어』「학이(學而)」: 子曰, "君子不重, 則不威, 學則不固. 主忠信. 無友不如己者. 過則勿憚改."
36) 『춘추좌씨전』「양공(襄公)」29년: 吳公子札來聘, 見叔孫穆子, 說之. 謂穆子曰, "子其不得死乎! 好善而不能擇人. 吾聞君子務在擇人. 吾子爲魯宗卿, 而任其大政, 不愼擧, 何以堪之? 禍必及子!"

자이거나 혹은 친족 관계에 있어서 남다른 은정을 나눈 사이에서는 진실로 큰 잘못이 없다면, 갑작스럽게 그와 결별을 할 수 없다. 그렇기 때문에 『논어』에서 는 "오래된 친구에게 큰 잘못이 없다면, 서로 버릴 수 없다."37)라고 말한 것이 고, 『논어』에 대한 주에서는 "대고(大故)는 패악한 일을 뜻한다."라고 했던 것이다. 즉 부친이나 군주를 시해하는 것이 곧 '대고(大故)'에 해당하니, 비록 나무에 올라가서 노래를 불렀지만, 이러한 잘못은 대고에는 미치지 못한다. 또 공자는 성인이므로, 남을 가르치는 일에 있어서 싫증을 느낀 적이 없었다.38) 재아가 부모에 대한 상을 치르며 1년만 치르고자 청했지만39) 끝내는 진환(陳 桓)의 난에 대해서 도왔으며, 호향(互鄕)의 동자(童子)에 대해서도 만나 뵙기를 청원했던 그의 뜻을 허락했던 것이다. 그러므로 공자의 뜻은 상대방을 좋은 도리로 인도하는데 있었던 것이며, 선악을 가리지 않았던 것이다. 원양은 오래된 친구인데, 이처럼 대처했던 것을 어찌 괴이하게 여겨야겠는가? 황간40)은 "원양은 지극한 성인이라고 하는데, 혹자는 원양이 세속에 구애됨이 없어서, 형식을 거부하고 근본을 버렸으며, 예절에 구애받지 않아서, 망령되게도 방탕하게 행동하였으니, 단지 인륜(人倫)의 명분에 대한 가르침에 해가 될 뿐만이 아니라, 배움에 대해서도 그르치게 한 것이다."라고 했다. 그러나 그의 주장에 따를 수 없다. 원양에 대해서 보통이거나 일반인보다 못났다고 한다면, 그 의미가 옳게 된다.

---

37) 『논어』「미자(微子)」: 周公謂魯公曰, "君子不施其親, 不使大臣怨乎不以. <u>故舊無大故, 則不棄也</u>. 無求備於一人!"

38) 『논어』「술이(述而)」: 子曰, "默而識之, 學而不厭, <u>誨人不倦</u>, 何有於我哉?"

39) 『논어』「양화(陽貨)」: 宰我問, "三年之喪, 期已久矣. 君子三年不爲禮, 禮必壞, 三年不爲樂, 樂必崩. 舊穀旣沒, 新穀旣升, 鑽燧改火, 期可已矣." 子曰, "食夫稻, 衣夫錦, 於女安乎?" 曰, "安." "女安則爲之! 夫君子之居喪, 食旨不甘, 聞樂不樂, 居處不安, 故不爲也. 今女安則爲之!" 宰我出. 子曰, "予之不仁也! 子生三年, 然後免於父母之懷. 夫三年之喪, 天下之通喪也, 予也有三年之愛於其父母乎!"

40) 황간(皇侃, A.D.488~A.D.545): =황씨(皇氏). 남조(南朝) 때 양(梁)나라의 경학자이다. 『주례(周禮)』, 『의례(儀禮)』, 『예기(禮記)』 등에 해박하여, 『상복문구의소(喪服文句義疏)』, 『예기의소(禮記義疏)』, 『예기강소(禮記講疏)』 등을 지었지만, 현재는 전해지지 않는다. 그 일부가 마국한(馬國翰)의 『옥함산방집일서(玉函山房輯佚書)』에 수록되어 있다.

참고 『의례』「대사의(大射儀)」기록

경문 上射揖, 司射退反位. 樂正命大師, 曰: "奏貍首, 間若一."

번역 상사(上射)가 읍을 하면 사사(司射)는 물러나 자신의 자리로 돌아간다. 악정(樂正)은 태사(太師)에게 명령하길, "'이수(貍首)'의 시가를 연주하되 악절의 간격은 동일하게 하라."라고 한다.

鄭注 樂正西面受命, 左還東面, 命大師以大射之樂章, 使奏之也. 貍首, 逸詩曾孫也. 貍之言不來也. 其詩有"射諸侯首不朝者"之言, 因以名篇, 後世失之, 謂之曾孫. 曾孫者, 其章頭也. 射義所載詩曰"曾孫侯氏", 是也. 以爲諸侯射節者, 采其旣有弧矢之威, 又言"小大莫處, 御於君所, 以燕以射, 則燕則譽", 有樂以時會君事之志也. 間若一者, 調其聲之疏數, 重節.

번역 악정은 서쪽을 바라보며 명령을 받고, 좌측으로 돌아 동쪽을 바라보며 태사에게 대사례에 따른 악장을 연주하라고 명령하여, 연주를 시킨다. '이수(貍首)'는 일실된 시로 「증손(曾孫)」편이다. '이(貍)'자는 찾아오지 않는다는 뜻이다. 그 시에는 "조회에 참여하지 않은 제후의 머리를 쏜다."라는 말이 기록되어 있으므로, 이에 따라 편명을 정한 것인데, 후세에는 이러한 뜻을 잃어버리고 '증손(曾孫)'이라고 불렀다. '증손(曾孫)'이라는 말은 시의 첫 구문에 나오는 말이다. 「사의」편에 수록된 시 중 '증손후씨(曾孫侯氏)'라고 시작한 것이 바로 이 시에 해당한다. 이러한 시를 제후들이 활쏘기를 할 때의 악절로 삼은 것은 활쏘기의 위엄이 깃쳐져 있고, 또 "대소 관료를 막론하고 자신의 직무에 매달리지 않고, 군주가 계신 곳에서 군주를 모시는구나. 연례(燕禮)를 시행한 뒤에 사례(射禮)를 실시하니, 편안하고 영예롭게 된다."라는 말이 기록되어 있으니, 때때로 군주의 일로 인해 모이는 것을 즐거워하는 뜻이 포함되어 있기 때문이다. '간약일(間若一)'이라는 말은 소리의 빈도를 고르게 한다는 뜻으로, 악절을 중시하기 때문이다.

賈疏 ●“上射”至“若一”. ◎注“樂正”至“重節”. ○釋曰: 云“貍首, 逸詩曾孫也”者, 以其貍首是篇名, 曾孫是章頭. 知者, 以其射義上文云: 其節, 天子以騶虞, 諸侯以貍首, 卿大夫以采蘋, 士以采蘩. 以類言之, 騶虞·采蘋是篇名, 貍首篇名可知. 射義下文“諸侯君臣盡志於射”, 又云“故詩曰: 曾孫侯氏, 四正具擧. 小大莫處, 御於君所”, 注云: “此曾孫之詩, 諸侯之射節也. 四正, 正爵四行也. 四行者, 獻賓·獻公·獻卿·獻大夫, 乃後樂作而射也.”上云貍首, 下云曾孫. 曾孫, 章頭也, 是以鄭云“曾孫其章頭, 射義所載曾孫侯氏, 是也.” 云“後世失之, 謂之曾孫”者, 以曾孫爲篇名是失之, 云曾孫其章頭也, 是正世人也. 云“小大莫處”已下, “則燕則譽”以上, 皆射義文. 彼注以燕以射先行燕禮乃射是也. 云“間若一者, 調其聲之疏數重節”者, 謂九節·七節·五節, 中間相去, 或希疏或密數, 中間使如一. 必疏數如一者, 重此樂故也.

번역 ●經文: “上射”~“若一”. ◎鄭注: “樂正”~“重節”. ○정현이 “‘이수(貍首)’는 일실된 시로「증손(曾孫)」편이다.”라고 했는데, ‘이수(貍首)’는 편명이며 ‘증손(曾孫)’은 시의 첫 구문이기 때문이다. 이러한 사실을 알 수 있는 이유는『예기』「사의(射義)」편의 앞부분에서는 “절도에 대해서 설명해보자면, 천자는 추우(騶虞)라는 악곡으로 절도를 삼고, 제후는 이수(貍首)라는 악곡으로 절도를 삼으며, 경과 대부는 채빈(采蘋)이라는 악곡으로 절도를 삼고, 사는 채번(采蘩)이라는 악곡으로 절도를 삼는다.”라고 했다. 같은 부류로 말을 해보자면 ‘추우(騶虞)’와 ‘채빈(采蘋)’은 편명이 되니, ‘이수(貍首)’ 또한 편명에 해당함을 알 수 있다. 그리고「사의」편의 뒷부분에서는 “제후국에 소속된 군주와 신하는 모두 사례(射禮)에 대해서 그 뜻을 다한다.”라고 했고, 또 “이러한 까닭으로『시』에서는 증손후씨(曾孫侯氏)여, 사정(四正)을 모두 거행하는구나. 대소 관료를 막론하고 자신의 직무에 매달리지 않고, 군주가 계신 곳에서 군주를 모시는구나.”라고 했고, 정현의 주에서는 “이곳에서 ‘증손(曾孫)’이라고 한 시는 제후들이 활쏘기를 할 때 절도로 삼는 악곡이다. ‘사정(四正)’은 정식 의례에 쓰이는 술잔을 4차례 사용한다는 뜻이다. 4차례 사용한다는 것은 빈객에게 따라주고, 군주에게 따라주며, 경에게 따라주고, 대부에게 따라주는 것이니, 이처럼 한 이후에야 음악을 연주하고 활쏘기를 시행한다.”라고 했다. 앞에서는 ‘이

수(貍首)'라고 했고 뒤에서는 '증손(曾孫)'이라고 했다. '증손(曾孫)'은 시의 첫
구문에 해당하기 때문에 정현이 "'증손(曾孫)'이라는 말은 시의 첫 구문에 나오
는 말이다. 「사의」편에 수록된 시 중 '증손후씨(曾孫侯氏)'라고 시작한 것이
바로 이 시에 해당한다."라고 말한 것이다. 정현이 "후세에는 이러한 뜻을 잃어
버리고 '증손(曾孫)'이라고 불렀다."라고 했는데, '증손(曾孫)'을 시의 편명으로
여긴 것이 잘못되었다고 말한 것이니, "'증손(曾孫)'이라는 말은 시의 첫 구문
에 나오는 말이다."라고 한 말은 세상 사람들의 잘못된 인식을 바로잡은 것이
다. "대소 관료를 막론하고 자신의 직무에 매달리지 않는다."라고 한 구문부터
"편안하고 영예롭게 된다."라는 말까지는 모두 「사의」편의 기록이다. 「사의」편
에 대한 주에서는 '이연이사(以燕以射)'에 대해 먼저 연례를 시행하고 그런 뒤
에 사례를 시행한다고 했다. 정현이 "'간약일(間若一)'이라는 말은 소리의 빈도
를 고르게 한다는 뜻으로, 악절을 중시하기 때문이다."라고 했는데, 9절·7절
·5절에 있어서 중간에 간격이 있는데 어떤 것은 드문드문하고 어떤 것은 촘촘
하여, 그 간격을 동일하게 만든다는 뜻이다. 소리의 빈도를 반드시 동일하게
만드는 것은 이러한 악절을 중시 여기기 때문이다.

참고 『논어』「자한(子罕)」 기록

경문 子曰, 吾自衛反魯, 然後樂正, 雅·頌各得其所.

번역 공자가 말하길, 내가 위나라로부터 노나라로 되돌아온 이후 음악이
바르게 되어 아와 송이 각각 제자리를 찾았다.

何注 鄭曰: 反魯, 哀公十一年冬, 是時道衰樂廢, 孔子來還, 乃正之, 故雅
·頌各得其所.

번역 정씨가 말하길, 노나라로 되돌아온 것은 애공 11년 겨울이며, 이 시기
에 도는 쇠락하고 음악은 폐지된 상태였는데, 공자가 되돌아온 뒤 그것을 바로

잡았다. 그렇기 때문에 아와 송이 각각 제자리를 찾았다.

邢疏 ●"子曰: 吾自衛反, 魯然後樂正, 雅·頌各得其所." ○正義曰: 此章記孔子言正廢樂之事也. 孔子以定十四年去魯, 應聘諸國. 魯哀公十一年, 自衛反魯, 是時道衰樂廢, 孔子來還, 乃正之, 故雅·頌各得其所也.

번역 ●經文: "子曰: 吾自衛反, 魯然後樂正, 雅·頌各得其所." ○이 문장은 공자가 폐지된 음악을 바로잡았다고 말한 사안을 기록한 것이다. 공자는 정공 14년에 노나라를 떠나 여러 나라의 초빙에 응했다. 노나라 애공 11년에는 위나라로부터 노나라로 되돌아왔는데, 이 시기는 도가 쇠락하고 음악이 폐지된 상태였다. 그러나 공자가 되돌아온 뒤로 그것들을 바로잡았다. 그렇기 때문에 아와 송이 각각 제자리를 찾은 것이다.

邢疏 ◎注"反魯, 魯哀公十一年冬". ○正義曰: 按左傳哀十一年冬, "衛孔文子之將攻大叔也, 訪於仲尼. 仲尼曰: '胡簋之事則嘗學之矣, 甲兵之事未之聞也.' 退, 命駕而行, 曰: '鳥則擇木, 木豈能擇鳥?' 文子遽止之曰: '圉豈敢度其私, 訪衛國之難也.' 將止, 魯人以幣召之, 乃歸." 杜注云: "於是自衛反魯, 樂正, 雅·頌各得其所." 是也.

번역 ◎何注: "反魯, 魯哀公十一年冬". ○『좌전』 애공 11년 겨울 기록을 살펴보면 "위나라 공문자가 대숙을 공격하려고 하여 공자에게 상의를 하였다. 공자는 '호궤(胡簋) 등과 같이 제사에 대한 일은 일찍이 배운 적이 있지만, 군대에 대한 일은 일찍이 들어본 적이 없습니다.'라고 대답했다. 그런 뒤에 물러나와 멍에를 메도록 명령하고 길을 떠나려고 하며, '새는 나무를 가려서 앉지만 나무가 어찌 새를 가릴 수 있겠는가?'라고 했다. 그러자 문자는 황급히 만류하며 '제가 어찌 사사로운 이익을 꾀한 것이겠습니까. 위나라의 환란을 방비하고자 상의한 것입니다.'라고 했다. 그래서 머물려고 했는데 노나라에서 폐백을 보내어 공자를 초빙하자 곧 노나라로 되돌아갔다."[41]라고 했고, 두예의 주에서는

---

41) 『춘추좌씨전』「애공(哀公) 11년」: 文子之將攻大叔也, 訪於仲尼. 仲尼曰, "胡簋

"이 시기에 위나라로부터 노나라로 되돌아갔으니, 음악이 바르게 되어 아와 송이 각각 제자리를 찾았다."라고 했다.

集註 魯哀公十一年冬, 孔子自衛反魯. 是時周禮在魯, 然詩樂亦頗殘闕失次. 孔子周流四方, 參互考訂, 以知其說. 晚知道終不行, 故歸而正之.

번역 노나라 애공 11년 겨울에 공자는 위나라로부터 노나라로 되돌아갔다. 이 시기에 주나라의 예법은 노나라에 남아 있었지만 시와 음악에는 또한 없어지거나 빠지고 순서가 잘못된 점들이 꽤 있었다. 공자는 여러 나라들을 두루 돌아다니며 각국의 기록들을 살피고 따져서 그 내용을 깨우치게 되었다. 만년에는 도가 끝내 행해질 수 없음을 알았기 때문에 되돌아가서 음악을 바로잡았던 것이다.

之事, 則嘗學之矣; 甲兵之事, 未之聞也." 退, 命駕而行, 曰, "鳥則擇木, 木豈能擇鳥?" 文子遽止之, 曰, "圉豈敢度其私, 訪衛國之難也." 將止, 魯人以幣召之, 乃歸.

그림 3-1 ■ 신하들의 명(命) 등급

	천자(天子) 신하	대국(大國) 신하	차국(次國) 신하	소국(小國) 신하
9명(九命)	상공(上公=二伯) 하(夏)의 후손 은(殷)의 후손			
8명(八命)	삼공(三公) 주목(州牧)			
7명(七命)	후작[侯] 백작[伯]			
6명(六命)	경(卿)			
5명(五命)	자작[子] 남작[男]			
4명(四命)	부용군(附庸君) 대부(大夫)	고(孤)		
3명(三命)	원사(元士=上士)	경(卿)	경(卿)	
2명(再命)	중사(中士)	대부(大夫)	대부(大夫)	경(卿)
1명(一命)	하사(下士)	사(士)	사(士)	대부(大夫)
0명(不命)				사(士)

◎ 『예기』와 『주례』의 기록에는 다소 차이가 있다.

※ **참조**: 『주례』「춘관(春官)·전명(典命)」 및 『예기』「왕제(王制)」

그림 3-2 ◉ 오정후(五正侯)

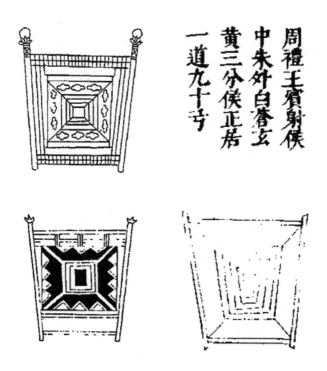

周禮王賓射侯
中朱外白營玄
黃三分侯正居
一道九十弓

그림 3-3 ◼ 삼정후(三正侯)

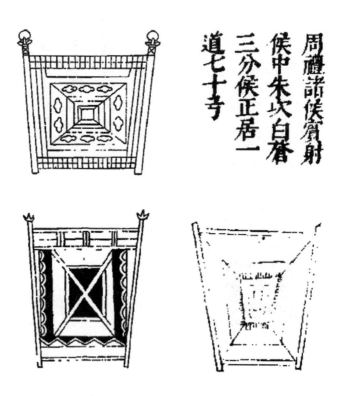

※ **출처:** 상좌-『삼례도집주(三禮圖集注)』6권 ; 하좌-『육경도(六經圖)』7권
우-『삼재도회(三才圖會)』「기용(器用)」4권

그림 3-4 ▣ 이정후(二正侯)

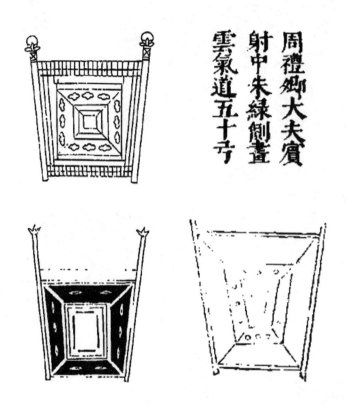

※ 출저: 상좌-『삼례도집주(三禮圖集注)』6권 ; 하좌-『육경도(六經圖)』7권
　　　　우-『삼재도회(三才圖會)』「기용(器用)」4권

● 그림 3-5 ◼ 추우(騶虞)

※ 출처: 『삼재도회(三才圖會)』「조수(鳥獸)」 3권

그림 3-6 ◨ 핍(乏)

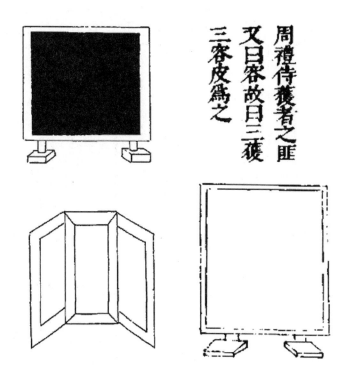

※ **출처:** 상좌-『삼례도집주(三禮圖集注)』6권 ; 하좌-『삼례도(三禮圖)』4권
우-『삼재도회(三才圖會)』「기용(器用)」4권

그림 3-7 ◪ 노(魯)나라 세계도(世系圖)

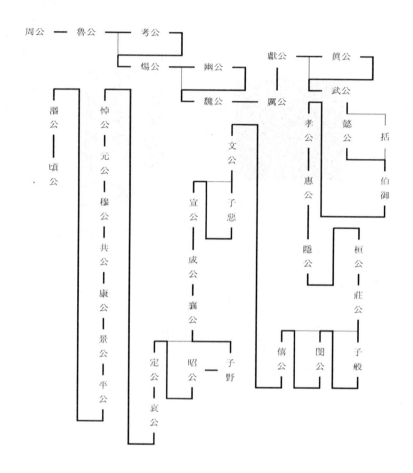

※ **출처:**『역사(繹史)』1권「역사세계도(繹史世系圖)」

그림 3-8　■ 공자주유열국도(孔子周遊列國圖)

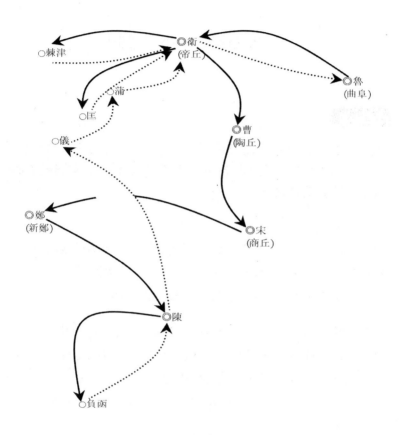

※ 참고: 『공자역사지도집(孔子歷史地圖集)』

• 제 4 절 •

사례(射禮)와 예악(禮樂)

【707a】

> 是故, 古者天子以射選諸侯·卿·大夫·士. 射者, 男子之事也, 因而飾之以禮樂也. 故事之盡禮樂而可數爲以立德行者莫若射, 故聖王務焉.

직역 是故로, 古者에 天子는 射로써 諸侯·卿·大夫·士를 選했다. 射는 男子의 事이니, 因하여 飾하길 禮樂으로써 했다. 故로 事의 禮樂을 盡하고 數히 爲하여 德行을 立함에 可한 者는 射만 莫若라, 故로 聖王이 務라.

의역 이러한 까닭으로 고대에 천자는 사례(射禮)를 통해서 제후·경·대부·사를 선발했다. 활쏘기는 남자들이 하는 일이니, 이러한 이유로 인하여 예악(禮樂)으로 활쏘기에 문식을 더했다. 그래서 어떤 사안의 예악을 다하고 자주 시행하여 덕행을 수립할 수 있는 것 중에는 활쏘기만한 것이 없다. 그렇기 때문에 성왕이 활쏘기에 힘썼던 것이다.

集說 疏曰: 諸侯雖繼世而立, 卿大夫有功乃升, 非專以射而選也. 但旣爲諸侯卿大夫, 又考其德行, 更以射辨其材藝之高下, 非謂直以射選補始用之也. 射者男子之事, 謂生有懸弧之義也.

번역 공영달의 소에서 말하길, 제후는 비록 세대를 이어서 제위에 오르고, 경과 대부들은 공적을 세우면 곧 지위가 올라가게 되니, 전적으로 사례(射禮)만을 통해서 선발하는 것은 아니다. 다만 이미 제후·경·대부가 된 자들에 대해서는 또한 그들의 덕행을 살피고 다시금 사례를 통해서 그들이 가진 재능과 재주의 차등을 가려내게 되니, 단지 사례를 통해서 등용하고 이를 통해 비로소 그들을 부린다는 뜻이 아니다. "활쏘기는 남자들의 일이다."라고 한 말은 사내아이가 태어났을 때 집 앞에 활을 걸어두는 뜻이 포함된다는 의미이다.

大全 嚴陵方氏曰: 天子大射則共虎侯·熊侯·豹侯. 虎侯則天子所自射也, 熊侯則助祭諸侯所射也, 豹侯則卿大夫士所射也. 射之中否, 足以觀人之賢不肖, 故天子以之選人焉. 以之選人而天子亦自射者, 以身率之也. 或先行燕禮, 或先行鄕飮酒之禮, 所謂飾之以禮也. 或以騶虞爲節, 或以貍首爲節, 所謂飾之以樂也.

번역 엄릉방씨가 말하길, 천자가 대사례(大射禮)를 시행하면 호후(虎侯)·웅후(熊侯)·표후(豹侯)라는 과녁을 제공하게 된다. 호후는 천자가 직접 쏘는 과녁이고, 웅후는 제사를 돕는 제후들이 쏘는 과녁이며, 표후는 경·대부·사가 쏘는 과녁이다. 활을 쏘아서 명중을 시키거나 그렇지 못한 것을 통해서, 그 사람의 현명함과 그렇지 못함을 관찰할 수 있다. 그렇기 때문에 천자는 활쏘기를 통해서 사람들을 선발하는 것이다. 활쏘기를 통해서 사람들을 선발하는데 천자 또한 직접 활쏘기를 하는 이유는 직접 통솔하기 위해서이다. 어떤 경우에는 연례(燕禮)를 먼저 실시하고, 또 어떤 경우에는 향음주례(鄕飮酒禮)를 먼저 실시하는 것은 이른바 예(禮)로써 문식을 더한다는 뜻이다. 어떤 경우에는 추우(騶虞)라는 악곡으로 절도를 삼고, 또 어떤 경우에는 이수(貍首)라는 악곡으로 절도를 삼는 것은 이른바 악(樂)으로써 문식을 더한다는 뜻이다.

鄭注 選士者, 先考德行, 乃後決之於射. 男子生而有射事, 長學禮樂以飾之.

번역 사를 선발하는 경우, 우선 그들의 덕행을 관찰하고, 그런 뒤에 활쏘기를 통해서 결정하게 된다. 사내아이가 태어나면 활쏘기를 일삼게 되는 뜻이 포함되고, 커가게 되면 예악(禮樂)을 배워서 그것에 문식을 더하게 된다.

釋文 數, 色角反, 下同. 長, 丁丈反.

번역 '數'자는 '色(색)'자와 '角(각)'자의 반절음이며, 아래문장에 나오는 글자도 그 음이 이와 같다. '長'자는 '丁(정)'자와 '丈(장)'자의 반절음이다.

孔疏 ●"是故"至"務焉". ○正義曰: 此一節明天子以射禮簡選諸侯以下德行能否. 故聖王所以務以射選諸侯・卿・大夫者, 諸侯雖繼世而立, 卿・大夫有功乃升, 非專以射而選. 但旣爲諸侯・卿・大夫, 又考其德行, 更以射辨其才藝高下, 非謂直以射選補始用之也.

번역 ●經文: "是故"~"務焉". ○이곳 문단은 천자가 사례(射禮)를 통해서 제후 이하의 계층에 대해 덕행을 제대로 시행하는지 또는 그렇지 않은지를 선별해낸다는 사실을 나타내고 있다. 그렇기 때문에 성왕은 사례를 통해서 제후・경・대부를 선발하는데 힘썼던 것인데, 제후들은 비록 세대를 계승하여 제위에 오르고, 경과 대부들은 공적이 있으면 지위가 올라가게 되므로, 전적으로 사례를 통해서만 선발하는 것은 아니다. 다만 이미 제후・경・대부가 된 자들에 대해서는 또한 그들의 덕행을 시험하고, 다시금 사례를 통해서 그들이 가진 재주와 재능의 차등을 변별해내야 하니, 이 말은 단지 사례를 통해서 그들을 선발하여 비로소 그들을 부린다는 뜻이 아니다.

孔疏 ●"射者, 男子之事也, 因而飾之以禮樂也"者, 男子生有縣弧之義, 故云"射者, 男子之事". 因此射事, 更華飾以禮樂, 則容體比於禮, 其節比於樂是也.

번역 ●經文: "射者, 男子之事也, 因而飾之以禮樂也". ○사내아이가 태어나면 집 앞에 활을 걸어두는 도의가 포함된다. 그렇기 때문에 "활쏘기는 남자들의 일이다."라고 말한 것이다. 이러한 활 쏘는 일에 따르며, 다시금 예악(禮樂)으로 문식을 더하게 되니, 그 모습은 예(禮)에 맞추게 되고 그 절도는 악(樂)에 맞춘다는 것[1]이 바로 이러한 사실을 나타낸다.

---

1) 『예기』「사의」【707b~c】: 是故, 古者天子之制: 諸侯歲獻貢士於天子, 天子試

孔疏 ●"故事之盡禮樂, 而可數爲以立德行者, 莫若射"者, 謂諸事之中, 能窮盡禮樂2)而可數數爲之以興立人之德行, 諸事之中無如於射. 唯射能如此, 故聖王務重焉也.

번역 ●經文: "故事之盡禮樂, 而可數爲以立德行者, 莫若射". ○여러 사안들 중에서 예악(禮樂)의 뜻을 모두 다하고, 자주 시행하여 사람들의 덕행을 확립시킬 수 있는 것은 여러 사안들 중에서 사례(射禮)만한 것이 없다는 뜻이다. 오직 사례만이 이처럼 할 수 있기 때문에 성왕도 힘쓰고 중시했던 것이다.

孔疏 ◎注"男子"至"飾之". ○正義曰: "男子生而有射事"者, 按內則篇云"男子生, 設弧於門左", 是也. 云"長學禮樂以飾之"者, 按內則篇云"十有三年, 學樂誦詩, 舞勺"; "成童, 舞象"; "二十, 舞大夏". 是長學禮樂以華飾射事也.

번역 ◎鄭注: "男子"~"飾之". ○정현이 "사내아이가 태어나면 활쏘기를 일삼게 되는 뜻이 포함된다."라고 했는데, 『예기』「내칙(內則)」편을 살펴보면, "남자아이가 태어나면, 문의 좌측에 활을 걸어둔다."3)라고 한 말이 바로 이러한 사실을 나타낸다. 정현이 "커가게 되면 예악(禮樂)을 배워서 그것에 문식을 더하게 된다."라고 했는데, 「내칙」편을 살펴보면, "13세가 되면 악(樂)을 배우고 『시』를 암송하며 작(勺)이라는 춤을 익힌다."라고 했고, 또 "성동(成童)4)이

之於射宮, 其容體比於禮, 其節比於樂, 而中多者得與於祭. 其容體不比於禮, 其節不比於樂, 而中少者不得與於祭. 數與於祭而君有慶, 數不與於祭而君有讓. 數有慶而益地, 數有讓則削地. 故曰射者, 射爲諸侯也. 是以諸侯君臣盡志於射, 以習禮樂. 夫君臣習禮樂而以流亡者, 未之有也.

2) '악(樂)'자에 대하여. '악'자는 본래 없던 글자인데, 완원(阮元)의 『교감기(校勘記)』에서는 "'예(禮)'자 뒤에는 마땅히 '악'자가 있어야 하니, 이곳 판본은 잘못하여 누락된 것이다."라고 했다.

3) 『예기』「내칙(內則)」【363d】: 生, 男子設弧於門左, 女子設帨於門右. 三日始負子, 男射, 女否.

4) 성동(成童)은 아동들 중에서도 나이가 찬 자들을 뜻한다. 8세 이상이 된 아동을 뜻한다고 풀이하기도 하며, 15세 이상이 된 아동을 뜻한다고 풀이하기도 한다. 『춘추곡량전』「소공(召公) 19년」편의 "羈貫成童, 不就師傅, 父之罪也."라는 기록에 대해, 범녕(范甯)의 주에서는 "成童, 八歲以上."이라고 풀이했고, 『예기』「내칙(內則)」편의 "成童, 舞象, 學射御."라는 기록에 대해, 정현의 주에서는 "成童,

되면 상(象)이라는 춤을 익힌다."라고 했으며,5) 또 "20세가 되면 대하(大夏)라
는 춤을 익힌다."6)라고 했다. 이것이 바로 커가면서 예악을 배워서 활 쏘는
일에 화려한 형식을 더한다는 뜻이다.

訓纂 趙氏良澍曰: 天子與諸侯射, 賓射也; 與卿大夫射, 燕射也, 與士射,
大射也. 蓋自天子以至於士, 無不習射, 故曰男子之事. 或謂選其人以助祭, 唯
士有之, 若太宰贊幣, 司徒奉牛, 職有所司, 亦何待選乎?

번역 조량주7)가 말하길, 천자와 제후의 활쏘기는 빈사례를 뜻하며, 경·대
부와 활쏘기를 하는 것은 연사례이며, 사와 활쏘기를 하는 것은 대사례를 뜻한
다. 천자로부터 사에 이르기까지 활쏘기를 익히지 않는 자가 없다. 그렇기 때문
에 남자의 일이라고 했다. 혹자는 어떤 사람을 선발하여 제사를 돕게 하는 것은
사의 경우에만 포함되니, 태재의 경우 천자를 도와 폐물을 들고 사도는 소를
끌고 오는 등 각자 직무상 담당하는 것이 있었는데 어찌 선발할 필요가 있겠느
냐고 했다.

集解 陳氏祥道曰: 人之賢不肖, 不能逃於威儀·揖讓之間, 而好惡趨舍,
常見於行同·能耦之際, 故射而飾之以禮樂以觀其德, 比之以耦以觀其類.

번역 진상도8)가 말하길, 사람이 현명한지 그렇지 못한지의 여부는 위엄스
러운 행동절차와 읍과 겸양하는 사이에서 벗어날 수 없고, 좋아하고 싫어하며

十五以上."이라고 풀이했다.
5) 『예기』「내칙(內則)」【368c】: 十有三年, 學樂, 誦詩, 舞勺. 成童, 舞象, 學射御.
6) 『예기』「내칙(內則)」【368d】: 二十而冠, 始學禮, 可以衣裘帛, 舞大夏, 惇行孝
弟, 博學不敎, 內而不出.
7) 조량주(趙良澍, ?~?): 청(淸)나라 때의 학자이다. 저서로는 『독예기(讀禮記)』
가 있다.
8) 진상도(陳祥道, A.D.1159~A.D.1223): =장락진씨(長樂陳氏)·진씨(陳氏)·진
용지(陳用之). 북송대(北宋代)의 유학자이다. 자(字)는 용지(用之)이다. 장락(長
樂) 지역 출신으로, 1067년에 과거에 급제하여 태상박사(太常博士) 등을 지냈다.
왕안석(王安石)의 제자로, 그의 학문을 전파하는데 공헌하였다. 저서에는 『예서
(禮書)』, 『논어전해(論語全解)』 등이 있다.

취하고 내버리는 것들은 행동을 함께 하고 짝을 이루는 사이에 항상 드러나게 된다. 그렇기 때문에 활쏘기를 하며 예악으로 문식을 더하니 이를 통해 그들의 덕을 살피게 되고, 짝으로 엮이게 되니 이를 통해 그 부류를 살피게 된다.

참고 『예기』「내칙(內則)」기록

경문-363d 子生, 男子設弧於門左, 女設帨於門右. 三日始負子, 男射女否.

번역 자식이 태어났을 때 그 아이가 사내아이라면 문의 좌측에 활을 걸어두고, 여자아이라면 문의 우측에 수건을 걸어둔다. 태어난 후 3일이 지나게 되면 비로소 자식을 안을 수 있고, 사내아이의 경우라면 활 쏘는 의식을 시행하고 여자아이라면 그렇게 하지 않는다.

鄭注 表男女也. 弧者, 示有事於武也. 帨, 事人之佩巾也. 始有事也. 負之, 謂抱之而使鄕前也.

번역 남자와 여자를 표식하는 것이다. 활[弧]이라는 것은 무예에 대해 일삼는 점이 있게 됨을 나타내는 것이다. '세(帨)'는 타인을 섬길 때 사용하는 허리에 차는 수건이다. 처음으로 하는 일이 있게 된다. 부(負)한다는 말은 안아서 앞쪽을 향하도록 한다는 뜻이다.

참고 『예기』「내칙(內則)」기록

경문-364a 國君世子生, 告于君, 接以大牢, 宰掌具. 三日, 卜士負之, 吉者宿齊, 朝服寢門外, 詩負之. 射人以桑弧蓬矢六, 射天地四方, 保受乃負之. 宰醴負子, 賜之束帛. 卜士之妻·大夫之妾, 使食子.

번역 제후의 세자가 태어나면, 군주에게 그 사실을 아뢰고 태뢰(太牢)를 갖춰서 모친이 음식을 먹도록 하는데, 재부(宰夫)가 음식 갖추는 일을 담당한다. 3일 째가 되면 길한 사를 점쳐서 그로 하여금 세자를 안고 있도록 하니, 길한 점괘가 나온 자는 집안에 머물며 재계를 하고, 조복(朝服)을 갖춰 입고서 침문 밖에서 세자를 받들어서 안는다. 활을 쏘는 자는 뽕나무로 만든 활과 쑥대로 만든 화살 여섯 대를 이용해서, 천지와 사방에 각각 1발씩 쏘게 되며, 그 일이 끝나면 보모(保母)는 세자를 받아서 안는다. 재부가 세자를 안고 있었던 사에게 단술을 따라서 예우를 하면, 그에게 속백(束帛)9)을 하사한다. 사의 처와 대부의 첩들 중 점을 쳐서 길한 점괘가 나온 여자로 하여금 세자에게 모유를 먹여서 양육하도록 한다.

鄭注 接讀爲"捷", 捷, 勝也. 謂食其母, 使補虛强氣也. 詩之言承也. 桑弧蓬矢, 本大古也. 天地四方, 男子所有事也. 代士也. 保, 保母. 醴, 當爲禮, 聲之誤也. 禮以一獻之禮. 酬之以幣也. 食子不使君妾, 適·妾有敵義, 不相褻以勞辱事也. 士妻·大夫之妾, 謂時自有子.

번역 '접(接)'자는 '첩(捷)'자로 풀이하니, '첩(捷)'자는 "빠르다[勝]."는 뜻이다. 즉 그 모친에게 음식을 먹도록 하여, 그녀로 하여금 허약해진 기운을 보강하여 굳건하게 만든다는 의미이다. '시(詩)'자는 "받들다[承]."는 뜻이다. 뽕나무로 만든 활과 쑥대로 만든 화살은 태고 때의 예법에 근본을 둔 것이다. 천지와 사방은 남자가 일삼게 되는 장소이다. 보모(保母)가 받드는 것은 사를 대신하기 때문이다. '보(保)'자는 '보모(保母)'를 뜻한다. '례(醴)'자는 마땅히 예(禮)자가 되어야 하니, 소리가 비슷해서 생긴 오류이다. 예우를 할 때에는 일헌(一獻)의 예법으로써 한다. 술을 권하여 잔을 돌릴 때에는 폐백을 곁들이는

---

9) 속백(束帛)은 한 묶음의 비단으로, 그 수량은 다섯 필(匹)이 된다. 빙문(聘問)을 하거나 증여를 할 때 가져가는 예물(禮物) 등으로 사용되었다. '속(束)'은 10단(端)을 뜻하는데, 1단의 길이는 1장(丈) 8척(尺)이 되며, 2단이 합쳐서 1권(卷)이 되므로, 10단은 총 5필이 된다. 『주례』 춘관(春官)·대종백(大宗伯)편에는 "孤執皮帛."이라는 기록이 있고, 이에 대한 가공언(賈公彦)의 소(疏)에서는 "束者十端, 每端丈八尺, 皆兩端合卷, 總爲五匹, 故云束帛也."라고 풀이했다.

것이다. 자식에게 모유를 먹일 때, 군주의 첩을 시키지 않는 것은 적실과 첩에게는 대등한 도의가 포함되어, 서로 무람되게 하여 수고로운 일을 시킬 수 없기 때문이다. 사의 처와 대부의 첩은 당시 아들을 낳은 여자들을 가리킨다.

孔疏 ◎注"詩之"至"事也". ○正義曰: 詩·含神霧云: "詩者, 持也. 以手維持, 則承奉之義, 謂以手承下而抱負之." 云"桑弧蓬矢本大古也"者, 以桑與蓬皆質素之物, 故知"本大古也". 云"天地四方, 男子所有事也"者, 男子上事天, 下事地, 旁禦四方之難, 故云"所有事". 然射禮唯四矢者, 謂天地非射事所及, 唯禦四方, 故止四矢. 蓬, 是禦亂之草. 桑, 衆木之本.

번역 ◎鄭注: "詩之"~"事也". ○『시』의 위서(緯書)인 『함신무(含神霧)』에서는 "'시(詩)'자는 '잡는다[持].'는 뜻이다. 손을 이용해서 지지를 한다면, 받든다는 뜻이 되니, 이 말은 곧 손을 이용해서 그 밑을 받들고 안는다는 뜻이다."라고 했다. 정현이 "뽕나무로 만든 활과 쑥대로 만든 화살은 태고 때의 예법에 근본을 둔 것이다."라고 했는데, 뽕나무와 쑥대는 모두 질박하고 소박한 물건에 해당한다. 그렇기 때문에 "태고 때의 예법에 근본하고 있다."는 사실을 알 수 있는 것이다. 정현이 "천지와 사방은 남자가 일삼게 되는 장소이다."라고 했는데, 남자는 위로는 하늘을 섬기고, 아래로는 땅을 섬기며, 측면으로는 사방의 난리를 제어한다. 그렇기 때문에 "일삼게 되는 장소이다."라고 말한 것이다. 그런데 사례(射禮)에서는 오직 4발의 화살만 쏜다고 했다. 천지에 대해서는 단순히 활을 쏘는 대상으로 삼을 수 없고, 오직 사방을 제어하는 것만을 대상으로 삼게 된다. 그렇기 때문에 4발을 쏘는데 그친다는 뜻이다. '봉(蓬)'은 어시러움을 막는 효능의 풀이다. '상(桑)'은 여러 나무들 중에서도 근본이 된다.

참고 『예기』「내칙(內則)」 기록

경문-368c 十有三年, 學樂, 誦詩, 舞勺. 成童, 舞象, 學射御.

번역 남자아이의 나이가 13세가 되면, 음악을 익히고, 시를 암송하며, 작(勺)이라는 춤을 추게 한다. 15세 이상이 된 남자아이들은 상(象)이라는 춤을 추고, 활쏘기와 수레를 모는 방법을 익힌다.

鄭注 先學勺, 後學象, 文武之次也. 成童, 十五以上.

번역 먼저 작(勺)을 익히고, 이후에 상(象)을 익히는 것은 문(文)과 무(武)에 따른 순서이다. '성동(成童)'은 15세 이상의 아이를 뜻한다.

孔疏 ●"舞勺"者, 熊氏云: 勺, 籥也. 言十三之時, 學此舞勺之文舞也.

번역 ●經文: "舞勺". ○웅안생[10]은 '작(勺)'은 약(籥)이라는 춤을 뜻한다고 했다. 즉 13세가 되면, 문무(文舞)[11]에 해당하는 작(勺) 춤을 익힌다는 뜻이다.

孔疏 ●"成童, 舞象"者, 成童謂十五以上, 舞象謂舞武也. 熊氏云: "謂用干戈之小舞也. 以其年尙幼, 故習文武之小舞也."

번역 ●經文: "成童, 舞象". ○'성동(成童)'은 15세 이상의 아이를 뜻하며, '무상(舞象)'은 무무(武舞)[12]를 춘다는 뜻이다. 웅안생은 "방패와 창을 이용하는 소무(小舞)[13]를 뜻한다. 나이가 아직 어리기 때문에, 문무와 무무 중에서도

---

10) 웅안생(熊安生, ?~A.D.578) : =웅씨(熊氏). 북조(北朝) 때의 경학자이다. 자(字)는 식지(植之)이다. 『주례(周禮)』, 『예기(禮記)』, 『효경(孝經)』 등 많은 전적에 의소(義疏)를 남겼지만, 모두 산일되어 남아 있지 않다. 현재 마국한(馬國翰)의 『옥함산방집일서(玉函山房輯佚書)』에 『예기웅씨의소(禮記熊氏義疏)』 4권이 남아 있다.
11) 문무(文舞)는 무무(武舞)와 상대되는 용어이다. 무용수들이 피리 및 깃털 등의 도구를 들고 추는 춤이다. 통치자의 치적(治積)을 기리는 뜻을 춤으로 표현한 것이다.
12) 무무(武舞)는 문무(文舞)와 상대되는 용어이다. 주(周)나라 때에 생겨났다. 무용수들이 도끼와 방패 등의 병장기를 들고 추는 춤이다. 통치자의 무공(武功)을 기리는 뜻을 춤으로 표현한 것이다.
13) 소무(小舞)는 악무(樂舞) 중에서도 규모가 작은 것으로, 성인들이 추는 대무(大

소무를 익히는 것이다."라고 했다.

集說 樂, 八音之器也. 詩, 樂歌之篇章也. 成童, 十五以上. 象, 說見文王世子. 射, 謂五射. 御, 謂五御也. 六藝, 詳見小學書.

번역 '악(樂)'자는 팔음(八音)14)의 악기를 뜻한다. '시(詩)'는 연주하고 노래할 때 사용하는 편과 장이다. '성동(成童)'은 15세 이상의 아이를 뜻한다. '상(象)'에 대해서는 그 설명이 『예기』「문왕세자(文王世子)」편에 나온다.15) '사(射)'는 오사(五射)16)를 뜻한다. '어(御)'는 오어(五御)17)를 뜻한다. 육예(六

舞)와 상대된다. '소무'에 대한 교육은 악사(樂師)가 담당했다.

14) 팔음(八音)은 여덟 가지의 악기들을 뜻한다. 여덟 종류의 악기에는 8종류의 서로 다른 재질이 사용되기 때문에, 붙여진 이름이다. 여기에서 여덟 가지 재질이란 통상적으로 쇠[金], 돌[石], 실[絲], 대나무[竹], 박[匏], 흙[土], 가죽[革], 나무[木]를 가리킨다. 『서』「우서(虞書)·순전(舜典)」편에는 "三載, 四海遏密八音."이란 기록이 있는데, 이에 대한 공안국(孔安國)의 전(傳)에서는 "八音, 金石絲竹匏土革木."이라고 풀이하였다. 또한 여덟 가지 재질에 따른 악기에 대해서 설명하자면, 금(金)에는 종(鐘)과 박(鎛)이 있고, 석(石)에는 경(磬)이 있으며, 토(土)에는 훈(塤)이 있고, 혁(革)에는 고(鼓)와 도(鼗)가 있으며, 사(絲)에는 금(琴)과 슬(瑟)이 있고, 목(木)에는 축(祝)과 어(敔)가 있으며, 포(匏)에는 생(笙)이 있고, 죽(竹)에는 관(管)과 소(簫)가 있다. 『주례』「춘관(春官)·대사(大師)」편에는 "皆播之以八音, 金石土革絲木匏竹."이라는 기록이 있는데, 이에 대한 정현의 주에서는 "金, 鐘鎛也. 石, 磬也. 土, 塤也. 革, 鼓鼗也. 絲, 琴瑟也. 木, 祝敔也. 匏, 笙也. 竹, 管簫也."라고 풀이하였다.
15) 『예기』「문왕세자(文王世子)」【262c】의 "下管象, 舞大武, 大合衆以事, 達有神, 興有德也. 正君臣之位, 貴賤之等焉, 而上下之義行矣."라는 기록에 대해, 진호(陳澔)의 『집설(集說)』에서는 "象是文王之舞, 周頌維淸乃象舞之樂歌."라고 풀이했다. 즉 "'상무(象舞)'는 문왕(文王)의 덕(德)을 표현한 춤이며, 『시』「주송(周頌)·유청(維淸)」편이 곧 '상무'라는 춤에 해당하는 노래가사이다."라는 뜻이다.
16) 오사(五射)는 사례(射禮)를 시행할 때 사용되는 다섯 가지 활 쏘는 예법을 뜻한다. 다섯 가지 활 쏘는 예법은 백시(白矢), 삼련(參連), 섬주(剡注), 양척(襄尺), 정의(井儀)이다. '백시'는 화살을 쏘아서 과녁을 꿰뚫는다는 뜻이다. 화살이 과녁을 꿰뚫게 되면, 화살 끝에 달려 있는 흰 깃털만 보인다는 의미에서 '백시'라고 부른다. '삼련'은 앞서 한 발의 화살을 쏘고, 뒤이어 3발의 화살을 연이어 쏜다는 뜻이다. '섬주'는 화살을 쏠 때 끝부분의 깃털이 위로 올라가고, 화살촉이 밑으로 내려간 형태로 화살이 날아가는 것을 뜻한다. '양척'은 신하가 군주와 함께 화살을 쏠 때, 군주가 화살을 쏘는 장소로부터 1척(尺) 정도 물러나서 쏘는 것을 뜻한

藝)에 대해서는 그 설명이 『소학(小學)』에 상세히 나온다.

大全 程子曰: 古之爲學也易, 八歲入小學, 十三入大學. 舞勺舞象, 有弦歌
以養其耳, 舞干羽以養其氣血, 其心急則佩韋, 緩則佩弦. 出入閭里, 則視聽遊

> 다. '정의'는 4발의 화살을 쏘아서 과녁을 명중시킬 때, 정(井)자의 형태가 되도록
> 쏘는 것을 뜻한다. 『주례』「지관(地官)·보씨(保氏)」편에는 "養國子以道, 乃敎之
> 六藝, 一曰五禮, 二曰六樂, 三曰五射, 四曰五馭, 五曰六書, 六曰九數."라는 기
> 록이 있고, 이에 대한 정현의 주에서는 정사농(鄭司農)의 주장을 인용하여, "五
> 射, 白矢·參連·剡注·襄尺·井儀也."라고 풀이했으며, 가공언(賈公彦)의 소
> (疏)에서는 "云白矢者, 矢在侯而貫侯過, 見其鏃白; 云參連者, 前放一矢, 後三
> 矢連續而去也; 云剡注者, 謂羽頭高鏃低而去, 剡剡然; 云襄尺者, 臣與君射, 不
> 與君並立, 襄君一尺而退; 云井儀者, 四矢貫侯, 如井之容儀也."라고 풀이했다.
> 17) 오어(五馭)는 오어(五御)라고도 부르며, 수레를 몰 때 사용되는 다섯 가지 기술
> 을 뜻한다. 다섯 가지 기술은 명화란(鳴和鸞), 축수곡(逐水曲), 과군표(過君表),
> 무교구(舞交衢), 축금좌(逐禽左)이다. '명화란'은 수레를 몰 때 방울 소리가 조화
> 롭게 울린다는 뜻이다. '화(和)'와 '란(鸞)'은 모두 수레에 다는 일종의 방울인데,
> 수레를 편안하게 몰기 때문에 소리가 조화롭게 울린다는 뜻이다. '축수곡'은 물길
> 옆에 있는 도로를 따라 수레를 몬다는 뜻이다. 즉, 물길의 굴곡에 따른 굽이진 곳
> 을 이동하면서도 수레가 물에 빠지지 않도록 운전을 잘 한다는 뜻이다. '과군표'
> 는 군주가 있는 곳은 깃발 등으로 표시를 하는데, 그곳을 지나갈 때에는 수레를
> 몰지 않는다는 뜻이다. 일종의 군주에게 공경의 뜻을 표하는 방법이다. '무교구'
> 는 교차로에서 수레끼리 교차하게 될 때, 서로에게 피해를 주지 않기 위해 춤추
> 는 절도에 따라 서로 수레를 돌린다는 뜻이다. '축금좌'는 사냥할 때 수레를 모는
> 방법이다. 사냥을 할 때 존귀한 자는 좌측에 타서 활을 쏘게 되는데, 짐승을 잘
> 맞출 수 있도록 수레의 좌측 방향으로 짐승을 몬다는 뜻이다. 『주례』「지관(地官)
> ·보씨(保氏)」편에는 "養國子以道, 乃敎之六藝, 一曰五禮, 二曰六樂, 三曰五
> 射, 四曰五馭, 五曰六書, 六曰九數."라는 기록이 있고, 이에 대한 정현의 주에서
> 는 정사농(鄭司農)의 주장을 인용하여, "五馭, 鳴和鸞·逐水曲·過君表·舞交
> 衢·逐禽左."라고 풀이했으며, 가공언(賈公彦)의 소(疏)에서는 "云五馭者, 馭車
> 有五種. 云鳴和鸞者, 和在式, 鸞在衡. 按韓詩云, '升車則馬動, 馬動則鸞鳴, 鸞
> 鳴則和應.' 先鄭依此而言. 云逐水曲者, 無正文, 先鄭以意而言, 謂御車隨逐水
> 勢之屈曲而不墜水也. 云過君表者, 謂若毛傳云, '褐纏旃以爲門, 裘纏質以爲槷,
> 間容握, 驅而入, 轚則不得入.' 穀梁亦云, '艾蘭以爲防, 置旃以爲轅門, 以葛覆質
> 以爲槷, 流旁握, 御轚者不得入.' 是其過君表卽褐纏旃是也. 云舞交衢者, 衢, 道
> 也, 謂御車在交道, 車旋應於舞節. 云逐禽左者, 謂御驅逆之車, 逆驅禽獸使左,
> 當人君以射之, 人君自左射. 故毛傳云, '故自左膘而射之, 達于右隅, 爲上殺.'
> 又禮記云, '佐車止, 則百姓田獵', 是也."라고 풀이했다.

習與政事之施, 莫不由此, 如此則非僻之心無自而入.

번역 정자가 말하길, 고대에는 학문을 익혔던 것이 수월하였으니, 8세가 되면 소학(小學)에 입학하였고, 13세가 되면 대학(大學)에 입학하였다. 작(勺)이라는 춤을 추고, 상(象)이라는 춤을 추는데, 현악기로 연주하고 노래를 불러서, 청각 능력을 배양하고, 방패와 깃털을 들고 추는 춤을 춰서, 혈기를 배양하니, 그 마음이 다급한 자라면, 무두질한 가죽을 차게 하고, 느슨한 사람이라면 활시위를 차게 한다. 마을을 출입하게 되면, 풍습과 정사가 시행되는 것을 살펴보는데, 이러한 것에 따르지 않은 적이 없으니, 이처럼 하게 된다면, 그릇되고 사벽한 마음이 들어올 곳이 없게 된다.

大全 張子曰: 古者敎童子, 先以舞者, 欲柔其體也. 心下則氣和, 氣和則體柔. 古者敎胄子, 必以樂, 欲其和也. 敎之舞, 敎之樂, 所以欲其和. 學者志則欲立, 體則欲和也.

번역 장자18)가 말하길, 고대에 아이들을 가르칠 때에는 우선적으로 춤을 가르쳤는데, 그 이유는 신체를 유연하게 만들고자 해서이다. 마음이 가라앉으면 기운이 조화롭게 되고, 기운이 조화로우면 신체가 유연하게 된다. 고대에 주자(胄子)19)를 가르칠 때에는 반드시 음악을 통해 가르쳤으니, 조화롭게 만들고자 해서이다. 따라서 춤을 가르치고, 음악을 가르친 것은 조화롭게 만들고자 해서이다. 학자들은 뜻의 경우에는 강직하게 세워야 하며, 신체는 조화롭게 만들어야 한다.

---

18) 장재(張載, A.D.1020~A.D.1077) : =장자(張子)·장횡거(張橫渠). 북송(北宋)때의 유학자이다. 북송오자(北宋五子) 중 한 사람으로 칭해진다. 자(字)는 자후(子厚)이다. 횡거진(橫渠鎭) 출신으로, 이곳에서 장기간 강학을 했기 때문에 횡거선생(橫渠先生)으로 일컬어지기도 한다.

19) 주자(胄子)는 국자(國子)와 같은 뜻이다. 자 및 공(公), 경(卿), 대부(大夫)의 자제들을 말한다. 때론 상황에 따라 천자의 태자(太子) 및 왕자(王子)를 포함시키지 않는 경우도 있다. 『서』「우서(虞書)·순전(舜典)」편에는 "帝曰, 夔, 命汝典樂, 敎胄子."라는 기록이 있는데, 이에 대한 공안국(孔安國)의 전(傳)에서는 "胄, 長也, 謂元子以下至卿大夫子弟."라고 풀이했다.

大全 嚴陵方氏曰: 勺雖告武王之樂, 然以勺其道, 而道成於文故也. 象雖奏文王之樂, 然以象其事, 而事成於武故也. 必以告武王之樂爲文者, 以示文之道必有武爲之備也. 必以奏文王之樂爲武者, 以示武之事必以文爲之經也. 勺固成王之樂, 以告成大武, 故取義如此.

번역 엄릉방씨가 말하길, 작(勺)에서는 비록 무왕(武王)의 음악을 연주하지만, 이를 통해 그 도를 본뜨고 그 도는 문(文)을 통해서 완성되기 때문이다. 상(象)에서는 비록 문왕(文王)의 음악을 연주하지만, 이를 통해 그 일을 본뜨고 그 일은 무(武)를 통해서 완성되기 때문이다. 반드시 무왕의 음악을 연주하는 것을 문(文)으로 삼는 것은 이를 통해서 문(文)의 도는 반드시 무(武)를 갖춰야만 완비가 됨을 드러내기 위해서이다. 반드시 문왕의 음악을 연주하는 것을 무(武)로 삼는 것은 이를 통해서 무(武)의 일이 반드시 문(文)을 통해서 기준을 잡게 된다는 사실을 드러내기 위해서이다. 작(勺)은 진실로 성왕(成王)에 대한 음악이니, 이를 통해 대무(大武)를 이루었다는 사실을 나타낸다. 그렇기 때문에 이처럼 그 의미들을 취한 것이다.

集解 愚謂: 學樂, 學琴瑟之樂也. 詩, 樂章也. 學樂·誦詩, 弦誦相成也. 勺, 卽所謂南籥也. "禴祠"之禴, 亦作"礿", 是"勺"·"籥"字通明矣. 南籥, 文王之文舞, 象箾, 文王之武舞, 皆小舞也. 射御, 五射·五御之法也. 蓋至此而六藝之事略備矣. 以孝弟忠信爲之本, 而餘力學文, 蓋雖未及乎大學, 而所以培養其德性, 成就其才具者, 固已深矣.

번역 내가 생각하기에, '학악(學樂)'은 금슬(琴瑟) 등의 악기를 배운다는 뜻이다. '시(詩)'는 악장(樂章)을 뜻한다. 악기 연주를 배우고 시를 암송하니, 연주와 노래를 서로 완성하게 된다. '작(勺)'은 이른바 '남약(南籥)'이라는 것에 해당한다. '약사(禴祠)'라고 할 때의 '약(禴)'자 또한 '약(礿)'자로 기록하니, 이 말은 곧 '작(勺)'자와 '약(籥)'자가 서로 통용된다는 사실을 나타낸다. '남약(南籥)'은 문왕(文王)의 덕을 표현한 문무(文舞)에 해당하고, 상소(象箾)는 문왕(文王)의 사업을 나타낸 무무(武舞)에 해당하는데, 둘 모두 소무(小舞)에 해당한다. '사어(射御)'는 오사(五射)와 오어(五御)의 법도를 뜻한다. 무릇 이 시점에 이르게 되면 육예(六藝)의 사안들이 대략적으로 갖춰지게 된다. 효제(孝悌)와 충신(忠臣)을 근본으로 삼고 학문에 힘쓰니, 아직 대학(大學)에 입학하지는 않았지만 그 덕성을 배양하고 그 재능을 성취하는 방법이 매우 심도 깊었던 것이다.

集解 大戴禮云: "古者王子年八歲而就外舍, 束髮而就大學." 尙書周傳: "王子, 公·卿·元士之適子, 十五入小學, 二十入大學." 書傳略說: "餘子十三入小學, 十八入大學." 白虎通: "八歲入小學, 十五入大學." 曲禮: "人生十年曰幼學." 內則: "十年出就外傅." 今其詳固不可盡考, 然周禮樂師"敎國子小舞", 則國子之入大學固不待旣冠矣. 蓋古者公卿與庶民之子, 其學不同, 公卿之子以師氏所敎者爲小學, 以成均爲大學; 庶民之子以家之塾, 州·黨之序爲小學, 以鄕之庠爲大學. 公卿之子, 其小學惟一, 則其升於大學也速; 庶民之子, 其小學有三, 則其遞升於大學也遲. 而又人之材質有敏鈍, 學業之成就有蚤暮, 則其入大學固不可限以定期, 大約自十三以上, 二十以下, 皆入大學之歲也與.

번역 『대대례기』에서는 "고대에 왕자는 8세가 되면 외사(外舍)20)에 나아갔고, 머리를 묶은 뒤에는 대학(大學)에 나아갔다."21)라고 했다. 『상서대전』「주전(周傳)」에서는 "왕자와 공·경·원사(元士)22)의 적자(適子)들은 15세가 되면 소학(小學)에 입학했고, 20세에 대학(大學)에 입학했다."라고 했다. 『서전략설』에서는 "나머지 자식들은 13세가 되면 소학(小學)에 입학했고, 18세에 대학(大學)에 입학했다."라고 했다. 『백호통』에서는 "8세가 되면 소학(小學)에 입학했고, 15세에 대학(大學)에 입학했다."라고 했다. 『예기』「곡례(曲禮)」편에서는 "사람이 태어나서 10세가 되면, 그런 사람을 어리다는 뜻에서 유(幼)라

20) 외사(外舍)는 소학(小學)을 뜻한다. 고대에는 '소학'을 '외사'라고도 불렀다.
21) 『대대례기(大戴禮記)』「보부(保傅)」: 古者年八歲而出就外舍, 學小藝焉, 履小節焉. 束髮而就大學. 學大藝焉, 履大節焉.
22) 원사(元士)는 천자에게 소속된 사(士) 계층 중 하나이다. '사' 계층은 상·중·하로 구분되어, 상사(上士), 중사(中士), 하사(下士)로 나뉜다. 다만 천자에게 소속된 '상사'에게는 제후에게 소속된 '상사'보다 높여서 '원(元)'자를 붙이게 된다. 그래서 '원사'라고 부르는 것이다.

고 부르고, 학문에 입문하도록 한다."[23]라고 했다. 「내칙」편에서는 "10세가 되면, 집을 벗어나 외부의 스승을 찾아간다."라고 했다. 현재로서는 그 상세한 내용에 대해서 진실로 다 고찰할 수가 없다. 그러나 『주례』「악사(樂師)」편에서는 "국자(國子)[24]들에게 소무(小舞)를 가르친다."[25]라고 했으니, 국자들이 대학(大學)에 입학할 때에는 진실로 관례를 치르는 나이까지 기다리지 않았던 것이다. 고대에는 공·경 및 서민의 자식들에 대해서 그들을 가르치는 학교가 동일하지 않았던 것이니, 공과 경의 자식들에 대해서 사씨(師氏)가 가르쳤던 곳을 소학(小學)으로 삼았던 것이고, 성균(成均)을 대학(大學)으로 삼았던 것이다. 반면 서민의 자식들에게 있어서는 가(家)에 있는 학교인 숙(塾)과 주(州)·당(黨)에 있는 학교인 서(序)를 소학(小學)으로 삼았던 것이고, 향(鄕)에 있는 학교인 상(庠)을 대학(大學)으로 삼았던 것이다. 공과 경의 자식들에게 있어서, 소학(小學)은 오직 하나만 있었으니, 그들이 대학(大學)으로 승급되는 것은 매우 빨랐던 것이고, 서민의 자식들에게 있어서, 소학(小學)은 3종류나 있었으니, 그들이 대학(大學)으로 승급되는 것은 매우 더뎠던 것이다. 또한 사람의 재질에는 민첩하거나 아둔한 차이가 있고, 학업의 성취에 있어서도 빠르고 늦은 차이가 있으니, 그들이 대학(大學)에 입학할 때에는 진실로 고정된 기일로 제한을 둘 수 없었던 것이며, 대략 13세 이상으로부터 20세 이하의 시기는 모두 대학(大學)에 입학할 수 있었던 나이였을 것이다.

---

23) 『예기』「곡례상(曲禮上)」【12b】: <u>人生十年曰幼, 學</u>. 二十曰弱, 冠. 三十曰壯, 有室. 四十曰强, 而仕. 五十曰艾, 服官政. 六十曰耆, 指使. 七十曰老, 而傳. 八十九十曰耄, 七年曰悼, 悼與耄, 雖有罪, 不加刑焉. 百年曰期, 頤.

24) 국자(國子)는 천자 및 공(公), 경(卿), 대부(大夫)의 자제들을 말한다. 때론 상황에 따라 천자의 태자(太子) 및 왕자(王子)를 포함시키지 않는 경우도 있다. 『주례』「지관(地官)·사씨(師氏)」편에는 "以三德敎國子"라는 기록이 있고, 이에 대한 정현의 주에서 "國子, 公卿大夫之子弟."라고 풀이한 용례와 『한서(漢書)』「예악지(禮樂志)」편에서 "朝夕習業, 以敎國子. <u>國子</u>者, 卿大夫之子弟也."라고 풀이한 용례가 바로 여기에 해당한다. 그러나 이것은 천자에 대한 언급을 가급적 회피했기 때문에, 생략하여 기술하지 않은 것이다. 청대(淸代) 유서년(劉書年)의 『유귀양설경잔고(劉貴陽說經殘稿)』「국자증오(國子證誤)」편에서 "國子者, 王大子, 王子, 諸侯公卿大夫士之子弟, 皆是, 亦曰國子弟."라고 풀이하고 있는 것처럼, '국자'에는 천자의 태자와 왕자들까지도 포함된다.

25) 『주례』「춘관(春官)·악사(樂師)」: 樂師掌國學之政, 以<u>敎國子小舞</u>.

集解 程子曰: 古者家有塾, 黨有庠, 遂有序, 故未嘗有不入學者. 八歲入小學, 十五擇其秀者入大學, 不可教者歸之於農. 三老坐於里門, 出入, 察其長幼·進退·揖讓之序. 至於閭·里·鄕·黨之間, 如三百五篇之類, 人人諷誦, 莫非止於禮義之言. 十三, 又使之舞象. 然則雖未能深知義理, 興起於詩, 其心固已善矣. 後世雖白首, 未嘗知有詩. 此古今異習也. 以古所習, 安得不厚? 以今所習, 安得不惡?

번역 정자가 말하길, 고대에는 가(家)에 숙(塾)이라는 학교가 있었고, 당(黨)에 상(庠)이 있었으며, 수(遂)에 서(序)가 있었다. 그렇기 때문에 일찍이 학교에 입학하지 못했던 자가 없었다. 8세가 되면 소학(小學)에 입학하고, 15세가 되면, 그들 중 빼어난 자를 선별하여, 대학(大學)에 입학시켰으며, 더 이상 가르칠 수 없었던 자들은 농지로 돌려보냈다. 삼로(三老)는 리(里)의 문에 앉아서 출입하는 자들에 대해 장유유서에 따른 행동거지와 나아가고 물러나며 읍하고 사양하는 예법을 살펴보았다. 여(閭)·리(里)·향(鄕)·당(黨)에 있어서도, 예를 들어 305편에 해당하는 시편들도 사람들이 모두 암송을 하였으니, 그들이 하는 말들은 모두 예의(禮義)에 따른 것이었다. 13세에는 또한 상(象)이라는 춤을 추도록 시켰다. 그렇다면 비록 완전히 그 의리(義理)를 익힌 것은 아니지만, 시(詩)에서 흥기하였으니, 그 마음은 진실로 이미 선하게 되었던 것이다. 후세에는 비록 머리가 하얗게 새더라도, 일찍이 시를 익혀야 하는지를 알지 못했다. 이것은 바로 고금에 따라 익혔던 것이 달랐다는 사실을 나타낸다. 따라서 고대에 익혔던 것을 어떻게 두텁지 않다고 할 수 있겠는가? 그리고 현재 익히는 것을 어찌 나쁘지 않다고 할 수 있겠는가?

참고 『예기』「내칙(內則)」 기록

경문-368d 二十而冠, 始學禮, 可以衣裘帛, 舞大夏, 惇行孝弟, 博學不敎, 內而不出.

번역 남자아이의 나이가 20세가 되면 관례를 치르고, 비로소 본격적인 예(禮)를 배우게 되며, 갓옷과 비단옷을 입을 수 있게 되고, 대하(大夏)라는 춤을 익히며, 효제(孝悌)의 도리를 돈독히 실천하고, 널리 배우되 남을 가르치지 않으며, 내적으로 덕을 온축하고 남을 위해 일을 도모하지 않는다.

鄭注 大夏, 樂之文武備者也. 內而不出, 謂人之謀慮也.

번역 대하(大夏)는 악곡 중에서도 문무(文武)가 겸비된 것이다. '내이불출(內而不出)'이라는 말은 남을 위해 계획을 하거나 고려한다는 사안을 가리킨다.

孔疏 ●"舞大夏"者, 大夏是禹樂, 禪代之後, 在干戈之前, 文武俱備, 故二十習之也.

번역 ●經文: "舞大夏". ○'대하(大夏)'는 우(禹)임금에 대한 악곡으로, 선양을 하여 지위를 물려받은 이후의 일들은 전쟁을 하기 이전에 해당하므로, 이 악곡은 문무(文武)를 함께 갖추고 있는 것이다. 그렇기 때문에 20세 때 익히는 것이다.

그림 4-1 ▣ 작무(勺舞)와 상무(象舞)

※ **출처:** 『가산도서(家山圖書)』「무작무상도(舞勺舞象圖)」

● 그림 4-2 　◼ 금(琴)과 슬(瑟)

琴

瑟

※ 출처: 『삼례도집주(三禮圖集注)』5권

【707b~c】

是故, 古者天子之制: 諸侯歲獻貢士於天子, 天子試之於射宮, 其容體比於禮, 其節比於樂, 而中多者得與於祭. 其容體不比於禮, 其節不比於樂, 而中少者不得與於祭. 數與於祭而君有慶, 數不與於祭而君有讓. 數有慶而益地, 數有讓則削地. 故曰射者, 射爲諸侯也. 是以諸侯君臣盡志於射, 以習禮樂. 夫君臣習禮樂而以流亡者, 未之有也.

직역 是故로, 古者에 天子의 制에서는 諸侯는 歲마다 天子에게 貢士를 獻하여, 天子는 射宮에서 試하니, 그 容體는 禮에 比하고, 그 節이 樂에 比하며, 中이 多한 者는 祭에 得與라. 그 容體가 禮에 不比하고, 그 節이 樂에 不比하며, 中이 少한 者는 祭에 不得與라. 數히 祭에 與하여 君은 慶이 有하고, 數히 祭에 不與하여 君은 讓이 有라. 數히 慶이 有하여 地가 益하고, 數히 讓이 有하면 地가 削이라. 故로 曰, 射는 射하여 諸侯를 爲한다. 是以로 諸侯의 君臣은 射에 志를 盡하여, 禮樂을 習한다. 夫히 君臣이 禮樂을 習하고 이로써 流亡한 者는 有가 未라.

의역 이러한 까닭으로 고대에 제정된 천자의 제도에서 제후는 해마다 사를 선발해서 천자에게 바치고, 천자는 그들을 사궁(射宮)에서 시험하는데, 그 용모와 행동거지가 예(禮)에 따르고 그 절도가 악(樂)에 따라서 명중시킨 것이 많은 자는 제사에 참여할 수 있었다. 반면 그 용모와 행동거지가 예에 따르지 못하고 그 절도가 악에 따르지 못하여 명중시킨 것이 적은 자는 제사에 참여할 수 없었다. 자주 제사에 참여하게 되면 군주는 은덕을 받게 되고, 자주 제사에 참여하지 못하면 군주는 책망을 받게 된다. 자주 은덕을 받게 되면 결국 그를 천거했던 제후에 대해 땅을 늘려주게 되고, 자주 책망을 받게 되면 제후의 땅이 삭감된다. 그렇기 때문에 "활쏘기라는 것은 활을 쏘아서 제후를 위하는 것이다."라고 말한 것이다. 이러한 까닭으로 제후국에 소속된 군주와 신하는 모두 사례(射禮)에 대해서 그 뜻을 다하여 예악을 익혔던 것이다. 무릇 군주와 신하들 중 예악을 익히고도 그 땅을 잃고 떠도는 자는 없었다.

集說 鄭氏曰: 三歲而貢士. 舊說大國三人, 次國二人, 小國一人.

번역 정현이 말하길, 3년마다 사를 선발해서 바친다. 옛 학설에 따르면 제후국 중 대국(大國)에서는 3명을 바치고, 차국(次國)에서는 2명을 바치며, 소국(小國)에서는 1명을 바친다고 했다.

集說 疏曰: 書傳云: "古者諸侯之於天子也, 三年一貢士, 一適謂之好德, 再適謂之賢賢, 三適謂之有功. 一不適謂之過, 再不適謂之傲, 三不適謂之誣."

번역 공영달의 소에서 말하길, 『서전』에서는 "고대에 제후는 천자에 대해서 3년마다 한 차례 사를 선발해서 바치는데, 한 차례 천거하는 것을 '호덕(好德)'이라고 부르며, 두 차례 천거하는 것을 '현현(賢賢)'이라고 부르고, 세 차례 천거하는 것을 '유공(有功)'이라고 부른다. 한 차례 천거하지 못하는 것을 '과(過)'라고 부르며, 두 차례 천거하지 못하는 것을 '오(傲)'라고 부르고, 세 차례 천거하지 못하는 것을 '무(誣)'라고 부른다."라고 했다.

大全 嚴陵方氏曰: 助祭者, 助天子行禮樂之事也, 故射中多者然後得與於祭焉. 其容體比於禮, 卽進退周旋必中禮也, 其節比於樂, 卽以采蘩爲節也. 比, 謂與禮樂相比而不失, 必曰比於禮樂, 而後曰中多, 則知不比於禮樂而偶中者, 亦不可以言中矣, 故孔子言射不主皮, 以至投壺而比投不釋者以是而已. 射者, 士也, 貢士者, 諸侯也. 或中或否, 雖在士, 而有慶有讓, 則在諸侯焉, 故曰射者, 射爲諸侯也.

번역 엄릉방씨가 말하길, 제사를 돕는다는 것은 천자가 예악(禮樂)을 시행하는 일에 대해서 돕는다는 뜻이다. 그렇기 때문에 활쏘기를 하여 적중을 많이 시킨 자여야만 제사에 참여할 수 있다. "그 용모와 행동거지를 예(禮)에 맞춘다."는 말은 곧 "나아가고 물러나며 행동을 함에 반드시 예에 맞다."[26]는 뜻이

---

26) 『예기』「사의」【705b~c】: 故射者進退周還必中禮, 內志正, 外體直, 然後持弓矢審固, 持弓矢審固, 然後可以言中. 此可以觀德行矣.

다. 또 "그 절도를 악(樂)에 맞춘다."는 말은 곧 "채번(采蘩)을 절도로 삼는다."27)
는 뜻이다. '비(比)'는 예악에 맞춰서 그 법도를 잃지 않는다는 뜻이다. 그런데
기어코 "예악에 맞춘다."고 말한 이후에야 "적중하는 것이 많다."라고 했으니,
예악에 맞추지 못했는데 우연히 맞춘 것은 또한 적중이라고 말할 수 없다는
사실을 알 수 있다. 그렇기 때문에 공자가 "활쏘기에서는 주피를 위주로 하지
않았다."28)라고 한 말로부터 『예기』「투호(投壺)」편에서 "연속해서 던지면 화
살이 들어가더라도 점수로 계산하지 않는다."29)라고 말한 것 등은 이러한 이유
때문이다. 활쏘기를 하는 자는 사 계급이고 사를 천거하는 자는 제후이다. 어떤
자는 적중을 시키고 또 어떤 자는 그렇지 못한데, 이러한 일들은 비록 사 자신
에게 달려 있지만, 은혜를 받고 책망을 받는 일들은 제후에게 해당한다. 그렇기
때문에 "활쏘기는 활을 쏘아서 제후를 위한다."라고 말한 것이다.

大全 石林葉氏曰: 貢士而擇之助祭者, 所以示敬而不敢專爵祿也.

번역 석림섭씨가 말하길, 사를 천거하고 그들 중 제사를 도울 자들을 뽑는
것은 공경하여 감히 작위와 녹봉을 마음대로 할 수 없음을 드러내는 방법이다.

鄭注 歲獻, 獻國事之書, 及計偕物也. 三歲而貢士, 舊說云: "大國三人, 次
國二人, 小國一人." 流, 猶放也. 書曰: "流共工于幽州."

번역 '세헌(歲獻)'은 제후국에서 일어난 일들을 기록한 문서 및 연말에 바
치는 공물을 헌상한다는 뜻이다. 3년마다 사를 뽑아서 바쳤는데, 옛 학설에서는
"제후국 중 대국(大國)은 3명을 바치고, 차국(次國)은 2명을 바치며, 소국(小
國)은 1명을 바친다."라고 했다. '유(流)'자는 "유배시킨다[放]."는 뜻이다. 『서』
에서는 "공공(共工)을 유주(幽州)로 유배시켰다."30)라고 했다.

---

27) 『예기』「사의」【706a~b】: 其節: 天子以騶虞爲節, 諸侯以貍首爲節, 卿大夫以
采蘋爲節, 士以采蘩爲節.
28) 『논어』「팔일(八佾)」: 子曰, "射不主皮, 爲力不同科, 古之道也."
29) 『예기』「투호(投壺)」【676b】: 請賓, 曰, "順投爲入, 比投不釋, 勝飮不勝者. 正
爵旣行, 請爲勝者立馬, 一馬從二馬. 三馬旣立, 請慶多馬." 請主人亦如之.

釋文 比, 毗志反, 下同, 親合也. 中, 丁仲反, 下同. 得與音預, 下皆同. 削, 胥略反. 偕音皆, 俱也. 共音恭.

번역 '比'자는 '毗(비)'자와 '志(지)'자의 반절음이며, 아래문장에 나오는 글자도 그 음이 이와 같고, 가까이 합치시킨다는 뜻이다. '中'자는 '丁(정)'자와 '仲(중)'자의 반절음이며, 아래문장에 나오는 글자도 그 음이 이와 같다. '得與'에서의 '與'자는 그 음이 '預(예)'이며, 아래문장에 나오는 글자들도 모두 그 음이 이와 같다. '削'자는 '胥(서)'자와 '略(략)'자의 반절음이다. '偕'자의 음은 '皆(개)'이며, 갖춘다는 뜻이다. '共'자의 음은 '恭(공)'이다.

孔疏 ●"是故"至"有也". ○正義曰: 此一節明射爲諸侯之事, 又明諸侯君臣盡志於射, 以習禮樂, 無流亡之患.

번역 ●經文: "是故"~"有也". ○이곳 문단은 활쏘기는 제후를 위해서 하는 사안임을 나타내고 있고, 또한 제후국의 군주와 신하는 활쏘기에 대해 그 뜻을 다하고, 이를 통해 예악(禮樂)을 익혀야만 유배되거나 패망하는 우환이 없게 된다는 사실을 나타내고 있다.

孔疏 ●"諸侯歲獻"者, 謂諸侯每歲獻國事之書, 及獻計偕之物於天子也.

번역 ●經文: "諸侯歲獻". ○제후는 매년 국가에서 일어났던 사안을 기록하여 그 문서를 바치고, 또한 연말에 천자에게 바치는 공물을 헌상하게 된다.

孔疏 ●"貢士於天子"者, 諸侯三年一貢士於天子也.

번역 ●經文: "貢士於天子". ○제후는 3년마다 한 차례 천자에게 사를 천거한다.

---

30) 『서』「우서(虞書)·순전(舜典)」: 流共工于幽洲, 放驩兜于崇山, 竄三苗于三危, 殛鯀于羽山.

孔疏 ●“天子試之於射宮”者, 言天子試此所貢之士於射宮之中.

번역 ●經文: “天子試之於射宮”. ○천자는 이처럼 제후들이 천거한 사들에 대해 사궁(射宮) 안에서 그들을 시험한다는 뜻이다.

孔疏 ●“而中多者, 得與於祭”者, 此謂“大射”也.

번역 ●經文: “而中多者, 得與於祭”. ○이러한 절차를 ‘대사(大射)’라고 부른다.

孔疏 ◎注“歲獻”至“一人”. ○正義曰: 以經云“歲獻, 貢士於天子”, 恐“歲獻”之文只是貢獻於士, 故云“歲獻, 獻國事之書”. 云“及計偕物也”者, 漢時謂郡國送文書之使謂之爲“計吏”, 其貢獻之功與計吏俱來, 故謂之“計偕物也”. 偕, 俱也. 非但獻國事之書, 又俱獻貢物, 故云“及計偕物”. 知“歲獻國事之書”者, 小行人云: “令諸侯春入貢, 秋獻功.” 注云: “貢, 六服所貢也. 功, 考績之功也, 秋獻之. 若今計文書斷於九月, 其舊法也.” 云“三歲而貢士”者, 以經“貢士”之文繫“歲獻”之下, 恐每歲貢士, 故云“三歲而貢士”也. 又知三歲者, 按書傳云“古者諸侯之於天子也, 三年一貢士, 一適謂之好德, 再適謂之賢賢, 三適謂之有功”. 有功者, 天子賜以衣服弓矢, 再賜以秬鬯, 三賜以虎賁百人, 號曰“命諸侯”. 不云“益地”者, 文不具矣. 書傳又云“貢士一不適謂之過”, 注云“謂三年時也”. “再不適謂之敖”, 注云“謂六年時也”. “三不適謂之誣”, 注云“謂九年時也”. 一絀以爵, 再絀以地, 三絀而地. 畢注云: “凡十五年.” 鄭以此故知三歲而貢士也.

번역 ◎鄭注: “歲獻”~“一人”. ○경문에서는 “세헌(歲獻)을 하고, 천자에게 사를 바친다.”라고 했는데, ‘세헌(歲獻)’이라는 문장을 단지 사를 천자에게 바친다는 뜻으로 오해할 수도 있기 때문에, “‘세헌(歲獻)’은 제후국에서 일어난 일들을 기록한 문서를 바친다.”라고 말한 것이다. 정현이 “연말에 바치는 공물을 헌상한다.”라고 했는데, 한나라 때에는 군국(郡國)에서 문서를 전달하는 사신을 '계리(計吏)'가 되었다고 불렀으며, 공납을 하게 되는 물품과 그것을 전달하는 관리가 모두 찾아오기 때문에, "계해물(計偕物)이다."라고 말한 것이다. '해(偕)'자는 "갖춘다[俱]."는 뜻이다. 단지 제후국에서 일어났던 일을 기록한 문서만 바치는 것이 아니라 공납하는 물건도 함께 바치게 된다. 그렇기 때문에 "계해물(計偕物)도 바친다."라고 말한 것이다. 정현이 "'세헌(歲獻)'은 제후국에서 일어난 일들을 기록한 문서를 바친다."라고 했는데, 이 말이 사실임을 알수 있는 이유는 『주례』「소행인(小行人)」편에서 "제후들로 하여금 봄에는 공(貢)을 들이도록 하고, 가을에는 공(功)을 헌상하도록 시킨다."[31]라고 했고, 이문장에 대한 정현의 주에서는 "'공(貢)'은 육복(六服)[32]에서 헌상하는 공물이다. '공(功)'은 관리들이 이룩한 공적을 기록한 것이니, 가을에 이 문서를 헌상

---

31) 『주례』「추관(秋官)・소행인(小行人)」: <u>令諸侯春入貢, 秋獻功</u>, 王親受之, 各以其國之籍禮之.

32) 육복(六服)은 천자의 수도를 제외하고, 그 이외의 땅을 9개의 지역으로 구분한 구복(九服) 중에서 6개 지역을 뜻하는데, 천자의 수도로부터 6개 복(服)까지는 주로 중국의 제후들에게 분봉해주는 지역이었고, 나머지 3개의 지역은 주로 오랑캐들에게 분봉해주는 지역이었다. 따라서 중국(中國)이라는 개념을 거론할 때 주로 '육복'이라고 말한다. 천하의 정중앙에는 천자의 수도인 왕기(王畿)가 있고, 그 외에는 순차적으로 6개의 '복'이 있는데, 후복(侯服), 전복(甸服), 남복(男服), 채복(采服), 위복(衛服), 만복(蠻服)이 여기에 해당한다. '후복'은 천자의 수도 밖으로 사방 500리(里)의 크기이며, 이 지역에 속한 제후들은 1년에 1번 천자를 알현하며, 제사 때 사용하는 물건을 바친다. '전복'은 '후복' 밖으로 사방 500리의 크기이며, 이 지역에 속한 제후들은 2년에 1번 천자를 알현하고, 빈객(賓客)을 접대할 때 사용하는 물건을 바친다. '남복'은 '전복' 밖으로 사방 500리의 크기이며, 이 지역에 속한 제후들은 3년에 1번 천자를 알현하고, 각종 기물(器物)들을 바친다. '채복'은 '남복' 밖으로 사방 500리의 크기이며, 이 지역에 속한 제후들은 4년에 1번 천자를 알현하고, 의복류를 바친다. '위복'은 '채복' 밖으로 사방 500리의 크기이며, 이 지역에 속한 제후들은 5년에 1번 천자를 알현하고, 각종 재목들을 바친다. '만복'은 '요복(要服)'이라고도 부르는데, '만복'이라는 용어는 변경 지역의 오랑캐들과 접해 있으므로, 붙여진 용어이다. '만복'은 '위복' 밖으로 사방 500리의 크기이며, 이 지역에 속한 제후들은 6년에 1번 천자를 알현하고, 각종 재화들을 바친다. 『주례』「추관(秋官)・대행인(大行人)」편에는 "邦畿方千里, 其外方五百里謂之侯服, 歲壹見, 其貢祀物, 又其外方五百里謂之甸服, 二歲壹見, 其貢嬪物, 又其外方五百里謂之男服, 三歲壹見, 其貢器物, 又其外方五百里謂之采服, 四歲壹見, 其貢服物, 又其外方五百里謂之衛服, 五歲壹見, 其貢材物, 又其外方五百里謂之要服, 六歲壹見, 其貢貨物."이라는 기록이 있다.

한다. 마치 오늘날 9월에 그 문서를 작성하는 것과 같으니, 이것은 옛 법도에 따른 것이다."라고 했다. 정현이 "3년마다 사를 뽑아서 바쳤다."라고 했는데, 경문에서 "사를 바친다."라는 문장이 '세헌(歲獻)' 다음에 연이어 있어서, 해마다 사를 바친다는 뜻으로 오해할 수 있기 때문에, "3년마다 사를 뽑아서 바쳤다."라고 말한 것이다. 3년마다 바치게 된다는 사실을 알 수 있는 이유는 『서전』을 살펴보면, "고대에 제후는 천자에 대해서 3년마다 한 차례 사를 바쳤는데, 한 차례 천거하는 것을 '호덕(好德)'이라고 부르며, 두 차례 천거하는 것을 '현현(賢賢)'이라고 부르고, 세 차례 천거하는 것을 '유공(有功)'이라고 부른다."라고 했다. '유공(有功)'에 해당하는 경우, 천자는 의복 및 활과 화살을 하사하고, 두 차례 하사할 때에는 기장으로 만든 울창주를 하사하며, 세 차례 하사할 때에는 용맹한 무사 100명을 하사하며, 그 제후를 '명제후(命諸侯)'라고 부른다. 그런데 『서전』에서 "땅을 늘려준다."라고 말하지 않은 것은 문장을 자세히 기록하지 않았기 때문이다. 『서전』에서는 또한 "사를 바칠 때, 한 차례 천거하지 못하는 것을 '과(過)'라고 부른다."라고 했고, 이 문장에 대한 주에서는 "3년의 기간을 뜻한다."라고 했다. 또 『서전』에서는 "두 차례 천거하지 못하는 것을 '오(傲)'라고 부른다."라고 했고, 이 문장에 대한 주에서는 "6년의 기간을 뜻한다."라고 했다. 또 『서전』에서는 "세 차례 천거하지 못하는 것을 '무(誣)'라고 부른다."라고 했고, 이 문장에 대한 주에서는 "9년의 기간을 뜻한다."라고 했다. 한 차례 책망할 때에는 작위에 대해서 하고, 두 차례 책망할 때에는 땅에 대해서 하며, 세 차례 책망할 때에는 땅을 삭감한다. 마지막 문장에 대한 주에서는 "모두 15년의 기간을 뜻한다."라고 했다. 정현은 이러한 문장을 확인했기 때문에, 3년마다 사를 바친다는 사실을 알았던 것이다.

訓纂 惠氏棟曰: 何休注公羊云, "禮, 諸侯三年一貢士於天子, 天子命與諸侯輔助爲政, 所以通賢共治, 示不獨專, 重民之至. 大國擧三人, 次國擧二人, 小國擧一人."

번역 혜동[33]이 말하길, 『공양전』에 대한 하휴[34]의 주에서는 "예법에 따르면 천자는 3년마다 1차례 천자에게 사를 천거하며, 천자는 그에게 명령하여 제후와 함께 그를 도와 정치를 시행하도록 했으니, 이것은 현명한 자를 알리고 함께 정치를 다스리게 하여, 제멋대로 하지 않는다는 뜻을 보인 것이니, 백성들을 매우 중시했던 것이다. 대국에서는 3명을 천거했고 차국에서는 2명을 천거했으며 소국에서는 1명을 천거했다."라고 했다.

訓纂 陸農師曰: 流亡, 孟子所謂流連之樂, 荒亡之行.

번역 육농사[35]가 말하길, '유망(流亡)'은 맹자가 말한 유련(流連)하는 즐거움과 황망(荒亡)한 행실[36]을 뜻한다.

集解 呂氏大臨曰: 古之選士, 中多者得與於祭, 蓋禮樂節文之多, 惟射與祭爲然. 能盡射之節文, 而不失其誠, 可以奉祭祀矣. 能心平體正, 持弓矢審固而中多, 其敬可以事鬼神矣.

번역 여대림이 말하길, 고대에는 선발된 사들 중 적중을 많이 한 자는 제사에 참여할 수 있었는데, 예악의 격식과 제도가 복잡한 것은 사례와 제례만이 그러하다. 사례의 격식과 제도를 모두 따를 수 있으며 성실한 태도를 잃지 않는다면, 제사를 지낼 수 있다. 마음을 안정시키고 몸을 바르게 하여 활을 잡은

---

33) 혜동(惠棟, A.D.1697~A.D.1758): 청(淸)나라 때의 학자이다. 자(字)는 송애(松崖)·정우(定宇)이다. 조부는 혜주척(惠周惕)이고, 부친은 혜사기(惠士奇)이다. 가학(家學)을 전승하여, 한대(漢代) 경학(經學)을 부흥시키는 데 주력하였다. 역학(易學)에도 조예가 깊었다. 『구경고의(九經古義)』 등의 저서가 있다.
34) 하휴(何休, A.D.129~A.D.182): 전한(前漢) 때의 금문경학자(今文經學者)이다. 자(字)는 소공(邵公)이다. 『춘추공양전해고(春秋公羊傳解詁)』를 지었으며, 『효경(孝經)』, 『논어(論語)』 등에 대해서도 주를 달았고, 『춘추한의(春秋漢議)』를 짓기도 하였다.
35) 산음육씨(山陰陸氏, A.D.1042~A.D.1102): =육농사(陸農師)·육전(陸佃). 북송(北宋) 때의 유학자이다. 자(字)는 농사(農師)이며, 호(號)는 도산(陶山)이다. 어려서 집안이 매우 가난했다고 전해지며, 왕안석(王安石)에게 수학하였으나 왕안석의 신법에 대해서는 반대하였다. 저서로는 『비아(埤雅)』, 『춘추후전(春秋後傳)』, 『도산집(陶山集)』 등이 있다.
36) 『맹자』「양혜왕하(梁惠王下)」: 先王無流連之樂, 荒亡之行, 惟君所行也.

것이 안정되고 확고하다면 적중시키는 것이 많으니, 그의 공경스러운 태도는 귀신을 섬길 수 있다.

集解 愚謂: 古者王國之人才, 天子用之; 侯國之人才, 諸侯用之. 蓋敎化美而賢才多, 則不必借才於境外, 而無憂不足, 而王者以公天下爲心, 則才之在諸侯與在王朝, 一也, 豈必使諸侯悉貢其賢者於我, 而獨與不賢者治其國乎? 且三歲貢士, 以千八百國每國二人通率計之, 歲常至千餘人, 加以成均之所敎, 鄕大夫之所興, 用之必不能盡, 必有壅滯失職之患矣. 詩·書·周禮·左傳, 初無諸侯貢士之事, 獨尙書大傳言之, 此書駁雜, 不足信也. 又謂"大射爲將祭擇士, 中多得與於祭, 中少不得與於祭", 亦恐不然. 考之周禮祭祀之禮, 奉牲·贊幣, 以及宗·祝·巫·史之屬, 皆有常人, 所謂"宗人授事, 以爵以官", 恐無臨祭而射以擇之之理. 大射之禮, 委曲繁重, 亦未必數數爲之, 而天子一歲祭天九, 祭地一, 祭社二, 祭廟四, 若皆祭前以大射擇士, 則禮繁而瀆, 而且將不暇給矣. 是大射者, 特君臣相與習射之事, 而"將祭擇士"乃附會之說也.

번역 내가 생각하기에, 고대에는 천자의 수도에 있는 사람들 중 재주가 뛰어난 자는 천자가 등용하고, 제후국에 있는 사람들 중 재주가 뛰어난 자는 제후가 등용한다. 교화가 아름답게 시행된다면 현명하고 재주가 뛰어난 자가 많으니 국경 밖에서 인재를 빌려올 필요가 없고, 부족할까를 염려할 필요가 없으며, 천자는 천하를 공공의 도리로 다스리는 것을 자신의 마음으로 삼으니, 재주가 뛰어난 자가 제후의 조정에 있거나 천자의 조정에 있거나 매한가지이다. 그런데 어찌 제후를 시켜 자신에게 현명한 자를 천거하도록 하여 현명하지 못한 자와 그 나라를 다스리게 할 필요가 있겠는가? 또 3년마다 사를 선발하여 천거한다고 했을 때, 1800개의 제후국에서 제후국마다 2명을 선발하는 것으로 셈을 해보면 해마다 천여 명에 이르게 되고, 거기에 대학에서 가르침을 받아 추천된 자와 향대부가 천거한 자까지 합한다면, 등용하더라도 분명 모두 임명할 수 없게 되니, 반드시 진로가 막히고 직무를 잃게 되는 우환이 생기게 된다.『시』·『서』·『주례』·『좌전』의 기록에는 애초부터 제후가 사를 천거하는 사안이 기록되어 있지 않다. 유독『상서대전』에서만 이러한 사실을 언급하고 있는데,

이 서적은 온갖 내용들이 뒤섞여 있어 순일하지 못하니 믿을 것이 못 된다. 또 "대사례는 제사를 지내려고 하여 사를 선발하기 위한 것인데 적중을 많이 시킨 자는 제사에 참여할 수 있고 적중을 적게 시킨 자는 제사에 참여할 수 없다."라고 했는데, 이 또한 그렇지 않았을 것이다. 『주례』에 기록된 제사의 예법을 살펴보면 희생물을 바치고 제왕을 도와 폐백을 드는 일로부터 종·축·무·사의 말단 관리에 이르기까지 모두 고정된 인원이 있으니, 이른바 "종인(宗人)이 일을 분담하여 임무를 전달할 때에는 작위의 등급에 따라 높은 자가 앞 열에 서게 되고, 관직에 따라서 일을 분담한다."[37]는 말이 이러한 사실을 가리킨다. 따라서 제사를 지낼 때가 되어서야 활쏘기를 시행하여 참여시킬 자들을 선발하는 이치란 없었을 것이다. 대사례는 세부적인 절차들이 매우 복잡하므로 이러한 의식에 대해서도 일일이 시행하지는 않았을 것이다. 천자는 1년에 하늘에 대한 제사가 9번이고, 땅에 대한 제사가 1번이며, 사(社)에 대한 제사가 2번이고, 종묘에 대한 제사가 4번이다. 만약 제사를 지내기 이전에 대사례를 시행하여 사를 선발했다면 예가 번잡해지고 경시되었을 것이며, 또 이러한 의례를 시행할 겨를도 없었을 것이다. 대사례라는 것은 단지 군주와 신하가 함께 활쏘기를 익혔던 사안이니, "제사를 지내기 위해 사를 선발한다."는 것은 곧 견강부회의 주장일 것이다.

참고 『예기』「투호(投壺)」 기록

경문-676b 請賓曰, "順投爲入, 比投不釋, 勝飮不勝者. 正爵既行, 請爲勝者立馬. 一馬從二馬, 三馬既立, 請慶多馬." 請主人亦如之.

번역 사사(司射)는 빈객에게 청하며, "화살을 던져 화살의 대가 들어간 것만을 점수로 계산하고, 연속해서 던지면 화살이 들어가더라도 점수로 계산하지

---

37) 『예기』「문왕세자(文王世子)」【257a】: 其在宗廟之中, 則如外朝之位. <u>宗人授事, 以爵以官</u>.

않으며, 승리한 자는 승리를 하지 못한 자에게 술을 권하여 마시도록 해야 합니다. 승리를 하지 못한 자에게 술 권하는 일이 끝나면 승리한 자를 위해 마(馬)를 세우기를 청합니다. 1개의 마를 세운 자는 2개의 마를 세운 자에게 자신이 세운 마를 건네고, 3개의 마가 서게 되었으니, 마를 많이 세운 자에게 축하주 권하기를 청합니다."라고 한다. 주인에게 청할 때에도 이처럼 한다.

鄭注 請, 猶告也. 順投, 矢本入也. 比投, 不拾也. 勝飲不勝, 言以能養不能也. 正爵, 所以正禮之爵也, 或以罰, 或以慶. 馬, 勝筭也. 謂之馬者, 若云技藝如此, 任爲將帥乘馬也. 射‧投壺, 皆所以習武, 因爲樂.

번역 '청(請)'자는 "아뢰다[告]."는 뜻이다. '순투(順投)'는 화살의 대가 들어간 것을 뜻한다. '비투(比投)'는 번갈아 던지지 않는다는 뜻이다. 승리한 자는 승리를 못한 자에게 술을 마시도록 하니, 잘하는 자가 잘하지 못하는 자를 배려한다는 뜻이다. '정작(正爵)'은 예법을 올바르게 하는 술잔을 뜻하니, 간혹 벌주로 권하기도 하고 간혹 축하주로 권하기도 한다. '마(馬)'는 승리를 했을 때 세우는 산가지를 뜻한다. 이것을 '마(馬)'라고 부르는 이유는 마치 기예가 이와 같은 경우 장수의 임무를 맡아서 말의 수레에 오를 수 있다고 말하는 것과 같다. 활쏘기와 투호는 모두 무예를 익히는 방법이며, 이것을 시행하는 것에 따라 즐거움으로 삼는다.

孔疏 ●"比投不釋"者, 比, 頻也. 又賓主投壺法, 要更遞而投, 不得以前旣入喜悅, 不待後人投之而已頻投; 頻投, 雖入, 亦不爲之釋筭也.

번역 ●經文: "比投不釋". ○'비(比)'자는 빈번히[頻]라는 뜻이다. 빈객과 주인이 투호를 하는 예법에서는 번갈아가며 던져야 하니, 앞서 던진 것이 들어가서 그것을 기뻐하며 뒷사람이 던질 때까지 기다리지 않고 자신이 연속해서 던질 수 없다. 연속해서 던지게 되면 비록 들어갔더라도 또한 점수로 계산하지 않는다.

참고 『서』「우서(虞書)·순전(舜典)」기록

경문 流共工于幽洲①, 放驩兜于崇山②, 竄三苗于三危③, 殛鯀于羽山④, 四罪而天下咸服⑤.

번역 공공을 유주로 유배 보냈고, 환두를 숭산으로 내쳤으며, 삼묘를 삼위로 쫓아냈고, 곤을 우산에서 주살했는데, 네 사람의 죄를 벌하자 천하 사람들이 모두 수복하였다.

孔傳-① 象恭滔天, 足以惑世, 故流放之. 幽洲, 北裔. 水中可居者曰洲.

번역 외형은 공손하였지만 하늘을 업신여겨 세상을 미혹시키기에 충분하였기 때문에 유배 보낸 것이다. '유주(幽洲)'는 북쪽 변방이다. 물 가운데 거처할 수 있는 곳을 '주(洲)'라고 부른다.

孔疏 ◎傳"象恭"至"曰洲". ○正義曰: 堯典言共工之行云: "靜言庸違, 象恭滔天." 言貌象恭敬, 傲狠漫天, 足以疑惑世人, 故流放也. 左傳說此事言"投諸四裔". 釋地云"燕曰幽州", 知"北裔"也. "水中可居者曰洲", 釋水文. 李巡曰: "四方有水, 中央高, 獨可居, 故曰洲." 天地之勢, 四邊有水, 鄒衍書說"九州之外有瀛海環之", 是九州居水內, 故以州爲名, 共在一洲之上, 分之爲九耳. 州取水內爲名, 故引爾雅解"州"也. "投之四裔", "裔"訓遠也, 當在九州之外, 而言"於幽州"者, 在州境之北邊也. 禹貢羽山在徐州, 三危在雍州, 故知北裔在幽州. 下三者所居皆言山名, 此共工所處不近大山, 故擧州言之. 此流四凶在治水前, 於時未作十有二州, 則無幽州之名, 而云"幽州"者, 史據後定言之.

번역 ◎孔傳: "象恭"~"曰洲". ○『서』「요전(堯典)」편에서는 공공의 행실을 말하며, "말을 잘 하지만 일을 시행할 때에는 위배하며, 외형은 공손하지만 하늘을 업신여긴다."라고 했다. 이것은 외형은 공경스럽지만 오만하여 하늘을 깔보니 세상 사람들을 미혹시키기에 충분한 것이다. 그렇기 때문에 유배 보낸 것이다. 『좌전』에서는 이 일화를 설명하며 "사방의 변경으로 내쳤다."라고 했다. 『이아』「석지(釋地)」편에서는 "연(燕)나라 지역을 유주(幽州)라고 부른다."[38]라고 했으니, "북쪽 변방이다."라고 한 말이 사실임을 알 수 있다. "물 가운데 거처할 수 있는 곳을 '주(洲)'라고 부른다."라고 했는데, 이것은 『이아』「석수(釋水)」편의 기록이다.[39] 이순은 "사방에는 물이 둘러 있고 중앙이 높게 솟아 있어서 그곳만 거처할 수 있기 때문에 '주(洲)'라고 부른다."라고 했다. 천지의 형세에 따르면 네 변방에는 물이 두르고 있으며, 추연의 『서설』에서는 "구주(九州) 밖에는 영해(瀛海)라는 바다가 있어 구주를 두르고 있다."라고 했다. 이것은 구주가 물 안에 위치하기 때문에 '주(州)'자를 붙여서 불렀다는 사실을 나타내며, 구주는 모두 1개의 주(洲)에 있는데, 그것을 나누어 9개로 구분했을 따름이다. '주(州)'자는 물 안에 있다는 뜻에서 붙인 명칭이다. 그렇기 때문에 『이아』의 기록을 인용하여 '주(州)'자를 풀이한 것이다. "사방의 변경으로 내쳤다."라고 했는데, '예(裔)'자는 원(遠)자로 풀이하니, 구주 밖에 해당한다. 그런데도 '유주(幽州)에'라고 말한 것은 주(州)의 변경 중 북쪽 변방에 있다는 뜻에서 한 말이다. 『서』「우공(禹貢)」편에서는 우산은 서주(徐州)에 있고 삼위는 옹주(雍州)에 있다고 했다. 그렇기 때문에 북쪽 변방은 유주에 있음을 알 수 있다. 뒤의 세 사람의 경우에는 그들을 내친 곳에 대해 모두 산 이름을 말하였는데, 이곳에서는 공공이 머문 곳은 큰 산과 가까이 있지 않았기 때문에 주(州)를 기준으로 말한 것이다. 여기에서 사흉을 내쳤다고 한 것은 우임금이 치수사업을 하기 이전에 해당하여, 이 시기에는 아직까지 12주를 만들지 않았다. 따라서 유주라는 명칭이 없는데도 '유주(幽州)'라고 말한 것은 사관이 이후에 확정된 명칭을 기준으로 말했기 때문이다.

孔傳-② 黨於共工, 罪惡同. 崇山, 南裔.

번역 공공과 편당을 지었으니, 죄악이 동일했다. '숭산(崇山)'은 남쪽 변방이다.

---

38) 『이아』「석지(釋地)」 : 燕曰幽州.
39) 『이아』「석수(釋水)」 : <u>水中可居者曰洲</u>, 小洲曰陼, 小陼曰沚, 小沚曰坻. 人所爲爲潏.

孔疏 ◎傳“黨於”至“南裔”. ○正義曰: 共工象恭滔天而驩兜薦之, 是“黨於共工, 罪惡同”, 故放之也. 左傳說此事云: “流四凶族, 投諸四裔.” 則四方方各有一人, 幽州在北裔, 雍州三危在西裔, 徐州羽山在東裔, 三方旣明, 知崇山在南裔也. 禹貢無崇山, 不知其處, 蓋在衡嶺之南也.

번역 ◎孔傳: “黨於”~“南裔”. ○공공은 외형은 공손하였지만 하늘을 업신여겼고, 환두가 그를 추천하였다. 이것은 “공공과 편당을 지었으니, 죄악이 동일했다.”는 사실을 나타낸다. 그렇기 때문에 내친 것이다. 『좌전』에서는 이 일화를 설명하며 “네 흉악한 부족을 유배 보냈으니, 사방 변경으로 내쳤다.”라고 했으니, 사방의 각 방면마다 각각 한 사람씩 보낸 것으로, 유주는 북쪽 변방에 있고, 옹주와 삼위는 서쪽 변방에 있으며, 서주와 우산은 동쪽 변방에 있으니, 세 방면에 대해서는 이미 드러났다. 그러므로 숭산이 남쪽 변방에 있었다는 사실을 알 수 있다. 『서』「우공(禹貢)」편에는 숭산에 대한 기록이 없으니, 그 지점을 정확히 알 수 없으나 아마도 형령의 남쪽에 있었을 것이다.

孔傳-③ 三苗, 國名. 縉雲氏之後, 爲諸侯, 號饕餮. 三危, 西裔.

번역 ‘삼묘(三苗)’는 나라 이름이다. 진운씨(縉雲氏)의 후손이며, 제후가 되고 난 뒤 도철(饕餮)이라고 불렀다. ‘삼위(三危)’는 서쪽 변방이다.

孔疏 ◎傳“三苗”至“西裔”. ○正義曰: 昭元年左傳說自古諸侯不用王命者, “虞有三苗, 夏有觀扈”, 知三苗是國, 其國以三苗爲名, 非三國也. 杜預言“三苗地闕, 不知其處”. 三凶皆是王臣, 則三苗亦應是諸夏之國入仕王朝者也. 文十八年左傳言: “縉雲氏有不才子, 貪于飮食, 冒于貨賄, 侵欲崇侈, 不可盈厭, 聚斂積實, 不知紀極, 不分孤寡, 不恤窮匱, 天下之民以比三凶, 謂之饕餮.” 卽此三苗是也. 知其然者, 以左傳說此事言: “舜臣堯, 流四凶族渾敦·窮奇·檮杌·饕餮, 投諸四裔, 以禦螭魅.” 謂此驩兜·共工·三苗與鯀也. 雖知彼言四凶, 此等四人, 但名不同, 莫知孰是, 惟當驗其行跡, 以別其人. 左傳說窮奇之行云“靖譖庸回”, 堯典言共工之行云“靜言庸違”, 其事旣同, 知窮奇是共工

也. 左傳說渾敦之行云"醜類惡物, 是與比周", 堯典言驩兜薦擧共工, 與惡比
周, 知渾敦是驩兜也. 左傳說檮杌之行言"不可教訓, 不知話言, 傲狠明德, 以
亂天常", 堯典言鯀之行云"咈哉, 方命圮族", 其事旣同, 知檮杌是鯀也. 惟三
苗之行堯典無文, 鄭玄具引左傳之文乃云: "命驩兜擧共工, 則驩兜爲渾敦也,
共工爲窮奇也, 鯀爲檮杌也, 而三苗爲饕餮亦可知." 是先儒以書傳相考, 知三
苗是饕餮也. 禹貢雍州言"三危旣宅, 三苗丕敍", 知三危是西裔也.

번역 ◎孔傳: "三苗"~"西裔". ○소공 1년에 대한 『좌전』의 기록에서는 예
로부터 제후들 중 천자의 명령을 따르지 않았던 자를 설명하며, "우 때에는
삼묘가 있었고 하 때에는 관과 호가 있었다."[40]라고 했으니, 삼묘(三苗)가 나라
에 해당함을 알 수 있다. 그런데 그 나라에 대해서 '삼묘(三苗)'로 국명을 정한
것이지 세 나라를 뜻하는 것은 아니다. 두예는 "삼묘의 땅에 대한 기록은 없어
졌으므로 그곳이 어디인지 알 수 없다."라고 했다. 사흉 중 세 흉악한 자들은
모두 천자의 신하였으니, 삼묘 또한 중원에 속한 나라 중 입조하여 천자의 조정
에서 벼슬을 했던 군주를 뜻한다. 문공 18년에 대한 『좌전』의 기록에서는 "진
운씨에게는 불초한 아들이 있었으니, 음식을 탐하고 재물을 탐하여 침략하는
욕심이 많아 만족할 줄 몰랐으며, 재물을 거둬들여 쌓은 것이 너무나 많아 어느
정도 되는지 알 수 없었음에도 고아나 과부에게 나눠주지 않고 곤궁한 자를
구휼하지 않았다. 그래서 천하의 백성들은 그를 삼흉에 비교하여, 그를 도철(饕
餮)이라고 불렀다."라고 했는데, 삼묘가 바로 이에 해당한다. 이러한 사실을
알 수 있는 이유는 『좌전』에서는 이 일화를 설명하며 "순임금이 요임금의 신하
가 되었을 때, 사흉의 부족인 혼돈·궁기·도올·도철을 유배 보내 사방의 변경
으로 내쳐서 괴물을 막았다."라고 했는데, 이것은 환두·공공·삼묘와 곤을 가
리킨다. 『좌전』에서 말한 사흉이 이곳에서 말한 네 사람을 가리킨다는 사실을
알지만, 이름이 동일하지 않으니 어느 기록이 옳은지는 모르겠다. 따라서 그
행적을 살펴서 사람들을 구별해보아야 한다. 『좌전』에서는 궁기의 행실을 설명
하며 "참소하는 것을 편안히 여기고 부정한 사람을 등용하였다."라고 했고, 「요

---

40) 『춘추좌씨전』「소공(昭公) 1년」: 於是乎虞有三苗, 夏有觀·扈, 商有姺·邳, 周
有徐·奄.

전」에서는 공공의 행실을 말하며 "말을 잘 하지만 일을 시행할 때에는 위배한
다."라고 했으니, 그 사안이 동일하므로, 궁기가 공공에 해당한다는 사실을 알
수 있다. 『좌전』에서는 혼돈의 행적을 설명하며 "흉악한 부류와 악한 부류들을
친밀하게 대한다."라고 했고, 「요전」에서는 환두가 공공을 천거했다고 했으니,
이것은 악인을 가까이 하고 친밀하게 대하는 것이므로, 혼돈이 환두에 해당한
다는 사실을 알 수 있다. 『좌전』에서는 도올의 행적을 설명하며 "가르칠 수
없었고 선한 말을 몰랐으며, 밝은 덕을 업신여기고 어겨서 하늘의 법도를 어지
럽혔다."라고 했고, 「요전」에서는 곤의 행실을 말하며 "안 된다, 방정하다는
이름만 좋아하고 명령하면 선한 부류를 무너트린다."라고 했으니, 그 사안이
동일하므로, 도올이 곤에 해당한다는 사실을 알 수 있다. 오직 삼묘의 행실에
대해서만 「요전」에는 관련 기록이 없는데, 정현은 『좌전』의 기록을 인용하여
"환두에게 명하여 공공을 천거토록 했으니, 환두는 혼돈이고, 공공은 궁기가
되며, 곤은 도올이 되니, 삼묘가 도철이 된다는 사실 또한 알 수 있다."라고
했다. 이것은 선대 학자들이 『서전』을 통해 상고한 것으로, 삼묘가 도철에 해당
함을 알 수 있다. 「우공」편에서는 옹주를 설명하며 "삼위가 이미 집을 짓고
살았고, 삼묘가 크게 퍼졌다."라고 했으니, 삼위가 서쪽 변방임을 알 수 있다.

孔傳-④ 方命圮族, 績用不成, 殛竄放流, 皆誅也. 異其文, 述作之體. 羽山,
東裔, 在海中.

번역 방정하다는 이름만 좋아하고 명령하면 선한 부류를 무너트리고, 공적
을 이루지 못하였다. '극(殛)'・'찬(竄)'・'방(放)'・'유(流)'자는 모두 주살한다
는 뜻이다. 글자를 다르게 기록한 것은 기술하는 방식 중 하나이다. '우산(羽
山)'은 동쪽 변방으로, 바다 가운데 있다.

孔疏 ◎傳"方命"至"海中". ○正義曰: "方命圮族", 是其本性; "績用不成",
試而無功; 二者俱是其罪, 故並言之. 釋言云: "殛, 誅也." 傳稱流四凶族者, 皆
是流而謂之"殛竄放流, 皆誅"者, 流者移其居處, 若水流然, 罪之正名, 故先言
也. 放者使之自活, 竄者投棄之名, 殛者誅責之稱, 俱是流徙, 異其文, 述作之

體也. 四者之次, 蓋以罪重者先. 共工滔天, 爲罪之最大. 驩兜與之同惡, 故以
次之. 祭法以鯀障洪水, 故列諸祀典, 功雖不就, 爲罪最輕, 故後言之. 禹貢徐
州云"蒙羽其藝", 是羽山爲東裔也. 漢書·地理志羽山在東海郡祝其縣西南,
海水漸及, 故言"在海中"也.

번역 ◎孔傳: "方命"~"海中". ○"방정하다는 이름만 좋아하고 명령하면
선한 부류를 무너트린다."라고 했는데, 이것은 그의 본성을 가리킨다. "공적을
이루지 못하였다."라고 했는데, 이것은 그를 시험해 보았으나 이룬 공적이 없었
음을 뜻한다. 두 가지는 모두 그의 죄이다. 그렇기 때문에 함께 언급한 것이다.
『이아』「석언(釋言)」편에서는 "극(殛)은 주살하다는 뜻이다."[41]라고 했다. 『좌
전』에서는 "사흉의 부족을 유(流)했다."라고 했으니, 이들에 대해서는 모두 유
배 보낸 것인데, 이를 두고 "극(殛)·'찬(竄)'·'방(放)'·'유(流)'자는 모두 주
살한다는 뜻이다."라고 했다. 그 이유는 유(流)라는 것은 그가 거처하는 곳을
옮기는 것이 마치 물이 흘러가는 것처럼 한다는 뜻으로, 형벌에 대한 바른 명칭
이다. 그렇기 때문에 먼저 언급한 것이다. 방(放)이라는 것은 자유롭게 활동하
도록 놔두는 것이며, 찬(竄)은 내던져 버린다는 뜻의 명칭이고, 극(殛)은 주살
하고 책임을 묻는다는 뜻의 명칭인데, 이 모두는 유배하는 것을 가리키며, 글자
를 달리 쓴 것은 문장을 기록하는 방식이다. 네 사람을 기록한 순서는 아마도
죄가 무거운 자를 먼저 기록했을 것이다. 공공은 하늘을 업신여겼으니, 그 죄가
가장 크다. 환두는 공공과 함께 악함을 동일하게 저질렀기 때문에 그 다음에
기술하였다. 『예기』「제법(祭法)」편에서는 곤이 홍수를 막았기 때문에 제사의
준칙을 기술한 문헌에 올렸다고 했다.[42] 즉 그 공적을 이루지 못했지만 죄가
가장 가볍다. 그렇기 때문에 가장 뒤에 말한 것이다. 「우공」편에서는 서주를
설명하며 "몽산과 우산은 곡식을 심을 수 있게 되었다."라고 했는데, 이것은
우산이 동쪽 변방임을 나타낸다. 『한서』「지리지(地理志)」에서는 우산이 동해
군 축기현 서남쪽에 있으며 바닷물이 닿아있다고 했다. 그렇기 때문에 "바다
가운데 있다."라고 했다.

---

41) 『이아』「석언(釋言)」: 殛, 誅也.
42) 『예기』「제법(祭法)」【552c】: 鯀鄣鴻水而殛死, 禹能修鯀之功.

孔傳-⑤ 皆服舜用刑當其罪, 故作者先敍典刑而連引四罪, 明皆徵用所行, 於此總見之.

번역 모두가 순임금이 내린 형벌이 그들의 죄에 합당하다고 인정하였다. 그렇기 때문에 기술한 자는 우선 항상 기준이 되는 형벌 조목을 기술하고, 뒤이어 네 사람의 죄목을 서술하였으니, 이 모두는 순임금이 부름을 받아 등용되어 시행한 것들을 나타낸 것이며, 이곳에서 총괄적으로 확인할 수 있다.

孔疏 ◎傳"皆服"至"見之". ○正義曰: 此四罪者徵用之初卽流之也, 舜以微賤超升上宰, 初來之時, 天下未服, 旣行四罪, 故天下皆服舜用刑得當其罪也. 自"象以典刑"以下, 徵用而卽行之, 於此居攝之後, 追論成功之狀. 故作者先敍典刑, 言舜重刑之事, 而連引四罪, 述其刑當之驗, 明此諸事皆是徵用之時所行, 於此總見之也. 知此等諸事皆"徵用所行"者, 洪範云"鯀則殛死, 禹乃嗣興", 僖三十三年左傳云"舜之罪也殛鯀, 其舉也興禹", 襄二十一年左傳云"鯀殛而禹興", 此三者皆言殛鯀而後用禹, 爲治水是徵用時事, 四罪在治水之前, 明是"徵用所行"也. 又下云禹讓稷·契·皐陶, 帝因追美三人之功, 所言稷播百穀·契敷五教·皐陶作士皆是徵用時事, 皐陶所行"五刑有服"·"五流有宅", 卽是"象以典刑"·"流有五刑", 此爲徵用時事足可明矣. 而鄭玄以爲"禹治水事畢, 乃流四凶". 故王肅難鄭言: "若待禹治水功成, 而後以鯀爲無功殛之, 是爲舜用人子之功, 而流放其父, 則禹之勤勞適足使父致殛, 爲舜失五典克從之義, 禹陷三千莫大之罪, 進退無據, 亦甚迂哉!"

번역 ◎孔傳: "皆服"~"見之". ○여기에서 말한 네 죄인은 순임금이 부름을 받아 등용되었을 초기에 곧바로 유배된 자들인데, 순임금 본인은 미천한 신분이었다가 갑자기 재상으로 오르게 되어 처음 등용되었을 때에는 천하 사람들이 수복하지 않았다. 그런데 곧바로 네 죄인을 벌했기 때문에 천하 사람들은 모두 순임금이 내린 형벌이 그들의 죄목에 합당하다고 수복하였다. "일정한 형벌 기준에 따라 법을 집행했다."라고 한 구문으로부터 그 이하의 내용은 부름을 받아 등용되었을 때 곧바로 시행했던 것이다. 그런데 이곳에서는 순임금이 섭정을 한 이후에 그가 이룬 공적의 실상을 추론하여 기술한 것이다. 그렇기 때문에 역사를 기록한 사관이 먼저 형벌의 기준을 서술하여, 순임금이 형벌을 신중히 처리했던 사안을 서술하고, 연이어 네 죄인에 대한 일을 인용하여, 순임금이 내린 형벌은 죄목에 합당했다는 증거를 기술한 것이다. 이러한 모든 일들은 부름을 받아 등용되었을 때 시행한 것들임을 나타내니, 여기에서 총괄적으로 확인할 수 있다. 여기에서 언급한 여러 사안들이 모두 "부름을 받아 등용되었을 때 시행한 일이다."에 해당한다는 사실을 알 수 있는 이유는 『서』「홍범(洪範)」편에서 "곤은 주살되어 죽었고 우임금은 그 뒤를 이어 일어났다."[43]라고 했고, 희공 33년에 대한 『좌전』의 기록에서는 "순임금이 죄를 벌할 때에는 곤을 주살했지만, 인재를 천거할 때에는 우임금을 일으켰다."[44]라고 했으며, 양공 21년에 대한 『좌전』의 기록에서는 "곤은 주살되었지만 우임금이 일어났다."[45]라고 했다. 이 세 기록은 모두 곤을 주살한 이후에 우임금을 등용했다는 뜻으로, 치수사업은 곧 부름을 받아 등용된 시기에 시행한 일이며, 네 죄인을 벌한 것은 치수사업을 하기 이전이 된다. 따라서 이것이 "부름을 받아 등용되었을 때 시행한 일이다."는 사실을 나타낸다. 또 아래문장에서는 우가 직·설·고요에게 양보하자 순임금이 그에 따라 세 사람의 공적을 미루어 찬미하였다고 했고, 직이 백곡(百穀)[46]을 파종했다거나 설이 오교(五敎)[47]를 펼쳤다거나 고요를 송사를 처리하는 관리로 삼았다고 한 일들은 모두 부름을 받아 등용되었을 때 시행한 일이다. 그리고 고요가 시행한 "오형(五刑)을 알맞고 바르게

---

43) 『서』「주서(周書)·홍범(洪範)」: <u>鯀則殛死, 禹乃嗣興</u>, 天乃錫禹洪範九疇, 彝倫攸敍.

44) 『춘추좌씨전』「희공(僖公) 33년」: 公曰, "其父有罪, 可乎?" 對曰, "<u>舜之罪也殛鯀, 其舉也興禹</u>. 管敬仲, 桓之賊也, 實相以濟.

45) 『춘추좌씨전』「양공(襄公) 21년」: 夫謀而鮮過·惠訓不倦者, 叔向有焉, 社稷之固也, 猶將十世宥之, 以勸能者. 今壹不免其身, 以棄社稷, 不亦惑乎? <u>鯀殛而禹興</u>, 伊尹放大甲而相之, 卒無怨色; 管·蔡爲戮, 周公右王. 若之何其以虎也棄社稷? 子爲善, 誰敢不勉? 多殺何爲?

46) 백곡(百穀)은 곡식을 총칭하는 말이다. 『시』「빈풍(豳風)·칠월(七月)」편에는 "亟其乘屋, 其始播<u>百穀</u>."이라는 용례가 있으며, 『서』「우서(虞書)·순전(舜典)」편에도 "帝曰, 棄黎民阻飢, 汝后稷, 播時<u>百穀</u>."이라는 용례가 있다.

47) 오교(五敎)는 오상(五常)이라고도 부른다. 부의(父義), 모자(母慈), 형우(兄友), 제공(弟恭), 자효(子孝) 등의 다섯 가지 가르침을 뜻한다.

적용한다."는 것과 "오형을 관대하게 처리하여 유배형을 내림에는 각각의 거처지를 둔다."는 것은 곧 "일정한 형벌 기준에 따라 법을 집행했다."는 것과 "유배형으로 오형을 관대하게 처분한다."라고 한 말에 해당하니, 이것은 부름을 받아 등용되었을 때의 일임을 분명히 알 수 있다. 그런데 정현은 "우가 치수사업을 끝낸 뒤에 사흉을 유배 보냈다."라고 했다. 그렇기 때문에 왕숙은 정현을 비판하며 "만약 우임금이 치수사업을 마쳐 공적을 이룰 때까지 기다린 이후에 곤은 공적을 이루지 못했으므로 주살했다면, 이것은 순임금이 곤의 아들인 우가 공을 이룬 것을 이용해서 그 부친인 곤을 유배 보낸 것이니, 우가 열심히 노력한 결과가 마침 자신의 부친을 주살에 이르게 한 것이 되어, 순임금의 입장에서는 오전(五典)48)의 가르침을 잘 따른다는 도의를 잃게 되고, 우의 입장에서는 그 무엇보다도 큰 죄를 저지른 것이 된다. 그 주장에 대해선 아무런 근거가 없으니 이것은 매우 우활한 주장이다!"라고 했다.

蔡傳 流, 遣之遠去, 如水之流也. 放, 置之於此, 不得他適也. 竄, 則驅逐禁錮之. 殛, 則拘囚困苦之. 隨其罪之輕重而異法也. 共工・驩兜・鯀, 事見上篇. 三苗, 國名, 在江南荊揚之間, 恃險爲亂者也. 幽洲, 北裔之地. 水中可居曰洲. 崇山, 南裔之山, 在今澧州. 三危, 西裔之地, 卽雍之所謂三危旣宅者. 羽山, 東裔之山, 卽徐之蒙羽其藝者. 服者, 天下皆服其用刑之當罪也.

번역 '유(流)'는 보내서 멀리 떠나가게 하는 것으로, 마치 물이 흘러가는 것과 같다. '방(放)'은 이곳에 두어 다른 곳으로 가지 못하도록 하는 것이다. '찬(竄)'은 몰아서 내쫓고 한 곳에 가두는 것이다. '극(殛)'은 가둬두어 곤욕스럽

---

48) 오전(五典)은 다섯 종류의 윤리 덕목을 뜻한다. 『서』「우서(虞書)・순전(舜典)」편에는 "愼徽五典, 五典克從."이라는 기록이 있는데, 이에 대한 공안국(孔安國)의 전(傳)에서는 "五典, 五常之敎. 父義・母慈・兄友・弟恭・子孝."라고 풀이했다. 즉 '오전'이란 오상(五常)에 따른 가르침으로, 부친의 의로움, 모친의 자애로움, 형의 우애로움, 동생의 공손함, 자식의 효성스러움을 뜻한다. 또 채침(蔡沈)의 『집전(集傳)』에서는 "五典, 五常也. 父子有親, 君臣有義, 夫婦有別, 長幼有序, 朋友有信是也."라고 풀이했다. 즉 '오전'이란 오상(五常)으로, 부자관계에 친애함이 있고, 군신관계에 의로움이 있으며, 부부사이에 유별함이 있고, 장유관계에 질서가 있고, 붕우관계에 신의가 있음을 뜻한다.

게 만드는 것이다. 그들이 범한 죄의 경중에 따라서 형법을 달리 한 것이다. 공공·환두·곤에 대한 일은 앞 편에 나온다. '삼묘(三苗)'는 나라 이름으로, 강남의 형주와 양주 사이에 있는데, 지세가 험준하다는 것만 믿고 반란을 일으킨 자이다. '유주(幽洲)'는 북쪽 변방의 땅이다. 물 가운데 거처할 수 있는 곳을 '주(洲)'라고 부른다. '숭산(崇山)'은 남쪽 변방에 있는 산으로, 지금의 예주에 있다. '삼위(三危)'는 서쪽 변방의 땅으로, 옹주에 대해서 "삼위가 이미 집을 짓고 살았다."라고 한 곳에 해당한다. '우산(羽山)'은 동쪽 변방에 있는 산으로, 서주에 대해 "몽산과 우산은 곡식을 심을 수 있게 되었다."라고 한 곳에 해당한다. '복(服)'은 천하 사람들이 모두들 순임금이 형벌을 사용한 것이 그들의 죄에 적합하다고 인정했다는 뜻이다.

蔡傳 程子曰: 舜之誅四凶, 怒在四凶, 舜何與焉? 蓋因是人有可怒之事而怒之, 聖人之心, 本無怒也. 聖人以天下之怒爲怒, 故天下咸服之.

번역 정자가 말하길, 순임금이 사흉을 주살함에 노여움은 사흉에 대한 것인데, 순임금이 무엇을 관여하였겠는가? 그 사람에게 노여워할 만한 일이 있음으로 인해 노여워한 것이니, 성인의 마음에는 본래부터 노여움이 없다. 성인은 천하 사람들이 노여워하는 것으로 노여워했기 때문에 천하 사람들이 모두 수복했던 것이다.

蔡傳 春秋傳所記四凶之名, 與此不同. 說者以窮奇爲共工, 渾敦爲驩兜, 饕餮爲三苗, 檮杌爲鯀, 不知其果然否也.

번역 『춘추전』에서 기록한 사흉의 이름은 이곳의 내용과 다르다. 학자들에 따라서는 궁기를 공공으로 여기고 혼돈을 환두로 여기며 도철을 삼묘로 여기고 도올을 곤으로 여기는데, 과연 그러한지는 잘 모르겠다.

참고 『주례』「추관(秋官)·소행인(小行人)」 기록

경문 令諸侯春入貢, 秋獻功, 王親受之, 各以其國之籍禮之.

번역 제후로 하여금 봄에는 공물을 들이게 하고 가을에는 이룬 공적을 바치도록 하니 천자가 직접 받으며 각각 해당 나라의 신분 차이에 따라 예우한다.

鄭注 貢, 六服所貢也. 功, 考績之功也. 秋獻之, 若今計文書斷於九月, 其舊法.

번역 '공(貢)'은 육복(六服)에서 헌상하는 공물이다. '공(功)'은 관리들이 이룩한 공적을 기록한 것이다. 가을에 이 문서를 헌상하니, 마치 오늘날 9월에 그 문서를 작성하는 것과 같으며, 이것은 옛 법도에 따른 것이다.

賈疏 ◎注"貢六"至"舊法". ○釋曰: 此云"貢", 卽大宰九貢, 是歲之常貢也. 必使春入者, 其所貢之物, 並諸侯之國出稅於民, 民稅旣得, 乃大國貢半, 次國三之一, 小國國四之一, 皆市取美物, 必經冬至春, 乃可入王, 以是令春入之也. "秋獻功"者, 物皆秋成, 諸侯亦法秋, 故秋獻之. 云"各以其國之籍禮之"者, 卽上所掌禮籍尊卑多少不同, 故云各以其籍也. 云"六服所貢", 對九州外之三服無此貢也.

번역 ◎鄭注: "貢六"~"舊法". ○여기에서 말한 '공(貢)'은 『주례』「대재(大宰)」편에 나오는 아홉 종류의 공물이니,[49] 해마다 항상 바치는 공물이다. 반드시 봄에 들이게 한 것은 공물로 바치는 물건들은 모두 제후국에서 백성들에게 세금을 통해 출자한 것인데, 백성들의 세금을 거두게 된다면 대국에서는 그 중 절반을 바치고 차국에서는 3분의 1을 바치며 소국에서는 4분의 1을 바친다. 그런데 이 모두는 시장에서 좋은 물건들로 사들이게 되는데 반드시 겨울을 지나 봄이 되어야만 천자에게 바칠 수 있으니, 이러한 이유로 봄에 들이도록

---

49) 『주례』「천관(天官)·대재(大宰)」: 以九貢致邦國之用: 一曰祀貢, 二曰嬪貢, 三曰器貢, 四曰幣貢, 五曰材貢, 六曰貨貢, 七曰服貢, 八曰斿貢, 九曰物貢.

하는 것이다. "가을에는 이룬 공적을 바치도록 한다."라고 했는데, 사물은 모두
가을이 되어야만 완성되어 제후국에서도 가을을 따르게 된다. 그렇기 때문에
가을에 헌상한다. "각각 해당 나라의 신분 차이에 따라 예우한다."라고 했는데,
앞에서 예적(禮籍)을 담당한다고 했으며, 신분과 그 수에 있어서 차등이 있기
때문에 각각 그 예적에 따른다고 했다. 정현이 "육복(六服)에서 헌상하는 공물
이다."라고 했는데, 구주(九州)⁵⁰⁾ 밖에 있는 3개의 지역에서 이러한 공물을 바
치는 일이 없다는 것과 대비시킨 말이다.

참고 『맹자』「양혜왕하(梁惠王下)」 기록

경문 方命虐民, 飮食若流. 流連荒亡, 爲諸侯憂①. 從流下而忘反謂之流,
從流上而忘反謂之連, 從獸無厭謂之荒, 樂酒無厭謂之亡. 先王無流連之樂 ·

---

50) 구주(九州)는 9개의 주(州)를 뜻한다. 고대 중국에서는 중원 지역을 9개의 주로
구분하여, 다스렸다. 따라서 '구주'는 오랑캐 지역과 대비되는 중국 땅을 지칭하
는 용어로 사용되었다. '구주'의 포함되는 '주'의 이름들은 각 기록마다 차이를 보
인다. 『서』「우서(虞書) · 우공(禹貢)」편에는 "禹敷土, 隨山刊木, 奠高山大川. 冀
州旣載. …… 濟河惟兗州. 九河旣道. …… 海岱惟靑州. 嵎夷旣略, 濰淄其道.
…… 海岱及淮惟徐州, 淮沂其乂, 蒙羽其藝. …… 淮海惟揚州, 彭蠡其豬, 陽鳥
攸居. …… 荊及衡陽惟荊州. 江漢朝宗于海. …… 荊河惟豫州, 伊洛瀍澗, 旣入
于河. …… 華陽黑水惟梁州. 岷嶓旣藝, 沱潛旣道. …… 黑水西河惟雍州. 弱水
旣西."라는 기록이 있다. 즉 『서』에 기록된 '구주'는 기주(冀州) · 연주(兗州) · 청
주(靑州) · 서주(徐州) · 양주(揚州) · 형주(荊州) · 예주(豫州) · 양주(梁州) · 옹주
(雍州)이다. 한편 『이아』「석지(釋地)」편에는 " 兩河間曰冀州. 河南曰豫州. 河
西曰雝州. 漢南曰荊州. 江南曰楊州. 濟河間曰兗州. 濟東曰徐州. 燕曰幽州. 齊
曰營州."라는 기록이 있다. 즉 『이아』에 기록된 '구주'는 『서』의 기록과 달리, '서
주'와 '양'주에 대한 기록이 없고, 대신 유주(幽州)와 영주(營州)가 기록되어 있
다. 또 『주례』「하관(夏官) · 직방씨(職方氏)」편에는 "乃辨九州之國使同貫利. 東
南曰揚州. …… 正南曰荊州. …… 河南曰豫州. …… 正東曰靑州. …… 河東曰
兗州. …… 正西曰雍州. …… 東北曰幽州. …… 河內曰冀州. …… 正北曰幷
州."라는 기록이 있다. 즉 『주례』에 기록된 '구주'는 『서』의 기록과 달리, '서주'
와 '양주'에 대한 기록이 없고, 대신 '유주'와 병주(幷州)에 대한 기록이 있다. 이
외에도 일부 차이를 보이는 기록들이 있다.

荒亡之行, 惟君所行也②.

번역 선왕의 명령을 거스르고 백성들에게 잔학하게 굴며 제멋대로 먹고 마시는 것이 마치 물이 끝없이 흘러가는 것과 같습니다. 유(流)·연(連)·황(荒)·망(亡)은 제후들의 근심거리가 됩니다. 물길을 따라 아래로 흘러가서 되돌아옴을 잊는 것을 '유(流)'라고 부르고, 물길을 거슬러 올라가 되돌아옴을 잊는 것을 '연(連)'이라 부르며, 사냥을 함에 만족할 줄 모르는 것을 '황(荒)'이라고 부르고, 술을 좋아함에 만족함이 없는 것을 '망(亡)'이라 부릅니다. 선왕에게는 유연의 즐거움과 황망의 행실이 없었으니, 군주께서 행한 바에 달려 있을 뿐입니다.

趙注-① 方猶逆也. 逆先王之命, 但爲虐民之政, 恣意飮食, 若水流之無窮極也. 謂沈湎于酒, 熊蹯不熟, 怒而殺人之類也. 流連荒亡, 皆驕君之溢行也. 言王道虧, 諸侯行霸, 由當相匡正, 故爲諸侯憂也.

번역 '방(方)'자는 거스른다는 뜻이다. 선왕의 명령을 거스르고 단지 백성들에게 잔학하게 구는 정치만 시행하고 방탕하게 먹고 마시니 마치 물이 흐름에 끝이 없이 흘러가는 것과 같다. 즉 술에서 헤어나지 못해 곰발바닥이 제대로 익지 않자 화를 내며 사람을 죽이는 부류와 같다는 뜻이다. 유(流)·연(連)·황(荒)·망(亡)은 모두 교만한 군주의 방탕한 행실을 뜻한다. 왕도가 훼손되고 제후가 패도를 시행하여 서로 바로잡아야 하기 때문에 제후들의 근심거리가 된다.

趙注-② 言驕君放遊, 無所不爲. 或浮水而下, 樂而忘反謂之流, 若齊桓與蔡姬乘舟於囿之類也. 連, 引也. 使人徒引舟舡上行, 而亡反以爲樂, 故謂之連. 書曰: "罔水行舟", 丹朱慢遊, 是好無水而行舟, 豈不引舟於水上而行乎? 此其類也. 從獸無厭, 若羿之好田獵, 無有厭極, 以亡其身, 故謂之荒亂也. 樂酒無厭, 若殷紂以酒喪國也, 故謂之亡. 言聖人之行無此四者, 惟君所欲行也. 晏子之意, 不欲使景公空遊於琅邪而無益於民也.

번역 교만한 군주가 제멋대로 노닐며 하지 못할 짓이 없다는 뜻이다. 물에 배를 띄워 밑으로 흘러가는데 그것을 즐거워하며 되돌아옴을 잊는 것을 '유(流)'라고 부르니, 제나라 환공과 채희가 유에서 뱃놀이를 했던 부류51)와 같다. '연(連)'자는 당긴다는 뜻이다. 사람들을 시켜 배를 끌어 위로 거슬러 올라가게 하며 되돌아옴을 잊는 것을 즐겁다고 여기기 때문에 '연(連)'이라고 부른다. 『서』에서 "물이 없는 곳에서 배를 끌고 다닌다."라고 했는데, 단주처럼 태만하게 노니는 것은 물이 없는 곳에서 배를 끌고 다니는 것을 좋아하는 것인데,52) 어찌 물 위에 배를 끌어당기게 하여 행차하지 않았겠는가? 이것이 그 부류에 해당한다. 짐승을 따라다니며 사냥을 함에 싫증을 내지 않는 것은 예가 사냥을 좋아하여 만족할 줄 모르다가 자신을 망치게 된 것과 같다. 그렇기 때문에 황폐하고 혼란스럽게 만든다고 부른다. 술을 좋아함에 만족함이 없는 것은 은나라 주왕이 술로 인해 나라를 잃은 것과 같다. 그렇기 때문에 망하게 한다고 부른다. 성인의 행실에는 이러한 네 가지 병폐가 없으니, 군주가 시행하고자 해야 할 바라는 뜻이다. 안자의 뜻은 경공으로 하여금 낭사에서 공허하게 노닐며 백성에게 보탬이 되지 않는 일을 하지 않도록 하고자 했던 것이다.

孫疏 方, 逆也, 凡物圓則行, 方則止, 行則順, 止則逆. 所謂方命虐民者, 是逆先王之命, 而下則暴虐民人也. 凡遊豫補助, 皆先王之命也. 今則方命而虐民, 又飮食無窮極而若水之流. 蓋流・連・荒・亡四行, 皆爲諸侯之所憂也, 以其皆能喪亡其身而已. 故流者是從流下而忘反之謂也, 如齊桓與蔡姬乘舟於囿是也; 連者從流上而忘反之謂也, 如書曰"罔水行舟", 若丹朱是也; 荒者從獸無厭之謂也, 如羿之好田獵無有厭極, 以亡其身是也; 亡者樂酒無厭之謂也, 如殷紂以酒喪國是也. 故曰"從流下而忘反謂之流, 從流上而忘反謂之連, 從獸無厭謂之荒, 樂酒無厭謂之亡", 以其晏子自解之耳. 言"先王無流連之樂・荒亡之行. 惟君所行也"者, 謂古之先王無此流連之極樂・荒亡之溢行, 惟獨

51) 『춘추좌씨전』「희공(僖公) 3년」: 齊侯與蔡姬乘舟于囿, 蕩公. 公懼, 變色; 禁之, 不可. 公怒, 歸之, 未之絶也. 蔡人嫁之.
52) 『서』「우서(虞書)・익직(益稷)」: <u>無若丹朱傲. 惟慢遊是好</u>, 傲虐是作, 罔晝夜頟頟, <u>罔水行舟</u>, 朋淫于家, 用殄厥世.

在君所行也. 君者指景公而言也.

번역 '방(方)'자는 거스른다는 뜻이니, 사물은 그 모습이 둥글면 굴러가지만 모지면 멈추게 되고, 움직이면 순종적이지만 그치면 거스르게 된다. '방명학민(方命虐民)'이라는 말은 선왕의 명령을 거스르고 밑으로 백성들에게 포학하게 군다는 뜻이다. 노닐고 즐기며 보태주고 도와주는 것은 모두 선왕의 명령에 해당한다. 그런데 지금은 명령을 거스르고 백성들에게 포악하게 굴며 또한 먹고 마시는데 끝이 없어 마치 물이 흘러가는 것과 같다. 유(流)·연(連)·황(荒)·망(亡)이라는 네 가지 행실은 모두 제후들이 걱정하는 것이니, 이 모두는 자신을 망칠 수 있기 때문이다. 그러므로 유(流)라는 것은 물길을 따라 밑으로 흘러 내려가 되돌아옴을 잊는 것을 뜻하니, 제나라 환공이 채희와 유에서 배를 탔던 것과 같다. 연(連)이라는 것은 물길을 거슬러 위로 올라가서 되돌아옴을 잊는 것을 뜻하니, 『서』에서 "물이 없는 곳에서 배를 끌고 다닌다."라고 했던 것과 같은 것으로 단주와 같은 인물이 여기에 해당한다. 황(荒)이라는 것은 짐승을 쫓는 일에 싫증을 느끼지 않는 것을 뜻하니, 예가 사냥을 좋아하여 만족함이 없다가 자신을 망쳤던 일과 같다. 망(亡)이라는 것은 술을 즐김에 싫증을 내지 않는 것을 뜻하니, 은나라 주왕이 술로 인해 나라를 잃었던 것과 같다. 그렇기 때문에 "물길을 따라 아래로 흘러가서 되돌아옴을 잊는 것을 '유(流)'라고 부르고, 물길을 거슬러 올라가 되돌아옴을 잊는 것을 '연(連)'이라 부르며, 사냥을 함에 만족할 줄 모르는 것을 '황(荒)'이라고 부르고, 술을 좋아함에 만족함이 없는 것을 '망(亡)'이라 부릅니다."라고 말한 것이니 안자가 직접 그 대목을 풀이한 것일 뿐이다. "선왕에게는 유연의 즐거움과 황망의 행실이 없었으니, 이것이야 말로 군주께서 시행해야 할 것입니다."라고 했는데 고대의 선왕에게는 이러한 유연의 끝없는 즐거움이나 황망의 방탕한 행실이 없었으니, 단지 군주가 행한 바에 달려 있을 뿐이다. '군(君)'이라는 말은 경공을 가리켜서 한 말이다.

集註 方, 逆也. 命, 王命也. 若流, 如水之流, 無窮極也. 流連荒亡, 解見下文. 諸侯, 謂附庸之國, 縣邑之長.

번역 '방(方)'자는 거스른다는 뜻이다. '명(命)'자는 천자의 명령을 뜻한다. '약류(若流)'는 물이 흐름에 끝이 없는 것과 같다는 뜻이다. 유(流)·연(連)· 황(荒)·망(亡)에 대한 풀이는 아래문장에 보인다. '제후(諸侯)'는 부용국의 군주와 현읍의 수장을 뜻한다.

集註 此釋上文之義也. 從流下, 謂放舟隨水而下. 從流上, 謂挽舟逆水而上. 從獸, 田獵也. 荒, 廢也. 樂酒, 以飮酒爲樂也. 亡, 猶失也, 言廢時失事也.

번역 이것은 앞 문장의 뜻을 풀이한 것이다. '종류하(從流下)'는 배를 띄워 놓고 물길을 따라 밑으로 흘러간다는 뜻이다. '종류상(從流上)'은 배를 끌어서 물길을 거슬러 위로 올라간다는 뜻이다. '종수(從獸)'는 사냥을 뜻한다. '황(荒)' 자는 황폐해진다는 뜻이다. '낙주(樂酒)'는 술 마시는 것을 즐거움으로 삼는다는 뜻이다. '망(亡)'자는 잃는다는 뜻이니, 시기를 놓치고 일을 그르친다는 의미이다.

集註 言先王之法, 今時之弊, 二者惟在君所行耳.

번역 선왕의 법도와 오늘날의 폐단은 군주가 행하는 것에 달려 있을 뿐이라는 뜻이다.

참고 『예기』「문왕세자(文王世子)」 기록

경문-257a 其在宗廟之中, 則如外朝之位. 宗人授事, 以爵以官.

번역 공족들이 종묘 안에 있는 경우라면, 외조(外朝)[53]에서의 자리 배치와

---

53) 외조(外朝)는 내조(內朝)와 대비되는 말이며, 천자 및 제후가 정사(政事)를 처리하던 곳이다. 『주례』「춘관(秋官)·조사(朝士)」편에 대한 정현의 주에서는 "周天子諸侯皆有三朝. 外朝一, 內朝二. 內朝之在路門內者, 或謂之燕朝."라는 기록이

같게 한다. 종인(宗人)이 일을 분담하여 임무를 전달할 때에는 작위의 등급에 따라 높은 자가 앞 열에 서게 되고, 관직에 따라서 일을 분담한다.

鄭注 宗人, 掌禮及宗廟也. 以爵, 貴賤異位也. 以官, 官各有所掌也. 若司徒奉牛, 司馬奉羊, 司空奉豕.

번역 '종인(宗人)'은 예 및 종묘에 대한 일을 담당하는 자이다. '이작(以爵)'이라는 말은 작위의 귀천에 따라 자리를 다르게 배치해준다는 뜻이다. '이관(以官)'이라는 말은 관직별로 각각 담당하는 바가 따로 있다는 뜻이다. 예를 들어 사도(司徒)54)는 희생물로 사용될 소를 바치고, 사마(司馬)55)는 양을 바치며, 사공(司空)56)은 돼지를 바치는 등과 같은 부류이다.

있다. 즉 천자 및 제후는 3개의 조(朝)를 두는데, 1개는 '외조'이며, 나머지 2개는 내조가 된다. 『국어(國語)』「노어하(魯語下)」편에는 "天子及諸侯合民事於外朝, 合神事於內朝. 自卿以下, 合官職於外朝, 合家事於內朝."라는 기록이 있고, 이 문장에 나타난 '외조'에 대해서, 위소(韋昭)는 "言與百官考合民事於外朝也."라고 풀이했다. 즉 '외조'는 모든 관료들과 함께, 백성들과 관련된 정무를 처리하던 장소이다.

54) 사도(司徒)는 주(周)나라 때의 관리로, 국가의 토지 및 백성들에 대한 교화(敎化)를 담당했다. 전설상으로는 소호(少昊) 시대 때부터 설치되었다고 전해진다. 주나라의 육경(六卿) 중 하나였으며, 전한(前漢) 애제(哀帝) 원수(元壽) 2년(B.C. 1)에는 승상(丞相)의 관직명을 고쳐서, 대사도(大司徒)라고 불렀고, 대사마(大司馬), 대사공(大司空)과 함께 삼공(三公)의 반열에 있었다. 후한(後漢) 때에는 다시 '사도'로 명칭을 고쳤고, 그 이후로는 이 명칭을 계속 사용하다가 명(明)나라 때 폐지되었다. 명나라 이후로는 호부상서(戶部尙書)를 '대사도'라고 불렀다.

55) 사마(司馬)라는 관직은 전설상으로는 소호(少昊) 시대부터 설치되었다고 전해진다. 주(周)나라 때에는 육경(六卿) 중 하나였으며, 하관(夏官)의 수장이며, 대사마(大司馬)라고도 불렀다. 군대와 관련된 일을 담당했다. 한(漢)나라 무제(武帝) 때에는 태위(太尉)라는 관직명을 고쳐서 대사마(大司馬)라고 불렀고, 후한(後漢) 때에는 다시 태위(太尉)로 고쳐 불렀다. 남북조시대(南北朝時代)에는 대장군(大將軍)과 함께 이대(二大)로 칭해지기도 했으나, 청(淸)나라 때 폐지되었다. 후세에서는 병부상서(兵部尙書)의 별칭으로 사용하기도 했고, 시랑(侍郎)을 소사마(少司馬)로 칭하기도 하였다.

56) 사공(司空)은 주(周)나라 때의 관리로, 토목 공사 및 각종 건설과 기물 제작 등을 주관했다. 전설상으로는 소호(少昊) 시대 때부터 설치되었다고 전해진다. 주나라의 육경(六卿) 중 하나였으며, 동관(冬官)의 수장인 대사공(大司空)에 해당한다.

孔疏 ●"宗人授事, 以爵以官"者, 宗人掌禮之官, 及宗廟授百官之事. 以爵者, 隨爵之尊卑, 貴者在前, 賤者在後. 又以官之職掌, 各供其事.

번역 ●經文: "宗人授事, 以爵以官". ○종인(宗人)은 예와 관련된 업무를 담당하며, 종묘에서 백관(百官)들에게 업무를 분담하는 일을 담당하는 관리이다. '이작(以爵)'이라는 말은 작위의 존비에 따른다는 뜻으로, 작위가 높은 자는 앞줄에 위치하고, 작위가 낮은 자는 뒷줄에 위치하는 것이다. 그리고 또한 관직별로 담당하는 것에 따라서 일을 분배하여, 각자가 그 일에 힘쓰도록 하였다.

한(漢)나라 때에는 어사대부(御史大夫)를 '대사공'으로 고쳐 불렀고, 대사마(大司馬), 대사도(大司徒)와 함께 삼공(三公)의 반열에 있었다. 후대에는 대(大)자를 빼고 '사공'으로 불렀다. 청(淸)나라 때에는 공부상서(工部尙書)를 '대사공'으로 부르고, 시랑(侍郞)을 소사공(少司空)으로 불렀다.

그림 4-3 ◼ 구복(九服) · 육복(六服) · 오복(五服)

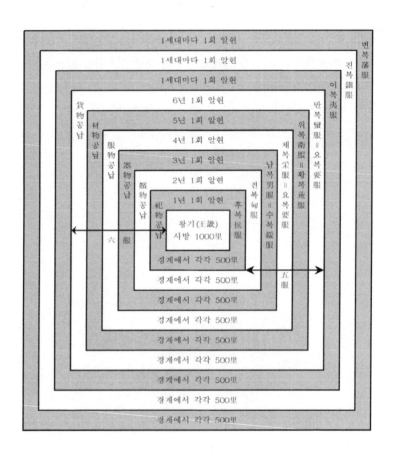

※ 참조: 『삼재도회(三才圖會)』「지리(地理)」 14권

그림 4-4 ◪ 구주(九州)-『서』「우공(禹貢)」

※ **출처:** 『흠정사고전서(欽定四庫全書)』「도서편(圖書編)」 31권

● 그림 4-5 ◼ 구주(九州)-『주례』

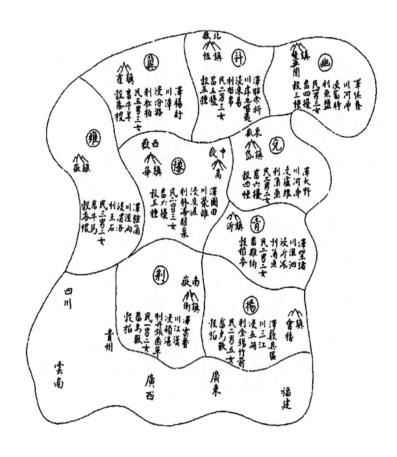

※ 출처:『주례도설(周禮圖說)』 상권

【707d】

故詩曰: "曾孫侯氏, 四正具擧. 大夫君子, 凡以庶士. 小大莫處, 御于君所. 以燕以射, 則燕則譽." 言君臣相與, 盡志於射以習禮樂, 則安則譽也. 是以天子制之, 而諸侯務焉. 此天子之所以養諸侯而兵不用, 諸侯自爲正之具也.

직역 士로써. 小大가 處를 莫하여, 君所에서 御라. 燕하고 이로써 射하니, 燕하고 譽하다." 君臣이 相히 與하여, 射에 志를 盡하여 禮樂을 習하면, 安하고 譽함을 言이라. 是以로 天子가 制하고, 諸侯가 務라. 此는 天子가 諸侯를 養하며 兵을 不用하고, 諸侯가 自히 正을 爲하는 具의 所以이다.

의역 이러한 까닭으로 『시』에서는 "증손후씨(曾孫侯氏)여, 사정(四正)을 모두 거행하는구나. 대부인 군자여, 모든 서사(庶士)들까지 참여하여, 대소 관료를 막론하고 자신의 직무에 매달리지 않고 군주가 계신 곳에서 군주를 모시는구나. 연례 (燕禮)를 시행한 뒤에 사례(射禮)를 실시하니, 편안하고 영예롭게 된다."라고 했다. 즉 이 말은 군주와 신하가 서로 참여하여 활쏘기에서 그 뜻을 다해 예악(禮樂)을 익히게 된다면, 모두가 편안하게 되고 영예를 얻게 된다는 뜻이다. 이러한 까닭으로 천자는 이러한 예법을 제정한 것이고 제후는 힘써 실천했던 것이다. 이것이 바로 천자가 제후를 보살피면서 병장기를 사용하지 않았던 이유이며, 또한 제후들이 제 스스로 올바르게 되었던 도구이기도 하다.

集說 曾孫侯氏者, 諸侯推本始封之君, 故以曾孫言, 如左傳曾孫蒯聵之類是也. 四正, 謂擧正爵以獻賓, 獻君, 獻卿, 獻大夫, 凡四也. 具, 皆也. 此四獻皆畢然後射, 此時大夫君子下及衆士, 無問大小之官, 無有處其職司而不來者, 皆御侍于君所也. 以燕以射, 言先行燕禮而後射也. 則燕則譽者, 燕, 安也, 言君臣上下以射而習禮樂, 則安樂而有名譽也. 天子養諸侯以禮樂, 則無所事征討矣. 而此藝者, 又諸侯所以自爲正身安國之具也. 舊說曾孫侯氏以下八句, 貍首篇文.

번역 '증손후씨(曾孫侯氏)'라는 말은 제후가 처음 분봉을 받은 군주에 대해서 반추를 하였기 때문에, '증손(曾孫)'이라는 말을 붙인 것이니, 『좌전』에서 '증손(曾孫)인 괴외(蒯聵)'[57]라고 한 부류가 이러한 경우에 해당한다. '사정(四正)'은 정식 행사에 사용하는 술잔을 들어서 빈객에게 따라주고 군주에게 따라주며 경에게 따라주고 대부에게 따라주는데, 이처럼 모두 4번의 술을 따라준다는 뜻이다. '구(具)'자는 모두[皆]라는 뜻이다. 이처럼 4차례 술을 따라주는 일이 모두 끝난 뒤에 활쏘기를 하는데, 이 시기에 대부인 군자들로부터 그 이하로 여러 사 무리들에 이르기까지, 대소 관직을 따지지 않고 자신의 직무에 처하여 참여하지 않는 자가 없으니, 모두들 군주가 머무는 장소에서 군주를 모시게 된다. '이연이사(以燕以射)'라는 말은 먼저 연례(燕禮)를 시행한 이후에 사례(射禮)를 실시한다는 뜻이다. '즉연즉예(則燕則譽)'라고 했는데, 이때의 '연(燕)'자는 "편안하다[安]."는 뜻이니, 군주와 신하 및 상하의 모든 계층이 활쏘기를 통해서 예악(禮樂)을 익히게 된다면, 안락하게 되고 명예를 갖게 된다는 뜻이다. 천자가 제후들을 보살펴줄 때 예악으로 한다면 토벌을 시행할 일이 없게 된다. 그리고 이러한 기예는 또한 제후들이 제 스스로 자신을 올바르게 하고 나라를 안정시키는 도구가 된다. 옛 학설에서는 '증손후씨(曾孫侯氏)'로부터 그 아래 8개 구문을 '이수(貍首)'라는 시편의 문장으로 여겼다.

大全 藍田呂氏曰: 國家閒暇, 諸侯與其卿大夫, 盡志於射, 以習禮樂, 是諸侯以禮樂養其群臣也. 諸侯貢士於天子, 天子試之以射, 以中選之多寡, 爲諸侯之賞罰, 則諸侯皆勉習禮樂, 以事天子, 是天子以禮樂養諸侯也. 諸侯養其群臣, 至于則安則譽, 則無流亡之禍矣. 天子養其諸侯, 至于則安則譽, 則兵不用矣. 此所以天子制之, 而諸侯務焉者也.

번역 남전여씨가 말하길, 국가에 특별한 일이 없어 한가해진 때라면, 제후

---

57) 『춘추좌씨전』「애공(哀公) 2년」: 衛大子禱曰, "曾孫蒯聵敢昭告皇祖文王・烈祖康叔・文祖襄公, 鄭勝亂從, 晉午在難, 不能治亂, 使鞅討之. 蒯聵不敢自佚, 備持矛焉. 敢告無絶筋, 無折骨, 無面傷, 以集大事, 無作三祖羞. 大命不敢請, 佩玉不敢愛."

들은 자신에게 소속된 경 및 대부들과 함께 활쏘기에 대해 뜻을 다하여 예악(禮樂)을 익혔으니, 이것은 제후가 예악으로 자신의 뭇 신하들을 보살피는 일이 된다. 제후가 천자에게 사를 선발하여 바치면, 천자는 활쏘기를 통해 그들을 시험하고, 적중을 시킨 사의 많고 적은 차이에 따라 제후에게 상을 주거나 벌을 주는 기준으로 삼았으니, 제후들은 모두 예악을 익히는데 힘써서 천자를 섬겼던 것이다. 이것은 천자가 예악을 통해 제후들을 보살피는 일이 된다. 제후가 자신에게 소속된 신하들을 보살펴서 편안하게 여기면서도 영예롭게 여기는 경지에 도달하게 된다면, 정처 없이 떠돌며 패망하는 화근이 없게 된다. 천자가 제후들을 보살펴서 편안하게 여기면서도 영예롭게 여기는 경지에 도달하게 된다면, 병장기를 사용하지 않게 된다. 이것이 바로 천자가 이러한 예법을 만들고 제후들이 힘썼던 이유이다.

鄭注 此"曾孫"之詩, 諸侯之射節也. 四正, 正爵四行也. 四行者, 獻賓·獻·公·獻卿·獻大夫, 乃後樂作而射也. 莫處, 無安居其官次者也. 御, 猶侍也. "以燕以射", 先行燕禮乃射也. "則燕則譽", 言國安則有名譽. 譽或爲"與".

번역 이곳에서 '증손(曾孫)'이라고 한 시는 제후들이 활쏘기를 할 때 절도로 삼는 악곡이다. '사정(四正)'은 정식 의례에 쓰이는 술잔을 4차례 사용한다는 뜻이다. 4차례 사용한다는 것은 빈객에게 따라주고 군주에게 따라주며 경에게 따라주고 대부에게 따라주는 것이니, 이처럼 한 이후에야 음악을 연주하고 활쏘기를 시행한다. '막처(莫處)'는 그 관부가 있는 곳에서 편안하게 머물고 있는 자가 없다는 뜻이다. '어(御)'자는 "시중든다[侍]."는 뜻이다. '이연이시(以燕以射)'는 먼지 연례(燕禮)를 시행한 뒤에 사례(射禮)를 시행하는 것이다. '즉연즉예(則燕則譽)'는 국가가 안정되어 영예를 얻는다는 뜻이다. '예(譽)'자를 다른 판본에서는 '여(與)'자로 기록하기도 한다.

孔疏 ●"故詩曰: 曾孫侯氏, 四正具擧. 大夫君子, 凡以庶士, 小大莫處, 御于君所"至"具也". ○正義曰: 上經說諸侯君臣之射, 此明諸侯之射所歌樂章節者, 此貍首之詩也, 所以論燕射, "則燕則譽", 故君臣相與盡志於射也. 此詩名貍首, 而發首云"曾孫侯氏"者, 但此篇之中有"貍首"之字, 在於篇中撮取"貍首"之字以爲篇首之目. 謂若騶虞之詩, 其字雖在篇內, 而名"騶虞"矣. "曾孫侯氏"者, 謂諸侯也. 此諸侯出於王, 是王之曾孫也, 故云"曾孫侯氏"矣, 若左傳云"曾孫蒯聵"之類, 是也.

번역 ●經文: "故詩曰: 曾孫侯氏, 四正具擧. 大夫君子, 凡以庶士, 小大莫處, 御于君所"~"其也". ○앞의 경문에서는 제후국에서 군주와 신하가 시행하는 사례(射禮)를 설명하였고, 이곳 경문에서는 제후들이 사례를 시행할 때 절도를 맞추며 노래 부르는 악장을 나타내고 있으니, 이것이 바로 '이수(貍首)'라는 시이며, 연사례(燕射禮)를 논의하였으므로, "편안하게 되고, 영예롭게 된다."라고 한 것이다. 그래서 군주와 신하는 서로 참여하여 활쏘기에 대해 뜻을 다하는 것이다. 이 시의 이름은 '이수(貍首)'인데, 첫 구문에서 '증손후씨(曾孫侯氏)'라고 해서 관련성이 없어 보인다. 그러나 이러한 시편의 내용 중에는 '이수(貍首)'라는 글자가 나오며, 편의 내용 중에 나오는 '이수(貍首)'라는 글자를 편의 제목으로 삼은 것이다. 이것은 마치 '추우(騶虞)'라는 시에 있어서도, '추우(騶虞)'라는 글자가 비록 편의 내용 중에 나오지만 편명을 '추우(騶虞)'라고 정한 경우와 같다. '증손후씨(曾孫侯氏)'라는 말은 '제후(諸侯)'를 뜻한다. 이 말은 제후들이 천자로부터 나왔으므로 곧 천자의 증손자가 된다는 뜻이다. 그렇기 때문에 '증손후씨(曾孫侯氏)'라고 부른 것이니, 마치『좌전』에서 '증손(曾孫)인 괴외(蒯聵)'라고 불렀던 부류와 같다.

孔疏 ●"四正具擧"者, 將射之時, 先行燕禮. 其燕之時, 四度正爵, 悉皆擧徧, 謂獻賓·獻君·獻卿·獻大夫, 四獻旣畢乃後射, 故云"具擧".

번역 ●經文: "四正具擧". ○활쏘기를 시행하려고 할 때 먼저 연례(燕禮)를 시행한다. 연례를 시행할 때 정식 의례에서 사용하는 술잔을 4차례 따르게 되는데, 이처럼 시행하여 모두에게 두루 돌아가게 되니, 빈객에게 따라주고 군주에게 따라주며 경에게 따라주고 대부에게 따라준다는 의미로, 이처럼 4차례 술잔 따라주는 일이 모두 끝난 뒤에야 활쏘기를 시작한다. 그렇기 때문에 "모두 술잔을 든다[具擧].”라고 말한 것이다.

孔疏 ●“大夫君子, 凡以庶士”者, 言爲燕之時, 大夫君子及庶衆士等.

번역 ●經文: “大夫君子, 凡以庶士”. ○연례(燕禮)를 시행할 때 참여하는 대부인 군자들과 여러 사 등을 가리킨다.

孔疏 ●“小大莫處, 御于君所”者, 言大夫士等小之與大, 無有處於職司而不來者, 皆御侍于君之處所也.

번역 ●經文: “小大莫處, 御于君所”. ○대부 및 사 등처럼 소신과 대신들이 자신의 직무를 담당하는 곳에 있으며 참여하지 않는 자가 없으니, 모두들 군주가 머물고 있는 장소에서 시중을 든다는 뜻이다.

孔疏 ●“以燕以射”者, 謂先行燕禮, 而後射也.

번역 ●經文: “以燕以射”. ○먼저 연례(燕禮)를 시행하고 그 이후에 사례(射禮)를 시행한다는 뜻이다.

孔疏 ●“則燕則譽”者, 燕, 安也. 旣君臣歡樂, 用是燕安而有聲譽也.

번역 ●經文: “則燕則譽”. ○‘연(燕)’자는 “편안하다[安].”는 뜻이다. 이미 군주와 신하가 즐거워하고 있으니, 이를 통해서 편안하게 여기며 명예를 얻는다는 뜻이다.

孔疏 ●“諸侯自爲正之具也”, 正, 謂脩正. 言射者是諸侯自爲脩正之具, 言脩正得安, 由於射也. 故前文云“內志”, 正謂此也.

번역 ●經文: “諸侯自爲正之具也”. ○‘정(正)’자는 “수양하여 바르게 한다.”는 뜻이다. 즉 활쏘기는 제후들이 제 스스로를 수양하며 올바르게 하는 도구가 된다는 뜻으로, 수양하고 올바르게 하여 편안하게 되는 것은 사례(射禮)에서 비롯된다는 의미이다. 그렇기 때문에 앞의 문장에서 '내지(內志)'라고 한 것은 바로 이 내용을 뜻한다.

孔疏 ◎注"此曾"至"名譽". ○正義曰: 以諸侯射以貍首之篇, 謂今詩文無貍首之篇. 今射義有載"曾孫"之詩, 故知是貍首也. 云"正爵四行, 獻賓·獻公·獻卿·獻大夫"者, 大射禮文. 云"乃後樂作而射也"者, 按大射禮, 獻大夫之後, 乃後工入, 樂作而後射, 此謂大射也. 若燕射則說屨升堂, 坐之後乃射矣, 故燕禮說屨升堂, 獻士畢, "若射, 則大射正爲司射, 如鄉射之禮", 是也.

번역 ◎鄭注: "此曾"~"名譽". ○제후들은 사례(射禮)를 하며 '이수(貍首)'라는 편을 사용하여 절도로 삼는데, 현재의『시』에는 '이수(貍首)'라는 편이 없다. 그런데 현재 이곳「사의」편에 '증손(曾孫)'이라는 시가 수록되어 있기 때문에, 이 내용이 '이수(貍首)'라는 시에 해당한다는 사실을 알 수 있다. 정현이 "정식 의례에 쓰이는 술잔을 4차례 사용한다는 뜻이다. 4차례 사용한다는 것은 빈객에게 따라주고 군주에게 따라주며 경에게 따라주고 대부에게 따라주는 것이다."라고 했는데, 이것은『의례』「대사례(大射禮)」편에 나오는 문장이다. 정현이 "이후에 음악을 연주하고 활쏘기를 시행한다."라고 했는데,「대사례」편을 살펴보면, 대부에게 술잔을 따라준 이후에 곧 악공(樂工)이 들어오고, 음악을 연주한 이후에 활쏘기를 한다고 했으니, 이러한 절차들은 곧 대사례(大射禮)를 가리킨다. 만약 연사례(燕射禮)를 시행한다면, 신발을 벗고서 당상에 오르게 되고, 자리에 앉은 뒤에야 활쏘기를 시행한다. 그렇기 때문에『의례』「연례(燕禮)」편에서 신발을 벗고 당상에 올라가며, 사에게 술을 따라주는 일이 끝나면, "만약 활쏘기를 한다면, 대사정(大射正)이라는 관리가 사사(司射) 역할을 담당하며, 향사례(鄉射禮)처럼 따른다."[58]라고 한 말이 바로 이러한 사실을 나타낸다.

---

58)『의례』「연례(燕禮)」: 若射, 則大射正爲司射, 如鄉射之禮.

集解 愚謂: 則燕, 謂燕樂也. 則譽, 謂有名譽也. 猶詩之言“燕笑語兮, 是以有譽處”也. 記者引此詩, 以證君臣習射之事, 而鄭氏以爲卽貍首之詩, 非也. 儀禮註又附會“樂會時”之義, 謂“貍首者, 欲射諸侯不來朝者之首”, 則益謬矣. 騶虞·采蘋·采蘩, 皆射節也, 然初不及射事, 則貍首之詩必不專爲射而作也. 王者於諸侯, 不祭則修意, 不祀則修言, 不享則修文, 不貢則修名, 未嘗不反而自責, 而治其相服之本, 未嘗遽以甲兵加之. 若因其不朝, 而至欲抗其首而射之, 則雖桀·紂之暴不至是. 史記云, “萇弘設射貍首, 欲以致諸侯.” 是說也, 蓋出於衰周之末厭勝之小術, 而安可以證聖人之經乎?

번역 내가 생각하기에, ‘즉연(則燕)’은 안락하다는 뜻이다. ‘즉예(則譽)’는 명예가 있다는 뜻이다. 이것은 『시』에서 “편안하게 웃고 말하니 이로써 영예를 얻어 천자의 자리에 있도다.”[59]라고 한 말과 같다. 『예기』를 기록한 자가 이 시를 인용한 것은 군주와 신하가 활쏘기를 익히는 사안을 증명하기 위한 것인데, 정현이 이것을 이수(貍首)라는 시로 여긴 것은 잘못된 주장이다. 또 『의례』에 대한 주에서는 “조회를 하는 것에 대해 기뻐한다.”는 뜻을 견강부회하여, “이수(貍首)라는 것은 제후들 중 조회를 오지 않은 자의 머리를 쏘고자 하는 것이다.”라고 했으니, 더욱 오류가 크다. ‘추우(騶虞)’·‘채빈(采蘋)’·‘채번(采蘩)’이라는 시가는 모두 활쏘기를 할 때 절도로 삼는 것이지만, 애초에는 활쏘는 일과 관련이 없던 것이니, 이수라는 시도 분명 활쏘기만을 위해서 지어진 것은 아니었을 것이다. 천자는 제후에 대해서 제사를 지내지 않으면 뜻을 수양하고 말을 수양하며 격식을 갖추고 명예를 다스리니, 일찍이 스스로를 되돌아보며 자책하지 않은 적이 없고, 상호 복종하는 근본적 도리를 다스려서 일찍이 갑작스럽게 병사를 일으켜 정벌한 적이 없었다. 만약 조회를 오지 않았다는 이유로 그 머리를 겨누어 활을 쏘고자 했다면, 걸임금이나 주임금처럼 난폭한 자들도 이러한 행태를 보이지는 않았다. 『사기』에서는 “장홍은 이수에 활을 쏘아 제후들이 찾아오게끔 했다.”[60]라고 했는데, 이러한 주장들은 쇠약해진 주

---

59) 『시』「소아(小雅)·요소(蓼蕭)」: 蓼彼蕭斯, 零露湑兮. 旣見君子, 我心寫兮. <u>燕笑語兮, 是以有譽處兮.</u>
60) 『사기(史記)』「봉선서(封禪書)」: 是時萇弘以方事周靈王, 諸侯莫朝周, 周力少,

나라 말기에 주술로 상대를 복종시키려는 하찮은 방술에서 나온 것으로, 어찌 이를 통해 성인이 지은 경문에 증거를 댈 수 있겠는가?

참고 구문비교

예기·사의 曾孫侯氏, 四正具擧. 大夫君子, 凡以庶士. 小大莫處, 御于君所. 以燕以射, 則燕則譽.

대대례기·투호(投壺) 曾孫侯氏, 今日泰射, 于一張, 侯參之. 曰, 今日泰射, 四正具擧, 大夫君子, 凡以庶士, 小大莫處, 御于君所, 以燕以射, 則燕則譽.

참고 구문비교

예기·사의 言君臣相與, 盡志於射以習禮樂, 則安則譽也. 是以天子制之, 而諸侯務焉.

예기·빙의(聘義) 盡之於禮, 則內君臣不相陵, 而外不相侵, 故天子制之, 而諸侯務焉爾.

대대례기·조사(朝事) 諸侯相與習禮樂, 則德行修而不流也. 故天子制之, 而諸侯務焉.

대대례기·조사(朝事) 盡之于禮, 則內君臣不相陵, 而外不相侵. 故天子制之, 而諸侯務焉.

萇弘乃明鬼神事, 設射貍首. 貍首者, 諸侯之不來者. 依物怪欲以致諸侯.

참고 구문비교

예기·사의 此天子之所以養諸侯而兵不用, 諸侯自爲正之具也.

예기·빙의(聘義) 此天子之所以養諸侯, 兵不用, 而諸侯自爲正之具也.

대대례기·조사(朝事) 此天子之所以養諸侯, 兵不用, 而諸侯自爲正之具也.

대대례기·조사(朝事) 此天子所以養諸侯, 兵不用, 而諸侯自爲正之具也.

대대례기·조사(朝事) 此天子之所以養諸侯, 兵不用, 而諸侯自爲正之法也.

참고 『춘추좌씨전』 애공(哀公) 2년

전문 衛大子禱曰, "曾孫蒯聵敢昭告皇祖文王①·烈祖康叔②·文祖襄公③."

번역 위나라 태자가 기도를 올리며, "증손인 괴외는 감히 황조인 문왕과 열조인 강숙과 문조인 양공께 밝게 아룁니다."라고 했다.

杜注-① 周文王. 皇, 大也.

번역 주나라 문왕이다. '황(皇)'자는 대(大)자의 뜻이다.

杜注-② 烈, 顯也.

번역 '열(烈)'자는 빛난다는 뜻이다.

杜注-③ 繼業守文, 故曰文祖. 蒯聵, 襄公之孫.

번역 과업을 계승하여 선왕의 법도를 지켰기 때문에 '문조(文祖)'라고 부른다. '괴외(蒯聵)'는 양공의 손자이다.

孔疏 ●"衛大"至"襄公". ○正義曰: 禮於曾祖以上冒稱曾孫. 此雖並告三祖, 對文王·康叔稱曾孫也. 晉語說此事於襄公之下, 又有"昭考靈公". 國語與傳異者多矣, 此下云"無作三祖羞", 是無昭考也.

번역 ●傳文: "衛大"~"襄公". ○예법에 따르면 증조부 이상에 대해서는 모두 자신을 가리켜 '증손(曾孫)'이라고 지칭한다. 여기에서는 비록 세 조상에게 모두 아뢰는 것이지만 문왕과 강숙에 대해서 '증손(曾孫)'이라고 지칭한 것이다. 『국어』「진어(晉語)」에는 이 기사를 설명하며 양공 밑에 '밝으신 부친 영공'이라는 말이 기록되어 있다.61) 『국어』는 『좌전』의 기록과 차이를 보이는 곳이 많은데, 이곳 기사 뒤에는 "세 조상의 수치가 되지 않게 하소서."라는 말이 기록되어 있으니, 이것은 부친인 영공에 대한 말이 없었음을 뜻한다.

참고 『시』「소아(小雅)·요소(蓼蕭)」

蓼彼蕭斯, (요피소사) : 장대한 저 쑥이여,
零露湑兮. (영로서혜) : 영롱한 이슬이 그 위에 맺혔구나.
旣見君子, (기견군자) : 이미 군자를 만나보아서,
我心寫兮. (아심사혜) : 내 마음을 모두 털어놓도다.
燕笑語兮, (연소어혜) : 연회를 열어 웃고 말하니,
是以有譽處兮. (시이유예처혜) : 이로써 영예를 얻어 천자의 자리에 있도다.

蓼彼蕭斯, (요피소사) : 장대한 저 쑥이여,
零露瀼瀼. (영로양양) : 맺힌 이슬이 많고도 많구나.
旣見君子, (기견군자) : 이미 군자를 만나보아서,
爲龍爲光. (위룡위광) : 은택을 받고 빛을 발하게 되었노라.
其德不爽, (기덕불상) : 그 덕이 어긋나지 않으니,

---

61) 『국어(國語)』「진어구(晉語九)」: 衛莊公禱曰, "曾孫蒯聵以諄趙鞅之故, 敢昭告于皇祖文王·烈祖康叔·文祖襄公·昭考靈公, 夷請無筋無骨, 無面傷, 無敗用, 無隕懼, 死不敢請."

壽考不忘. (수고불망) : 오래도록 칭송하며 잊지 않는구나.
蓼彼蕭斯, (요피소사) : 장대한 저 쑥이여,
零露泥泥. (영로니니) : 맺힌 이슬이 젖어들고 젖어드는구나.
旣見君子, (기견군자) : 이미 군자를 만나보아서,
孔燕豈弟. (공연기제) : 매우 편안하고 화락하게 평이하구나.
宜兄宜弟, (의형의제) : 형이 되어서도 마땅하고 동생이 되어서도 마땅하니,
令德壽豈. (영덕수기) : 아름다운 덕은 화락한 복을 오래도록 누리리라.

蓼彼蕭斯, (요피소사) : 장대한 저 쑥이여,
零露濃濃. (영로농농) : 맺힌 이슬이 두텁고도 두텁구나.
旣見君子, (기견군자) : 이미 군자를 만나보아서,
絛革忡忡. (조혁충충) : 고삐의 끝이 장식을 늘어트리는구나.
和鸞雝雝, (화란옹옹) : 방울이 화락하게 울리나니,
萬福攸同. (만복유동) : 모든 복이 모이는 바로다.

毛序 蓼蕭, 澤及四海也.

모서 「요소(蓼蕭)」편은 그 은택이 사해에 미쳤음을 읊은 시이다.

참고 『사기』「봉선서(封禪書)」 기록

원문 是時萇弘以方事周靈王, 諸侯莫朝周, 周力少, 萇弘乃明鬼神事, 設射貍首. 貍首者, 諸侯之不來者①. 依物怪欲以致諸侯. 諸侯不從, 而晉人執殺萇弘②. 周人之言方怪者自萇弘.

번역 이 시기에 장홍은 방술로 주나라 영왕을 섬겼는데, 제후들이 주나라 왕실에 조회를 하지 않아 주나라의 힘이 미약해졌다. 그러자 장홍은 귀신 섬기는 일을 대놓고 자행했고 이수에 활을 쏘게 했다. '이수(貍首)'는 제후들 중 조회에 찾아오지 않은 자를 뜻한다. 괴이한 사물에 의지하여 제후들이 조회에

오도록 했던 것이다. 제후들은 그에 따르지 않았고 진나라에서 장홍을 잡아
죽였다. 주나라에서 방술과 괴이한 것을 말하게 된 것은 장홍으로부터 시작되
었다.

①-集解 徐廣曰: 貍, 一名'不來'.

번역 서광62)이 말하길, '이(貍)'를 '불래(不來)'라고도 부른다.

②-集解 皇覽曰: 萇弘冢在河南洛陽東北山上.

번역 『황람』에서 말하길, 장홍의 무덤은 하남 낙양의 동북쪽에 있는 산 위
에 있다.

---

62) 서광(徐廣, A.D.352~A.D.425) : 동진(東晉) 때의 학자이다. 자(字)는 야민(野
民)이다. 서막(徐邈)의 동생이다. 『진기(晉紀)』 등을 편찬했다.

그림 4-6 ▣ 위(衛)나라 세계도(世系圖) Ⅰ

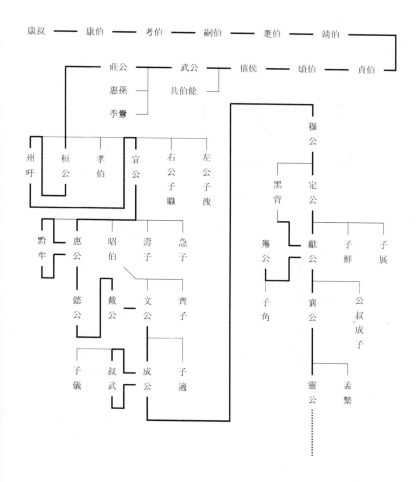

※ **출처**: 『역사(繹史)』 1권 「역사세계도(繹史世系圖)」

그림 4-7 ■ 위(衛)나라 세계도(世系圖) Ⅱ

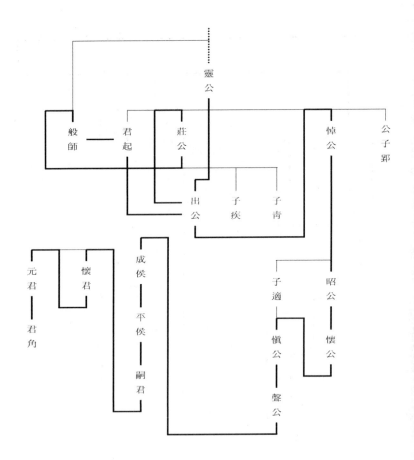

※ 출처:『역사(繹史)』1권「역사세계도(繹史世系圖)」

사례(射禮)와 공자(孔子)의 일화

【708b】

孔子射於矍相之圃, 蓋觀者如堵牆. 射至于司馬, 使子路執弓矢出延射曰: "賁軍之將, 亡國之大夫, 與爲人後者不入, 其餘皆入." 蓋去者半, 入者半.

직역 孔子가 矍相의 圃에서 射한데, 蓋히 觀者가 堵牆과 如라. 射가 司馬에게 至하자, 子路로 使하여 弓矢를 執하고 出하여 射를 延하며 曰, "軍을 賁한 將과 國을 亡한 大夫와 人後로 爲한 者에 與함은 不入하고, 그 餘는 皆히 入하라." 蓋히 去者가 半이고, 入者가 半이라.

의역 공자가 확상(矍相)이라는 땅의 들에서 사례(射禮)를 실시했는데, 지켜보는 자가 많아서 마치 담장처럼 그 주변을 둘렀다. 향음주례(鄕飮酒禮)를 끝내고 사례를 실시하게 되어, 사정(司正)을 재차 사마(司馬)로 정하는 단계까지 진행되었는데, 공자는 자로를 시켜서 활과 화살을 들고 나가 활쏘기에 참여하려는 자들을 불러오도록 하며, "군대를 패망시킨 장수, 나라를 망친 대부, 자신의 부모도 잊고 남의 후사가 되기로 자청한 자들은 들어오지 못하니, 나머지 사람들은 모두 들어오도록 하시오."라고 했다. 그러자 그 자리를 떠나는 자가 반이었고 참여한 자가 반이었다.

集說 矍相, 地名. 如堵牆, 言圍繞而觀者衆也. 鄕飮之禮, 將旅酬, 使相者一人爲司正. 至將射, 則轉司正爲司馬, 故云射至于司馬也. 延, 進也, 誓衆選

賢, 而進其來觀欲射之人也. 賁, 與僨同, 覆敗也. 亡國, 亡其君之國也. 與爲人
後, 言人有死而無子者, 則宗族旣爲之立後矣, 此人復求爲之後也. 賁軍之將
無勇, 亡國之臣不忠, 求爲人後者, 忘親而貪利, 此三等人皆在所當棄, 故不使
之入, 其餘則皆可與之進也.

번역 '확상(矍相)'은 지명이다. "마치 담장과 같았다."라는 말은 둘러싸서
살펴보는 자가 많았다는 뜻이다. 향음주례(鄕飮酒禮)에서 여수(旅酬)를 시행
하려고 하면, 의식을 돕는 자 1명으로 하여금 사정(司正)의 직책을 수행하도록
한다. 활쏘기를 시행하게 되면, 사정을 다시 사마(司馬)로 삼는다. 그렇기 때문
에 "활쏘기가 사마(司馬)에 이르렀다."라고 말한 것이다. '연(延)'자는 "나아가
다[進]."는 뜻이니, 뭇 대중들에게 명세를 하고 현명한 자를 선발하고, 가까이
와서 활쏘기를 관찰하고자 하는 자들을 나오게끔 한 것이다. '분(賁)'자는 '분
(僨)'자와 동일하니 패망했다는 뜻이다. '망국(亡國)'은 자신의 군주가 다스리
는 나라를 망쳤다는 뜻이다. '여위인후(與爲人後)'는 어떤 자가 죽었는데 대를
이을 자식이 없다면, 종족(宗族)은 그를 위해 후손을 대신 세워주는데, 여기에
서 말하는 자는 재차 자신이 요구하여 그 사람의 후손이 된 자를 뜻한다. 군대
를 패망하게 만든 장수는 용맹이 없고, 나라를 망친 신하는 충성스럽지 못하며,
자신이 요구하여 타인의 후손이 된 자는 자신의 부모를 잊고 이로움을 탐한
것이니, 이러한 세 부류의 사람들은 모두 내쳐야만 하는 대상이다. 그렇기 때문
에 그들로 하여금 들어오지 못하도록 했으니, 그 나머지 사람들의 경우에는
모두 참여하여 들어올 수 있었던 것이다.

鄭注 矍相, 地名也. 樹菜蔬曰"圃". 先行飮酒禮, 將射, 乃以司正爲司馬. "子
路執弓矢出延射", 則爲司射也. 延, 進也. 出進觀者欲射者也. 賁, 讀爲"僨",
僨, 猶覆敗也. 亡國, 亡君之國者也. 與, 猶奇也. 後人者, 一人而已. 旣有爲者,
而往奇之, 是貪財也. 子路陳此三者, 而觀者畏其義, 則或去也. 延, 或爲誓.

번역 '확상(矍相)'은 지명이다. 채소류들을 심어둔 땅을 '포(圃)'라고 부른
다. 앞서 향음주례(鄕飮酒禮)를 시행하고 사례(射禮)를 시행하려고 할 때에는

사정(司正)을 사마(司馬)로 삼는다. "자로가 활과 화살을 잡고 나가서 활 쏘는 자들을 나오게끔 했다."고 했으니, 활쏘기를 주관하는 자가 되었다는 뜻이다. '연(延)'자는 "나아가다[進]."는 뜻이다. 밖으로 나가서 관람하는 자들 중 활쏘기에 참여하고자 하는 자들을 나오게끔 한 것이다. '분(賁)'자는 '분(僨)'자로 해석하니, '분(僨)'은 패망시킨다는 뜻이다. '망국(亡國)'은 군주의 나라를 망친 자를 뜻한다. '여(與)'자는 "짝을 이룬다[奇]."는 뜻이다. 남의 후손이 되는 자는 한 사람일 따름이다. 이미 후손이 되기로 정한 자가 있는데, 그곳에 찾아가서 그와 짝을 이루어 후손이 되었으니, 이것은 재물을 탐한 것이다. 자로는 이러한 세 부류의 사람들을 열거했고, 활쏘기를 관람하는 자들은 그 도리를 두려워하여, 어떤 자들은 그 자리를 떠나갔던 것이다. '연(延)'자를 다른 판본에서는 '서(誓)'자로 기록하기도 한다.

釋文 瞫, 俱縛反, 注同. 相, 息亮反. 瞫相, 地名. 圃音補, 徐音布. 觀如字, 又古亂反. 堵, 丁古反. 蔬, 一本作疏, 所魚反. 賁, 依注讀爲僨, 音奮, 覆敗也. 將, 子匠反. 與音預, 注同. 不入, 一本作"不得入"者, 非也. 賁讀音奔. 覆, 方卜反. 奇, 居宜反, 下同. 後如字, 又音候.

번역 '瞫'자는 '俱(구)'자와 '縛(박)'자의 반절음이며, 정현의 주에 나온 글자도 그 음이 이와 같다. '相'자는 '息(식)'자와 '亮(량)'자의 반절음이다. '瞫相'는 지명이다. '圃'자의 음은 '補(보)'이며, 서음(徐音)은 '布(포)'이다. '觀'자는 글자대로 읽고, 또한 '古(고)'자와 '亂(란)'자의 반절음도 된다. '堵'자는 '丁(정)'자와 '古(고)'자의 반절음이다. '蔬'자를 다른 판본에서는 '疏'자로도 기록하는데, '所(소)'자와 '魚(어)'자의 반절음이다. '賁'자는 정현의 주에 따르면 '僨'자로 읽는데, 그 음은 '奮(분)'으로, 패망시킨다는 뜻이다. '將'자는 '子(자)'자와 '匠(장)'자의 반절음이다. '與'자의 음은 '預(예)'이며, 정현의 주에 나오는 글자도 그 음이 이와 같다. '不入'을 다른 판본에서는 '不得入'으로도 기록하는데, 이것은 잘못된 기록이다. '賁'자는 '奔(분)'자로 읽는다. '覆'자는 '方(방)'자와 '卜(복)'자의 반절음이다. '奇'자는 '居(거)'자와 '宜(의)'자의 반절음이며, 아래문장에 나오는 글자도 그 음이 이와 같다. '後'자는 글자대로 읽고, 또한 그 음은 '候

(후)'도 된다.

孔疏 ●"孔子"至"存者". ○正義曰: 從篇首以來, 釋天子以下射樂之節, 又說大射之禮, 幷顯諸侯貍首之義. 故此一節載"孔子射於矍相之圃", 選賢誓衆之禮也.

번역 ●經文: "孔子"~"存者". ○편의 첫 부분부터 그 이후의 내용들은 천자로부터 그 이하의 계층에서 시행하는 사례(射禮)와 음악을 절도로 삼는다는 내용을 해석하였고, 또한 대사례를 설명하고, 아울러 제후들이 사용하는 '이수(貍首)'의 의미를 드러내었다. 그렇기 때문에 이곳 문단에서는 "공자가 확상(矍相)의 들에서 활쏘기를 하였다."라는 내용을 수록하여, 현명한 자를 선발하고 대중들에게 서약하는 예법을 기재한 것이다.

孔疏 ●"射至於司馬"者, 欲射之前, 先行鄕飮酒之禮, 獻賓及介. 獻衆賓之後, 未旅之前, 作相爲司正. 至於將射, 轉司正爲司馬, 故云"射至於司馬"也.

번역 ●經文: "射至於司馬". ○활을 쏘고자 할 때에는 그 이전에 우선적으로 향음주례(鄕飮酒禮)를 시행하여 빈객 및 개(介)에게 술을 따라주게 된다. 여러 빈객들에게 술을 따른 이후 아직 여수(旅酬)를 시행하기 이전에 의례를 돕는 자를 사정(司正)으로 삼는다. 활을 쏘고자 할 때가 되면 사정을 다시 사마(司馬)로 삼는다. 그렇기 때문에, "활쏘기가 사마에 이르다."라고 말한 것이다.

孔疏 ●"使子路執弓矢出延射"者, 謂立司馬之時, 孔子使子路爲司射之官, 出門而延進觀者及欲射之人.

번역 ●經文: "使子路執弓矢出延射". ○사마(司馬)를 세운 시점에 공자는 자로를 시켜서 활 쏘는 일을 담당하는 담당관으로 삼고, 문밖으로 나가서 관람하던 자 및 활을 쏘고자 하는 자들을 나오게끔 했다는 뜻이다.

孔疏 ●“曰賁軍之將”者, 賁, 謂覆敗也. 敗軍之將, 言無勇也.

번역 ●經文: “曰賁軍之將”. ○‘분(賁)’자는 패망하다는 뜻이다. 군대를 패망시킨 장수라는 말은 용맹이 없다는 의미이다.

孔疏 ●“亡國之大夫”者, 謂亡君之國, 言不忠且無智也.

번역 ●經文: “亡國之大夫”. ○군주의 나라를 망쳤다는 뜻으로, 불충하고 지혜가 없다는 의미이다.

孔疏 ●“與爲人後”者, 與, 猶奇也. 謂有人無後, 旣立後訖, 此人復往奇之, 是其貪財也.

번역 ●經文: “與爲人後”. ○‘여(與)’자는 “짝을 이룬다[奇].”는 뜻이다. 즉 어떤 자에게 후사가 없어서 이미 그 자에 대해 후사 세우는 일이 끝났는데, 이 사람이 다시 찾아가서 후사와 짝을 이루어 그 자리를 차지하였으니, 이것은 재물을 탐한 경우에 해당한다.

孔疏 ●“不入, 其餘皆入”者, 言有此以前三惡, 則不得入, 若其餘無此三惡者, 皆得入也.

번역 ●經文: “不入, 其餘皆入”. ○이처럼 앞서 제시한 3가지 악덕을 가진 자라면 들어올 수 없고, 그 이외의 나머지 사람들은 이러한 3가지 악덕이 없을 경우 모두 들어올 수 있다는 의미이다.

孔疏 ◎注“先行”至“去也”. ○正義曰: 知“先行飮酒禮”者, 按儀禮·鄕射先行飮酒之禮, 此射讀相之圃謂賓射, 故鄭注“鄕侯二正”, 是用賓射之正. 又鄕大夫職云: “以鄕射之禮五物詢衆庶.” 鄭引此“孔子射於讀相”之事, 故知與此鄕射同也. 云“賁讀爲僨”者, 若春秋“鄭伯之車僨於濟”, 說文云“僨, 僵也”, 是僨爲覆敗也. 云“與, 猶奇也”者, 謂他人無後, 旣有人後之, 相爲合配. 今已更往後之, 是配合之外, 更有奇隻, 故云"後人者, 一人而已. 既有爲者, 而往奇之".

번역 ◎鄭注: "先行"~"去也". ○정현이 "앞서 향음주례(鄕飮酒禮)를 시행한다."라고 했는데, 이 말이 사실임을 알 수 있는 이유는『의례』「향사례(鄕射禮)」편을 살펴보면, 우선 음주의 예법을 시행하기 때문이다. 그리고 이곳에서는 확상(矍相)의 들에서 활쏘기를 한다고 했는데, 이것은 빈사례(賓射禮)를 뜻한다. 그렇기 때문에 정현의 주에서는 "향후(鄕侯)에는 이정(二正)을 한다."라고 한 것이니, 이것은 빈사례를 실시할 때의 과녁을 사용하는 것이다. 또『주례』「향대부(鄕大夫)」편의 직무 기록에서는 "향사례(鄕射禮)를 통해 오물(五物)로 대중들의 의견을 묻는다."[1]라고 했고, 이 문장에 대한 주에서 정현은 이곳에 나온 "공자가 확상에서 활을 쏘았다."라는 사안을 인용하고 있다. 그렇기 때문에 이곳 내용이 「향사례」편의 내용과 동일한 것임을 알 수 있다. 정현이 "'분(賁)'자는 '분(僨)'자로 해석한다."라고 했는데, 마치『춘추』에서 "정나라 백작의 수레가 제수(濟水)에서 엎어졌다."[2]라고 했을 때의 '분(僨)'자와 같으며,『설문해자』에서는 "'분(僨)'자는 쓰러지다는 뜻이다."라고 했으니, 이 말은 곧 '분(僨)'자가 패배시킨다는 뜻이 됨을 나타낸다. 정현이 "'여(與)'자는 짝을 이룬다는 뜻이다."라고 했는데, 어떤 자에게 후손이 없어서 어떤 자를 이미 그의 후손으로 세웠으니 서로 짝을 이룬 것이다. 그런데 다시금 그곳에 찾아가서 그의 후사가 되었으니, 이것은 짝을 이룬 대상 외에도 새로이 짝을 이루는 한 대상이 생긴 것이다. 그렇기 때문에 "남의 후손이 되는 자는 한 사람일 따름이다. 이미 후손이 되기로 정한 자가 있는데, 그곳에 찾아가서 그에게 짝을 이룬 것이다."라고 말한 것이다.

集解 劉氏敞曰: 先儒謂"與爲人後者, 人有後矣, 而又往與之者也". 有後而又往與之, 是兩後矣, 安有兩後者? 與之者, 干之也. 與爲人後者, 庶子而奪其嫡, 則篡其祖也. 嫡子而後其族, 則輕其親也. 諸父·諸兄·諸弟而後其子兄

---
1)『주례』「지관(地官)·향대부(鄕大夫)」: 退而以鄕射之禮五物詢衆庶, 一曰和, 二曰容, 三曰主皮, 四曰和容, 五曰興舞.
2)『춘추좌씨전』「은공(隱公) 3년」: 庚戌, 鄭伯之車僨于濟.

弟, 則亂昭穆也. 異姓而後於人, 則背其族也. 衰周此類蓋多, 此子路之所惡也.

번역 유창이 말하길, 선대 학자들은 "여위인후(與爲人後)라는 말은 어떤 사람에게 후사를 세웠는데 재차 찾아가서 후사가 되는 일에 참여하는 것이다." 라고 했다. 후사를 세웠는데 재차 찾아가서 후사가 되는 일에 참여한다는 것은 2명의 후사가 생기는 것인데 어찌 2명의 후사가 있을 수 있겠는가? 따라서 '여지(與之)'라는 말은 간여한다는 뜻이다. '여위인후(與爲人後)'라는 것은 서자의 신분임에도 적자의 지위를 빼앗는 것이니 이처럼 된다면 조상을 찬탈하는 것이다. 또 적자의 신분임에도 종족의 후사가 되는 것이니 이처럼 한다면 자신의 부모를 경시하는 것이다. 또 제부·제형·제제의 신분임에도 자식과 형제의 후사가 되는 것이니 이처럼 한다면 소목의 질서를 문란하게 만드는 것이다. 또 성씨가 다른 자임에도 남의 후사가 되는 것이니 이처럼 한다면 자기 종족을 등지는 것이다. 주나라가 쇠약해지자 이러한 부류들이 많아졌는데, 이들은 자로가 미워했던 대상이다.

集解 愚謂: 此孔子與門人行大射之禮也. 矍相之圃, 蓋在學宮之旁, 所謂澤也. 蓋大夫士之欲行大射者, 庭或不足樹侯, 器或不足供用, 故假諸澤宮之廣, 而且資其器焉. 賁軍之將無勇, 亡國之大夫不忠, 與爲人後者不孝.

번역 내가 생각하기에, 이것은 공자가 문인들과 대사례를 시행한다는 내용이다. '확상지포(矍相之圃)'라는 것은 학궁의 변두리에 있었던 것으로 이른바 '택(澤)'이라고 부르던 곳이다. 대부와 사가 대사례를 시행하고자 할 때 마당이라는 공간이 과녁을 설치하기에 좁을 수도 있고, 기물에 있어서도 규정대로 제공하기에 부족할 수도 있다. 그렇기 때문에 택궁(澤宮)처럼 넓은 곳을 빌려 시행하고 또 그곳에 보관된 기물을 빌리는 것이다. 군대를 패배시킨 장수는 용맹이 없고 나라를 망친 대부는 충성스럽지 못하며 남의 후사가 되는 일에 간여한 자는 효성스럽지 못하다.

集解 舊說謂"士不得大射", 非也. 射人王"射三侯", 諸侯"射二侯", 大夫 "射一侯", 士"射犴侯". 犴侯, 皮侯也. 皮侯, 大射所用, 則射人所言, 乃大射之 禮, 而士之得大射可見矣.

번역 옛 학설에서 "사는 대사례를 할 수 없다."라고 했는데 이것은 잘못된 주장이다.『주례』「사인(射人)」편에서는 천자에 대해서 "3종류의 과녁에 활을 쏜다."라고 했고, 제후에 대해서 "2종류의 과녁에 활을 쏜다."라고 했으며, 대부에 대해서 "1종류의 과녁에 활을 쏜다."라고 했고, 사에 대해서 "한후에 활을 쏜다."라고 했다.3) '한후(犴侯)'라는 것은 가죽으로 만든 과녁이다. 가죽으로 만든 과녁은 대사례에서 사용하는 것이니, 「사인」편에서 언급한 내용은 대사례에 해당하여 사도 대사례를 시행할 수 있음을 확인할 수 있다.

참고 구문비교

예기・사의 孔子射於矍相之圃, 蓋觀者如堵牆. 射至于司馬, 使子路執弓 矢出延射曰: "賁軍之將, 亡國之大夫, 與爲人後者不入, 其餘皆入." 蓋去者半, 入者半.

공자가어・관향사(觀鄕射) 於是退而與門人習射於矍相之圃, 蓋觀者如堵 牆焉. 射至於司馬, 使子路執弓矢出列延, 謂射之者曰, "奔軍之將, 亡國之大 夫, 與爲人後者不得入, 人其餘皆入." 蓋去者半.

---

3)『주례』「하관(夏官)・사인(射人)」：以射法治射儀. 王以六耦射三侯, 三獲三容, 樂以騶虞, 九節五正; 諸侯以四耦射二侯, 二獲二容, 樂以貍首, 七節三正; 孤卿 大夫以三耦射一侯, 一獲一容, 樂以采蘋, 五節二正; 士以三耦射犴侯, 一獲一 容, 樂以采蘩, 五節二正.

참고 『춘추좌씨전』은공(隱公) 3년 기록

전문 冬, 齊·鄭盟于石門, 尋盧之盟也.

번역 겨울 제나라와 정나라가 석문에서 맹약을 맺었으니, 노에서의 맹약을 다시 확인한 것이다.

杜注 盧盟在春秋前. 盧, 齊地, 今濟北盧縣故城.

번역 노에서의 맹약은 『춘추』 기록 이전에 있었던 일이다. '노(盧)'는 제나라 땅으로, 지금의 제북 노현에 고성이 남아있다.

전문 庚戌, 鄭伯之車僨于濟.

번역 경술일에 정나라 백작의 수레가 제수(濟水)에서 엎어졌다.

杜注 旣盟而遇大風, 傳記異也. 十二月無庚戌, 日誤.

번역 맹약을 마치고 돌아가는 길에 큰 바람을 만나 전문에서 괴이한 일을 기록한 것이다. 그러나 12월에는 경술일이 없으니 날짜를 잘못 기록한 것이다.

孔疏 ◎注"旣盟"至"日誤". ○正義曰: 釋言云: "僨, 僵也." 舍人曰: "背, 踣意也." 車踣而入濟, 是風吹之隊濟水, 非常之事, 故云傳記異也. 禹貢: "導沇水東流爲濟, 入于河, 溢爲滎." 釋例曰: "濟自滎陽卷縣東經陳留至濟陰, 北經高平, 東經濟北, 東北經濟南, 至樂安博昌縣入海." 按: 檢水流之道, 今古或殊. 杜旣考校元由, 據當時所見, 載於釋例, 今一皆依杜. 雖與水經乖異, 亦不復根尋也. 庚戌無月, 而云十二月者, 以經盟于石門在十二月, 知此亦十二月也. 經書十二月, 下云"癸未, 葬宋穆公", 計庚戌在癸未之前三十三日, 不得共在一月. 彼長曆推此年十二月甲子朔, 十一日有甲戌, 二十二日在丙戌, 不得有庚戌. 而月有癸未, 則月不容誤, 知日誤也.

번역 ◎杜注: "既盟"~"日誤". ○『이아』「석언(釋言)」편에서는 "분(僨)자는 넘어진다는 뜻이다."[4]라고 했다. 사인은 "배(背)자는 넘어진다는 뜻이다."라고 했다. 수레가 넘어져서 제수에 빠진 것이니, 바람이 불어 제수로 빠트린 것으로, 일상적인 일이 아니다. 그렇기 때문에 "전문에서 괴이한 일을 기록한 것이다."라고 했다. 『서』「우공(禹貢)」편에서는 "연수(沇水)를 이끌어서 동쪽으로 흘러가게 하여 제수(濟水)가 되었고, 하수(河水)로 유입되었으며 넘쳐서 영수(滎水)가 되었다."[5]라고 했다. 『석례』에서는 "제수는 영양 권현의 동쪽에서 발원하여 동쪽으로 흘러 진류를 경유해 제음에 도달하고, 북쪽으로 흘러 고평을 경유하고 동쪽으로 흘러 제북을 경유하며 동북쪽으로 흘러 제남을 경유하고 낙안 박창현에 이르러 바다로 유입된다."라고 했다. 살펴보니 물길의 흐름을 검사해보면 고금의 차이가 있다. 두예는 이미 본래의 경유지를 고증하였고, 당시에 나타난 물길에 근거해서 『석례』에 수록하였으니, 현재는 모두 두예의 주에 따른다. 비록 『수경』의 기록과 어긋나고 차이가 있더라도 재차 철저히 고증하지는 않겠다. 경술일이라 했고 해당하는 달을 기록하지 않았는데도 12월이라고 말한 것은 경문에서 석문에서 맹약을 맺었다고 한 것은 12월에 있었으니, 이 또한 12월에 일어난 일임을 알 수 있다. 경문에서는 12월이라고 기록했는데, 뒤의 문장에서 "계미일에 송나라 목공의 장례를 치렀다."라고 했다. 경술일로부터 계미일 전까지를 셈하면 33일이 되니, 둘 모두 같은 달에 있을 수 없다. 『장력』에서는 이해 12월 갑자일이 삭(朔)이었고, 11일에 갑술일이 있으며 22일에 병진일이 있으므로, 경술일이 있을 수 없다고 했다. 그 달에 계미일에 있었다면, 달에 대한 기록은 착오가 아니다. 따라서 날짜를 잘못 기록했음을 알 수 있다.

---

4) 『이아』「석언(釋言)」 : 斃, 踣也. 僨, 僵也.
5) 『서』「우서(虞書)·우공(禹貢)」 : 導沇水, 東流爲濟. 入于河, 溢爲滎.

그림 5-1　◘ 공자(孔子)

像　別　聖　先

※ 출처: 『삼재도회(三才圖會)』「인물(人物)」 4권

　그림 5-2　 ■ 자로(子路)

※ 출처:『성현상찬(聖賢像贊)』

【708c~d】

又使公罔之裘·序點揚觶而語. 公罔之裘揚觶而語曰: "幼壯孝
弟, 耆耋好禮, 不從流俗, 修身以俟死者, 不? 在此位也." 蓋去
者半, 處者半.

직역 又히 公罔之裘와 序點으로 使하 觶를 揚하고 語했다. 公罔之裘는 觶를
揚하고 語하며 曰, "幼壯으로 孝弟하고, 耆耋로 禮를 好하며, 流俗에 不從하고, 身
을 修하여 死를 俟한 者가 不아? 此位에 在라." 蓋히 去者가 半이고, 處者가 半이라.

의역 또한 공자는 공망구와 서점을 시켜서 치(觶)를 들고 사람들에게 술을 권
하며 옛 선왕이 만든 예악(禮樂)을 칭술하도록 시켰다. 공망구가 치를 들고 사람들
에게 술을 권하고 어(語)를 하며, "나이가 어리거나 장성한 자들은 효제(孝悌)에
따르고, 늙은이들은 예(禮)를 좋아하며, 세속의 잘못된 예법에 휩쓸리지 않고, 자신
을 수양하여 죽을 때까지 고수하는 자이어야 하는데, 그렇지 않은가? 그런 자는
이 자리에 있으시오."라고 했다. 그러자 그 자리를 떠나는 자가 반이었고 참여한
자가 반이었다.

集說 公罔, 姓; 裘, 名. 之, 語助也. 序, 姓; 點, 名也. 揚, 擧也. 射畢, 則使主
人之贊者二人, 擧觶於賓與大夫. 儀禮云: "古者於旅也語." 故裘擧觶曰: "幼
壯而盡孝弟之道, 老耋而守好禮之心, 不與流俗同其頹靡, 而守死善道者." 不,
言今此衆人之中有如此樣人否? 當在此賓位也. 於是先時之入者又半去矣.

번역 '공망(公罔)'은 성(姓)에 해당하고 '구(裘)'는 이름에 해당한다. '지
(之)'자는 어조사이다. '서(序)'는 성(姓)에 해당하고 '점(點)'은 이름에 해당한
다. '양(揚)'자는 "들다[擧]."는 뜻이다. 활쏘기가 끝나면 주인을 도왔던 자 2명
을 시켜서 빈객 및 대부들에게 치(觶)를 들어서 술을 권한다. 『의례』에서는
"고대에는 여수(旅酬)를 할 때 선왕의 예악(禮樂)을 칭술하는 어(語)를 했다."[6]

라고 했다. 그렇기 때문에 구가 치를 들어 올려서 술을 권하며, "나이가 어리거나 장성한 자이면서 효제(孝悌)의 도리를 다하고, 노년이 되어서 예(禮)를 좋아하는 마음을 지키며, 세속에 휩쓸려서 쇠퇴함에 따르지 않으며 죽을 때까지 좋은 도리를 지키는 자이다."라고 말한 것이다. '불(不)'자는 "현재 이곳에 모인 많은 사람들 중에 이와 같이 본보기를 보인 자가 있는가? 없는가?"라는 뜻이다. 본보기를 보인 자는 마땅히 이곳에 마련된 빈객의 자리에 머물게 된다. 이때 앞서 들어왔던 자들 중 또한 그 반절이 떠나갔다.

鄭注 之, 發聲也. 射畢, 又使此二人擧觶者, 古者於旅也語, 語, 謂說義理也. 三十曰壯. 耆·耋, 皆老也. 流俗, 失俗也. 處, 猶留也.

번역 '지(之)'자는 소리를 낼 때 나오는 말이다. 활쏘기가 끝나면 또한 두 사람을 시켜서 치(觶)라는 술잔을 들고 술을 권하게 되는데, 고대에는 여수(旅酬)를 할 때 어(語)를 했으니, '어(語)'는 의리(義理)를 설명하는 절차이다. 30세를 '장(壯)'이라 부른다. '기(耆)'와 '질(耋)'은 모두 노인들을 뜻한다. '유속(流俗)'은 잘못된 풍속이다. '처(處)'자는 "남아있다[留]."는 뜻이다.

釋文 公罔, 人姓也, 又作罔. 之裘, 裘, 名也; 之, 語助. 序點, 多簟反. 序, 姓; 點, 名也. 觶, 之豉反. 弟音悌. 耆音祁, 巨支反, 六十曰耆. 耋, 大結反, 七十曰耋, 一云八十曰耋. 好, 呼報反, 下同. "脩身以俟死", 絶句. "者不", 此二字一句, 下及注皆同.

번역 '公罔'은 사람의 성(姓)으로 또한 '罔'으로도 기록한다. '之裘'에서의 '裘'자는 사람의 이름이며, '之'자는 어조사이다. '序點'에서의 '點'자는 '多(다)'자와 '簟(점)'자의 반절음이다. '序'는 사람의 성(姓)에 해당하고, '點'은 사람의 이름에 해당한다. '觶'자는 '之(지)'자와 '豉(시)'자의 반절음이다. '弟'자의 음은 '悌(제)'이다. '耆'자의 음은 '祁(기)'이며, '巨(거)'자와 '支(지)'자의 반절음이고,

---

6) 『의례』「향사례(鄕射禮)」: <u>古者於旅也語</u>. 凡旅不洗. 不洗者不祭.

60세가 된 자를 '耆'라고 부른다. '耋'자는 '大(대)'자와 '結(결)'자의 반절음이며, 70세가 된 자를 '耄'이라고 부르며, 한편 80세가 된 자를 '耋'이라고 부르기도 한다. '好'자는 '呼(호)'자와 '報(보)'자의 반절음이며, 아래문장에 나온 글자도 그 음이 이와 같다. '脩身以俟死'에서 구문을 끊고, '者不'이라는 두 글자가 하나의 구문이 되는데, 아래문장 및 정현의 주에 나온 것도 모두 이와 같다.

孔疏 ●"又使公罔之裘·序點揚觶而語"者, 公罔爲氏也, 裘, 名也. 序, 氏也; 點, 名也. 揚, 擧也. 至將旅之時, 使二⁷⁾人俱擧觶誓衆, 而說所誓之事. 此擧其目, 故總擧二人, 於是公罔之裘先言, 序點後言矣.

번역 ●經文: "又使公罔之裘·序點揚觶而語". ○'공망(公罔)'은 씨(氏)가 되고 '구(裘)'는 이름이 된다. '서(序)'는 씨(氏)가 되고 '점(點)'은 이름이 된다. '양(揚)'자는 "든다[擧]."는 뜻이다. 여수(旅酬)를 시행하려고 할 때가 되면 두 사람을 시켜서 모두 치(觶)라는 술잔을 들고 사람들에게 맹세를 하며, 맹세를 하는 일에 대해 설명해준다. 이 내용은 그 주요 항목을 제시한 것이다. 그렇기 때문에 총괄적으로 두 사람으로 하여금 술잔을 들도록 한 것이고, 이때 공망구가 먼저 말을 하고 서점이 그 이후에 말을 한 것이다.

孔疏 ●"幼壯孝弟"者, 謂二十之幼, 三十之壯, 能於幼·壯以來能行孝弟也.

번역 ●經文: "幼壯孝弟". ○20세가 된 어린 자와 30세가 된 장성한 자들은 어렸을 때나 장성했을 때 잘 시행하여 그 이후로도 효제(孝悌)의 도리를 잘 시행했다는 뜻이다.

---

7) '이(二)'자에 대하여. '이'자는 본래 '일(一)'자로 기록되어 있었는데, 완원(阮元)의 『교감기(校勘記)』에서는 "『고문(考文)』에서 인용하고 있는 송(宋)나라 때의 판본에는 '일'자를 '이'자로 기록하였고, 위씨(衛氏)의 『집설(集說)』에서도 '이'자로 기록하였으니, '이'자로 기록하는 것이 옳다."라고 했다.

孔疏 ●"耆耋好禮"者, 謂六十之耆, 七十之耋, 老而不倦, 愛好於禮.

번역 ●經文: "耆耋好禮". ○60세가 된 노인과 70세가 된 노인은 나이가 들어서도 게으름을 피우지 않고, 예(禮)를 좋아한다는 뜻이다.

孔疏 ●"不從流俗"者, 身行獨行, 不從流移之俗也.

번역 ●經文: "不從流俗". ○몸소 실천하며 홀로 시행하여, 세속의 잘못된 풍습에 따르지 않는다는 뜻이다.

孔疏 ●"修身以俟死"者, 謂脩潔其身, 以俟於死.

번역 ●經文: "修身以俟死". ○자신을 정결하게 다스려서 죽을 때까지 지속한다는 뜻이다.

孔疏 ●"者不, 在此位也"者, "者不", 問此衆人之中有此上諸行不? 若有, 則可在此賓位矣.

번역 ●經文: "者不, 在此位也". ○'자불(者不)'은 여기에 모여 있는 많은 사람들 중에서 앞서 제시한 여러 덕행을 시행한 자가 있느냐고 물어본 것이다. 만약 있다면 이곳에 마련된 빈객의 자리에 있을 수 있다는 의미이다.

孔疏 ●"好學不倦, 好禮不變"者, 此之所誓彌精於前, 前則雖云孝弟·好禮, 未能不倦·不變.

번역 ●經文: "好學不倦, 好禮不變". ○이 구문에서 맹세를 하는 말은 앞서 제시한 말들보다 자세한데, 앞의 경우에는 비록 효제(孝悌)와 예(禮)를 좋아하는 것만을 언급했지만, 나이가 젊기 때문에 아직까지는 게으름을 피우지 않거나 변하지 않을 수 없기 때문이다.

참고 구문비교

예기·사의 又使公罔之裘·序點揚觶而語. 公罔之裘揚觶而語曰: "幼壯孝弟, 耆耋好禮, 不從流俗, 修身以俟死者, 不? 在此位也." 蓋去者半, 處者半.

공자가어·관향사(觀鄕射) 又使公罔之裘·序點揚觶而語曰, "幼壯孝悌, 耆老好禮, 不從流俗, 修身以俟死者, 在此位." 蓋去者半.

참고 『의례』「향사례(鄕射禮)」 기록

기문 古者於旅也語.

번역 고대에는 여수(旅酬)를 할 때 어(語)를 했다

鄭注 禮成樂備, 乃可以言語先王禮樂之道也. 疾今人慢於禮樂之盛, 言語無節, 故追道古也.

번역 예악이 갖춰지게 되면 선왕이 제정한 예악의 도에 대해서 어(語)를 할 수 있었다. 이것은 당시의 사람들이 융성한 예악을 태만하게 여겨 어를 함에 절도가 없는 것을 미워한 것이다. 그렇기 때문에 옛 도리를 미루어 말했던 것이다.

● 그림 5-3 ▣ 치(觶)

※ 출처: 좌-『삼재도회(三才圖會)』「기용(器用)」1권
　　　　상우-『삼례도집주(三禮圖集注)』12권 ; 하우-『육경도(六經圖)』9권

【708d~709a】

序點又揚觶而語曰: "好學不倦, 好禮不變, 旄期稱道不亂者, 不? 在此位也." 蓋勵有存者.

직역 序點은 又히 觶를 揚하고 語하여 曰, "學을 好하며 不倦하고, 禮를 好하며 不變하고, 旄와 期로써 道를 稱하고도 不亂한 者가 不아? 此位에 在라." 蓋히 有存한 者가 勵이라.

의역 서점은 또한 치(觶)를 들고 사람들에게 술을 권하고 어(語)를 하며, "학문을 좋아하되 게으름을 피우지 않고, 예를 좋아하되 변치 않으며, 나이가 아무리 많더라도 도를 말함에 어긋남이 없어야 하는데, 그렇지 않은가? 그런 자는 이 자리에 있으시오."라고 했다. 그 말을 듣자 남아있는 자가 소수에 불과했다.

集說 八十九十曰旄, 百年曰期. 年雖高而言道無所違誤, 故云稱道不亂也. 勵有存者, 蓋去者多而留者寡矣. 子路之延射, 直指惡者而斥之, 則無此惡者自入. 裘·點之揚觶, 但舉善者而留之, 則非其人者自退. 裘之言尙疏, 點之言則愈密矣.

번역 80세나 90세가 된 자를 '모(旄)'라고 부르고, 100세가 된 자를 '기(期)'라고 부른다. 나이가 비록 많지만 도를 말함에 어긋나거나 잘못된 점이 없다. 그렇기 때문에 "도(道)를 일컬으며 혼란스럽지 않다."라고 말한 것이다. '근유존자(勵有存者)'라는 말은 떠나간 자는 많고 남아 있는 자는 적다는 뜻이다. 자로가 활 쏠 자들을 나오게 할 때에는 단지 나쁜 점만을 지적하여 배척했으니, 자로가 지적한 악함이 없는 자들만이 스스로 들어온 것이다. 구와 점이 치(觶)를 들어 올렸을 때에는 단지 선한 덕목을 가리켜서 그러한 자들만 남아 있게 했으니, 선한 덕목을 갖추지 못한 자들은 제 스스로 물러간 것이다. 구의 말은 오히려 범범했지만 점의 말은 더욱 자세했다.

大全 馬氏曰: 觀者如堵牆, 以言其衆庶也. 揚觶而語, 以言其詢衆庶也. 敗軍之將, 亡國之大夫不入, 蓋謀人之兵師敗, 則死之, 謀人之邦邑危, 則亡之, 二者可以死而不死, 則非忠. 捨己之親而與爲人之後者, 則非孝也. 去與入半, 以言其圃之外者, 去與處半, 以言其圃之內者. 而麤者, 僅也. 蓋公罔之裘語之以略, 序點語之以詳, 略故責之以輕而處者半, 詳故責之以重而存者少, 則幼壯孝弟, 耆耋好禮, 不從流俗, 修身以俟死者, 所謂序賓以不侮也. 好學不倦, 好禮不變, 旄期稱道不亂者, 所謂序賓以賢也. 蓋幼壯孝弟, 言其善始, 好學不倦, 言其善終. 耆耋好禮, 則未至于道, 旄期稱道, 則不止於禮. 不從流俗者, 不從於外而已, 好禮不變, 則不變於內, 此其輕重之別也.

번역 마씨가 말하길, "관람하는 자가 담장처럼 둘러 있었다."는 말은 모인 자가 많다는 뜻이다. "치(觶)를 들고서 어(語)를 했다."는 말은 많은 사람들에게 물어보았다는 뜻이다. 군대를 패망시킨 장수와 나라를 망친 대부는 들어가지 않았으니, 남의 군대를 부리는 장수가 되었는데 만약 전쟁에서 패하게 된다면 본인 또한 죽어야 마땅하고, 남의 나라를 위해 정사를 도모하였는데 그 나라가 위태롭게 된다면 자신 또한 물러나는 것이 마땅하니,[8] 두 경우에 해당하는 자들은 죽어야 하는데도 죽지 않았으니 충(忠)이 아니다. 또 자신의 부모를 버리고 남의 후계자가 된 자는 효(孝)가 아니다. 떠나간 자와 들어온 자가 반이라는 것은 들 밖을 기준으로 말한 것이며, 떠나간 자와 머물러 있는 자가 반이라는 말은 들 안을 기준으로 말한 것이다. 그리고 '근(麤)'이라는 것은 '겨우[僅]'라는 뜻이다. 공망구가 어(語)를 할 때에는 대략적인 내용으로 했고, 서점이 어를 할 때에는 상세하게 했다. 대략적으로 말했기 때문에 책망하는 것이 가벼웠으므로 남아있는 자가 반이나 되었던 것이고, 상세하게 말을 했기 때문에 책망하는 것이 무거웠으므로 남아있는 자가 적었던 것이니, 나이가 어리거나 장성해서 효제(孝悌)를 실천하고, 나이가 들어서도 예(禮)를 좋아하며, 잘못된 세속에 휩쓸리지 않고, 자신을 수양하여 죽을 때까지 지속하는 자는 이른바 "빈객들을 차례대로 위치시킬 때 공경함을 기준으로써 했다."는 뜻이다. 학문

---

8)『예기』「단궁상(檀弓上)」【91d】: 君子曰: "謀人之軍師, 敗則死之; 謀人之邦邑, 危則亡之."

을 좋아함에 게으르지 않고, 예(禮)를 좋아함에 변하지 않으며, 나이가 많이 들었음에도 도(道)를 일컬으며 혼란스럽지 않다는 것은 이른바 "빈객들을 차례 대로 위치시킬 때 현명함을 기준으로써 했다."는 뜻이다.9) 나이가 어리고 장성한 자들이 효제를 실천한다는 것은 선함의 시작을 말하는 것이고, 학문을 좋아함에 게으르지 않다는 것은 선함을 끝을 말하는 것이다. 늙은이들이 예를 좋아한다는 것은 아직 도의 경지에 도달하지 못한 것이고, 나이가 매우 많은 자가 도를 일컫는다는 것은 단지 예에 따르는 경지에 그친 것이 아니다. 세속의 잘못에 휩쓸리지 않는다는 것은 외적인 것에 따르지 않는다는 뜻일 뿐이며, 예를 좋아하며 변하지 않는다면 내적으로 변하지 않는 것이니, 이것이 바로 경중에 따른 구별이다.

鄭注 八十·九十曰旄, 百年曰期頤. 稱, 猶言也. 道, 猶行也. 者不, 言有此行不, 可在此賓位也. 序點, 或爲"徐點". 壯, 或爲"將". 旄期, 或爲"旄勤". 今禮揚皆作"騰".

번역 80세나 90세가 된 자를 '모(旄)'라고 부르며, 100세인 자를 '기이(期頤)'라고 부른다. '칭(稱)'자는 "말하다[言]."는 뜻이다. '도(道)'자는 "시행하다[行]."는 뜻이다. '자불(者不)'은 "이러한 행실을 갖추었는가? 그렇지 않은가?"라는 뜻이니, 갖춘 자들은 이곳에 마련된 빈객의 자리에 있을 수 있다는 의미이다. '서점(序點)'을 다른 판본에서는 '서점(徐點)'으로 기록하기도 한다. '장(壯)'자를 다른 판본에서는 '장(將)'자로 기록하기도 한다. '모기(旄期)'를 다른 판본에서는 '모근(旄勤)'으로 기록하기도 한다. 현재의 『의례』 판본에서는 '양(揚)'자를 모두 '등(騰)'자로 기록하고 있다.

釋文 旄, 本又作"耄", 莫報反, 八十·九十曰耄. 期, 本又作"旗", 音其, 如字. 百年曰"期頤", 頤, 養也. 稱如字. "不亂", 絶句, 本或作"而不亂". 勵音勤,

---

9) 『시』「대아(大雅)·행위(行葦)」: 敦弓既堅, 四鍭既鈞, 舍矢既均, <u>序賓以賢</u>. 敦弓既句, 既挾四鍭, 四鍭如樹, <u>序賓以不侮</u>.

又音僅, 少也. 期頤, 以支反, 鄭注曲禮云: "期, 要也. 頤, 養也." "言有此行不",
絶句. 行, 音下孟反.

번역 '旄'자는 판본에 따라서 또한 '耄'자로도 기록하는데, 그 음은 '莫(막)'
자와 '報(보)'자의 반절음이며, 80세나 90세인 사람을 '耄'라고 부른다. '期'자는
판본에 따라서 또한 '朞'자로도 기록하는데, 그 음은 '其(기)'이며, 글자대로 읽
기도 한다. 100세인 사람을 '期頤'라고 부르는데, '頤'자는 보살핌을 받는다는
뜻이다. '稱'자는 글자대로 읽는다. '不亂'에서 구문을 끊는데, 판본에 따라서는
'而不亂'으로 기록하기도 한다. '廑'자의 음은 '勤(근)'이며, 또한 그 음은 '僅
(근)'도 되는데, 적다는 뜻이다. '期頤'에서의 '頤'자는 '以(이)'자와 '支(지)'자의
반절음이며, 『예기』「곡례(曲禮)」편에 대한 정현의 주에서는 " '기(期)'자는 '요
구한다[要].'는 뜻이다. '이(頤)'자는 '봉양한다[養].'는 뜻이다."10)라고 했다. '言
有此行不'에서 구문을 끊는다. '行'자의 음은 '下(하)'자와 '孟(맹)'자의 반절음
이다.

孔疏 ●"旄期稱道不亂"者, 旄, 謂八十·九十曰旄; 期, 謂百年曰期頤. 年
雖甚老, 行道不亂, 亦喩前文"耆耋好禮", 是後者彌精也. 但此記所陳, 唯約鄕
射禮也.

번역 ●經文: "旄期稱道不亂". ○'모(旄)'는 80세나 90세가 된 자를 '모
(旄)'라고 부른다는 뜻이며, '기(期)'는 100세가 된 자를 '기이(期頤)'라고 부른
다는 뜻이다. 나이가 비록 매우 많더라도 도를 시행하는 일에 있어서 혼란스럽
지 않으니, 또한 앞 문장에서 "늙은이가 예(禮)를 좋아한다."는 말을 비유하며,
이것은 그 이후에 더욱 정미해졌다는 의미이다. 다만 이곳 기록에서 진술한
내용들은 『의례』「향사례(鄕射禮)」편의 내용을 약술한 것이다.

孔疏 ●"子路出延射"者, 是將射之前. 按鄕射, 司射比衆耦於堂西. 此"出

---

10) 이 문장은 『예기』「곡례상(曲禮上)」편의 "百年曰期頤."라는 기록에 대한 정현의
    주이다.

延"者, 但觀者既多, 庭中不容, 故出延之入, 乃比耦. 以初門外未入, 觀者既多, 未有賓主之禮, 故誓, 惡者令其不入. 以鄕飮酒禮差之, 射禮畢旅酬之時, 乃使二人擧觶, 故鄕射禮畢, 司馬反爲司正, 樂正升堂復位, 賓取俎西之觶酬主人, 主人酬大夫. 自相旅畢, 君使二人擧觶於賓與大夫, 則當此公罔之裘 · 序點二人擧觶之節也. 但衆賓射事既了, 衆賓皆在賓位, 主人以禮接之, 不復斥言其惡, 於此但簡其善. 公罔簡而尙疏, 序點簡而轉詳. 旄 · 期之老不復能射, 得云 "在位"者, 此極老之人本來觀禮, 雖不能射, 與在賓中, 故知旅酬之時其人尤在也.

번역 ●經文: "子路出延射". ○활을 쏘려고 하기 이전의 상황이다. 『의례』「향사례(鄕射禮)」편을 살펴보면, 활 쏘는 일을 담당하는 자는 당의 서쪽에서 무리들이 짝을 이루게 하여 위치시킨다고 했다. 이곳에서 '출연(出延)'이라고 한 말은 단지 관람하는 자들이 이미 많은 상태이므로, 마당 안으로 그들을 모두 수용할 수 없기 때문에, 밖으로 나가서 활을 쏠 자들을 인도하여 들어와서 곧 그들이 서로 짝을 맺도록 하여 위치시킨 것이다. 최초의 상황은 문밖에서 아직 안으로 들어오지 않았고, 관람하는 자들이 이미 많은 상태였으며, 아직 빈객과 주인 사이에서 시행해야 할 의례를 적용하지 않았기 때문에, 맹세를 하며 악한 자들로 하여금 들어오지 못하도록 한 것이다. 『의례』「향음주례(鄕飮酒禮)」편의 내용에 따라 순서를 정해보면, 사례(射禮)가 끝나서 여수(旅酬)를 시행하려고 할 때에는 곧 두 사람을 시켜서 치(觶)을 들어 술을 권하게 한다. 그렇기 때문에 향사례(鄕射禮)에서도 그 의례가 끝나면, 사마(司馬)를 다시 사정(司正)으로 삼고, 악정(樂正)이 당상으로 올라와서 다시 위치하며, 빈객은 도마이 서쪽에 놓인 치(觶)를 가져다가 주인에게 술을 권하고, 주인은 대부에게 술을 권한다. 상호 술 권하는 일이 끝나면, 군주는 두 사람을 시켜서 치를 들어 빈객과 대부들에게 술을 권하니, 이곳에서 공망구와 서점이라는 두 사람이 치를 들어 올렸던 절차에 해당한다. 다만 여러 빈객들이 활 쏘는 일을 끝냈으면, 여러 빈객들은 모두 빈객이 있는 위치에 가게 되고, 주인은 예법에 따라 그들을 대우하며 재차 그들의 악함을 언급하며 배척하지 않는데, 이곳에서는 단지 그들 중 선한 자만을 가려낸 것이다. 공망구는 사람들을 가려내며 여전히 범범하게 말했는데, 서점은 사람들을 가려내며 보다 상세하게 말했다. 모(旄)와 기(期)에 속하는 노인들은 다시금 활을 쏠 수 없는데도 "자리에 있다."라고 말할 수 있는 것은 이곳에서 말하는 나이가 매우 많은 자들은 본래 그 예법을 관람하기 위해 찾아온 것이니, 비록 활을 쏠 수 있는 요건이 안 된다고 하더라도 빈객이 머무는 자리에 참여할 수 있다. 그렇기 때문에 여수를 할 때 그 사람이 더욱이 그 자리에 위치하게 된다는 사실을 알 수 있는 것이다.

孔疏 ◎注"之發"至"位也". ○正義曰: 按經下云"公罔裘", 上云"之裘", 故知"之", 是發聲也, 卽"裘"爲名矣. 云"射畢又使此二人擧觶者, 古者於旅也語"者, 鄭釋其"公罔之裘·序點揚觶而語"之事. "古者於旅也語"者, 鄕射記文. 鄭注云: "禮成樂備, 乃可以言語先王禮樂之道也." 云"耆·耋, 皆老也"者, 按曲禮云: "六十曰耆." 服虔注僖九年傳云: "七十曰耋." 大略言之, 七十·八十, 謂年餘七十也. 又毛詩傳云: "八十曰耋." 大略言之, 七十·八十皆謂之"耋"也. 云"耆不, 言有行不, 可以在此賓位"者, 謂射畢旅酬之時, 衆賓之位矣.

번역 ◎鄭注: "之發"~"位也". ○경문을 살펴보면 아래문장에서는 '공망구(公罔裘)'라고 했고, 앞에서는 '지구(之裘)'라고 했기 때문에, '지(之)'자가 말을 내뱉을 때 나오는 소리임을 알 수 있으니, 곧 '구(裘)'자가 이름이 된다. 정현이 "활쏘기가 끝나면, 또한 두 사람을 시켜서 치(觶)라는 술잔을 들고 술을 권하게 되는데, 고대에는 여수(旅酬)를 할 때 어(語)를 했다."라고 했는데, 정현은 경문에 나온 "공망구와 서점이 치를 들어 올려서 어를 했다."라는 사안을 해석한 것이다. 정현이 "고대에는 여수를 할 때 어를 했다."라고 한 말은 『의례』「향사례(鄕射禮)」편의 기문(記文)에 나오는 문장이다. 이 문장에 대한 정현의 주에서는 "예악이 갖춰지게 되면 선왕이 제정한 예악의 도에 대해서 어(語)를 할 수 있었다."라고 했다. 정현이 "'기(耆)'와 '질(耋)'은 모두 노인들을 뜻한다."라고 했는데, 『예기』「곡례(曲禮)」편을 살펴보면, "60세가 된 자를 '기(耆)'라고 부른다."11)라고 했다. 희공 9년에 대한 『좌전』의 기록에 대해서 복건의 주를

---

11) 『예기』「곡례상(曲禮上)」【12b】: 人生十年曰幼, 學. 二十曰弱, 冠. 三十曰壯, 有室. 四十曰强, 而仕. 五十曰艾, 服官政. 六十曰耆, 指使. 七十曰老, 而傳. 八

살펴보면, "70세가 된 자를 '질(耋)'이라고 부른다."라고 했다. 대략적으로 말을 한다면 70세나 80세인 자들에 대해서 나이가 대략 70여세가 된다고 말한다. 또 『모시』의 전문에서는 "80세가 된 자를 '질(耋)'이라고 부른다."라고 했다. 대략적으로 말을 한다면 70세나 80세인 자들에 대해서 모두 '질(耋)'이라고 부른다. 또 『모시』의 전문에서는 "80세가 된 자를 '질(耋,)'이라고 부른다."라고 했다. 대략적으로 말을 한다면 70세나 80세인 자들에 대해서 모두 '질(耋)'이라고 부른다. 정현이 "'자불(者不)'은 '이러한 행실을 갖추었는가? 그렇지 않은가?'라는 뜻이니, 갖춘 자들은 이곳에 마련된 빈객의 자리에 있을 수 있다는 의미이다."라고 했는데, 활쏘기가 끝나고 여수(旅酬)를 시행할 때, 빈객 무리들이 자신의 자리에 있게 된다는 뜻이다.

訓纂 呂與叔曰: 記云"旣旅, 士不入", 明未旅, 士猶可入而與射, 故子路執弓延射, 有"入"·"不入", 及"去者"·"入者"之辭也. 卒射, 司馬反爲司正. 然後行旅酬, 卒旅然後使二人擧觶於賓與大夫, 故公罔之裘·序點擧觶, 以衆官皆在賓位, 故有"不在此位", 及"去者"·"處者"·"存者"之辭也.

번역 여여숙이 말하길, 『의례』의 기문에서는 "여수(旅酬)가 진행되었다면 사는 들어오지 못한다."[12]라고 했으니, 아직 여수를 진행하기 이전에 사는 오히려 들어와서 활쏘기에 참여할 수 있는 것이다. 그렇기 때문에 자로가 활을 들고 활쏘기에 참여할 자들을 나오도록 할 때, '들어옴'이나 '들어오지 않음'이라는 말이 있고, '떠난 자'나 '들어온 자'라는 말이 있는 것이다. 활쏘기를 마치면 사마(司馬)는 다시 사정(司正)의 역할을 한다. 그런 뒤에 여수를 시행하고 여수를 마친 뒤에는 두 사람을 시켜서 치(觶)를 들어 올려 빈객과 대부에게 술을 권하게 된다. 그렇기 때문에 공망구와 서점이 치를 들어 올렸던 것이니, 관리들이 모두 빈객의 자리에 있었기 때문에 "이 자리에 있지 않다."는 말이 있고, '떠난 자'나 '머문 자'나 '남은 자'라는 말이 있는 것이다.

十九十曰耄, 七年曰悼, 悼與耄, 雖有罪, 不加刑焉. 百年曰期, 頤.

12) 『의례』「향사례(鄕射禮)」: 旣旅, 士不入. / 『의례』「향음주례(鄕飮酒禮)」: 旣旅, 士不入.

訓纂 王氏念孫曰: "者"字句絶, "不在此位也"別爲一句. 不, 發語詞. 不在此位·在此位也, 言必行能如此, 然後在此位也. 鄭斷"者不"爲句, 言"有此行否, 可以在此賓位也", 失其指矣.

번역 왕념손13)이 말하길, '자(者)'자에서 구문을 끊고 '부재차위야(不在此位也)'라는 말이 별도로 하나의 구문이 된다. '불(不)'자는 발어사에 해당한다. '부재차위(不在此位)'나 '재차위야(在此位也)'라는 말은 반드시 이처럼 할 수 있은 뒤에야 이 자리에 있을 수 있다는 뜻이다. 정현은 '자불(者不)'에서 구문을 끊어 "이러한 행실이 있는가의 여부에 따라 이러한 빈객의 자리에 있을 수 있다."라고 풀이했는데, 이것은 본지를 놓친 것이다.

訓纂 段氏玉裁曰: 弟·禮·死爲韻, 倦·變·亂爲韻.

번역 단옥재14)가 말하길, '제(弟)'자와 '예(禮)'자와 '사(死)'자가 운이 되고, '권(倦)'자와 '변(變)'자와 '난(亂)'자가 운이 된다.

集解 呂氏大臨曰: 孔子不爲已甚, 互鄕難與言, 猶與其進, 未聞拒人如此之甚也. 甕相之事, 疑不出於聖人.

번역 여대림이 말하길, 공자는 분명히 이러한 일을 시행하지 않았을 것이니, 호향의 사람과는 함께 대화를 나누기가 어려웠지만 오히려 찾아온 자에게는 허용을 하였으므로,15) 이처럼 심하게 사람을 거절했다는 말은 들어보지 못했다. 따라서 확상에서의 일화는 아마도 공자가 했던 일이 아닐 것이다.

---

13) 왕념손(王念孫, A.D.1744~A.D.1832): 청(淸)나라 때의 학자이다. 자(字)는 회조(懷租)이고, 호(號)는 석구(石臞)이다. 부친은 왕안국(王安國)이고, 아들은 왕인지(王引之)이다. 대진(戴震)에게 학문을 배웠다. 저서로는 『독서잡지(讀書雜志)』 등이 있다.
14) 단옥재(段玉裁, A.D.1735~A.D.1815): 청(淸)나라 때의 학자이다. 자(字)는 약응(若膺)이고, 호(號)는 무당(懋堂)이다. 저서로는 『설문해자주(說文解字注)』, 『육서음균표(六書音均表)』, 『고문상서찬이(古文尙書撰異)』 등이 있다.
15) 『논어』「술이(述而)」: 互鄕難與言, 童子見, 門人惑. 子曰, "與其進也, 不與其退也, 唯何甚? 人絜己以進, 與其絜也, 不保其往也."

集解 愚謂: 賁軍之將, 亡國之大夫, 與爲人後者, 此三者之人, 蓋廑有之爾. 今以如堵之衆, 而乃居其半焉, 其說固已可疑矣. 至於已與射之人, 至旅酬之後, 乃擯之使不得與於無算爵, 非但不近於人情, 恐於禮亦未之有也. 公罔之裘·序點之所言, 若在聖門, 亦當爲高第弟子, 而乃以責之與射之衆, 豈聖人與人不求備之意? 此記蓋傳聞·附會之言與.

번역 내가 생각하기에, 군대를 패배시킨 장수와 나라를 망친 대부와 남의 후손이 된 자라고 했는데, 이러한 세 가지 경우에 해당하는 자들은 겨우 있을까 말까할 따름이다. 현재의 상황은 담장을 두른 것처럼 많은 사람이 모여 있었고 그 중 절반만이 남게 되었다고 했는데, 그 말이 매우 의심스럽다. 또 이미 활쏘기를 함께 하기로 했던 사람들에 대해서 여수(旅酬)를 시행한 이후에 그들을 배척하여 무산작에 참여할 수 없도록 했는데, 이것은 인정에 맞지 않을 뿐만 아니라 예법에 있어서도 이러한 일은 없었을 것이다. 공망구와 서점이 말한 내용에 따르면, 그들은 공자의 문하에서도 서열이 높은 제자에 해당할 것이다. 그런데도 활쏘기에 참여하는 무리들에 대해서 책무를 부여했으니, 어찌 성인이 다른 사람들과 함께 함에 있어 예법을 제대로 갖추지 않는 뜻을 두었겠는가? 따라서 이곳 『예기』의 기록은 잘못된 소문이 전해지거나 견강부회한 말에 해당할 것이다.

참고 구문비교

예기·사의 序點又揚觶而語曰: "好學不倦, 好禮不變, 旄期稱道不亂者, 不? 在此位也." 蓋廬有存者.

공자가어·관향사(觀鄕射) 序點揚觶而語曰, "好學不倦, 好禮不變, 耄期稱道而不亂者, 在此位." 蓋僅有存焉. 射旣閱, 子路進曰, "由與二三子者之爲司馬, 何如?" 孔子曰, "能用命矣."

『예기』「단궁상(檀弓上)」 기록

君子曰: "謀人之軍師, 敗則死之; 謀人之邦邑, 危則亡之."

군자가 말하길, "남의 군대를 부리는 장수가 되었는데 만약 전쟁에서 패하게 된다면, 본인 또한 죽어야 마땅하다. 남의 나라를 위해 정사를 도모하였는데 그 나라가 위태롭게 된다면, 자신 또한 물러나는 것이 마땅하다."라고 했다.

利己亡衆, 非忠也. 言亡之者, 雖辟賢, 非義退.

자신만을 영화롭게 하고 많은 사람을 망하게 하는 것은 충(忠)이 아니다. '망(亡)'해야 한다고 했는데, 비록 자신보다 현명한 자에게 자리를 내어주게 되더라도, 이것은 의로움에 따라 물러나는 것이 아니라는 의미이다.

應氏曰: 衆死而義不忍獨生, 焉得而不死; 國危而身不可獨存, 焉得而不亡.

응씨16)가 말하길, 병사들이 죽었으므로 의(義)에 따라 차마 홀로 살아갈 수 없으니, 어찌 죽지 않을 수가 있겠는가? 나라가 위태로워지면 제 자신만 홀로 그 자리를 보존할 수가 없으니, 어찌 물러나지 않을 수가 있겠는가?

長樂陳氏曰: 主危臣辱, 主辱臣死, 故謀人之軍師, 敗則死之. 社稷存則與存, 社稷亡則與亡, 故謀人之邦邑, 危則亡之. 思其敗之死, 則無輕軍師, 思其危之亡, 則無輕邦邑. 先王懼夫爲人臣者, 不知出此, 故禮以戒之, 凡使引慝執咎殫忠致命而已.

장락진씨가 말하길, 주군이 위태롭게 되어, 신하가 치욕을 당하게 되는 것이고, 주군이 치욕을 당하게 되어, 신하가 죽게 되는 것이다. 그렇기 때문

16) 금화응씨(金華應氏, ?~?) : =응용(應鏞)·응씨(應氏)·응자화(應子和). 이름은 용(鏞)이다. 자(字)는 자화(子和)이다. 『예기찬의(禮記纂義)』를 지었다.

에 남의 군대를 부리는 장수가 되었는데, 만약 전쟁에서 패하게 된다면, 그 또한 목숨을 버리는 것이다. 사직(社稷)이 보존되면, 더불어 자리를 보존하는 것이고, 사직이 망하게 되면, 함께 망하는 것이다. 그렇기 때문에 남의 나라를 위해 정사를 도모하였는데, 만약 나라가 위태롭게 된다면, 그 또한 물러나는 것이다. 패하게 되면 죽게 되리라는 것을 생각한다면, 군대를 통솔할 때 경솔하게 함이 없게 되고, 나라가 위태롭게 되면 자신도 물러나게 되리라는 것을 생각한다면, 나라를 다스릴 때 경솔하게 함이 없게 된다. 선왕(先王)은 남의 신하가되는 것이 이러한 뜻에서 나온 것임을 알지 못할 것을 염려하였기 때문에, 예(禮)에 따라 주의를 준 것이니, 무릇 사람들로 하여금 자신의 과실을 인정하게하고, 허물을 고치며, 충심을 다하고, 목숨을 바치도록 했을 따름이다.

集解 一萬二千五百人爲軍, 二千五百人爲師. 大夫死衆. 謀人之軍師而至於敗, 則喪師辱國, 而其義不可以獨生矣. 春秋晉·楚之大夫若成得臣·荀林父等, 皆以軍敗請死, 蓋此義也. 亡, 去國也. 大夫去國, 離宗廟, 去邦族, 其禍等於失國, 其哀放於居喪. 謀人之邦邑, 危則亡之, 以見危人之國者, 亦不敢自保其家, 亦國亡與亡之義也.

번역 12,500명의 군대를 '군(軍)'으로 편재하며, 2,500명의 군대를 '사(師)'로 편재한다. 대부(大夫)는 군사들을 위해 목숨을 바친다.[17] 남의 군대를 부리는 장수가 되었는데, 전쟁에서 패하게 된다면, 군대를 잃게 되고 나라를 치욕스럽게 만드니, 의(義)에 따라서는 홀로 살아남을 수가 없다. 춘추시대 때 진(晉)나라와 초(楚)나라의 대부들 중 성득신(成得臣)이나 순림보(荀林父) 등은 모두 군대가 패하자 죽기를 청원하였으니, 무릇 이러한 의(義)에 해당한다고 할수 있다. '망(亡)'자는 그 나라를 떠난다는 뜻이다. 대부가 그 나라를 떠나게되면, 자신의 종묘와도 떨어지게 되고, 그 나라에 남아있는 친족과도 떨어지게되니, 그 불행은 나라를 잃은 것과 같고, 그 슬픔은 상을 치를 때와 같다. 남의나라를 위해 정사를 도모했는데, 만약 그 나라가 위태롭게 되었다면, 그 나라를

---

17) 『예기』「곡례하(曲禮下)」【54a】: 國君去其國, 止之曰, "奈何去社稷也?" 大夫曰, "奈何去宗廟也?" 士曰, "奈何去墳墓也?" 國君死社稷, <u>大夫死衆</u>, 士死制.

떠나서, 남의 나라를 위태롭게 만들었음을 드러내니, 이는 또한 감히 제 자신의
집안만을 보존할 수가 없기 때문이며, 또한 나라가 패망했을 때 자신 또한 함께
패망의 길을 걷는다는 의(義)에 해당한다.

참고 『시』「대아(大雅)·행위(行葦)」

敦彼行葦, (단피행위) : 수북한 저 길가의 갈대를,
牛羊勿踐履. (우양물천리) : 소와 양이 밟지 않게 하라.
方苞方體, (방포방체) : 무성하게 자라나며 성체가 되리니,
維葉泥泥. (유엽니니) : 그 잎은 부드럽고 매끈하리라.
戚戚兄弟, (척척형제) : 가깝고도 친한 형제들에게,
莫遠具爾. (막원구이) : 관계가 먼 것을 따지지 않고 모두를 나아가게 하라.
或肆之筵, (혹사지연) : 나이가 어린 자에게는 대자리를 깔아주고,
或授之几. (혹수지궤) : 나이가 많은 자에게는 안석을 주어라.

肆筵設席, (사연설석) : 대자리를 펴고 자리를 겹으로 설치하며,
授几有緝御. (수궤유집어) : 안석을 주고 교대로 시중을 드는 자가 있구나.
或獻或酢, (혹헌혹초) : 술을 따라주기도 하고 술을 권하기도 하며,
洗爵奠斝. (세작전가) : 술잔을 씻고 술잔을 놓아두는구나.
醓醢以薦, (탐해이천) : 육장을 바치고,
或燔或炙. (혹번혹적) : 구운 고기를 올리기도 하고 구운 간을 올리기도
　　　　　　　　　　　　하는구나.
嘉殽脾臄, (가효비갹) : 좋은 안주에 지라와 혀 고기를 곁들이고,
或歌或咢. (혹가혹악) : 노래를 부르기도 하고 북을 치기도 하는구나.

敦弓旣堅, (조궁기견) : 그림을 새겨놓은 활이 견고하고,
四鍭旣鈞. (사후기균) : 네 발의 화살이 고르게 정돈되어 있구나.
舍矢旣均, (사시기균) : 화살을 쏨에 모두 적중하니,
序賓以賢. (서빈이현) : 빈객의 차례를 정하며 현명함을 기준으로 하는구나.

敦弓旣句, (조궁기구) : 그림을 새겨놓은 활이 당겨지거늘,

旣挾四鍭. (기협사후) : 잡은 네 발의 화살을 두루 쏘았구나.

四鍭如樹, (사후여수) : 네 발의 화살이 과녁에 적중하니,

序賓以不侮. (서빈이불모) : 빈객의 차례를 정하며 공경함을 기준으로 하는구나.

曾孫維主, (증손유주) : 증손인 성왕(成王)이 주인이 되거늘,

酒醴維醹. (주례유유) : 술과 단술의 맛이 짙구나.

酌以大斗, (작이대두) : 대두(大斗)[18]로 술을 따라,

以祈黃耇. (이기황구) : 노인에게 아뢰는구나.

黃耇台背, (황구태배) : 매우 늙어 등에 복어 무늬가 난 노인을,

以引以翼. (이인이익) : 앞에서 인도하고 옆에서 부축하는구나.

壽考維祺, (수고유기) : 장구하게 길하여,

以介景福. (이개경복) : 큰 복을 받도록 도와주리라.

毛序 行葦, 忠厚也. 周家忠厚, 仁及草木. 故能內睦九族, 外尊事黃耇, 養老乞言, 以成其福祿焉.

모서 「행위(行葦)」편은 충직함과 후덕함을 노래한 시이다. 주나라 왕실은 충직하고 후덕하여 인자함이 초목에까지 미쳤다. 그렇기 때문에 내적으로 구족(九族)[19]들을 화목하게 하고 외적으로는 노인들을 존귀하게 섬기니, 노인을 봉양하여 좋은 말씀을 구하여 복을 이룬 것이다.

---

18) 대두(大斗)에서 두(斗)는 술동이에서 술을 풀 때 쓰는 국자이다. '대두'는 그 중에서도 큰 국자로, 손잡이의 길이는 3척(尺)이었다. 『시』「대아(大雅)·행위(行葦)」편에는 "酌以大斗, 以祈黃耇."라는 기록이 있는데, 이 문장에 대한 모전(毛傳)에서는 "大斗, 長三尺也."라고 풀이했다.

19) 구족(九族)은 친족을 범칭하는 말이다. 자신을 중심으로 위로 고조부(高祖父)까지의 네 세대, 아래로 현손(玄孫)까지의 네 세대까지 포함된 친족을 지칭한다. 『서』「우서(虞書)·요전(堯典)」편에는 "克明俊德, 以親九族."이라는 기록이 있는데, 이에 대한 공안국(孔安國)의 전(傳)에서는 "以睦高祖, 玄孫之親."이라고 풀이하였다. 일설에는 '구족'을 부친쪽 친척 중 4촌, 모친쪽 친척 중 3촌, 처쪽 친척 중 2촌까지를 지칭하는 용어라고도 풀이한다.

참고 『예기』「곡례상(曲禮上)」 기록

경문-12b 人生十年曰幼, 學. 二十曰弱, 冠. 三十曰壯, 有室. 四十曰强, 而仕. 五十曰艾, 服官政. 六十曰耆, 指使. 七十曰老, 而傳. 八十九十曰耄, 七年曰悼, 悼與耄, 雖有罪, 不加刑焉. 百年曰期, 頤.

번역 사람이 태어나서 10세가 되면, 그런 사람을 어리다는 뜻에서 유(幼)라고 부르고, 학문에 입문하도록 한다. 20세가 되면, 아직 장성한 것이 아니기 때문에 약(弱)이라고 부르고, 관례를 해준다. 30세가 되면, 장성하였기 때문에 장(壯)이라고 부르고, 혼인을 시켜서 가정을 이루게 한다. 40세가 되면, 뜻과 기운이 강성해졌기 때문에 강(强)이라고 부르고, 하위관료에 임명한다. 50세가 되면 머리가 희끗희끗해져서 마치 쑥잎처럼 되기 때문에 애(艾)라고 부르고, 고위관료에 임명하여 국정에 참여하도록 한다. 60세가 되면, 노인에 가까워지기 때문에 기(耆)라고 부르고, 제 스스로 일을 처리하기보다는 남에게 지시를 하며 시키게 된다. 70세가 되면, 나이가 들었기 때문에 노(老)라고 부르고, 가사를 아들에게 전수한다. 80세나 90세가 되면, 정신이 흐려지고 잘 잊어버리기 때문에 모(耄)라고 부르고, 한편 7세가 된 아이들은 가엾기 때문에 도(悼)라고 부르는데, 이 두 부류의 사람들은 비록 죄를 지었다고 하더라도, 그것은 실수로 죄를 범한 것이지 고의로 한 것이 아니기 때문에, 형벌을 내리지 않는다. 100세가 되면, 수명이 거의 다 되어가기 때문에, 기(期)라고 부르고, 남의 도움 없이는 아무 것도 할 수 없으니, 모든 일들에 대해서 봉양을 해주어야 한다.

鄭注 名曰幼, 時始可學也. 內則曰: "十年出就外傅, 居宿於外, 學書計." 有室, 有妻也. 妻稱室. 艾, 老也. 指事使人也. 六十不與服戎, 不親學. 傳家事, 任子孫, 是謂宗子之父. 耄, 惛忘也. 春秋傳曰: "謂老將知, 耄又及之." 悼, 憐愛也. 愛幼而尊老. 期猶要也. 頤, 養也. 不知衣服食味, 孝子要盡養道而已.

번역 10세가 된 사람을 '유(幼)'라고 부르니, 이 시기에 비로소 학문을 익힐 수 있는 것이다. 『예기』「내칙(內則)」편에서는 "10살이 되면 집을 벗어나서 외

부에 있는 스승을 찾아가며, 집밖에 거주하면서 스승에게서 육서(六書)20)와
구수(九數)21)를 익혔다."22)라고 했다. '유실(有室)'은 아내를 맞아들인다는 뜻
이다. 아내를 '실(室)'이라고 부른다. '애(艾)'자는 "늙었다[老]."는 뜻이다. '지
사(指使)'는 일을 지시하여 사람을 시킨다는 뜻이다. 60세가 되면 병역에 복무
하지 않으며,23) 제자의 예를 갖춰서 배움을 구하는 일을 하지 않는다.24) '전
(傳)'자는 가사를 전수하여 자손들에게 맡긴다는 뜻이니, 이 내용은 종자(宗子)
의 부친에게 해당하는 말이다. '모(耄)'자는 정신이 흐릿해지고 잘 잊어버린다
는 뜻이다. 『춘추전』에서 말하길, "속담에서는 나이가 들어 지혜롭게 되자, 곧
망령기가 든다."25)라고 했다. '도(悼)'자는 가엽게 여겨서 애착을 가진다는 뜻
이다. 형벌을 내리지 않는 이유는 나이가 너무 어린 자를 가엽게 여기고, 나이
가 많은 자를 존중하기 때문이다. '기(期)'자는 "요구한다[要]."는 뜻이다. '이
(頤)'자는 "봉양한다[養]."는 뜻이다. 100세가 된 사람들은 의복을 입고 음식을
먹는 것 등에 대해서 분별할 수 없으므로, 자식은 봉양의 도리를 다할 수 있도
록 기약할 따름이다.

孔疏 ●"六十曰艾, 指使"者, 賀瑒云: "艾, 至也, 至老之境也. 六十耳順,
不得執事, 但指事使人也." 鄭注射義云: "艾耋皆老也."

---

20) 육서(六書)는 한자의 구성과 형성에 대한 여섯 가지 이론으로, 상형(象形), 지사
(指事: =處事), 회의(會意), 형성(形聲: =諧聲), 전주(轉注), 가차(假借)를 뜻한
다. 『주례』「지관(地官)・보씨(保氏)」편에는 "五曰六書."라는 기록이 있는데, 이
에 대한 정현의 주에서는 정사농(鄭司農)의 주장을 인용하여, "六書, 象形・會意
・轉注・處事・假借・諧聲也."라고 풀이했다.
21) 구수(九數)는 고대의 아홉 가지 계산 방법이다. 방전(方田), 속미(粟米), 차분(差
分), 소광(少廣), 상공(商功), 균수(均輸), 방정(方程), 영부족(贏不足), 방요(旁
要)를 뜻한다. 『주례』「지관(地官)・보씨(保氏)」편에는 "六曰九數."라는 기록이
있는데, 이에 대한 정현의 주에서는 정중(鄭衆)의 주장을 인용하여, "九數, 方田
・粟米・差分・少廣・商功・均輸・方程・贏不足・旁要."라고 풀이했다.
22) 『예기』「내칙(內則)」【368a】: 九年, 敎之數日. 十年, 出就外傅, 居宿於外, 學書計.
23) 『예기』「왕제(王制)」【178b】: 五十不從力政, 六十不與服戎, 七十不與賓客之
事, 八十齊喪之事, 弗及也.
24) 『예기』「왕제(王制)」【178c】: 五十而爵, 六十不親學, 七十致政, 唯衰麻爲喪.
25) 『춘추좌씨전』「소공(昭公) 1년」: 諺所謂老將知而耄及之者, 其趙孟之謂乎!

孔疏 ●經文: "六十曰耆, 指使". ○하창은 "'기(耆)'자는 '도달한다[至].'는 뜻으로, 노인의 경계에 도달했음을 의미한다. 60세에는 말만 듣고도 본지를 파악한다고 하니,[26] 단지 일을 지시하며 사람을 부리게 될 따름이다."라고 했다. 「사의」편에 대한 정현의 주에서는 "'기'자와 '질(耋)'자는 모두 노인들을 뜻한다."라고 했다.

참고 『의례』「향사례(鄕射禮)」 기록

기문 旣旅, 士不入.

번역 여수(旅酬)가 진행되었다면 사는 들어오지 못한다.

鄭注 後正禮也. 旣旅, 則將燕矣. 士入, 齒於鄕人.

번역 정식 의례절차가 끝난 이후이기 때문이다. 여수(旅酬)를 진행하였다면 연회를 시행하려고 하는 때이다. 사가 들어가게 되면 향리의 사람들과 나이에 따라 서열을 정한다.

賈疏 ◎注"士入齒於鄕人". ○釋曰: 以其士立于下, 故齒於鄕人也.

번역 ◎鄭注: "士入齒於鄕人". ○사는 당하에 서 있기 때문에, 향리 사람들과 나이에 따라 서열을 정한다.

---

26) 『논어』「위정(爲政)」 : 子曰, "吾十有五而志于學, 三十而立, 四十而不惑, 五十而知天命, 六十而耳順, 七十而從心所欲, 不踰矩."

참고 『의례』「향음주례(鄕飮酒禮)」 기록

기문 既旅, 士不入.

번역 여수(旅酬)가 진행되었다면 사는 들어오지 못한다.

鄭注 後正禮也, 既旅則將燕矣.

번역 정식 의례절차가 끝난 이후이기 때문이니, 여수(旅酬)를 진행하였다면 연회를 시행하려고 하는 때이다.

賈疏 ●“既旅士不入”. ◎注“後正”至“燕矣”. ○釋曰: 旅謂旅酬, 所酬獻皆拜受, 故云“正禮”. 既旅之後無筭爵, 行燕飲之法, 非正禮, 故士不入, 後正禮故也.

번역 ●記文: “既旅士不入”. ◎鄭注: “後正”~“燕矣”. ○‘여(旅)’자는 여수(旅酬)를 뜻하니, 술을 권하고 따라줄 때에는 모두 절을 하며 술잔을 받는다. 그렇기 때문에 ‘정례(正禮)’라고 했다. 여수를 진행한 이후에는 무산작을 시행하니, 연회에서 음주하는 예법을 시행하므로 정식 의례절차가 아니다. 그렇기 때문에 사는 들어가지 않으니, 정식 의례절차가 끝난 이후이기 때문이다.

참고 『논어』「술이(述而)」 기록

경문 互鄕難與言, 童子見, 門人惑①. 子曰: “與其進也, 不與其退也, 唯何甚②? 人絜己以進, 與其絜也, 不保其往也③.”

번역 호향의 사람과는 함께 대화하기가 어려운데, 그곳의 동자가 찾아와 공자를 찾아뵈니 문인들이 괴이하게 여겼다. 공자는 “가르침의 도에서는 나아가는 것은 허용하되 물러나는 것은 허용하지 않는데 어찌 그리 심하게 대하겠는가? 사람이 자신을 청결히 하여 나아갔으니 그의 청결함을 허용하지만, 그의 이전 행실까지는 보장할 수 없다."라고 했다.

何注-① 鄭曰: 互鄕, 鄕名也. 其鄕人言語自專, 不達時宜, 而有童子來見孔子, 門人怪孔子見之.

번역 정씨가 말하길, '호향(互鄕)'은 향리의 이름이다. 그 향리의 사람들은 말을 제멋대로 하여 시의에 통달하지 못했는데, 그곳에 사는 동자가 찾아와서 공자를 찾아뵈니, 문인들은 공자가 그를 만나본 것을 괴이하게 여겼다.

何注-② 孔曰: 教誨之道, 與其進, 不與其退. 怪我見此童子, 惡惡一何甚.

번역 공씨가 말하길, 가르침의 도리에서는 나아가는 것은 허용하되 물러나는 것을 허용하지 않는다. 내가 그 향리의 동자를 만나보는 것을 괴이하게 여기는데, 악함을 미워하는 것이 어찌 그리도 심한가.

何注-③ 鄭曰: 往猶去也. 人虛己自絜而來, 當與之進, 亦何能保其去後之行.

번역 정씨가 말하길, '왕(往)'자는 과거를 뜻한다. 사람이 자신을 비우고 스스로 청결하게 해서 찾아왔으니 마땅히 그가 나아가는 것을 허용해야 하지만, 또한 어떻게 그의 이전 행실까지 보장할 수 있겠는가.

邢疏 ●"互鄕"至"往也". ○正義曰: 此章言教誨之道也.

번역 ●經文: "互鄕"~"往也". ○이 문장은 가르침의 도를 설명하고 있다.

邢疏 ●"互鄕難與言, 童子見, 門人惑"者, 互鄕, 鄕名也. 其鄕人言語自專, 不達時宜, 而有童子來見孔子, 門人怪孔子見之. 琳公云: "此'互鄕難與言童子見'八字通爲一句, 言此鄉有一童子難與言, 非是一鄉皆難與言也."

번역 ●經文: "互鄉難與言, 童子見, 門人惑". ○'호향(互鄉)'은 향리의 이름이다. 그 향리의 사람들은 말을 제멋대로 하여 시의에 통달하지 못했는데, 그곳에 사는 동자가 찾아와서 공자를 찾아뵈니, 문인들은 공자가 그를 만나본 것을 괴이하게 여겼다. 임공은 "이 문장에서 '호향난여언동자현(互鄉難與言童子見)'이라는 8글자는 하나의 구문이 되니, 이 마을에 한 동자가 있었는데 그와 함께 대화를 나누기가 어려웠다는 뜻으로, 마을 사람들 모두 대화를 나누기가 어렵다는 뜻이 아니다."라고 했다.

邢疏 ●"子曰: 與其進也, 不與其退也, 唯何甚"者, 孔子以門人怪己, 故以言語之, 言敎誨之道, 與其進, 不與其退也, 怪我見此童子, 惡惡一何甚乎.

번역 ●經文: "子曰: 與其進也, 不與其退也, 唯何甚". ○공자는 자신의 문인들이 자기를 괴이하게 여겼기 때문에 이러한 말을 해주었던 것이다. 즉 가르침의 도리에 있어서 나아가는 것은 허용하되 물러나는 것은 허용하지 않으니, 내가 이 동자를 만나본 것을 괴이하게 여기는데, 악함을 미워하는 것이 어찌 그리도 심한가.

邢疏 ●"人絜己以進, 與其絜也, 不保其往也"者, 往猶去也. 言人若虛己自絜而來, 當與之進, 亦何能保其去後之行. 去後之行者, 謂往前之行, 今已過去. 顧懽云: "往謂前日之行. 夫人之爲行, 未必可一, 或有始無終, 先迷後得. 敎誨之道, 絜則與之, 往日之行, 非我所保也."

번역 ●經文: "人絜己以進, 與其絜也, 不保其往也". ○'왕(往)'자는 떠난다는 뜻이다. 사람이 만약 자신을 비우고 스스로 청결하게 해서 찾아왔다면 마땅히 그가 나아가는 것을 허용해야 하지만, 또한 어떻게 그의 이전 행실까지 보장할 수 있겠는가. '거후지행(去後之行)'이라는 말은 이전의 행실이니 지금의 시점에서는 이미 과거가 된다. 고환은 "왕(往)은 지난날의 행실을 뜻한다. 사람이 행동을 할 때에는 반드시 한결같을 수만은 없어서, 어떤 경우에는 시작은 있지만 끝이 없고 이전에는 미혹되었지만 이후에는 터득한 경우도 있다. 가르침의 도리에 있어서는 그가 자신을 깨끗하게 했다면 허용하며 이전의 행실에 대해서는 내가 보장할 수 있는 것이 아니다."라고 했다.

集註 互鄕, 鄕名. 其人習於不善, 難與言善. 惑者, 疑夫子不當見之也.

번역 '호향(互鄕)'은 향리의 이름이다. 그 마을의 사람들은 불선을 행하는 것이 익숙하여 함께 선을 말하기가 어려웠다. '혹(惑)'은 공자가 그를 만나보아서는 안 된다고 의심한 것이다.

集註 疑此章有錯簡. "人潔"至"往也"十四字, 當在"與其進也"之前. 潔, 脩治也. 與, 許也. 往, 前日也. 言人潔己而來, 但許其能自潔耳, 固不能保其前日所爲之善惡也; 但許其進而來見耳, 非許其旣退而爲不善也. 蓋不追其旣往, 不逆其將來, 以是心至, 斯受之耳. 唯字上下, 疑又有闕文, 大抵亦不爲已甚之意.

번역 이 문장에는 착간이 있는 것 같다. '인결(人潔)'로부터 '왕야(往也)'까지의 14개 글자는 마땅히 '여기진야(與其進也)'라는 말 앞에 있어야 한다. '결(潔)'자는 자신을 수양하고 다스린다는 뜻이다. '여(與)'자는 허용한다는 뜻이다. '왕(往)'자는 지난날을 뜻한다. 사람이 자신을 수양하고서 찾아왔다면, 단지 그가 스스로 수양할 수 있음을 허용할 따름이니, 진실로 그가 이전에 시행한 선악에 대해서는 보장할 수 없다. 또한 그가 찾아와서 만나보고자 한 것을 허용한 것일 뿐이니, 그가 물러난 뒤에 다시 불선을 행하는 것까지도 허용한 것은 아니다. 이것은 이전의 행실을 미루어보지 않고 앞으로의 행실을 억측하지 않으며, 이러한 마음으로 찾아오면 받아들일 따름이라는 뜻이다. '유(唯)'자의 앞 뒤에도 빠진 글자가 있는 것 같은데, 대체적인 뜻은 또한 너무 심하게 하지 않는다는 의미이다.

集註 程子曰: 聖人待物之洪如此.

번역 정자가 말하길, 성인이 남을 대할 때의 도량은 이처럼 넓다.

그림 5-4 ▣ 궤(几)와 연(筵)

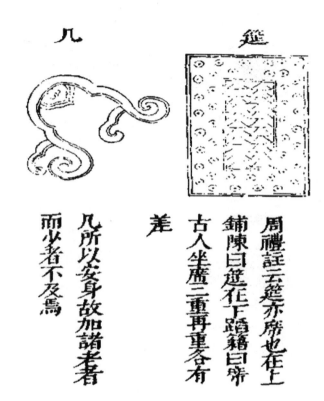

※ 출처:『삼재도회(三才圖會)』「기용(器用)」2권

● 그림 5-5   ◼ 작(爵)

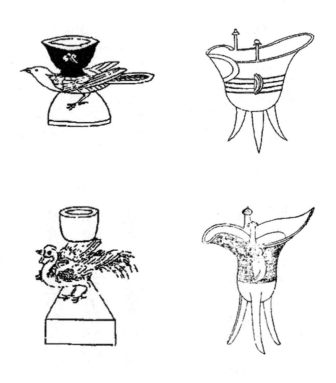

※ 출처: 상좌-『삼례도집주(三禮圖集注)』12권 ; 상우-『삼례도(三禮圖)』3권
      하좌-『육경도(六經圖)』6권 ; 하우-『삼재도회(三才圖會)』「기용(器用)」1권

그림 5-6　◪　가(斝)

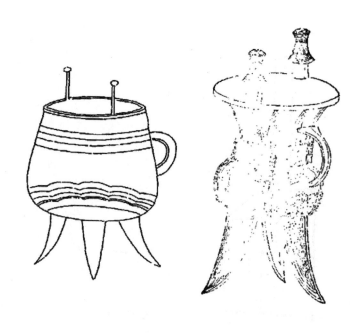

※ **출처**: 좌-『삼례도(三禮圖)』 3권 ; 우-『삼재도회(三才圖會)』「기용(器用)」 1권

● 그림 5-7 ◼ 두(斗)

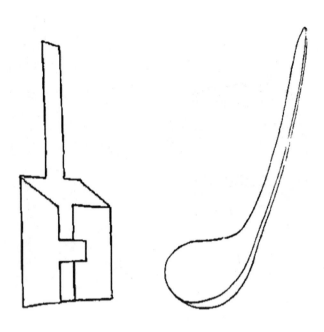

※ 출처: 우-『삼재도회(三才圖會)』「기용(器用)」 1권
　　　　좌-『삼례도(三禮圖)』 3권

사(射)의 의미

【709b~c】

射之爲言者繹也, 或曰舍也. 繹者, 各繹己之志也. 故心平體正,
持弓矢審固; 持弓矢審固, 則射中矣. 故曰爲人父者以爲父鵠,
爲人子者以爲子鵠, 爲人君者以爲君鵠, 爲人臣者以爲臣鵠, 故
射者各射己之鵠. 故天子之大射謂之射侯. 射侯者, 射爲諸侯
也. 射中則得爲諸侯, 射不中則不得爲諸侯.

직역 射의 言이 爲한 者는 繹이며, 或은 曰, 舍라. 繹은 各히 己의 志를 繹함이
다. 故로 心이 平하고 體가 正하여, 弓矢를 持함이 審固하고; 弓矢를 持함이 審固하
면, 射는 中이라. 故로 曰, 人父가 爲한 者는 이로써 父鵠으로 爲하고, 人子가 爲한
者는 이로써 子鵠으로 爲하며, 人君이 爲한 者는 이로써 君鵠으로 爲하고, 人臣이
爲한 者는 이로써 臣鵠이라 爲하니, 故로 射者는 各히 己의 鵠에 射한다. 故로 天子
의 大射를 射侯라 謂한다. 射侯는 射하여 諸侯로 爲함이다. 射가 中하면 諸侯로
爲함을 得하고, 射가 不中하면 諸侯로 爲함을 不得한다.

의역 '사(射)'라는 말은 "찾는다[繹]."는 뜻이며, 또한 "머무르다[舍]."라는 뜻
으로 말하기도 한다. '역(繹)'이라는 것은 각각 자신의 뜻에 대해 탐구하는 것이다.
그렇기 때문에 마음이 편안하고 몸이 바르며 활과 화살을 잡은 것이 모두 확고하니,
활과 화살을 잡은 것이 모두 확고하다면 활을 쏘아서 적중시킨다. 그렇기 때문에
부친이 된 자는 이것을 부곡(父鵠)으로 삼고, 자식이 된 자는 이것을 자곡(子鵠)으
로 삼으며, 군주가 된 자는 이것을 군곡(君鵠)으로 삼고, 신하가 된 자는 이것을
신곡(臣鵠)으로 삼는다. 그래서 활쏘기는 각각 자신의 곡(鵠)에 활을 쏘는 것이다.

그렇기 때문에 천자가 제정한 대사례(大射禮)에 대해서는 이것을 사후(射侯)라고 부르니, '사후(射侯)'라는 것은 활을 쏘아서 제후가 된다는 뜻이다. 활을 쏘아서 적중을 시킨 자는 제후가 될 수 있고, 활을 쏘아서 적중을 시키지 못한 자는 제후가 될 수 없다.

集說 繹己之志者, 各尋其理之所在也. 射己之鵠者, 各中其道之當然也. 舍, 止也. 道之所止, 如君止於仁, 父止於慈之類.

번역 "자신의 뜻을 찾는다."는 말은 각각 그 이치가 있는 곳을 탐구한다는 뜻이다. "자신의 곡(鵠)에 활을 쏜다."는 말은 각각 그 도의 당연한 바에 맞춘다는 뜻이다. '사(舍)'자는 "머무르다[止]."는 뜻이다. 도가 머물러 있다는 의미이니, 예를 들어 군주가 인자함에 머물고 부친이 자애로움에 머문다는 부류와 같다.[1]

集說 鄭氏曰: 得爲諸侯, 謂有慶也. 不得爲諸侯, 謂有讓也. 又司裘註云: 侯者, 其所射也. 以虎熊豹麋之皮飾其側. 又方制之以爲準, 謂之鵠, 著于侯中. 謂之鵠者, 取名於鳱鵠. 鳱鵠小鳥, 難中, 是以中之爲雋.

번역 정현이 말하길, "제후가 될 수 있다."는 말은 은덕을 받는다는 뜻이다. "제후가 될 수 없다."는 말은 책망을 받는다는 뜻이다. 또『주례』「사구(司裘)」편에 대한 정현의 주에서는 "'후(侯)'라는 것은 활을 쏘는 과녁이다. 호랑이·곰·표범·사슴의 가죽으로 그 가장자리를 장식한다. 또한 균등하게 제작하여 판을 만드니, 이것을 '곡(鵠)'이라 부르고, 이것을 '후(侯)' 중앙에 붙인다. 이것을 '곡(鵠)'이라고 부르는 이유는 간곡(鳱鵠)이라는 새에서 그 명칭을 취한 것이다. '간곡(鳱鵠)'은 작은 새이기 때문에 맞추기가 어렵다. 이러한 까닭으로 그 새를 맞춘 것을 '준(雋)'이라고 한다."[2]라고 했다.

---

1) 『대학』「전(傳) 3장」: 爲人君, 止於仁, 爲人臣, 止於敬. 爲人子, 止於孝. 爲人父, 止於慈. 與國人交, 止於信.
2) 이 문장은 『주례』「천관(天官)·사구(司裘)」편의 "王大射, 則共虎侯·熊侯·豹

集說 呂氏曰: 張皮侯而棲鵠, 方制之, 置侯之中以爲的者也.

번역 여씨가 말하길, 가죽으로 된 과녁을 펼치고 '곡(鵠)'을 붙이는데, 균등하게 제작하여 과녁 가운데 이것을 붙여 적(的)으로 삼는 것이다.

大全 嚴陵方氏曰: 各繹己之志者, 若爲人子爲人臣, 各繹己之志於其鵠也. 前言內志正外體直, 而此言心平體正者, 皆互言之爾. 鵠, 一也, 而有父·子·君·臣之異名, 何也? 各隨其所志以爲之鵠, 爲人父者所志在於爲父, 故以所射之鵠爲父鵠, 言射中其鵠, 乃可以爲人父故也. 所謂子也·君也·臣也, 亦若是而已. 夫是之謂各繹己志也. 射者, 不特君·臣·父·子, 而此止以是爲言者, 內則父子, 外則君臣, 人之大倫故也. 大射者, 擇士之射也. 擇士, 將以助祭, 禮之大者, 莫如祭, 故以大言之. 自卿大夫而下, 皆俾之射, 然止以射侯爲言者, 蓋人臣之貴, 莫貴於諸侯, 以見雖至貴者, 亦由射而得之也.

번역 엄릉방씨가 말하길, "각자 자신의 뜻을 펼친다."는 말은 마치 자식이나 신하의 입장이 된 자들이 각자 그들의 곡(鵠)을 통해서 자신의 뜻을 펼치는 것과 같다. 앞에서는 "내적으로 뜻이 올바르고 외적으로 몸이 강직하다."라고 했고, 이곳 문장에서는 "마음이 편안하고 몸이 바르다."라고 했는데, 이 모두는 상호 호환이 되도록 말한 것일 뿐이다. '곡(鵠)'은 동일할 따름인데, 부친·자식·군주·신하에 대해 각각 다른 명칭이 있는 것은 어째서인가? 각자 자신이 뜻하는 바를 그들의 '곡(鵠)'으로 삼는 것에 따른 것이니, 부친이 된 자는 자신의 뜻을 부친의 입장에 두게 된다. 그렇기 때문에 화살을 쏘는 곡(鵠)을 '부곡(父鵠)'으로 삼은 것으로, 그 곡(鵠)에 활을 쏘아 적중시키게 된다면, 곧 부친의 도리를 시행할 수 있음을 뜻한다. 이른바 자식·군주·신하에 대한 경우 또한 이와 같을 따름이다. 이러한 것들을 각자 자신의 뜻을 펼친다고 부른다. 활을 쏜다는 것은 군주·신하·부친·자식에게만 그치는 것이 아닌데, 이곳 문장에서 이러한 부류의 사람들만 제시하여 기록한 것은 내적으로 부친과 자식의 관

侯, 設其鵠. 諸侯則共熊侯·豹侯, 卿大夫則共麋侯, 皆設其鵠."이라는 기록에 대한 정현의 주이다.

계 외적으로 군주와 신하의 관계가 인륜 중에서도 가장 큰 것이 되기 때문이다. 대사례(大射禮)라는 것은 사를 선발하기 위해 활을 쏘는 예법이다. 사를 선발하는 것은 장차 그들로 하여금 제사를 돕게 하기 위해서인데, 예 중에서 가장 큰 것으로는 제사만한 것이 없다.3) 그렇기 때문에 '대(大)'자를 붙여서 말한 것이다. 경과 대부로부터 그 이하의 계층에 대해서는 모두 그들로 하여금 활을 쏘게 하는데, 단지 사후(射侯)라는 것만 제시해서 말한 이유는 신하들 중 존귀한 자로는 제후보다 존귀한 자가 없으니, 비록 지극히 존귀한 자라 하더라도, 또한 활쏘기를 통해서 그 지위를 얻게 된다는 사실을 드러낸 것이다.

大全 藍田呂氏曰: 射中則得爲諸侯, 射不中則不得爲諸侯, 是以謂之射侯也.

번역 남전여씨가 말하길, 활을 쏘아서 적중을 시키면 제후가 될 수 있고, 활을 쏘아서 적중을 시키지 못하면 제후가 될 수 없다. 이러한 까닭으로 '사후(射侯)'라고 부른다.

大全 朱子曰: 射中得爲諸侯, 不中則不得爲諸侯, 此等語皆難信. 書謂庶頑讒說, 侯以明之. 然中間若有羿之能, 又如何以此分別? 恐大意略以射審定, 非專以此去取也.

번역 주자가 말하길, "활을 쏘아서 적중을 시키면 제후가 될 수 있고, 적중을 시키지 못하면 제후가 될 수 없다."는 등등의 말들은 모두 신빙성이 없다. 『서』에서는 여러 간악한 무리들이 참소를 하면, 활의 명중으로써 밝힌다고 했다.4) 그런데 그 중에 예(羿)처럼 활쏘기에 유능함을 갖춘 자가 있다면, 또한 어떻게 활쏘기를 통해서 분별할 수 있겠는가? 아마도 대체적인 뜻은 활쏘기를 통해서 대략적으로 가려낸다는 것이니, 전적으로 활쏘기만을 통해서 내치거나

---

3) 『예기』「제통(祭統)」【574a】: 凡治人之道, 莫急於禮. 禮有五經, 莫重於祭. 夫祭者, 非物自外至者也, 自中出生於心也. 心怵而奉之以禮, 是故唯賢者能盡祭之義.
4) 『서』「우서(虞書)·익직(益稷)」: 庶頑讒說, 若不在時, 侯以明之, 撻以記之, 書用識哉.

등용한다는 뜻은 아니다.

鄭注 大射, 將祭, 擇士之射也. 以爲某鵠者, 將射, 還視侯中之時, 意曰此鵠乃爲某之鵠, 吾中之則成人, 不中之則不成人也. 得爲諸侯, 謂有慶也. 不得爲諸侯, 謂有讓也.

번역 '대사(大射)'는 제사를 지내려고 할 때, 사를 선발하기 위해 시행하는 활쏘기이다. 과녁에 있어서 이러한 것들을 아무개의 곡(鵠)이라고 하는데, 활쏘기를 하려고 하여 과녁의 중간을 두루 둘러보려고 할 때, 그 의도는 곧 이 곡(鵠)은 아무개의 곡(鵠)으로 삼으니, 내가 그것을 맞추게 되면 사람으로서의 도리를 이룬 것이며, 맞추지 못한다면 사람으로서의 도리를 이루지 못한 것이라고 여긴다. "제후가 될 수 있다."는 말은 은덕을 받는다는 뜻이다. "제후가 될 수 없다."는 말은 책망을 받는다는 뜻이다.

釋文 繹音亦, 徐音釋. 舍如字, 舊音捨. 中, 丁仲反, 下及注皆同. 鵠, 古毒反, 徐如字, 注同. 射, 食亦反, 下"射天地四方"同.

번역 '繹'자의 음은 '亦(역)'이며, 서음(徐音)은 '釋(석)'이다. '舍'자는 글자대로 읽고, 구음(舊音)은 '捨(사)'이다. '中'자는 '丁(정)'자와 '仲(중)'자의 반절음이며, 아래문장 및 정현의 주에 나오는 글자도 모두 그 음이 이와 같다. '鵠'자는 '古(고)'자와 '毒(독)'자의 반절음이며, 서음은 글자대로 읽는데, 정현의 주에 나오는 글자도 이와 같다. '射'자는 '食(식)'자와 '亦(역)'자의 반절음이며, 아래문장에 나오는 '射天地四方'에서의 '射'사도 그 음이 이와 같다.

孔疏 ●"射之"至"諸侯". ○正義曰: 此一經釋稱射之名及鵠之與侯之文.

번역 ●經文: "射之"~"諸侯". ○이곳 문단은 활쏘기를 부르는 명칭 및 곡(鵠)과 후(侯)의 격식을 풀이하고 있다.

孔疏 ●“射之爲言者5)繹也”者, 此記者訓釋射之名, 射者, 是繹也. 繹, 陳也. 言陳己之志.

번역 ●經文: “射之爲言者繹也”. ○이것은『예기』를 기록한 자가 활쏘기의 명칭을 풀이한 기록으로, 활쏘기라는 명칭은 ‘역(繹)’자의 뜻이다. ‘역(繹)’자는 “펼친다[陳].”는 뜻이다. 즉 자신의 뜻을 펼친다는 의미이다.

孔疏 ●“或曰舍也”者, 是記者又解射名, 故云射者舍也. 舍, 中也. 謂心平體正, 持弓矢審固, 則能中也.

번역 ●經文: “或曰舍也”. ○이것은『예기』를 기록한 자가 활쏘기의 명칭을 재차 풀이한 것이다. 그렇기 때문에 “‘사(射)’라는 것은 ‘사(舍)’자의 뜻이다.”라고 말한 것이다. ‘사(舍)’자는 “명중시키다[中].”는 뜻이다. 즉 마음이 편안하고 몸이 바르면 활과 화살을 잡은 것이 모두 확고하게 되어, 명중을 시킬 수 있다는 의미이다.

孔疏 ●“繹者, 各繹己之志也”者, 言君臣・父子, 各舒陳己之志意, 則下云“爲人父者以爲父鵠”, 是也.

번역 ●經文: “繹者, 各繹己之志也”. ○군신관계 및 부자관계에 있어서, 각자 자신의 뜻을 펼치게 되니, 아래문장에서 “부친이 된 자는 이것을 부곡(父鵠)으로 삼는다.”라고 한 말이 바로 이러한 뜻을 나타낸다.

孔疏 ●“持弓矢審固, 則射中矣”者, 此覆說釋上“或曰舍也”. 舍, 中也.

번역 ●經文: “持弓矢審固, 則射中矣”. ○이것은 앞에서 “혹은 사(舍)라고도 부른다.”라는 말을 재차 풀이한 것이다. ‘사(舍)’자는 “명중시키다[中].”는 뜻이다.

---

5) ‘자(者)’자에 대하여.『십삼경주소(十三經注疏)』북경대 출판본에서는 “‘자’자는 본래 없던 글자인데, 앞의 경문에는 이 글자가 있어서, 글자를 보충하였다.”라고 했다.

孔疏 ●"爲人父者以爲父鵠"者, 凡射者大射則皮侯, 賓射則正侯, 燕射則獸侯. 唯大射有鵠, 此據大射而知. 然鵠則上下俱同, 無復君臣·父子之別. 而言"以爲父鵠"者, 謂升射之時, 旣身爲人父, 則念之云, 所射之鵠, 是爲人父之鵠, 中則任爲人父, 不中則不任爲人父, 故"爲人之父者以爲父鵠". 以下放此.

번역 ●經文: "爲人父者以爲父鵠". ○활쏘기에 있어서 대사례(大射禮)에서는 피후(皮侯)를 사용하고, 빈사례(賓射禮)에서는 정후(正侯)를 사용하며, 연사례(燕射禮)에서는 수후(獸侯)를 사용한다. 오직 대사례에서만 곡(鵠)을 설치하니, 이 기록이 대사례에 기준을 두었다는 사실을 알 수 있다. 그런데 곡(鵠)의 경우에는 상하 모든 계층이 동일하여, 군신관계 및 부자관계에 따른 구별을 재차 두지 않는다. 그런데도 "이것을 부곡(父鵠)으로 삼는다."라고 말한 것은 올라가서 활을 쏠 때, 이미 본인이 부친의 입장이라면 다음과 같이 생각하는 것이다. 즉 활을 쏘게 되는 곡(鵠)은 부친이 된 자의 곡(鵠)이니, 그것을 명중시키게 된다면 부친의 임무를 맡을 수 있고, 명중시키지 못하면 부친의 임무를 맡을 수 없다. 그렇기 때문에 "사람의 부친이 된 자는 이것을 부곡(父鵠)으로 삼는다."라고 말한 것이다. 그 아래의 경우도 모두 이와 같다.

孔疏 ●"故射者各射己之鵠"者, 謂衆射之人, 雖共射一鵠, 各射己之所主之鵠也.

번역 ●經文: "故射者各射己之鵠". ○여러 활쏘기에 참여한 사람들은 비록 모두 하나의 곡(鵠)에 활을 쏘게 되지만, 각각 자신이 위주로 하는 곡(鵠)에 활을 쏘게 된다는 뜻이다.

孔疏 ●"故天子之大射, 謂之射侯"者, 言天子所射之物, "謂之射侯". 言射之中, 能服諸侯也. 擧大射言之, 其實賓射·燕射皆謂之"射侯"也.

번역 ●經文: "故天子之大射, 謂之射侯". ○천자가 활을 쏘는 대상을 뜻하니, 그래서 "이것을 사후(射侯)라고 부른다."라고 한 것이다. 즉 이 말은 활을 쏘아서 명중을 시킨 자는 제후의 임무를 맡을 수 있다는 뜻이다. 대사례(大射禮)에 기준을 두고 언급하였는데, 실제로는 빈사례(賓射禮)와 연사례(燕射禮)에서도 모두 '사후(射侯)'라고 부른다.

孔疏 ●"射中則得爲諸侯"者, 謂數有慶賜, 堪得久爲諸侯也.

번역 ●經文: "射中則得爲諸侯". ○수차례 은덕을 받게 되어, 오래도록 제후의 직책을 맡을 수 있다는 뜻이다.

孔疏 ●"射不中, 則不得爲諸侯"者, 數被責讓, 不堪久爲諸侯也. 非爲射中封爲諸侯, 不中不得爲諸侯也.

번역 ●經文: "射不中, 則不得爲諸侯". ○수차례 책망을 받게 되어, 오래도록 제후의 직책을 감당할 수 없다는 뜻이다. 활쏘기에서 명중을 시킨 자가 반드시 제후로 분봉되는 것은 아니지만, 명중을 시키지 못하면 제후가 될 수 없다.

孔疏 ◎注"大射"至"讓也". ○正義曰: "大射, 將祭, 擇士之射"者, 卽下文云"天子將祭, 必先習射於澤"·"所以擇士", 是也. 云"將射, 還視侯中之時, 意曰此鵠乃爲某之鵠"者, 按鄕射禮6)云, 耦升自西階, 並而東, 皆當其物. 北面揖, 及物揖, 皆左足履物, 還視侯中. 謂於此之時, 南面迴還, 視侯中也. 中謂身, 謂視侯中身也. 射者意云此鵠乃爲某之鵠, 謂父之鵠·子之鵠不定一, 故稱"某"也. 云"吾中之則成人, 不中之則不成人也"者, 中之則能成其父子·君臣, 若不中則不能成其父子·君臣, 故知父鵠·子鵠也. 云"得爲諸侯, 謂有慶也. 不得爲諸侯, 謂有讓也"者, 鄭恐"得爲諸侯", 始封以土, "不得爲諸侯", 則奪其國, 故明之也. 凡天子·諸侯及卿·大夫禮射有三, 一爲大射, 是將祭擇

---

6) '향사례(鄕射禮)'에 대하여. 『십삼경주소(十三經注疏)』북경대 출판본에서는 "이 글자들은 본래 '대사례(大射禮)'라고 기록되어 있었는데, 살펴보니, 이 단락의 글자들은 『의례』「향사례」편에 기록되어 있으므로, 이 기록에 근거하여 글자를 고쳤다."라고 했다.

士之射; 二爲賓射, 諸侯來朝, 天子入而與之射也, 或諸侯相朝而與之射也, 三爲燕射, 謂息燕而與之射. 其天子·諸侯·大夫三射皆具, 其士無大射. 故司裘職云: 大射, 唯明王及諸侯·卿·大夫, 不及於士. 故鄭注云: "士不大射, 士無臣, 祭無所擇", 是也. 其賓射·燕射, 士皆有之, 故射人云"士射犴侯二正", 是士有賓射也. 又鄕射記云: "士布侯, 畫以鹿豕." 是士有燕射矣. 其侯, 天子大射則射皮侯, 故考工記云: "張皮侯而棲鵠, 則春以功." 又司裘職云: "王大射, 則共虎侯·熊侯·豹侯, 設其鵠." 鄭注考工記皮侯, 謂此侯也. 畿內諸侯大射, 則張熊侯·豹侯, 故司裘職云"諸侯則共熊侯·豹侯""設其鵠", 是也. 唯畿外諸侯大射亦張三侯, 鄭注云"遠尊得伸", 故亦張三侯. 一曰大侯, 鄭注云"則天子熊侯", 謂以熊皮飾之. 二曰糝侯, 鄭注云"糝, 雜也", "豹鵠而麋飾". 三曰犴侯, 鄭注云"犴, 胡犬皮飾侯". 若畿內卿·大夫射麋侯, 故司裘云"卿·大夫則共麋侯", 是也. 其畿外[7]卿·大夫射侯無文, 於諸侯旣得三侯, 其卿·大夫蓋降君一等, 則糝侯·犴侯, 其大射之侯皆有鵠也. 其鵠, 則三分侯中而居其一, 故考工記云: "梓人爲侯, 廣與崇方, 參分其廣, 而鵠居一焉." 凡皮侯者, 各以其飾侯之側, 又方制其皮以爲鵠. 故鄭注司裘云: "以虎·熊·豹·麋之皮飾其側, 又方制之以爲▼(高/子), 謂之鵠." "謂之鵠"者, 取名於"鳲鵠". 鴻[8]鵠小鳥而難中, 是以中之爲雋; 亦取鵠之言"較", 較者, 直也, 射所以直己志. 則是但取其名, 非是實鳥也. 此侯道, 鄭注司裘云: "虎九十弓, 熊七十弓, 豹·麋五十弓. 列國之諸侯大射, 大侯亦九十, 參七十, 干五十. 遠尊得伸, 可同耳." 其天子以下賓射, 則射人云: 王射三侯·五正, 諸侯射二侯·三正, 卿·大夫射一侯·二[9]正, 士射犴侯, 二正. 鄭云: "謂五正·三正·二正之侯." 五正者, "中朱·次白·次蒼·次黃, 玄居外. 三正損玄·黃, 二正畫以朱綠." 鄭

---

7) '외(外)'자에 대하여. '외'자는 『십삼경주소(十三經注疏)』 북경대 출판본에는 '내(內)'자로 기록되어 있는데, 문맥상 '외'자가 맞으므로, 글자를 수정하였다.
8) '홍(鴻)'자에 대하여. 『십삼경주소(十三經注疏)』 북경대 출판본에서는 "『예기훈찬(禮記訓纂)』에는 '간(鳱)'자로 기록되어 있다."라고 했다.
9) '이(二)'자에 대하여. '이'자는 본래 '삼(三)'자로 기록되어 있었는데, 완원(阮元)의 『교감기(校勘記)』에서는 "혜동(惠棟)의 『교송본(校宋本)』에는 '삼'자가 '이'자로 기록되어 있다."라고 했다. 손이양(孫詒讓)의 『교기(校記)』에서는 "『주례』「사인(射人)」편에는 '이정(二正)'으로 기록되어 있다."라고 했다.

又云: "二侯者, 三正・二正之侯也. 一侯者, 二[10]正而已. 此皆與賓射於朝之禮也. 考工記・梓人職云: '張五采之侯, 則遠國屬.'"凡賓射之侯謂之正. 鄭注大射云: "正者, 正也, 亦鳥名. 齊魯之間, 名題肩爲正." 然則天子賓射, 用五正・三正・二正之侯, 畿內諸侯賓射, 用三正之侯, 卿・大夫用二正之侯, 士亦用二正之侯, 又飾以豻. 畿外諸侯以下賓射, 其侯無文, 約大射, 諸侯旣同天子張三侯, 則賓射亦同. 天子用五正・三正・二正之侯, 其卿・大夫射亦三正・二正之侯, 士射二正之侯. 若五正者同虎侯九十弓, 三正者同熊侯七十弓, 二正者同豹侯五十弓. 凡中央之赤, 皆方二尺, 以外之色皆分布之, 其外又畫以雲氣. 天子以下燕射, 則尊卑皆用一侯, 故鄉射記云: "天子熊侯, 白質; 諸侯麋侯, 赤質; 大夫布侯, 畫以虎豹; 士布侯, 畫以鹿豕." 鄭注云: "白質・赤質, 皆謂采其地. 其地不采者, 白布也. 熊・麋・虎・豹・鹿・豕, 皆正而畫其頭, 象於正鵠之處耳. 君畫一, 臣畫二, 陽奇陰偶之數也. 燕射射熊・虎・豹, 不忘上下相犯. 射麋・鹿・豕, 志在君臣相養也." 梓人云"張獸侯則王以息燕", 謂此也. 鄉射記旣不列畿內・畿外之異, 則諸侯以下外・內同也. 鄉射記列天子以下各一侯, 下文云"侯道五十弓, 弓二寸, 以爲侯中". 則天子以下皆五十弓, 侯中同方一丈也. 降尊以就卑, 言燕主歡心故也. 而皇氏・沈氏乃云: "天子熊侯, 或云九十弓, 或云七十弓. 乃同三侯." 上下之差, 文無準據, 其義非也. 其侯用布之數, 按鄉射記, 鄉侯五十弓, 則侯道五十步也. 以弓之下制長六尺, 以射用弓, 故稱"弓". 一弓取二寸以爲中, 則侯中方一丈也. 鄉射記又云: "倍中以爲躬." 注云: "躬, 身也. 謂中之上下幅也, 用布各二丈." 鄉射記又云: "倍躬以爲左右舌." 舌, 謂躬之上下橫一幅布, 張於躬外左右而出, 謂之"舌". 考工記謂"舌"爲"个". 躬旣二丈, 上舌倍躬, 則用布四丈也. 鄉射記又云: "下舌半上舌." 注云: "半者, 半其出於躬者也." 上舌出躬各一丈, 則下舌出躬各五尺. 然則下舌用布三丈. 總而計之, 侯中方一丈, 凡五幅, 用布五丈, 上下二躬, 用布四丈, 上舌復用布四丈, 下舌用布三丈. 故鄭注鄉射記云"鄉射, 侯用布十六丈"也. 以此計之, 侯道七十弓, 則侯中方丈四, 凡七幅, 幅別丈四, 是用布九丈八尺.

---

10) '이(二)'자에 대하여. 『십삼경주소(十三經注疏)』 북경대 출판본에서는 "'이'자는 본래 '일(一)'자로 기록되어 있었는데, 『주례』「사인(射人)」편에 대한 정현의 주에는 '이'자로 기록되어 있어서, 이 기록에 따라 글자를 고쳤다."라고 했다.

上下二躬各倍中, 用布五丈六尺. 上舌倍躬, 亦用布五丈六尺. 上舌出躬各丈
四尺. "下舌半上舌", 則左右各減七尺, 則下舌用布四丈二尺. 故鄭注鄕射記
云: "七十步之侯, 用布二十五丈二尺." 其九十弓之侯, 則侯中方丈八尺. 凡九
幅, 幅別一丈八尺, 侯中用布十六丈二尺. 上下二躬各倍中, 用布七丈二尺. 上
舌倍躬, 長七丈二尺, 其舌出躬各丈八尺. "下舌半上舌", 出躬者, 則左右各減
九尺, 下舌長五丈四尺. 故鄭注鄕射記云: "九十步之侯, 用布三十六丈." 其張
三侯之體同道, 位之近者最下, 遠者漸高. 故大射云: "大侯之崇見鵠於參, 參
見鵠於干, 干不及地武." 以此計之, 犴侯下畔去地尺二寸. 犴侯之體, 上下躬
及舌, 總有四幅, 凡廣八尺, 侯中方一丈, 是犴侯揚高一丈九尺二寸. 此犴侯上
畔去地一丈九尺二寸. 以此犴侯上畔, 則是糝侯之鵠去地之數也. 其糝侯下舌
及躬, 凡有四尺. 糝侯之中鵠, 下有三分之一. 糝侯中方丈四, 其三分之一, 得
四尺六寸三分寸之二. 是糝侯自鵠以下, 凡有八尺六寸三分寸之二, 皆爲犴侯
所掩. 犴侯上畔去地一丈九尺二寸, 去其八尺六寸三分寸之二, 是糝侯下畔去
地一丈五寸三分寸之一. 故鄭注大射云: "糝侯去地一丈五寸, 少寸半也." 云
"少半寸", 則三分寸之一也. 犴侯既去地一丈九尺二寸, 更加糝侯之中, 三分
之二, 九尺三寸三分寸之一, 又加糝侯上躬, 與个四尺, 則糝侯上畔去地三丈
二尺五寸三分寸之一, 則是大侯鵠下之數也. 其大侯下舌及躬, 并侯中三分之
一, 總一丈, 爲糝侯所掩, 於三丈二尺五寸三分寸之一減其一丈, 則是大侯下
畔去地之數. 故鄭注大射云"大侯去地二丈二尺五寸少半寸"也. 其耦, 射人云
"王以六耦", "諸侯以四耦", "卿·大夫·士以三耦". 又射人云諸侯以下, 謂畿
內也. 若畿外諸侯以下, 則皆三耦. 故大射及鄕射, 并左傳襄二十九年晉士鞅
來聘, 射皆三耦是也. 其射宮所在, 天子大射, 必先習於澤宮, 而後射於射宮,
則此射義文也. 其射宮, 天子則在廟也. 故司服云: "享先公, 饗射則鷩冕", 司
几筵云"大朝覲·大饗射", "依前南向", 是也. 其服鷩冕. 天子賓射則在朝, 故
射人云"諸侯在朝, 則皆北面", 是也. 其服皮弁服矣. 天子燕射則在寢, 以諸侯
燕於小寢, 天子路寢之朝謂之燕朝者, 故知天子·諸侯燕射在寢. 故鄕射記云:
"君國中射, 則皮樹中." 鄭注云: "謂燕射也." 其服則玄冕·緇衣·素裳也, 諸
侯以爲朝服. 燕禮云"燕, 朝服於寢", 是其諸侯大射, 不顯畿內·畿外之異. 按

儀禮・大射云"公入, 鷔." 射畢而云"入", 謂從郊入國也, 謂射在郊學也. 故鄉射記云: "於郊則閭中." 鄭注云: "大射於大學." 儀禮所陳, 多據畿外諸侯, 卽畿內諸侯, 或亦然也. 其服無文, 故用皮弁, 以射在學宮, 學記云"皮弁祭菜" 故也. 其諸侯賓射, 若在國, 則亦在朝與天子同. 若在國外相會, 則在竟. 故鄉射記云: "於竟, 則虎中." 鄭注云: "謂與鄰國君射也." 其服亦皮弁服也, 以聘禮 "君受聘皮弁" 故也. 其卿大夫以下射之所在及所服之衣, 無明文也. 此三射之外, 又有鄉射, 謂鄉大夫貢賢能之後, 行鄉射之禮, 而詢衆庶. 故鄉大夫職云: "獻賢能之書于王", "退而以鄉射之禮五物詢衆庶", 是也. 又有州長"射於州序"之禮, 其侯並同賓射之法, 故鄭注云: "鄉侯二正." 又有主皮之射. 凡主皮之射有二, 一是卿大夫從君田獵, 班餘獲而射. 書傳云: 凡祭取餘獲陳於澤, 然後卿大夫相與射也. 鄭注鄉射云: "主皮者無侯, 張獸皮而射之, 主於獲也." 二是庶人亦主皮之射, 故鄭注周禮云"庶人無侯, 張皮而射之", 是也. 又有習武之射, 故司弓矢云"弧弓, 以授射甲革椹質者", 是也.

번역 ◎鄭注: "大射"~"讓也". ○정현이 "'대사(大射)'는 제사를 지내려고 할 때, 사를 선발하기 위해 하는 활쏘기이다."라고 했는데, 이것은 아래문장에서 "천자가 제사를 지내려고 할 때에는 반드시 먼저 택(澤)에서 활쏘기를 연습하다."라고 한 문장과 "사를 선발하는 방법이다."라고 한 문장이 바로 이러한 사실을 나타낸다. 정현이 "활쏘기를 하려고 하여, 과녁의 중간을 두루 둘러보려고 할 때, 그 의도는 곧 이 곡(鵠)은 아무개의 곡(鵠)으로 삼는다."라고 했는데, 『의례』「향사례(鄉射禮)」편을 살펴보면, 짝이 서쪽 계단을 통해 올라가 함께 동쪽으로 이동하여 모두 사대에 당도하게 된다. 북쪽을 바라보며 읍을 하고, 사대에 이르면 읍을 하게 되며, 모두 좌측 발로 사대를 밟고 둘러보며 과녁의 중앙을 확인한다고 했다.11) 이 말은 이 시기에 남쪽을 바라보며 선회하여 과녁의 중앙을 살핀다는 뜻이다. '중(中)'은 과녁의 몸체를 뜻하니, 과녁을 바라보며 중앙을 살핀다는 뜻이다. 활을 쏘는 자는 이 곡(鵠)은 아무개의 곡으로 여긴다

---

11) 『의례』「향사례(鄉射禮)」 : 上射升堂少左, 下射升. 上射揖, 並行. 皆當其物, 北面揖. 及物, 揖. 皆左足履物, 還, 視侯中, 合足而俟. 司馬適堂西, 不決・遂, 袒, 執弓.

고 했는데, 부친의 곡과 자식의 곡처럼 하나로 고정할 수가 없기 때문에 '아무개 [某]'라고 부른 것이다. 정현이 "내가 그것을 맞추게 되면 사람으로서의 도리를 이룬 것이며, 맞추지 못한다면 사람으로서의 도리를 이루지 못한 것이라고 여긴다."라고 했는데, 적중을 시킨다면 부자관계 및 군신관계에서 지켜야 하는 도리를 완성시킬 수 있는 것이고, 만약 적중시키지 못한다면 부자관계 및 군신관계에서 지켜야 하는 도리를 완성시킬 수 없는 것이다. 그렇기 때문에 이때의 곡(鵠)을 부곡(父鵠)이나 자곡(子鵠) 등으로 삼는 이유를 알 수 있다. 정현이 "제후가 될 수 있다는 말은 은덕을 받는다는 뜻이다. 제후가 될 수 없다는 말은 책망을 받는다는 뜻이다."라고 했는데, 정현은 "제후가 될 수 있다."는 말을 처음으로 땅을 분봉 받는 뜻으로 여기고, "제후가 될 수 없다."는 말을 그 나라를 빼앗는다는 뜻으로 여길 것을 염려했기 때문에, 이 사실을 명시한 것이다. 무릇 천자 및 제후와 경 및 대부가 예법에 따라 활쏘기를 하는 것에는 3종류가 있으니, 첫 번째는 대사례(大射禮)로, 제사를 지내려고 할 때 사를 선발하기 위해 하는 활쏘기이다. 두 번째는 빈사례(賓射禮)로, 제후들이 찾아와서 조회를 하면, 천자가 들어가서 그들과 함께 활쏘기를 하는 것이며, 혹은 제후들끼리 서로 조회를 하여, 서로 더불어서 활쏘기를 하는 것이다. 세 번째는 연사례(燕射禮)로, 연회를 끝내고 참여했던 자들과 활쏘기를 하는 것이다. 천자·제후·대부는 세 종류의 활쏘기를 모두 구비하게 되지만, 사의 경우에는 대사례가 없다. 그렇기 때문에 『주례』「사구(司裘)」편의 직무 기록에서는 대사례는 오직 천자·제후·경·대부에게까지만 소급되며, 사에게는 소급되지 않는다고 한 것이고, 정현의 주에서는 "사는 대사례를 하지 않으니, 사에게는 개인적으로 소속된 신하가 없고, 제사에서 신하를 선택히는 일도 없다."[12]라고 한 것이니, 이 기록이 바로 이러한 사실을 나타낸다. 빈사례나 연사례의 경우에는 사도 모두 시행한다. 그렇기 때문에 『주례』「사인(射人)」편에서는 "사는 한후(犴侯)에 활을 쏘며 2정(正)으로 한다."[13]라고 한 것이니, 이 기록은 사에게도 빈사례

---

12) 이 문장은 『주례』「천관(天官)·사구(司裘)」편의 "王大射, 則共虎侯·熊侯·豹侯, 設其鵠. 諸侯則共熊侯·豹侯, 卿大夫則共麋侯, 皆設其鵠."이라는 기록에 대한 정현의 주이다.

13) 『주례』「하관(夏官)·사인(射人)」 : 士以三耦射犴侯, 一獲一容, 樂以采蘩, 五節二正.

가 있었다는 사실을 나타낸다. 또『의례』「향사례(鄕射禮)」편의 기문(記文)에
서는 "사는 포(布)로 과녁을 만들고, 사슴과 돼지를 그린다."14)라고 했으니,
이 기록은 사에게도 연사례가 있었다는 사실을 나타낸다. 과녁에 있어서, 천자
가 대사례를 실시하는 경우라면 피후(皮侯)에 화살을 쏜다. 그렇기 때문에『고
공기』에서는 "피후를 펼치고 곡(鵠)을 설치하면 행동거지를 예법에 맞게 하여
공덕을 세운다."15)라고 했고, 또「사구」편의 직무 기록에서는 "천자의 대사례
라면, 호후(虎侯)・웅후(熊侯)・표후(豹侯)를 공급하고, 곡(鵠)을 설치한다."16)
라고 했고,『고공기』에 나오는 정현의 주에서는 '피후(皮侯)'가 바로「사구」편
에서 말하는 과녁들이라고 했다.17) 천자의 수도 안에 소속된 제후가 대사례를
하게 되면, 웅후(熊侯)와 표후(豹侯)를 펼쳐서 설치한다. 그렇기 때문에「사구」
편의 직무 기록에서 "제후의 경우에는 웅후(熊侯)와 표후(豹侯)를 공급한다."
라고 말하고, "곡(鵠)을 설치한다."라고 한 말이 바로 이러한 사실을 나타낸
다.18) 다만 천자의 수도 밖에 봉토를 가진 제후들이 대사례를 실시하게 되면,
또한 3가지 과녁을 모두 설치하니, 정현의 주에서는 "멀리 떨어져 있는 존귀한
신분이므로 그 제도를 펼칠 수 있는 것이다."19)라고 했다. 그러므로 또한 3가지
과녁을 설치하는 것이다. 수도 밖의 제후가 설치하는 3가지 과녁에 있어서 첫
번째는 '대후(大侯)'라고 부르는데, 정현의 주에서는 "곧 천자가 설치하는 웅후
(熊侯)에 해당한다."라고 했으니, 이 말은 곰의 가죽으로 장식을 한다는 뜻이
다. 두 번째는 '삼후(糝侯)'라고 부르는데, 정현의 주에서는 "'삼(糝)'자는 섞인

---

14)『의례』「향사례(鄕射禮)」 : 凡侯, 天子熊侯, 白質 ; 諸侯糜侯, 赤質 ; 大夫布侯,
    畫以虎豹 ; 土布侯, 畫以鹿豕.
15)『주례』「동관고공기(冬官考工記)・재인(梓人)」 : 張皮侯而棲鵠, 則春以功. 張五
    采之侯, 則遠國屬. 張獸侯, 則王以息燕.
16)『주례』「천관(天官)・사구(司裘)」 : 王大射, 則共虎侯・熊侯・豹侯, 設其鵠. 諸
    侯則共熊侯・豹侯, 卿大夫則共糜侯, 皆設其鵠.
17) 이 문장은『주례』「동관고공기(冬官考工記)・재인(梓人)」편의 張皮侯而棲鵠, 則
    春以功."이라는 기록에 대한 정현의 주이다.
18)『주례』「천관(天官)・사구(司裘)」 : 王大射, 則共虎侯・熊侯・豹侯, 設其鵠. 諸
    侯則共熊侯・豹侯, 卿大夫則共糜侯, 皆設其鵠.
19) 이 문장은『주례』「천관(天官)・사구(司裘)」편의 "王大射, 則共虎侯・熊侯・豹
    侯, 設其鵠. 諸侯則共熊侯・豹侯, 卿大夫則共糜侯, 皆設其鵠."이라는 기록에
    대한 정현의 주이다.

다는 뜻이다."라고 했고, "표범의 가죽으로 곡(鵠)을 만들고, 큰사슴의 가죽으로 장식한다."라고 했다. 세 번째는 '한후(豻侯)'라고 부르는데, 정현의 주에서는 "'한(豻)'은 큰 들개 가죽으로 과녁을 장식한 것이다."라고 했다. 만약 천자의 수도에 속한 경과 대부인 경우라면, 미후(麋侯)에 활쏘기를 한다. 그렇기 때문에 「사구」편에서 "경과 대부인 경우라면 미후(麋侯)를 공급한다."[20]라고 한 말이 바로 이러한 사실을 나타낸다. 천자의 수도 밖에 있는 경과 대부가 활쏘기를 할 때 설치하는 과녁에 대해서는 관련 기록이 남아 있지 않은데, 제후들이 이미 3가지 과녁을 설치한다고 했고, 그들에게 소속된 경과 대부는 아마도 자신의 군주보다 1등급씩을 낮추게 되었을 것이니, 삼후(糝侯)와 한후(豻侯)를 설치했을 것이고, 대사례를 실시할 때의 과녁에는 모두 곡(鵠)을 설치했을 것이다. 곡(鵠)의 경우 과녁의 중심을 3등분하여 그 중 1만큼을 차지하게 된다. 그렇기 때문에 『고공기』에서는 "재인(梓人)이 과녁을 만들 때, 너비와 높이를 균등하게 하며, 그 너비를 3등분하고 그 중 1만큼에 곡(鵠)을 설치한다."[21]라고 한 것이다. 무릇 '피후(皮侯)'의 경우, 각각 과녁의 측면을 장식하는 가죽에 따라 명칭을 정하고, 또한 균등하게 그 가죽을 이용해서 곡(鵠)을 만든다. 그렇기 때문에 「사구」편에 대한 정현의 주에서는 "호랑이·곰·표범·큰사슴의 가죽으로 그 측면을 장식하고, 또한 균등하게 제작하여 준(埻)을 만드는데, 이것을 '곡(鵠)'이라고 부른다."라고 한 것이다. 그리고 정현이 "이것을 곡(鵠)이라고 부른다."라고 했는데, 이것은 '간곡(鳱鵠)'에서 그 명칭을 가져온 것이다. 간곡(鳱鵠)은 크기가 작은 새로 맞추기가 어려우니, 그 새를 맞춘 것을 '준(雋)'이라고 한다. 그리고 또한 '곡(鵠)'이라는 말이 '교(較)'를 뜻하는 것에서도 그 명칭을 취한 것인데, '교(較)'는 곧음[直]을 뜻하니, 활쏘기는 자신의 뜻을 곧게 하는 방법이기 때문인데, 이것은 단지 그 명칭만 따른 것이지 실제로 그 새를 그렸다는 뜻은 아니다. 이처럼 과녁을 만드는 방법에 대해서, 정현은 「사구」편에 대한 주에서, "호(虎)는 90궁(弓)이고, 웅(熊)은 70궁(弓)이며, 표(豹)와 미(麋)는 50

20) 『주례』「천관(天官)·사구(司裘)」: 王大射, 則共虎侯·熊侯·豹侯, 設其鵠. 諸侯則共熊侯·豹侯, 卿大夫則共麋侯, 皆設其鵠.
21) 『주례』「동관고공기(冬官考工記)·재인(梓人)」: 梓人爲侯, 廣與崇方, 參分其廣而鵠居一焉.

궁(弓)이다. 여러 제후국들의 제후가 대사례를 할 때에는 대후(大侯)는 또한 90궁(弓)이고, 참(參)은 70궁(弓)이며, 간(干)은 50궁(弓)이다. 멀리 떨어진 존귀한 자는 펼칠 수 있으니, 동일하게 할 수 있을 따름이다."라고 했다. 천자 이하 계층에서 빈사례를 하는 경우, 「사인」편에서는 천자가 활을 쏠 때에는 3개의 후(侯)에 5정(正)을 하고, 제후가 활을 쏠 때에는 2개의 후(侯)에 3정(正)을 하며, 경과 대부가 활을 쏠 때에는 1개의 후(侯)에 2정(正)을 하고, 사가 활을 쏠 때에는 한후(豻侯)에 2정(正)을 한다고 했다.[22] 정현은 이 문장에 대해서, 삼후(三侯)라는 것은 "5정(正)·3정(正)·2정(正)의 후(侯)를 뜻한다."라고 했다. 그리고 '오정(五正)'이라는 것에 대해서는 "중앙은 적색으로 하고, 그 다음은 백색으로 하며, 그 다음은 청색으로 하고, 그 다음은 황색을 하며, 검은 색을 가장 바깥쪽에 배치한다는 뜻이다. '삼정(三正)'은 이중 검은색과 황색을 줄인 것이고, '이정(二正)'은 그림을 그려서 적색의 가선을 댄다."라고 했다. 정현은 또한 "'이후(二侯)'는 3정(正)과 2정(正)의 후(侯)이다. '일후(一侯)'는 2정(正)일 따름이다. 이것들은 모두 빈객과 함께 조정에서 활쏘기를 하는 예법에 해당한다. 『고공기』「재인」편의 직무 기록에서, '다섯 가지 채색의 과녁을 설치한다면 기외제후(畿外諸侯) 등에 해당한다.'[23]"라고 했다. 무릇 빈사례의 과녁에 대해서는 '정(正)'이라고 부른다. 『의례』「대사(大射)」편에 대한 정현의 주에서는 "'정(正)'자는 올바르다는 뜻인데, 또한 새의 이름이기도 하다. 제(齊)나라와 노(魯)나라 지역에서는 제견(題肩)이라는 새를 '정(正)'이라고 부른다."[24]라고 했다. 그렇다면 천자가 빈사례를 할 때에는 오정(五正)·삼정(三正)·이정(二正)의 과녁을 사용하는 것이고, 천자의 수도에 속해 있는 제후들이

---

22) 『주례』「하관(夏官)·사인(射人)」: 以射法治射儀. 王以六耦射三侯, 三獲三容, 樂以騶虞, 九節五正; 諸侯以四耦射二侯, 二獲二容, 樂以貍首, 七節三正; 孤卿大夫以三耦射一侯, 一獲一容, 樂以采蘋, 五節二正; 士以三耦射豻侯, 一獲一容, 樂以采蘩, 五節二正.

23) 『주례』「동관고공기(冬官考工記)·재인(梓人)」: 張皮侯而棲鵠, 則春以功. 張五采之侯, 則遠國屬. 張獸侯, 則王以息燕.

24) 이 문장은 『의례』「대사(大射)」편의 "遂命量人·巾車張三侯, 大侯之崇, 見鵠於參, 參見鵠於干干, 不及地武. 不繫左下綱. 設乏, 西十·北十. 凡乏用革."이라는 기록에 대한 정현의 주이다.

빈사례를 하게 되면, 삼정(三正)의 과녁을 사용하는 것이며, 경과 대부는 이정 (二正)의 과녁을 사용하고, 사 또한 이정(二正)의 과녁을 사용하는데, 들개 가 죽으로 장식을 한다. 천자의 수도 밖에 속해 있는 제후들로부터 그 이하의 계층 에서 빈사례를 하게 되면, 그때 사용하는 과녁에 대해서는 남아있는 기록이 없는데, 「대사」편의 기록을 요약해보면, 제후는 이미 천자와 마찬가지로 삼후 (三侯)를 펼쳐서 설치한다고 했으니, 빈사례를 할 때에도 동일하게 따랐던 것 이다. 천자는 오정(五正)·삼정(三正)·이정(二正)의 과녁을 사용하고, 그에게 속해 있는 경과 대부가 활쏘기를 할 때에는 또한 삼정(三正)·이정(二正)의 과녁을 사용하며, 사가 활을 쏠 때에는 이정(二正)의 과녁을 사용한다. 만약 오정(五正)이라는 것을 호후(虎侯)와 마찬가지로 90궁(弓)으로 만든다면, 삼 정(三正)이라는 것은 웅후(熊侯)와 마찬가지로 70궁(弓)으로 만들고, 이정(二 正)이라는 것은 표후(豹侯)와 마찬가지로 50궁(弓)으로 만들게 된다. 중앙은 적색으로 칠하는데, 그 크기는 모두 가로와 세로를 2척(尺)으로 하며, 그 바깥 쪽에 배열하는 색깔들 또한 차례대로 배열하고, 가장 바깥쪽에는 또한 구름을 그리게 된다. 천자 이하의 계층이 연사례를 하게 된다면, 신분의 차이와 상관없 이 모두 일후(一侯)를 사용한다. 그렇기 때문에 「향사례」편에 대한 기문(記文) 에서는 "천자가 사용하는 웅후(熊侯)는 백색 바탕으로 만들고, 제후가 사용하 는 미후(麋侯)는 적색 바탕으로 만들며, 대부가 사용하는 포후(布侯)에는 호랑 이와 표범을 그리고, 사가 사용하는 포후(布侯)에는 사슴과 돼지를 그린다."[25] 라고 한 것이고, 이 문장에 대한 정현의 주에서는 "백질(白質)이나 적질(赤質) 이라는 것은 모두 그 바탕에 채색을 한다는 뜻이다. 그 바탕에 채색을 하지 않는 것은 흰색의 포(布)로 된 과녁이다. 곰·큰사슴·호랑이·표범·사슴·돼 지는 모두 정곡(正鵠)에 해당하는 곳에 그 머리를 그리게 되니, 정곡(正鵠)의 위치를 나타낼 따름이다. 군주의 경우에는 일(一)을 긋고, 신하의 경우에는 이 (二)를 그으니, 양(陽)은 홀수이고 음(陰)은 짝수가 됨을 뜻한다. 연사례를 할 때, 웅(熊)·호(虎)·표(豹)라는 과녁에 활을 쏘는 것은 망령되게 상하계층이

---

25) 『의례』「향사례(鄕射禮)」: 凡侯, 天子熊侯, 白質 ; 諸侯麋侯, 赤質 ; 大夫布侯, 畫以虎豹 ; 士布侯, 畫以鹿豕.

서로 침범하지 않음을 뜻한다. 또한 미(麋)·녹(鹿)·시(豕)라는 과녁에 활을 쏘는 것은 그 뜻이 군주와 신하가 서로를 보살펴준다는데 있음을 뜻한다."라고 했다.『주례』「재인」편에서는 "수후(獸侯)를 펼치면, 천자는 백성들과 신하들을 쉬게 하며 연회를 베푼다."[26]라고 했는데, 바로 이러한 의례를 뜻한다.「향사례」편의 기문에서는 이미 천자의 수도에 속해 있는 신하들과 수도 밖에 속해 있는 신하들의 차이를 열거하지 않았으니, 제후 이하의 계층은 내외에 상관없이 동일한 것이다. 또「향사례」편의 기문에서는 천자로부터 그 이하의 계층에 대해, 각각 1개의 후(侯)를 열거하였는데, 아래문장에서 "과녁과의 거리는 50궁(弓)으로 하는데, 1궁(弓)은 2촌(寸)이며, 이것을 과녁의 중앙으로 삼는다."라고 했다. 그러므로 천자로부터 그 이하의 계층은 모두 50궁(弓)으로 만들고, 과녁의 중앙은 모두 동일하게 가로 세로를 1장(丈)으로 하게 된다. 존귀함을 낮추고 신분이 낮은 자에 대한 제도를 따르는 것은 연례(燕禮)는 기쁨을 나누는 데 주안점을 두기 때문이다. 황씨와 심씨는 "천자가 사용하는 웅후(熊侯)에 대해서, 어떤 자는 90궁(弓)으로 만들었다고 하고, 또 어떤 자는 70궁(弓)으로 만들었다고 하는데, 모두 동일하게 삼후(三侯)를 한 것이다."라고 했다. 상하계층에 따른 차등에 대해서는 기준으로 삼을 수 있는 기록이 없으니, 그 주장은 잘못되었다. 과녁에 사용하는 포(布)의 수에 있어서,「향사례」편의 기문을 살펴보면, 향후(鄕侯)는 50궁(弓)으로 하니, 과녁과의 거리는 50보(步)가 된다. 활의 아랫부분은 그 길이를 6척(尺)으로 만드는데, 활쏘기를 할 때 활을 사용하기 때문에, 그 단위를 궁(弓)이라고 부르는 것이다. 1궁(弓)은 2촌(寸)으로 중앙을 삼으니, 과녁의 중앙은 사방 1장(丈)이 된다.「향사례」편의 기문에서는 또한 "중앙 부분의 배가 되게 하여 궁(躬)을 만든다."[27]라고 했는데, 이 문장에 대한 정현의 주에서는 "궁(躬)은 몸체를 뜻한다. 즉 중앙의 상하에 있는 폭을 뜻하니, 포(布)를 사용하며, 각각 2장(丈)의 길이로 한다."라고 했다.「향사례」편의 기문에서는 또한 "궁(躬)의 배가 되게 하여 좌우의 설(舌)을 만든다."라고

---

26)『주례』「동관고공기(冬官考工記)·재인(梓人)」: 張皮侯而棲鵠, 則春以功. 張五采之侯, 則遠國屬. 張獸侯, 則王以息燕.

27)『의례』「향사례(鄕射禮)」: 倍中以爲躬. 倍躬以爲左·右舌. 下舌半上舌. 箭籌八十, 長尺有握, 握素. 楚扑長如笴, 刊本尺.

했는데, '설(舌)'이라는 것은 과녁 몸체의 상하에 있는 횡으로 된 1폭의 포(布)로, 몸체 외부의 좌우에 달아서 밖으로 도출되기 때문에, 그것을 '설(舌)'이라고 부르는 것이다. 『고공기』에서는 '설(舌)'을 '개(个)'라고 하였다. 궁(躬)은 이미 2장(丈)이고, 상설(上舌)은 궁(躬)의 배가 되니, 포(布)를 이용해서 4장(丈)으로 만든다. 「향사례」편의 기문에서는 또한 "하설(下舌)은 상설(上舌)의 반이다."라고 했고, 정현의 주에서는 "반(半)이라는 것은 궁(躬)에서 도출된 부분의 반을 뜻한다."라고 했다. 상설(上舌) 중 궁(躬)에서 도출된 부분은 각각 1장(丈)이 되니, 궁(躬)에서 도출된 하설(下舌)은 각각 5척(尺)이 된다. 그렇다면 하설(下舌)은 포(布)를 이용해서 3장(丈)으로 만든다. 총괄적으로 계산해보면, 과녁의 중앙은 사방 1장(丈)이 되고, 모두 5폭이 되며, 포(布)를 이용해서 5장(丈)으로 만들고, 상하에 있는 2개의 궁(躬)은 포(布)를 이용해서 4장(丈)으로 만들며, 상설(上舌)은 재차 포(布)를 이용해서 4장(丈)으로 만들고, 하설(下舌)은 포(布)를 이용해서 3장(丈)으로 만들게 된다. 그렇기 때문에 「향사례」편의 기문에 대한 정현의 주에서는 "향사례에서 그 과녁은 포(布)를 이용해서 16장(丈)으로 만든다."라고 한 것이다. 이를 통해서 계산해보면, 과녁까지의 거리는 70궁(弓)이 되니, 과녁의 중앙은 사방 1장(丈) 4척(尺)이고, 모두 7폭이 되며, 폭은 별도로 1장(丈) 4척(尺)이니, 이것은 포(布)를 이용해서 9장(丈) 8척(尺)으로 만든 것이다. 상하에 붙어 있는 2개의 궁(躬)은 각각 중앙의 배가 되니, 포(布)를 이용해서 5장(丈) 6척(尺)으로 만든다. 상설(上舌)은 궁(躬)의 배가 되니, 또한 포(布)를 이용해서 5장(丈) 6척(尺)으로 만든다. 상설(上舌) 중 궁(躬)에서 도출된 부분은 각각 1장(丈) 4척(尺)이 된다. "하설(下舌)은 상설(上舌)의 반절이다."라고 했으니, 좌우에서 각각 7척(尺)을 줄이면, 하설(下舌)은 포(布)를 이용해서 4장(丈) 2척(尺)으로 만든다. 그렇기 때문에 「향사례」편의 기문에 대한 정현의 주에서는 "70보(步)가 되는 과녁에서는 포(布)를 이용해서 25장(丈) 2척(尺)으로 만든다."라고 한 것이다. 90궁(弓)의 과녁인 경우, 과녁의 중앙은 사방 1장(丈) 8척(尺)이 된다. 모두 9폭으로 만들고, 폭은 별도로 1장(丈) 8척(尺)이 되니, 과녁의 중앙은 포(布)를 이용해서 16장(丈) 2척(尺)으로 만든다. 상하에 있는 2개의 궁(躬)은 각각 중앙의 배가 되니, 포(布)를 이용해서 7장(丈) 2척(尺)으로 만든다. 상설(上舌)은 궁(躬)의 배가 되니, 그 길이는 7장(丈) 2척(尺)이며, 설(舌) 중 궁(躬)에서 도출된 부분은 각각 1장(丈) 8척(尺)이 된다. "하설(下舌)은 상설(上舌)의 반절이다."라고 했으니, 궁(躬)에서 도출된 부분은 좌우에서 각각 9척(尺)을 줄이고, 하설(下舌)은 그 길이가 5장(丈) 4척(尺)이 된다. 그렇기 때문에 「향사례」편의 기문에 대한 정현의 주에서는 "90보(步)의 과녁은 포(布)를 이용해서 36장(丈)으로 만든다."라고 한 것이다. 삼후(三侯)를 설치할 때의 과녁 몸체도 만드는 방법이 동일한데, 가까이 있는 것은 가장 낮게 설치하고, 멀어질수록 점점 높게 설치한다. 그렇기 때문에 「대사」편에서는 "대후(大侯)의 높이는 정곡이 삼후보다 높이 보이도록 하고, 삼후(參侯)는 정곡이 간후보다 높이 보이도록 하며, 간후(干侯)는 땅에 닿지 않도록 1무(武)를 띄운다."[28]라고 했다. 이를 통해 계산해보면 한후(犴侯)는 아랫부분이 지면에서 1척(尺) 2촌(寸) 떨어지게 된다. 한후의 몸체에 있어서 상하의 궁(躬) 및 설(舌)은 총 4폭이 되고, 그 너비는 8척이며 과녁의 중앙은 사방 1장(丈)이니, 이것은 한후의 총 높이가 1장(丈) 9척(尺) 2촌(寸)임을 나타낸다. 이것은 한후 윗부분까지의 높이가 되니, 이것은 삼후(穆侯)의 정곡이 지면으로부터 떨어진 수치가 된다. 삼후의 하설(下舌) 및 궁(躬)은 총 4척(尺)이 된다. 삼후의 가운데 정곡에 있어 아래로는 3분의 1만큼이 있게 된다. 삼후의 가운데는 사방 1장(丈) 4척(尺)이 되니, 3분의 1은 4척(尺) 6과 3분의 2촌(寸)이 된다. 삼후는 정곡으로부터 그 밑으로 총 8척(尺) 6과 3분의 2촌(寸)이 되는데, 이 모두는 한후로 인해 가려지게 된다. 한후의 윗부분은 지면으로부터 1장(丈) 9척(尺) 2촌(寸)이 떨어져 있는데, 8척(尺) 6과 3분의 2촌(寸)을 제거하면 이것은 한후의 아랫부분이 지면으로부터 1장(丈) 5와 3분의 1촌(寸)이 떨어져 있음을 나타낸다. 그렇기 때문에 「대사」편에 대한 정현의 주에서는 "삼후는 지면으로부터 1장(丈) 5촌(寸)과 0.5촌(寸)보다 조금 모자라게 떨어져 있다."라고 한 것이다. "0.5촌(寸)보다 조금 모자라다."라고 했으니 이것은 3분의 1촌(寸)을 뜻한다. 한후가 이미 지면으로부터 1장(丈) 9척(尺) 2촌(寸)이 떨어져 있고 다시 삼후의 가운데에서 3분의 2를 한 9척(尺) 3과 3분의 1촌(寸)

---

28) 『의례』「대사례(大射禮)」: 大侯之崇見鵠于參, 參見鵠于干. 干不及地武.

을 더하고, 또 삼후의 상궁(上躬)과 개(个)인 4척(尺)을 더하면 삼후의 윗부분
은 지면으로부터 3장(丈) 2척(尺) 5와 3분의 1촌(寸)이 떨어지게 되는데, 이것
은 대후의 정곡 아랫부분에 대한 수치이다. 대후의 하설(下舌) 및 궁(躬)과 과
녁 가운데를 3분의 1한 수를 합치면 총 1장(丈)이 되는데, 이것은 삼후로 인해
가려지게 되어, 3장(丈) 2척(尺) 5와 3분의 1촌(寸)에서 1장(丈)을 줄이면, 이
것은 대후의 아랫부분이 지면과 떨어진 수치가 된다. 그렇기 때문에 「대사」편
에 대한 정현의 주에서는 "대후는 지면으로부터 2장(丈) 2척(尺) 5촌(寸)과
0.5촌(寸)보다 조금 모자라게 떨어져 있다."라고 한 것이다. 활쏘기에 참여하는
쌍에 대해서 「사인」편에서는 "천자는 6쌍으로 한다."라고 했고, "제후는 4쌍으
로 한다."라고 했으며, "경과 대부 및 사는 3쌍으로 한다."라고 했다.[29] 또 「사
인」편에서 말한 제후로부터 그 이하의 계층은 천자의 수도에 속해 있는 자들을
뜻한다. 천자의 수도 밖에 속한 제후로부터 그 이하의 자들이라면 모두 3쌍으로
한다. 그렇기 때문에 「대사」편과 「향사례」편 및 『좌전』 양공 29년에 진나라
사앙이 찾아와 빙문을 했을 때, 활쏘기를 하며 모두 3쌍으로 했던 것이다.[30]
사궁(射宮)의 소재에 있어서 천자는 대사례를 할 때 반드시 택궁(澤宮)에서
먼저 연습하고, 그 이후에 사궁에서 활쏘기를 하니, 이곳 「사의」편의 기록이
이러한 사실을 나타낸다. 사궁의 경우 천자라면 묘(廟)에 위치한다. 그렇기 때
문에 『주례』「사복(司服)」편에서는 "선공(先公)에게 제사를 지내거나 향사례
를 시행하게 되면 별면(鷩冕)을 착용한다."[31]라고 했고, 『주례』「사궤연(司几
筵)」편에서는 "성대한 조근(朝覲)과 성대한 연회를 하며 활쏘기를 한다."라고
했고, "의(依) 앞에서 남쪽을 향한다."라고 한 것이다.[32] 그때의 복장은 별면

---

29) 『주례』「하관(夏官)·사인(射人)」: 以射法治射儀. <u>王以六耦射三侯, 三獲三容,
樂以騶虞, 九節五正</u>; <u>諸侯以四耦射二侯, 二獲二容, 樂以貍首, 七節三正</u>; 孤卿
<u>大夫以三耦射一侯, 一獲一容, 樂以采蘋, 五節二正</u>; <u>士以三耦射犴侯, 一獲一
容, 樂以采蘩, 五節二正</u>.
30) 『춘추좌씨전』「양공(襄公) 29년」: 范獻子來聘, 拜城杞也. 公享之, 展莊叔執幣.
射者三耦. 公臣不足, 取於家臣. 家臣, 展瑕·展玉父爲一耦; 公臣, 公巫召伯·
仲顔莊叔爲一耦, 鄟鼓父·黨叔爲一耦.
31) 『주례』「춘관(春官)·사복(司服)」: 王之吉服, 祀昊天·上帝, 則服大裘而冕, 祀
五帝亦如之. 享先王則袞冕, <u>享先公·饗射則鷩冕</u>, 祀四望·山川則毳冕, 祭社稷
·五祀則希冕, 祭群小祀則玄冕.

(鷩冕)이 된다. 천자가 빈사례를 하게 되면 조정에서 시행한다. 그렇기 때문에 「사인」편에서는 "제후가 조정에 있게 되면 모두 북쪽을 바라본다."[33)라고 한 것이다. 그때의 복장은 피변복(皮弁服)이 된다. 천자가 연사례를 하게 되면 침(寢)에서 하게 되니, 제후는 소침(小寢)[34)에서 연회를 하고, 천자의 노침(路寢)[35)에 있는 조정을 연조(燕朝)[36)라고 부른다. 그렇기 때문에 천자와 제후가 침에서 연사례를 시행함을 알 수 있다. 그러므로 「향사례」편의 기문에서는 "군주가 국성 내에서 활쏘기를 하게 된다면 피수중(皮樹中)을 사용한다."[37)라고 말한 것이고, 정현의 주에서는 "연사례를 뜻한다."라고 한 것이다. 그때의 복장은 현면(玄冕)에 치색의 상의와 흰색의 하의를 입고, 제후는 이것을 조복(朝服)으로 삼는다. 「연례」편에서는 "연례는 조복을 착용하고 침(寢)에서 시행한다."[38)라고 했는데, 이것은 제후의 대사례에서는 기내제후와 기외제후의 차이를 드러내지 않은 것이다. 『의례』「대사」편을 살펴보면 "군주가 들어서면 오(鶩)를 연주한다."[39)라고 했다. 활쏘기를 끝낸 뒤에 "들어온다."라고 했으니, 교외로부

---

32) 『주례』「춘관(春官)·사궤연(司几筵)」:凡大朝覲·大亨射, 凡封國·命諸侯, 王位設黼依, 依前南鄉設莞筵紛純, 加繅席畫純, 加次席黼純, 左右玉几.

33) 『주례』「하관(夏官)·사인(射人)」:諸侯在朝, 則皆北面, 詔相其法.

34) 소침(小寢)은 '연침(燕寢)'을 뜻한다. '연침'은 천자 및 제후들이 휴식을 취하던 장소를 가리킨다. 천자에게는 6개의 침(寢)이 있었는데, 앞쪽에 있는 1개의 침은 정전(正寢)으로 노침(路寢)이라고 부르며, 뒤쪽에 있는 다섯 개의 침을 통칭하여 '연침'이라고 부른다.

35) 노침(路寢)은 천자나 제후가 정무를 처리하던 정전(正殿)이다. 『시』「노송(魯頌)·민궁(閟宮)」편에는 "松桷有舄, 路寢孔碩."이라는 기록이 있는데, 이에 대한 모전(毛傳)에서는 "路寢, 正寢也."라고 풀이했고, 『문선(文選)』에 수록된 장형(張衡)의 '서경부(西京賦)'에는 "正殿路寢, 用朝群辟."이라는 기록이 있는데, 이에 대한 설종(薛綜)의 주에서는 "周曰路寢, 漢曰正殿."이라고 하여, 주(周)나라에서는 '정전'을 '노침'으로 불렀다고 풀이했다.

36) 연조(燕朝)는 천자 및 제후에게 있었던 내조(內朝) 중 하나를 뜻한다. 천자 및 제후는 3개의 조(朝)를 두는데, 1개는 외조(外朝)이며, 나머지 2개는 내조가 된다. 내조 중에서도 노문(路門) 안쪽에 있던 것을 '연조'라고 부른다. 『주례』「춘관(秋官)·조사(朝士)」편에 대한 정현의 주에서는 "周天子諸侯皆有三朝. 外朝一, 內朝二. 內朝之在路門內者, 或謂之燕朝."라고 풀이하고 있다.

37) 『의례』「향사례(鄕射禮)」:君國中射, 則皮樹中, 以翿旌獲, 白羽與朱羽糅.

38) 『의례』「연례(燕禮)」:記. 燕, 朝服於寢.

39) 『의례』「대사례(大射禮)」:公入, 鶩.

터 국성으로 들어왔음을 뜻한다. 따라서 이것은 교외에 위치한 학교에서 활쏘기를 했다는 뜻이다. 그러므로 「향사례」편의 기문에서는 "교외에서 활쏘기를 하게 된다면 여중(閭中)을 사용한다."40)라고 했고, 정현의 주에서는 "태학에서 대사례를 시행한 것이다."라고 했다. 『의례』에서 기술하는 내용들은 대부분 기외제후에 기준을 두고 있는데, 기내제후의 경우에도 이와 같다. 해당 복장에 대해서는 남아 있는 기록이 없다. 아마도 피변을 착용했을 것이니, 학궁에서 활쏘기를 했는데, 『예기』「학기(學記)」편에서 "피변복(皮弁服)을 착용하고, 선사(先師)들에게 나물 등으로 제사를 지낸다."41)라고 했기 때문이다. 제후가 빈사례를 할 때 국성에서 하게 된다면 또한 조정에서 시행하여 천자의 경우와 동일하게 따른다. 만약 국성 밖에서 서로 회합을 가진 경우라면 국경에서 시행한다. 그렇기 때문에 「향사례」편의 기문에서는 "국경 부근에서 활쏘기를 한다면 호중(虎中)을 사용한다."42)라고 했고, 정현의 주에서는 "이웃 제후국의 군주와 활쏘기를 했다는 뜻이다."라고 했다. 그때의 복장 역시 피변복을 착용하는데, 『의례』「빙례(聘禮)」편에서 "군주가 빙문을 받을 때에는 피변복을 착용한다."라고 했기 때문이다. 그에게 소속된 경과 대부로부터 그 이하의 계층에서 활쏘기를 하는 장소와 착용하는 의복에 대해서는 관련 기록이 남아있지 않다. 이러한 세 가지 활쏘기 이외에는 또한 향사(鄕射)라는 것이 있으니, 향대부가 현명하고 재능이 뛰어난 자를 천거한 이후 향사례를 시행하며 대중들의 의견을 묻는 것을 뜻한다. 그렇기 때문에 『주례』「향대부」편의 직무 기록에서는 "현명한 자와 능력이 뛰어난 자의 명단을 기록한 문서를 천자에게 바친다."라고 했고, "물러나 향사례를 통해 오물(五物)로 대중들의 의견을 묻는다."라고 한 것이다.43) 또 주장이 시행하는 "주시(州序)에서 활쏘기를 한다."라고 했을 때의 예법이 있는데, 여기에 사용되는 과녁은 빈사례의 규범과 동일하다. 그렇기 때문에 정현의 주에서는 "향후(鄕侯)는 이정(二正)이다."라고 한 것이다. 또한

40) 『의례』「향사례(鄕射禮)」 : <u>于郊, 則閭中</u>, 以旌獲.
41) 『예기』「학기(學記)」【446b】 : 大學始敎, <u>皮弁祭菜</u>, 示敬道也.
42) 『의례』「향사례(鄕射禮)」 : <u>於竟, 則虎中</u>龍旃.
43) 『주례』「지관(地官)·향대부(鄕大夫)」 : 厥明, 鄕老及鄕大夫群吏獻賢能之書于王, 王再拜受之, 登于天府, 內史貳之. <u>退而以鄕射之禮五物詢衆庶</u>, 一曰和, 二曰容, 三曰主皮, 四曰和容, 五曰興舞.

주피(主皮)의 활쏘기가 있다. 주피의 활쏘기에는 두 종류가 있으니, 첫 번째는 향대부가 군주를 따라 사냥을 했을 때, 남은 포획물을 나눠주며 활쏘기를 하는 것이다. 『서전』에서는 "제사를 지낼 때, 나머지 포획한 짐승들을 택궁(澤宮)에 늘어놓고 그런 뒤에 경과 대부가 서로 짝을 이루어 활쏘기를 한다."라고 했다. 또 「향사례」편에 대한 정현의 주에서는 "주피라는 것에는 과녁이 없고, 짐승의 가죽을 펼쳐서 그곳에 활을 쏘니, 포획하는데 주안점을 두기 때문이다."라고 했다. 두 번째는 서인들 또한 주피의 활쏘기를 하는 것이다. 그러므로 『주례』에 대한 정현의 주에서는 "서인들은 과녁이 없으니 가죽을 펼쳐서 그곳에 활을 쏜다."라고 한 것이다. 또한 무예를 연마하기 위한 활쏘기가 있다. 그러므로 『주례』「사궁시(司弓矢)」편에서는 "호궁(弧弓)으로는 이것을 주어 갑옷과 과녁에 쏘게 한다."[44]라고 말한 것이다.

訓纂 說文: 侯, 春饗所射侯也. 從人從厂, 象張布, 矢在其下. 天子射熊虎豹, 服猛也. 諸侯射熊豕虎, 大夫射麋, 麋, 惑也. 士射鹿豕, 爲田除害也. 其祝曰, "毋若不寧侯, 不朝于王所, 故伉而射汝也."

번역 『설문』에서 말하길, '후(侯)'는 봄에 향례를 시행하며 활을 쏘는 과녁이다. 인(人)자와 엄(厂)자로 구성되어 있으며, 포를 펼치는 것을 상징하고, 화살[矢]이 그 아래에 있다. 천자는 곰·호랑이·표범 과녁에 활을 쏘니, 맹수를 복종시킨다는 뜻을 취하기 때문이다. 제후는 곰·돼지·호랑이 과녁에 활을 쏘고, 대부는 큰사슴 과녁에 활을 쏜다. 큰사슴[麋]은 미혹됨을 뜻한다. 사는 사슴과 돼지 과녁에 활을 쏘니, 농지를 위해 해를 끼치는 것들을 제거하기 위해서이다. 축원하는 말에서는 "천자의 명령에 복종하지 않는 제후가 되지 말아야 하니, 천자가 계신 곳에 조회를 하지 않는다면 활을 들어 너를 쏘리라."라고 한다.

---

44) 『주례』「하관(夏官)·사궁시(司弓矢)」: 及其頒之, 王弓·**弧弓以授射甲革·椹質者**, 夾弓·庾弓以授射豻侯·鳥獸者, 唐弓·大弓以授學射者·使者·勞者.

集解 愚謂: 繹, 尋繹也. 舍, 處也, 如詩"舍命不渝"之舍, 言能處其所射之
鵠也. 繹己之志, 以申繹字之義, 射中, 以申舍字之義, 蓋必先繹之而後能舍之
也. 鵠者, 侯之中, 射之的也. 射以觀德, 故爲父子君臣者, 當射時必念此所射
者卽己之鵠, 中之則能勝其所爲, 不中則不能勝其所爲, 此所謂"繹己之志"者
也. 侯, 所射者也. 凡侯, 皆以布爲之. 大射之侯, 以皮飾其側, 又以皮爲之鵠,
謂之皮侯. 考工記梓人云"張皮侯而棲鵠, 則春以功", 是也. 司裘"王大射則共
虎侯·熊侯·豹侯", "諸侯則共熊侯·豹侯, 卿大夫則共麋侯". 射人云王"射
三侯", 諸侯"射二侯", 卿大夫"射一侯", 士"射豻侯". 蓋士與王之大射, 則與卿
大夫共侯; 自行大射, 則辟卿大夫而用豻侯. 司裘不言"豻侯"者, 士自大射之
侯, 司裘不供之故也. 大射儀諸侯之禮, 有大侯·參侯·豻侯. 大侯, 君所射之
侯, 卽熊侯也. 參侯, 參於大侯·豻侯之間, 卽麋侯也. 司裘諸侯惟二侯, 蓋畿內
之諸侯降避天子也. 大射儀用三侯, 畿外之諸侯遠於王, 得伸也. 然其三侯無虎
侯, 而有豻侯, 則亦降於天子也. 賓射之侯, 畫以五采, 梓人"張五采之侯, 則遠
國屬", 是也. 燕射·鄕射之侯, 畫爲獸形, 謂之獸侯, 梓人"張獸侯, 則王以息
燕". 鄕射記云, "凡侯, 天子熊侯, 白質; 諸侯麋侯, 赤質; 大夫布侯, 畫以虎豹;
士布侯, 畫以鹿豕." 燕禮"若射", "則用鄕射之禮". 是燕射·鄕射之侯同也.

번역 내가 생각하기에, '역(繹)'자는 찾고 살핀다는 뜻이다. '사(舍)'자는
"처하다[處]."는 뜻이니, 『시』에서 "명에 처하여 변하지 않는다."45)라고 했을
때의 사(舍)자와 같은 것으로, 활을 쏘는 정곡에 맞출 수 있다는 의미이다. 자신
의 뜻을 살핀다는 것은 역(繹)자의 뜻을 거듭 풀이한 것이며, 중앙을 쏜다는
것은 사(舍)자의 뜻을 거듭 풀이한 것인데, 반드시 먼저 살핀 이후에야 대치할
수 있다. '곡(鵠)'은 과녁의 중앙이니, 활을 쏠 때의 표적이다. 활쏘기를 통해서
그 사람의 덕을 살펴보기 때문에 부친·자식·군주·신하의 입장인 자들은 활
쏘기를 해야 할 때 자신이 활을 쏘는 대상이 곧 자신의 정곡이 됨을 생각해야
하며, 적중을 시키면 행해야 할 바를 감당할 수 있고, 적중을 시키지 못하면
행해야 할 바를 감당할 수 없으니, 이것이 바로 "자신의 뜻을 살핀다."는 의미이

---

45) 『시』「정풍(鄭風)·고구(羔裘)」: 羔裘如濡, 洵直且侯. 彼其之子, 舍命不渝.

다. '후(侯)'는 활을 쏘게 되는 대상이다. 과녁은 모두 포로 만들게 된다. 대사례
에서 사용하는 과녁은 가죽으로 그 측면을 장식하고, 또한 가죽으로 정곡을
만들며, 이것을 '피후(皮侯)'라고 부른다. 『고공기』「재인(梓人)」편에서 "피후
를 펼치고 정곡을 설치하면 행동거지를 예법에 맞게 하여 공덕을 세운다."46)라
고 한 말이 이것을 가리킨다. 『주례』「사구(司裘)」편에서는 "천자가 대사례를
시행하면 호후(虎侯)·웅후(熊侯)·표후(豹侯)를 공급한다."라고 했고, "제후
의 경우라면 웅후·표후를 공급한다. 경과 대부의 경우라면 미후(麋侯)를 공급
한다."라고 했다.47) 『주례』「사인(射人)」편에서는 천자에 대해 "세 종류의 과녁
에 활을 쏜다."라고 했고, 제후에 대해서는 "두 종류의 과녁에 활을 쏜다."라고
했으며, 경과 대부에 대해서는 "한 종류의 과녁에 활을 쏜다."라고 했고, 사에
대해서는 "한후(豻侯)에 활을 쏜다."라고 했다.48) 사가 천자와 대사례를 시행
한다면 경 및 대부와 함께 같은 과녁을 사용하고, 스스로 대사례를 시행한다면
경과 대부의 예법을 피해 한후를 사용한다. 「사구」편에서 '한후(豻侯)'를 언급
하지 않은 것은 이것은 사가 스스로 대사례를 시행할 때 사용하는 과녁이므로,
사구가 공급하지 않기 때문이다. 『의례』「대사의(大射儀)」편은 제후의 예법에
해당하며, 대후(大侯)·삼후(參侯)·한후(豻侯)가 나온다. '대후(大侯)'는 군주
가 활을 쏘는 과녁이니 웅후(熊侯)에 해당한다. '삼후(參侯)'는 대후와 한후 사
이에 끼어 있는 것이니 미후(麋侯)에 해당한다. 「사구」편에서는 제후에게 있어
서 두 종류의 과녁을 공급한다고 했는데, 천자의 수도에 있는 제후로 천자보다
낮추기 때문이다. 「대사의」편에서는 세 종류의 과녁을 사용한다고 했는데, 천
자의 수도 밖에 있는 제후는 천자와 멀리 떨어져 있어서 예법대로 시행할 수
있는 것이다. 그런데 세 종류의 과녁 중에는 호후(虎侯)가 없고 한후(豻侯)가
있으니, 이 또한 천자보다 낮추기 때문이다. 빈사례에 사용하는 과녁에는 다섯

---

46) 『주례』「동관고공기(冬官考工記)·재인(梓人)」 : 張皮侯而棲鵠, 則春以功.

47) 『주례』「천관(天官)·사구(司裘)」 : 王大射, 則共虎侯·熊侯·豹侯, 設其鵠. 諸
侯則共熊侯·豹侯, 卿大夫則共麋侯, 皆設其鵠.

48) 『주례』「하관(夏官)·사인(射人)」 : 以射法治射儀. 王以六耦射三侯, 三獲三容,
樂以騶虞, 九節五正; 諸侯以四耦射二侯, 二獲二容, 樂以貍首, 七節三正; 孤卿
大夫以三耦射一侯, 一獲一容, 樂以采蘋, 五節二正; 士以三耦射豻侯, 一獲一
容, 樂以采蘩, 五節二正.

가지 채색을 이용해 그림을 그리니, 「재인」편에서 "다섯 가지 채색의 과녁을
설치한다면 기외제후(畿外諸侯) 등에 해당한다."[49]라고 한 말이 이것을 가리
킨다. 연사례와 향사례에서 사용하는 과녁에는 그림을 그려서 짐승의 형상을
새기는데, 이것을 '수후(獸侯)'라고 부르니, 「재인」편에서 "수후(獸侯)를 설치
하면 천자는 이를 통해 쉬게 하며 노고를 위로해준다."[50]라고 한 말에 해당한
다. 「향사례」편의 기문에서 "과녁에 있어서 천자의 웅후는 백색 바탕으로 한다.
제후의 미후는 적색 바탕으로 한다. 대부의 포후에는 호랑이와 표범을 그린다.
사의 포후에는 사슴과 돼지를 그린다."[51]라고 했고, 『의례』「연례(燕禮)」편에
서는 '만약 활쏘기를 한다면'이라고 했고, "향사례의 예법처럼 따른다."라고 했
다. 이것은 연사례와 향사례에서 사용하는 과녁이 동일함을 나타낸다.

集解 王氏應電曰: 矢之所至, 以張侯之地爲候. 古文作▼(厂+矢), 象矢集
於布之形. 侯・候二字, 皆從人而諧▼(厂+矢)聲. 人在上作侯, 又加人在旁作
候. 前人不識古文, 遂謂"射中者得爲諸侯"耳.

번역 왕응전[52]이 말하길, 화살이 도달하는 지점에 과녁을 설치하는 땅을
후(候)라고 한다. 고문에서는 '▼(厂+矢)'자로 기록했는데, 화살이 포에 빽빽하
게 곱혀 있는 형상을 본뜬 것이다. '후(侯)'자와 '후(候)'자는 모두 인(人)자를
구성요소로 하며 둘 모두 ▼(厂+矢)자의 소리가 된다. 인(人)자를 위에 긋게
되면 후(侯)자가 되고 재차 측면에 인(人)자를 더하게 되면 후(候)자가 된다.
전대 학자들은 고문을 몰랐으므로, "활쏘기를 하여 적중을 시킨 자는 제후가
될 수 있다."라는 해석을 하게 되었을 따름이다.

---

49) 『주례』「동관고공기(冬官考工記)・재인(梓人)」: 張五采之侯, 則遠國屬.
50) 『주례』「동관고공기(冬官考工記)・재인(梓人)」: 張獸侯, 則王以息燕.
51) 『의례』「향사례(鄕射禮)」: 凡侯, 天子熊侯, 白質; 諸侯糜侯, 赤質; 大夫布侯, 畫
    以虎豹; 士布侯, 畫以鹿豕.
52) 왕응전(王應電, ?~?): 명나라 때의 학자이다. 자(字)는 소명(昭明)이다. 저서로
    는 『주례전고(周禮傳詁)』 등이 있다.

集解 愚謂: 自冠義以下七篇, 疑皆漢儒所爲, 其辭義頗淺近. 而此篇與鄕飮酒義, 尤多附會牽合之說.

번역 내가 생각하기에, 「관의」편으로부터 그 이하의 7개 편은 아마도 한대 유학자들이 지어낸 말인 것 같으니, 그 말과 의미가 자못 천근하다. 「사의」편과 「향음주의」편은 더욱이 견강부회의 주장이 많다.

참고 『예기』「대학(大學)」 기록

경문-1861下 詩云, "穆穆文王, 於緝熙敬止." 爲人君止於仁, 爲人臣止於敬, 爲人子止於孝, 爲人父止於慈, 與國人交止於信.

번역 『시』에서는 "아름답고 아름다운 문왕의 자태여, 오호라 환하게 빛나며 머물 곳을 공경스럽게 하셨구나."라고 했다. 즉 군주의 입장에 처해서는 항상 인자함에 따랐고, 신하의 입장에 처해서는 항상 공경함에 따랐으며, 자식의 입장에 처해서는 항상 효성에 따랐고, 부모의 입장에 처해서는 항상 자애로움에 따랐으며, 나라 사람들과 사귈 때에는 항상 신의에 따랐다.

鄭注 緝熙, 光明也. 此美文王之德光明, 敬其所以自止處.

번역 '집희(緝熙)'는 환하게 빛난다는 뜻이다. 이것은 문왕의 덕이 환하게 빛나고, 스스로 머물 곳에 그친 것을 공경했음을 찬미한 것이다.

참고 『주례』「천관(天官)·사구(司裘)」 기록

경문 王大射, 則共虎侯·熊侯·豹侯, 設其鵠. 諸侯則共熊侯·豹侯, 卿大夫則共麋侯, 皆設其鵠.

번역 천자가 대사례를 시행하면 호후(虎侯)·웅후(熊侯)·표후(豹侯)를 공급하고 정곡을 설치한다. 제후의 경우라면 웅후(熊侯)·표후(豹侯)를 공급하고, 경과 대부라면 미후(麋侯)를 공급하는데, 이 모두에 대해서는 정곡을 설치한다.

鄭注 大射者, 爲祭祀射, 王將有郊廟之事, 以射擇諸侯及群臣與邦國所貢之士可以與祭者. 射者可以觀德行, 其容體比於禮, 其節比於樂而中多者, 得與於祭. 諸侯, 謂三公及王子弟封於畿內者. 卿大夫亦皆有采地焉, 其將祀其先祖, 亦與群臣射以擇之. 凡大射各於其射宮. 侯者, 其所射也. 以虎熊豹麋之皮飾其側, 又方制之以爲埻, 謂之鵠, 著于侯中, 所謂皮侯. 王之大射: 虎侯, 王所自射也; 熊侯, 諸侯所射; 豹侯, 卿大夫以下所射. 諸侯之大射: 熊侯, 諸侯所自射; 豹侯, 群臣所射. 卿大夫之大射, 麋侯, 君臣共射焉. 凡此侯道, 虎九十弓, 熊七十弓, 豹麋五十弓. 列國之諸侯大射, 大侯亦九十, 參七十, 干五十, 遠尊得伸可同耳. 所射正謂之侯者, 天子中之則能服諸侯, 諸侯以下中之則得爲諸侯. 鄭司農云: "鵠, 鵠毛也. 方十尺曰侯, 四尺曰鵠, 二尺曰正, 四寸曰質." 玄謂侯中之大小, 取數於侯道. 鄉射記曰: "弓二寸以爲侯中." 則九十弓者, 侯中廣丈八尺; 七十弓者, 侯中廣丈四尺; 五十弓者, 侯中廣一丈. 尊卑異等, 此數明矣. 考工記曰: "梓人爲侯, 廣與崇方, 參分其廣而鵠居一焉." 然則侯中丈八尺者, 鵠方六尺; 侯中丈四尺者, 鵠方四尺六寸大半寸; 侯中一丈者, 鵠方三尺三寸少半寸. 謂之鵠者, 取名於鳱鵠. 鳱鵠小鳥而難中, 是以中之爲雋. 亦取鵠之言較, 較者直也, 射所以直己志. 用虎熊豹麋之皮, 示服猛討迷惑者. 射者大禮, 故取義衆也. 士不大射, 士無臣, 祭無所擇. 故書"諸侯則共熊侯虎侯", 杜子春云: "虎當爲豹."

번역 '대사(大射)'는 제사를 지내기 위해서 활쏘기를 하는 것이니, 천자가 교묘(郊廟)의 제사를 지내려고 할 때에는 활쏘기를 하여 제후 및 신하들 또 이웃 나라에서 천거한 사들 중에서 제사에 참여할 수 있는 자를 선발하는 것이다. 활쏘기는 그 사람의 덕행을 살펴볼 수 있는데, 그 행동거지가 예법에 맞고 절차가 음악에 맞아서 적중을 많이 시킨 자는 제사에 참여할 수 있다. '제후(諸

侯)'는 삼공(三公) 및 천자의 자제들 중 천자의 수도에 분봉이 된 자들을 뜻한다. 경과 대부 또한 모두 채지를 소유한 자들을 뜻하는데, 그들이 자신의 선조에게 제사를 지내려고 할 때에는 또한 자신의 뭇 신하들과 활쏘기를 하여 참여할 자들을 선발하게 된다. 대사례를 할 때에는 각각 그들이 소유한 사궁(射宮)에서 시행하게 된다. '후(侯)'는 활을 쏘는 대상이다. 호랑이·곰·표범·큰사슴의 가죽으로 그 측면을 장식하고, 또한 균등하게 제작하여 과녁을 삼게 되는데, 이것을 곡(鵠)이라 부르며, 과녁의 중앙에 부착하니 피후(皮侯)라고 부르는 것이다. 천자의 대사례에 있어서 호후(虎侯)는 천자가 직접 활을 쏘는 과녁이고, 웅후(熊侯)는 제후가 활을 쏘는 과녁이며, 표후(豹侯)는 경과 대부로부터 그 이하의 자들이 활을 쏘는 과녁이다. 제후의 대사례라면 웅후는 제후가 직접 활을 쏘는 과녁이고, 표후는 뭇 신하들이 활을 쏘는 과녁이다. 경과 대부가 대사례를 시행한다면 미후(麋侯)에 대해 주군과 신하가 모두 이곳에 활을 쏘게 된다. 이러한 과녁과의 거리에 있어서 호후는 90궁(弓)이고 웅후는 70궁이며 표후와 미후는 50궁이다. 또 제후국의 제후가 대사례를 시행하는 경우 대후(大侯) 또한 90궁이고 삼후(參侯)는 70궁이며, 간후(干侯)는 50궁인데, 존귀한 천자와 멀리 떨어져 있어 그 뜻을 펼칠 수 있으니 규정을 동일하게 따를 수 있는 것이다. 활을 쏘는 과녁을 '후(侯)'라고 부르는 것은 천자가 명중을 시키면 제후들을 복종시킬 수 있고, 제후로부터 그 이하의 계층이 명중을 시키면 제후가 될 수 있기 때문이다. 정사농은 "'곡(鵠)'은 고니의 털이다. 사방 10척인 것은 후(侯)라 부르고, 사방 4척인 것은 곡(鵠)이라 부르며, 사방 2척인 것은 정(正)이라 부르고, 사방 4촌인 것은 질(質)이라 부른다."라고 했다. 내가 생각하기에 과녁의 중(中) 크기는 과녁과 떨어진 거리에 따르게 된다. 『의례』「향사례(鄕射禮)」편의 기문에서는 "활마다 2촌으로 하여 과녁의 중으로 삼는다.'53)라고 했으니, 90궁이라는 것은 과녁의 중 너비가 1장 8척인 것이고, 70궁이라는 것은 과녁의 중 너비가 1장 4척인 것이며, 50궁이라는 것은 과녁의 중 너비가 1장인 것이다. 신분에 따른 등급의 차이는 이러한 수치가 드러낸다. 『고공기』에서는 "재인(梓人)이 과녁을 만들 때에는 가로와 세로의 길이를 동일하게 하며, 가로

53)『의례』「향사례(鄕射禮)」: 侯道五十弓, 弓二寸以爲侯中.

의 길이를 3등분했을 때 정곡은 그 중 1만큼을 차지한다."54)라고 했다. 그렇다면 과녁의 중이 1장 8척인 경우 정곡은 사방 6척의 크기이며, 과녁의 중이 1장 4척인 경우 정곡은 사방 4척 6.5촌보다 조금 더 큰 크기이고, 과녁의 중이 1장인 경우 정곡은 사방 3척 3.5촌보다 조금 작은 크기이다. 이것을 '곡(鵠)'이라 부르는 것은 간곡(鳱鵠)이라는 새에서 그 명칭을 취한 것이니, 간곡은 몸집이 작은 새이므로 명중시키기가 어렵다. 이러한 까닭으로 그것을 명중시키면 영특하다고 여기게 된다. 또한 곡(鵠)자가 교(較)자의 뜻이 된다는 것에서 의미를 취했으니, 교(較)는 강직하다는 의미이다. 활쏘기는 자신의 뜻을 강직하게 만드는 방법이다. 호랑이·곰·표범·큰 사슴의 가죽을 이용해서 사나운 것을 복종시키고 미혹된 것을 토벌한다는 뜻을 보이는데, 활쏘기는 성대한 예법이기 때문에 의미를 취한 것도 많다. 사는 대사례를 시행하지 않으니 사는 신하가 없으므로 제사를 지낼 때에도 가려낼 자가 없다. 옛 기록에서는 "제후의 경우라면 웅후(熊侯)·호후(虎侯)를 공급한다."라고 했는데, 두자춘은 "호(虎)자는 마땅히 표(豹)자가 되어야 한다."고 했다.

賈疏 ●"王大"至"其鵠". ○釋曰: 言"王大射"者, 王將祭祀, 選助祭之人, 故於西郊小學之中, 王與諸侯及群臣等行大射之法, 故云王大射也. "則共虎侯·熊侯·豹侯"者, 虎侯者, 謂以虎皮飾其側. 九十步之侯, 王自射之也. 熊侯者, 以熊皮飾其側. 七十步之侯, 諸侯射之也. 豹侯者, 謂以豹皮飾其側. 五十步之侯, 孤卿大夫已下射之也. 云"設其鵠"者, 其鵠還以虎熊豹皮爲之. 方制之, 三分其侯, 鵠居其一, 故云設其鵠也. 云"諸侯則共熊侯"者, 謂畿內諸侯·三公·王子·母弟熊侯, 亦如王之熊侯, 諸侯自射之. "豹侯"者, 亦如王之豹侯, 群臣共射之也. "卿大夫"者, 謂王朝卿大夫. "則共麋侯"者, 亦五十步, 以麋皮飾其側, 君臣共射之. 云"皆設其鵠"者, 熊侯已下亦以熊豹麋之皮爲鵠, 三分其侯, 鵠居一焉, 故云設其鵠也.

---

54) 『주례』「동관고공기(冬官考工記)·재인(梓人)」: 梓人爲侯, 廣與崇方, 參分其廣
而鵠居一焉.

번역　●經文: "王大"~"其鵠". ○'천자의 대사례'라고 말한 것은 천자가 제사를 지내려고 하여 제사를 도울 자들을 선발하려고 하기 때문에 서쪽 교외에 있는 소학에서 천자는 제후 및 뭇 신하들과 함께 대사례의 예법을 시행한다. 그렇기 때문에 '왕대사(王大射)'라고 말했다. "호후(虎侯)·웅후(熊侯)·표후(豹侯)를 공급한다."라고 했는데, '호후(虎侯)'는 호랑이 가죽으로 그 측면을 장식한 것을 뜻한다. 90보 떨어진 곳에 설치한 과녁으로, 천자가 직접 활을 쏘는 대상이다. '웅후(熊侯)'는 곰의 가죽으로 그 측면을 장식한 것을 뜻한다. 70보 떨어진 곳에 설치한 과녁으로, 제후가 활을 쏘는 대상이다. '표후(豹侯)'는 표범의 가죽으로 그 측면을 장식한 것을 뜻한다. 50보 떨어진 곳에 설치한 과녁으로, 고·경·대부로부터 그 이하의 계층이 활을 쏘는 대상이다. "정곡을 설치한다."라고 했는데, 한 가운데를 호랑이·곰·표범의 가죽을 둘러서 만든 것이다. 균등하게 제작하며 과녁을 3등분하여 정곡이 그 중 1만큼을 차지한다. 그렇기 때문에 "정곡을 설치한다."라고 했다. "제후의 경우라면 웅후(熊侯)를 공급한다."라고 했는데, 기내제후·삼공·왕자·태자와 어미가 같은 동생들은 웅후에 활을 쏘니 이것은 또한 천자의 웅후와 같은 것으로, 제후가 직접 이곳에 활을 쏘게 된다. '표후(豹侯)'라는 것은 또한 천자의 표후와 같은 것으로, 뭇 신하들이 모두 이곳에 활을 쏘게 된다. '경대부(卿大夫)'는 천자의 조정에 속한 경과 대부를 뜻한다. "미후(麋侯)를 공급한다."라고 했는데, 이 또한 50보 떨어진 곳에 설치하는 과녁으로, 큰사슴의 가죽으로 그 측면을 장식하며 주군과 신하가 모두 이곳에 활을 쏘게 된다. "모두에 대해서는 정곡을 설치한다."라고 했는데, 웅후로부터 그 이하의 과녁에 대해서는 또한 곰·표범·큰사슴의 가죽으로 정곡을 만들고, 과녁을 3등분하여 정곡이 1만큼을 차지하게 설치한다. 그렇기 때문에 "정곡을 설치한다."라고 했다.

賈疏　◎注"大射"至"爲豹". ○釋曰: 知大射爲祭祀射者, 見禮記·射義云"天子大射謂之射侯" 旣云"天子將祭, 必先習射", 故知大射是將祭而射也. 云"王將有郊廟之事"者, 郊謂祭五天帝於四郊. 不言圓丘祭昊天, 亦有可知. 廟謂祭先王先公皆是也. 云"以射擇諸侯"至"得與於祭", 皆禮記·射義文. 按: 彼

云"天子以射擇諸侯·卿·大夫·士", 卽云"是故古者天子之制, 諸侯歲獻貢
士於天子, 試之射宮, 其容體比於禮, 其節比於樂而中多者, 得與於祭. 而中少
者, 不得與於祭". 是其大射擇諸侯·群臣·貢士得與祭之事也. 云"諸侯謂三
公及王子弟封於畿內者", 若六命賜官及建其長立其兩, 可得及卿, 此經卿與
大夫同麋侯, 明諸侯之內唯有三公王子弟也. 言封畿內者, 此謂王子弟無官,
直得采地而已. 言封畿內者, 對魯·衛·晉·鄭之等封在外爲諸侯者也. 云"卿
大夫亦皆有采地焉"者, 按載師"大都任畺地", 是此諸侯也. 又云"小都任縣地,
家邑任稍地", 是其卿大夫亦皆有采地焉. 云"其將祀其先祖, 亦與其群臣射以
擇之"者, 諸侯亦與畿外諸侯同五廟, 卿大夫亦三廟. 此經不云孤, 孤六命, 亦
與卿同, 是其祀先祖之事也. 云"凡大射各於其射宮"者, 謂從王已下至大夫,
大射各自於其西郊之學射宮之中. 知然者, 按儀禮·大射云"公入驁", 自外而
來入, 明王已下皆於郊學也. 云"侯者, 其所射也"者, 以其雖有正鵠之別, 侯是
總名, 故云侯者所射也. 云"以虎熊豹麋之皮飾其側"者, 侯中上下俱有布一幅
夾之, 所飾者唯有兩傍之側, 故云飾其側也. 云"又方制之以爲埻, 謂之鵠, 著
于侯中"者, 梓人爲侯, 廣與崇方, 故云方制之. 質者正也, 所射之處, 故名爲質.
三分其侯, 鵠者於侯中. 云"所謂皮侯"者, 所謂梓人張皮侯而棲鵠. 云"王之大
射, 虎侯王所自射也"者, 遠近三等, 人有尊卑, 分爲三節, 尊者射遠, 卑者射近,
故知王射虎侯. 諸侯卑於天子, 其自射射熊侯, 明助王祭亦射熊侯. 卿大夫卑
於諸侯, 以其自家射射麋侯五十步, 明助王亦射豹侯五十步, 故知射豹侯. 卿
大夫更言已下者, 兼有士, 亦射豹侯. 諸侯之大射, 熊侯諸侯所自射, 豹侯群臣
所射. 以其唯有二侯, 故分爲二等. 云"卿大夫之大射, 麋侯, 君臣共射焉"者,
以其唯有一侯故也. 云"凡此侯道, 虎九十弓"至"五十弓", 並約鄕射記. 按鄕
射記云"鄕侯侯道五十弓".　按大射大侯·糝侯·豻侯直言九十·七十·五十,
不云弓, 故注鄕射記云: "大侯九十弓, 糝侯七十弓, 豻侯五十弓." 並約鄕侯有
弓字, 則大射所云九十者九十弓, 七十者七十弓, 五十者五十弓可知也. 天子
三侯, 與彼畿外諸侯同, 但用皮別耳, 故此注虎侯九十弓, 熊侯七十弓, 豹麋五
十弓. 云"列國之諸侯大射, 大侯亦九十, 參七十, 干五十"者, 大射所云者是也.
鄭注大射云: "大侯者, 熊侯也. 糝侯者, 糝雜也. 豹鵠而麋飾, 下天子大夫也.

豻侯者, 豻鵠豻飾也." 云"遠尊得伸可同耳"者, 對此經畿內諸侯之近尊, 不得同於天子三侯. 云"所射正謂之侯者, 天子中之"已下, 皆禮記·射義文. 鄭司農云"鵠, 鵠毛也"者, 先鄭意以鵠字與"鴻鵠"字同, 故爲鵠毛解之. 按梓人云"張皮侯而棲鵠". 毛非可棲之物, 故後鄭不從. 云"方十尺曰侯"者, 此先鄭之意, 見鄕侯"五十弓, 弓二寸, 以爲侯中, 侯中一丈", 故云十尺. 此先鄭唯解五十步侯, 於義則可. 若九十·七十·五十, 其侯總方一丈, 則不可, 故後鄭不從. 云"四尺曰鵠"者, 按梓人"三分其侯, 鵠居一焉", 則無此方四尺曰鵠, 故後鄭亦不從. 云"二尺曰正"者, 按梓人"張皮侯而棲鵠", 大射之侯也. 又云"張五采之侯, 遠國屬", 賓射之侯也. 若然, 賓射射正, 大射射鵠. 此旣大射, 正鵠雜言, 故後鄭亦不從也. 云"四寸曰質"者, 言質, 卽詩云"發彼有的", 及鵠皆是一物, 其鵠不止四寸而已, 故後鄭亦不從. "玄謂侯中之大小取數於侯道"者, 其侯道則去侯遠近之道, 故引鄕射記. 鄕射記曰"弓二寸以爲侯中"者, 二寸據把中側骨中身也. 弓別取二寸以爲侯身也. 則九十弓者, 侯中廣丈八尺者, 據虎侯也. 又云七十弓者, 侯中廣丈四尺者, 據熊侯也. 五十弓者, 侯中廣一丈也者, 據豹侯麋侯也. 云"尊卑異等, 此數明矣"者, 破司農總方十尺曰侯之言. "云考工記曰梓人爲侯, 廣與崇方"者, 崇, 高也. 上下爲崇, 橫度爲廣, 如鄕者侯中丈八·丈四·一丈皆方, 故云廣與崇方也. 云"參分其廣, 鵠居一焉"者, 謂三分丈八·丈四·一丈之侯, 各取一分而爲鵠, 故云三分其廣, 鵠居一焉. 又云"然則侯中丈八尺者, 鵠方六尺", 自此已下, 皆重釋鵠居一焉之義. 以其侯中丈八, 三六十八, 故鵠居六尺. 侯中丈四尺者, 鵠方四尺六寸大半寸者, 以其侯中丈四尺, 取丈二尺, 三四十二, 得四尺; 有二尺在, 又取八寸, 三六十八, 又得六寸; 有二寸在, 寸各爲三分, 二寸倂爲六分; 取二分名爲三分寸之二, 卽是大半寸也, 故云"鵠方四尺六寸大半寸"也. "侯中一丈者, 鵠方三尺三寸少半寸"者, 一丈取九尺, 三三而九, 得三尺. 一尺在, 又取九寸, 得三寸, 仍有一寸, 分爲三分, 得一分, 名爲少半寸, 故云"鵠方三尺三寸少半寸". 云"謂之鵠者", 此鄭釋鵠還是虎豹等皮名爲鵠意, 故云謂之鵠者. 取名於鳱鵠, 鳱鵠者, 按淮南子"鳱鵠知來". 俗云"鳱鵠是小鳥捷黠者"也, 故云"鳱鵠小鳥而難中". 云"亦取鵠之言較, 較者直也, 射所以直己志"者, 按禮記·射義云: "循聲而發, 不失正鵠."

若然, 正鵠相對之物, 若鵠爲鳥, 正亦爲鳥, 若鵠爲直, 正則爲正直之正. 故射
義云"射者內志正, 外體直." 是正鵠之名, 各有二義. 又云"用虎熊豹麋之皮,
示伏猛討迷惑"者, 虎熊豹是猛獸, 將以爲侯, 侯則諸侯也, 是示能伏得猛厲諸
侯. 麋者, 迷也, 將以爲侯, 示能討擊迷惑諸侯. 云"射者大禮, 故取義衆也"者,
以其祭者是大事, 射者觀德, 故爲大禮, 故於三侯之上, 取義衆多. 云"士不大
射, 士無臣, 祭無所擇"者, 按孝經云: 天子諸侯大夫皆言爭臣, 士則言爭友, 是
無臣也. 大射者所以擇臣, 士則無臣可擇, 故經不言士之大射. 士自無大射之
禮, 得與天子大射者, 以其得助祭故也. 是以鄭注云"豹侯, 卿大夫已下所射",
已下, 卽士也. 至於賓射, 士自爲賓射, 故射人云"士豻侯二正", 不得與天子賓
射, 是以鄭射人注云"此與諸侯射, 士不與", 是也. 云"故書諸侯則共熊侯虎侯,
杜子春云虎當爲豹", 不從故書者, 虎侯是天子大侯, 不宜在諸侯熊侯之下, 故
不從也.

번역 ◎鄭注: "大射"~"爲豹". ○정현이 "'대사(大射)'는 제사를 지내기 위
해서 활쏘기를 하는 것이다."라고 했는데, 이 말이 사실임을 알 수 있는 이유는
『예기』「사의」편을 살펴보면 "천자가 제정한 대사례(大射禮)에 대해서는 이것
을 사후(射侯)라고 부른다."라고 했고, "천자가 제사를 지내려고 할 때에는 반
드시 그보다 앞서서 활쏘기를 연습한다."라고 했다. 그렇기 때문에 대사가 제사
를 지내려고 할 때 하는 활쏘기임을 알 수 있다. 정현이 "천자가 교묘(郊廟)의
제사를 지내려고 한다."라고 했는데, '교(郊)'는 사방 교외에서 다섯 천제에게
지내는 제사를 뜻한다. 원구(圓丘)[55]에서 호천(昊天)에게 제사를 지낸다고 말
하지 않았지만, 이 또한 포함된다는 사실을 알 수 있다. '묘(廟)'는 선왕과 선공
에게 제사지내는 것이 모두 여기에 해당한다. 정현이 "활쏘기를 통해 제후를

___
55) 원구(圓丘)는 환구(圜丘)라고도 부른다. 고대에 제왕이 동지(冬至)에 제천(祭天)
의식을 집행하던 곳이다. 자연적으로 형성된 언덕의 형상을 본떠서, 흙을 높이 쌓
아올려 만들었기 때문에, '구(丘)'자를 붙여서 부른 것이며, 하늘의 둥근 형상을
본떴다는 뜻에서 '환(圜)' 또는 '원(圓)'자를 붙여서 부른 것이다. 『주례』「춘관(春
官)·대사악(大司樂)」편에는 "冬日至, 於地上之圜丘奏之."라는 기록이 있고, 이
에 대한 가공언(賈公彦)의 소(疏)에서는 "土之高者曰丘, 取自然之丘. 圜者, 象
天圜也."라고 풀이했다.

선발한다."라고 한 말로부터 "제사에 참여할 수 있다."라는 말까지는 모두『예기』「사의」편의 기록에 해당한다. 살펴보니 「사의」편에서는 "천자는 활쏘기를 통해 제후·경·대부·사를 선발한다."라고 했고, "이러한 까닭으로 고대에 제정된 천자의 제도에서 제후는 해마다 사를 선발해서 천자에게 바치고, 천자는 그들을 사궁(射宮)에서 시험하는데, 그 용모와 행동거지가 예에 따르고 그 절도가 음악에 따라서 명중시킨 것이 많은 자는 제사에 참여할 수 있었다. 반면 명중시킨 것이 적은 자는 제사에 참여할 수 없었다."라고 했다. 이것은 대사례를 통해 제후 및 뭇 신하들과 천거된 사들 중 제사에 참여할 수 있는 자들을 선발하는 일에 해당한다. 정현이 "'제후(諸侯)'는 삼공(三公) 및 천자의 자제들 중 천자의 수도에 분봉이 된 자들을 뜻한다."라고 했는데, 만약 6명(命)의 등급에 관리를 둘 수 있는 권한을 하사하고 채읍을 세우며 2명의 경을 둔다면, 경에게까지 미칠 수 있다. 이곳 경문에서는 경과 대부가 모두 미후에 활을 쏜다고 했는데, 이것은 제후라는 범주 내에 단지 삼공과 천자의 자제만 있게 됨을 나타낸다. "천자의 수도에 분봉을 받았다."라고 했는데, 이것은 천자의 자제들 중 관직이 없이 단지 채지만 얻은 자를 뜻할 따름이다. '봉기내(封畿內)'라고 말한 것은 노·위·진·정나라 등과 같이 천자의 수도 밖에 분봉을 받아 제후가 된 자들과 대비하기 위해서이다. 정현이 "경과 대부 또한 모두 채지를 소유한 자들을 뜻한다."라고 했는데,『주례』「재사(載師)」편을 살펴보면 "대도(大都)56)는 강지(畺地)57)에 둔다."라고 했는데, 바로 여기에서 말한 '제후(諸侯)'에 해당한다. 또한 "소도(小都)58)는 현지(縣地)59)에 두며, 가읍(家邑)60)은 초지(稍地)61)에 둔다."라고 했는데,62) 이것은 경과 대부 또한 모두 채지를 가지고 있었음을 나타낸다. 정현이 "그들이 자신의 선조에게 제사를 지내려고 할 때에는

---

56) 대도(大都)는 공(公)이 부여받는 채지(采地)를 뜻한다.
57) 강지(畺地)는 주(周)나라 때 도성에서 500리(理) 떨어진 지역을 일컫는 말이다.
58) 소도(小都)는 경(卿)이 부여받는 채지(采地)를 뜻한다.
59) 현지(縣地)는 주(周)나라 때 도성에서 400리(理) 떨어진 지역을 일컫는 말이다.
60) 가읍(家邑)은 대부(大夫)가 부여받는 채지(采地)를 뜻한다.
61) 초지(稍地)는 주(周)나라 때 도성에서 300리(理) 떨어진 지역을 일컫는 말이다.
62)『주례』「지관(地官)·재사(載師)」: 以家邑之田任稍地, 以小都之田任縣地, 以大都之田任畺地.

또한 자신의 뭇 신하들과 활쏘기를 하여 참여할 자들을 선발하게 된다."라고
했는데, 여기에서 말한 제후 또한 기외제후와 마찬가지로 5개의 묘(廟)를 두고,
경과 대부 또한 3개의 묘를 둔다. 이곳 경문에서 고(孤)를 언급하지 않았는데,
고는 6명(命)의 등급으로 또한 경과 명의 등급이 같으니, 여기에서 말한 내용은
고가 선조에게 제사지내는 사안에도 해당한다. 정현이 "대사례를 할 때에는
각각 그들이 소유한 사궁(射宮)에서 시행하게 된다."라고 했는데, 천자로부터
그 이하로 대부에 이르기까지 대사례를 할 때에는 각각 서쪽 교외의 학교에
있는 사궁(射宮) 안에서 하게 된다는 뜻이다. 이처럼 한다는 사실을 알 수 있는
이유는 『의례』「대사례(大射禮)」편을 살펴보면 "군이 들어오면 오(驁)를 연주
한다."라고 했는데, 이것은 외지로부터 와서 들어오는 것이니, 천자로부터 그
이하의 자들은 모두 교외의 학교에서 활쏘기를 한다는 사실을 나타낸다. 정현
이 "'후(侯)'는 활을 쏘는 대상이다."라고 했는데, 비록 정곡과 구별되는 점이
있더라도 '후(侯)'는 총괄하는 명칭이다. 그렇기 때문에 "'후(侯)'는 활을 쏘는
대상이다."라고 했다. 정현이 "호랑이·곰·표범·큰사슴의 가죽으로 그 측면
을 장식한다."라고 했는데, 과녁의 중간과 위아래는 모두 포 1폭으로 감싸는데,
장식을 하는 것은 오직 양쪽 측면만 하게 된다. 그렇기 때문에 "그 측면을 장식
한다."라고 했다. 정현이 "또한 균등하게 제작하여 과녁을 삼게 되는데, 이것을
곡(鵠)이라 부르며, 과녁의 중앙에 부착한다."라고 했는데, 재인이 과녁을 만들
때에는 너비와 높이를 균등하게 만든다. 그렇기 때문에 '방제지(方制之)'라고
했다. 질(質)은 정(正)이니 활을 쏘는 장소이다. 그렇기 때문에 질(質)이라는
명칭을 정한 것이다. 과녁을 3등분하여 과녁의 중앙에 정곡을 붙인다. 정현이
"이른바 피후(皮侯)라는 것이다."라고 했는데, 「재인」편에서 "피후를 펼쳐서
정곡을 붙인다."라고 한 말에 해당한다. 정현이 "천자의 대사례에 있어서 호후
(虎侯)는 천자가 직접 활을 쏘는 과녁이다."라고 했는데, 거리에 따라 3등급으
로 나누고 사람에게 있어서도 신분의 차이가 있으니 이를 나누어 3등급으로
구분한다. 그리고 신분이 존귀한 자는 멀리 설치된 과녁에 활을 쏘고, 신분이
미천한 자는 가까운 곳에 설치된 과녁에 활을 쏜다. 그렇기 때문에 천자가 호후
에 활을 쏜다는 사실을 알 수 있다. 제후는 천자보다 미천하므로 직접 활을

쏠 때에는 웅후에 하게 되니, 천자의 제사를 도울 때에도 웅후에 활을 쏨을
나타낸다. 경과 대부는 제후보다 미천하여 직접 활을 쏠 때에는 50보 떨어진
미후에 활을 쏘게 되므로 천자의 제사를 도울 때에도 50보 떨어진 표후에 활을
쏘게 됨을 나타낸다. 그렇기 때문에 표후에 활을 쏜다는 사실을 알 수 있다.
경과 대부에 대해서는 재차 '이하(已下)'라고 말했는데 사가 포함된 경우까지
도 포괄한다. 그렇기 때문에 사 또한 표후에 활을 쏘는 것이다. 제후가 시행하
는 대사례에서 웅후는 제후가 직접 활을 쏘는 과녁이고, 표후는 뭇 신하들이
활을 쏘는 대상이다. 오직 2개의 과녁만 두기 때문에 2등급으로 나누는 것이다.
정현이 "경과 대부가 대사례를 시행한다면 미후(麋侯)에 대해 주군과 신하가
모두 이곳에 활을 쏘게 된다."라고 했는데, 오직 1개의 과녁만 설치하기 때문이
다. 정현이 "이러한 과녁과의 거리에 있어서 호후는 90궁(弓)이다."라고 한 말
로부터 "50궁이다."라는 말까지는 『의례』「향사례(鄕射禮)」편의 기문을 요약
한 것이다. 「향사례」편의 기문을 살펴보면 "향사례의 과녁은 그 거리가 50궁이
다."라고 했다. 『의례』「대사례(大射禮)」편을 살펴보면 대후·삼후·한후에 대
해서 단지 90·70·50이라고만 말하고 궁(弓)을 언급하지 않았다. 그렇기 때문
에 「향사례」편의 기문에 대한 주에서 "대후는 90궁이고, 삼후는 70궁이며, 한
후는 50궁이다."라고 말한 것이며, 아울러 향사례에 설치하는 과녁에 대해서도
궁(弓)자를 붙였으니, 「대사례」편에서 말한 90이라는 것은 90궁이고, 70이라는
것은 70궁이며, 50이라는 것은 50궁임을 알 수 있다. 천자가 설치하는 3종류의
과녁은 기외제후의 것과 동일한데 사용하는 가죽에 차이가 있을 따름이다. 그
렇기 때문에 이곳의 주석에서는 호후는 90궁이고 웅후는 70궁이며 표후와 미
후는 50궁이라고 한 것이다. 정현이 "제후국의 제후가 대사례를 시행하는 경우
대후(大侯) 또한 90궁이고 삼후(參侯)는 70궁이며, 간후(干侯)는 50궁이다."라
고 했는데, 「대사례」편에서 말한 내용이 여기에 해당한다. 「대사례」편에 대한
정현의 주에서는 "대후라는 것은 웅후(熊侯)이다. 삼후(糝侯)라고 했는데, 삼
(糝)자는 섞인다는 뜻이다. 표범의 가죽으로 곡(鵠)을 만들고, 큰사슴의 가죽으
로 장식하니, 천자에게 소속된 대부보다 낮추기 때문이다. 한후(豻侯)는 들개
의 가죽으로 곡을 만들고 들개의 가죽으로 장식한 것이다."라고 했다. 정현이

"존귀한 천자와 멀리 떨어져 있어 그 뜻을 펼칠 수 있으니 규정을 동일하게
따를 수 있는 것이다."라고 했는데, 경문에서 기내제후처럼 존귀한 천자와 가까
이 있는 자는 천자와 동일하게 3개의 과녁을 설치할 수 없다는 것과 대비시킨
것이다. 정현이 "활을 쏘는 과녁을 '후(侯)'라고 부르는 것은 천자가 명중을 시
킨다."라고 한 말로부터 그 이하의 기록들은 모두『예기』「사의」편의 문장이다.
정사농은 "'곡(鵠)'은 고니의 털이다."라고 했는데, 정사농의 의중은 곡(鵠)자는
홍곡(鴻鵠)이라고 할 때의 곡(鵠)자와 동일하기 때문에 고니의 털로 풀이한
것이다. 「재인」편을 살펴보면 "피후를 펼쳐서 정곡을 붙인다."라고 했는데, 깃
털은 붙일 수 있는 물건이 아니다. 그렇기 때문에 정현이 그 주장에 따르지
않은 것이다. "사방 10척인 것은 후(侯)라 부른다."라고 했는데, 이것은 정사농
의 주장으로, 향사례의 과녁에 대해서 "50궁이며 활마다 2촌으로 하여 과녁의
중으로 삼으니, 과녁의 중은 1장이다."라고 한 것에 나타난다. 그러므로 10척이
라고 했다. 정사농은 단지 50보 떨어진 곳에 설치하는 과녁만 풀이한 것으로
그 의미에 있어서는 타당하다. 그러나 90·70·50궁에 해당하는 과녁에 있어서
도 1장이라고 한다면 불가하다. 그렇기 때문에 정현이 그 주장에 따르지 않은
것이다. 정사농이 "4척인 것은 곡(鵠)이라 부른다."라고 했는데, 「재인」편을 살
펴보면 "과녁을 3등분하여 곡이 1만큼을 차지한다."라고 했으니, 사방 4척을
곡이라 부른다는 기록이 없다. 그렇기 때문에 정현이 이 주장에 대해서도 따르
지 않은 것이다. 정사농이 "사방 2척인 것은 정(正)이라 부른다."라고 했는데,
「재인」편을 살펴보면 "피후를 펼쳐서 정곡을 붙인다."라고 했고, 이것은 대사
례에 사용하는 과녁이다. 또 "다섯 가지 채색의 과녁을 설치한다면 기외제후
(畿外諸侯) 등에 해당한다."리고 했는데, 이것은 빈사례에 사용하는 과녁이다.
만약 그렇다면 반사례에서는 정(正)에 활을 쏘고 대사례에서는 곡(鵠)에 활을
쏘는 것이다. 이곳의 내용은 대사례에 해당하는데도 정(正)자와 곡(鵠)자를 뒤
섞어서 언급했기 때문에 정현이 이 주장에도 따르지 않은 것이다. 정사농이
"사방 4촌인 것은 질(質)이라 부른다."라고 했는데, 질(質)이라고 말한 것은
『시』에서 "발사하여 저 적(的)에 맞춘다."63)라고 한 것에 해당하니, 곡(鵠)이

---

63)『시』「소아(小雅)·빈지초연(賓之初筵)」: 賓之初筵, 左右秩秩. 籩豆有楚, 殽核

라는 것과 모두 동일한 사물을 나타내며, 곡이라는 것은 4촌에만 그치지 않는
다. 그렇기 때문에 정현이 이 주장에 대해서도 따르지 않은 것이다. 정현이 "내
가 생각하기에 과녁의 중(中) 크기는 과녁과 떨어진 거리에 따르게 된다."라고
했는데, 후도(侯道)라는 것은 과녁과 떨어진 길을 뜻한다. 그렇기 때문에 「향사
례」편의 기문을 인용한 것이다. 「향사례」편의 기문에서는 "활마다 2촌으로 하
여 과녁의 중으로 삼는다."라고 했는데, 2촌이라는 것은 과녁 중앙 측골의 중심
부를 기준으로 한 것이다. 궁에서 별도로 2촌을 취해 과녁의 몸체로 삼는다.
그렇다면 90궁이라는 것은 과녁의 중 너비는 1장 8척이 되는데, 이것은 호후에
기준을 둔 것이다. 또 70궁이라고 했는데, 과녁의 중 너비는 1장 4척으로 웅후
에 기준을 둔 것이다. 50궁이라는 것은 과녁의 중 너비는 1장으로 표후와 미후
에 기준을 둔 것이다. 정현이 "신분에 따른 등급의 차이는 이러한 수치가 드러
낸다."라고 했는데, 이것은 정사농이 총괄적으로 사방 10척이 되는 것을 후(侯)
라고 부른다는 말을 논파한 것이다. 정현이 "『고공기』에서는 '재인(梓人)이 과
녁을 만들 때에는 가로와 세로의 길이를 동일하게 한다.'"라고 했는데, '숭(崇)'
자는 높이를 뜻한다. 위에서 아래까지의 길이가 숭(崇)이 되며, 가로의 치수가
광(廣)이 되는데, 앞에서 과녁의 중이 1장 8척이고 1장 4척이며 1장이라고 한
것도 모두 균등하게 제작한다. 그렇기 때문에 "가로와 세로의 길이를 동일하게
한다."라고 말한 것이다. "가로의 길이를 3등분했을 때 정곡은 그 중 1만큼을
차지한다."라고 했는데, 1장 8척, 1장 4척, 1장이 되는 과녁을 3등분하여 각각
1만큼을 취하여 정곡으로 삼는다는 뜻이다. 그렇기 때문에 "가로의 길이를 3등
분했을 때 정곡은 그 중 1만큼을 차지한다."라고 했다. 정현이 또한 "그렇다면
과녁의 중이 1장 8척인 경우 정곡은 사방 6척의 크기이다."라고 했는데, 이로부
터 그 이하의 말들은 모두 곡이 1만큼을 차지한다는 뜻을 거듭 풀이한 것이다.
과녁의 중이 1장 8척이므로 3곱하기 6은 18이 된다. 그렇기 때문에 곡은 6척만
큼을 차지하게 된다. 과녁의 중이 1장 4척인 경우 곡은 사방 4척 6.5촌보다
조금 크다. 그 이유는 과녁의 중이 1장 4척이니, 그 중 1장 2척에 있어서 3곱하

維旅. 酒旣和旨, 飮酒孔偕. 鍾鼓旣設, 擧酬逸逸. 大侯旣抗, 弓矢斯張. 射夫旣
同, 獻爾發功. <u>發彼有的</u>, 以祈爾爵.

기 4는 12가 되므로 4척이 나오고, 여전히 2척이 남아있는데 그 중 1척 8촌에 있어서 3곱하기 6은 18이 되니 또한 6촌이 나온다. 그런데도 여전히 2촌이 남아 있어 1촌을 각각 3등분하면 2촌은 6등분이 되며, 2등분을 떼어내면 3분의 2촌이 되니 즉 '대반촌(大半寸)'이라는 것이다. 그렇기 때문에 "곡은 사방 4척 6.5촌보다 조금 크다."라고 했다. 정현이 "과녁의 중이 1장인 경우 정곡은 사방 3척 3.5촌보다 조금 작은 크기이다."라고 했는데, 1장에서 9척을 떼어내면 3곱하기 3은 9가 되므로 3척이 된다. 1척이 남아있는데 여기에서 재차 9촌을 떼어내면 3촌이 생기고, 여전히 1촌이 남아있는데 이것을 나누면 3분이 되고, 1분이 남아있기 때문에 소반촌(少半寸)이 된다. 그렇기 때문에 "정곡은 사방 3척 3.5촌보다 조금 작은 크기이다."라고 했다. 정현이 "이것을 곡(鵠)이라 부른다."라고 했는데, 정현은 곡(鵠)이라는 것이 호랑이나 표범의 가죽으로 만들었음에도 곡(鵠)이라고 부르는 이유를 설명한 것이다. 그렇기 때문에 "이것을 '곡(鵠)'이라 부르는 것은 간곡(鴈鵠)이라는 새에서 그 명칭을 취했다."라고 했는데, '간곡(鴈鵠)'이라는 것에 대해 『회남자』를 살펴보면 "간곡은 오는 것을 안다."[64]라고 했다. 세속에서는 "간곡은 몸집이 작은 새이며 재빠르고 영리한 것이다."라고 했다. 그렇기 때문에 "간곡은 몸집이 작은 새이므로 명중시키기가 어렵다."라고 했다. 정현이 "또한 곡(鵠)자가 교(較)자의 뜻이 된다는 것에서 의미를 취했으니, 교(較)는 강직하다는 의미이다. 활쏘기는 자신의 뜻을 강직하게 만드는 방법이다."라고 했는데, 『예기』「사의」편을 살펴보면 "음악에 맞춰서 화살을 쏘고, 화살을 쏜 것이 정곡을 놓치지 않는다."라고 했다. 그렇다면 정(正)과 곡(鵠)이 상대되는 사물이 되는데, 곡(鵠)이 새를 뜻하는 것이라면 정(正) 또한 새가 되며, 곡(鵠)이 곧다는 뜻이 된다면 정(正)은 정식하다고 할 때의 정(正)이 된다. 그렇기 때문에 「사의」편에서는 "활을 쏘는 자는 내적으로는 뜻이 올바르며 외적으로는 몸이 강직하다."라고 말한 것이다. 이것은 정(正)과 곡(鵠)이라는 명칭에 각각 2가지 의미가 있음을 나타낸다. 정현이 "호랑이·곰·표범·큰 사슴의 가죽을 이용해서 사나운 것을 복종시키고 미혹된 것을

---

64) 『회남자(淮南子)』「범논훈(氾論訓)」: 猩猩知往而不知來, <u>乾鵠知來而不知往</u>, 此 脩短之分也

토벌한다는 뜻을 보인다."라고 했는데, 호랑이·곰·표범은 사나운 짐승이며,
이것으로 과녁을 만드는데, 후(侯)는 제후(諸侯)를 뜻한다. 따라서 이것은 사납
고 난폭한 제후를 복종시킬 수 있음을 드러낸다. 미(麋)는 미혹하다는 뜻이니,
이것으로 과녁을 만드는 것은 미혹한 제후를 토벌할 수 있음을 드러낸다. 정현
이 "활쏘기는 성대한 예법이기 때문에 의미를 취한 것도 많다."라고 했는데,
제사는 성대한 일이며, 활쏘기는 덕을 살펴보는 것이므로 성대한 의례가 된다.
그렇기 때문에 세 가지 과녁에 있어서 의미를 취하는 것이 많다. 정현이 "사는
대사례를 시행하지 않으니 사는 신하가 없으므로 제사를 지낼 때에도 가려낼
자가 없다."라고 했는데, 『효경』을 살펴보면 천자·제후·대부에 대해서는 모
두 쟁신(爭臣)을 언급했고, 사에 대해서는 쟁우(爭友)라고 했으니, 이것은 사에
게 신하가 없음을 나타낸다. 대사례라는 것은 신하를 선발하기 위한 것인데,
사는 선발할 수 있는 신하가 없다. 그렇기 때문에 경문에서는 사의 대사례를
언급하지 않은 것이다. 사 계급 자체에는 대사례가 없지만 천자의 대사례에
참여할 수 있는 것은 그들이 천자의 제사를 도울 수 있기 때문이다. 이러한
까닭으로 정현의 주에서는 "표후는 경·대부로부터 그 이하의 계층이 활을 쏘
는 과녁이다."라고 한 것인데, '이하(已下)'라는 말은 곧 사 계층을 가리킨다.
빈사례에 있어서 사는 직접 빈사례를 시행할 수 있다. 그렇기 때문에 『주례』「사
인(射人)」편에서는 "사는 한후(犴侯)에 활을 쏘며 2정(正)으로 한다."65)라고
했던 것인데, 천자와 빈사례는 시행할 수 없다. 그렇기 때문에 「사인」편에 대한
정현의 주에서 "이것은 제후와 활쏘기를 하는 경우이니 사는 참여할 수 없다."
라고 말한 것이다. 정현이 "옛 기록에서는 '제후의 경우라면 웅후(熊侯)·호후
(虎侯)를 공급한다.'라고 했는데, 두자춘은 '호(虎)자는 마땅히 표(豹)자가 되어
야 한다.'고 했다."라고 했는데, 옛 기록에 따르지 않은 것은 호후는 천자의 대후
가 되므로 제후의 웅후 밑에 기록될 수 없다. 그렇기 때문에 따르지 않은 것이다.

---

65) 『주례』「하관(夏官)·사인(射人)」: 士以三耦射犴侯, 一獲一容, 樂以采蘩, 五節二正.

참고 『예기』「제통(祭統)」 기록

경문-574a 凡治人之道, 莫急於禮. 禮有五經, 莫重於祭. 夫祭者, 非物自外至者也, 自中出生於心也. 心怵而奉之以禮, 是故唯賢者能盡祭之義.

번역 무릇 사람을 다스리는 도리 중에서 예보다 급선무인 것은 없다. 또 예에는 오경(五經)이 있지만 제사보다 중대한 것은 없다. 제사라는 것은 사물이 외부로부터 오는 것이 아니며, 내면으로부터 나타나니, 마음에서 생겨나는 것이다. 마음이 두렵고 슬퍼지게 되어 예법에 따라 받든다. 이러한 까닭으로 오직 현자만이 제사의 뜻을 다할 수 있다.

鄭注 禮有五經, 謂吉禮·凶禮·賓禮·軍禮·嘉禮也. 莫重於祭, 謂以吉禮爲首也. 大宗伯職曰: "以吉禮事邦國之鬼·神·祇." 怵, 感念親之貌也, 怵或爲述.

번역 예(禮)에는 오경(五經)이 있으니, 길례(吉禮)·흉례(凶禮)·빈례(賓禮)·군례(軍禮)·가례(嘉禮)를 뜻한다. "제사보다 중대한 것이 없다."는 말은 길례를 우선으로 삼는다는 뜻이다. 『주례』「대종백(大宗伯)」편의 직무 기록에서는 "길례에 따라 나라의 귀(鬼)·신(神)·기(祇)를 섬긴다."[66]라고 했다. '출(怵)'은 부모를 떠올리고 생각하는 모습을 뜻하며, '출(怵)'자를 다른 판본에서는 '술(述)'자로 기록하기도 한다.

孔疏 ●"禮有五經"者, 經者, 常也. 言吉·凶·賓·軍·嘉, 禮所常行, 故云"禮有五經". 五經之中, 於祭更急. 上說人之以禮爲急, 此說禮爲急者, 按大宗伯: 吉禮之別十有二, 凶禮之別五, 賓禮之別八, 軍禮之別五, 嘉禮之別六. 五禮之別, 總三十有六.

번역 ●經文: "禮有五經". ○'경(經)'자는 항상됨[常]을 뜻한다. 길례(吉

---

66) 『주례』「춘관(春官)·대종백(大宗伯)」: 以吉禮事邦國之鬼神示.

禮)・흉례(凶禮)・빈례(賓禮)・군례(軍禮)・가례(嘉禮)는 예법 중에서도 항
상 시행하는 것들이다. 그렇기 때문에 "예에는 오경(五經)이 있다."라고 했다는
뜻이다. 그리고 오경 중에서도 제사가 가장 시급하다. 앞에서는 사람을 다스릴
때에는 예를 급선무로 삼아야 한다고 설명했는데, 이곳에서는 예가 가장 급선
무라고 설명하였다. 『주례』「대종백(大宗伯)」편을 살펴보면, 길례는 12가지로
구분되고,67) 흉례는 5가지로 구분되며,68) 빈례는 8가지로 구분되고,69) 군례는
5가지로 구분되며,70) 가례는 6가지로 구분된다.71) 따라서 오례는 총 36가지로
구분된다.

참고 『의례』「향사례(鄕射禮)」 기록

경문 上射升堂, 少左. 下射升, 上射揖, 並行.

번역 상사(上射)는 당상으로 올라가서 조금 좌측으로 간다. 하사(下射)가
당상으로 올라가면 상사는 읍을 하고 나란히 나아간다.

鄭注 並, 併也, 併東行.

---

67) 『주례』「춘관(春官)・대종백(大宗伯)」: 以吉禮事邦國之鬼神示. 以禋祀祀昊天
上帝, 以實柴祀日・月・星・辰, 以槱燎祀司中・司命・觀師・雨師, 以血祭祭社
稷・五祀・五嶽, 以貍沈祭山林・川澤, 以疈辜祭四方百物, 以肆獻祼享先王, 以
饋食享先王, 以祠春享先王, 以禴夏享先王, 以嘗秋享先王, 以烝冬享先王.
68) 『주례』「춘관(春官)・대종백(大宗伯)」: 以凶禮哀邦國之憂. 以喪禮哀死亡, 以荒
禮哀凶札, 以弔禮哀禍災, 以禬禮哀圍敗, 以恤禮哀寇亂.
69) 『주례』「춘관(春官)・대종백(大宗伯)」: 以賓禮親邦國. 春見曰朝, 夏見曰宗, 秋
見曰覲, 冬見曰遇, 時見曰會, 殷見曰同, 時聘曰問, 殷覜曰視.
70) 『주례』「춘관(春官)・대종백(大宗伯)」: 以軍禮同邦國. 大師之禮, 用衆也; 大均
之禮, 恤衆也; 大田之禮, 簡衆也; 大役之禮, 任衆也; 大封之禮, 合衆也.
71) 『주례』「춘관(春官)・대종백(大宗伯)」: 以嘉禮親萬民. 以飮食之禮, 親宗族兄
弟; 以昏冠之禮, 親成男女; 以賓射之禮, 親故舊朋友; 以饗燕之禮, 親四方之賓
客; 以脤膰之禮, 親兄弟之國; 以賀慶之禮, 親異姓之國.

번역　'병(並)'자는 나란히[倂]라는 뜻으로, 나란히 동쪽으로 간다는 의미이다.

賈疏　●"上射"至"並行". ◎注"倂東行". ○釋曰: 知倂行倂東行者, 以其旣言升, 乃言倂行, 故知倂東行向物也. 云"少左"者, 言上射先升, 少左, 避下射升階也.

번역　●經文: "上射"~"並行". ◎鄭注: "倂東行". ○'병행(倂行)'이 나란히 동쪽으로 나아간다는 뜻임을 알 수 있는 이유는 이미 당상으로 올라간다고 했고, 곧이어 병행(倂行)이라고 했다. 그렇기 때문에 나란히 동쪽으로 나아가서 사대[物]를 향하게 됨을 알 수 있다. "조금 좌측으로 간다."라고 했는데, 상사가 먼저 당상으로 올라가서 조금 좌측으로 가는 것은 하사가 계단을 오르도록 자리를 피해주기 때문이다.

경문　皆當其物, 北面揖, 及物揖. 皆左足履物, 還, 視侯中, 合足而俟. 司馬適堂西, 不決 · 遂, 袒, 執弓.

번역　둘 모두 사대가 있는 곳에 가서 북쪽을 바라보며 읍을 하고 사대에 가서도 읍을 한다. 둘 모두 좌측 발로 사대를 밟고 몸을 돌려 과녁의 중앙을 살펴보며, 두 발을 합하고서 기다린다. 사마는 당의 서쪽으로 가서 결(決)과 수(遂)를 하지 않고 단(袒)[72]만 하고서 활을 든다.

鄭注　不決遂, 因不射, 不備.

번역　결(決)과 수(遂)를 하지 않는 것은 활을 쏘지 않기 때문에 활을 쏠 때의 도구를 갖추지 않는 것이다.

---

72) 단(袒)은 상의 중 좌측 어깨 쪽을 드러내는 방법이다. 일반적으로 상중(喪中)에 남자들이 취하는 복장 방식을 뜻한다. 한편 일반적인 의례절차에서도 단(袒)의 복장 방식을 취하는 경우가 있다.

賈疏 ●"皆當"至"執弓". ◎注"不決"至"不備". ○釋曰: "皆左足履物"者, 謂先以左足履物, 東頭合足而俟, 司馬命去侯. 云"因不射, 不備", 此決司射誘射行事, 袒卽決・遂, 執弓挾矢, 今司馬不射, 故不備, 直袒而已也. 若然, 大射司馬正不射而袒, 又復決・遂者, 彼大射志於射, 故司馬正雖不射, 袒復決・遂, 以其不爲射, 仍不挾矢也.

번역 ●經文: "皆當"~"執弓". ◎鄭注: "不決"~"不備". ○"모두 좌측 발로 사대를 밟는다."라고 했는데, 먼저 좌측 발로 사대를 밟고 있었으며, 머리를 동쪽으로 하여 발을 합하고 기다리고, 사마는 점수를 계산하는 자에게 과녁으로부터 떨어지라고 명령한다. 정현이 "활을 쏘지 않기 때문에 활을 쏠 때의 도구를 갖추지 않는 것이다."라고 했는데, 이것은 사사가 활쏘기를 유도하며 일을 시행할 때 단(袒)을 하면 곧바로 결(決)과 수(遂)를 하여 활을 잡고 화살을 꼽는 것과 구별되니, 사마는 활쏘기를 하지 않기 때문에 도구를 갖추지 않고 단지 단(袒)만할 따름이다. 만약 그렇다면 『의례』「대사례(大射禮)」편에서 사마정은 활을 쏘지 않고 단(袒)을 했음에도 재차 결(決)과 수(遂)를 했다. 그 이유는 「대사례」의 내용은 그 주안점이 활쏘기에 있기 때문에 사마정이 비록 활을 쏘지 않지만 단(袒)을 하고 재차 결(決)과 수(遂)를 했던 것인데, 활을 쏘는 것은 아니기 때문에 화살을 꼽지는 않았다.

참고 『의례』「향사례(鄕射禮)」 기록

기문 凡侯, 天子熊侯, 白質; 諸侯麋侯, 赤質; 大夫布侯, 畫以虎豹; 士布侯, 畫以鹿豕.

번역 과녁에 있어서 천자의 웅후(熊侯)는 백색 바탕으로 한다. 제후의 미후(麋侯)는 적색 바탕으로 한다. 대부의 포후(布侯)에는 호랑이와 표범을 그린다. 사의 포후에는 사슴과 돼지를 그린다.

鄭注 此所謂獸侯也, 燕射則張之. 鄕射及賓射, 當張采侯二正. 而記此者, 天子諸侯之燕射, 各以其鄕射之禮而張此侯, 由是云焉. 白質·赤質, 皆謂采其地. 其地不采者, 白布也. 熊·麋·虎·豹·鹿·豕, 皆正面畫其頭象於正鵠之處耳. 君畫一, 臣畫二, 陽奇陰偶之數也. 燕射射熊·虎·豹, 不忘上下相犯. 射麋·鹿·豕, 志在君臣相養也. 其畫之皆毛物之.

번역 이것은 바로 수후(獸侯)라는 것으로 연사례를 시행하게 되면 이 과녁을 설치한다. 향사례와 빈사례를 시행한다면 마땅히 채후(采侯) 이정(二正)으로 한다. 그런데 이러한 사실을 기록한 것은 천자와 제후의 연사례에서는 각각 그들에게 적용되는 향사례에 따라서 이러한 과녁을 설치하게 되므로, 이에 따라 이러한 사실을 언급한 것이다. 백질(白質)과 적질(赤質)이라는 것은 모두 바탕을 해당 색깔로 칠했다는 뜻이다. 바탕에 채색을 하지 않은 것은 백색의 포에 해당한다. 곰·큰사슴·호랑이·표범·사슴·돼지는 모두 정곡을 덧붙이는 곳에 해당 동물의 머리를 정면으로 그릴 따름이다. 군주의 경우에는 일(一)을 긋고, 신하의 경우에는 이(二)를 그으니, 양은 홀수이고 음은 짝수이기 때문이다. 연사례를 시행할 때 곰·호랑이·표범이 그려진 과녁에 활을 쏘는 것은 망령되게 상하계층이 서로 침범하지 않음을 뜻한다. 큰사슴·사슴·돼지가 그려진 과녁에 활을 쏘는 것은 그 뜻이 군주와 신하가 서로를 보살펴준다는데 있음을 뜻한다. 과녁에 그림을 그릴 때에는 모두 해당 동물의 털로 그린다.

賈疏 ●"凡侯"至"鹿豕". ◎注"此所"至"物之". ○釋曰: 云"此所謂獸侯也"者, 周禮·梓人云"張獸侯以息燕", 注云"息者, 休農息老物也. 燕謂勞使臣, 若與群臣飮酒而射", 是也. 云"燕射則張之"者, 燕禮大射正爲司射, 如鄕射之禮, 是諸侯燕用鄕射之禮, 故云燕射則張之也. 天子雖無文, 據記明天子燕射亦用鄕射之法也. 云"鄕射及賓射, 當張采侯二正"者, 按周禮射人掌賓射, 大夫·士同二正, 是賓射二正. 鄕射無文, 知亦采侯二正者, 周禮賓射與賓客爲射, 此鄕射雖與鄕人習禮, 亦如賓主行射禮, 又非私相燕勞, 故約與賓射同也. 言采侯者, 梓人云: "張五采之侯, 則遠國屬." 是賓射之侯, 故云采侯也. 云"而記此者, 天子諸侯之燕射, 各以其鄕射之禮"者, 以天子自用鄕射之禮, 諸侯自

用鄉射之禮, 大夫士亦各隨其君用鄉射之禮也. 用鄉射之禮, 謂張侯道五十步
及三耦, 一與鄉射同. 云"張此侯", 則經獸侯是也. 云"由是云焉"者, 謂由是用
鄉射法, 故云獸侯, 於此鄉記也. 云"白質·赤質, 皆謂采其地"者, 按周禮·掌
蜃云: "共白盛之蜃." 則此以蜃灰塗之, 使白爲地. 赤質者亦以赤塗之, 使赤爲
地. 云"不采者, 白布也"者, 謂大夫士直云布侯者也. 云"熊·麋·虎·豹·鹿·
豕, 皆正面畫其頭"者, 知皆畫首者, 以其言豺首者, 射不來者之首, 明此獸侯
等亦正面畫其頭也. 云"象於正鵠之處耳"者, 按梓人云"參分其廣, 而鵠居一
焉", 據大射之侯. 若賓射之侯, 則三分其侯正居一焉. 若燕射之侯, 則獸居一
焉, 故云象其正鵠之處耳. 云"君畫一, 臣畫二, 陽奇陰偶之數也"者, 禮記·郊
特牲云: "君之南鄉, 答陽之義也. 臣之北面, 答君也." 是君陽臣陰, 又天一生
水, 地二生火, 是一二陰陽之數, 故云君一臣二, 陽奇陰偶之數也. 云"燕射射
熊虎豹, 不忘上下相犯"者, 三者皆猛獸, 不苟相下, 若君臣之道, 亦獻可者替
否者, 不苟相從, 輒當犯顔而諫, 似獸等, 故用之. 云"射麋·鹿·豕, 志在君臣
相養也"者, 按內則云麋鹿豕皆有軒, 並是可食之物, 故云相養也. 云"其畫之
皆毛物之"者, 此無正文, 但畫五正三正之侯, 各以其色, 明畫獸侯亦以毛物畫
之可知也.

번역 ●記文: "凡侯"~"鹿豕". ◎鄭注: "此所"~"物之". ○정현이 "이것
은 바로 수후(獸侯)라는 것이다."라고 했는데, 『주례』「재인(梓人)」편에서는
"수후를 펼치면 이를 통해 쉬게 하고 노고를 위로한다."라고 했고, 정현의 주에
서는 "식(息)이라는 것은 농사를 쉬게 하고 나이든 자들을 쉬게 하는 것이다.
연(燕)이라는 것은 신하들의 노고를 위로하는 것이니, 뭇 신하들과 함께 술을
마시고 활쏘기를 하는 것 등을 뜻한다."라고 했다. 정현이 "연사례를 시행하게
되면 이 과녁을 설치한다."라고 했는데, 『의례』「연례(燕禮)」편에서는 대사정
(大射正)이 사사(司射)를 맡게 되어 향사례의 예법처럼 따르는데, 이것은 제후
가 연례를 할 때 향사례의 예법을 따르게 됨을 나타낸다. 그렇기 때문에 연사례
를 시행하면 이 과녁을 설치한다고 말한 것이다. 천자에 대해서는 비록 관련
기록이 남아있지 않지만, 기문에 따른다면 천자의 연사례에서도 향사례의 예법
에 따름을 나타내고 있다. 정현이 "향사례와 빈사례를 시행한다면 마땅히 채후

(采侯) 이정(二正)으로 한다."라고 했는데, 『주례』에서는 사인(射人)이 빈사례를 담당한다고 했고, 대부와 사는 동일하게 이정(二正)으로 한다고 했으니, 이것은 빈사례에서 이정을 사용하게 됨을 나타낸다. 향사례에 대해서는 해당 기록이 남아있지 않지만 또한 채후에 이정으로 한다는 사실을 알 수 있는 이유는 『주례』에 나온 빈사례는 빈객과 함께 활쏘기를 하는 것이고, 이곳의 향사례는 비록 향인들과 예법을 익히는데 주안점을 두고 있지만 또한 빈객과 주인이 사례를 시행하는 것처럼 한다. 또 이것은 사사롭게 서로에 대해 연회를 베풀고 노고를 위로하는 것이 아니다. 그렇기 때문에 대략적으로 빈사례의 예법과 같게 된다. '채후(采侯)'라고 했는데, 「재인」편에서는 "다섯 가지 채색의 과녁을 설치한다면 기외제후(畿外諸侯) 등에 해당한다."라고 했는데, 이것은 빈사례에 사용하는 과녁을 뜻한다. 그렇기 때문에 '채후(采侯)'라고 말한 것이다. 정현이 "그런데 이러한 사실을 기록한 것은 천자와 제후의 연사례에서는 각각 그들에게 적용되는 향사례에 따르기 때문이다."라고 했는데, 천자는 직접 향사례의 예법에 따르고, 제후도 직접 향사례의 예법에 따르며, 대부와 사 또한 각각 그들의 주군에게 적용되는 향사례의 예법을 따르게 된다. 향사례의 예법을 따른다는 것은 과녁을 설치할 때 그 거리는 50보로 하고 세 쌍이 활을 쏘는 것 등이 모두 향사례와 동일하다는 뜻이다. "이 과녁을 설치한다."라고 했다면, 경문에서 말한 수후(獸侯)가 바로 이것에 해당한다. 정현이 "이에 따라 이러한 사실을 언급한 것이다."라고 했는데, 향사례의 예법에 따르기 때문에 수후를 말하며 이곳 향사례에 대한 기문에 기록했다는 의미이다. 정현이 "백질(白質)과 적질(赤質)이라는 것은 모두 바탕을 해당 색깔로 칠했다는 뜻이다."라고 했는데, 『주례』「장신(掌蜃)」편을 살펴보면 "백색으로 만들어주는 조개를 공급한다."[73]라고 했으니, 이것은 조개의 가루로 칠을 하여 백색을 바탕으로 삼은 것이다. 적질(赤質)이라는 것 또한 적색으로 칠하여 적색을 바탕으로 삼은 것이다. 정현이 "바탕에 채색을 하지 않은 것은 백색의 포에 해당한다."라고 했는데, 대부와 사에 대해서는 단지 '포후(布侯)'라고만 말했기 때문이다. 정현이 "곰 · 큰사슴 · 호랑이 · 표범 · 사슴 · 돼지는 모두 해당 동물의 머리를 정면으로 그

---

73) 『주례』「지관(地官) · 장신(掌蜃)」 : 共白盛之蜃.

릴 따름이다."라고 했는데, 이 모든 과녁에 해당 동물의 머리를 그린다는 사실을 알 수 있는 이유는 이수(貍首)라는 시에서는 찾아오지 않는 자의 머리를 활로 쏜다고 했으니, 이것은 수후 등에 대해서도 정면으로 그 머리를 그리게 됨을 나타낸다. 정현이 "정곡을 덧붙이는 곳에 그릴 따름이다."라고 했는데, 「재인」편을 살펴보면 "그 너비를 3등분하여 정곡이 1만큼을 차지한다."라고 했다. 「대사례」편에 나온 과녁에 근거해보면, 빈사례의 과녁은 과녁을 3등분하여 정(正)이 1만큼을 차지하게 된다. 연사례의 과녁은 짐승의 머리가 1만큼을 차지하게 된다. 그렇기 때문에 정곡을 덧붙이는 곳에 그릴 따름이라고 했다. 정현이 "군주의 경우에는 일(一)을 긋고, 신하의 경우에는 이(二)를 그으니, 양은 홀수이고 음은 짝수이기 때문이다."라고 했는데,『예기』「교특생(郊特牲)」편에서는 "군주가 남쪽을 바라보는 것은 양을 대하는 도리이다. 신하가 북면을 하는 것은 군주를 대하는 방법이다."[74]라고 했는데, 이것은 군주가 양에 해당하고 신하가 음에 해당한다는 사실을 뜻한다. 또 하늘은 1에 물을 낳고 땅은 2에 불을 낳으니, 이것은 1과 2가 음과 양의 수임을 뜻한다. 그렇기 때문에 "군주의 경우에는 일(一)을 긋고, 신하의 경우에는 이(二)를 그으니, 양은 홀수이고 음은 짝수이기 때문이다."라고 말한 것이다. 정현이 "연사례를 시행할 때 곰・호랑이・표범이 그려진 과녁에 활을 쏘는 것은 망령되게 상하계층이 서로 침범하지 않음을 뜻한다."라고 했는데, 세 가지 동물들은 모두 사나운 짐승이니, 구차하게 상대보다 낮추지 않는다. 만약 군주 및 신하의 도리와 같은 경우라면 또한 옳은 것은 권하고 잘못된 것은 간언을 해야 하는데 서로 따르지 않아 갑작스럽게 면전에서 간언을 하면 이것은 짐승과 같은 경우이므로 이러한 뜻을 따른 것이다. 정현이 "큰사슴・사슴・돼지가 그려진 과녁에 활을 쏘는 것은 그 뜻이 군주와 신하가 서로를 보살펴준다는데 있음을 뜻한다."라고 했는데,『예기』「내칙(內則)」편을 살펴보면 "큰사슴고기・사슴고기・멧돼지고기・노루고기는 모두 생고기를 크게 잘라서도 먹는다."[75]라고 했으니, 이들은 모두 먹을 수 있는 동물들이다. 그렇기 때문에 "서로 보살펴준다."라고 했다. 정현이 "과녁에 그림

---

74)『예기』「교특생(郊特牲)」【323d】: 君之南鄉, 答陽之義也. 臣之北面, 答君也.
75)『예기』「내칙(內則)」【357a】: 牛脩・鹿脯・田豕脯・麋脯・麕脯. 麋・鹿・田豕・麕皆有軒, 雉・兎皆有芼.

을 그릴 때에는 모두 해당 동물의 털로 그린다."라고 했는데, 이것과 관련해서
는 경문의 기록이 없다. 다만 오정(五正)이나 삼정(三正)의 과녁에 그림을 그
릴 때에는 각각 해당 색깔에 따르니, 이것은 수후를 그릴 때에도 또한 해당
동물의 털로 그림을 그린다는 사실을 알 수 있다.

참고 『주례』「동관고공기(冬官考工記)·재인(梓人)」 기록

경문 張皮侯而棲鵠, 則春以功.

번역 피후(皮侯)를 펼치고 정곡을 설치하면 행동거지를 예법에 맞게 하여
공덕을 세운다.

鄭注 皮侯, 以皮所飾之侯. 司裘職曰: "王大射, 則共虎侯·熊侯·豹侯, 設
其鵠." 謂此侯也. 春讀爲蠢. 蠢, 作也, 出也. 天子將祭, 必與諸侯群臣射, 以作
其容體, 出其合於禮樂者, 與之事鬼神焉.

번역 '피후(皮侯)'는 가죽으로 장식한 과녁을 뜻한다. 『주례』「사구(司裘)」
편의 직무기록에서는 "천자가 대사례를 시행하면, 호후(虎侯)·웅후(熊侯)·
표후(豹侯)를 공급하고 정곡을 설치한다."라고 했는데, 바로 여기에서 말한 과
녁을 뜻한다. '춘(春)'자는 준(蠢)자로 풀이한다. '준(蠢)'자는 "일으키다[作]."
는 뜻이며, "내놓다[出]."는 뜻이다. 천자가 제사를 지내려고 할 때에는 반드시
제후들 및 뭇 신하들과 함께 활쏘기를 하여, 예법에 맞는 행동거지를 하고 예와
음악에 합치되도록 행동을 표출하여, 그와 함께 귀신을 섬기게 된다.

賈疏 ●"張皮"至"以功". ○釋曰: 云"張皮侯"者, 天子三侯, 用虎·熊·豹
皮飾侯之側, 號曰皮侯. 而棲鵠者, 各以其皮爲鵠, 名此爲鵠者, 綴於中央, 似
鳥之棲, 故云"而棲鵠"也.

번역 ●經文: "張皮"~"以功". ○"피후(皮侯)를 펼친다."라고 한 말은 천자가 사용하는 세 가지 과녁은 호랑이·곰·표범의 가죽으로 과녁의 측면을 장식한다. 그렇기 때문에 '피후(皮侯)'라고 부른다. 정곡을 설치한다고 했는데, 각각 해당하는 가죽으로 정곡을 만드는데, 이것을 곡(鵠)이라고 부르는 것은 과녁의 중앙에 연결하여 새가 깃든 것과 유사하다. 그렇기 때문에 '서곡(棲鵠)'이라고 했다.

賈疏 ◎注"皮侯"至"神焉". ○釋曰: "天子將祭"已下, 皆取《射義》之意以解此也.

번역 ◎鄭注: "皮侯"~"神焉". ○"천자가 제사를 지내려고 한다."라는 말로부터 그 이하의 기록은 모두 『예기』「사의」편에서 그 의미를 취해 이곳의 기록을 풀이한 것이다.

참고 『주례』「동관고공기(冬官考工記)·재인(梓人)」 기록

경문 梓人爲侯, 廣與崇方, 參分其廣而鵠居一焉.

번역 재인(梓人)이 과녁을 만들 때, 너비와 높이를 균등하게 하며, 그 너비를 3등분하고, 그 중 1만큼에 곡(鵠)을 설치한다.

鄭注 崇, 高也. 方猶等也. 高廣等者, 謂侯中也. 天子射禮, 以九爲節, 侯道九十弓, 弓二寸以爲侯中, 高廣等, 則天子侯中丈八尺. 諸侯於其國亦然. 鵠, 所射也. 以皮爲之, 各如其侯也. 居侯中參分之一, 則此鵠方六尺. 唯大射以皮飾侯. 大射者, 將祭之射也. 其餘有賓射·燕射.

번역 '숭(崇)'자는 높이[高]를 뜻한다. '방(方)'자는 균등[等]을 뜻한다. 높이와 너비가 균등하다는 것은 과녁의 중(中)을 뜻한다. 천자의 사례에서는 9로

절도를 삼으니, 과녁과의 거리는 90궁(弓)이 되며, 궁에서는 2촌(寸)을 과녁의
중으로 삼는데, 높이와 너비가 균등하다면, 천자가 사용하는 과녁의 중은 1장
(丈) 8척(尺)이 된다. 제후가 본인의 나라에서 사례를 시행할 때에도 이처럼
한다. '곡(鵠)'은 활을 쏘는 곳이다. 가죽으로 만들게 되는데, 각각 그 과녁과
같이 한다. 과녁의 중은 3등분 한 것 중 1만큼을 차지하니, 여기에서 말한 곡은
사방 6척이 된다. 다만 대사례에서는 가죽으로 과녁을 장식하게 된다. 대사례라
는 것은 제사를 지내려고 할 때 시행하는 활쏘기이다. 나머지로는 빈사례와
연사례가 있다.

賈疏 ●"梓人"至"一焉". ○釋曰: 禮射有三, 有燕射 · 賓射 · 大射. 大射,
射鵠. 賓射 · 燕射射侯. 法亦與此同.

번역 ●經文: "梓人"~"一焉". ○예법에 따른 활쏘기에는 세 종류가 있으
니, 연사례 · 빈사례 · 대사례이다. 대사례에서는 곡(鵠)에 활을 쏜다. 빈사례 ·
연사례에서는 과녁에 활을 쏜다. 그 법도는 또한 이곳의 내용과 동일하다.

賈疏 ◎注"崇高"至"燕射". ○釋曰: 云"高廣等者, 謂侯中也"者, 鄕射記
云: "弓二寸以爲侯中", 中則身也. 云"天子射禮, 以九爲節"者, 按射人及樂師
皆云"天子以騶虞九節", 是也. 云"侯道九十弓"者, 此約大射禮"大侯九十弓",
天子九節, 亦九十弓可知. 云"弓二寸以爲侯中"者, 鄕射記文. 鄕侯五十弓, 弓
二寸以侯中, 侯中一丈, 則九十弓者, 侯中丈八尺. 云"諸侯於其國亦然"者, 大
射禮云"大侯九十, 糝侯七十, 豻侯五十", 是也. 但天子九十弓無文, 約取畿外
諸侯有九十 · 七十 · 五十弓, 今此以天子至尊爲主, 以諸侯亦如之. 云"鵠, 所
射也"者, 射義云: "爲人君者, 以爲君鵠. 爲人臣者, 以爲臣鵠." 又云: "循聲而
發, 發而不失正鵠者, 其唯賢者乎", 是所射者也. 云"以皮爲之, 各如其侯也"
者, 侯, 謂以皮飾兩畔, 其鵠之皮亦與飾侯用皮同也. 謂若虎侯以虎皮飾侯側,
其鵠亦用虎皮. 其餘熊豹麋等亦然. 云"居侯中參分之一"者, 釋經"參分其廣
而鵠居一焉". 云"則此鵠方六尺"者, 以侯方丈八尺, 三六十八, 故知方六尺也.

云"唯大射以皮飾侯"者, 對賓射射正者, 以五色飾侯之側爲雲氣也. 燕射射獸
侯者, 亦畫雲氣, 飾侯之側也. 云"大射者, 將祭之射也"者, 射義說大射之事,
云: "其容體比於禮, 其節比於樂. 而中多者, 得與於祭." 是將祭而射, 謂之大
射也. 其餘有賓射・燕射者, 禮射者有此三也. 賓射, 射人所掌是也. 燕射, 燕
禮所云是也. 又鄕射記亦云燕射之事也. 其餘更有鄕射, 不言者, 鄕射射采侯,
則亦賓射也, 故不別言也.

번역 ◎鄭注: "崇高"~"燕射". ○정현이 "높이와 너비가 균등하다는 것은
과녁의 중(中)을 뜻한다."라고 했는데, 『의례』「향사례(鄕射禮)」편의 기문에서
는 "활마다 2촌으로 하여 과녁의 중으로 삼는다."라고 했는데, 중(中)은 몸체를
뜻한다. 정현이 "천자의 사례에서는 9로 절도를 삼는다."라고 했는데, 『주례』「
사인(射人)」과 「악사(樂師)」편을 살펴보면 모두 "천자는 추우(騶虞)라는 악곡
으로 9절을 한다."라고 했으니, 이 말이 이러한 사실을 나타낸다. 정현이 "과녁
과의 거리는 90궁(弓)이다."라고 했는데, 이것은 『의례』「대사례(大射禮)」편에
서 "대후는 90궁이다."라고 한 말을 요약해보면, 천자는 9절로 한다고 했으니,
또한 90궁으로 함을 알 수 있다. 정현이 "궁에서는 2촌(寸)을 과녁의 중으로
삼는다."라고 했는데, 이것은 「향사례」편의 기문 기록이다. 향사례에서 사용하
는 과녁은 50궁에 설치하는데, 궁마다 2촌을 과녁의 중으로 삼으니, 그 과녁의
중은 1장(丈)이 되므로, 90궁인 경우라면 과녁의 중은 1장 8척이 된다. 정현이
"제후가 본인의 나라에서 사례를 시행할 때에도 이처럼 한다."라고 했는데, 「대
사례」편에서 "대후는 90이고, 삼후는 70이며, 한후는 50이다."라고 한 말이 이
러한 사실을 나타낸다. 다만 천자의 90궁에 대해서는 관련 기록이 남아있지
않으니, 기외제후에게 적용되는 90・70・50궁에 대한 내용을 간추려보면 알
수 있는데, 이곳의 내용은 지극히 존귀한 천자에 대한 내용을 위주로 한 것이고,
제후 또한 이처럼 한다. 정현이 "'곡(鵠)'은 활을 쏘는 곳이다."라고 했는데, 『예
기』「사의」편에서는 "군주가 된 자는 이것을 군곡(君鵠)으로 삼고, 신하가 된
자는 이것을 신곡(臣鵠)으로 삼는다."라고 했고, 또 "음악에 맞춰서 화살을 쏘
고, 화살을 쏜 것이 정곡(正鵠)을 놓치지 않는 자는 오직 현명한 자일 뿐이다!"
라고 했는데, 이것은 바로 활을 쏘는 대상을 뜻한다. 정현이 "가죽으로 만들게

되는데, 각각 그 과녁과 같이 한다."라고 했는데, 과녁은 가죽으로 양쪽을 장식하게 되며, 정곡을 만드는 가죽 또한 과녁을 장식하며 사용하는 가죽과 동일한 것으로 한다는 뜻이다. 만약 호후(虎侯)인 경우라면 호랑이 가죽으로 과녁의 측면을 장식하고, 정곡 또한 호랑이 가죽으로 만든다는 의미이다. 나머지 웅후·표후·미후 등도 이처럼 만든다. 정현이 "과녁의 중은 3등분 한 것 중 1만큼을 차지한다."라고 했는데, 경문에서 "그 너비를 3등분하여 곡이 1만큼을 차지한다."라고 한 말을 풀이한 것이다. 정현이 "여기에서 말한 곡은 사방 6척이 된다."라고 했는데, 과녁은 사방 1장 8척이 되는데, 3곱하기 6은 18이 된다. 그렇기 때문에 사방 6척의 크기임을 알 수 있다. 정현이 "다만 대사례에서는 가죽으로 과녁을 장식하게 된다."라고 했는데, 빈사례에서 정(正)에 활을 쏘는 것과 대비를 한 것이니, 빈사례의 과녁은 다섯 가지 색깔로 과녁의 측면을 장식하며 구름무늬를 새기게 된다. 또 연사례에서는 수후(獸侯)에 활을 쏘게 되는데, 이때에도 구름무늬를 그려서 과녁의 측면을 장식한다. 정현이 "대사례라는 것은 제사를 지내려고 할 때 시행하는 활쏘기이다."라고 했는데, 「사의」편은 대사례의 사안을 설명한 것이며, "그 용모와 행동거지가 예(禮)에 따르고 그 절도가 악(樂)에 따라서 명중시킨 것이 많은 자는 제사에 참여할 수 있었다."라고 했다. 이것은 제사를 지내려고 할 때 활쏘기를 하며, 이것을 대사례라고 부른다는 사실을 나타낸다. 나머지로는 빈사례와 연사례가 있다고 했는데, 예법에 따른 활쏘기에는 이러한 세 종류가 있다는 뜻이다. 빈사례는 「사인」편에서 주관한다고 했던 것이 이것에 해당한다. 연사례는 『의례』「연례(燕禮)」편에서 언급한 내용이 이것에 해당한다. 또 「향사례」편의 기문에서도 연사례에 대한 사안을 언급하였다. 그 나머지로는 향사례라는 것도 있는데, 이것을 언급하지 않은 것은 향사례를 할 때에는 채후(采侯)에 활을 쏘게 되니, 이것은 또한 빈사례의 경우와 같다. 그렇기 때문에 구별해서 언급하지 않은 것이다.

참고 『의례』「향사례(鄕射禮)」기록

기문 倍中以爲躬.

번역 과녁 중(中)을 배가 되게 하여 궁(躬)을 만든다.

鄭注 躬, 身也. 謂中之上下幅也, 用布各二丈.

번역 '궁(躬)'자는 몸체를 뜻한다. 즉 중의 위아래 폭을 뜻하는데, 포를 이용하며 각각 2장(丈)으로 한다.

賈疏 ●"倍中以爲躬". ◎注"躬身"至"二丈". ○釋曰: 身謂中, 上·中·下各橫接一幅布者, 故鄭云"中之上下幅, 用布各二丈"也.

번역 ●記文: "倍中以爲躬". ◎鄭注: "躬身"~"二丈". ○몸체는 중(中)을 뜻하는데, 상·중·하에 각각 가로로 1폭의 포를 붙이게 된다. 그렇기 때문에 정현이 "중의 위아래 폭을 뜻하는데, 포를 이용하며 각각 2장(丈)으로 한다."라고 했다.

참고 『의례』「대사(大射)」기록

경문 遂命量人·巾車張三侯, 大侯之崇, 見鵠於參, 參見鵠於干干, 不及地武. 不繫左下綱. 設乏, 西十·北十. 凡乏用革.

번역 마침내 양인(量人)과 건거(巾車)에게 세 가지 과녁을 펼치도록 명령하니, 대후(大侯)의 높이는 정곡이 삼후보다 높이 보이도록 하고, 삼후(參侯)는 정곡이 간후보다 높이 보이도록 하며, 간후(干侯)는 땅에 닿지 않도록 1무(武)를 띄운다. 좌측 하단의 줄은 묶지 않는다. 화살막이[乏]를 설치할 때에는 과녁에서 서쪽으로 10보 북쪽으로 10보를 띄운다. 화살막이는 가죽으로 만든다.

鄭注 巾車, 於天子·宗伯之屬, 掌裝衣車者, 亦使張侯. 侯, 巾類. 崇, 高也. 高必見鵠. 鵠, 所射之主. 射義曰: “爲人君者以爲君鵠, 爲人臣者以爲臣鵠, 爲人父者以爲父鵠, 爲人子者以爲子鵠.” 言射中此乃能任己位也. 鵠之言較, 較, 直也, 射者所以直己志. 或曰: 鵠, 鳥名, 射之難中, 中之爲俊, 是以所射於侯取名也. 淮南子曰: “鳱鵠知來.” 然則所云正者正也, 亦鳥名. 齊·魯之間, 名題肩爲正. 正·鵠皆鳥之捷黠者. 考工記曰: “梓人爲侯, 廣與崇方, 參分其廣而鵠居一焉.” 則大侯之鵠方六尺, 糝侯之鵠方四尺六寸大半寸, 豻侯之鵠方三尺三寸少半寸. 及, 至也. 武, 迹也. 中人之足, 長尺二寸, 以豻侯計之, 糝侯去地一丈五寸少半寸, 大侯去地二丈二尺五寸少半寸. 凡侯北面, 西方謂之左. 前射三日, 張侯設乏, 欲使有事者豫志焉.

번역 건거(巾車)는 천자의 종백에게 소속된 관리로 의복과 수레의 장식을 담당하는데 또한 그로 하여금 과녁을 설치하게끔 한 것이다. ‘과녁[侯]’은 피륙[巾]의 부류이기 때문이다. ‘숭(崇)’자는 높이[高]를 뜻한다. 높이는 반드시 정곡이 보이게끔 설치해야 한다. ‘곡(鵠)’은 활을 쏘는 주된 곳이다. 『예기』「사의」편에서는 “군주가 된 자는 이것을 군곡(君鵠)으로 삼고, 신하가 된 자는 이것을 신곡(臣鵠)으로 삼으며, 부친이 된 자는 이것을 부곡(父鵠)으로 삼고, 자식이 된 자는 이것을 자곡(子鵠)으로 삼는다.”라고 했다. 즉 이곳에 활을 쏘아 적중을 시킨다면 자신의 지위를 감당할 수 있다는 의미이다. ‘곡(鵠)’자는 교(較)자의 뜻이 되니, ‘교(較)’자는 “강직하다[直].”는 의미로, 활쏘기는 자신의 뜻을 강직하게 만드는 방법이다. 혹자는 “곡(鵠)은 새 이름으로, 활을 쏘아도 맞추기가 어려우니 적중시킨 것을 빼어남으로 삼는다. 이러한 까닭으로 과녁에 활을 쏘는 대상에 대해 이러한 명칭을 취했다.”라고 했다. 『회남자』에서는 “간곡(鳱鵠)은 오는 것을 안다.”라고 했다. 그렇다면 “‘정(正)’자는 바르다는 뜻이다.”라고 했을 때의 ‘정(正)’이라는 것 또한 새의 이름이 된다. 제나라와 노나라 지역에서는 제견(題肩)이라는 새를 정(正)이라고 부른다. 정(正)과 곡(鵠)은 모두 새 중에서도 재빠르고 영리한 부류이다. 『고공기』에서는 “재인(梓人)이 과녁을 만들 때, 너비와 높이를 균등하게 하며, 그 너비를 3등분하고, 그 중 1만큼에 곡(鵠)을 설치한다.”라고 했으니, 대후의 곡은 사방 6척이고, 삼후의 곡은 사방

4척 6.5촌보다 조금 더 크고, 한후의 곡은 사방 3척 3.5촌보다 조금 작다. '급(及)'자는 "~에 이르다[至]."는 뜻이다. '무(武)'자는 발자국[迹]을 뜻한다. 일반인들의 발은 그 길이가 1척 2촌이니, 한후를 기준으로 계산해보면, 삼후는 지면으로부터 1장 5.5촌보다 조금 덜 떨어져 있고, 대후는 지면으로부터 2장 2척 5.5촌보다 조금 덜 떨어져 있다. 과녁은 모두 북쪽을 바라보게 되니 서쪽을 좌측이라고 부른다. 활을 쏘기 3일 전에 과녁과 화살막이를 설치하는 것은 일을 맡아보는 자들로 하여금 미리 인지하게끔 하고자 해서이다.

賈疏 ●"遂命"至"用革". ◎注"巾車"至"志焉". ○釋曰: 上文直命量人量侯道, 及乏遠近之處, 此經論張侯高下之法也. 云"設乏西十北十"者, 鄕射云: "乏參侯道, 居侯黨之一, 西五步." 注云: "此乏去侯北十丈, 西三丈." 云西十北十, 則西與北皆六丈, 不得爲三分居侯黨之一者, 以其三侯入堂深故也. 若然, 此三侯之下總云西十北十, 則三侯之乏皆西十北十矣. 西亦六丈者, 以三侯恐矢揚傷人, 與一侯亦異也. 云"巾車, 於天子・宗伯之屬"者, 周禮巾車屬宗伯, 故云宗伯之屬也. 云"掌裝衣車"者, 天子五路: 木路無革鞍, 革路有革無異飾, 玉路・金路・象路有革鞍, 又有玉金象爲飾. 孤乘夏篆, 卿乘夏縵, 皆以物爲飾, 故云裝衣車者也. 云"侯, 巾類"者, 侯亦有飾, 故鄕射記云"凡畫者丹質", 及正鵠之飾, 故云巾類也. 引射義者, 欲證射以鵠爲主也. 云"鵠之言較, 較, 直也, 射者所以直己志", 并下注云"然則所云正者正也", 此取射義解之, 故射義云射者"內志正, 外體直, 然後持弓矢審固", 注云"內正外直, 正鵠之名出自此", 是也. 云"或曰: 鵠, 鳥名, 射之難中, 中之爲俊, 是以所射於侯取名也", 并下云"正, 亦鳥名. 齊・魯之間名題肩爲正. 正・鵠皆鳥之捷黠者", 鄭以正鵠之名有此二義, 故兩解之也. 云"考工記: '梓人爲侯, 廣與崇方, 參分其廣而鵠居一焉'"者, 三等皆高廣等, 引之者, 鄭欲解經見鵠之義, 故先知侯鵠廣狹尺寸也. 云"則大侯之鵠方六尺"者, 以侯道九十弓, 弓取二寸, 二九十八, 侯中丈八尺, 三分其侯而鵠居一, 故知鵠方六尺也. 云"糁侯之鵠方四尺六寸大半寸"者, 以侯道七十弓, 弓取二寸, 則侯中丈四尺, 三分其侯, 鵠居其一, 丈四取丈二, 三分得四尺, 又於二尺之內取尺八寸又得六寸, 又二寸, 一寸爲三分, 總六分, 取二分, 二分於三分爲三分寸之二, 三分寸之二卽是大半寸, 故云糠侯之鵠方四尺六寸大半寸也. 云"犴侯之鵠方三尺三寸少半寸"者, 犴侯侯道五十弓, 弓取二寸, 則侯中方一丈, 三分其侯, 鵠居一焉, 一丈且取九尺得三尺, 一尺取九寸得三寸, 一寸分爲三分得一分, 則是三分寸之一, 三分寸之一則是少半寸, 故云犴侯之鵠方三尺三寸少半寸也. 云"中人之足, 長尺二寸"者, 無正文, 以目驗而知. 云"以犴侯計之"者, 以大侯·糠侯高下無文, 犴侯云下綱不及地武, 則犴侯下綱去地尺二寸, 以是從犴侯計之也. 犴侯侯中一丈, 上下躬及上下舌各二尺, 合八尺, 是丈八尺矣. 又下不及地尺二寸, 則犴侯上綱去地丈九尺二寸也. 糠侯侯中丈四尺, 中上·中下各四尺, 得八尺, 幷之二丈二尺也. 鵠居侯中三分之一, 則鵠下亦有四尺六寸大半寸, 通躬身四尺爲八尺六寸三分寸之二矣. 張法, 糠鵠下畔與犴侯之上綱齊, 所謂見鵠於犴. 自餘糠侯鵠下畔八尺六寸大半寸, 在掩犴侯亦如之. 犴侯上犴本去地丈九尺二寸, 直掩八尺, 上有一丈一尺二寸在, 復掩六寸, 上有一丈六寸在, 復掩三分寸二, 唯有一丈五寸三分寸一在. 少半寸者, 卽三分寸一也. 言大半寸者, 卽三分寸二也. 故知"糠侯下綱去地一丈五寸少半寸"也. 大侯中丈八尺, 中之上下各四尺, 卽八尺矣. 中方丈八尺, 更加八尺, 二丈六尺也. "糠侯去地丈五寸少半寸", 本上綱下綱相去二丈二尺, 其擧也上綱去地三丈二尺五寸少半寸也. 大侯鵠下畔與糠侯上綱齊, 所謂見鵠於糠. 侯中丈八尺, 三分之則鵠下亦有六尺, 下躬身四尺, 一丈矣, 則大侯自鵠以下掩糠侯一丈也. 自一丈以下猶有二丈二尺五寸少半寸在, 是大侯下綱去地亦然, 故注於此數也. 云"前射三日, 張侯設乏", 知"三日"者, 前文云前射三日, 下云"樂人宿縣", 下云"厥明", 自前射三日以後, 論事不著異日, 故知張侯與設乏同是射前三口矣.

번역 ●經文: "遂命"~"用革". ◎鄭注: "巾車"~"志焉". ○앞에서는 다만 양인에게 과녁을 설치하는 거리와 화살막이를 벌리는 장소를 살피라고 명령을 했는데, 이곳 경문에서는 과녁을 설치할 때의 높이를 정한 법도를 논의하고 있다. "화살막이[乏]를 설치할 때에는 과녁에서 서쪽으로 10보 북쪽으로 10보를 띄운다."라고 했는데, 『의례』「향사례(鄕射禮)」편에서는 "화살막이는 과녁과의 거리를 3등분하여 과녁 측면으로 1만큼 떨어지고 서쪽으로 5보 떨어진다."76)라고 했고, 정현의 주에서는 "화살막이는 과녁으로부터 북쪽으로 10장 서쪽으로 3장 떨어져 있다."라고 했다. 그런데 이곳에서 서쪽으로 10보 북쪽으로 10보가 떨어져 있다고 했으니, 서쪽과 북쪽으로 떨어진 거리는 모두 6장이 되어, 과녁과의 거리를 3등분하여 과녁 측면으로 1만큼 떨어질 수 없는데, 그것은 세 과녁이 당의 깊숙한 곳에 들어와 있기 때문이다. 그렇다면 이곳에서 세 가지 과녁을 말한 뒤에 총괄적으로 서쪽으로 10보 북쪽으로 10보 떨어진다고 했으니, 세 가지 과녁에 대한 화살막이는 모두 서쪽으로 10보 북쪽으로 10보씩 떨어져 있는 것이다. 서쪽으로도 6장만큼 떨어져 있는 것은 세 가지 과녁에 활을 쏠 때 화살이 다른 곳으로 날아가 사람을 상하게 하지는 않을까 염려했기 때문에 한 가지 과녁을 설치할 때와는 차이를 보이는 것이다. 정현이 "건거(巾車)는 천자의 종백에게 소속된 관리이다."라고 했는데,『주례』에 나온 건거는 종백에게 소속되어 있다. 그렇기 때문에 "종백에게 소속된 관리이다."라고 했다. 정현이 "의복과 수레의 장식을 담당한다."라고 했는데, 천자의 다섯 가지 수레77)에 있어서 목로(木路)78)에는 가죽 덮개가 없고 혁로(革路)79)에는 가죽

---

76) 『의례』「향사례(鄕射禮)」: 乏參侯道, 居侯黨之一, 西五步.

77) 오로(五路)는 오로(五輅)라고도 기록한다. 고대의 천자가 탔던 다섯 종류의 수레를 뜻한다. 다섯 종류의 수레는 옥로(玉路)・금로(金路)・상로(象路)・혁로(革路)・목로(木路)이다. 또한 왕후(王后)가 탔던 다섯 종류의 수레를 뜻하기도 한다. 왕후가 탔던 다섯 종류의 수레는 중적(重翟)・염적(厭翟)・안거(安車)・적거(翟車)・연거(輦車)이다.

78) 목로(木路)는 목로(木輅)라고도 부른다. 천자가 사용하는 다섯 가지 수레 중 하나이다. 단지 옻칠만 하고, 가죽으로 덮지 않았으며, 다른 치장을 하지 않았기 때문에, '목로'라고 부르게 되었다. 대휘(大麾)라는 깃발을 세웠고, 사냥을 하거나, 구주(九州) 지역 이외의 나라를 분봉해줄 때 사용하였다. 『주례』「춘관(春官)・건거(巾車)」편에는 "木路, 前樊鵠纓, 建大麾, 以田, 以封蕃國."이라는 기록이 있고, 이에 대한 정현의 주에서는 "木路, 不鞔以革, 漆之而已."라고 풀이했다.

79) 혁로(革路)는 혁로(革輅)라고도 부른다. 천자가 사용하는 다섯 가지 수레 중 하나이다. 전쟁용으로 사용했던 수레인데, 간혹 제후의 나라에 순수(巡守)를 갈 때 사용하기도 하였다. 가죽으로 겉을 단단하게 동여매서 고정시키고, 옻칠만 하고, 다른 장식을 하지 않았기 때문에, '혁로'라고 부르는 것이다. 『주례』「춘관(春官)・건거(巾車)」편에는 "革路, 龍勒, 條纓五就, 建大白, 以卽戎, 以封四衛."라는 기록이 있고, 이에 대한 정현의 주에서는 "革路, 鞔之以革而漆之, 無他飾."이라고 풀이했다.

덮개는 있지만 별다른 장식이 없으며, 옥로(玉路)80) · 금로(金路)81) · 상로(象路)82)에는 가죽 덮개가 있고 또 옥 · 금 · 상아로 장식을 한 것도 있다. 고(孤)는 하전(夏篆)을 타고 경(卿)은 하만(夏縵)을 타는데 모두 해당 사물로 장식을 한다. 그렇기 때문에 "의복과 수레의 장식을 담당한다."라고 했다. 정현이 "'과녁[侯]'은 피륙[巾]의 부류이기 때문이다."라고 했는데, 과녁 또한 장식이 들어간다. 그렇기 때문에 「향사례」편의 기문에서는 "그림을 그리는 경우 바탕은 붉은색으로 한다."라고 했고, 정곡이라는 장식도 들어가기 때문에 '피륙의 부류'라고 했다. 정현이 「사의」편을 인용한 것은 활쏘기에서는 정곡을 위주로 활을 쏘게 됨을 증명하고자 해서이다. 정현이 "'곡(鵠)'자가 교(較)자의 뜻이 되니, '교(較)'자는 '강직하다[直].'는 의미로, 활쏘기는 자신의 뜻을 강직하게 만드는 방법이다."라고 했고, 그 밑의 주에서 "그렇다면 '정(正)'자는 바르다는 뜻이다.'"라고 했는데, 이것들은 「사의」편의 내용에 따라 풀이한 것이다. 그렇기 때문에 「사의」편에서는 활쏘기에 대해 "내적으로는 뜻이 올바르며 외적으로는 몸이 강직한 뒤에라야 활과 화살을 잡은 것이 모두 확고하다."라고 했고, 정현의 주에서는 "내적으로 바르고 외적으로 강직하니, '정곡(正鵠)'이라는 단어는

---

80) 옥로(玉路)는 '옥로(玉輅)'라고도 부른다. 천자가 사용하는 다섯 가지 수레 중 하나이다. 옥(玉)으로 수레를 치장했기 때문에, '옥로'라고 부르게 되었다. 대상(大常)이라는 깃발을 세웠고, 깃발에는 12개의 치술을 달았으며, 주로 제사 때 사용하였다. 『주례』「춘관(春官) · 건거(巾車)」편에는 "王之五路, 一曰玉路, 錫, 樊纓, 十有再就, 建大常, 十有二斿, 以祀."라는 기록이 있고, 이에 대한 정현의 주에서는 "玉路, 以玉飾諸末."이라고 풀이했다.
81) 금로(金路)는 금로(金輅)라고도 부른다. 천자가 사용하는 다섯 가지 수레 중 하나이다. 금(金)으로 수레를 치장했기 때문에, '금로'라고 부르게 되었다. 대기(大旂)라는 깃발을 세웠고, 빈객(賓客)을 접대하거나, 동성(同姓)인 자를 분봉할 때 사용하였다. 『주례』「춘관(春官) · 건거(巾車)」편에는 "金路, 鉤樊纓九就, 鉤, 樊纓九就, 建大旂, 以賓, 同姓以封."라는 기록이 있고, 이에 대한 정현의 주에서는 "金路, 以金飾諸末."이라고 풀이했다.
82) 상로(象路)는 상로(象輅)라고도 부른다. 천자가 사용하는 다섯 가지 수레 중 하나이다. 상아로 수레를 치장했기 때문에, '상로'라고 부르게 되었다. 대적(大赤)이라는 깃발을 세웠으며, 조회를 보거나, 이성(異姓)인 자를 분봉할 때 사용하였다. 『주례』「춘관(春官) · 건거(巾車)」편에는 "象路, 朱樊纓, 七就, 建大赤, 以朝, 異姓以封."이라는 기록이 있고, 이에 대한 정현의 주에서는 "象路, 以象飾諸末."이라고 풀이했다.

이것으로부터 도출된 것이다."라고 한 것이다. 정현이 "혹자는 '곡(鵠)은 새 이름으로, 활을 쏘아도 맞추기가 어려우니 적중시킨 것을 빼어남으로 삼는다. 이러한 까닭으로 과녁에 활을 쏘는 대상에 대해 이러한 명칭을 취했다.'"라고 했고, 아래 주석에서 "'정(正)'이라는 것 또한 새의 이름이 된다. 제나라와 노나라 지역에서는 제견(題肩)이라는 새를 정(正)이라고 부른다. 정(正)과 곡(鵠)은 모두 새 중에서도 재빠르고 영리한 부류이다."라고 했는데, 정현은 정곡이라는 명칭에 이러한 두 가지 의미가 있기 때문에 두 가지로 해석한 것이다. 정현이 "『고공기』에서는 '재인(梓人)이 과녁을 만들 때, 너비와 높이를 균등하게 하며, 그 너비를 3등분하고, 그 중 1만큼에 곡(鵠)을 설치한다.'"라고 했는데, 3등급에 있어서는 모두 높이와 너비가 동일하고, 이 인용문을 인용한 것은 정현이 경문에서 정곡을 보이게 한다는 뜻을 풀이하고자 해서이다. 그렇기 때문에 우선적으로 정곡의 폭에 대해서 알아야 한다. 정현이 "대후의 곡은 사방 6척이다."라고 했는데, 과녁과의 거리는 90궁이고, 궁에서 2촌을 취하게 되니 2곱하기 9는 18이 되므로, 과녁의 중은 1장 8척이 된다. 과녁을 3등분하여 곡이 그 중 1만큼을 차지하기 때문에 정곡이 사방 6척의 크기임을 알 수 있다. 정현이 "삼후의 곡은 사방 4척 6.5촌보다 조금 더 크다."라고 했는데, 과녁과의 거리는 70궁이고, 궁에서 2촌을 취하게 되니 과녁의 중은 1장 4척이 되며, 과녁을 3등분하여 곡이 그 중 1만큼을 차지하면, 1장 4촌에서 1장 2촌을 빼내 이것을 3등분하면 4척이 나오고, 또 나머지 2척에서 1척 8촌을 빼내 같은 방식으로 계산하면 6촌이 나오고, 또 나머지 2촌에 있어서 1촌을 3등분하면 2촌에 있어서는 6분이 나오고, 나머지 2분에 있어서 2등분은 3등분에 있어서 3분의 2촌이 되는데, 3분의 2촌은 곧 대반촌(大半寸)에 해당한다. 그렇기 때문에 "삼후의 곡은 사방 4척 6.5촌보다 조금 더 크다."라고 했다. 정현이 "한후의 곡은 사방 3척 3.5촌보다 조금 작다."라고 했는데, 한후는 과녁과의 거리가 50궁이고, 궁에서 2촌을 취하게 되니 과녁의 중은 사방 1장이며, 과녁을 3등분하여 곡이 그 중 1만큼을 차지한다. 1장에서 9척을 빼내면 3척이 나오고, 1척에서 9촌을 빼내면 3촌이 나오며, 1촌은 3등분을 하면 3분이 되며 1분이 남으니, 이것은 3분의 1촌이고, 3분의 1촌은 소반촌(少半寸)이다. 그렇기 때문에 "한후의 곡은 사방 3척 3.5촌보다 조금 작다."라고 했다. 정현이 "일반인들의 발은 그 길이가 1척 2촌이다."
라고 했는데, 이와 관련된 경문 기록은 없지만, 눈으로 살펴보면 이러한 사실을
알 수 있다. 정현이 "한후를 기준으로 계산한다."라고 했는데, 대후와 삼후의
높낮이에 대해서는 경문 기록이 없는데, 한후에 대해서는 "하단의 줄이 지면에
닿지 않고 1무를 띄운다."라고 했으니, 한후의 하단 줄은 지면으로부터 1척 2촌
이 떨어져 있다. 이러한 까닭으로 한후를 기준으로 계산한 것이다. 한후에 있어
서 과녁의 중은 1장이며, 상하의 궁(躬)과 상하의 설(舌)은 각각 2척이니 총
8척이 된다. 이것이 1장 8척이 됨을 나타낸다. 또한 지면에 닿지 않는 길이가
1척 2촌이라면, 한후의 상단 줄은 지면으로부터 1장 9척 2촌이 떨어져 있게
된다. 삼후의 과녁 중은 1장 4척이고, 중의 상단과 하단은 각각 4척이니 8척이
나오고, 더하게 되면 2장 2척이 된다. 곡은 과녁의 중을 3등분하여 1만큼을
차지하니, 곡 밑으로는 또한 4척 6.5촌보다 조금 큰 길이가 되며, 몸체인 4척과
더하게 되면 8척과 6과 3분의 2촌이 된다. 과녁을 펼치는 법도에 있어서 삼후의
곡 하단과 한후의 상단 줄은 가지런하게 정렬되니, 이것이 한후보다 곡이 높게
보인다는 뜻이다. 나머지 삼후의 곡 하단부는 8척 6촌보다 조금 큰 길이인데,
한후를 가리는 부분 또한 이러하다. 한후의 상단은 본래 지면으로부터 1장 9척
2촌이 떨어져 있는데, 8척을 가리게 되므로 그 위로는 1장 1척 2촌이 남게 되며,
다시 6촌이 가려지게 되니 그 위로는 1장 6촌이 남고 다시 3분의 2촌이 가려지
게 되어 1장 5와 3분의 1촌만이 남게 된다. 소반촌(少半寸)은 3분의 1촌을 가리
킨다. 대반촌(大半寸)이라고 했다면 3분의 2촌에 해당한다. 그렇기 때문에 "삼
후는 지면으로부터 1장 5.5촌보다 조금 덜 떨어져 있다."라고 한 말이 사실임을
알 수 있다. 대후의 중은 1장 8척이고 중의 상하단은 각각 4척이니 8척이 된다.
숭은 사방 1장 8척이며 여기에 8척을 더하게 되어 2장 6척이 된다. "삼후는
지면으로부터 1장 5.5촌보다 조금 덜 떨어져 있다."라고 했는데, 본래 상단의
줄과 하단은 줄은 서로 2장 2척이 떨어져 있어서, 그것을 올렸을 때 상단의
줄은 지면으로부터 3장 2척 5촌보다 조금 작은 길이만큼 떨어지게 된다. 대후
의 곡 하단과 삼후의 상단 줄은 가지런하게 정렬되니, 이것이 삼후보다 곡이
높게 보인다는 뜻이다. 과녁의 중은 1장 8척이고, 3등분을 하게 되면 곡의 하단

으로는 또한 6척이 있게 되고 하단의 몸체는 4척이 되어 1장이 된다. 따라서 대후는 곡으로부터 그 이하로 삼후를 가리는 것은 1장이 된다. 1장으로부터 그 밑으로는 아직도 2장 2척 5촌보다 조금 작은 길이가 남게 되는데, 대후의 하단 줄이 지면으로부터 떨어진 것 또한 이러하다. 그렇기 때문에 이러한 수치에 대해 주를 작성한 것이다. 정현이 "활을 쏘기 3일 전에 과녁과 화살막이를 설치한다."라고 했는데, 3일이라고 한 말이 사실임을 알 수 있는 것은 앞의 문장에서 '활을 쏘기 3일 전'이라고 했고, 아래문장에서는 "악인은 하루 전에 악기를 걸어둔다."라고 했으며, 그 아래문장에서는 '다음날 날이 밝을 무렵'이라고 했으니, 활을 쏘기 3일 이전으로부터 그 이후로는 관련 사안을 논의하며 다른 날을 기록하지 않았다. 그렇기 때문에 과녁과 화살막이를 설치하는 것이 동일하게 활을 쏘기 3일 전에 한다는 사실을 알 수 있다.

참고 『주례』「춘관(春官)·사궤연(司几筵)」기록

경문 凡大朝覲·大享射, 凡封國·命諸侯, 王位設黼依, 依前南鄉設莞筵紛純, 加繅席畫純, 加次席黼純, 左右玉几.

번역 성대한 조근(朝覲)과 성대한 연회를 하며 활쏘기를 하고, 제후국을 분봉하고 제후를 임명할 때, 천자의 자리에 대해서는 보의(黼依)를 설치하고, 의 앞으로는 남쪽을 향해 분순(紛純)을 한 완연(莞筵)을 설치하고 화순(畫純)을 한 소석(繅席)을 더하고 보순(黼純)을 한 차석(次席)을 더하며, 좌우에는 옥으로 된 안석을 설치한다.

鄭注 斧謂之黼, 其繡白黑采, 以絳帛爲質. 依, 其制如屛風然. 於依前爲王設, 席左右有几, 優至尊也. 鄭司農云: "紛讀爲豳, 又讀爲'和粉'之粉, 謂白繡也. 純讀爲'均服'之均. 純, 緣也. 繅讀爲'藻率'之藻. 次席, 虎皮爲席. 書·顧命曰: '成王將崩, 命大保芮伯·畢公等被冕服, 憑玉几.'" 玄謂紛如綬, 有文而狹者. 繅席, 削蒲蒻, 展之, 編以五采, 若今合歡矣. 畫, 謂雲氣也. 次席, 桃枝席, 有次列成文.

번역　도끼무늬를 '보(黼)'라고 부르는데, 백색과 흑색으로 수를 놓아 채색하고 바탕은 진홍색의 비단으로 한다. '의(依)'는 만드는 방법이 병풍과 같다. 의 앞은 천자를 위해서 설치하는 것이니 자리의 좌우에는 안석이 있는데, 지극히 존귀한 자를 우대하기 위해서이다. 정사농은 "분(紛)자는 빈(豳)자로 풀이하고 또한 '화분(和粉)'이라고 할 때의 분(粉)자로 풀이하니, 백색으로 수놓는 것을 뜻한다. 순(純)자는 '균복(均服)'이라고 할 때의 균(均)자로 풀이한다. '순(純)'자는 가선을 뜻한다. 소(繅)자는 '조률(藻率)'이라고 할 때의 조(藻)자로 풀이한다. 차석(次席)은 호랑이 가죽으로 만든 자리이다. 『서』「고명(顧命)」편에서는 '성왕이 붕어하려고 할 때 태보인 예백과 필공 등에게 명하여 면복을 입히도록 하고 옥으로 만든 안석에 기대었다.'[83]"라고 했다. 내가 생각하기에 분(紛)자는 수(綬)와 같으니 무늬가 있는데 폭이 좁은 것이다. 소석(繅席)은 부들을 잘라서 펼치고 다섯 가지 채색을 섞어 엮으니, 오늘날의 합환(合歡)과 같은 것이다. 화(畫)는 구름무늬를 그린다는 뜻이다. 차석(次席)은 복숭아나무 가지로 엮은 자리이니, 차례대로 배열하여 생긴 무늬가 있다.

賈疏　●"凡大"至"玉几". ○釋曰: 此經及下文, 見王有事設席三重之義. 言"凡大朝覲", 非四時常朝. 常朝則春夏受贄於朝, 秋冬受贄於廟, 不常在廟也. 此朝覲言大, 則因會同而行朝覲之禮, 謂春秋來時. 若冬夏來, 則曰大宗遇也. 云"大饗"者, 謂王與諸侯行饗禮於廟, 即大行人云"上公三饗"之屬, 是也. 大射, 謂王將祭祀, 擇士而射於西郊小學虞庠中. 云"凡封國命諸侯"者, 此即典命云"其出封, 皆加一等"之屬, 是也. 云"王位設黼依"者, 按爾雅, 牖戶之間曰扆. 於扆之處設黼, 黼即白黑文而爲斧形. 此斧以大板爲邸, 即掌次"皇邸", 一也. 故鄭彼注云"邸, 後板". 以此斧板置於扆, 即以黼扆爲總名也. 云"依前南鄉設莞筵"已下, 以席三重也. 凡敷席之法, 初在地者一重, 即謂之筵, 重在上

---

83) 『서』「주서(周書)·고명(顧命)」: 惟四月哉生魄, 王不懌. 甲子, 王乃洮頮水, 相被冕服, 憑玉几. 乃同召太保奭, 芮伯彤伯畢公衛侯毛公, 師氏虎臣百尹御事.

者卽謂之席, 已下皆然. 故鄭注序官云: "敷陳曰筵, 藉之曰席."

[번역] ●經文: "凡大"~"玉几". ○이곳 경문과 그 밑의 기록들에서는 천자
가 의례를 시행할 때 자리를 설치하며 3중으로 까는 의미를 드러내고 있다.
'범대조근(凡大朝覲)'이라고 했으니, 사계절마다 정규적으로 시행하는 조회가
아니다. 정규적으로 시행하는 조회라면, 봄과 여름에는 조정에서 예물을 받고,
가을과 겨울에는 묘에서 예물을 받으니, 항상 묘에서 시행하는 것이 아니다.
이곳에서 조근(朝覲)이라고 한 말에 대해서는 대(大)자를 붙여서 기록했으니,
회동으로 인하여 조근의 의례를 시행한 것으로, 봄과 가을에 찾아왔을 때를
뜻한다. 만약 겨울과 여름에 찾아온 경우라면 '대종우(大宗遇)'라고 말하게 된
다. '대향(大饗)'이라고 한 말은 천자가 제후와 함께 묘에서 향례를 시행하는
것을 뜻하니, 『주례』「대행인(大行人)」편에서 "상공은 삼향을 한다."라고 했던
것들이 바로 이것을 가리킨다. '대사(大射)'는 천자가 제사를 지내려고 할 때
사를 선발하여 서쪽 교외에 설치한 소학인 우상(虞庠) 안에서 활쏘기를 시행하
는 것을 뜻한다. '범봉국명제후(凡封國命諸侯)'라고 했는데, 이것은 『주례』「전
명(典命)」편에서 "수도를 벗어나 봉지를 봉해줄 때에는 모두 1등급을 더한다."
라고 했던 부류가 여기에 해당한다. "천자의 자리에 대해서는 보의(黼依)를 설
치한다."라고 했는데, 『이아』를 살펴보면 들창과 방문 사이를 '의(扆)'라고 부
른다. 의가 있는 곳에 보를 설치한다고 했는데, 보(黼)라는 것은 백색과 흑색으
로 무늬를 만들어서 도끼 모양으로 새기는 것이다. 이러한 도끼무늬는 큰 나무
판에 새겨서 병풍으로 삼으니 『주례』「장차(掌次)」편에서 말한 '황저(皇邸)'라
는 것과 동일한 사물이다. 그렇기 때문에 그 문장에 대한 정현의 주에서는 "저
(邸)라는 것은 뒤에 새운 나무판을 뜻한다."라고 했다. 이러한 도끼무늬가 새겨
진 나무판을 의에 설치하므로 보의(黼扆)라는 말로 총괄적인 명칭을 정한 것이
다. "의 앞으로는 남쪽을 향해 완연(莞筵)을 설치한다."라고 한 말로부터 그
이하의 기록은 자리를 삼중으로 설치하기 때문이다. 자리를 펴는 법도에 있어
서, 가장 먼저 지면에 1중으로 까니 이것을 '연(筵)'이라고 부르며, 그 위에 겹쳐
서 까는 것은 '석(席)'이라 부르며, 그 이후에 설치하는 것도 모두 이러하다.
그렇기 때문에 「서관」에 대한 정현의 주에서는 "펼쳐서 까는 것은 연(筵)이라

부르고, 그 위에 까는 것은 석(席)이라 부른다."라고 했다.

賈疏 ◎注"斧謂"至"成文". ○釋曰: 鄭云"斧謂之黼"者, 按禮記·明堂位云: "天子負斧扆." 彼及諸文多爲斧字者, 若據繢人職則云"白與黑謂之黼", 據采色而言之. 若據繡於物上, 則爲金斧文. 近刃白, 近銎黑, 則曰斧, 取金斧斷割之義, 故鄭以斧釋黼. 云"其繡白黑文"者, 繢人職文. 鄭知以絳帛爲質者, 鄕射記云: "凡畫者丹質." 此黼畫之, 故知絳帛, 絳帛卽丹質也. 云"其制如屛風然"者, 屛風之名, 出於漢世. 鄭以今曉古, 故擧屛風而爲況也. 孔注顧命, 其置竟戶牖間. 竟, 終也. 戶牖間狹, 故置之終滿戶牖間也. 云"左右有几, 優至尊也"者, 此經所云, 王皆立不坐, 旣立, 又於左右皆有几, 故鄭注大宰云"立而設几, 優至尊", 據立而言. 此據"左右皆有"而言, 故注相兼乃具也. 司農云"紛讀爲豳", 於義不安, 故更云又讀爲和粉之粉, 謂白繡也. "純讀爲均服之均"者, 按僖五年左傳卜偃云: "均服振振, 取虢之旗." 賈·服·杜君等皆爲均, 均, 同也. 但司農讀爲均, 均卽準, 音與純同, 故云純緣也. 云"繅讀爲藻率之藻"者, 讀從桓二年臧哀伯云"藻率鞞鞛, 鞶厲游纓", 此並取彼義也. 云"次席, 虎皮爲席"者, 此見下有熊席, 故爲虎皮, 後鄭不從也. 引尙書者, 證王馮玉几之義也. 玄謂紛如綬有文而狹者, 此見漢世綬是薄帔, 有文章而狹, 以爲席之緣, 故言之也. 鄭知"繅席, 削蒲蒻, 展之, 編以玉采, 若今合歡矣"者, 漢有合歡席如此, 故還擧漢法況之也. 云"畫謂雲氣也"者, 鄭於經但單言畫, 皆以畫雲氣解之, 蓋五色雲爲之文也. 云"次席, 桃枝席, 有次列成文"者, 鄭亦見漢世以桃枝竹爲席, 次第行列有成其文章, 故言之也.

번역 ◎鄭注: "斧謂"~"成文". ○정현이 "도끼무늬를 '보(黼)'라고 부른다."라고 했는데, 『예기』「명당위(明堂位)」편을 살펴보면 "천자는 부의를 등진다."[84]라고 했고, 「명당위」편 및 여러 기록들에서는 대부분 '부(斧)'자로 기록했기 때문이다. 『주례』「궤인(繢人)」편의 직무기록에 기준을 둔다면 "백색과 흑색으로 수놓은 것을 보(黼)라고 부른다."라고 했으니, 채색을 기준으로 이처

---

84) 『예기』「명당위(明堂位)」【398a】: 昔者, 周公朝諸侯于明堂之位, <u>天子負斧依南</u>鄕而立.

럼 말한 것이다. 만약 어떤 사물 위에 수놓은 것을 기준으로 둔다면 도끼무늬를
새기게 된다. 백색의 칼날과 유사하고 흑색의 자루와 유사하므로 부(斧)라고
부르는데, 도끼가 절단하고 갈라낸다는 의미를 취한 것이다. 그렇기 때문에 정
현은 도끼로 보(黼)자를 풀이한 것이다. 정현이 "백색과 흑색으로 수를 놓아
채색한다."라고 했는데, 「궤인」편의 직무기록이다. 정현이 진홍색의 비단으로
바탕을 삼는다는 사실을 알 수 있었던 것은『의례』「향사례(鄕射禮)」편의 기문
에서 "과녁에 그림을 그릴 때에는 붉은 바탕을 한다."라고 했고, 이곳의 경우는
보 무늬로 그림을 그리는 것이기 때문에 진홍색의 비단이 바탕이 됨을 알 수
있으니, 강백(絳帛)은 단질(丹質)에 해당한다. 정현이 "만드는 방법이 병풍과
같다."라고 했는데, '병풍(屛風)'이라는 명칭은 한나라 때 나온 말이다. 정현은
당시의 제도로 옛 것을 알려주기 위해서 병풍을 제시해서 비유한 것이다. 「고명」
편에 대한 공안국[85]의 주에서는 방문과 들창 사이에 설치한다고 했다. '경(竟)'
자는 종(終)자의 뜻이다. 방문과 들창 사이는 협소하기 때문에 그것을 설치하
게 되면 방문과 들창 사이를 꽉 채우게 된다. 정현이 "자리의 좌우에는 안석이
있는데, 지극히 존귀한 자를 우대하기 위해서이다."라고 했는데, 이곳 경문에서
언급한 내용에 있어서 천자는 모두 자리에 서 있고 앉지 않는데, 이미 자리에
서 있음에도 또한 좌우에 모두 안석을 설치한다. 그렇기 때문에『주례』「대재
(大宰)」편에 대한 정현의 주에서는 "서 있음에도 안석을 설치하는 것은 지극히
존귀한 자를 우대하기 때문이다."라고 말한 것이니, 서 있다는 것에 기준을 두
고 말한 것이다. 이곳에서는 "좌우에 모두 안석이 있다."라고 한 말에 기준을
두어 말했기 때문에 두 주석을 함께 참고하면 그 뜻이 완전해진다. 정사농은
"분(紛)자는 빈(豳)자로 풀이한다."라고 했는데, 의미상 완전하지 못하다. 그렇
기 때문에 재차 "또한 '화분(和粉)'이라고 할 때의 분(粉)자로 풀이하니, 백색으
로 수놓는 것을 뜻한다."라고 말한 것이다. 정사농은 "순(純)자는 '균복(均服)'
이라고 할 때의 균(均)자로 풀이한다."라고 했는데, 희공 5년에 대한『좌전』의

---

85) 공안국(孔安國, ?~?) : 전한(前漢) 때의 학자이다. 자(字)는 자국(子國)이다. 고
문상서학(古文尙書學)의 개조(開祖)로 알려져 있다. 『십삼경주소(十三經注疏)』
의 『상서정의(尙書正義)』에는 공안국의 전(傳)이 수록되어 있는데, 통상적으로
이 주석은 후대인들이 공안국의 이름에 가탁하여 붙인 문장으로 인식되고 있다.

기록을 살펴보면 복언은 "군복을 성대하게 차려 입고서 괵나라의 깃발을 빼앗
는다."[86]라고 했고, 가규[87] · 복건 · 두예 등은 모두 균(均)이라고 여겨, 균(均)
자를 동일하다는 의미로 풀이했다. 다만 정사농이 균(均)자로 풀이한다고 했을
때, 이때의 균(均)자는 준(準)자의 뜻으로, 그 음이 순(純)과 동일하다. 그렇기
때문에 "'순(純)'자는 가선을 뜻한다."라고 했다. 정사농은 "소(繅)자는 '조률
(藻率)'이라고 할 때의 조(藻)자로 풀이한다."라고 했는데, 환공 2년에 장애백
이 '조(藻) · 율(率) · 비(鞞) · 봉(鞛), 반(鞶) · 여(厲) · 유(斿) · 영(纓)'[88]이라
고 한 말에 따른 것으로, 이곳에서는 그 기록에 나타난 의미까지도 취한 것이다.
정사농은 "차석(次席)은 호랑이 가죽으로 만든 자리이다."라고 했는데, 아래문
장에 웅석(熊席)이라는 것이 나오기 때문에 호랑이 가죽으로 만들었다고 했는
데, 정현은 그 주장에 따르지 않았다. 『상서』를 인용한 것은 천자가 옥으로 만
든 안석에 기댄다는 뜻을 증명하기 위해서이다. 정현은 "내가 생각하기에 분
(紛)자는 수(綬)와 같으니 무늬가 있는데 폭이 좁은 것이다."라고 했는데, 한나
라 때의 수(綬)가 얇은 천에 무늬가 있고 폭이 좁으며 이것으로 자리의 가선을
댔다는 것을 보았기 때문에 이처럼 말한 것이다. 정현이 "소석(繅席)은 부들을
잘라서 펼치고 다섯 가지 채색을 섞어 엮으니, 오늘날의 합환(合歡)과 같은
것이다."라고 했는데, 이 말이 사실임을 알 수 있었던 것은 한나라 때 있었던
합환(合歡)이라는 자리는 이와 같았기 때문에 다시 한나라 때의 법도를 제시해
서 비유한 것이다. 정현이 "화(畫)는 구름무늬를 그린다는 뜻이다."라고 했는
데, 경문에서는 단지 '화(畫)'라고만 말했기 때문에, 정현은 이에 대해 모두 구
름무늬를 그린 것이라고 풀이했으니, 다섯 가지 색깔의 구름으로 무늬를 만들

---

86) 『춘추좌씨전』「희공(僖公) 5년」: 對曰, "童謠云, '丙之晨, 龍尾伏辰; 均服振振,
   取虢之旂. 鶉之賁賁, 天策焞焞, 火中成軍, 虢公其奔.' 其九月 · 十月之交乎! 丙
   子旦, 日在尾, 月在策, 鶉火中, 必是時也."
87) 가규(賈逵, A.D.30~A.D.101): 후한(後漢) 때의 경학자이다. 자(字)는 경백(景
   伯)이다. 『춘추좌씨전해고(春秋左氏傳解詁)』를 지었지만, 현재 일실되어 존재하
   지 않는다. 청대(淸代) 마국한(馬國翰)의 『옥함산방집일서(玉函山房輯佚書)』와
   황석(黃奭)의 『한학당총서(漢學堂叢書)』에 일집본(佚輯本)이 남아 있다.
88) 『춘추좌씨전』「환공(桓公) 2년」: 袞 · 冕 · 黻 · 珽, 帶 · 裳 · 幅 · 舃, 衡 · 紞 · 紘 ·
   綖, 昭其度也. 藻 · 率 · 鞞 · 鞛, 鞶 · 厲 · 游 · 纓, 昭其數也. 火 · 龍 · 黼 · 黻, 昭
   其文也.

기 때문이다. 정현이 "차석(次席)은 복숭아나무 가지로 엮은 자리이니, 차례대로 배열하여 생긴 무늬가 있다."라고 했는데, 정현은 또한 한나라 때 복숭아나무 가지로 자리를 만들고, 차례대로 배열하여 무늬를 만드는 것을 보았기 때문에, 이처럼 말한 것이다.

참고 『주례』「하관(夏官)·사인(射人)」 기록

경문 諸侯在朝, 則皆北面, 詔相其法.

번역 제후가 조정에 있게 되면 모두 북쪽을 바라보며, 해당 의례법도를 알려주며 돕는다.

鄭注 謂諸侯來朝而未歸, 王與之射於朝者, 皆北面, 從三公位, 法其禮儀.

번역 제후가 찾아와 조회를 했는데 아직 돌아가지 않아서, 천자가 그와 함께 조정에서 활쏘기를 하는 경우에는 모두 북쪽을 바라보게 된다는 뜻으로, 삼공의 자리에 따르며 해당 예법과 절차를 따르게 된다.

賈疏 ●"諸侯"至"其法". ○釋曰: 按司几筵云: "凡封國, 命諸侯, 大饗射, 王立扆前, 南鄉." 司服云: "享先公, 饗射則鷩冕." 鄭注云: "饗射, 饗食賓客, 與諸侯射也." 此云王與之射. 言在朝當皮弁, 又何得有扆, 所以然者, 彼二者據大射在學, 故有著冕在扆之事. 此賓射在路門之外朝, 故與彼異也.

번역 ●經文: "諸侯"~"其法". ○『주례』「사궤연(司几筵)」편을 살펴보면 "제후국을 분봉하고 제후를 임명하며, 성대한 향사례를 시행할 때 천자는 보의(黼依) 앞에 서서 남쪽을 바라본다."라고 했고, 『주례』「사복(司服)」편에서는 "선공에게 제사를 지내고 향사례를 시행하게 되면 별면(鷩冕)을 착용한다."라고 했으며, 정현의 주에서는 "'향사(饗射)'는 빈객에게 향연을 베풀며 제후와 활쏘기를 하는 것이다."라고 했다. 이곳에서는 천자가 그들과 함께 활쏘기를 한다고 했다. 조정에서 한다고 했다면 마땅히 피변(皮弁)을 착용하게 되는데 어떻게 의(扆)를 둘 수 있는가? 둘 수 있는 이유는 앞의 두 기록은 학교에서 대사례를 시행하는 경우에 기준을 두었다. 그렇기 때문에 의가 있는 곳에서 면복을 착용하고 있게 되는 사안이 포함된다. 이곳의 빈사례는 노문(路門)[89]의 외조(外朝)에서 시행하는 것이기 때문에 두 기록과 차이를 보인다.

賈疏 ◎注"謂諸"至"禮儀". ○釋曰: 云"從三公位"者, 諸侯南面之尊, 故屈之從三公位也. 云"法其禮儀"者, 謂在朝進退周旋拱揖之儀也.

번역 ◎鄭注: "謂諸"~"禮儀". ○"삼공의 자리에 따른다."라고 했는데, 제후는 자신의 나라에서 남면을 하게 되는 존귀한 신분이다. 그렇기 때문에 그들의 예법을 굽히더라도 삼공의 자리에 따르게 한다. 정현이 "해당 예법과 절차를 따르게 된다."라고 했는데, 조정에서 나아가고 물러나며 몸을 돌리고 공수와 읍을 하는 격식들을 뜻한다.

참고 『의례』「연례(燕禮)」 기록

기문 記. 燕, 朝服於寢.

번역 기문이다. 연례는 조복을 착용하고 침(寢)에서 시행한다

---

89) 노문(路門)은 고대 궁실(宮室) 건축물 중에서도 가장 안쪽에 있었던 정문이다. 여러 문들 중에서 노침(路寢)에 가장 가까운 위치에 있었기 때문에, '노문'이라는 명칭이 붙게 되었다. 『주례』「동관고공기(冬官考工記)·장인(匠人)」편에는 "路門不容乘車之五个."라는 기록이 있는데, 이에 대한 정현의 주에서는 "路門者, 大寢之門."라고 풀이하였고, 가공언(賈公彦)의 소(疏)에서는 "路門以近路寢, 故特小爲之."라고 풀이하였다.

鄭注 朝服者, 諸侯與其群臣日視朝之服也. 謂冠玄端·緇帶·素韠, 白屨也. 燕於路寢, 相親昵也. 今辟雍十月行此燕禮, 玄冠而衣皮弁服, 與禮異也.

번역 '조복(朝服)'이라는 것은 제후가 자신의 뭇 신하들과 매일 조정에 참관할 때 착용하는 복장을 뜻한다. 즉 현단의 관을 쓰고 치색의 허리띠와 백색의 슬갑에 백색의 신발을 의미한다. 노침에서 연례를 하는 것은 서로 친근하고자 해서이다. 오늘날에는 벽옹에서 10월에 이러한 연례를 시행하는데 현관에 피변복을 착용하는 것은 해당 예법과는 차이를 보이는 점이다.

賈疏 ●"記燕朝服於寢". ◎注"朝服"至"異也". ○釋曰: 凡記皆記經不具者, 以經不言燕服及燕處, 故記人言之也. 云"謂冠玄端·緇帶·素韠·白屨"者, 皆士冠禮文. 按屨人注: "天子諸侯吉事皆舃." 諸侯朝服素裳·素韠, 應白舃, 而云白屨者, 引士冠禮成文. 其實諸侯當白舃, 其臣則白屨也. 鄭注周禮·屨人云: "複下曰舃, 禪下曰屨." 下謂底, 以此爲異也. 云"燕於路寢, 相親昵也", 知燕於寢者, 以其饗在廟, 明燕在寢私處可知也. 引漢法, 欲見與古異者. 周時玄冠服則緇布衣, 今衣皮弁服, 是其異也.

번역 ●記文: "記燕朝服於寢". ◎鄭注: "朝服"~"異也". ○기문은 모두 경문에서 제대로 설명하지 않은 점들을 기록한 것이니, 경문에서는 연례의 복장과 연례를 시행하는 장소를 언급하지 않았기 때문에 기문을 작성한 자가 그 사실을 언급한 것이다. 정현이 "현단의 관을 쓰고 치색의 허리띠와 백색의 슬갑에 백색의 신발을 의미한다."라고 했는데, 이 말은 모두『의례』「사관례(史官례)」편의 기록이다.『주례』「구인(屨人)」편에 대한 정현의 주를 살펴보면, "천자와 제후가 시행하는 길사에서는 모두 석(舃)을 신는다."라고 했다. 제후의 조복은 흰색의 치마에 흰색의 슬갑을 착용하니 마땅히 백석(白舃)을 신어야 하는데도 백구(白屨)라고 말한 것은 「사관례」편의 기록을 인용해서 문장을 기록했기 때문이다. 실제적으로 제후는 마땅히 백석(白舃)을 신어야 하고 그의 신하인 경우라면 백구(白屨)를 신는다.『주례』「구인」편에 대한 정현의 주에서는 "밑면이 겹쳐져 있는 것을 석(舃)이라 부르고 밑면이 홑겹으로 된 것을 구

(屨)라 부른다."라고 했다. 하(下)는 바닥을 뜻하니, 이것으로 차이를 둔다. 정현이 "노침에서 연례를 하는 것은 서로 친근하고자 해서이다."라고 했는데, 침에서 연례를 시행한다는 사실을 알 수 있는 것은 향례는 묘에서 시행하니, 연례는 사사로운 장소인 침에서 시행함을 알 수 있다. 한나라 때의 예법을 인용한 것은 옛 것과 차이가 난다는 점을 드러내고자 해서이다. 주나라 때 현관의 복식은 치포로 만든 의복이었는데, 오늘날에는 피변복을 착용하고 있으니, 이것이 그 차이점이다.

참고 『의례』「향사례(鄕射禮)」 기록

경문 於郊, 則閭中, 以旌獲.

번역 교외에서 활쏘기를 하게 된다면 여중(閭中)을 사용하고, 정(旌)이라는 깃발로 명중을 알린다.

鄭注 於郊, 謂大射也, 大射於大學. 王制曰: "小學在公宮之左, 大學在郊." 閭, 獸名, 如驢一角; 或曰如驢歧蹄. 周書曰: 北唐以閭. 析羽爲旌.

번역 교외에서 한다는 말은 대사례를 의미하니, 태학에서 대사례를 시행한다는 뜻이다. 『예기』「왕제(王制)」편에서는 "소학은 공궁의 좌측에 있고 태학은 교외에 있다."라고 했다. '여(閭)'는 짐승의 이름으로 당나귀처럼 생겼고 뿔이 하나이며, 혹자는 당나귀처럼 생겼는데 소의 발굽을 가진 동물이라고 한다. 『주서』에서는 "북당에서는 여(閭)를 사용한다."라고 했다. 가느다란 깃털로 정(旌)90)을 만든다.

---

90) 정(旌)은 가느다란 새의 깃털인 석우(析羽)를 오색(五色)으로 채색하여, 깃술처럼 장식한 깃발이다. 『주례』「춘관(春官) · 사상(司常)」편에는 "全羽爲旞, <u>析羽爲旌</u>."이라는 기록이 있다. 한편 '정'은 깃발들을 범칭하는 용어로도 사용된다.

賈疏 ●"於郊"至"旌獲". ◎注"於郊"至"爲旌". ○釋曰: 知"於郊, 謂大射也"者, 按大射云: "公入驁." 從外來入, 此旣言於郊, 故知大射在郊也. 云"大射於大學"者, 據諸侯而言也. 天子大射在虞庠小學, 以其天子大學在國中, 小學在郊. 諸侯不得立大學在國, 立大學在郊, 故鄭引王制"小學在公宮之左, 大學在郊", 是殷法, 諸侯用焉, 故引爲證. 必知諸侯立大學在郊者, 見詩·魯頌有頖宮. 禮記云: "故魯人將有事於上帝, 必先有事於頖宮." 鄭云: "頖宮, 郊之學也." 則詩泮宮, 此郊學是也. 云"閭, 獸名, 如驢一角, 或曰如驢歧蹄. 周書曰: 北唐以閭"者, 歧蹄已上, 山海經文, 周書見於國語也.

번역 ●記文: "於郊"~"旌獲". ◎鄭注: "於郊"~"爲旌". ○정현이 "교외에서 한다는 말은 대사례를 의미한다."라고 했는데, 이 말이 사실임을 알 수 있는 이유는『의례』「대사례(大射禮)」편을 살펴보면 "군이 들어오면 오(驁)를 연주한다."라고 했다. 이것은 외부로부터 안으로 들어온 것이고, 이곳에서는 이미 교외에서 한다고 했다. 그렇기 때문에 대사례가 교외에서 시행한다는 사실을 알 수 있다. 정현이 "태학에서 대사례를 시행한다는 뜻이다."라고 했는데, 제후의 경우를 기준으로 말한 것이다. 천자의 대사례는 우상(虞庠)인 소학에서 하니, 천자의 태학은 국성 안에 있고 소학은 교외에 있기 때문이다. 제후는 국성 안에 태학을 세울 수 없어서 교외에 태학을 세운다. 그렇기 때문에 정현은 「왕제」편의 내용을 인용하여 "소학은 공궁의 좌측에 있고 태학은 교외에 있다."라고 말한 것인데, 이것은 은나라 때의 예법으로 제후가 따르는 것이다. 그렇기 때문에 이 내용을 인용하여 증명하였다. 제후가 교외에 태학을 세운다는 사실을 분명히 알 수 있는 이유는『시』「노송(魯頌)」에는 '반궁(頖宮)'이라는 말이 나오기 때문이다.『예기』에서는 "그러므로 노나라 사람들은 상제에게 제사를 지내고자 할 때, 반드시 그보다 앞서서 반궁(頖宮)에서 제사를 지냈다."91)라고 했고, 정현은 "반궁은 교외에 설치한 학교이다."라고 했으니,『시』에 나온 반궁(泮宮)은 바로 이곳에서 말한 교외에 지은 학교를 뜻한다. 정현이

---

91)『예기』「예기(禮器)」【308c~d】: <u>故, 魯人將有事於上帝, 必先有事於頖宮;</u> 晉人將有事於河, 必先有事於惡池; 齊人將有事於泰山, 必先有事於配林. 三月繫, 七日戒, 三日宿, 愼之至也.

"'여(閭)'는 짐승의 이름으로 당나귀처럼 생겼고 뿔이 하나이며, 혹자는 당나귀처럼 생겼는데 소의 발굽을 가진 동물이라고 한다. 『주서』에서는 '북당에서는 여(閭)를 사용한다.'"라고 했는데, 기제(歧蹄)라는 말로부터 그 앞의 기록은 『산해경』의 기록이고, 『주서』의 내용은 『국어』에 나온다.

참고 『예기』「학기(學記)」기록

경문-446b 大學始敎, 皮弁祭菜, 示敬道也.

번역 대학에 학생들이 처음으로 입학하여 가르칠 때에는 유사(有司)가 피변복(皮弁服)을 착용하고, 선사(先師)들에게 나물 등으로 제사를 지내서, 도예(道藝)를 공경한다는 사실을 나타낸다.

鄭注 皮弁, 天子之朝朝服也. 祭菜, 禮先聖先師. 菜, 謂芹藻之屬.

번역 '피변(皮弁)'은 천자가 조회를 할 때 조복(朝服)으로 착용하는 것이다. '제채(祭菜)'는 선성(先聖)과 선사(先師)에게 예를 다한다는 뜻이다. '채(菜)'는 근조(芹藻) 등의 나물을 뜻한다.

참고 『주례』「하관(夏官)·사궁시(司弓矢)」기록

경문 及其頒之, 王弓·弧弓以授射甲革·椹質者, 夾弓·庾弓以授射豻侯·鳥獸者, 唐弓·大弓以授學射者·使者·勞者.

번역 분배함에 있어서 왕궁(王弓)과 호궁(弧弓)으로는 이것을 주어 갑옷과 과녁에 쏘게 하고, 협궁(夾弓)과 유궁(庾弓)으로는 이것을 주어 한후와 조수에 활을 쏘게 하며, 당궁(唐弓)과 대궁(大弓)으로는 이것을 주어 활쏘기를 하는

자 심부름을 갔던 자 수고롭게 일한 자가 활쏘기를 익히게 한다.

鄭注 王·弧·夾·庾·唐·大六者, 弓異體之名也. 往體寡, 來體多, 曰王·弧. 往體多, 來體寡, 曰夾·庾. 往體來體若一, 曰唐·大. 甲革, 革甲也. 春秋傳曰: "蹲甲射之." 質, 正也. 樹椹以爲射正. 射甲與椹, 試弓習武也. 豻侯五十步, 及射鳥獸, 皆近射也. 近射用弱弓, 則射大侯者用王·弧, 射參侯者用唐·大矣. 學射者弓用中, 後習强弱則易也. 使者·勞者弓亦用中, 遠近可也. 勞者, 勤勞王事, 若晉文侯·文公受王弓矢之賜者. 故書椹爲䩅, 鄭司農云: "椹字或作䩅, 非是也. 圉師職曰: '射則充椹質.' 又此司弓矢職曰: '澤共射椹質之弓矢.' 言射椹質自有弓, 謂王·弧弓也. 以此觀之, 言䩅質者非."

번역 왕(王)·호(弧)·협(夾)·유(庾)·당(唐)·대(大)라는 여섯 가지 활은 활의 몸체가 각각 달라짐에 따라 붙여진 이름이다. 활의 밖으로 휜 곳이 적고 안으로 굽은 곳이 많은 것을 왕(王)과 호(弧)라 부른다. 밖으로 휜 곳이 많고 안으로 굽은 곳이 적은 것을 협(夾)과 유(庾)라고 부른다. 밖으로 휜 곳과 안으로 굽은 곳이 균등한 것을 당(唐)과 대(大)라고 부른다. '갑혁(甲革)'은 가죽으로 만든 갑옷을 뜻한다. 『춘추전』에서는 "갑옷을 포개어 활을 쏘았다."[92]라고 했다. 질(質)은 정곡을 뜻한다. 과녁을 세워서 활을 쏘는 정곡으로 삼은 것이다. 갑옷과 과녁에 활을 쏘는 것은 활의 성능을 시험하고 무예를 익히기 위해서이다. 한후(豻侯)는 50보에 설치하고 조수에 활을 쏘는 것은 모두 가까운 대상에 활을 쏘는 것이다. 가까운 곳에 활을 쏠 때에는 약한 활을 사용하니, 대후(大侯)에 활을 쏠 때에는 왕궁과 호궁을 사용하고, 삼후에 활을 쏠 때에는 당궁과 대궁을 사용한다. 활쏘기를 익히는 자는 사용하는 활을 중간 정도의 것으로 하니, 이후에 강약을 익히면 쉬워지기 때문이다. 사자(使者)와 노자(勞者)가 사용하는 활은 또한 중간 정도의 것을 이용하니, 먼 경우나 가까운 경우가 모두 가능하기 때문이다. '노자(勞者)'는 천자의 일로 인해 수고롭게 일한 자이니, 진나라 문후나 문공이 왕궁과 화살을 하사받은 경우와 같다. 옛 기록에

---

92) 『춘추좌씨전』「성공(成公) 16년」: 癸巳, 潘尫之黨與養由基<u>蹲甲而射之</u>, 徹七札焉.

서는 심(椹)자를 흔(鞎)자로 기록했는데, 정사농은 "심(椹)자를 흔(鞎)자로도 기록하는데 이것은 잘못된 기록이다. 『주례』「어사(圉師)」편의 직무기록에서 는 '활을 쏘게 되면 심질(椹質)을 둔다.'라고 했고, 또한 이곳 「사궁시」편의 직 무기록에서는 '택궁에서 하게 되면 심질(椹質)에 활을 쏘는 활과 화살을 공급 한다.'라고 했는데, 이것은 심질(椹質)에 활을 쏜다고 했을 때에는 그 자체로 해당하는 활이 있다는 뜻이니, 왕궁과 호궁을 의미한다. 이를 통해 살펴본다면 흔질(鞎質)이라 말하는 것은 잘못된 기록이다."라고 했다.

賈疏 ●"及其"至"勞者". ○釋曰: 此經六弓, 强弱相對, 而言王·弧直, 往 體寡, 夾·庾曲, 往體多, 故四者自對在先, 唐·大往來若一, 故退之在後也.

번역 ●經文: "及其"~"勞者". ○이곳 경문에서 말한 여섯 가지 활은 강약 이 서로 대비되니 왕궁과 호궁은 곧아서 밖으로 휜 곳이 적고 협궁과 유궁은 굽어 있어서 밖으로 휜 곳이 많다. 그렇기 때문에 네 가지 활은 그 자체로 서로 대비가 되므로 앞에 기록한 것이고, 당궁과 대궁은 밖으로 휜 곳과 안으로 굽은 곳이 균등하기 때문에 뒤에 기록한 것이다.

賈疏 ◎注"王弧"至"者非". ○釋曰: 云"六者, 弓異體之名也"者, 卽所引弓 人之職往體來體之等是也, 此據體而言. 若以色而言, 卽春秋·尚書所云彤弓 ·旅弓之等是也. 云"甲革, 革甲也"者, 欲見甲以革爲之, 其實一物也. 引春秋 傳者, 事在成十六年, 楚之養由基善射之事. 云"質, 正也. 樹椹以爲射正"者, 謂若賓射之正然也. 云"射甲與椹試弓習武也"者, 見圉人云"澤則共椹質", 是 在澤宮中試弓習武也. 云"豻侯五十步, 及射鳥獸, 皆近射也. 近射用弱弓, 則 射大侯者用王·弧, 射參侯者用唐·大矣"者, 此據諸侯言之. 若據天子, 則用 王·弧射虎侯, 用唐·大射熊侯, 用夾·庾射豹侯也. 云"學射者弓用中, 後習 强弱則易也"者, 用中, 謂唐·大往來體如一, 是中也. 云"使者·勞者弓亦用 中, 遠近可也"者, 使有遠有近皆可也. 云"勞者, 勤勞王事, 若晉文侯"者, 謂文 侯之命賜之彤弓·旅弓是也. 云"文公"者, 謂僖二十八年, 晉文公敗楚於城濮, 襄王賜之以彤弓·旅弓是也.

번역 ◎鄭注: "王弧"~"者非". ○정현이 "여섯 가지 활은 활의 몸체가 각
각 달라짐에 따라 붙여진 이름이다."라고 했는데,『주례』「궁인(弓人)」편의 직
무기록에서 밖으로 휜 곳과 안으로 굽은 곳 등을 언급했고, 이 기록을 인용한
것이 바로 그 내용에 해당하며, 이것은 활의 몸체를 기준으로 말한 것이다. 만
약 색깔을 기준으로 말한다면『춘추』와『상서』에서 말한 동궁(彤弓)이나 노궁
(旅弓) 등이 여기에 해당한다. 정현이 "'갑혁(甲革)'은 가죽으로 만든 갑옷을
뜻한다."라고 했는데, 갑옷은 가죽으로 만든다는 뜻을 드러내고자 한 것인데,
실제로는 동일한 사물이다. 정현이『춘추전』을 인용했는데, 그 사안은 성공 16
년에 기록되어 있으며, 초나라의 양유기가 활을 잘 쏘았다는 사안을 가리킨다.
정현이 "질(質)은 정곡을 뜻한다. 과녁을 세워서 활을 쏘는 정곡으로 삼은 것이
다."라고 했는데, 빈사례에서의 정(正)과 같다는 의미이다. 정현이 "갑옷과 과
녁에 활을 쏘는 것은 활의 성능을 시험하고 무예를 익히기 위해서이다."라고
했는데,『주례』「어인(圉人)」편에서는 "택궁에서 하게 되면 심질(椹質)을 공급
한다."라고 했는데, 이것은 택궁 안에서 활의 성능을 시험하고 무예를 익히는
사안에 해당한다. 정현이 "한후(豻侯)는 50보에 설치하고 조수에 활을 쏘는
것은 모두 가까운 대상에 활을 쏘는 것이다. 가까운 곳에 활을 쏠 때에는 약한
활을 사용하니, 대후(大侯)에 활을 쏠 때에는 왕궁과 호궁을 사용하고, 삼후에
활을 쏠 때에는 당궁과 대궁을 사용한다."라고 했는데, 이것은 제후를 기준으로
말한 것이다. 만약 천자에 기준을 둔다면 왕궁과 호궁을 사용하여 호후에 활을
쏘고, 당궁과 대궁을 사용하여 웅후에 활을 쏘며, 협궁과 유궁을 사용하여 표후
에 활을 쏜다. 정현이 "활쏘기를 익히는 자는 사용하는 활을 중간 정도의 것으
로 하니, 이후에 강약을 익히면 쉬워지기 때문이다."라고 했는데, 중간 정도의
것을 사용한다는 것은 당궁과 대궁은 밖으로 휜 곳과 안으로 굽은 곳이 동등하
니, 이것이 중간 정도의 것을 의미한다. 정현이 "사자(使者)와 노자(勞者)가
사용하는 활은 또한 중간 정도의 것을 이용하니, 먼 경우나 가까운 경우가 모두
가능하기 때문이다."라고 했는데, 멀리 떨어진 곳에 쏘거나 가까운 곳에 쏘게
하더라도 모두 가능하기 때문이다. 정현이 "'노자(勞者)'는 천자의 일로 인해
수고롭게 일한 자이니, 진나라 문후와 같은 자이다."라고 했는데,『서』「문후지

명(文侯之命)」편에서 동궁(彤弓)과 노궁(旅弓)을 하사했다고 한 말이 이것을 뜻한다. 정현이 '문공(文公)'이라고 했는데, 희공 28년에 진나라 문공은 성복 땅에서 초나라를 패배시켜 양왕이 그에게 동궁(彤弓)과 노궁(旅弓)을 하사했 던 것을 뜻한다.

그림 6-1 ■ 곡(鵠)과 과녁[侯]

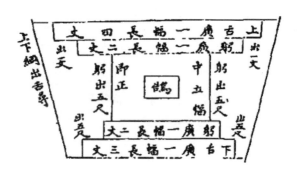

※ 출처: 곡(鵠)-『주례도설(周禮圖說)』하권
         후(侯)-『삼례도(三禮圖)』4권

● **그림 6-2** ◼ 노침(路寢)과 연침(燕寢)

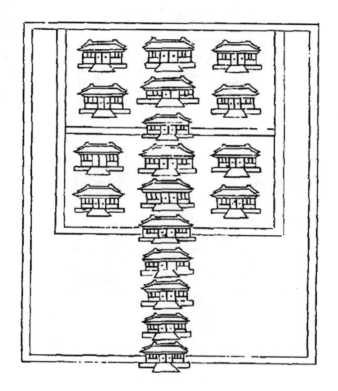

制 寢 宮

◎ 가장 위쪽의 육침(六寢)은 왕후(王后)의 육침
◎ 그 밑의 육침(六寢)은 천자(天子)의 육침
◎ 육침 중 중앙 앞쪽 1개는 노침(路寢), 나머지 5개는 연침(燕寢)

※ **출처:** 『삼례도집주(三禮圖集注)』 4권

그림 6-3 ◼ 천자오문삼조도(天子五門三朝圖)

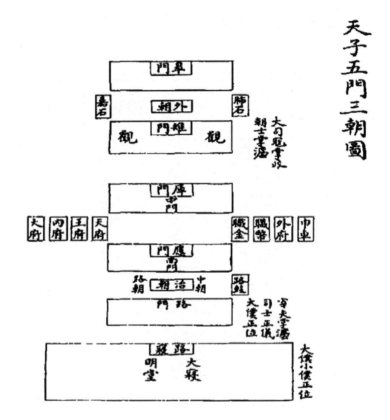

◎ 노침(路寢)의 앞마당=연조(燕朝)

※ 출처: 『주례도설(周禮圖說)』 상권

●　그림 6-4　◼ 피수중(皮樹中: ＝皮竪中)

周禮閏若燕射
皮竪獸爲中盛
筭侍射時取之

※ **출처:** 상좌-『삼례도집주(三禮圖集注)』 8권 ; 하좌-『육경도(六經圖)』 9권
　　우-『삼재도회(三才圖會)』「기용(器用)」 4권

● 그림 6-5 ▣ 여중(閭中)

周禮諸侯立大
學於郊行大射
禮以閭獸爲中

※ 출처: 상좌-『삼례도집주(三禮圖集注)』8권 ; 하좌-『육경도(六經圖)』9권
　　　　우-『삼재도회(三才圖會)』「기용(器用)」4권

그림 6-6　■　여(閭)

閭

周書王會篇北唐戎貢
以閭閭似隃冠不知隃
冠之爲何物而北山海
經縣雍之山其獸多閭
閭則隃也似驢岐蹄角
如羚羊一名山驢說者
言山驢以爲山羊之類
大如鹿皮堪靴刑

※ 출처: 『삼재도회(三才圖會)』「조수(鳥獸)」 4권

◖ 그림 6-7 ◗ ▣ 호중(虎中)

※ 출처: 상좌-『삼례도집주(三禮圖集注)』8권 ; 하좌-『육경도(六經圖)』9권
　　　　　　우-『삼재도회(三才圖會)』「기용(器用)」4권

그림 6-8 ◨ 환구단(圜丘壇)

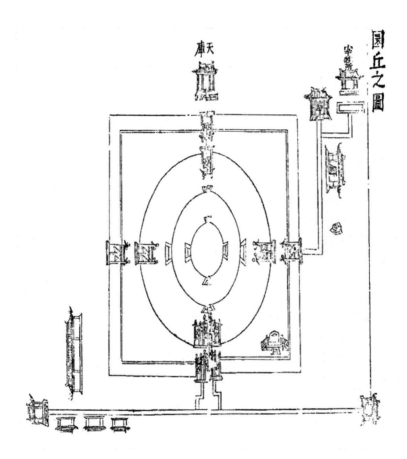

※ **출처**: 『심재도회(三才圖會)』「궁실(宮室)」 2권

그림 6-9 ■ 신하들의 명(命) 등급

	천자(天子) 신하	대국(大國) 신하	차국(次國) 신하	소국(小國) 신하
9명(九命)	상공(上公=二伯) 하(夏)의 후손 은(殷)의 후손			
8명(八命)	삼공(三公) 주목(州牧)			
7명(七命)	후작[侯] 백작[伯]			
6명(六命)	경(卿)			
5명(五命)	자작[子] 남작[男]			
4명(四命)	부용군(附庸君) 대부(大夫)	고(孤)		
3명(三命)	원사(元士=上士)	경(卿)	경(卿)	
2명(再命)	중사(中士)	대부(大夫)	대부(大夫)	경(卿)
1명(一命)	하사(下士)	사(士)	사(士)	대부(大夫)
0명(不命)				사(士)

◎ 『예기』와 『주례』의 기록에는 다소 차이가 있다.

※ **참조:** 『주례』「춘관(春官)·전명(典命)」 및 『예기』「왕제(王制)」

그림 6-10 ▣ 명(命) 등급에 따른 하사 항목

	적용 대상	하사 내용
9명(九命)	· 천자의 삼공(三公) 중 1명(命)이 더해져 상공(上公)이 된 경우	· 백(伯)으로 임명
8명(八命)	· 천자의 삼공(三公) · 후작[侯]과 백작[伯] 중 주(州)의 대표로 선발된 경우	· 주목(州牧)으로 임명
7명(七命)	· 후작[侯] · 백작[伯] · 천자의 경(卿)이 제후로 임명된 경우	· 제후국[國] 하사
6명(六命)	· 천자의 경(卿)	· 가신(家臣)을 둘 수 있는 권한 하사
5명(五命)	· 자작[子] · 남작[男] · 천자의 대부(大夫)가 출봉(出封)된 경우	· 작은 봉지(封地) 하사
4명(四命)	· 부용군(附庸君) · 천자의 대부(大夫) · 대국(大國)의 고(孤)	· 제기[器] 하사
3명(三命)	· 천자의 원사(元士) · 대국(大國)의 경(卿) · 차국(次國)의 경(卿)	· 천자의 조정에 설 수 있는 지위[位] 하사
2명(再命)	· 천자의 중사(中士) · 대국(大國)의 대부(大夫) · 차국(次國)의 대부(大夫) · 소국(小國)의 경(卿)	· 의복[服] 하사
1명(一命)	· 천자의 하사(下士) · 대국(大國)의 사(士) · 차국(次國)의 사(士) · 소국(小國)의 대부(大夫)	· 작위[職] 하사

※ **침조:** 『수례』「춘관(春官)·전명(典命)」 및 『주례』「춘관(春官)·대종백(大宗伯)」

■ 그림 6-11   ▣ 수(邃)

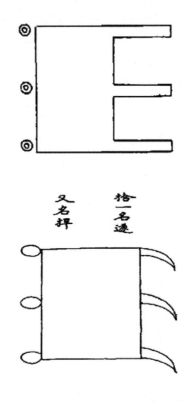

※ **출처:** 상단-『삼례도집주(三禮圖集注)』 8권; 하단-『삼례도(三禮圖)』 4권

그림 6-12 ◼ 옥로(玉路)

玉輅

※ 출처: 『심재도회(三才圖會)』「기용(器用)」 5권

● 그림 6-13 ▣ 금로(金路)

※ 출처: 『삼재도회(三才圖會)』「기용(器用)」5권

그림 6-14 ▣ 상로(象路)

※ **출처:** 『산재도회(三才圖會)』「기용(器用)」 5권

그림 6-15 ◨ 혁로(革路)

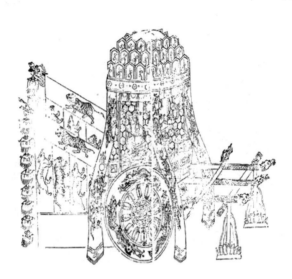

※ 출처: 『삼재도회(三才圖會)』「기용(器用)」5권

● 그림 6-16   ■ 목로(木路)

木輅

※ 출처:『삼재도회(三才圖會)』「기용(器用)」 5권

그림 6-17   ■ 부의(斧依: =斧扆)

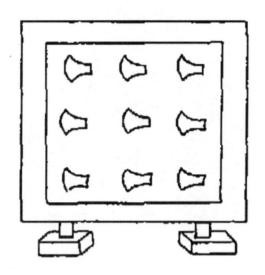

※ 출처: 『삼례도집주(三禮圖集注)』 8권

그림 6-18　■ 정(旌)

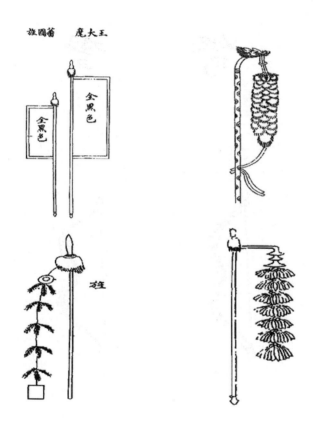

※ **출처:** 상좌-『주례도설(周禮圖說)』 하권 ; 상우-『삼례도집주(三禮圖集注)』 9권
　　　하좌-『삼례도(三禮圖)』 2권 ; 하우-『육경도(六經圖)』 7권

그림 6-19 ▣ 동궁(彤弓)과 노궁(旅弓)

※ 출처: 『삼례도집주(三禮圖集注)』 8권

사례(射禮)와 택사(擇士)·진작(進爵)·출지(絀地)

【710a】

> 天子將祭, 必先習射於澤. 澤者, 所以擇士也. 已射於澤而后射
> 於射宮. 射中者得與於祭, 不中者不得與於祭. 不得與於祭者
> 有讓, 削以地. 得與於祭者有慶, 益以地. 進爵絀地是也.

직역 天子가 將히 祭함에, 必히 先히 澤에서 射를 習이라. 澤者는 士를 擇하는 所以이다. 已히 澤에서 射한 后에 射宮에서 射이라. 射에 中者는 祭에 得與나 不中者는 祭에 不得與이라. 祭에 不得與한 者는 讓이 有하고, 削하길 地라. 祭에 得與한 者는 慶이 有하고, 益하길 地라. 爵을 進하고 地를 **絀**함이 是라.

의역 천자가 제사를 지내려고 할 때에는 반드시 그보다 앞서서 택(澤)에서 활쏘기를 연습한다. 택에서 활쏘기를 하는 것은 사(士)를 선발하기 위해서이다. 택에서 활쏘기 연습을 끝낸 이후에는 사궁(射宮)에서 활쏘기를 한다. 활쏘기를 하여 적중을 시킨 자는 제사에 참여할 수 있고, 적중시키지 못한 자는 제사에 참여할 수 없다. 제사에 참여할 수 없는 자의 경우 책망을 받고 땅을 줄이게 된다. 제사에 참여할 수 있는 사의 경우 은덕을 받고 땅을 늘려주게 된다. 작위를 올려주고 땅을 삭감한다는 것이 바로 이것을 가리킨다.

集說 澤, 宮名, 其所在未詳. 疏云: "於寬閒之處, 近水澤而爲之. 射宮, 卽學宮也." 進爵絀地者, 疏云: "進則爵輕於地, 故先進爵而後益以地也. 退則地輕於爵, 故先削地而後絀爵也."

번역 '택(澤)'은 건물[宮]의 이름으로, 그 건물이 위치했던 장소에 대해서는 자세히 알 수 없다. 공영달의 소(疏)에서는 "넓고 조용한 장소로, 연못과 가까운 곳에 만든다. '사궁(射宮)'은 곧 학궁(學宮)에 해당한다."라고 했다. "작위를 올려주고 땅을 줄인다."는 말에 대해서, 공영달의 소에서는 "올려주는 경우 작위는 땅보다 중요하지 않은 대상이다. 그렇기 때문에 먼저 작위를 올려주고 그런 이후에 땅을 늘려주는 것이다. 물리는 경우 땅은 작위보다 중요하지 않은 대상이다. 그렇기 때문에 먼저 땅을 삭감하고 그런 이후에 작위를 낮추는 것이다."라고 했다.

大全 嚴陵方氏曰: 言澤則知其在野, 言宮則知其在國. 先習於澤, 而後射於宮, 射事有漸故也. 削地益地, 謂所貢士之諸侯也. 所謂慶讓者, 不特在地, 亦有在於爵焉, 故總言進爵紲地也. 於讓曰紲地, 知慶之爲益地也.

번역 엄릉방씨가 말하길, '택(澤)'이라고 말했다면, 그 장소가 교외에 있었음을 알 수 있고, '궁(宮)'이라고 말했다면, 그 장소가 국성에 있었음을 알 수 있다. 먼저 택(澤)에서 활쏘기를 연습하고, 그런 이후에 궁(宮)에서 활쏘기를 하는데, 활 쏘는 일에 있어서는 점진적인 단계가 있기 때문이다. 땅을 삭감하고 땅을 더해준다는 것은 사를 천거한 제후에 대한 사안이다. 은덕을 받고 책망을 받는다는 것은 땅에만 국한된 것이 아니라 또한 작위에도 관련이 된다. 그렇기 때문에 총괄적으로 "작위를 올려주고 땅을 삭감한다."라고 말한 것이다. 책망을 받는 것에 대해서는 "땅을 삭감한다."라고 했으니, 은덕을 받는 것이 땅을 늘려주는 일이 됨을 알 수 있다.

大全 長樂陳氏曰: 先射於澤宮以擇士而習之, 而射宮則在廟, 是已能者陟否者黜, 此祭之所以爲有射也.

번역 장락진씨가 말하길, 앞서 택궁(澤宮)에서 활을 쏘아서 사를 선발하고 활쏘기를 익히게 하며, 사궁(射宮)은 묘(廟)에 있으니, 이것은 이미 활쏘기를 잘하는 자는 자리를 올려주고 그렇지 못한 자는 내치는 것으로, 이것이 바로 제사에서 활쏘기를 시행하게 된 이유이다.

鄭注 澤, 宮名也. 士, 謂諸侯朝者, 諸臣及所貢士也. 皆先令習射於澤, 已乃射於射宮, 課中否也. 諸侯有慶者先進爵, 有讓者先削地.

번역 '택(澤)'은 건물[宮]의 이름이다. '사(士)'는 제후들이 조회를 할 때, 함께 데려온 신하들 및 천자에게 천거한 사를 뜻한다. 모두들 우선적으로 택(澤)에서 활쏘기를 연습하도록 시키고, 그것이 끝나면 곧 사궁(射宮)에서 활을 쏘아서, 적중을 시키는지 또는 아닌지를 시험한다. 제후들 중 은덕을 받은 자는 우선적으로 작위를 높여주고, 책망을 받은 자는 우선적으로 땅을 삭감한다.

釋文 與音預, 下皆同. 絀, 敕律反. 朝, 直遙反. 令, 力呈反. 已音以. 課, 口臥反.

번역 '與'자의 음은 '預(예)'이며, 아래문장에 나오는 글자들도 모두 그 음이 이와 같다. '絀'자는 '敕(칙)'자와 '律(률)'자의 반절음이다. '朝'자는 '直(직)'자와 '遙(요)'자의 반절음이다. '令'자는 '力(력)'자와 '呈(정)'자의 반절음이다. '已'자의 음은 '以(이)'이다. '課'자는 '口(구)'자와 '臥(와)'자의 반절음이다.

孔疏 ●"天子將祭, 必先習射"至"是也". ○正義曰: 前經已言數與於祭而君有慶, 數不與於祭而君有讓. 此經又重言者, 前經明諸侯貢士之制, 故賞罰所貢之君, 此經論人君將祭擇士, 賞罰其士之身, 故於此又重言也. 又前經貢士云容體合禮, 其節比樂, 此經直云"射中"與"不中", 不云"容體"及"射節"者, 文不具也.

번역 ●經文: "天子將祭, 必先習射"~"是也". ○앞의 경문에서는 이미 자주 제사에 참여하게 되면 군주는 은덕을 받게 되고, 자주 제사에 참여하지 못하게 되면 군주는 책망을 받는다고 언급했다. 이곳 경문에서 이 사실을 거듭 설명하였는데, 앞의 경문에서는 제후들이 사를 천자에게 천거하는 제도를 설명했다. 그렇기 때문에 사를 천거했던 군주에게 상과 벌을 내린다고 한 것이다. 반면 이곳 경문에서는 군주가 장차 제사를 지내려고 하여 사를 선발하게 되어서, 사 본인에게 상과 벌을 내린다고 논의하고 있다. 그렇기 때문에 이곳에서 재차 설명한 것이다. 또한 앞의 경문에서는 사를 천거한다고 하며, 용모와 거동이 예에 합치되고, 그 절도를 악에 맞춘다고 했는데, 이곳 경문에서는 단지 "활을 쏘아서 적중시킨다."라는 말과 "적중시키지 못한다."라고만 말하고, '용모와 거동' 및 '활쏘기와 절도'에 대해서는 언급하지 않았다. 그 이유는 단지 문장을 간략히 기록했기 때문이다.

孔疏 ●"天子將祭, 必先習射於澤, 澤者, 所以擇士也"者, 澤是宮名, 於此宮中射而擇士, 故謂此宮爲"澤". 澤所在無文, 蓋於寬閑之處, 近水澤而爲之也. 非唯祭而擇士, 餘射亦在其中, 故書傳論主皮射云: "嚮之取也於囿中, 勇力之取也. 今之取也於澤宮, 揖讓之取也." 是主皮之射, 亦近於澤也. 選士於澤, 不射侯也, 但試武而已. 故司弓矢云: "澤, 共射椹質之弓矢." 鄭司農引此射義之文以釋之. 是知於澤中射椹質而已. 又鄭注司弓矢云: "樹椹以爲射正, 射甲與椹, 試弓習武也." 其主皮之射則張皮, 亦揖讓也. "有讓削以地", "有慶益以地"者, 謂諸侯也.

번역 ●經文: "天子將祭, 必先習射於澤, 澤者, 所以擇士也". ○'택(澤)'은 건물의 명칭으로, 이 건물 안에서 활을 쏘아서 사를 선발하게 된다. 그렇기 때문에 이 건물을 '택(澤)'이라고 부르는 것이다. '택(澤)'이 위치하는 장소에 대해서는 관련 기록이 남아 있지 않다. 아마도 넓고 한적한 장소이고, 연못과 가까운 곳에 만들었을 것이다. 오직 제사를 지내게 되어 사를 선발하기 위한 활쏘기만 하는 것이 아니며, 여타의 활쏘기 또한 이 건물 안에서 실시한다. 그렇기 때문에『서전』에서는 과녁을 꿰뚫는 활쏘기에 대해 논의하며, "이전에 선발을 했던 것은 동산 안에서 실시했으며, 용맹함과 강성한 힘을 위주로 선발했다. 현재의 선발은 택궁(澤宮)에서 실시하며, 읍을 하고 사양을 하는 예법을 위주로 선발한다."라고 했다. 이것은 과녁을 꿰뚫는 활쏘기 또한 택(澤)과 가까운 곳에서 실시했다는 사실을 나타낸다. 택(澤)에서 사를 선발할 때에는 과녁에 활을 쏘지 않았고, 단지 그 무용을 시험했을 따름이다. 그렇기 때문에 『주례』 「사궁시(司弓矢)」편에서는 "택(澤)에 대해서는 과녁에 활을 쏘게 될 활과 화살을 공급한다."[1]라고 한 것이고, 정사농은 이곳 「사의」편의 문장을 인용하여 해석을 했던 것이다. 이 기록을 통해서 택(澤) 안에서 과녁에 대한 활쏘기를 했다는 사실을 알 수 있을 따름이다. 또한 「사궁시」편에 대한 정현의 주에서는 "과녁을 심어서 사정(射正)으로 삼고, 갑(甲)과 심(椹)에 활을 쏘아서, 활을 시험하고 무예를 익힌다."라고 했다. 과녁 꿰뚫는 것을 위주로 하는 활쏘기에서는 가죽을 펴고, 또한 읍과 사양을 하게 된다. "책망을 받으면 땅을 삭감한다."라는 말과 "은덕을 받으면 땅을 늘려준다."라는 말은 제후에 대한 내용이다.

孔疏 ◎注"澤宮"至"削地". ○正義曰: "士, 謂諸侯朝者, 諸臣及所貢士也"者, 以其助祭, 故知是此等之人. 前經論貢士與祭, 故知此經之士含貢士也. 云"諸侯有慶者先進爵, 有讓者先削地"者, 此解經"進爵絀地"之文. 以經之上文"有讓削以地"·"有慶益以地", 更總云"進爵絀地". 據"有慶"者先"進爵"·"有讓"者先"絀地", 進則爵輕於地, 故先進爵而後益以地也. 退則地輕於爵, 故先削地而後絀爵也.

번역 ◎鄭注: "澤宮"~"削地". ○정현이 "'사(士)'는 제후들이 조회를 할 때 함께 데려온 신하들 및 천자에게 천거했던 사를 뜻한다."라고 했는데, 그들은 제사를 돕기 때문에 이러한 등등의 사람들에 해당한다는 사실을 알 수 있다. 앞의 경문에서는 천자에게 천거했던 사들이 제사에 참여한다는 사실을 논의하였다. 그렇기 때문에 이곳 경문에서 말하는 사에는 천자에게 천거했던 사까지도 포함된다는 사실을 알 수 있다. 정현이 "제후들 중 은덕을 받은 자는 우선적으로 작위를 높여주고, 책망을 받은 자는 우선적으로 땅을 삭감한다."라고 했는데, 이 말은 경문에 나온 "작위를 올려주고, 땅을 삭감한다."라는 문장을 풀이한 것이다. 경문의 앞 문장에서는 "책망을 받으면 땅을 삭감한다."라고 했고, "은덕을 받으면 땅을 늘려준다."라고 했기 때문에, 다시금 총괄하여 "작위를 올려

---

1) 『주례』 「하관(夏官) · 사궁시(司弓矢)」 : 澤, 共射椹質之弓矢.

주고 땅을 삭감한다."라고 말한 것이다. 그런데 "은덕을 받는다."라는 것이 "작위를 올려준다."라는 말보다 앞에 있고, 또 "책망을 받는다."라는 말이 "땅을 삭감한다."라는 말보다 앞에 있다는 사실에 근거해보면, 올려주는 경우 작위는 땅보다도 덜 중요한 대상이다. 그렇기 때문에 먼저 작위를 올려주고 그 이후에 땅을 늘려주는 것이다. 한편 내치는 경우 땅은 작위보다 덜 중요한 대상이다. 그렇기 때문에 먼저 땅을 삭감하고 그 이후에 작위를 낮추는 것이다.

集解 愚謂: 澤, 澤宮也. 辟雍謂之澤, 以其雍水於邱也. 澤宮近辟雍爲之, 故亦謂之澤. 國家禮射之外, 又有主皮習武之射, 而大夫士之大射, 又或假於學校以行其禮, 不欲其雜擾於學士弦誦之所, 故於學宮之旁, 別規寬間之地爲澤宮以習射, 天子諸侯皆有之, 若魯有矍相之圃是也. 射宮, 東序也. 天子將大射, 則其與於禮者先於澤宮預習之, 然後天子於射宮親行其禮也. 餘辨已見上文.

번역 내가 생각하기에, '택(澤)'자는 택궁(澤宮)을 뜻한다. 벽옹(辟雍)을 택(澤)이라 부르는 것은 언덕을 물이 두르고 있기 때문이다. 택궁은 벽옹과 가까운 곳에 짓게 된다. 그렇기 때문에 '택(澤)'이라고도 부른다. 국가에서 예법에 따라 실시하는 활쏘기 이외에는 또한 주피(主皮)를 하는 것과 무예를 익히는 활쏘기가 있고 대부와 사가 시행하는 대사례가 있으며, 또 간혹 학교라는 장소를 빌려 해당 예법을 시행하기도 하는데, 학사들이 음악을 연주하고 시가를 암송하는 장소를 복잡하고 요란스럽게 만들고 싶지 않기 때문에 학궁의 주변에 별도로 넓고 조용한 장소를 살펴 택궁으로 삼아 활쏘기를 연습했을 것이니, 천자와 제후 모두 이를 가지고 있었고, 노나라의 확상(矍相)이라는 들판과 같은 곳이 바로 여기에 해당한다. '사궁(射宮)'은 동서(東序)[2]에 해당한다. 천자가 대사례를 시행하려고 하면 해당 의례에 참여하는 자들은 우선적으로 택궁에서 미리 연습을 하고, 그런 이후에야 천자는 사궁에서 직접 해당 의례를 시행한다. 나머지 변론에 대해서는 이미 앞에서 기술하였다.

---

2) 동서(東序)는 본래 하후씨(夏后氏) 때의 태학(太學)을 가리킨다. 『예기』「왕제(王制)」편에는 "夏后氏, 國老於東序, 養庶老於西序."라는 기록이 있다. 후대에는 일반적인 학교 기관을 가리키는 용어로도 사용되었다.

참고 『주례』「하관(夏官)·사궁시(司弓矢)」기록

경문 澤, 共射椹質之弓矢.

번역 택궁(澤宮)에서 활쏘기를 시행하면, 과녁의 정곡에 활을 쏠 활과 화살을 공급한다.

鄭注 鄭司農云: "澤, 澤宮也, 所以習射選士之處也." 射義曰: "天子將祭, 必先習射於澤. 澤者, 所以擇士也. 已射於澤, 而后射於射宮, 射中者得與於祭."

번역 정사농은 "택(澤)은 택궁을 뜻하니, 활쏘기를 연습하고 사를 선발하기 위해 만든 장소이다."라고 했다. 「사의」편에서는 "천자가 제사를 지내려고 할 때에는 반드시 그보다 앞서서 택(澤)에서 활쏘기를 연습한다. 택에서 활쏘기를 하는 것은 사를 선발하기 위해서이다. 택에서 활쏘기 연습을 끝낸 이후에는 사궁(射宮)에서 활쏘기를 한다. 활쏘기를 하여 적중을 시킨 자는 제사에 참여할 수 있다."라고 했다.

賈疏 ◎注"鄭司"至"於祭". ○釋曰: 此所共弓矢, 據王·弧, 故上云"王弓·弧弓以射甲革椹質". 引射義, 欲見射椹質是試弓習武在澤宮也.

번역 ◎鄭注: "鄭司"~"於祭". ○이것은 활과 화살을 공급하는 것으로, 왕궁과 호궁에 기준을 두었기 때문에 앞에서는 "왕궁(王弓)과 호궁(弧弓)으로는 이것을 주어 갑옷과 과녁에 쏘게 한다."라고 한 것이다. 정현이 「사의」편을 인용한 것은 심질(椹質)에 활을 쏘는 것이 활의 성능을 시험하고 무예를 익히는 것으로 택궁에서 시행하는 것임을 드러내고자 했기 때문이다.

남자와 반사(飯食)

【710b】

故男子生, 桑弧蓬矢六, 以射天地四方. 天地四方者, 男子之所
有事也. 故必先有志於其所有事, 然後敢用穀也, 飯食之謂也

직역 故로 男子가 生하면, 桑弧와 蓬矢六으로, 天地와 四方을 射라. 天地와 四
方은 男子가 事가 有한 所이다. 故로 必히 先히 그 事가 有한 所에 志를 有하고,
然後에 敢히 穀을 用하니, 飯食를 謂함이다.

의역 그렇기 때문에 사내아이가 태어나면, 뽕나무로 만든 활과 쑥대로 만든
화살 6대를 가지고, 천지(天地)와 사방(四方)에 각각 한 발씩 쏜다. 천지와 사방은
남자가 일삼는 대상이 존재하는 장소이다. 그렇기 때문에 반드시 가장 먼저 일삼는
대상이 존재하는 곳에 뜻을 두게 되고, 그런 이후에야 감히 모유를 먹게 하니, 이것
을 '반사(飯食)'라고 부른다.

集說 宇宙內事, 皆已分內事, 此男子之志也. 人臣所以先盡職事而後敢食
君之祿者, 正以始生之時, 先射天地四方, 而後使其母食之也, 故曰飯食之謂
也. 飯食, 食子也.

번역 우주 안에서 일어나는 일들은 모두 이미 내사(內事)로 구분되는데,
이것은 남자가 뜻을 두는 대상이다. 신하된 자가 먼저 자신의 직무를 다하고,
그런 이후에 감히 군주의 식록을 먹는 것은 바로 처음 태어났을 때, 우선 천지
(天地)와 사방(四方)에 활을 쏘고, 그런 이후에 그 어미로 하여금 모유를 먹이

도록 한 것에 해당한다. 그렇기 때문에 "반사(飯食)를 뜻한다."라고 말한 것이다. '반사(飯食)'라는 말은 자식을 먹인다는 뜻이다.

大全 藍田呂氏曰: 天地之性, 人爲貴也. 人之類, 男子爲貴也. 其配則天也・陽也・乾也, 可以服人而不可以服於人者也. 故天地四方之大, 皆吾之所當有事也. 不能則幾於非男子也, 故於其始生所以用桑弧蓬矢六, 以射天地四方也. 士無事而食不可也, 故君子寧功浮於食, 不使食浮於功, 有事於天地四方, 而後敢用穀, 則功浮於食, 無愧於食, 是亦男子之事也, 故因射義及之.

번역 남전여씨가 말하길, 천지(天地)의 생명체들 중에서 사람은 가장 존귀하다. 사람 중에서도 남자는 존귀한 존재이다. 남자가 짝을 이루는 대상은 천(天)이며, 양(陽)이며, 건(乾)이니, 남을 복종시킬 수는 있어도 남에게 복종을 당할 수는 없다. 그렇기 때문에 천지와 사방의 거대함은 모두 내가 마땅히 일삼아야 하는 대상이다. 이것을 잘해내지 못한다면 남자라 할 수 없다. 그렇기 때문에 처음 태어났을 때, 뽕나무로 만든 활과 쑥대로 만든 화살 6대를 이용해서 천지와 사방에 활을 쏘는 것이다. 사(士)는 일삼는 것이 없는데도 식록을 먹어서는 안 된다.[1] 그렇기 때문에 군자는 차라리 공덕이 식록보다 많게 하며, 식록이 공덕보다 많게 하지 않으니, 천지와 사방에 일삼는 것이 있은 이후에야 감히 곡(穀)을 한다면, 공덕이 식록보다 많은 것이니 식록에 대해서 부끄러워할 것이 없다. 이 또한 남자에게 해당하는 일이다. 그렇기 때문에 활쏘기의 의미를 풀이하는 것에 따라서 이러한 내용까지 언급한 것이다.

鄭注 男子生則設弧於門左, 三日負之, 人爲之射, 乃卜食子也.

번역 사내아이가 태어나면 문의 좌측에 활을 걸어두고, 3일이 지난 후 그것을 떼어내고, 다른 사람이 아이를 대신하여 그 활을 가지고 화살을 쏘니, 곧 자식에게 음식을 먹여도 되는지를 점치는 것이다.

---

1) 『맹자』「등문공하(滕文公下)」 : 否, 士無事而食, 不可也.

釋文 桑弧音胡, 以桑木爲弓. 蓬, 步工反. 飯, 扶晩反. 食音嗣, 注同. 爲, 于僞反.

번역 '桑弧'에서의 '弧'자는 그 음이 '胡(호)'이며, 뽕나무로 활을 만든 것이다. '蓬'자는 '步(보)'자와 '工(공)'자의 반절음이다. '飯'자는 '扶(부)'자와 '晩(만)'자의 반절음이다. '食'자의 음은 '嗣(사)'이며, 정현의 주에 나오는 글자도 그 음이 이와 같다. '爲'자는 '于(우)'자와 '僞(위)'자의 반절음이다.

孔疏 ●"故男"至"謂也". ○正義曰: 此一經明男子重射之義, 以男子生三日, 射人以桑弧蓬矢者, 則有爲射之志, 故長大重之.

번역 ●經文: "故男"~"謂也". ○이곳 경문은 남자가 활쏘기를 중시하는 의미를 드러내었으니, 사내아이가 태어난 후 3일이 지나면, 활을 쏘는 자가 뽕나무로 만든 활과 쑥대로 만든 화살을 가지고 쏘니, 이것은 곧 활쏘기에 뜻을 두고 있기 때문이다. 그렇기 때문에 매우 중시하는 것이다.

孔疏 ●"桑弧蓬矢"者, 取其質也. 所以用"六"者, "射天地四方"也. 所以禮射唯四矢者, 示事有不用也. 四矢者, 象禦四方之亂.

번역 ●經文: "桑弧蓬矢". ○질박함에 따른 것이다. 여섯 대를 사용하는 이유는 "천지와 사방에 활을 쏜다."는 뜻에 해당한다. 예법에 따라 활을 쏠 때에는 오직 4발만 사용하니, 그 사안에 사용하지 않는 것이 있음을 드러낸다. 4발의 화살은 사방의 변란을 막는다는 것을 상징한다.

孔疏 ●"故必先有志於其所有事"者, 言子始生, 三日用桑弧蓬矢六者, 欲使此子先有志意於其所有事之處, 謂於"天地四方"也.

번역 ●經文: "故必先有志於其所有事". ○자식이 처음 태어났을 때, 3일이 지난 뒤 뽕나무로 만든 활과 쑥대로 만든 화살 6대를 사용하는 것은 그 자식으로 하여금 우선적으로 일삼는 대상이 있는 장소에 대해서 뜻을 두게 하려고 하는 것이니, 이것이 바로 "천지와 사방에 대해서 한다."는 뜻이다.

孔疏 ●"然後敢用穀也"者, 三日射罷之後, 然後敢用穀, 以食其子也.

번역 ●經文: "然後敢用穀也". ○3일이 지난 후 활쏘기를 끝내게 되면, 그런 뒤에야 곡식을 이용해서 그 아들에게 먹일 수가 있다.

孔疏 ●"飯食之謂也"者, 至射畢用穀, 猶若事畢設飯食, 故云"飯食之謂也".

번역 ●經文: "飯食之謂也". ○활쏘기가 끝난 뒤 곡식을 이용하게 될 때에는 마치 어떤 사안이 끝난 뒤에 반사(飯食)를 진설하는 것과 같다. 그렇기 때문에 "반사라고 부른다."라고 말한 것이다.

集解 方氏慤曰: 人爲之射, 以射人代之而已.

번역 방각이 말하길, 남이 아들을 대신해서 활을 쏘는 것은 사인(射人)이 대신 쏘기 때문이다.

集解 愚謂: 射人代之射者, 世子生之禮; 若大夫士之子, 則亦家臣隷·子弟之屬代之與. 用穀, 謂食子也. 人莫不飯食, 其初生也, 先射天地四方, 而後飯食, 以示爲人者必能治天地四方之事, 而後可以飯食也. 然則其所以責之者重矣.

번역 내가 생각하기에, 사인(射人)이 아들을 대신해서 활을 쏘는 것은 세자가 태어났을 때의 예법이다. 대부와 사의 자식인 경우라면 또한 가신과 종 및 자제들 중의 한 사람이 아들을 대신해서 쏘았을 것이다. '용곡(用穀)'은 자식을 먹인다는 뜻이다. 사람들 중에는 밥을 먹지 않는 자가 없는데, 처음 태어났을 때 우선적으로 천지와 사방에 활을 쏘고, 그런 뒤에야 밥을 먹이게 한 것은 사람은 반드시 천지와 사방의 일들을 다스릴 수 있은 뒤에야 밥을 먹을 수 있다는 뜻을 드러내기 위해서이다. 그렇다면 책무를 주는 것이 매우 막중한 것이다.

참고 구문비교

예기·사의 桑弧蓬矢六, 以射天地四方.

예기·내칙(內則) 射人以桑弧蓬矢六, 射天地四方.

참고 『예기』「내칙(內則)」 기록

경문-364a 國君世子生, 告于君, 接以大牢, 宰掌具. 三日, 卜士負之, 吉者宿齊, 朝服寢門外, 詩負之. 射人以桑弧蓬矢六, 射天地四方, 保受乃負之. 宰醴負子, 賜之束帛. 卜士之妻·大夫之妾, 使食子.

번역 제후의 세자가 태어나면 군주에게 그 사실을 아뢰고, 태뢰(太牢)를 갖춰서 접견의 의례를 시행하며, 재부(宰夫)가 음식 갖추는 일을 담당한다. 3일째가 되면, 길한 사를 점쳐서 그로 하여금 세자를 안고 있도록 하니, 길한 점괘가 나온 자는 집안에 머물며 재계를 하고, 조복을 갖춰 입고서 침문(寢門) 밖에서 세자를 받들어서 안는다. 활을 쏘는 자는 뽕나무로 만든 활과 쑥대로 만든 화살 여섯 대를 이용해서, 천지(天地)와 사방(四方)에 각각 1발씩 쏘게 되며, 그 일이 끝나면 보모(保母)는 세자를 받아서 안는다. 재부가 세자를 안고 있었던 사에게 단술을 따라서 예우하면, 그에게 속백(束帛)을 하사한다. 사의 처와 대부의 첩들 중 점을 쳐서 길한 점괘가 나온 여자로 하여금 세자에게 모유를 먹여서 양육하도록 한다.

鄭注 接讀爲"捷", 捷, 勝也. 謂食其母, 使補虛强氣也. 詩之言承也. 桑弧蓬矢, 本大古也. 天地四方, 男子所有事也. 代士也. 保, 保母. 醴, 當爲禮, 聲之誤也. 禮以一獻之禮. 酬之以幣也. 食子不使君妾, 適·妾有敵義, 不相褻以勞辱事也. 士妻·大夫之妾, 謂時自有子.

번역 '접(接)'자는 '첩(捷)'자로 풀이하니, '첩(捷)'자는 "빠르다[勝]."는 뜻이다. 즉 그 모친에게 음식을 먹도록 하여, 그녀로 하여금 허약해진 기운을 보강하여 굳건하게 만든다는 의미이다. '시(詩)'자는 "받들다[承]."는 뜻이다. 뽕나무로 만든 활과 쑥대로 만든 화살은 태고 때의 예법에 근본한 것이다. 천지(天地)와 사방(四方)은 남자가 일삼게 되는 장소이다. 보모(保母)가 받드는 것은 사를 대신하기 때문이다. '보(保)'자는 '보모(保母)'를 뜻한다. '예(醴)'자는 마땅히 '예(禮)'자가 되어야 하니, 소리가 비슷해서 생긴 오자이다. 예우를 할 때에는 일헌(一獻)의 예법으로써 한다. 술을 권하여 잔을 돌릴 때에는 폐백을 곁들이는 것이다. 자식에게 모유를 먹일 때, 군주의 첩을 시키지 않는 것은 적실과 첩에게는 대등한 도의가 포함되어, 서로 무람되게 하여 수고로운 일을 시킬 수 없기 때문이다. 사의 처와 대부의 첩은 당시 아들을 낳은 여자들을 가리킨다.

集說 接以大牢者, 以大牢之禮接見其子也.

번역 '접이대뢰(接以大牢)'라는 말은 태뢰의 예를 사용하여, 자식을 접견한다는 뜻이다.

集說 鄭氏謂食其母, 使補虛强氣, 讀接爲捷, 而訓爲勝, 其義迂. 方氏讀如本字, 今從之.

번역 정현은 이러한 음식을 그 모친에게 먹여서, 허약해진 기력을 보완하여 굳건하게 만든다고 했고, '접(接)'자를 '첩(捷)'자로 풀이하여, 그 뜻을 "빠르다."라고 하였는데, 그 의미가 우원하다. 방씨는 글자대로 풀이를 했는데, 나는 그에 따른다.

참고 『맹자』「등문공하(滕文公下)」 기록

경문 彭更問曰: "後車數十乘, 從者數百人, 以傳食於諸侯, 不以泰乎? "

번역 팽경이 묻기를 "뒤따르는 수레가 수십 대이고 종자가 수백 명인데 이들을 데리고 제후에게서 밥을 얻어먹는 것은 너무 지나치지 않습니까?"라고 했다.

趙注 泰, 甚也. 彭更, 孟子弟子, 怪孟子徒衆多, 而傳食於諸侯之國, 得無爲甚奢泰者也?

번역 '태(泰)'자는 심하다는 뜻이다. '팽경(彭更)'은 맹자의 제자로 맹자를 따르는 무리가 많은데 제후국에서 밥을 얻어먹는 것이 너무 사치스럽고 지나친 일이 되지 않을까 염려한 것이다.

경문 孟子曰: "非其道, 則一簞食不可受於人. 如其道, 則舜受堯之天下, 不以爲泰. 子以爲泰乎?"

번역 맹자는 "그 도리가 아니라면 한 그릇의 밥이라도 남에게 받아서는 안 된다. 만약 그 도가 합치된다면 순임금은 요임금의 천하를 물려받았음에도 지나친 일이라 여기지 않으셨다. 그대는 이것을 두고 지나치다고 여기는가?"라고 했다.

趙注 簞, 笥也. 非以其道, 一笥之食不可受也. 子以舜受堯之天下爲泰乎?

번역 '단(簞)'자는 대밥그릇을 뜻한다. 그 도리가 일치하지 않는다면 한 그릇의 밥이라도 받을 수 없다. 그대는 순임금이 요임금의 천하를 물려받은 것을 두고 지나치다고 여기는가?

경문 曰: "否! 士無事而食, 不可也."

번역 팽경은 "아닙니다! 사는 일삼는 것이 없는데도 식록을 받아먹어서는 안 된다는 뜻입니다."라고 했다.

趙注 彭更曰: 不以舜爲泰也. 謂仕無功而虛食人者, 不可也.

번역 팽경은 순임금의 일화를 지나치다고 여긴 것이 아니라고 했다. 즉 벼슬을 했음에도 공적이 없는데 공허히 남에게서 식록을 받아먹는 것은 불가하다는 의미이다.

• 제 9 절 •

사례(射禮)와 인(仁) · 군자(君子)

【710c】

射者仁之道也. 求正諸己, 己正而後發; 發而不中, 則不怨勝
己者, 反求諸己而已矣.

직역 射者는 仁의 道이다. 己에서 正을 求하고, 己가 正한 後에 發하며; 發하여 不中하면, 己를 勝한 者를 不怨하며, 反하여 己에서 求할 따름이다.

의역 활쏘기는 인(仁)을 시행하는 도리이다. 자신에게서 올바름을 찾고, 자신이 올바르게 된 이후에야 활을 쏘며, 활을 쏘아서 적중시키지 못한다면, 자신을 이긴 자에 대해서 원망하지 않고, 돌이켜보아 자신에게서 원인을 찾을 따름이다.

集說 爲仁由己, 射之中否亦由己, 非他人所能與也, 故不怨勝己者, 而惟反求諸其身.

번역 인(仁)을 시행하는 것은 자신에게서 비롯되니,[1] 활을 쏘아서 적중을 시키느냐 시키지 못하느냐는 문제 또한 자신에게서 비롯되는 것이고, 타인이 관여할 수 있는 것이 아니다. 그렇기 때문에 자신을 이긴 자에 대해서 원망하지 않고, 오직 돌이켜보아 자신에게서 그 문제를 찾을 따름이다.

---

1) 『논어』「안연(顏淵)」: 顏淵問仁. 子曰, "克己復禮爲仁. 一日克己復禮, 天下歸仁焉. 爲仁由己, 而由人乎哉?" 顏淵曰, "請問其目." 子曰, "非禮勿視, 非禮勿聽, 非禮勿言, 非禮勿動." 顏淵曰, "回雖不敏, 請事斯語矣."

鄭注 諸, 猶於也.

번역 '저(諸)'자는 '어(於)'자와 같다.

訓纂 唐石經"反求"作"求反". 王氏念孫曰: "求反諸己, 蓋涉上文'求正諸己' 而誤. 小雅賓之初筵正義 · 白帖八十五引射義皆作'反求諸己'"

번역 당나라 『석경』에서는 '반구(反求)'를 구반(求反)으로 기록했다. 왕념 손이 말하길, "'구반저기(求反諸己)'라는 말은 아마도 앞에서 '구정저기(求正 諸己)'라고 기록한 말로 인해 잘못 기록된 것 같다. 『시』「소아(小雅) · 빈지초 연(賓之初筵)」에 대한 『정의』와 『백첩』 85판에서 「사의」편을 인용할 때에는 모두 '반구저기(反求諸己)'로 기록했다."라고 했다.

참고 구문비교

예기 · 사의 射者仁之道也. 求正諸己, 己正而後發; 發而不中, 則不怨勝己 者, 反求諸己而已矣.

맹자 · 공손추상(公孫丑上) 仁者如射, 射者正己而後發, 發而不中, 不怨勝 己者, 反求諸己而已矣.

참고 『맹자』「공손추상(公孫丑上)」 기록

경문 仁者如射, 射者正己而後發, 發而不中, 不怨勝己者, 反求諸己而已矣.

번역 맹자는 "인(仁)한 자는 활을 쏘는 것과 같으니, 활을 쏘는 자는 자신을 바르게 한 뒤에야 화살을 발사하고, 발사하여 적중을 시키지 못하면 자신을 이긴 자를 원망하지 않고 돌이켜 자신에게서 문제를 찾을 따름이다."라고 했다.

趙注 以射喩人爲仁, 不得其報, 當反責己之仁恩有所未至也, 不怨勝己者.

번역 활쏘기를 통해 비유한 것이니, 사람이 인을 시행하여 보답을 얻지 못하면 마땅히 자신의 인과 은정에 미진한 점이 있는가를 탓해야 한다는 뜻이다. 이것은 자신을 이긴 자를 원망하지 않는 것에 해당한다.

孫疏 ●"仁者如射"至"反求諸己而已矣"者, 孟子比之於仁者如射也, 以其射者, 必待先正其身, 已然後而發矢射之也. 旣發矢而射之, 不中其的, 則又不怨恨其射勝於己者, 但反責求諸己而已矣. 蓋君子以仁存心, 其愛人則人常愛之, 猶之正己而後發也. 有人於此待我以橫逆, 猶之發而不中也. 自反而不以責諸人, 猶之不怨勝己者, 反求諸己而已矣. 此孟子所以比仁者如射, 發而不中, 不怨勝己者, 反求諸己而已矣.

번역 ●經文: "仁者如射"~"反求諸己而已矣". ○맹자는 비유를 하여 인한 자는 활쏘기와 같다고 했는데, 활을 쏘는 자는 반드시 우선적으로 자신을 올바르게 만들 때까지 기다려야 하고 그런 이후에 화살을 쏘기 때문이다. 이미 활을 쏘았는데 표적에 적중을 시키지 못했다면 또한 활을 쏘아 자신을 이긴 자를 원망하지 않고, 단지 돌이켜 자신을 책망할 따름이다. 군자는 인을 마음에 보존하고 있으니, 그가 남을 친애한다면 상대도 항상 그를 친애하게 되는데, 이것은 자신을 바르게 한 이후에 활을 쏘는 것과 같다. 어떤 자가 이러한 경우에 있어 나를 대하며 이치에 어긋나게 한다면, 이것은 활을 쏘았지만 적중을 시키지 못한 경우와 같다. 스스로 돌이켜보며 남을 책망하지 않는 것은 나를 이긴 자에 대해 원망하지 않고 돌이켜 자신에게서 문제를 찾는 것과 같다. 이것은 맹자가 인한 자를 활쏘기에 비유하여, 활을 쏘아 적중을 시키지 못하면 자신을 이긴 자를 원망하지 않고 돌이켜 자신에게서 문제를 찾는다고 한 이유이다.

참고 『논어』「안연(顔淵)」 기록

경문 顔淵問仁. 子曰: "克己復禮爲仁①. 一日克己復禮, 天下歸仁焉②. 爲仁由己, 而由人乎哉③!"

번역 안연이 인(仁)에 대해서 물었다. 공자는 "자신을 극복하여 예로 돌아가는 것이 인이다. 하루라도 자신을 극복하여 예로 돌아간다면 천하가 예로 귀의할 것이다. 인을 시행하는 것은 자신에게서 비롯되니, 남에게서 비롯되겠는가!"라고 했다.

何注-① 馬曰: 克己, 約身.

번역 마씨가 말하길, '극기(克己)'는 자신을 검속하는 것이다.

何注-① 孔曰: 復, 反也. 身能反禮則爲仁矣.

번역 공씨가 말하길, '복(復)'자는 되돌아간다는 뜻이다. 본인이 예로 돌아갈 수 있다면 인을 시행하는 것이다.

何注-② 馬曰: 一日猶見歸, 況終身乎.

번역 마씨가 말하길, 하루만 하더라도 귀의하는 것을 볼 수 있는데, 하물며 종신토록 지속함에 있어서는 어떠하겠는가.

何注-③ 孔曰: 行善在己, 不在人也.

번역 공씨가 말하길, 선은 시행하는 것은 자신에게 달려 있는 것이지 남에게 달려 있는 것이 아니다.

邢疏 ●"子曰: 克己復禮爲仁"者, 克, 約也. 己, 身也. 復, 反也. 言能約身反禮則爲仁矣.

번역 ●經文: "子曰: 克己復禮爲仁". ○'극(克)'자는 검속한다는 뜻이다. '기(己)'자는 본인을 뜻한다. '복(復)'자는 되돌아간다는 뜻이다. 즉 자신을 검속하여 예로 돌아갈 수 있다면 인을 시행하는 것이라는 뜻이다.

邢疏 ●"一日克己復禮, 天下歸仁焉"者, 言人君若能一日行克己復禮, 則天下皆歸此仁德之君也. 一日猶見歸, 況終身行仁乎.

번역 ●經文: "一日克己復禮, 天下歸仁焉". ○군주가 만약 하루라도 자신을 검속하여 예로 돌아갈 수 있다면 천하 사람들은 모두 이러한 인덕을 가진 군주에게 귀의할 것이라는 뜻이다. 하루라도 귀의하는 것을 볼 수 있는데, 하물며 종신토록 인을 시행한다면 어떠하겠는가.

邢疏 ●"爲仁由己, 而由人乎哉"者, 言行善由己, 豈由他人乎哉. 言不在人也.

번역 ●經文: "爲仁由己, 而由人乎哉". ○선을 시행하는 것은 자신에게서 비롯되는데 어찌 다른 사람에게서 비롯되겠느냐는 뜻이다. 즉 다른 사람에게 달려 있지 않다는 의미이다.

集註 仁者, 本心之全德. 克, 勝也. 己, 謂身之私欲也. 復, 反也. 禮者, 天理之節文也. 爲仁者, 所以全其心之德也. 蓋心之全德, 莫非天理, 而亦不能不壞於人欲. 故爲仁者必有以勝私欲而復於禮, 則事皆天理, 而本心之德復全於我矣. 歸, 猶與也. 又言一日克己復禮, 則天下之人皆與其仁, 極言其效之甚速而至大也. 又言爲仁由己而非他人所能預, 又見其機之在我而無難也. 日日克之, 不以爲難, 則私欲淨盡, 天理流行, 而仁不可勝用矣.

번역 '인(仁)'은 본래의 마음이 가지고 있는 온전한 덕이다. '극(克)'자는 이긴다는 뜻이다. '기(己)'자는 자신의 사사로운 욕심을 뜻한다. '복(復)'자는 돌아

간다는 뜻이다. '예(禮)'는 하늘의 이치에 따른 격식과 절차이다. '위인(爲仁)'은
마음의 덕을 온전히 하는 것이다. 마음의 온전한 덕은 천리 아닌 것들이 없지만,
또한 인욕으로 인해 허물어지지 않을 수가 없다. 그렇기 때문에 인을 시행하는
자는 반드시 사사로운 욕심을 이겨서 예로 돌아가야만 시행하는 일들이 모두
천리에 맞게 되어 본래의 마음이 가진 덕도 다시금 나에게서 온전하게 된다.
'귀(歸)'자는 함께 한다는 뜻이다. 또한 하루라도 자신을 극복하여 예로 돌아간
다면 천하 사람들이 모두 그 인에 함께 참여하게 된다고 말한 것이니, 그 효과
가 매우 빠르고도 지극히 크다고 통렬히 말한 것이다. 또한 인을 시행하는 것은
자신에게 달려 있으므로 다른 사람이 간여할 수 있는 것이 아니라고 했으니,
이를 통해 그 기틀이 나에게 달려 있어 어려울 것이 없음을 드러낸 것이다.
날마다 사사로운 욕심을 극복하고 이를 어렵게 여기지 않는다면, 사사로운 욕
심이 맑아지고 하늘의 이치가 두루 시행되어 인을 다 쓸 수 없게 될 것이다.

集註 程子曰: 非禮處便是私意. 旣是私意, 如何得仁? 須是克盡己私, 皆歸
於禮, 方始是仁. 又曰: 克己復禮, 則事事皆仁, 故曰天下歸仁.

번역 정자가 말하길, 예가 아닌 곳이 바로 사사로운 뜻에 해당한다. 이미
사사로운 뜻에 해당한다면 어떻게 인이 될 수 있겠는가? 자신의 사사로운 욕심
을 극복하고 모두 예로 돌아가야만 비로소 인이 될 수 있다. 또 말하길, 자신의
사욕을 극복하여 예로 돌아간다면 모든 일들이 인하게 된다. 그렇기 때문에
천하가 인을 함께 한다고 말한 것이다.

集註 謝氏曰: 克己, 須從性偏難克處克將去.

번역 사씨가 말하길, 자신을 극복한다는 것은 자기의 편향된 성질로 인해
극복하기 어려운 곳으로부터 이겨 나가는 것이다.

【710c】

孔子曰: "君子無所爭, 必也射乎! 揖讓而升, 下而飮, 其爭也君子."

직역 孔子가 曰, "君子는 爭한 所가 無이나, 必히 射호인져, 揖讓하여 升하고, 下하여 飮하니, 그 爭함은 君子로다."

의역 공자가 말하길, "군자는 다투는 일이 없지만, 다툼이 있다면 그것은 반드시 활쏘기일 것이다! 활쏘기를 할 때에는 읍(揖)을 하고 사양을 한 뒤에야 당에 오르고, 내려온 뒤 패자가 다시 올라가 술을 마시니, 그 다툼이야말로 군자다운 것이다."라고 했다.

集說 朱子曰: 揖讓而升者, 大射之禮, 耦進三揖而後升堂也. 下而飮, 謂射畢揖降, 以俟衆耦皆降. 勝者乃揖不勝者升, 取觶立飮也. 言君子恭遜不與人爭, 惟於射而後有爭. 然其爭也雍容揖遜乃如此, 則其爭也君子, 而非若小人之爭矣.

번역 주자가 말하길, "읍(揖)하고 사양을 하고 오른다."는 말은 대사례(大射禮)에서 짝을 이룬 자들이 나아가며 세 차례 읍을 한 이후에야 당에 오른다는 뜻이다. "내려가서 마신다."는 말은 활쏘기를 끝내고 읍을 하고 내려와서, 짝을 이루었던 자들이 모두 내려오기를 기다린다는 뜻이다. 승자는 곧 읍을 하고 패자는 올라가서 치(觶)를 가져다가 서서 벌주를 마신다. 즉 이 말은 군자는 공손하게 행동하여 다른 사람과 다투지 않는데, 오직 활쏘기에서만 다툼이 있게 된다는 뜻이다. 그런데 그 다툼이라는 것은 온화하고 예법에 맞는 행동거지를 하며 읍을 하고 사양을 함이 곧 이와 같으니, 그 다툼이라는 것은 군자다운 것이고 소인들의 다툼과는 다른 것이다.

集說 今按: 揖讓而升, 未射時也. 下而復升以飲, 則射畢矣. 揖讓而升下五字, 當依鄭註爲句.

번역 내가 살펴보니, "읍을 하고 사양을 하여 당에 오른다."는 말은 아직 활을 쏘기 이전의 시기를 뜻한다. 내려와서 재차 당에 올라서 술을 마신다면, 활쏘기가 끝난 것이다. 따라서 "읍을 하고 사양을 하며 올라갔다가 내려온다[揖讓而升下]."는 다섯 글자는 마땅히 정현의 주에 근거해서 구문을 끊어야 한다.

大全 藍田呂氏曰: 仁者之道, 不怨天, 不尤人, 行有不至, 反求諸己而已. 蓋以仁爲己任, 無待於外也. 射者求中, 有似於此, 故曰射者仁之道也. 射者, 正己而後發, 發而不中, 知反求諸己, 而不怨勝己者, 知所以中不中莫不在於己, 非人之罪也. 至於愛人不親, 治人不治, 禮人不答, 則反尤諸人, 蓋不以爲己任, 不知其類者也. 君子無所不用其學, 故於射也, 得反己之道焉. 爭者, 爭勝負也. 君子之於天下也, 所以與人交際辭讓而已. 爵位相先, 患難相死, 道途不爭險易之利, 冬夏不爭陰陽之和, 則無所事於爭矣, 而獨於射也求中, 是以勝負爭也. 然射禮勝飮不勝, 所以爭中者, 爭辭乎飮也.

번역 남전여씨가 말하길, 인(仁)의 도는 하늘을 원망하지 않고 남을 탓하지 않으며,[2] 행실에 지극하지 못한 점이 있다면 돌이켜 자신에게서 문제를 찾을 따름이다. 인을 자신의 임무로 삼아 외부에서 무언가를 기다림이 없기 때문이다. 활쏘기에서 적중을 시키고자 하는 것은 이와 유사한 점이 있다. 그렇기 때문에 "활쏘기는 인(仁)을 시행하는 도리이다."라고 했다. 활을 쏘는 자는 자신을 바르게 한 뒤에야 화살을 쏘니, 활을 쏘아서 적중을 시키지 못하면 돌이켜 자신에게서 문제를 찾아야 함을 알고, 자신을 이긴 자에 대해 원망하지 않는 자는 적중을 시키느냐 시키지 못하느냐는 자신에게 달려 있지 않음이 없어서 남의 잘못이 아니라는 사실을 안다. 남을 친애했으니 친해지지 않고 남을 다스렸으나 다스려지지 않으며 남을 예우했으나 답례를 하지 않는 경우에 있어서,

---

2) 『논어』「헌문(憲問)」: 子曰, "<u>不怨天, 不尤人</u>, 下學而上達. 知我者其天乎!"

돌이켜 남을 탓하게 되는데, 이것은 자신의 임무로 여기지 않고 비슷한 부류가 됨을 모르기 때문이다. 군자는 자신이 배운 것을 사용하지 않는 것이 없다. 그렇기 때문에 활쏘기에 있어서도 자신을 돌이켜보는 도를 터득할 수 있는 것이다. 다툼이라는 것은 승패를 다투는 것이다. 군자는 천하에 대해서 남과 교제하며 사양을 할 따름이다. 따라서 작위에 대해서는 서로에게 먼저 하라고 양보하고, 환란에 대해서는 서로 목숨을 던지며,3) 도로에서는 험하거나 평이한 이로움을 다투지 않으며, 겨울과 여름에는 따뜻하거나 시원한 곳을 다투지 않으니,4) 다툼에 있어서는 일삼는 바가 없다. 그런데 유독 활쏘기에 있어서는 적중시키기를 구하니, 이러한 까닭으로 승패를 다투는 것이다. 그러나 사례에서 이긴 자가 패한 자에게 술을 마시게끔 하는 것은 적중시키길 다투는 것은 술을 마시는 일에 있어서 서로 사양하고자 다투는 것이다.

鄭注 "必也射乎", 言君子至於射則有爭也. 下, 降也. 飮射爵者, 亦揖讓而升降. 勝者, 袒決遂, 執張弓. 不勝者襲, 說決拾, 却左手, 右加弛弓於其上而升飮. 君子恥之, 是以射則爭中.

번역 "반드시 활쏘기일 것이다."라는 말은 군자는 활쏘기에 대해서 다투는 점이 있다는 뜻이다. '하(下)'자는 "내려간다[降]."는 뜻이다. 활쏘기를 할 때 따라둔 술잔을 마신 자는 또한 읍을 하고 사양을 하며 올라갔다가 내려온다. 승자는 단(袒)을 하고 결(決)과 수(遂)를 하며 활시위를 걸어둔 활을 잡는다. 패자는 습(襲)을 하고, 결(決)과 습(拾)을 벗으며 좌측 손을 물리며 우측 손으로 그 위에 활시위를 풀어둔 활을 잡아 올리며, 올라가서 술을 마신다. 군자는 이것을 부끄럽게 여겼으니, 이러한 까닭으로 활쏘기를 하면 명중을 다퉜던 것이다.

---

3) 『예기』「유행(儒行)」【685d】: 儒有聞善以相告也, 見善以相示也, 爵位相先也, 患難相死也, 久相待也, 遠相致也. 其任擧有如此者.
4) 『예기』「유행(儒行)」【681c】: 儒有居處齊難. 其坐起恭敬, 言必先信, 行必中正, 道塗不爭險易之利, 冬夏不爭陰陽之和. 愛其死以有待也, 養其身以有爲也. 其備豫有如此者.

釋文 爭, 爭鬪之爭, 下及注"有爭"皆同. "揖讓而升下", 絶句. "而飮", 一句. 袒音但. 決, 古穴反. 說, 吐活反. 拾音十. 卻, 丘逆反, 又羌略反. 弛, 式氏反, 又始氏反. 中, 丁仲反, 下文·注同.

번역 '爭'자는 '쟁투(爭鬪)'라고 할 때의 '爭'자이며, 아래문장 및 정현의 주에 나오는 '有爭'이라고 할 때의 '爭'자 또한 모두 그 음이 이와 같다. '揖讓而升下'라는 곳에서 구문을 끊고, '而飮'이 하나의 구문이 된다. '袒'자의 음은 '但(단)'이다. '決'자는 '古(고)'자와 '穴(혈)'자의 반절음이다. '說'자는 '吐(토)'자와 '活(활)'자의 반절음이다. '拾'자의 음은 '十(십)'이다. '卻'자는 '丘(구)'자와 '逆(역)'자의 반절음이며, 또한 '羌(강)'자와 '略(략)'자의 반절음도 된다. '弛'자는 '式(식)'자와 '氏(씨)'자의 반절음이며, 또한 '始(시)'자와 '氏(씨)'자의 반절음도 된다. '中'자는 '丁(정)'자와 '仲(중)'자의 반절음이며, 아래문장 및 정현의 주에 나오는 글자도 그 음이 이와 같다.

孔疏 ●"射者"至"君子". ○正義曰: 此一經明射是仁恩之道, 唯內求諸己, 不病害於物. 旣求諸己, 恥其不勝, 乃有爭心矣.

번역 ●經文: "射者"~"君子". ○이곳 경문은 활쏘기가 인(仁)과 은(恩)의 도(道)가 됨을 밝히고 있으니, 오직 내적으로 자신에게서 찾으며, 다른 대상에 대해서 탓하거나 해를 입히지 않는 것이다. 이미 자신에게서 찾고 이기지 못하는 것을 부끄럽게 여긴다면, 다투고자 하는 마음을 가진 것이다.

孔疏 ●"揖讓而升卜, 而飮"者, 下, 猶降也. 言將飮射爵之時, 揖讓而升堂, 又揖讓而升下, 而飮此罰爵. 旣以禮升降, 其事可愧故也.

번역 ●經文: "揖讓而升下, 而飮". ○'하(下)'자는 "내려간다[降]."는 뜻이다. 즉 장차 활쏘기에서의 술을 마시려고 할 때, 읍을 하고 사양을 한 뒤에 당에 오르고, 또 읍을 하고 사양을 한 뒤에 올라갔다가 내려와서 벌주로 따라준 술잔을 마신다. 예(禮)에 따라 오르고 내리는 것은 그 사안에 대해서 부끄럽게 여길 수 있기 때문이다.

孔疏 ●"其爭也君子"者, 言雖君子, 因射亦有爭也.

번역 ●經文: "其爭也君子". ○비록 군자라 하더라도, 활쏘기로 인해 또한 다투는 점이 있는 것이다.

孔疏 ◎注"必也"至"爭中". ○正義曰: 此"飮射爵者, 亦揖讓而升降"者, 此解經"揖讓而升下". 經稱"揖讓", 謂飮射爵時揖讓, 非射時揖讓也, 故云"飮射爵者, 亦揖讓而升降". "亦"者, 亦如射時揖讓, 飮今亦揖讓. 故儀禮·鄕射5)云: 耦進, 上射在左, 並行, 當階北面揖, 及階揖. 升堂揖, 皆當其物北面揖, 及物揖. 射畢, 北面揖, 揖而升射. 是射時升降揖讓也. 大射又云: 飮射爵之時, "勝者皆袒, 決遂, 執張弓. 不勝者皆襲, 說決拾, 卻左手, 右加弛弓于其上, 遂以執弣", "揖如始升射. 及階, 勝者先升, 升堂, 少右. 不勝者進, 北面坐, 取豐上之觶", "立卒觶". "坐奠於豐下, 興, 揖". "不勝者先降". 是飮射爵之時, 揖讓升降也.

번역 ◎鄭注: "必也"~"爭中". ○이곳에서는 "활쏘기를 할 때 따라둔 술잔을 마신 자는 또한 읍을 하고 사양을 하며 올라갔다가 내려온다."라고 했는데, 이 말은 경문의 "읍을 하고 사양을 하며 오르고 내린다."라는 말을 해석한 글이다. 경문에서는 "읍을 하고 사양을 한다."라고 했는데, 이 말은 활쏘기를 할 때 따라둔 술잔을 마시려고 하는 시기에 읍을 하고 사양을 한다는 뜻이지, 활쏘기를 할 때 읍을 하고 사양을 한다는 뜻이 아니다. 그렇기 때문에 "활쏘기를 할 때 따라둔 술잔을 마신 자는 또한 읍을 하고 사양을 하며 올라갔다가 내려온다."라고 말한 것이다. 정현이 '또한[亦]'이라고 말한 것은 또한 활쏘기를 할 때 읍과 사양을 하는 것처럼 하기 때문이니, 즉 술을 마실 때에도 이처럼 읍을 하고 사양을 하는 것이다. 그렇기 때문에『의례』「향사례(鄕射禮)」편에서는 짝을 이루어 나아가면, 앞서 활을 쏘는 자가 좌측에 위치하고, 함께 나아가며, 계단에 당도하여 북쪽을 바라보며 읍을 하고, 계단에 오르게 되면 읍을 한다.

---

5) '향사(鄕射)'에 대하여.『십삼경주소(十三經注疏)』북경대 출판본에서는 "'향사' 는 본래 '대사(大射)'로 기록되어 있었는데, 살펴보니, 이곳 문장부터 그 뒤의 '읍이승사(揖而升射)'라는 구문까지는『의례』「향사례(鄕射禮)」편에 나온다. 따라서 이 기록에 근거해서 글자를 고쳤다."라고 했다.

당에 올라가서 읍을 하고, 모두 사대에 당도하면 북쪽을 바라보며 읍을 하고, 사대에 오르게 되면 읍을 한다. 활쏘기가 끝나면, 북쪽을 바라보고 읍을 하며, 읍을 한 뒤에 올라가서 활을 쏜다고 했다. 이것은 활쏘기를 할 때 오르고 내리며 하는 읍과 사양을 뜻한다. 『의례』「대사(大射)」편에서는 또한 활쏘기를 위해 따라둔 술잔을 마실 때에 대해서, "승자는 모두 단(袒)을 하고 결(決)과 수(遂)를 하며 활시위를 걸어둔 활을 잡는다. 패자는 모두 습(襲)을 하고 결(決)과 습(拾)을 벗으며, 좌측 손을 물리고, 우측 손으로는 그 위에 활시위를 풀어둔 활을 잡아 올리며, 수(遂)로써 부(跗)를 잡는다."라고 했고, "읍을 할 때에는 처음 올라가서 활을 쏠 때처럼 한다. 계단에 오르게 되면, 승자는 먼저 올라가고, 당에 올라가서는 우측으로 조금 이동한다. 패자는 나아가서 북쪽을 바라보며 앉고, 풍(豐) 위에 올려둔 치(觶)를 든다."라고 했으며, "서서 치(觶)를 마신다."라고 했다. 또 "앉아서 풍(豐) 아래에 술잔을 놓아두고, 일어서서, 읍을 한다."라고 했고, 또 "패자가 먼저 내려간다."라고 했는데, 이것은 활쏘기를 위해서 따라둔 술잔을 마실 때, 읍과 사양을 하며 오르고 내린다는 뜻을 나타낸다.

集解 下, 降也. 揖讓而升下, 而飮者, 言升堂而射, 射畢而降, 及衆耦皆射畢而勝飮不勝者, 皆有揖讓之禮也. 大射儀司射"作上耦射", 出次揖, "當階揖, 及階揖, 升堂揖, 當物北面揖, 及物揖", 此升時揖讓也. "卒射", "北面揖, 揖如升射", 此下時揖讓也. "勝者之弟子洗觶, 酌奠于豐上", "三耦及衆射者皆升, 飮射爵於西階上", "一耦出, 揖如升射", "升堂", "卒觶", "揖, 興", 此飮時揖讓也.

번역 '하(下)'자는 "내려간다[降]."는 뜻이다. 읍과 사양을 하고 오르고 내리며 술을 마신다는 것은 당상에 올라가서 활을 쏘고, 활쏘기가 마치면 당하로 내려가며 여러 짝들이 모두 활 쏘는 것을 마치고서 승리한 자가 패배한 자에게 술을 마시게 하는데, 이러한 경우에는 모두 읍과 사양을 하는 예법절차가 있다는 의미이다. 『의례』「대사의(大射儀)」편에서는 사사가 "상우(上耦)로 하여금 활을 쏘도록 한다."라고 했고, 옷 갈아입는 곳을 나가서 읍을 하고, "계단에 당도하여 읍을 하고, 계단에 오르게 되면 읍을 하며, 당상에 올라가서 읍을 하고 사대에 당도하면 북쪽을 바라보며 읍을 하고 사대에 올라서 읍을 한다."라고 했는데, 이것은 당상에 올라갔을 때 읍과 사양을 하는 절차이다. 또 "활쏘기를 마쳤다."라고 했고, "북쪽을 바라보며 읍을 하니, 읍은 당상에 올라가서 활을 쏠 때처럼 한다."라고 했으니, 이것은 당하로 내려왔을 때 읍과 사양을 하는 절차이다. "승자의 제자는 치(觶)를 씻고서 술을 따라 풍(豐) 위에 올려둔다." 라고 했고, "세 쌍 및 여러 활 쏘는 자들이 모두 올라가서 서쪽 계단 위에서 벌주로 따라둔 술잔을 마신다."라고 했으며, "한 쌍이 나와서 읍을 하니 당상에 올라갔을 때처럼 한다."라고 했고, "당상에 올라간다."라고 했으며, "치를 마신다."라고 했고, "읍을 하고서 일어난다."라고 했는데, 이것은 술을 마실 때 읍과 사양을 하는 절차이다.

참고 구문비교

예기·사의 孔子曰: "君子無所爭, 必也射乎! 揖讓而升, 下而飮, 其爭也君子."

논어·팔일(八佾) 子曰, "君子無所爭, 必也射乎! 揖讓而升, 下而飮, 其爭也君子."

참고 『논어』「팔일(八佾)」 기록

경문 子曰: "君子無所爭, 必也射乎①! 揖讓而升, 下而飮②, 其爭也君子③."

번역 공자가 말하길, "군자는 다투는 일이 없지만, 다툼이 있다면 그것은 반드시 활쏘기일 것이다! 활쏘기를 할 때에는 읍(揖)을 하고 사양을 한 뒤에야 당에 오르고, 내려온 뒤 패자가 다시 올라가 술을 마시니, 그 다툼이야말로 군자다운 것이다."라고 했다.

何注-① 孔曰: 言於射而後有爭.

번역 공씨가 말하길, 활쏘기를 하게 된 이후에야 다툼이 있다는 뜻이다.

邢疏 ◎注“孔曰: 言於射而後有爭”. ○正義曰: 鄭注射義云: “飮射爵者亦揖讓而升降. 勝者袒, 決遂, 執張弓. 不勝者襲, 說決拾, 卻左手, 右加弛弓於其上而升飮. 君子恥之, 是以射則爭中.” 是於射而後有爭.

번역 ◎何注: “孔曰: 言於射而後有爭”. ○정현은 「사의」편에 대한 주에서 “활쏘기를 할 때 따라둔 술잔을 마신 자는 또한 읍을 하고 사양을 하며 올라갔다가 내려온다. 승자는 단(袒)을 하고 결(決)과 수(遂)를 하며 활시위를 걸어둔 활을 잡는다. 패자는 습(襲)을 하고, 결(決)과 습(拾)을 벗으며 좌측 손을 물리며 우측 손으로 그 위에 활시위를 풀어둔 활을 잡아 올리며, 올라가서 술을 마신다. 군자는 이것을 부끄럽게 여겼으니, 이러한 까닭으로 활쏘기를 하면 명중을 다퉜던 것이다.”라고 했다. 이것은 활쏘기를 시행하게 된 뒤에야 다툼이 있다는 것을 뜻한다.

何注-② 王曰: 射於堂, 升及下皆揖讓而相飮.

번역 왕씨가 말하길, 당상에서 활쏘기를 하여, 당으로 오르거나 내려갈 때에는 모두 읍과 사양을 하고서 서로 술을 마시게 된다.

邢疏 ◎注“王曰”全“相飮”. ○正義曰: 云“射於堂, 升及下皆揖讓而相飮”者, 儀禮 · 大射云: “耦進, 上射在左並行, 當階北面揖, 及階揖, 升堂揖, 皆當其物, 北面揖, 及物揖. 射畢, 北面揖, 揖如升射.” 是射時升降揖讓也. 大射又云: “飮射爵之時, 勝者皆袒, 決遂, 執張弓, 不勝者皆襲, 說決拾, 卻左手, 右加弛弓于其上, 遂以執弣, 揖如始升射. 及階, 勝者先升, 升堂少右, 不勝者進北面坐, 取豐上之觶, 立, 卒觶, 坐奠於豐下. 興揖, 不勝者先降.” 是飮射爵之時揖讓升降也.

번역 ◎何注: "王曰"~"相飮". ○"당상에서 활쏘기를 하여, 당으로 오르거나 내려갈 때에는 모두 읍과 사양을 하고서 서로 술을 마시게 된다."라고 했는데, 『의례』「대사(大射)」편에서는 "짝을 이루어 나아가면, 상사(上射)는 좌측에 위치하고, 함께 나아가며, 계단에 당도하여 북쪽을 바라보며 읍을 하고, 계단에 오르게 되면 읍을 하며, 당에 올라가서 읍을 하고, 모두 사대에 당도하면 북쪽을 바라보며 읍을 하고, 사대에 오르게 되면 읍을 한다. 활쏘기가 끝나면, 북쪽을 바라보고 읍을 하는데, 읍은 처음 당상에 올라가서 활을 쏠 때처럼 한다."라고 했다. 이것은 활을 쏠 때 당상으로 올라가거나 내려가며 읍과 사양을 한다는 사실을 나타낸다. 「대사」편에서는 또한 "활쏘기를 위해 따라둔 술잔을 마실 때 승자는 모두 단(袒)을 하고 결(決)과 수(遂)를 하며 활시위를 걸어둔 활을 잡고, 패자는 모두 습(襲)을 하고 결(決)과 습(拾)을 벗으며, 좌측 손을 물리고, 우측 손으로는 그 위에 활시위를 풀어둔 활을 잡아 올리며, 수(遂)로써 부(柎)를 잡고, 읍을 할 때에는 처음 올라가서 활을 쏠 때처럼 한다. 계단에 오르게 되면, 승자는 먼저 올라가고, 당에 올라가서는 우측으로 조금 이동하며, 패자는 나아가서 북쪽을 바라보며 앉고, 풍(豐) 위에 올려둔 치(觶)를 들며, 서서 치를 비우고, 앉아서 풍 아래에 술잔을 놓아둔다. 일어서서 읍을 하고, 패자는 먼저 내려간다."라고 했다. 이것은 활쏘기를 위해 따라둔 술을 마실 때에는 읍과 사양을 하며 당에 오르고 내린다는 사실을 나타낸다.

何注-③ 馬曰: 多筭飮少筭, 君子之所爭.

번역 마씨가 말하길, 산가지를 많이 세운 자가 적게 세운 자에게 술을 마시게 하니, 이것이 군자가 다투는 바이다.

邢疏 ◎注"馬曰多"至"所爭". ○正義曰: 云: "多筭飮少筭"者, 筭, 籌也. 鄕射記曰"箭籌八十, 長尺有握, 握素", 是也. 多筭謂勝者, 少筭謂不勝者, 勝飮不勝而相揖讓, 故曰君子之所爭也.

번역 ◎何注: "馬曰多"~"所爭". ○"산가지를 많이 세운 자가 적게 세운 자에게 술을 마시게 한다."라고 했는데, '산(筭)'자는 점수를 계산하는 산가지이다. 『의례』「향사례(鄉射禮)」편의 기문에서 "가는 대나무로 만든 산가지는 80개이니, 그 길이는 1척 4촌이며, 손으로 쥐는 부분은 깎아낸다."라고 한 말이 이것을 가리킨다. 산가지가 많다는 것은 승자를 뜻하고, 산가지가 적다는 것은 패자를 뜻하니, 승자는 패자에게 술을 마시게 하며 서로 읍과 사양을 한다. 그렇기 때문에 군자가 다투는 바라고 했다.

邢疏 ●"子曰"至"君子". ○正義曰: 此章言射禮有君子之風也.

번역 ●經文: "子曰"~"君子". ○이 문장은 사례에는 군자의 기풍이 있음을 나타내고 있다.

邢疏 ●"君子無所爭"者, 言君子之人, 謙卑自牧, 無所競爭也.

번역 ●經文: "君子無所爭". ○군자는 겸손하게 자신을 낮추고 스스로를 통솔하여 다투는 일이 없다는 뜻이다.

邢疏 ●"必也射乎"者, 君子雖於他事無爭, 其或有爭, 必也於射禮乎! 言於射而後有爭也.

번역 ●經文: "必也射乎". ○군자는 비록 다른 사안에 대해서는 다투는 일이 없지만 간혹 다툼이 발생한다면 그것은 반드시 사례에서일 것이다! 사례를 시행하게 된 이후에야 다툼이 있다는 의미이다.

邢疏 ●"揖讓而升, 下而飲"者, 射禮於堂, 將射升堂, 及射畢而下, 勝飲不勝, 其耦皆以禮相揖讓也.

번역 ●經文: "揖讓而升, 下而飲". ○당에서 사례를 시행하게 되면, 활쏘기를 하려고 할 때 당상으로 올라가고 활쏘기를 마치면 당하로 내려오는데,

승리한 자는 패배한 자에게 술을 마시게 하니, 짝을 이룬 자들은 모두 예법에 따라 상대에 대해 읍과 사양을 하게 된다.

邢疏 ●"其爭也君子"者, 射者爭中正鵠而已, 不同小人厲色援臂, 故曰"其爭也君子".

번역 ●經文: "其爭也君子". ○활을 쏘는 자들은 정곡에 적중을 시키는 것으로 다툴 따름이니, 소인배들이 표정을 험하게 지으며 활을 당기는 것과는 다르다. 그렇기 때문에 "그 다툼이야말로 군자다운 것이다."라고 했다.

集註 揖讓而升者, 大射之禮, 耦進三揖而後升堂也. 下而飮, 謂射畢揖降, 以俟衆耦皆降, 勝者乃揖, 不勝者升, 取觶立飮也. 言君子恭遜不與人爭, 惟於射而後有爭. 然其爭也, 雍容揖遜乃如此, 則其爭也君子, 而非若小人之爭矣.

번역 읍과 사양을 하고 올라간다는 것은 대사례에서 짝을 이룬 자들은 나아가며 세 차례 읍을 하고 그런 뒤에 당상에 오른다는 뜻이다. 내려와서 술을 마신다는 것은 활쏘기가 끝나면 읍을 하고 당하로 내려와서 여러 짝들이 모두 내려올 때까지 기다리고, 승자는 읍을 하면 패자는 올라가서 치(觶)를 가져다가 서서 술을 마신다는 뜻이다. 군자는 공손하여 남과 다투지 않지만, 오직 활쏘기를 하게 된 뒤에야 다툼이 있게 된다는 뜻이다. 그러나 그들의 다툼이란 것은 온화한 행동거지와 읍하고 겸손하게 처신함이 이와 같으니, 그들의 다툼이란 군자다운 것이며 소인들의 다툼과는 같지 않은 것이다.

참고 『논어』「헌문(憲問)」 기록

경문 子曰: "莫我知也夫!" 子貢曰: "何爲其莫知子也①?" 子曰: "不怨天, 不尤人②, 下學而上達③. 知我者其天乎④!"

번역 공자는 "나를 알아주는 자가 없구나!"라고 했다. 자공이 "어찌하여 선생님을 알아주는 자가 없는 것입니까?"라고 하자 공자는 "하늘을 원망하지 않고 남을 탓하지 않았으며, 밑으로 인간사의 일들을 배워 위로 천명에 통달하였다. 나를 알아주는 자는 하늘일 것이다!"라고 했다.

何注-① 子貢怪夫子言何爲莫知己, 故問.

번역 자공은 공자가 어찌하여 나를 알아주는 자가 없냐고 말하는 것을 괴이하게 여겼기 때문에 질문한 것이다.

何注-② 馬曰: 孔子不用於世而不怨天, 人不知己亦不尤人.

번역 마씨가 말하길, 공자는 세상에 등용이 되지 못했지만 하늘을 원망하지 않았고, 남들이 자신을 알아주지 않아도 남을 탓하지 않았다.

何注-③ 孔曰: 下學人事, 上知天命.

번역 공씨가 말하길, 밑으로 인간사의 일들을 배우고 위로 천명을 알았다는 뜻이다.

何注-④ 聖人與天地合其德, 故曰唯天知己.

번역 성인은 천지와 그 덕을 합치시키기 때문에 "오직 하늘만이 나를 알아준다."라고 했다.

邢疏 ◎注"聖人與天地合其德". ○正義曰: 此易 · 乾卦 · 文言文也. 合其德者, 謂覆載也. 引之者, 以證天知夫子者, 以夫子聖人, 與天地合德故也.

번역 ◎何注: "聖人與天地合其德". ○이것은 『역』「건괘(乾卦) · 문언전(文言傳)」의 기록이다. 덕을 합치시킨다는 것은 덮어주고 실어준다는 뜻이다.

이 문장을 인용한 것은 하늘이 공자를 알아보는 것은 공자는 성인이므로 천지와 그 덕을 합치시킬 수 있기 때문임을 증명하기 위해서이다.

邢疏 ●"子曰"至"天乎". ○正義曰: 此章孔子自明其志也.

번역 ●經文: "子曰"~"天乎". ○이 문장은 공자가 스스로 자신의 뜻을 나타낸 것이다.

邢疏 ●"子曰: 莫我知也夫"者, 言無人知我志者也.

번역 ●經文: "子曰: 莫我知也夫". ○사람들 중 자신의 뜻을 알아보는 자가 없다는 의미이다.

邢疏 ●"子貢曰: 何爲其莫知子也"者, 子貢怪夫子言, 故問何爲莫知己.

번역 ●經文: "子貢曰: 何爲其莫知子也". ○자공은 공자의 말을 괴이하게 여겼기 때문에 어찌하여 자신을 알아주는 자가 없냐고 질문한 것이다.

邢疏 ●"子曰: 不怨天, 不尤人"者, 尤, 非也. 孔子言己不用於世而不怨天, 人不知己亦不非人也.

번역 ●經文: "子曰: 不怨天, 不尤人". ○'우(尤)'자는 비난한다는 뜻이다. 공자는 본인이 세상에 등용되지 못했음에도 하늘을 원망하지 않았고, 남들이 자신을 알아주지 않아도 남을 비난하지 않았다고 말한 것이다.

邢疏 ●"下學而上達"者, 言己下學人事, 上知天命, 時有否泰, 故用有行藏, 是以不怨天尤人也.

번역 ●經文: "下學而上達". ○본인은 밑으로 인간사의 일들을 배웠고 위로 천명을 알았는데, 시기에는 막히거나 크게 되는 차이가 있다. 그렇기 때문에 쓰임에 있어서도 행동하거나 숨는 차이가 있다. 이러한 까닭으로 하늘을 원망하지 않고 남을 탓하지 않았다는 의미이다.

邢疏 ●"知我者其天乎"者, 言唯天知己志也.

번역 ●經文: "知我者其天乎". ○오직 하늘만이 나의 뜻을 알아본다는 의미이다.

集註 夫子自歎, 以發子貢之問也.

번역 공자는 스스로 탄식하여 자공의 질문을 촉발시킨 것이다.

集註 不得於天而不怨天, 不合於人而不尤人, 但知下學而自然上達. 此但自言其反己自修, 循序漸進耳, 無以甚異於人而致其知也. 然深味其語意, 則見其中自有人不及知而天獨知之之妙. 蓋在孔門, 惟子貢之智幾足以及此, 故特語以發之. 惜乎其猶有所未達也!

번역 하늘로부터 좋은 시기를 얻지 못했음에도 하늘을 원망하지 않았고, 다른 사람과 그 도를 합치시키지 못하여도 남을 탓하지 않았으며, 단지 밑으로 세세한 인간사를 배우면 자연히 위로 천리에 통달하게 됨만을 알고 있었다. 이것은 단지 자신을 반성하여 스스로를 수양하고 질서에 따라 점진적으로 나아갈 따름이며, 남보다 매우 기이한 방식을 취하여 남들이 알아보도록 함이 없었다고 스스로 말한 것이다. 그런데 그 말의 뜻을 깊이 음미해보면, 그 가운데에는 남들은 알아보지 못하지만 하늘만이 알아보는 묘리가 있음을 확인할 수 있다. 공자의 문하 안에서 오직 자공의 지혜만이 거의 이러한 경지에 도달할 수 있었기 때문에 특별히 그에게 이러한 말을 하여 그를 깨우쳐준 것이다. 애석하구나, 그런데도 오히려 자공에게는 통달하지 못한 점이 있었도다!

集註 程子曰: 不怨天, 不尤人, 在理當如此. 又曰: 下學上達, 意在言表. 又曰: 學者須守下學上達之語, 乃學之要. 蓋凡下學人事, 便是上達天理. 然習而不察, 則亦不能以上達矣.

번역 정자가 말하길, 하늘을 원망하지 않고 남을 탓하지 않는 것은 이치에 있어서는 마땅히 이와 같아야 한다. 또 말하길, 하학(下學)과 상달(上達)에 있어서는 그 의미가 말의 표면에 드러난다. 또 말하길, 배우는 자들은 하학과 상달의 말을 지켜야만 하니, 이것이 바로 학문의 요점이기 때문이다. 대체로 아래로 인간사의 일들을 배우게 되면 곧 위로 천리에 통달하게 된다. 그러나 익히기만 하고 자세히 살피지 않는다면 또한 상달할 수 없을 것이다.

참고 『예기』「유행(儒行)」 기록

경문-685d 儒有聞善以相告也, 見善以相示也, 爵位相先也, 患難相死也, 久相待也, 遠相致也. 其任擧有如此者.

번역 공자가 계속하여 말하길, "유자는 선함을 들으면 서로에게 알려주고, 선함을 보게 되면 서로에게 보여주며, 작위에 대해서는 서로에게 먼저 하라고 양보하고, 환란에 대해서는 서로 목숨을 던지며, 오래된 관계에서도 서로를 대우하고, 소원한 관계에서도 서로를 이루어줌이 있습니다. 유자는 벗에게 임무를 맡기거나 천거함에 이와 같은 점이 있는 자들입니다."라고 했다.

鄭注 相先, 猶相讓也. "久相待", 謂其友久在下位不升, 己則待之乃進也. "遠相致"者, 謂己得明君而仕, 友在小國不得志, 則相致遠也.

번역 '상선(相先)'은 서로에게 양보한다는 뜻이다. "오래되어도 서로를 대우한다."라고 했는데, 벗으로 사귄지가 오래되었는데, 그가 낮은 자리에 있어 오르지 않아서, 본인이 그를 대우하여 나아가게 한 것이다. "멀리 떨어져 있어도 서로를 이루어준다."라고 했는데, 본인이 현명한 군주를 만나서 관직에 올랐는데, 벗이 소국에 머물러 있어서 뜻을 이루지 못했다면 서로 임무를 맡겨서 발탁한다는 뜻이다.

孔疏 ●"爵位相先也"者, 相先, 謂相讓, 言儒者見爵位之事, 必先相推讓於朋友也.

번역 ●經文: "爵位相先也". ○'상선(相先)'은 서로에게 양보한다는 뜻으로, 즉 유자는 작위를 받게 되면, 반드시 그보다 앞서 벗을 추대하여 그에게 양보한다는 의미이다.

孔疏 ●"患難相死也", 儒者有患難, 相爲致死也.

번역 ●經文: "患難相死也". ○유자에게 환란이 발생하면 서로 목숨을 던진다는 뜻이다.

참고 『예기』「유행(儒行)」기록

경문-681c 儒有居處齊難. 其坐起恭敬, 言必先信, 行必中正, 道塗不爭險易之利, 冬夏不爭陰陽之和. 愛其死以有待也, 養其身以有爲也. 其備豫有如此者.

번역 공자가 계속하여 말하길, "유자는 거처함에 가지런함과 장엄함이 있습니다. 앉거나 일어남에는 공경스럽고, 말을 할 때에는 반드시 신의가 앞서며, 행동을 할 때에는 반드시 올바름에 맞고, 도로에서는 험하거나 평이한 이로움을 다투지 않으며, 겨울과 여름에는 따뜻하거나 시원한 곳을 다투지 않습니다. 자신의 생명을 소중히 여겨서 등용되기를 기다림이 있고, 자신을 잘 길러서 앞으로 시행할 것들을 갖춥니다. 유자는 미리 대비함에 이와 같은 점이 있는 자들입니다."라고 했다.

鄭注 齊難, 齊莊可畏難也. 行不爭道, 止不選處, 所以遠鬪訟.

번역 '제난(齊難)'은 가지런하고 장엄하여 두려워하고 어려워할만 하다는 뜻이다. 움직일 때 도로의 편이를 다투지 않고, 멈췄을 때 자리를 가리지 않는 것은 다툼과 송사를 멀리하는 방법이다.

孔疏 ●"道塗不爭險易之利"者, 塗, 路也. 君子行道路, 不與人爭平易之地, 而避險阻以利己也.

번역 ●經文: "道塗不爭險易之利". ○'도(塗)'자는 도로[路]를 뜻한다. 군자가 도로에서 움직일 때, 남과 평이한 길을 다투고 험준한 곳을 피하여 자신만 이롭게 하지 않는다는 뜻이다.

孔疏 ●"冬夏不爭陰陽之和"者, 冬溫夏涼, 是陰陽之和, 處冬日暖處則暄, 夏日陰處則涼. 此並爲世人所競, 唯儒者讓而不爭也. 故注云: "行不爭道, 止不選處, 所以遠鬪訟也."

번역 ●經文: "冬夏不爭陰陽之和". ○겨울에는 따뜻하고 여름에는 시원한 것이 음양의 조화가 되는데, 겨울에 따뜻한 곳에 있으면 따뜻하게 되고, 여름에 서늘한 곳에 있으면 시원하게 된다. 이러한 것들은 모두 세상 사람들과 다투게 되는 것인데, 오직 유자만이 사양하여 다투지 않는다. 그렇기 때문에 정현의 주에서는 "움직일 때 도로의 편이를 다투지 않고, 멈췄을 때 자리를 가리지 않는 것은 다툼과 송사를 멀리하는 방법이다."라고 했다.

그림 9-1 ◼ 풍(豊)

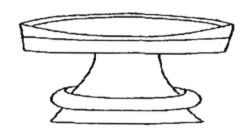

※ **출처:** 상-『삼례도집주(三禮圖集注)』12권 ; 하-『삼례도(三禮圖)』4권

• 제 10 절 •

사례(射禮)와 악(樂)·주(酒)

【711a】

孔子曰: "射者何以射? 何以聽? 循聲而發, 發而不失正鵠者,
其唯賢者乎! 若夫不肖之人, 則彼將安能以中?" 詩云: "發彼
有的, 以祈爾爵." 祈, 求也. 求中以辭爵也. 酒者, 所以養老也,
所以養病也. 求中以辭爵者, 辭養也.

직역 孔子가 曰, "射者는 何히 射며? 何히 聽오? 聲에 循하여 發하고, 發하여
正鵠을 不失한 者는 그 唯히 賢者인져! 若히 夫히 不肖한 人이라면, 彼가 將히 安히
能히 中이리오?" 詩에 云, "彼有的에 發하여, 이로써 爾爵을 祈로구나." 祈는 求니,
中을 求하여 爵을 辭라. 酒者는 老를 養하는 所以이며, 病을 養하는 所以이다. 中을
求하여 爵을 辭한 者는 養을 辭함이다.

의역 공자가 말하길, "활을 쏘는 자는 어떻게 그리 잘 쏘며, 또 어떻게 그리
음악의 악절에 맞추는가? 음악에 맞춰서 화살을 쏘고, 화살을 쏜 것이 정곡(正鵠)
을 놓치지 않는 자는 오직 현명한 자일뿐이다! 불초한 자라면 그 자가 어떻게 적중
을 시킬 수 있겠는가?"라고 했다. 『시』에서는 "저 과녁에 활을 쏘아서, 네 술잔을
찾는구나."라고 했다. '기(祈)'자는 "구한다[求]."는 뜻이니, 적중하기를 요구하여
벌주로 내린 잔을 사양하는 것이다. 술이라는 것은 노인을 봉양하는 도구이자 병든
몸을 보살피는 도구이다. 적중하길 요구하여 벌주로 내린 잔을 사양하는 것은 봉양
의 예법을 받는 것을 사양하는 것이다.

集說 郊特牲, "孔子曰: 射之以樂也, 何以聽? 何以射?" 謂射者何以能不失射之容節, 而又能聽樂之音節乎? 何以能聽樂之音節, 而使射之容與樂之節相應乎? 言其難而美之也. 循聲而發, 謂射者依循樂聲而發矢也. 畫布曰正, 棲皮曰鵠. 賢者持弓矢審固, 故能中的, 不肖者不能也. 詩, 小雅賓之初筵. 發, 猶射也. 爵, 謂罰酒之爵. 中則免於罰, 故云求中以辭爵也. 酒所以養老病, 今求免於爵者, 以己非老者病者, 不敢當其養禮耳. 此讓道也.

번역 『예기』「교특생(郊特牲)」편에서는 "공자가 말하길, '활을 쏠 때에는 음악을 함께 연주하니, 어떻게 그처럼 음악을 들으면서 활 쏘는 예절을 흐트러트리지 않는가? 또 어떻게 그처럼 활을 쏘면서 음악의 악절과 호응이 되도록 하는가?'"[1]라고 했는데, 이 말은 "활 쏘는 자는 어떻게 활을 쏠 때의 용모와 절도를 잃지 않으면서도, 또한 음악의 악절을 잘 들을 수 있는가? 어떻게 음악의 악절을 잘 들을 수 있으면서도 활을 쏠 때의 태도와 음악의 악절을 서로 대응시킬 수 있는가?"라는 뜻이다. 즉 이것은 어려운 일을 해내는 것에 대해 찬미한 말이다. "소리에 따라서 쏜다."는 말은 활을 쏘는 자가 음악의 소리에 따라서 화살을 쏜다는 뜻이다. 포(布)에 그림을 그린 것을 '정(正)'이라 부르며, 가죽을 댄 것을 '곡(鵠)'이라 부른다. 현명한 자가 활과 화살을 잡음에 확고하기 때문에, 과녁에 적중시킬 수 있는 것인데, 불초한 자는 그럴 수 없다. 여기에서 말한 시(詩)는 『시』「소아(小雅)·빈지초연(賓之初筵)」편이다. '발(發)'자는 "쏜다[射]."는 뜻이다. '작(爵)'은 벌주로 내리는 술잔을 뜻한다. 적중을 시킨 자는 벌주를 면하게 된다. 그렇기 때문에 "적중하기를 구하여 벌주로 내린 잔을 사양한다."라고 말한 것이다. 술은 노인과 쇠약해진 몸을 보필하는 도구인데, 현재 벌주로 내린 잔을 피하고자 하는 것은 자신은 노인이나 쇠약해진 자가 아니므로, 봉양의 예법을 감당할 수 없기 때문이다. 이것은 바로 사양의 도리에 해당한다.

---

1) 『예기』「교특생(郊特牲)」【324c】: 孔子曰: 射之以樂也, 何以聽? 何以射?

大全 長樂陳氏曰: 鵠之爲物, 遠擧而難中, 射以及遠中鵠爲善, 故正鵠欲其不失, 所以爲賢也. 禮樂由賢者出, 故持弓矢審固, 可以言中, 若不肖之人, 事勇力, 忘禮樂, 安能中哉? 此先何以射, 而後何以聽, 主禮而言也. 郊特牲先何以聽, 而後何以射, 主樂而言也.

번역 장락진씨가 말하길, 곡(鵠)이라는 사물은 먼 장소에 걸어두어서 적중시키기가 어려운데, 활쏘기에서는 멀리 날아가고 곡(鵠)에 적중시키는 것을 잘하는 것으로 여긴다. 그렇기 때문에 정곡(正鵠)에 대해서 놓치지 않고자 하는 것은 현명함이 되는 이유이다. 예악(禮樂)은 현명한 자로부터 나온다.[2] 그렇기 때문에 활과 화살을 잡은 것이 확고하여, 적중을 말할 수 있는 것인데, 만약 불초한 사람이라면 용맹에만 힘쓰고 예악을 잊어버리니, 어찌 적중을 시킬 수가 있겠는가? 이것이 바로 "어떻게 활을 쏘는가?"라는 말을 먼저 한 이후에 "어떻게 듣는가?"라고 말한 이유이니, 예(禮)에 주안점을 두어서 언급한 것이다. 반면 『예기』「교특생(郊特牲)」편에서는 먼저 "어떻게 듣는가?"라고 말하고 그 이후에 "어떻게 활을 쏘는가?"라고 했는데, 이것은 악(樂)에 주안점을 두어서 언급한 것이다.

大全 藍田呂氏曰: 詩云, "發彼有的, 以祈爾爵" 求中以辭爵, 則所以爭者, 乃所以辭也. 又曰: 射雖一藝, 而可以分賢不肖者以此.

번역 남전여씨가 말하길, 『시』에서는 "저 과녁에 활을 쏘아서, 네 작(爵)을 구한다."라고 했다. 적중하기를 구하여 술잔을 사양한다면, 다투는 이유는 곧 사양을 하기 위해서이다. 또 말하길, 활쏘기가 비록 육예(六藝) 중 하나의 기예에 불과하지만, 현명한 자와 그렇지 못한 자를 분별할 수 있는 것은 바로 이러한 이유 때문이다.

---

2) 『맹자』「양혜왕하(梁惠王下)」: 公曰, "將見孟子." 曰, "何哉, 君所謂輕身以先於匹夫者? 以爲賢乎? <u>禮義由賢者出</u>, 而孟子之後喪踰前喪. 君無見焉!" 公曰, "諾."

鄭注 何以, 言其難也. 聲, 謂樂節也. 畫曰正. 棲皮曰鵠. 正之言正也. 鵠之言梏也. 梏, 直也, 言人正直乃能中也. 發, 或爲"射". 發, 猶射也. 的, 謂所射之識也. 言射的必欲中之者, 以求不飮女爵也. 辭養, 讓見養也. 爾, 或爲"有".

번역 '하이(何以)'라고 한 말은 그 어려움에 대해서 언급한 말이다. '성(聲)'은 음악의 악절을 뜻한다. 그림을 그린 것을 '정(正)'이라 부른다. 가죽을 걸어둔 것을 '곡(鵠)'이라 부른다. '정(正)'자는 "올바르게 한다[正]."는 뜻이다. '곡(鵠)'자는 '곡(梏)'자의 뜻이다. '곡(梏)'자는 "곧다[直]."는 뜻이니, 즉 사람이 올바르고 강직하다면 적중을 시킬 수 있다는 의미이다. '발(發)'자를 다른 판본에서는 '사(射)'자로도 기록한다. '발(發)'자는 "활을 쏜다[射]."는 뜻이다. '적(的)'자는 활을 쏘게 되는 지점의 표식을 뜻한다. 즉 표적에 활을 쏠 때 적중시키고자 하는 것은 이를 통해서 너의 술잔을 마시지 않고자 한다는 의미이다. '사양(辭養)'은 봉양을 받는 것에 대해 사양한다는 뜻이다. '이(爾)'자를 다른 판본에서는 '유(有)'자로도 기록한다.

釋文 正音征, 注同. 夫音扶. 肖音笑. 棲音西. 鵠音角, 下同. 的, 丁歷反. 養如字, 徐羊尙反. 識音式, 一音志. 女音汝.

번역 '正'자의 음은 '征(정)'이며, 정현의 주에 나오는 글자도 그 음이 이와 같다. '夫'자의 음은 '扶(부)'이다. '肖'자의 음은 '笑(소)'이다. '棲'자의 음은 '西(서)'이다. '鵠'자의 음은 '角(각)'이며, 아래문장에 나오는 글자도 그 음이 이와 같다. '的'자는 '丁(정)'자와 '歷(력)'자의 반절음이다. '養'자는 글자대로 읽으며, 서음(徐音)은 '羊(양)'자와 '尙(상)'자의 반절음이다. '識'자의 음은 '式(식)'이고, 다른 음은 '志(지)'이다. '女'자의 음은 '汝(여)'이다.

孔疏 ●"孔子"至"養也". ○正義曰: 前經論射求諸己乃有爭心, 故此明射中之難, 以中爲貴.

번역 ●經文: "孔子"~"養也". ○앞의 경문에서는 활쏘기에서 그 원인을 자신에게서 찾는 것은 곧 다투는 마음을 가졌기 때문이라고 논의했다. 그렇기 때문에 이곳 문장에서는 활쏘기에서는 적중시키기가 어려우니, 적중시키는 일을 존귀하게 여긴다는 사실을 나타내고 있다.

孔疏 ●"射者何以射"者, 言爲射之人, 何以能使射中與樂節相應也.

번역 ●經文: "射者何以射". ○활쏘기를 하는 사람은 어떻게 활을 쏘아 적중을 시키면서도 음악의 악절과 서로 호응을 시킬 수 있느냐는 의미이다.

孔疏 ●"何以聽"者, 言何以能聽此樂節, 使以射中相合. 言射中樂節, 兩相應會, 至極難矣.

번역 ●經文: "何以聽". ○어떻게 이러한 음악의 악절을 들으면서, 활을 쏘아 적중시키는 일을 서로 부합되도록 할 수 있느냐는 뜻이다. 즉 활을 쏘아 적중을 시키는 일과 음악의 악절이 서로 부합되는 것은 지극히 어렵다는 의미이다.

孔疏 ●"循聲而發, 發而不失正鵠者, 其唯賢者乎"者, 此論射中與樂節相會爲難之事.

번역 ●經文: "循聲而發, 發而不失正鵠者, 其唯賢者乎". ○이 문장은 활을 쏘아 적중시키는 일과 음악의 악절을 서로 부합시키는 것이 어렵다는 사안을 논의하고 있다.

孔疏 ●"循聲"者3), 謂射者依循樂聲而發矢, 不失正鵠. 言其中矣. 如此者, 其由賢者乃能然, 是難也.

번역 ●經文: "循聲". ○활을 쏘는 자가 음악의 소리에 맞춰서 화살을 발사

---

3) '자(者)'자에 대하여. '자'자는 본래 '약(若)'자로 기록되어 있었는데, 완원(阮元)의 『교감기(校勘記)』에서는 "『고문(考文)』에서 인용하고 있는 송(宋)나라 때의 판본에는 '약'자를 '자'자로 기록했다."라고 했다.

하여, 정곡(正鵠)을 놓치지 않는다는 뜻이다. 즉 적중을 시켰다는 의미이다. 이처럼 할 수 있는 것은 그의 현명함으로부터 비롯되어야만 곧 제대로 할 수 있으니, 이것은 매우 어려운 일이다.

孔疏 ●"若夫不肖之人, 則彼將安能以中"者, 不肖, 謂小人也. 言小人則不能循聲而發, 又不能持弓矢審固, 彼旣如此, 則何能以中也.

번역 ●經文: "若夫不肖之人, 則彼將安能以中". ○'불초(不肖)'는 소인(小人)을 뜻한다. 즉 소인의 경우에는 음악에 맞춰서 활을 쏘지 못하고, 또한 활과 화살을 잡은 것이 확고하지 못하니, 그 자는 이미 이처럼 행동하였으므로, 어떻게 적중시킬 수가 있느냐는 뜻이다.

孔疏 ●"詩云: 發彼有的, 以祈爾爵"者, 此小雅 · 賓之初筵之篇, 刺幽王之詩. 陳古之明王大射之禮, 發矢之時, 射彼所祈之的. 祈, 求也. 以求祈中, 辭爾所罰之酒爵也.

번역 ●經文: "詩云: 發彼有的, 以祈爾爵". ○이것은 『시』「소아(小雅) · 빈지초연(賓之初筵)」편의 시이니, 유왕(幽王)을 풍자하는 시이다. 고대의 현명한 군주들이 시행했던 대사례를 진술하며, 화살을 쏠 때 상대방이 기원하는 대상에 대해서 활을 쏘게 된다. '기(祈)'자는 "구한다[求]."는 뜻이다. 이를 통해서 적중하기를 기원하니, 네가 벌주로 따라준 술잔에 대해서 사양을 한다는 뜻이다.

孔疏 ●"求中以辭爵者, 辭養也"者, 酒旣養老, 又以養病. 今射者非病 · 非老, 故求射中以辭讓此爵者, 辭讓見養老也, 不敢當其養禮也.

번역 ●經文: "求中以辭爵者, 辭養也". ○술 자체는 노인을 봉양하는 것이고, 또한 쇠약해진 자를 보살피는 것이다. 현재 활을 쏘는 자는 쇠약해진 자도 아니며 노인도 아니다. 그렇기 때문에 활을 쏘아 적중시키기를 기원하여, 이러한 술잔을 사양하는 것이니, 노인처럼 봉양을 받는 것을 사양한다는 의미로,

봉양을 받는 예법을 감당할 수 없기 때문이다.

孔疏 ◎注"何以"至"中也". ○正義曰: "何以, 言其難"者, 言此事難作何法以爲之者, 言不可爲也. 故云"言其難"也. 云"聲, 謂樂節也"者, 騶虞九節之屬也. 云"畫曰正", 則賓射也. "棲皮曰鵠", 則大射也.

번역 ◎鄭注: "何以"~"中也". ○정현이 "'하이(何以)'라고 한 말은 그 어려움에 대해서 언급한 말이다."라고 했는데, 이 사안은 시행하기 어려우니, 어떠한 법도를 따라서 그처럼 할 수 있느냐는 뜻으로, 시행할 수 없다는 의미이다. 그렇기 때문에 "그 어려움에 대해서 언급한 말이다."라고 말한 것이다. 정현이 "'성(聲)'은 음악의 악절을 뜻한다."라고 했는데, 추우(騶虞)라는 악곡의 구절(九節)과 같은 부류를 뜻한다. 정현이 "그림을 그린 것을 '정(正)'이라 부른다."라고 했는데, 이것은 빈사례(賓射禮)에 해당하는 내용이다. 정현이 "가죽을 걸어둔 것을 '곡(鵠)'이라 부른다."라고 했는데, 이것은 대사례(大射禮)에 해당하는 내용이다.

孔疏 ◎注"發猶"至"養也". ○正義曰: 云"發猶射"者, 解上"發彼有的"也. 云"的, 謂所射之識也", 識, 猶記識之處, 卽正鵠之中也. 云"辭養, 讓見養也", 若己有老·病而可受養, 今己爲射不中而受爵, 是無功受養, 不敢當之, 故讓矣.

번역 ◎鄭注: "發猶"~"養也". ○정현이 "'발(發)'자는 '활을 쏜다[射].'는 뜻이다."라고 했는데, 이 말은 앞에 나온 "저 과녁에 활을 쏜다."라는 경문을 풀이한 것이다. 정현이 "'적(的)'자는 활을 쏘게 되는 지점의 표식을 뜻한다."라고 했는데, '식(識)'자는 표식을 한 장소를 뜻하니, 곧 정곡(正鵠)의 중앙을 의미한다. 정현이 "'사양(辭養)'은 봉양을 받는 것에 대해 사양한다는 뜻이다."라고 했는데, 만약 본인이 늙거나 병들게 된다면 봉양을 받을 수 있지만, 현재 본인은 활쏘기를 하여 적중을 시키지 못해 벌주로 내린 술잔을 받는 것이니, 이것은 아무런 공적이 없는데도 봉양을 받는 것으로, 그것을 감당할 수 없기 때문에 사양하는 것이다.

集解 愚謂: 此引詩以明射者之所以求中者, 非欲求勝於人也, 特欲辭見養爾, 亦君子無所爭之意也.

번역 내가 생각하기에, 이곳에서는 『시』를 인용하여 활 쏘는 자가 적중시키기를 구하는 것은 남을 이기고자 하기 때문이 아니며, 단지 봉양 받는 것을 사양하고자 하기 때문임을 드러낸 것이니, 이 또한 군자에게는 다투는 일이 없다는 뜻에 해당한다.

참고 구문비교

예기·사의 孔子曰: "射者何以射? 何以聽? 循聲而發, 發而不失正鵠者, 其唯賢者乎! 若夫不肖之人, 則彼將安能以中?"

공자가어·관향사(觀鄉射) 孔子觀於鄉射, 喟然歎曰: "射之以樂也, 何以射? 何以聽? 循聲而發, 發而不失正鵠者, 其唯賢者乎! 若夫不肖之人, 則將安能以求飮?"

참고 구문비교

예기·사의 詩云: "發彼有的, 以祈爾爵." 祈, 求也, 求中以辭爵也. 酒者, 所以養老也, 所以養病也. 求中以辭爵者, 辭養也.

공자가어·관향사(觀鄉射) 詩云: "發彼有的, 以祈爾爵." 祈, 求也, 求所中以辭爵. 酒者, 所以養老, 所以養病也. 求中以辭爵, 辭其養也. 是故士使之射而弗能, 則辭以病, 懸弧之義也.

참고 『시』「소아(小雅)·빈지초연(賓之初筵)」

賓之初筵, (빈지초연) : 빈객이 처음 자리로 나아감에,
左右秩秩. (좌우질질) : 몸을 움직이고 읍하고 사양함이 매우 분명하도다.
籩豆有楚, (변두유초) : 변(籩)과 두(豆)가 질서 정연하게 나열되어 있고,
殽核維旅. (효핵유려) : 안주와 추가로 차려내는 변이 진설되어 있구나.
酒旣和旨, (주기화지) : 술이 이미 조화롭고 맛이 있어,
飮酒孔偕. (음주공해) : 술을 마심에 모두가 매우 장엄하고 엄숙하구나.
鍾鼓旣設, (종고기설) : 종과 북이 설치되거늘,
擧酬逸逸. (거수일일) : 술잔을 들어 술을 권함에 질서정연하구나.
大侯旣抗, (대후기항) : 대후(大侯)에 정곡을 설치하거늘,
弓矢斯張. (궁시사장) : 활과 화살을 베푸는구나.
射夫旣同, (사부기동) : 활을 쏘는 짝들이 모두 당상에 오르거늘,
獻爾發功. (헌이발공) : 네가 화살을 쏘아 적중시킨 공적을 아뢰어라.
發彼有的, (발피유적) : 화살을 쏘아 저 과녁에 명중을 시켜서,
以祈爾爵. (이기이작) : 너에게 벌주를 주고자 바라도다.

籥舞笙鼓, (약무생고) : 피리를 들고 춤을 추고 생황과 북이 어우러지니,
樂旣和奏. (악기화주) : 음악이 조화롭게 연주되는구나.
烝衎烈祖, (증간열조) : 음악을 연주하여 선조를 즐겁게 하고,
以洽百禮. (이흡백례) : 이를 통해 제후들이 헌상하는 예를 일시에 시행하
　　　　　는구나.
百禮旣至, (백례기지) : 제후들이 헌상한 예물을 마당에 늘어놓으니,
有壬有林. (유임유림) : 경·대부도 있고 제후도 있구나.
錫爾純嘏, (석이순하) : 너에게 큰 복을 내리니,
子孫其湛. (자손기담) : 자손들이 기쁘고 즐겁구나.
其湛曰樂, (기담왈락) : 기쁘고 즐거움에,
各奏爾能. (각주이능) : 각자 자신의 재능을 아뢰는구나.
賓載手仇, (빈재수구) : 빈객이 술을 따라 바치니,
室人入又. (실인입우) : 주인이 들어와 다시 술을 따라 바치는구나.
酌彼康爵, (작피강작) : 저 빈 술잔에 술을 따라
以奏爾時. (이주이시) : 네가 존경하는 자에게 바치는구나.

賓之初筵, (빈지초연) : 빈객이 처음 자리로 나아감에,

溫溫其恭. (온온기공) : 부드럽고 조화로우며 공손하구나.

其未醉止, (기미취지) : 아직 취하기 이전에는,

威儀反反. (위의반반) : 위엄스러운 거동이 무겁고도 신중하구나.

曰旣醉止, (왈기취지) : 이미 취하고 나니,

威儀幡幡. (위의번번) : 위엄스러운 거동을 잃었구나.

舍其坐遷, (사기좌천) : 자기 자리를 내버리고 이리저리 옮겨 다니며,

屢舞僊僊. (누무선선) : 누차 일어나 춤을 추며 너울거리는구나.

其未醉止, (기미취지) : 아직 취하기 이전에는,

威儀抑抑. (위의억억) : 위엄스러운 거동이 조심스럽고 빈틈이 없구나.

曰旣醉止, (왈기취지) : 이미 취하고 나니,

威儀怭怭. (위의필필) : 위엄스러운 거동이 추잡하게 되는구나.

是曰旣醉, (시왈기취) : 이미 취하고 나니,

不知其秩. (부지기질) : 예법을 몰라보는구나.

賓旣醉止, (빈기취지) : 빈객이 이미 취하고 나니,

載號載呶. (재호재노) : 시끄럽게 떠들고 지껄이는구나.

亂我籩豆, (난아변두) : 차려놓은 변과 두를 어지럽히며,

屢舞傲傲. (누무기기) : 누차 일어나 춤추며 흐느적거리는구나.

是曰旣醉, (시왈기취) : 이미 취하고 나니,

不知其郵. (부지기우) : 자신의 잘못을 모르는구나.

側弁之俄, (측변지아) : 모자를 삐딱하게 쓰고,

屢舞傞傞. (누무사사) : 누차 일어나 춤을 추며 그칠 줄 모르는구나.

旣醉而出, (기취이출) : 취하여 떠난다면,

並受其福. (병수기복) : 모두가 그 복을 받을 것이로다.

醉而不出, (취이불출) : 취했는데도 떠나지 않으니,

是謂伐德. (시위벌덕) : 이는 덕을 해치는 것이로다.

飮酒孔嘉, (음주공가) : 술을 마심에 매우 아름다운 빈객을 얻는다면,

維其令儀. (유기령의) : 좋은 거동이 드러날 것이다.

凡此飮酒, (범차음주) : 이 시기에 천하의 사람들이 모두 술을 마심에,

或醉或否. (혹취혹부) : 어떤 자는 취하고 어떤 자는 그렇지 않도다.

旣立之監, (기입지감) : 감사를 세워 살피게 하고,

或佐之史. (혹좌지사) : 사를 세워 돕도록 하는구나.

彼醉不臧, (피취부장) : 저 취한 자들이 선하지 못하거늘,

不醉反恥. (불취반치) : 취하지 않은 자들이 계속해서 부끄러워하는구나.

式勿從謂, (식물종위) : 잘못을 숨겨주며 그에 따라 비방하지 말지니,

無俾大怠. (무비대태) : 너무 태만하게 되도록 두지 말아야 하느니라.

匪言勿言, (비언물언) : 말하지 말아야 할 것을 남에게 말하지 않아야 하고,

匪由勿語. (비유물어) : 잘못된 행동을 남에게 말하지 말아야 하느니라.

由醉之言, (유취지언) : 취한 자의 언행을 따라한다면,

俾出童羖. (비출동고) : 너에게 어리지만 어리지 않은 양을 내놓게 하리라.

三爵不識, (삼작불식) : 세 잔의 술을 마시고 자신도 몰라보거늘,

矧敢多又. (신감다우) : 하물며 많이 마시고 반복해서 마시는 것에서는 어떠하단 말인가.

毛序 賓之初筵, 衛武公刺時也. 幽王荒廢, 媟近小人, 飲酒無度, 天下化之, 君臣上下沈湎淫液, 武公旣入而作是詩也.

모서 「빈지초연(賓之初筵)」편은 위나라 무공이 당시 세상을 풍자한 것이다. 유왕은 정사를 황폐하게 만들고 소인들을 지나치게 가까이 하여 술을 마심에 법도가 없었으니, 천하가 이를 따르게 되어 군신과 상하계층이 술에 빠져 헤어나지 못해 방탕하게 되었는데, 무공이 수도로 오게 되어 이러한 시를 지은 것이다.

참고 『예기』「교특생(郊特牲)」 기록

경문-324c 孔子曰: 射之以樂也, 何以聽? 何以射?

번역 공자(孔子)가 말하길, "활을 쏠 때에는 음악을 함께 연주하는데, 어떻게 그처럼 음악을 들으면서 활 쏘는 예절을 흐트러트리지 않는가? 또 어떻게 그처럼 활을 쏘면서 음악의 악절과 호응이 되도록 하는가?"라고 감탄하였다.

鄭注 多其射容與樂節相應也.

번역 활쏘기를 할 때의 자세와 음악의 악절이 서로 호응하는 것을 칭찬한 말이다.

孔疏 ●"孔子"至"義也". ○正義曰: 此一節論歎美祭廟擇士之射, 必使容體合樂, 故云"射之以樂".

번역 ●經文: "孔子"~"義也". ○이 문장은 종묘에 제사를 지내며, 사를 간택하기 위해 활쏘기를 하는 일에 대해서 탄미한 일을 논의한 것으로, 반드시 용모와 자태를 음악에 합치되도록 했다. 그렇기 때문에 "활을 쏘며 음악으로써 한다."라고 말한 것이다.

孔疏 ●"何以聽"者, 言何以能聽此樂節, 使與射容相應.

번역 ●經文: "何以聽". ○어떻게 이러한 음악의 악절들을 들으면서, 활 쏘는 용모를 서로 호응이 되도록 할 수 있느냐는 뜻이다.

孔疏 ●"何以射"者, 言何以能使射與樂節相應, 故各善其兩事相應, 故鄭注射義云: "何以, 言其難也."

번역 ●經文: "何以射". ○어떻게 이처럼 활 쏘는 것과 음악의 악절을 호응되도록 할 수 있느냐는 뜻이다. 그러므로 각각 그 두 가지 사안들이 서로 호응되는 것을 칭찬한 말이다. 그래서 정현은 「사의」편에 대한 주에서, "'하이(何以)'라는 말은 그 어려움을 나타낸 말이다."라고 했던 것이다.

참고 『맹자』「양혜왕하(梁惠王下)」 기록

경문 公曰: "將見孟子."

번역 노나라 평공은 "맹자를 만나보려고 한 것이다."라고 했다.

趙注 平公敬孟子有德, 不敢請召, 將往就見之.

번역 평공은 맹자가 덕을 갖추고 있다는 사실을 존경하여 감히 그를 불러올 수 없었으므로, 찾아가 만나보려고 했던 것이다.

경문 曰: "何哉! 君所爲輕身以先於匹夫者, 以爲賢乎? 禮義由賢者出, 而孟子之後喪踰前喪, 君無見焉."

번역 장창은 "어째서입니까! 군주가 자신을 가벼이 하여 먼저 필부를 만나보는 것은 그를 현명하다고 여겨서입니까? 예의는 현명한 자로부터 나오거늘 맹자는 뒤에 발생한 상을 앞에 발생한 상보다 후하게 치렀으니, 군주께서는 만나보지 마십시오."라고 했다.

趙注 匹夫, 一夫也. 臧倉言君何爲輕千乘而先匹夫乎? 以爲孟子賢故也, 賢者當行禮義, 而孟子前喪父約, 後喪母奢, 君無見也.

번역 '필부(匹夫)'는 한 사내를 뜻한다. 장창은 "군주는 어찌하여 천승의 수레를 보유한 자신을 가벼이 하여 필부에게 먼저 찾아가려는 것입니까? 이는 맹자를 현명하다고 여겼기 때문입니다. 현명한 자는 마땅히 예의를 시행해야 하는데, 맹자는 이전에 발생한 부친의 상에서는 약소하게 치렀고 뒤에 발생한 모친의 상에서는 사치를 부렸으니, 군주께서는 그를 만나보지 마십시오."라고 말한 것이다.

경문 公曰: "諾."

번역 평공은 "알았다."라고 했다.

趙注 諾, 止不出.

번역 '낙(諾)'은 멈추어 출타하지 않았다는 뜻이다.

그림 10-1 ▣ 변(邊)

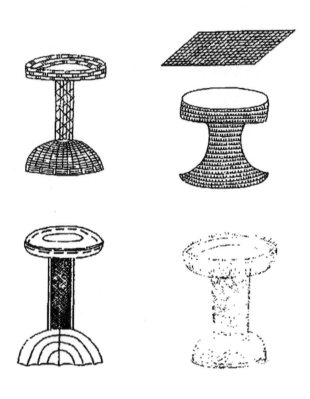

※ **출처:** 상좌-『삼례도집주(三禮圖集注)』13권 ; 상우-『삼례도(三禮圖)』4권
　　　　　하좌-『육경도(六經圖)』6권 ; 하우-『삼재도회(三才圖會)』「기용(器用)」2권

射義 人名 및 用語 辭典

ㄱ

◎ 가공언(賈公彥, ?~?) : 당(唐)나라 때의 유학자이다. 정현(鄭玄)을 존숭하였다. 예학(禮學)에 조예가 깊었다. 『주례소(周禮疏)』, 『의례소(儀禮疏)』 등의 저서를 남겼으며, 이 저서들은 『십삼경주소(十三經注疏)』에 포함되었다.

◎ 가규(賈逵, A.D.30~A.D.101) : 후한(後漢) 때의 경학자이다. 자(字)는 경백(景伯)이다. 『춘추좌씨전해고(春秋左氏傳解詁)』를 지었지만, 현재 일실되어 존재하지 않는다. 청대(淸代) 마국한(馬國翰)의 『옥함산방집일서(玉函山房輯佚書)』와 황석(黃奭)의 『한학당총서(漢學堂叢書)』에 일집본(佚輯本)이 남아 있다.

◎ 가읍(家邑) : '가읍'은 대부(大夫)가 부여받는 채지(采地)를 뜻한다.

◎ 가정본(嘉靖本) : 『가징본(嘉靖本)』에는 간행한 자의 정보가 기록되어 있지 않다. 『십삼경주소(十三經注疏)』의 판본이다. 20권으로 구성되어 있으며, 각 권의 뒤편에는 경문(經文)과 그에 따른 주(注)를 간략히 기록하고 있다. 단옥재(段玉裁)는 이 판본이 가정(嘉靖) 연간에 송본(宋本)을 모방하여 간행된 것이라고 여겼다.

◎ 감본(監本) : 『감본(監本)』은 명(明)나라 국자감(國子監)에서 간행한 『십삼경주소(十三經注疏)』의 판본이다.

◎ 강지(畺地) : '강지'는 주(周)나라 때 도성에서 500리(理) 떨어진 지역을 일 컫는 말이다.

◎ 개(介) : '개'는 부관을 뜻한다. 빈객(賓客)이 방문했을 때 주인(主人)과 빈객 사이에서 진행되는 절차들을 보좌했던 자들이다. 계급에 따라서 '개'를 두는 숫자에도 차이가 났다. 가령 상공(上公)은 7명의 '개'를 두었고, 후작이나 백작은 5명을 두었으며, 자작과 남작은 3명의 개를 두었다. 『예기』 「빙의(聘義)」편에는 "上公七介, 侯伯五介, 子男三介."라는 기록이 있다.

◎ 개성석경(開成石經) : 『개성석경(開成石經)』은 당(唐)나라 만들어진 석경(石經)을 뜻한다. 돌에 경문(經文)을 새겼기 때문에, '석경'이라고 부른다. 당나라 때 만들어진 '석경'은 대화(大和) 7년(A.D.833)에 만들기 시작하여, 개성(開成) 2년(A.D.837)에 완성되었기 때문에, '개성석경'이라고도 부르는 것이다.

◎ 고(孤) : '고'는 고대의 작위이다. 천자에게 소속된 '고'는 삼공(三公) 밑의 서열에 해당하며, 육경(六卿)보다 높았다. 고대에는 소사(少師)・소부(少傅)・소보(少保)를 삼고(三孤)라고 불렀다.

◎ 고문송판(考文宋板) : 『고문송판(考文宋板)』은 일본 학자 산정정(山井鼎) 등이 출간한 『칠경맹자고문보유(七經孟子考文補遺)』에 수록된 『예기정의(禮記正義)』를 뜻한다. 산정정은 『예기정의』를 수록할 때, 송(宋)나라 때의 판본을 저본으로 삼았다.

◎ 곤면(袞冕) : '곤면'은 곤룡포와 면류관을 뜻한다. 본래 천자의 제사복장으로, 비교적 중요한 제사 때 입는다. 윗옷과 아랫도리에 새겨진 무늬 등은 9가지이다. 『주례』「춘관(春官)・사복(司服)」편에는 "享先王則袞冕."이라는 기록이 있다. 이에 대한 정현의 주에서는 "冕服九章, 登龍於山, 登火於宗彝, 尊其神明也. 九章, 初一曰龍, 次二曰山, 次三曰華蟲, 次四曰火, 次五曰宗彝, 皆畫以爲繢. 次六曰藻, 次七曰粉米, 次八曰黼, 次九曰黻, 皆希以爲繡. 則袞之衣五章, 裳四章, 凡九也."라고 풀이했다. 즉 '곤면'의 윗옷에는 용(龍), 산(山), 화충(華蟲), 화(火), 종이(宗彝) 등 5가지 무늬를 그려놓고, 아랫도리에는 조(藻), 분미(粉米), 보(黼), 불(黻) 등 4가지를 수놓았다.

◎ 공시선생(公是先生) : =유창(劉敞)

◎ 공씨(孔氏) : =공영달(孔穎達)

◎ 공안국(孔安國, ?~?) : 전한(前漢) 때의 학자이다. 자(字)는 자국(子國)이

다. 고문상서학(古文尙書學)의 개조(開祖)로 알려져 있다. 『십삼경주소
(十三經注疏)』의 『상서정의(尙書正義)』에는 공안국의 전(傳)이 수록되어
있는데, 통상적으로 이 주석은 후대인들이 공안국의 이름에 가탁하여 붙
인 문장으로 인식되고 있다.

◎ 공영달(孔穎達, A.D.574~A.D.648) : =공씨(孔氏). 당대(唐代)의 경학자이
다. 자(字)는 중달(仲達)이고, 시호(諡號)는 헌공(憲公)이다. 『오경정의
(五經正義)』를 찬정(撰定)하는데 중심적인 역할을 했다.

◎ 공족(公族) : '공족'은 제후 및 군왕과 성(姓)이 같은 친족들을 뜻한다. '공
족'에서의 '공'자는 본래 제후를 뜻하는 글자이다. 『시』 「위풍(魏風) · 서리
(黍離)」편에는 "殊異乎公族."이라는 기록이 있고, 이에 대한 정현의 전
(箋)에서는 "公族, 主君同姓昭穆也."라고 풀이했다.

◎ 교감기(校勘記) : 『교감기(校勘記)』는 완원(阮元)이 학자들을 모아서 편찬
했던 『십삼경주소교감기(十三經註疏校勘記)』를 뜻한다.

◎ 교기(校記) : 『교기(校記)』는 손이양(孫詒讓)이 지은 『십삼경주소교기(十
三經注疏校記)』를 뜻한다.

◎ 교묘(郊廟) : '교묘'는 고대에 천자가 천지(天地) 및 조상에게 제사지내던
제례(祭禮)를 가리키기도 하며, 그러한 제례가 이루어지는 장소 및 그 때
사용되는 음악을 가리키기도 한다. '교묘'에서의 교(郊)자는 천지에 대한
제사를 뜻하는데, 천(天)에 대한 제사는 '남쪽 교외[南郊]'에서 시행되었
고, 지(地)에 대한 제사는 '북쪽 교외[北郊]'에서 시행되었다. 그렇기 때문
에 '교'자가 천지에 대한 제사를 뜻하게 된 것이다. '묘(廟)'자는 종묘(宗
廟)를 뜻하므로, 선조에 대한 제사를 가리킨다. 따라서 '교묘'라고 용어가
천지 및 조상신에 대한 제사를 뜻하게 된다. 『서』 「우서(虞書) · 순전(舜典)」
편에는 "汝作秩宗."이라는 기록이 있는데, 이에 대한 공안국(孔安國)의
전(傳)에서는 "秩, 序. 宗, 尊也. 主郊廟之官."이라고 풀이하였고, 이 문장
에 나오는 '교묘'에 대해 공영달(孔穎達)의 소(疏)에서는 "郊謂祭天南郊,
祭地北郊. 廟謂祭先祖, 卽周禮所謂天神人鬼地祇之禮是也."라고 풀이하
였다.

◎ 구수(九數) : '구수'는 고대의 아홉 가지 계산 방법이다. 방전(方田), 속미
(粟米), 차분(差分), 소광(少廣), 상공(商功), 균수(均輸), 방정(方程), 영
부족(贏不足), 방요(旁要)를 뜻한다. 『주례』 「지관(地官) · 보씨(保氏)」편에
는 "六曰九數."라는 기록이 있는데, 이에 대한 정현의 주에서는 정중(鄭

衆)의 주장을 인용하여, "九數, 方田·粟米·差分·少廣·商功·均輸·方程·贏不足·旁要."라고 풀이했다.

◎ 구족(九族) : '구족'은 친족을 범칭하는 말이다. 자신을 중심으로 위로 고조부(高祖父)까지의 네 세대, 아래로 현손(玄孫)까지의 네 세대까지 포함된 친족을 지칭한다. 『서』「우서(虞書)·요전(堯典)」편에는 "克明俊德, 以親九族."이라는 기록이 있는데, 이에 대한 공안국(孔安國)의 전(傳)에서는 "以睦高祖, 玄孫之親."이라고 풀이하였다. 일설에는 '구족'을 부친쪽 친척 중 4촌, 모친쪽 친척 중 3촌, 처쪽 친척 중 2촌까지를 지칭하는 용어라고도 풀이한다.

◎ 구주(九州) : '구주'는 9개의 주(州)를 뜻한다. 고대 중국에서는 중원 지역을 9개의 주로 구분하여, 다스렸다. 따라서 '구주'는 오랑캐 지역과 대비되는 중국 땅을 지칭하는 용어로 사용되었다. '구주'의 포함되는 '주'의 이름들은 각 기록마다 차이를 보인다. 『서』「우서(虞書)·우공(禹貢)」편에는 "禹敷土, 隨山刊木, 奠高山大川. 冀州旣載. …… 濟河惟兗州. 九河旣道. …… 海岱惟青州. 嵎夷旣略, 濰淄其道. …… 海岱及淮惟徐州, 淮沂其乂, 蒙羽其藝. …… 淮海惟揚州, 彭蠡其豬, 陽鳥攸居. …… 荊及衡陽惟荊州. 江漢朝宗于海. …… 荊河惟豫州, 伊洛瀍澗, 旣入于河. …… 華陽黑水惟梁州. 岷嶓旣藝, 沱潛旣道. …… 黑水西河惟雍州. 弱水旣西."라는 기록이 있다. 즉 『서』에 기록된 '구주'는 기주(冀州)·연주(兗州)·청주(靑州)·서주(徐州)·양주(揚州)·형주(荊州)·예주(豫州)·양주(梁州)·옹주(雍州)이다. 한편 『이아』「석지(釋地)」편에는 " 兩河間曰冀州. 河南曰豫州. 河西曰雝州. 漢南曰荊州. 江南曰楊州. 濟河間曰兗州. 濟東曰徐州. 燕曰幽州. 齊曰營州."라는 기록이 있다. 즉 『이아』에 기록된 '구주'는 『서』의 기록과 달리, '서주'와 '양'주에 대한 기록이 없고, 대신 유주(幽州)와 영주(營州)가 기록되어 있다. 또 『주례』「하관(夏官)·직방씨(職方氏)」편에는 "乃辨九州之國使同貫利. 東南曰揚州. …… 正南曰荊州. …… 河南曰豫州. …… 正東曰青州. …… 河東曰兗州. …… 正西曰雍州. …… 東北曰幽州. …… 河內曰冀州. …… 正北曰幷州."라는 기록이 있다. 즉 『주례』에 기록된 '구주'는 『서』의 기록과 달리, '서주'와 '양주'에 대한 기록이 없고, 대신 '유주'와 병주(幷州)에 대한 기록이 있다. 이외에도 일부 차이를 보이는 기록들이 있다.

◎ 국자(國子) : '국자'는 천자 및 공(公), 경(卿), 대부(大夫)의 자제들을 말한

다. 때론 상황에 따라 천자의 태자(太子) 및 왕자(王子)를 포함시키지 않는 경우도 있다. 『주례』「지관(地官)·사씨(師氏)」편에는 "以三德敎國子"라는 기록이 있고, 이에 대한 정현의 주에서 "國子, 公卿大夫之子弟."라고 풀이한 용례와 『한서(漢書)』「예악지(禮樂志)」편에서 "朝夕習業, 以敎國子. 國子者, 卿大夫之子弟也."라고 풀이한 용례가 바로 여기에 해당한다. 그러나 이것은 천자에 대한 언급을 가급적 회피했기 때문에, 생략하여 기술하지 않은 것이다. 청대(淸代) 유서년(劉書年)의 『유귀양설경잔고(劉貴陽說經殘稿)』「국자증오(國子證誤)」편에서 "國子者, 王大子, 王子, 諸侯公卿大夫士之子弟, 皆是, 亦曰國子弟."라고 풀이하고 있는 것처럼, '국자'에는 천자의 태자와 왕자들까지도 포함된다.

◎ 금로(金路) : '금로'는 금로(金輅)라고도 부른다. 천자가 사용하는 다섯 가지 수레 중 하나이다. 금(金)으로 수레를 치장했기 때문에, '금로'라고 부르게 되었다. 대기(大旂)라는 깃발을 세웠고, 빈객(賓客)을 접대하거나, 동성(同姓)인 자를 분봉할 때 사용하였다. 『주례』「춘관(春官)·건거(巾車)」편에는 "金路, 鉤樊纓九就, 鉤, 樊纓九就, 建大旂, 以賓, 同姓以封."라는 기록이 있고, 이에 대한 정현의 주에서는 "金路, 以金飾諸末."이라고 풀이했다.

◎ 금화응씨(金華應氏, ?~?) : =응용(應鏞)·응씨(應氏)·응자화(應子和). 이름은 용(鏞)이다. 자(字)는 자화(子和)이다. 『예기찬의(禮記纂義)』를 지었다.

◎ 길복(吉服) : '길복'에는 세 가지 뜻이 있다. 첫 번째는 제사 때 입는 복장인 제복(祭服)을 뜻한다. 제사(祭祀)는 길례(吉禮)에 해당하므로, 그때 착용하는 복장을 '길복'이라고 부르는 것이다. 두 번째는 예의를 갖출 때 입는 예복(禮服)을 범칭하는 말이다. 세 번째는 흉사나 상사가 없이 일상적인 때 착용하는 복장을 가리키기도 한다.

ㄴ

◎ 남송석경(南宋石經) : 『남송석경(南宋石經)』은 송(宋)나라 고종(高宗) 때 돌에 새긴 『십삼경주소(十三經注疏)』의 판본이다. 그러나 『예기(禮記)』에 대해서는 「중용(中庸)」 1편만을 기록하고 있다.

◎ 남전여씨(藍田呂氏, A.D.1040~A.D.1092) : =여대림(呂大臨)·여씨(呂氏)·여여숙(呂與叔). 북송(北宋) 때의 학자이다. 이름은 대림(大臨)이고, 자

(字)는 여숙(與叔)이며, 호(號)는 남전(藍田)이다. 장재(張載) 및 이정(二程)형제에게서 수학하였다. 저서로는 『남전문집(藍田文集)』 등이 있다.

◎ 노문(路門) : '노문'은 고대 궁실(宮室) 건축물 중에서도 가장 안쪽에 있었던 정문이다. 여러 문들 중에서 노침(路寢)에 가장 가까운 위치에 있었기 때문에, '노문'이라는 명칭이 붙게 되었다. 『주례』「동관고공기(冬官考工記)·장인(匠人)」편에는 "路門不容乘車之五个."라는 기록이 있는데, 이에 대한 정현의 주에서는 "路門者, 大寢之門."라고 풀이하였고, 가공언(賈公彦)의 소(疏)에서는 "路門以近路寢, 故特小爲之."라고 풀이했다.

◎ 노침(路寢) : '노침'은 천자나 제후가 정무를 처리하던 정전(正殿)이다. 『시』「노송(魯頌)·민궁(閟宮)」편에는 "松桷有舃, 路寢孔碩."이라는 기록이 있는데, 이에 대한 모전(毛傳)에서는 "路寢, 正寢也."라고 풀이했고, 『문선(文選)』에 수록된 장형(張衡)의 '서경부(西京賦)'에는 "正殿路寢, 用朝群辟."이라는 기록이 있는데, 이에 대한 설종(薛綜)의 주에서는 "周曰路寢, 漢曰正殿."이라고 하여, 주(周)나라에서는 '정전'을 '노침'으로 불렀다고 풀이했다.

ㄷ

◎ 단(袒) : '단'은 상의 중 좌측 어깨 쪽을 드러내는 방법이다. 일반적으로 상중(喪中)에 남자들이 취하는 복장 방식을 뜻한다. 한편 일반적인 의례절차에서도 단(袒)의 복장 방식을 취하는 경우가 있다.

◎ 단옥재(段玉裁, A.D.1735~A.D.1815) : 청(淸)나라 때의 학자이다. 자(字)는 약응(若膺)이고, 호(號)는 무당(懋堂)이다. 저서로는 『설문해자주(說文解字注)』, 『육서음균표(六書音均表)』, 『고문상서찬이(古文尙書撰異)』 등이 있다.

◎ 대구(大裘) : '대구'는 천자가 제천(祭天) 의식을 시행할 때 입었던 복장이다. 『주례』「천관(天官)·사구(司裘)」편에는 "司裘掌爲大裘, 以共王祀天之服."이라는 기록이 있다. 즉 사구(司裘)는 '대구' 만드는 일을 담당하여, 천자가 하늘에 제사를 지낼 때 입는 의복으로 제공한다. 또한 이 기록에 대해 정현의 주에서는 정사농(鄭司農)의 주장을 인용하여, "大裘, 黑羔裘, 服以祀天, 示質."이라고 풀이했다. 즉 '대구'라는 의복은 검은 양의 가죽으로 만든 옷이며, 이것을 입고 하늘에 제사를 지내는 것은 질박함을 보이기

위함이다.

◎ 대도(大都) : '대도'는 공(公)이 부여받는 채지(采地)를 뜻한다.

◎ 대두(大斗) : '대두'에서 두(斗)는 술동이에서 술을 풀 때 쓰는 국자이다. '대두'는 그 중에서도 큰 국자로, 손잡이의 길이는 3척(尺)이었다. 『시』「대아(大雅)·행위(行葦)」편에는 "酌以大斗, 以祈黃耇."라는 기록이 있는데, 이 문장에 대한 모전(毛傳)에서는 "大斗, 長三尺也."라고 풀이했다.

◎ 대사례(大射禮) : '대사례'는 제사를 지낼 때, 제사를 돕는 자들을 채택하기 위해 시행하는 활쏘기 대회이다. 천자의 경우에는 '교외 및 종묘[郊廟]'에서 제사를 지낼 때, 제후 및 군신(群臣)들과 미리 활쏘기를 하여, 적중함이 많은 자를 채택하고, 채택된 자로 하여금 천자가 주관하는 제사에 참여하도록 하는 의례(儀禮)이다. 『주례』「천관(天官)·사구(司裘)」편에는 "王大射, 則共虎侯, 熊侯, 豹侯, 設其鵠."이라는 기록이 있는데, 이에 대한 정현의 주에서는 "大射者, 爲祭祀射. 王將有郊廟之事, 以射擇諸侯及群臣與邦國所貢之士可以與祭者. …… 而中多者得與於祭."라고 풀이하였다. 한편 각 계급에 따라 '대사례'의 예법에는 차등이 있었는데, 예를 들어 천자가 시행하는 '대사례'에서는 표적으로 호후(虎侯), 웅후(熊侯), 표후(豹侯)가 사용되었고, 표적지에는 곡(鵠)을 설치했다. 그리고 제후가 시행하는 '대사례'에서는 웅후(熊侯), 표후(豹侯)가 사용되었고, 표적지에 곡(鵠)을 설치했다. 경(卿)과 대부(大夫)의 경우에는 미후(麋侯)를 사용하였고, 표적지에 곡(鵠)을 설치했다.

◎ 대사정(大射正) : '대사정'은 대사례(大射禮)의 의식 절차를 진행하며, 해당 예법이 올바로 시행되는지를 감독하는 자이다.

◎ 동서(東序) : '동서'는 본래 하후씨(夏后氏) 때의 태학(太學)을 가리킨다. 『예기』「왕제(王制)」편에는 "夏后氏, 養國老於東序, 養庶老於西序."라는 기록이 있다. 후대에는 일반적인 학교 기관을 가리키는 용어로도 사용되었다.

◎ 두예(杜預, A.D.222~A.D.284) : =두원개(杜元凱). 서진(西晉) 때의 유학자이다. 경조(京兆) 두릉(杜陵) 출신이다. 자(字)는 원개(元凱)이다. 『춘추경전집해(春秋經典集解)』를 저술하였는데, 이 책은 현존하는 『춘추(春秋)』의 주석서 중 가장 오래된 것이며, 『십삼경주소(十三經注疏)』의 『춘추좌씨전정의(春秋左氏傳正義)』에도 채택되어 수록되었다.

◎ 두원개(杜元凱) : =두예(杜預)

◎ 두자춘(杜子春, B.C.30?~A.D.58?) : 후한(後漢) 때의 학자이다. 유흠(劉歆)에게서 수학하였다. 정중(鄭衆)과 가규(賈逵)에게 학문을 전수하였다.

◻

◎ 마계장(馬季長) : =마융(馬融)

◎ 마씨(馬氏) : =마희맹(馬晞孟)

◎ 마언순(馬彦醇) : =마희맹(馬晞孟)

◎ 마융(馬融, A.D.79~A.D.166) : =마계장(馬季長). 후한대(後漢代)의 경학자(經學者)이다. 자(字)는 계장(季長)이며, 마속(馬續)의 동생이다. 고문경학(古文經學)을 연구하였으며, 『주역(周易)』, 『상서(尙書)』, 『모시(毛詩)』, 『논어(論語)』, 『효경(孝經)』 등을 두루 주석하고, 『노자(老子)』, 『회남자(淮南子)』 등도 주석하였지만 현재 전해지지 않는다.

◎ 마희맹(馬晞孟, ?~?) : =마씨(馬氏)·마언순(馬彦醇). 자(字)는 언순(彦醇)이다. 『예기해(禮記解)』를 찬술했다.

◎ 면복(冕服) : '면복'은 대부(大夫) 이상의 계층이 착용하는 예관(禮冠)과 복식을 뜻한다. 무릇 길례(吉禮)를 시행할 때에는 모두 면류관[冕]을 착용하는데, 복장의 경우에는 시행하는 사안에 따라서 달라진다.

◎ 모본(毛本) : 『모본(毛本)』은 명(明)나라 말기 급고각(汲古閣)에서 간행된 『십삼경주소(十三經注疏)』의 판본이다. 급고각은 모진(毛晋)이 지은 장서각이었으므로, 이러한 명칭이 생겼다.

◎ 목로(木路) : '목로'는 목로(木輅)라고도 부른다. 천자가 사용하는 다섯 가지 수레 중 하나이다. 단지 옻칠만 하고, 가죽으로 덮지 않았으며, 다른 치장을 하지 않았기 때문에, '목로'라고 부르게 되었다. 대휘(大麾)라는 깃발을 세웠고, 사냥을 하거나, 구주(九州) 지역 이외의 나라를 분봉해줄 때 사용하였다. 『주례』「춘관(春官)·건거(巾車)」편에는 "木路, 前樊鵠纓, 建大麾, 以田, 以封蕃國."이라는 기록이 있고, 이에 대한 정현의 주에서는 "木路, 不鞔以革, 漆之而已."라고 풀이했다.

◎ 목록(目錄) : 『목록(目錄)』은 정현이 찬술했다고 전해지는『삼례목록(三禮目錄)』을 가리킨다. 『십삼경주소(十三經注疏)』에서 인용되고 있지만, 이 책은 『수서(隋書)』가 편찬될 당시에 이미 일실되어 존재하지 않았다. 『수서』「경적지(經籍志)」편에는 "三禮目錄一卷, 鄭玄撰, 梁有陶弘景注一卷,

亡."이라는 기록이 있다.

◎ 무무(武舞) : ‘무무’는 문무(文舞)와 상대되는 용어이다. 주(周)나라 때에 생겨났다. 무용수들이 도끼와 방패 등의 병장기를 들고 추는 춤이다. 통치자의 무공(武功)을 기리는 뜻을 춤으로 표현한 것이다.

◎ 무산작(無筭爵) : ‘무산작’은 술잔의 수를 헤아리지 않는다는 뜻이다. 여수(旅酬)를 한 이후에, 빈객들의 제자들과 형제들의 자제들은 각각 그들의 수장에게 술을 따르고, 잔을 들어 올리는 것도 각각 그들의 수장에게 한다. 그리고 빈객들이 잔을 가져다가, 형제들 집단에 술을 권하고, 장형제(長兄弟)들은 잔을 가져다가 빈객의 무리들에게 술을 권하게 된다. 이처럼 여러 차례 술을 따르고 권하기 때문에, 이러한 절차를 ‘무산작’이라고 부르는 것이다.

◎ 문무(文舞) : ‘문무’는 무무(武舞)와 상대되는 용어이다. 무용수들이 피리 및 깃털 등의 도구를 들고 추는 춤이다. 통치자의 치적(治積)을 기리는 뜻을 춤으로 표현한 것이다.

◎ 민본(閩本) : 『민본(閩本)』은 명(明)나라 가정(嘉靖) 연간 때 이원양(李元陽)이 간행한 『십삼경주소(十三經注疏)』 판본이다. 한편 『칠경맹자고문보유(七經孟子考文補遺)』에서는 이 판본을 『가정본(嘉靖本)』으로 지칭하고 있다.

ㅂ

◎ 방각(方慤) : =엄릉방씨(嚴陵方氏)
◎ 방성부(方性夫) : =엄릉방씨(嚴陵方氏)
◎ 방씨(方氏) : =엄릉방씨(嚴陵方氏)
◎ 백곡(百穀) : ‘백곡’은 곡식을 총칭하는 말이다. 『시』「빈풍(豳風)·칠월(七月)」편에는 “亟其乘屋, 其始播百穀.”이라는 용례가 있으며, 『서』「우서(虞書)·순전(舜典)」편에도 “帝曰, 棄黎民阻飢, 汝后稷, 播時百穀.”이라는 용례가 있다.

◎ 벽옹(辟廱) : ‘벽옹’은 벽옹(辟雍)과 같은 말이다. 천자의 국성(國城)에 있는 태학(太學)을 지칭한다. ‘벽(辟)’자는 밝다는 뜻이고, ‘옹(雍)’자는 조화롭다는 뜻이다. ‘벽옹’은 천자가 이곳을 통해 천하의 모든 사람들을 밝고 조화롭게 만든다는 뜻이다. 참고로 제후국에 있는 태학을 반궁(頖宮: =泮

宮)이라고 부른다.

◎ **벽옹(辟雍)** : =벽옹(辟廱)

◎ **별록(別錄)** : 『별록(別錄)』은 후한(後漢) 때 유향(劉向)이 찬(撰)했다고 전해지는 책이다. 현재는 일실되어 존재하지 않으며, 『한서(漢書)』「예문지(藝文志)」편을 통해서 대략적인 내용만을 추측해볼 수 있다.

◎ **별면(鷩冕)** : '별면'은 별의(鷩衣)와 면류관을 뜻한다. 천자 및 제후가 입던 복장으로, 선공(先公)에 대한 제사 및 향사례(饗射禮)를 시행할 때 착용했다. '별의'에는 꿩의 무늬를 수놓게 되는데, 이 무늬를 화충(華蟲)이라고도 부른다. 상의에는 3종류의 무늬를 수놓고, 하의에는 4종류의 무늬를 수놓게 되어, 총 7가지의 무늬가 들어가게 된다. 『주례(周禮)』「춘관(春官)·사복(司服)」편에는 "享先公, 饗射則鷩冕."이라는 기록이 있고, 이에 대한 정현의 주에서는 "鷩, 畫以雉, 謂華蟲也. 其衣三章, 裳四章, 凡七也."라고 풀이했다.

◎ **복건(服虔, ?~?)** : 후한대(後漢代)의 유학자이다. 자(字)는 자신(子愼)이다. 초명은 중(重)이었으며, 기(祇)라고도 불렀다. 후에 이름을 건(虔)으로 고쳤다. 『춘추좌씨전(春秋左氏傳)』에 주석을 남겼지만, 산일되어 전해지지 않는다. 현재는 『좌전가복주집술(左傳賈服注輯述)』로 일집본이 편찬되었다.

◎ **복생(伏生, ?~?)** : =복승(伏勝). 전한(前漢) 때의 학자이다. 자(字)는 자천(子賤)이다. 진(秦)나라 때 박사(博士)를 지냈으며, 분서갱유를 피해 『상서(尙書)』를 숨겨두었다가, 한(漢)나라 때 『금문상서(今文尙書)』를 전수하였다.

◎ **복승(伏勝)** : =복생(伏生)

◎ **비면(裨冕)** : '비면'은 비의(裨衣)를 입고 면류관[冕]을 착용하는 것이다. 제후 및 경(卿), 대부(大夫) 등이 조회를 하거나 제사를 지낼 때 착용하는 면복(冕服)을 통칭하는 말이다. 또한 곤면(袞冕)이나 가장 상등의 면복과 상대되는 용어로도 사용되었다. '비의'의 '비(裨)'자는 '비(埤)'자의 뜻으로 낮다는 의미이다. 예를 들어 천자의 육복(六服) 중에서 대구(大裘)가 가장 상등의 복장이 되는데, 나머지 5종류의 복장은 '비의'가 된다. 『의례』「근례(覲禮)」편에는 "侯氏裨冕, 釋幣于禰."라는 기록이 있고, 이에 대한 정현의 주에서는 "裨冕者, 衣裨衣而冠冕也. 裨之爲言埤也. 天子六服, 大裘爲上, 其餘爲裨, 以事尊卑服之, 而諸侯亦服焉."이라고 풀이했다.

◎ 비의(裨衣) : '바의'의 '비(裨)'자는 '비(埤)'자의 뜻으로 낮다는 의미이다. 해당 계층이 착용하는 의복 중 가장 상등의 복장을 제외한 나머지 복장을 뜻한다. 예를 들어 천자의 육복(六服) 중에서 대구(大裘)는 가장 상등의 복장이 되는데, 나머지 5종류의 복장은 '비의'가 된다.

◎ 빈사례(賓射禮) : '빈사례'는 천자가 오랜 벗과 함께 연회를 한 후 시행하는 활쏘기를 뜻한다. 또한 제후들이 천자를 찾아뵙거나 또는 제후들끼리 서로 회동을 할 때, 활쏘기를 하며 연회를 베푸는 것을 뜻하기도 한다.

◎ 빙문(聘問) : '빙문'은 국가 간이나 개인 간에 사람을 보내서 상대방을 찾아가 안부를 묻는 의식 절차를 통칭하는 말이다. 또한 제후가 신하를 시켜서 천자에게 보내, 안부를 묻는 예법을 뜻하기도 한다.

ㅅ

◎ 사(祠) : '사'는 봄에 종묘(宗廟)에서 지내는 제사를 뜻한다. '사'자는 음식[食]을 뜻하는 글자로, 선왕(先王)들에게 음식을 대접한다는 의미에서, 봄의 제사를 '사'라고 부르는 것이다. 『이아』「석천(釋天)」편에는 "春祭曰祠."라는 기록이 있는데, 이에 대한 곽박(郭璞)의 주에서는 "祠之言食."이라고 풀이했다. 한편 『예기』「왕제(王制)」편에는 "天子諸侯宗廟之祭, 春曰祠, 夏曰禘, 秋曰嘗, 冬曰烝."이라는 기록이 있고, 이에 대한 정현의 주에서는 "此蓋夏殷之祭名. 周則春曰祠, 夏曰禘, 以禘爲殷祭."라고 풀이했다. 즉 하(夏)나라와 은(殷)나라에서는 봄에 종묘에서 지내는 제사를 약(禴)이라고 불렀는데, 주(周)나라에 이르러, '약'이라는 명칭을 '사'로 고치게 되었다는 뜻이다.

◎ 사공(司空) : '사공'은 주(周)나라 때의 관리로, 토목 공사 및 가축 건설과 기물 제작 등을 주관했다. 전설상으로는 소호(少昊) 시대 때부터 설치되었다고 전해진다. 주나라의 육경(六卿) 중 하나였으며, 동관(冬官)의 수장인 대사공(大司空)에 해당한다. 한(漢)나라 때에는 어사대부(御史大夫)를 '대사공'으로 고쳐 불렀고, 대사마(大司馬), 대사도(大司徒)와 함께 삼공(三公)의 반열에 있었다. 후대에는 대(大)자를 빼고 '사공'으로 불렀다. 청(淸)나라 때에는 공부상서(工部尙書)를 '대사공'으로 부르고, 시랑(侍郎)을 소사공(少司空)으로 불렀다.

◎ 사궁(射宮) : '사궁'은 천자가 대사례(大射禮)를 시행하던 장소이며, 또한

이곳에서 사(士)들을 시험하기도 했다. 『춘추곡량전』「소공(昭公) 8년」편
에는 "以習射於射宮."이라는 기록이 있고, 『예기』「사의(射義)」편에는
"諸侯歲獻貢士於天子, 天子試之於射宮."이라는 기록이 있다.

◎ 사도(司徒) : '사도'는 대사도(大司徒)라고도 부른다. 본래 주(周)나라 때의
관리로, 국가의 토지 및 백성들에 대한 교화(敎化)를 담당했다. 전설상으
로는 소호(少昊) 시대 때부터 설치되었다고 전해진다. 주나라의 육경(六
卿) 중 하나였으며, 전한(前漢) 애제(哀帝) 원수(元壽) 2년(B.C. 1)에는
승상(丞相)의 관직명을 고쳐서, 대사도(大司徒)라고 불렀고, 대사마(大司
馬), 대사공(大司空)과 함께 삼공(三公)의 반열에 있었다. 후한(後漢) 때
에는 다시 '사도'로 명칭을 고쳤고, 그 이후로는 이 명칭을 계속 사용하다
가 명(明)나라 때 폐지되었다. 명나라 이후로는 호부상서(戶部尚書)를 '대
사도'라고 불렀다.

◎ 사마(司馬) : '사마'라는 관직은 전설상으로는 소호(少昊) 시대부터 설치되
었다고 전해진다. 주(周)나라 때에는 육경(六卿) 중 하나였으며, 하관(夏
官)의 수장이며, 대사마(大司馬)라고도 불렀다. 군대와 관련된 일을 담당
했다. 한(漢)나라 무제(武帝) 때에는 태위(太尉)라는 관직명을 고쳐서 대
사마(大司馬)라고 불렀고, 후한(後漢) 때에는 다시 태위(太尉)로 고쳐 불
렀다. 남북조시대(南北朝時代)에는 대장군(大將軍)과 함께 이대(二大)로
칭해지기도 했으나, 청(淸)나라 때 폐지되었다. 후세에서는 병부상서(兵部
尚書)의 별칭으로 사용하기도 했고, 시랑(侍郞)을 소사마(少司馬)로 칭하
기도 하였다.

◎ 사망(四望) : '사망'은 천자가 사방(四方)의 산천(山川)에게 망(望)제사를
지내는 것이다. 제사의 대상은 산천 중의 큰 것들로, 오악(五嶽)이나 사독
(四瀆)과 같은 것이다. 산천에 대한 제사는 일일이 그곳마다 찾아가서 제
사를 지낼 수 없기 때문에, 그곳이 바라보이는 곳에 제단을 쌓고 제사를
지낸다. 그렇기 때문에 그 제사를 '망'제사라고 부르는 것이다. 그리고 천
자는 사방(四方)의 산천들에 대해서 모두 제사를 지내게 되므로 '사(四)'
자를 붙여서 '사망'이라고 부르는 것이다. 『주례』「춘관(春官)·대종백(大
宗伯)」편에는 "國有大故, 則旅上帝及四望."이라는 기록이 있고, 이에 대
한 가공언(賈公彦)의 소(疏)에서는 "言四望者, 不可一往就祭, 當四向望
而爲壇遙祭之, 故云四望也."라고 풀이했다. 그리고 손이양(孫詒讓)의
『정의(正義)』에서는 "陳壽祺云, 山川之祭, 周禮四望, 魯禮三望. 其餘諸

侯祀竟內山川, 蓋無定數, 山川之大者, 莫如五嶽四瀆."이라고 풀이했다.

◎ 사명(司命) : '사명'은 허수(虛宿)의 북쪽에 있는 두 별을 가리킨다. 『송사(宋史)』「천문지삼(天文志三)」에는 "司命二星, 在虛北, 主擧過·行罰· 滅不祥, 又主死亡."이라는 기록이 있다. 즉 '사명'이라는 두 별은 허수의 북쪽에 위치하는데, 잘못된 행실을 들춰내고, 벌을 내리며, 상서롭지 못한 것을 없애는 일을 주관하고, 또한 죽음에 대한 일도 주관한다.

◎ 사중(司中) : '사중'은 사비(司非)라고도 부른다. 사위(司危)의 북쪽에 있는 두 별을 가리킨다. 『송사(宋史)』「천문지삼(天文志三)」편에는 "司非二星, 在司危北, 主司候內外, 察愆尤, 主過失."이라는 기록이 있다. 즉 '사중'이 라는 두 별은 사위의 북쪽에 위치하는데, 시령(時令)과 관련된 일들을 주 관하고, 잘못된 일들을 감찰하며, 과실에 대한 처벌을 주관했다.

◎ 사직(社稷) : '사직'은 토지신과 곡식신을 뜻한다. 천자와 제후가 지냈던 제 사이다. '사직'에서의 '사(社)'자는 토지신을 가리키고, '곡(稷)'자는 곡식신 을 뜻한다.

◎ 산음육씨(山陰陸氏, A.D.1042~A.D.1102) : =육농사(陸農師)·육전(陸佃). 북송(北宋) 때의 유학자이다. 자(字)는 농사(農師)이며, 호(號)는 도산(陶 山)이다. 어려서 집안이 매우 가난했다고 전해지며, 왕안석(王安石)에게 수학하였으나 왕안석의 신법에 대해서는 반대하였다. 저서로는 『비아(埤 雅)』, 『춘추후전(春秋後傳)』, 『도산집(陶山集)』 등이 있다.

◎ 삼공(三公) : '삼공'은 중앙정부의 가장 높은 관직자 3명을 합쳐서 부르는 말이다. '삼공'에 속한 관직명에 대해서는 각 시대별로 차이가 있다. 『사기 (史記)』「은본기(殷本紀)」편에는 "以西伯昌, 九侯, 鄂侯, 爲三公."이라는 기록이 있다. 즉 은나라 때에는 서백(西伯)인 창(昌), 구후(九侯), 악후(鄂 侯)들을 '삼공'으로 삼았다. 또한 주(周)나라 때에는 태사(太師), 태부(太 傅), 태보(太保)를 '삼공'으로 삼았나. 『서』「주서(周書)·주관(周官)」편에 는 "立太師·太傅·太保, 茲惟三公, 論道經邦, 燮理陰陽."이라는 기록이 있다. 한편 『한서(漢書)』「백관공경표서(百官公卿表序)」에 따르면 사마 (司馬), 사도(司徒), 사공(司空)을 '삼공'으로 삼았다는 기록이 있다.

◎ 삼신(三辰) : '삼신'은 해[日], 달[月], 별[星]을 가리킨다. 『춘추좌씨전』 「환공(桓公) 2년」편에는 "三辰旂旗, 昭其明也."라는 기록이 있는데, 이에 대한 두예(杜預)의 주에서는 "三辰, 日·月·星也."라고 풀이했다.

◎ 상(嘗) : '상'은 가을에 종묘(宗廟)에서 지내는 제사를 뜻한다. 『이아』「석

천(釋天)」편에는 "春祭曰祠, 夏祭曰礿, 秋祭曰嘗, 冬祭曰烝."이라는 기록이 있다. 즉 봄에 지내는 제사를 '사(祠)'라고 부르며, 여름에 지내는 제사를 '약(礿)'이라고 부르고, 가을에 지내는 제사를 '상(嘗)'이라고 부르며, 겨울에 지내는 제사를 '증(烝)'이라고 부른다. 한편 '상'제사는 성대한 규모로 거행하였기 때문에, '대상(大嘗)'이라고도 불렀으며, 가을에 지낸다는 뜻에서, '추상(秋嘗)'이라고도 불렀다. 또한 『춘추번로(春秋繁露)』「사제(四祭)」편에서는 "四祭者, 因四時之所生孰而祭其先祖父母也. 故春曰祠, 夏曰礿, 秋曰嘗, 冬曰蒸. …… 嘗者, 以七月嘗黍稷也."이라고 하여, 가을 제사인 상(嘗)제사는 7월에 시행하며, 서직(黍稷)을 흠향하도록 지낸다는 뜻에서 맛본다는 뜻의 '상'자를 붙였다고 설명한다.

◎ 상공(上公) : '상공'은 주(周)나라 제도에 있었던 관직 등급이다. 본래 신하의 관직 등급은 8명(命)까지이다. 주나라 때에는 태사(太師), 태부(太傅), 태보(太保)와 같은 삼공(三公)들이 8명의 등급에 해당했다. 그런데 여기에 1명을 더하게 되면 9명이 되어, 특별직인 '상공'이 된다. 『주례』「춘관(春官)・전명(典命)」편에는 "上公九命爲伯, 其國家宮室車旗衣服禮儀, 皆以九爲節."이라는 기록이 있고, 이에 대한 정현의 주에서는 "上公, 謂王之三公有德者, 加命爲二伯. 二王之後亦爲上公."이라고 풀이하였다. 즉 '상공'은 삼공 중에서도 유덕(有德)한 자에게 1명을 더해주어, 제후들을 통솔하는 '두 명의 백(伯)[二伯]'으로 삼았다. 또한 제후의 다섯 등급을 나열할 경우, 공작(公爵)을 '상공'이라고 부르기도 한다.

◎ 상로(象路) : '상로'는 상로(象輅)라고도 부른다. 천자가 사용하는 다섯 가지 수레 중 하나이다. 상아로 수레를 치장했기 때문에, '상로'라고 부르게 되었다. 대적(大赤)이라는 깃발을 세웠으며, 조회를 보거나, 이성(異姓)인 자를 분봉할 때 사용하였다. 『주례』「춘관(春官)・건거(巾車)」편에는 "象路, 朱樊纓, 七就, 建大赤, 以朝, 異姓以封."이라는 기록이 있고, 이에 대한 정현의 주에서는 "象路, 以象飾諸末."이라고 풀이했다.

◎ 서(序) : '서'는 본래 향(鄕) 밑의 행정단위인 주(州)에 건립된 학교를 뜻한다. 『주례』「지관(地官)・주장(州長)」편에는 "春秋以禮會民而射于州序."라는 기록이 있다. 또한 하후씨(夏后氏) 때 건립한 학교로 설명하며, 동서(東西)와 서서(西序)로 구분하기도 한다. 『예기』「왕제(王制)」편에는 "夏后氏養國老於東序, 養庶老於西序."라는 기록이 있고, 이에 대한 정현의 주에서는 "皆學名也."라고 풀이했다. 한편 '서'는 은(殷)나라 때의 학교로

설명되기도 하며 주(周)나라 때의 학교로 설명되기도 한다. 『맹자』「등문공상(滕文公上)」편에는 "夏曰校, 殷曰序, 周曰庠, 學則三代共之."라는 기록이 있고, 『한서(漢書)』「유림전서(儒林傳序)」편에는 "三代之道, 鄕里有敎, 夏曰校, 殷曰庠, 周曰序."라는 기록이 있다.

◎ 서광(徐廣, A.D.352~A.D.425) : 동진(東晋) 때의 학자이다. 자(字)는 야민(野民)이다. 서막(徐邈)의 동생이다. 『진기(晉紀)』 등을 편찬했다.

◎ 서자(庶子) : '서자'는 주(周)나라 때 설치되었던 관직으로, 사마(司馬)에게 소속된 관리이다. 제후 및 경(卿)·대부(大夫)의 자제들에 대한 교육 등을 담당하였다. 『주례』의 체제에 따르면 제자(諸子)에 해당한다. 『예기』「연의(燕義)」편에는 "古者, 周天子之官有庶子官."이라는 기록이 있는데, 이에 대한 정현의 주에서는 "庶子, 猶諸子也. 周禮諸子之官, 司馬之屬也."라고 풀이하였다.

◎ 석경(石經) : 『석경(石經)』은 당(唐)나라 개성(開成) 2년(A.D.714)에 돌에 새긴 『십삼경주소(十三經注疏)』의 판본이다. 당나라 국자학(國子學)의 비석에 새겨졌다는 판본이 바로 이것을 가리킨다.

◎ 선공(先公) : '선공'은 본래 천자 및 제후의 선조들을 존귀하게 높여 부르는 말이다. 따라서 '선왕(先王)'이라는 말과 동일하게 사용된다. 그러나 주(周)나라에 대해 선왕과 대비해서 사용하게 되면, 후직(后稷)의 후손 중 태왕(太王) 이전의 선조를 지칭한다. 주나라는 건립 이후 자신의 선조에 대해 추왕(追王)을 하여 왕(王)자를 붙였는데, 태왕인 고공단보(古公亶父)까지 왕(王)자를 붙였기 때문이다.

◎ 성동(成童) : '성동'은 아동들 중에서도 나이가 찬 자들을 뜻한다. 8세 이상이 된 아동을 뜻한다고 풀이하기도 하며, 15세 이상이 된 아동을 뜻한다고 풀이하기도 한다. 『춘추곡량전』「소공(召公) 19년」편의 "羈貫成童, 不就師傅, 父之罪也."라는 기록에 대해, 범녕(范甯)의 주에서는 "成童, 八歲以上."이라고 풀이했고, 『예기』「내칙(內則)」편의 "成童, 舞象, 學射御."라는 기록에 대해, 정현의 주에서는 "成童, 十五以上."이라고 풀이했다.

◎ 세본(世本) : 『세본(世本)』은 『세(世)』·『세계(世系)』 등으로 일컬어지기도 한다. 선진시대(先秦時代) 때의 사관(史官)이 기록한 문헌이라고 전해지지만, 진위여부를 확인할 수 없다. 『세본』은 고대의 제왕(帝王), 제후(諸侯) 및 경대부(卿大夫)들의 세계도(世系圖)를 기록한 서적이다. 일실되어 현존하지 않지만, 후대 학자들이 다른 문헌 속에 남아 있는 기록들을

수집하여, 일집본(佚輯本)을 남겼다. 이러한 일집본에는 여덟 종류의 주요 판본이 있는데, 각 판본마다 내용상의 차이를 보이고 있다. 1959년에는 상무인서관(商務印書館)에서 이러한 여덟 종류의 판본을 모아서 『세본팔종(世本八種)』을 출판하였다.

◎ 소도(小都) : '소도'는 경(卿)이 부여받는 채지(采地)를 뜻한다.

◎ 소무(小舞) : '소무'는 악무(樂舞) 중에서도 규모가 작은 것으로, 성인들이 추는 대무(大舞)와 상대된다. '소무'에 대한 교육은 악사(樂師)가 담당했다.

◎ 소사(小祀) : '소사'는 비교적 규모가 작은 제사를 가리킨다. 또한 군사(群祀)라고 부르기도 한다. 사중(司中), 사명(司命), 풍백(風伯: =風師), 우사(雨師), 제성(諸星), 산림(山林), 천택(川澤) 등에 대해 지내는 제사이다. 『주례』「춘관(春官)・사사(肆師)」편에는 "立小祀用牲."이라는 기록이 있는데, 이에 대한 정현의 주에서는 "鄭司農云 小祀司命已下. 玄謂 小祀又有司中風師雨師山川百物."이라고 풀이하였고, 『구당서(舊唐書)』「예의지일(禮儀志一)」에도 "司中司命風伯雨師諸星山林川澤之屬爲小祀."라는 기록이 있다.

◎ 소침(小寢) : '소침'은 '연침(燕寢)'을 뜻한다. '연침'은 천자 및 제후들이 휴식을 취하던 장소를 가리킨다. 천자에게는 6개의 침(寢)이 있었는데, 앞쪽에 있는 1개의 침은 정전(正寢)으로 노침(路寢)이라고 부르며, 뒤쪽에 있는 다섯 개의 침을 통칭하여 '연침'이라고 부른다.

◎ 속백(束帛) : '속백'은 한 묶음의 비단으로, 그 수량은 다섯 필(匹)이 된다. 빙문(聘問)을 하거나 증여를 할 때 가져가는 예물(禮物) 등으로 사용되었다. '속(束)'은 10단(端)을 뜻하는데, 1단의 길이는 1장(丈) 8척(尺)이 되며, 2단이 합쳐서 1권(卷)이 되므로, 10단은 총 5필이 된다. 『주례』「춘관(春官)・대종백(大宗伯)」편에는 "孤執皮帛."이라는 기록이 있고, 이에 대한 가공언(賈公彦)의 소(疏)에서는 "束者十端, 每端丈八尺, 皆兩端合卷, 總爲五匹, 故云束帛也."라고 풀이했다.

◎ 악본(岳本) : 『악본(岳本)』은 송(頌)나라 악가(岳珂)가 간행한 『십삼경주소(十三經注疏)』의 판본이다.

◎ 약(礿) : '약'은 약(禴)이라고도 부른다. 하(夏)나라와 은(殷)나라 때에는

봄에 종묘(宗廟)에서 지내는 제사를 뜻하는 용어로 사용하였지만, 주(周) 나라 때에는 명칭을 고쳐서, 여름에 지내는 제사의 명칭으로 삼았다. '약 (礿)'이 봄 제사를 뜻하는 용어로 사용될 때에는 적다[薄]라는 뜻으로, 봄 에는 만물이 아직 성숙하지 않았으므로, 제사 때 차려내는 제수(祭需)들 이 적게 된다. 그렇기 때문에 그 제사를 '약(礿)'이라고 부르는 것이다. 『예 기』 「왕제(王制)」편에는 "天子諸侯宗廟之祭, 春曰礿, 夏曰禘, 秋曰嘗, 冬 曰烝."이라는 기록이 있고, 이에 대한 정현의 주에서는 "此蓋夏殷之祭名. 周則春曰祠, 夏曰礿, 以禘爲殷祭."라고 풀이했고, 진호(陳澔)의 『집설(集 說)』에서는 "礿, 薄也. 春物未成, 祭品鮮薄也."라고 풀이했다. 한편 '약 (礿)'자가 여름 제사를 뜻하는 용어로 사용될 때에는 삶다[汋=礿]의 뜻으 로, 여름 4월에는 보리가 익어서, 삶아서 밥을 지을 수가 있다. 여름 제사 때에는 이처럼 보리밥을 헌상하기 때문에, 그 제사를 '약(礿)'이라고 부르 는 것이다. 『춘추공양전』 「환공(桓公) 8년」편에는 "夏曰礿."이라는 기록이 있는데, 이에 대한 하휴(何休)의 주에서는 "薦尙麥苗, 麥始熟可礿, 故曰 礿."이라고 풀이했다. 그리고 『주례』 「춘관(春官)·사존이(司尊彛)」편에서 는 "春祠夏禴, 裸用雞彛·鳥彛, 皆有舟."라고 하여, 약(礿)을 '약(禴)'자 로 기록하고 있다.

◎ **엄릉방씨(嚴陵方氏, ?~?)** : =방각(方慤)·방씨(方氏)·방성부(方性夫). 송 대(宋代)의 유학자이다. 이름은 각(慤)이다. 자(字)는 성부(性夫)이다. 『예 기집해(禮記集解)』를 지었고, 『예기집설대전(禮記集說大全)』에는 그의 주장이 많이 인용되고 있다.

◎ **여대림(呂大臨)** : =남전여씨(藍田呂氏)

◎ **여수(旅酬)** : '여수'는 본래 제사가 끝난 후에, 제사에 참가했던 친족 및 빈 객(賓客)들이 술잔을 들어 술을 마시고, 서로 공경의 예(禮)를 표하며, 잔 을 권하는 의례(儀禮)이다. 연회에서도 서로에게 술을 권하는 절차를 '여 수'라고 부른다.

◎ **여씨(呂氏)** : =남전여씨(藍田呂氏)

◎ **여여숙(呂與叔)** : =남전여씨(藍田呂氏)

◎ **연사례(燕射禮)** : '연사례'는 연회 때 활쏘기를 했던 의례(儀禮)를 가리킨 다. 천자는 제후 및 군신(群臣)들에게 연회를 베풀며, 그들의 노고를 치하 했는데, 연회를 하며 활쏘기 또한 시행했다. 이처럼 연회 때 활쏘기를 하 는 의식을 '연사례'라고 부른다.

◎ 연조(燕朝) : '연조'는 천자 및 제후에게 있었던 내조(內朝) 중 하나를 뜻한다. 천자 및 제후는 3개의 조(朝)를 두는데, 1개는 외조(外朝)이며, 나머지 2개는 내조가 된다. 내조 중에서도 노문(路門) 안쪽에 있던 것을 '연조'라고 부른다. 『주례』「춘관(秋官)·조사(朝士)」편에 대한 정현의 주에서는 "周天子諸侯皆有三朝. 外朝一, 內朝二. 內朝之在路門內者, 或謂之燕朝."라고 풀이하고 있다.

◎ 오경이의(五經異義) : 『오경이의(五經異義)』는 후한(後漢) 때의 학자인 허신(許愼)이 지은 책이다. 유실되었는데, 송대(宋代) 때 학자들이 다시 모아서 엮었다. 오경(五經)에 관한 고금(古今)의 유설(遺說)과 이의(異義)를 싣고, 그에 대한 시비(是非)를 판별한 내용들이다.

◎ 오교(五敎) : '오교'는 오상(五常)이라고도 부른다. 부의(父義), 모자(母慈), 형우(兄友), 제공(弟恭), 자효(子孝) 등의 다섯 가지 가르침을 뜻한다.

◎ 오로(五路) : '오로'는 오로(五輅)라고도 기록한다. 고대의 천자가 탔던 다섯 종류의 수레를 뜻한다. 다섯 종류의 수레는 옥로(玉路)·금로(金路)·상로(象路)·혁로(革路)·목로(木路)이다. 또한 왕후(王后)가 탔던 다섯 종류의 수레를 뜻하기도 한다. 왕후가 탔던 다섯 종류의 수레는 중적(重翟)·염적(厭翟)·안거(安車)·적거(翟車)·연거(輦車)이다.

◎ 오물(五物) : '오물'은 다섯 가지 사안으로, 화(和), 용(容), 주피(主皮), 화용(和容), 흥무(興舞)를 뜻한다. '물(物)'자는 사(事)자의 뜻이다. '화'는 육덕(六德)에 포함되는 것으로, 온화함을 뜻한다. '용'은 육행(六行)을 포괄하는 것으로, 효(孝)에 해당한다. '주피'는 서민들은 과녁을 설치하지 않으므로, 가죽을 펴서 활을 쏜다는 뜻으로, 육예(六藝) 중 사(射)에 해당한다. '화용'은 조화로운 행동거지로 육예 중 예(禮)에 해당한다. '흥무'는 춤을 추는 것으로 육예 중 악(樂)에 해당한다.

◎ 오사(五祀) : '오사'는 본래 주택 내외에 있는 대문[門], 방문[戶], 방 가운데[中霤], 부뚜막[竈], 도로[行]를 주관하는 다섯 신(神)들을 가리키기도 하며, 이들에게 지내는 제사를 지칭하기도 한다. 한편 계층별로 봤을 때, 통치자 계급은 통치 범위를 자신의 집으로 생각하여, 각각 다섯 대상에 대해서 대표적인 장소에서 제사를 지내기도 한다. 『예기』「월령(月令)」편에는 "天子乃祈來年于天宗, 大割祠于公社及門閭, 臘先祖五祀. 勞農以休息之."라는 기록이 있고, 이에 대한 정현의 주에서는 "五祀, 門, 戶, 中霤, 竈, 行也."라고 풀이했다. 한편 '오사' 중 행(行) 대신 우물[井]를 포함

시키기도 한다. 『회남자(淮南子)』「시칙훈(時則訓)」편에는 "其位北方, 其日壬癸, 盛德在水, 其蟲介, 其音羽, 律中應鐘, 其數六, 其味鹹, 其臭腐. 其祀井, 祭先腎."이라는 기록이 있다. 그리고 이들에 대해 제사를 지내는 이유에 대해서, 『논형(論衡)』「제의(祭意)」편에서는 "五祀報門·戶·井·竈·室中霤之功. 門·戶, 人所出入, 井·竈, 人所欲食, 中霤, 人所託處, 五者功鈞, 故俱祀之."라고 설명한다. 즉 '오사'에 대한 제사는 그들에 대한 공덕에 보답을 하는 것으로, 문(門)과 호(戶)는 사람들이 출입을 하는 데 편리함을 제공해주었고, 정(井)과 조(竈)는 사람들이 음식을 먹을 수 있도록 해주었으며, 중류(中霤)는 사람이 거처할 수 있도록 해주었기 때문에, 이들에 대해서 제사를 지내는 것이다.

◎ 오사(五射) : '오사'는 사례(射禮)를 시행할 때 사용되는 다섯 가지 활 쏘는 예법을 뜻한다. 다섯 가지 활 쏘는 예법은 백시(白矢), 삼련(參連), 섬주(剡注), 양척(襄尺), 정의(井儀)이다. '백시'는 화살을 쏘아서 과녁을 꿰뚫는다는 뜻이다. 화살이 과녁을 꿰뚫게 되면, 화살 끝에 달려 있는 흰 깃털만 보인다는 의미에서 '백시'라고 부른다. '삼련'은 앞서 한 발의 화살을 쏘고, 뒤이어 3발의 화살을 연이어 쏜다는 뜻이다. '섬주'는 화살을 쏠 때 끝부분의 깃털이 위로 올라가고, 화살촉이 밑으로 내려간 형태로 화살이 날아가는 것을 뜻한다. '양척'은 신하가 군주와 함께 화살을 쏠 때, 군주가 화살을 쏘는 장소로부터 1척(尺) 정도 물러나서 쏘는 것을 뜻한다. '정의'는 4발의 화살을 쏘아서 과녁을 명중시킬 때, 정(井)자의 형태가 되도록 쏘는 것을 뜻한다. 『주례』「지관(地官)·보씨(保氏)」편에는 "養國子以道, 乃敎之六藝, 一曰五禮, 二曰六樂, 三曰五射, 四曰五馭, 五曰六書, 六曰九數."라는 기록이 있고, 이에 대한 정현의 주에서는 정사농(鄭司農)의 주장을 인용하여, "五射, 白矢·參連·剡注·襄尺·井儀也."라고 풀이했으며, 가공언(賈公彦)의 소(疏)에서는 "云白矢者, 矢在侯而貫侯過, 見其鏃白; 云參連者, 前放一矢, 後三矢連續而去也; 云剡注者, 謂羽頭高鏃低而去, 剡剡然; 云襄尺者, 臣與君射, 不與君並立, 襄君一尺而退; 云井儀者, 四矢貫侯, 如井之容儀也."라고 풀이했다.

◎ 오어(五御) : =오어(五馭)

◎ 오어(五馭) : '오어'는 오어(五御)라고도 부르며, 수레를 몰 때 사용되는 다섯 가지 기술을 뜻한다. 다섯 가지 기술은 명화란(鳴和鸞), 축수곡(逐水曲), 과군표(過君表), 무교구(舞交衢), 축금좌(逐禽左)이다. '명화란'은 수

레를 몰 때 방울 소리가 조화롭게 울린다는 뜻이다. '화(和)'와 '란(鸞)'은 모두 수레에 다는 일종의 방울인데, 수레를 편안하게 몰기 때문에 소리가 조화롭게 울린다는 뜻이다. '축수곡'은 물길 옆에 있는 도로를 따라 수레를 몬다는 뜻이다. 즉, 물길의 굴곡에 따른 굽이진 곳을 이동하면서도 수레가 물에 빠지지 않도록 운전을 잘 한다는 뜻이다. '과군표'는 군주가 있는 곳은 깃발 등으로 표시를 하는데, 그곳을 지나갈 때에는 수레를 몰지 않는다는 뜻이다. 일종의 군주에게 공경의 뜻을 표하는 방법이다. '무교구'는 교차로에서 수레끼리 교차하게 될 때, 서로에게 피해를 주지 않기 위해 춤추는 절도에 따라 서로 수레를 돌린다는 뜻이다. '축금좌'는 사냥할 때 수레를 모는 방법이다. 사냥을 할 때 존귀한 자는 좌측에 타서 활을 쏘게 되는데, 짐승을 잘 맞출 수 있도록 수레의 좌측 방향으로 짐승을 몬다는 뜻이다. 『주례』「지관(地官)·보씨(保氏)」편에는 "養國子以道, 乃敎之六藝, 一曰五禮, 二曰六樂, 三曰五射, 四曰五馭, 五曰六書, 六曰九數."라는 기록이 있고, 이에 대한 정현의 주에서는 정사농(鄭司農)의 주장을 인용하여, "五馭, 鳴和鸞·逐水曲·過君表·舞交衢·逐禽左."라고 풀이했으며, 가공언(賈公彦)의 소(疏)에서는 "云五馭者, 馭車有五種. 云鳴和鸞者, 和在式, 鸞在衡. 按韓詩云, '升車則馬動, 馬動則鸞鳴, 鸞鳴則和應.' 先鄭依此而言. 云逐水曲者, 無正文, 先鄭以意而言, 謂御車隨逐水勢之屈曲而不墜水也. 云過君表者, 謂若毛傳云, '褐纏旃以爲門, 裘纏質以爲樴, 間容握, 驅而入, 擊則不得入.' 穀梁亦云, '艾蘭以爲防, 置旃以爲轅門, 以葛覆質以爲槷, 流旁握, 御擊者不得入.' 是其過君表卽褐纏旃是也. 云舞交衢者, 衢, 道也, 謂御車在交道, 車旋應於舞節. 云逐禽左者, 謂御驅逆之車, 逆驅禽獸使左, 當人君以射之, 人君自左射. 故毛傳云, '故自左膘而射之, 達于右腢, 爲上殺. ' 又禮記云, '佐車止, 則百姓田獵', 是也."라고 풀이했다.

◎ 오전(五典) : '오전'은 다섯 종류의 윤리 덕목을 뜻한다. 『서』「우서(虞書)·순전(舜典)」편에는 "愼徽五典, 五典克從."이라는 기록이 있는데, 이에 대한 공안국(孔安國)의 전(傳)에서는 "五典, 五常之敎. 父義·母慈·兄友·弟恭·子孝."라고 풀이했다. 즉 '오전'이란 오상(五常)에 따른 가르침으로, 부친의 의로움, 모친의 자애로움, 형의 우애로움, 동생의 공손함, 자식의 효성스러움을 뜻한다. 또 채침(蔡沈)의 『집전(集傳)』에서는 "五典, 五常也. 父子有親, 君臣有義, 夫婦有別, 長幼有序, 朋友有信是也."라고 풀이했다. 즉 '오전'이란 오상(五常)으로, 부자관계에 친애함이 있고, 군신관

계에 의로움이 있으며, 부부사이에 유별함이 있고, 장유관계에 질서가 있고, 붕우관계에 신의가 있음을 뜻한다.

◎ 오제(五帝) : '오제'는 천상(天上)의 다섯 신(神)을 가리킨다. 오행설(五行說)과 참위설(讖緯說)에 영향을 받은 것으로, 중앙의 황제(黃帝)인 함추뉴(含樞紐), 동쪽의 창제(蒼帝)인 영위앙(靈威仰), 남쪽의 적제(赤帝)인 적표노(赤熛怒), 서쪽의 백제(白帝)인 백소구(白昭矩: =白招拒), 북쪽의 흑제(黑帝)인 협광기(叶光紀)를 가리킨다.

◎ 오형(五刑) : '오형'은 다섯 가지 형벌을 뜻한다. '오형'의 구체적 항목에 대해서는 각 시대별 차이가 있지만, 『주례』의 기록에 근거하면, 묵형(墨刑), 의형(劓刑), 궁형(宮刑), 비형(剕刑: =刖刑), 대벽(大辟: =殺刑)이 된다. 『주례』「추관(秋官)·사형(司刑)」편에는 "掌五刑之灋, 以麗萬民之罪, 墨罪五百, 劓罪五百, 宮罪五百, 刖罪五百, 殺罪五百."이라는 기록이 있다.

◎ 옥로(玉路) : '옥로'는 '옥로(玉輅)'라고도 부른다. 천자가 사용하는 다섯 가지 수레 중 하나이다. 옥(玉)으로 수레를 치장했기 때문에, '옥로'라고 부르게 되었다. 대상(大常)이라는 깃발을 세웠고, 깃발에는 12개의 치술을 달았으며, 주로 제사 때 사용하였다. 『주례』「춘관(春官)·건거(巾車)」편에는 "王之五路, 一曰玉路, 錫, 樊纓, 十有再就, 建大常, 十有二斿, 以祀."라는 기록이 있고, 이에 대한 정현의 주에서는 "玉路, 以玉飾諸末."이라고 풀이했다.

◎ 옹희(饔餼) : '옹희'는 빈객(賓客)과 상견례(相見禮)를 하고 나서 성대하게 음식을 마련해 접대하는 것을 뜻한다. 『주례』「추관(秋官)·사의(司儀)」편에는 "致飧如致積之禮."라는 기록이 있는데, 이에 대한 정현의 주에서는 "小禮曰飧, 大禮曰饔餼."라고 풀이하였다. 즉 '옹희'와 '손'은 모두 빈객 등을 접대하는 예법들인데, '옹희'는 성대한 예법에 해당하여, '손'보다도 융숭하게 대접하는 것이다.

◎ 왕념손(王念孫, A.D.1744~A.D.1832) : 청(淸)나라 때의 학자이다. 자(字)는 회조(懷租)이고, 호(號)는 석구(石臞)이다. 부친은 왕안국(王安國)이고, 아들은 왕인지(王引之)이다. 대진(戴震)에게 학문을 배웠다. 저서로는 『독서잡지(讀書雜志)』 등이 있다.

◎ 왕응전(王應電, ?~?) : 명나라 때의 학자이다. 자(字)는 소명(昭明)이다. 저서로는 『주례전고(周禮傳詁)』 등이 있다.

◎ 외사(外舍) : '외사'는 소학(小學)을 뜻한다. 고대에는 '소학'을 '외사'라고도

불렀다.

◎ 외조(外朝) : '외조'는 내조(內朝)와 대비되는 말이며, 천자 및 제후가 정사 (政事)를 처리하던 곳이다.『주례』「춘관(秋官)·조사(朝士)」편에 대한 정 현의 주에서는 "周天子諸侯皆有三朝. 外朝一, 內朝二. 內朝之在路門內 者, 或謂之燕朝."라는 기록이 있다. 즉 천자 및 제후는 3개의 조(朝)를 두 는데, 1개는 '외조'이며, 나머지 2개는 내조가 된다.『국어(國語)』「노어하 (魯語下)」편에는 "天子及諸侯合民事於外朝, 合神事於內朝. 自卿以下, 合官職於外朝, 合家事於內朝."라는 기록이 있고, 이 문장에 나타난 '외조' 에 대해서, 위소(韋昭)는 "言與百官考合民事於外朝也."라고 풀이했다. 즉 '외조'는 모든 관료들과 함께, 백성들과 관련된 정무를 처리하던 장소이다.

◎ 우상(虞庠) : '우상'은 주(周)나라 때의 소학(小學)으로 서교(西郊)에 위치 하였다. 주나라에서는 유우씨(有虞氏) 때의 상(庠)에 대한 제도를 본떠서, 소학을 지은 것이기 때문에, 그 학교를 '우상'이라고 부른 것이다.『예기』「왕 제(王制)」편에는 "周人養國老於東膠, 養庶老於虞庠. 虞庠在國之西郊." 라는 기록이 있고, 이에 대한 정현의 주에서는 "虞庠亦小學也. 西序在西 郊, 周立小學於西郊 …… 周之小學爲有虞氏之庠制, 是以名庠云."이라 고 풀이했다. 한편 '우상'에는 두 가지 뜻이 포함되어 있는데, 하나는 태학 (太學)의 건물들 중 북쪽에 있는 학교를 뜻하는 것으로, 이것을 또한 상상 (上庠)이라고도 불렀고, 다른 하나는 앞서 설명한 것처럼 교외(郊外)에 설 치했던 소학을 뜻한다.『주례』「춘관(春官)·대사악(大司樂)」편에는 "掌 成均之灋."이라는 기록이 있는데, 이에 대한 손이양(孫詒讓)의『정의(正 義)』에서는 "案虞庠有二, 一爲大學之北學, 亦曰上庠, 一爲四郊之小學, 曰虞庠."이라고 풀이했다.

◎ 웅씨(熊氏) : =웅안생(熊安生)

◎ 웅안생(熊安生, ?~A.D.578) : =웅씨(熊氏). 북조(北朝) 때의 경학자이다. 자(字)는 식지(植之)이다.『주례(周禮)』,『예기(禮記)』,『효경(孝經)』등 많은 전적에 의소(義疏)를 남겼지만, 모두 산일되어 남아 있지 않다. 현재 마국한(馬國翰)의『옥함산방집일서(玉函山房輯佚書)』에『예기웅씨의소 (禮記熊氏義疏)』4권이 남아 있다.

◎ 원구(圓丘) : '원구'는 환구(圜丘)라고도 부른다. 고대에 제왕이 동지(冬至) 에 제천(祭天) 의식을 집행하던 곳이다. 자연적으로 형성된 언덕의 형상 을 본떠서, 흙을 높이 쌓아올려 만들었기 때문에, '구(丘)'자를 붙여서 부

른 것이며, 하늘의 둥근 형상을 본떴다는 뜻에서 '환(圜)' 또는 '원(圓)'자를 붙여서 부른 것이다. 『주례』「춘관(春官)·대사악(大司樂)」편에는 "冬日至, 於地上之圜丘奏之."라는 기록이 있고, 이에 대한 가공언(賈公彦)의 소(疏)에서는 "土之高者曰丘, 取自然之丘. 圜者, 象天圜也."라고 풀이했다.

◎ 원사(元士) : '원사'는 천자에게 소속된 사(士) 계층 중 하나이다. '사' 계층은 상·중·하로 구분되어, 상사(上士), 중사(中士), 하사(下士)로 나뉜다. 다만 천자에게 소속된 '상사'에게는 제후에게 소속된 '상사'보다 높여서 '원(元)'자를 붙이게 된다. 그래서 '원사'라고 부르는 것이다.

◎ 유원보(劉原父) : =유창(劉敞)

◎ 유창(劉敞, A.D.1019~A.D.1068) : =공시선생(公是先生)·유원보(劉原父)·청강유씨(淸江劉氏). 북송(北宋) 때의 경학자이다. 자(字)는 원보(原父)이다. 유학뿐만 아니라 불교와 도교에 대해서도 연구하였고, 천문(天文), 지리(地理) 등의 방면에도 조예가 깊었다.

◎ 유현(劉炫, ?~?) : 수(隋)나라 때의 학자이다. 자는 광백(光伯)이며, 경성(景城) 출신이다. 태학박사(太學博士) 등을 지냈다. 『논어술의(論語述義)』, 『춘추술의(春秋述義)』, 『효경술의(孝經述義)』 등을 저술하였다.

◎ 육농사(陸農師) : =산음육씨(山陰陸氏)

◎ 육덕(六德) : '육덕'은 여섯 가지 도리를 뜻한다. 여섯 가지 도리는 지(知), 인(仁), 성(聖), 의(義), 충(忠), 화(和)이다.

◎ 육덕명(陸德明, A.D.550~A.D.630) : =육원랑(陸元朗). 당대(唐代)의 경학자이다. 이름은 원랑(元朗)이고, 자(字)는 덕명(德明)이다. 훈고학에 뛰어났으며, 『경전석문(經典釋文)』 등을 남겼다.

◎ 육무(六舞) : =육악(六樂)

◎ 육복(六服) : '육복'은 천자나 제후의 여섯 종류 복장을 가리키니, 대구(大裘), 곤의(袞衣), 별의(鷩衣), 취의(毳衣), 희의(希衣), 현의(玄衣)이다. 『주례(周禮)』「춘관(春官)·사복(司服)」편에는 "祀昊天上帝, 則服大裘而冕, 祀五帝亦如之. 享先王則袞冕. 享先公, 饗射則鷩冕. 祀四望山川則毳冕. 祭社稷五祀則希冕. 祭群小祀則玄冕."이라는 기록이 있다. 즉 호천상제(昊天上帝) 및 오제(五帝)에게 제사지낼 때에는 대구를 입고 면(冕)을 쓰며, 선왕(先王)에게 제사지낼 때에는 곤면(袞冕)을 착용하고, 선공(先公)에 대한 제사 및 향사례(饗射禮)를 시행할 때에는 별면(鷩冕)을 착용하며, 산천(山川) 등에 제사지낼 때에는 취면(毳冕)을 착용하고, 사직(社稷)

등에 제사지낼 때에는 희면(希冕)을 착용하며, 기타 여러 제사에는 현면(玄冕)을 착용한다.

◎ 육서(六書) : '육서'는 한자의 구성과 형성에 대한 여섯 가지 이론으로, 상형(象形), 지사(指事: =處事), 회의(會意), 형성(形聲: =諧聲), 전주(轉注), 가차(假借)를 뜻한다. 『주례』「지관(地官)・보씨(保氏)」편에는 "五曰六書."라는 기록이 있는데, 이에 대한 정현의 주에서는 정사농(鄭司農)의 주장을 인용하여, "六書, 象形・會意・轉注・處事・假借・諧聲也."라고 풀이했다.

◎ 육악(六樂) : '육악'은 육무(六舞)와 같은 말이다. 고대 황제(黃帝), 요(堯), 순(舜), 우(禹), 탕(湯), 무왕(武王) 때의 악무(樂舞)인 운문(雲門), 대권(大卷), 대함(大咸), 대소(大磬: =大韶), 대하(大夏), 대호(大濩), 대무(大武)를 뜻한다. 『주례』「지관(地官)・대사도(大司徒)」편에는 "以六樂防萬民之情, 而敎之和."라는 기록이 있고, 이에 대한 정현의 주에서는 정사농(鄭司農)의 주장을 인용하여, "六樂, 謂雲門・咸池・大韶・大夏・大濩・大武."라고 풀이했다.

◎ 육예(六藝) : '육예'는 기본적으로 갖춰야 하는 여섯 가지 과목을 뜻한다. 여섯 가지 과목은 예(禮), 음악[樂], 활쏘기[射], 수레몰기[御], 글쓰기[書], 셈하기[數]이며, 구체적으로 말하자면 오례(五禮), 육악(六樂), 오사(五射), 오어(五馭: =五御), 육서(六書), 구수(九數)를 가리킨다.

◎ 육원랑(陸元朗) : =육덕명(陸德明)

◎ 육전(陸佃) : =산음육씨(山陰陸氏)

◎ 육행(六行) : '육행'은 여섯 가지 선행을 뜻한다. 여섯 가지 선행은 효(孝), 우(友), 구족(九族)에 대한 친근함[睦], 외친(外親)에 대한 친근함[姻], 벗에 대한 믿음[任], 구휼[恤]이다.

◎ 응씨(應氏) : =금화응씨(金華應氏)

◎ 응용(應鏞) : =금화응씨(金華應氏)

◎ 응자화(應子和) : =금화응씨(金華應氏)

ㅈ

◎ 장락진씨(長樂陳氏) : =진상도(陳祥道)

◎ 장자(張子) : =장재(張載)

◎ 장재(張載, A.D.1020~A.D.1077) : =장자(張子)·장횡거(張橫渠). 북송(北宋) 때의 유학자이다. 북송오자(北宋五子) 중 한 사람으로 칭해진다. 자(字)는 자후(子厚)이다. 횡거진(橫渠鎭) 출신으로, 이곳에서 장기간 강학을 했기 때문에 횡거선생(橫渠先生)으로 일컬어지기도 한다.

◎ 장횡거(張橫渠) : =장재(張載)

◎ 절조(折俎) : '절조'는 제사나 연회를 시행할 때, 희생물을 도축하여, 사지를 해체하고, 그런 뒤에 도마 위에 올리게 되는데, 이 도마를 '절조'라고 부른다.

◎ 정(旌) : '정'은 가느다란 새의 깃털인 석우(析羽)를 오색(五色)으로 채색하여, 깃술처럼 장식한 깃발이다. 『주례』「춘관(春官)·사상(司常)」편에는 "全羽爲旞, 析羽爲旌."이라는 기록이 있다. 한편 '정'은 깃발들을 범칭하는 용어로도 사용된다.

◎ 정강성(鄭康成) : =정현(鄭玄)

◎ 정사농(鄭司農) : =정중(鄭衆)

◎ 정씨(鄭氏) : =정현(鄭玄)

◎ 정의(正義) : 『정의(正義)』는 『예기정의(禮記正義)』 또는 『예기주소(禮記注疏)』를 뜻한다. 당(唐)나라 때에는 태종(太宗)이 공영달(孔穎達) 등을 시켜서 『오경정의(五經正義)』를 편찬하였는데, 이때 『예기정의』에는 정현(鄭玄)의 주(注)와 공영달의 소(疏)가 수록되었다. 송대(宋代)에는 『오경정의』와 다른 경전(經典)에 대한 주석서를 포함한 『십삼경주소(十三經注疏)』가 편찬되어, 『예기주소』라는 명칭이 되었다.

◎ 정중(鄭衆, ?~A.D.83) : =정사농(鄭司農). 후한(後漢) 때의 경학자이다. 자(字)는 중사(仲師)이다. 부친은 정흥(鄭興)이다. 부친에게 『춘추좌씨전(春秋左氏傳)』의 학문을 전수받았다. 또한 그는 대사농(大司農) 등의 관직을 역임하였기 때문에, '정사농'이라고도 불렀다. 한편 정흥과 그의 학문은 정현(鄭玄)에게 많은 영향을 주었기 때문에, 후대에서는 정현을 후정(後鄭)이라고 불렀고, 정흥과 그를 선정(先鄭)이라고도 불렀다. 저서로는 『춘추조례(春秋條例)』, 『주례해고(周禮解詁)』 등을 지었다고 하지만, 현재는 전해지지 않았다.

◎ 정현(鄭玄, A.D.127~A.D.200) : =정강성(鄭康成)·정씨(鄭氏). 한대(漢代)의 유학자이다. 자(字)는 강성(康成)이다. 『주역(周易)』, 『상서(尙書)』, 『모시(毛詩)』, 『주례(周禮)』, 『의례(儀禮)』, 『예기(禮記)』, 『논어(論語)』, 『효경(孝經)』 등에 주석을 하였다.

◎ 조근(朝覲) : '조근'은 군주가 신하를 만나보는 예법(禮法)을 뜻한다. 군주가 신하를 만나보는 예법에는 조(朝), 근(覲), 종(宗), 우(遇), 회(會), 동(同) 등이 있었는데, 이것을 총칭하여 '조근'으로 부르기도 한다. 한편 '조근'은 신하가 군주를 찾아뵙는 예법을 뜻하기도 한다. 고대에는 제후가 천자를 찾아뵐 때, 각 계절별로 그 명칭을 다르게 불렀다. 봄에 찾아뵙는 것을 조(朝)라고 부르며, 여름에 찾아뵙는 것을 종(宗)이라고 부르고, 가을에 찾아뵙는 것을 근(覲)이라고 부르며, 겨울에 찾아뵙는 것을 우(遇)라고 부른다. '조근'은 이러한 예법들을 총칭하는 말이다.

◎ 조량주(趙良澍, ?~?) : 청(淸)나라 때의 학자이다. 저서로는 『독예기(讀禮記)』가 있다.

◎ 조복(朝服) : '조복'은 군주와 신하가 조회를 열 때 착용하는 복장을 뜻한다. 중요한 의식을 치를 때 착용하는 예복(禮服)을 가리키기도 한다.

◎ 주자(胄子) : '주자'는 국자(國子)와 같은 뜻이다. 자 및 공(公), 경(卿), 대부(大夫)의 자제들을 말한다. 때론 상황에 따라 천자의 태자(太子) 및 왕자(王子)를 포함시키지 않는 경우도 있다. 『서』「우서(虞書)·순전(舜典)」편에는 "帝曰, 夔, 命汝典樂, 敎胄子."라는 기록이 있는데, 이에 대한 공안국(孔安國)의 전(傳)에서는 "胄, 長也, 謂元子以下至卿大夫子弟."라고 풀이했다.

◎ 주장(州長) : '주장'은 주(周)나라 때의 관직으로, 1개 주(州)의 수장을 뜻한다. 중대부(中大夫) 1명이 담당을 했으며, 그 주에서 시행하는 교화와 정령을 담당했다. 『주례』「지관(地官)·사도(司徒)」편에는 "州長, 每州中大夫一人."이라는 기록이 있고, 『주례』「지관·주장(州長)」편에는 "各掌其州之敎治政令之法."이라는 기록이 있다.

◎ 주피(主皮) : '주피'는 고대에 시행되었던 향사례(鄕射禮)에서는 세 차례 화살을 쏘게 되는데, 두 번째 쏘는 화살은 과녁에 명중시키는 것을 위주로 한다. '주피'는 바로 두 번째 쏘는 활쏘기 방식을 뜻한다. 후대에는 과녁에 명중시키는 것을 범칭하는 용어로도 사용되었다.

◎ 증(烝) : '증'은 겨울에 종묘(宗廟)에서 지내는 제사를 뜻한다. '증'자는 중

(衆)자의 뜻으로, 겨울에는 만물 중에 성숙한 것이 많다는 의미에서 붙여
진 말이다. 『백호통(白虎通)』「종묘(宗廟)」편에는 "冬日烝者, 烝之爲言衆
也, 冬之物成者衆."이라는 기록이 있다.

◎ 진상도(陳祥道, A.D.1159~A.D.1223) : =장락진씨(長樂陳氏)·진씨(陳氏)·
진용지(陳用之). 북송대(北宋代)의 유학자이다. 자(字)는 용지(用之)이
다. 장락(長樂) 지역 출신으로, 1067년에 과거에 급제하여 태상박사(太常
博士) 등을 지냈다. 왕안석(王安石)의 제자로, 그의 학문을 전파하는데 공
헌하였다. 저서에는 『예서(禮書)』, 『논어전해(論語全解)』 등이 있다.

◎ 진씨(陳氏) : =진상도(陳祥道)

◎ 진용지(陳用之) : =진상도(陳祥道)

ㅊ

◎ 청강유씨(淸江劉氏) : =유창(劉敞)

◎ 초지(稍地) : '초지'는 주(周)나라 때 도성에서 300리(理) 떨어진 지역을 일
컫는 말이다.

◎ 취면(毳冕) : '취면'은 취의(毳衣)와 면류관을 뜻한다. 본래 천자가 사망(四
望) 등 산천(山川)에 대한 제사 때 착용했던 복장이다. '취의'에는 호랑이와
원숭이를 수놓게 되는데, 이 무늬를 종이(宗彝)라고도 부른다. 상의에는 3
종류의 무늬를 수놓고, 하의에는 2종류의 무늬를 수놓게 되어, 총 5가지 무
늬가 들어가게 된다. 『주례(周禮)』「춘관(春官)·사복(司服)」편에는 "祀四望
山川則毳冕."이라는 기록이 있고, 이에 대한 정현의 주에서는 "毳畫虎蜼,
謂宗彝也. 其衣三章, 裳二章, 凡五也."라고 풀이했다.

◎ 치면(絺冕) : '치면'은 희면(希冕)·치면(黹冕)이라고도 부른다. 치의(絺衣)
와 면류관을 뜻한다. 천자 및 제후가 사직(社稷) 및 오사(五祀)에 대한 제
사를 지낼 때 착용하던 복장이다. '치의'에는 쌀 모양의 무늬를 수놓았고,
다른 그림을 그려 넣지 않았다. 상의에는 1개의 무늬를 수놓고, 하의에는
2개의 무늬를 수놓게 되어, 총 3개의 무늬가 들어가게 된다. 『주례(周禮)』
「춘관(春官)·사복(司服)」편에는 "祭社稷·五祀則希冕."이라는 기록이
있고, 이에 대한 정현의 주에서는 "希刺粉米, 無畫也. 其衣一章, 裳二章,
凡三也."라고 풀이했다.

ㅌ

◎ 태뢰(太牢) : '태뢰'는 제사에서 소[牛], 양(羊), 돼지[豕] 3가지 희생물을 갖춘 것을 뜻한다. 『장자』「지악(至樂)」편에는 "具太牢以爲膳."이라는 기록이 있는데, 이에 대한 성현영(成玄英)의 소(疏)에서는 "太牢, 牛羊豕也."라고 풀이하였다.

◎ 택궁(澤宮) : '택궁'은 활쏘기를 하여 사(士)를 선발하던 장소이다. 『주례』「하관(夏官) · 사궁시(司弓矢)」편에는 "澤共射椹質之弓矢"이라는 기록이 있는데, 이에 대한 정현의 주에서는 정사농(鄭司農)의 주장을 인용하여, "澤, 澤宮也, 所以習射選士之處也."라고 풀이했다.

ㅍ

◎ 팔음(八音) : '팔음'은 여덟 가지의 악기들을 뜻한다. 여덟 종류의 악기에는 8종류의 서로 다른 재질이 사용되기 때문에, 붙여진 이름이다. 여기에서 여덟 가지 재질이란 통상적으로 쇠[金], 돌[石], 실[絲], 대나무[竹], 박[匏], 흙[土], 가죽[革], 나무[木]를 가리킨다. 『서』「우서(虞書) · 순전(舜典)」편에는 "三載, 四海遏密八音."이란 기록이 있는데, 이에 대한 공안국(孔安國)의 전(傳)에서는 "八音, 金石絲竹匏土革木."이라고 풀이하였다. 또한 여덟 가지 재질에 따른 악기에 대해서 설명하자면, 금(金)에는 종(鐘)과 박(鎛)이 있고, 석(石)에는 경(磬)이 있으며, 토(土)에는 훈(塤)이 있고, 혁(革)에는 고(鼓)와 도(鼗)가 있으며, 사(絲)에는 금(琴)과 슬(瑟)이 있고, 목(木)에는 축(柷)과 어(敔)가 있으며, 포(匏)에는 생(笙)이 있고, 죽(竹)에는 관(管)과 소(簫)가 있다. 『주례』「춘관(春官) · 대사(大師)」편에는 "皆播之以八音, 金石土革絲木匏竹."이라는 기록이 있는데, 이에 대한 정현의 주에서는 "金, 鐘鎛也. 石, 磬也. 土, 塤也. 革, 鼓鼗也. 絲, 琴瑟也. 木, 柷敔也. 匏, 笙也. 竹, 管簫也."라고 풀이하였다.

◎ 피변복(皮弁服) : '피변복'은 호의(縞衣)라고도 부르며, 주로 군주가 조회를 하거나 고삭(告朔)을 할 때 착용하는 복장이다. 흰색 비단으로 만들었으며, 옷에 착용하는 관(冠) 또한 백색 사슴 가죽으로 만들었다. 『의례』「기석례(旣夕禮)」편에는 "薦乘車, 鹿淺幦, 干笮革靾, 載旜載皮弁服, 纓轡貝

勒, 縣于衡."이라는 기록이 있고, 이에 대한 정현의 주에서는 "皮弁服者,
視朔之服."이라고 풀이했다.

ㅎ

◎ 하휴(何休, A.D.129~A.D.182) : 전한(前漢) 때의 금문경학자(今文經學者)
이다. 자(字)는 소공(邵公)이다. 『춘추공양전해고(春秋公羊傳解詁)』를 지
었으며, 『효경(孝經)』, 『논어(論語)』 등에 대해서도 주를 달았고, 『춘추한
의(春秋漢議)』를 짓기도 하였다.

◎ 향대부(鄕大夫) : '향대부'는 주대(周代)의 행정단위였던 향(鄕)을 담당하는
관리이다.

◎ 향사례(鄕射禮) : '향사례'는 활쏘기를 하며 음주를 했던 의례(儀禮)이다.
크게 두 가지로 나뉘는데, 하나는 지방의 수령이 지방학교인 서(序)에서
사람들을 모아서 활쏘기를 익히며 음주를 했던 의례이고, 다른 하나는 향
대부(鄕大夫)가 3년마다 치르는 대비(大比)라는 시험을 끝내고 공사(貢
士)를 한 연후에, 향대부가 향로(鄕老) 및 향인(鄕人)들과 향학(鄕學)인
상(庠)에서 활쏘기를 익히고 음주를 했던 의례이다. 『주례』 「지관(地官)·
향대부(鄕大夫)」편에는 "退而以鄕射之禮五物詢衆庶."라는 기록이 있는
데, 이에 대한 손이양(孫詒讓)의 『정의(正義)』에서는 "退, 謂王受賢能之
書事畢, 鄕大夫與鄕老, 則退各就其鄕學之庠而與鄕人習射, 是爲鄕射之
禮."라고 풀이하였다.

◎ 혁로(革路) : '혁로'는 혁로(革輅)라고도 부른다. 천자가 사용하는 다섯 가
지 수레 중 하나이다. 전쟁용으로 사용했던 수레인데, 간혹 제후의 나라에
순수(巡守)를 갈 때 사용하기도 하였다. 가죽으로 겉을 단단하게 동여매
서 고정시키고, 옻칠만 하고, 다른 장식을 하지 않았기 때문에, '혁로'라고
부르는 것이다. 『주례』 「춘관(春官)·건거(巾車)」편에는 "革路, 龍勒, 條
纓五就, 建大白, 以卽戎, 以封四衛."라는 기록이 있고, 이에 대한 정현의
주에서는 "革路, 鞔之以革而漆之, 無他飾."이라고 풀이했다.

◎ 현면(玄冕) : '현면'은 현의(玄衣)와 면류관을 뜻한다. 본래 천자 및 제후의
제사복장으로, 비교적 중요성이 덜한 제사 때 입는다. '현의' 중 상의에는
무늬가 들어가지 않고, 하의에만 불(黻)을 수놓는다. 『주례』 「춘관(春官)·
사복(司服)」편에는 "祭群小祀則玄冕."이라는 기록이 있고, 이에 대한 정

현의 주에서는 "玄者, 衣無文, 裳刺黻而已, 是以謂玄焉."이라고 풀이했다.

◎ 현지(縣地) : '현지'는 주(周)나라 때 도성에서 400리(理) 떨어진 지역을 일컫는 말이다.

◎ 혈제(血祭) : '혈제'는 희생물의 피를 받아서 신(神)에게 바치는 것이다.『주례』「춘관(春官)·대종백(大宗伯)」편에는 "以血祭祭社稷五祀五嶽."이라는 기록이 있고, 이에 대한 정현의 주에서는 "陰祀自血起, 貴氣臭也."라고 풀이하였으며, 가공언(賈公彦)의 소(疏)에서는 "先薦血以歆神."이라고 풀이하였다.

◎ 협제(祫祭) : '협제'는 협(祫)이라고도 부른다. 신주(神主)들을 태조(太祖)의 묘(廟)에 모두 모셔놓고 지내는 제사이다.『춘추공양전』「문공(文公) 2년」에 "八月, 丁卯, 大事于大廟, 躋僖公, 大事者何. 大祫也. 大祫者何. 合祭也, 其合祭奈何. 毀廟之主, 陳于大祖."라는 기록이 있다.

◎ 혜동(惠棟, A.D.1697~A.D.1758) : 청(淸)나라 때의 학자이다. 자(字)는 송애(松崖)·정우(定宇)이다. 조부는 혜주척(惠周惕)이고, 부친은 혜사기(惠士奇)이다. 가학(家學)을 전승하여, 한대(漢代) 경학(經學)을 부흥시키는 데 주력하였다. 역학(易學)에도 조예가 깊었다.『구경고의(九經古義)』등의 저서가 있다.

◎ 호천상제(昊天上帝) : '호천상제'는 호천(昊天)과 상제(上帝)로 구분하여 해석하기도 하며, '호천상제'를 하나의 용어로 해석하기도 한다. 후자의 경우 '호천'이라는 말은 '상제'를 수식하는 말이다. 고대에는 축호(祝號)라는 것을 지어서 제사 때의 용어를 수식어로 꾸미게 되는데, '호천상제'의 경우는 '상제'에 대한 축호에 해당하며, 세분하여 설명하자면 신(神)의 명칭에 수식어를 붙이는 신호(神號)에 해당한다.『예기』「예운(禮運)」편에는 "作其祝號, 玄酒以祭, 薦其血毛, 腥其俎, 孰其殽."라는 기록이 있고, 이에 대한 진호(陳澔)의 주에서는 "作其祝號者, 造爲鬼神及牲玉美號之辭. 神號, 如昊天上帝."라고 풀이했다. '호천'과 '상제'로 풀이할 경우, '상제'는 만물을 주재하는 자이며, '상천(上天)'이라고도 불렀다. 고대인들은 길흉(吉凶)과 화복(禍福)을 내릴 수 있는 능력을 갖추고 있었다고 생각하였다. 한편 '상제'는 오행(五行) 관념에 따라 동·서·남·북·중앙의 구분이 생기면서, 천상을 각각 나누어 다스리는 오제(五帝)로 설명되기도 한다. '호천'의 경우 천신(天神)을 뜻하는데, '상제'와 비슷한 개념이다. '호천'을 '상제'보다 상위의 개념으로 해석하여, 오제 위에서 군림하는 신으로 해석하는 경우

도 있다.

◎ 황간(皇侃, A.D.488~A.D.545) : =황씨(皇氏). 남조(南朝) 때 양(梁)나라의 경학자이다. 『주례(周禮)』, 『의례(儀禮)』, 『예기(禮記)』 등에 해박하여, 『상복문구의소(喪服文句義疏)』, 『예기의소(禮記義疏)』, 『예기강소(禮記講疏)』 등을 지었지만, 현재는 전해지지 않는다. 그 일부가 마국한(馬國翰)의 『옥함산방집일서(玉函山房輯佚書)』에 수록되어 있다.

◎ 황씨(皇氏) : =황간(皇侃)

번역 참고문헌

* 『禮記』, 서울 : 保景文化社, 초판 1984 (5판 1995) / 저본으로 삼은 책이다.
* 『禮記正義』 1~4(전4권, 『十三經注疏 整理本』 12~15), 北京 : 北京大學出版社, 초판 2000 / 저본으로 삼은 책이다.
* 朱彬 撰, 『禮記訓纂』 上·下(전2권), 北京 : 中華書局, 초판 1996 (2쇄 1998) / 저본으로 삼은 책이다.
* 孫希旦 撰, 『禮記集解』 上·中·下(전3권), 北京 : 中華書局, 초판 1989 (4쇄 2007) / 저본으로 삼은 책이다.
* 服部宇之吉 評點, 『禮記』, 東京 : 富山房, 초판 1913 (증보판 1984) / 鄭玄 注 번역에 대해 참고했던 서적이다.
* 竹內照夫 著, 『禮記』 上·中·下(전3권), 東京 : 明治書院, 초판 1975 (3판 1979) / 經文에 대한 이해에 참고했던 서적이다.
* 市原亨吉 외 2명 著, 『禮記』 上·中·下(전3권), 東京 : 集英社, 초판 1976 (3쇄 1982) / 經文에 대한 이해에 참고했던 서적이다.
* 陳澔 注, 『禮記集說』, 北京 : 中國書店, 초판 1994 / 『集說』에 대한 번역에 참고했던 서적이다.
* 王文錦 譯解, 『禮記譯解』 上·下(전2권), 北京 : 中華書局, 초판 2001 (4쇄 2007) / 經文 및 주석 번역에 참고했던 서적이다.
* 錢玄·錢興奇 編著, 『三禮辭典』, 南京 : 江蘇古籍出版社, 초판 1998 / 용어 및 器物 등에 대해 참고했던 서적이다.
* 張撝之 外 主編, 『中國歷代人名大辭典』 上·下권(전2권), 上海 : 上海古籍出版社, 초판 1999 / 인명에 대해 참고했던 서적이다.
* 呂宗力 主編, 『中國歷代官制大辭典』, 北京 : 北京出版社, 초판 1994 (2쇄 1995) / 관직명에 대해 참고했던 서적이다.
* 中國歷史大辭典編纂委員會 編纂, 『中國歷史大辭典』 上·下(전2권), 上海 : 上海辭書出版社, 초판 2000 / 용어 및 인명에 대해 참고했던 서적이다.
* 羅竹風 主編, 『漢語大詞典』 1~12(전12권), 上海 : 漢語大詞典出版社, 초판 1988 (4쇄 1995) / 용어에 대해 참고했던 서적이다.

- 王思義 編集,『三才圖會』上·中·下(전3권), 上海 : 上海古籍出版社, 초판 1988 (4쇄 2005) / 器物 등에 대해 참고했던 서적이다.
- 聶崇義 撰,『三禮圖集注』(四庫全書 129책) / 器物 등에 대해 참고했던 서적이다.
- 劉績 撰,『三禮圖』(四庫全書 129책) / 器物 등에 대해 참고했던 서적이다.

역자 정병섭(鄭秉燮)

- 1979년 출생.
- 2002년 성균관대학교 유교철학과 졸업
- 2004년 성균관대학교 대학원 유학과 석사
- 2013년 성균관대학교 대학원 유학과 철학박사
- 현재 『역주 예기집설대전』 완역을 위해 번역중이며,
  이후 『의례』, 『주례』, 『대대례기』 시리즈 번역과
  한국유학자들의 예학 관련 저작들의 번역을 계획 중이다.

예기집설대전 목록

譯註
禮記集說大全 射義

編 陳澔(元)
附 正義·訓簒·集解

초판 인쇄 2017년 9월 22일
초판 발행 2017년 9월 29일

역 자ㅣ정 병 섭
펴 낸 이ㅣ하 운 근
펴 낸 곳ㅣ**學古房**

주 소ㅣ경기도 고양시 덕양구 통일로 140 삼송테크노밸리 A동 B224
전 화ㅣ(02)353-9908 편집부(02)356-9903
팩 스ㅣ(02)6959-8234
홈페이지ㅣhttp://hakgobang.co.kr/
전자우편ㅣhakgobang@naver.com, hakgobang@chol.com
등록번호ㅣ제311-1994-000001호

ISBN 978-89-6071-703-9 94150
978-89-6071-267-6 (세트)

값 : 34,000원

이 도서의 국립중앙도서관 출판예정도서목록(CIP)은 서지정보유통지원시스템 홈페이지(http://
seoji.nl.go.kr)와 국가자료공동목록시스템(http://www.nl.go.kr/kolisnet)에서 이용하실 수 있습니다.
(CIP제어번호 : CIP2017024578)